陈贻焮（1924—2000），字一新，湖南省新宁县人。1946年就读于北京大学先修班，次年入中文系，1953年夏毕业，留系任教，并随林庚先生进修魏晋南北朝隋唐五代文学。1983年任教授，1986年任博士生导师，兼任中国作家协会会员、中国唐代文学学会常务理事、中国韵文学会常务理事、诗学研究会副理事长、王维研究会名誉会长等职。

积毕生之力创作《杜甫评传》上、中、下三卷，于1982年和1988年出版，为20世纪杜甫研究具有里程碑意义的典范之作；著有《唐诗论丛》《论诗杂著》，选编《王维诗选》《孟浩然诗选》等，主编《增订注释全唐诗》等，参编《中国小说史》《历代诗歌选》《魏晋南北朝文学史参考资料》等；古典诗词创作有很高造诣，作品结集为《梅棣盦诗词集》。

杜甫评传

上卷

陈贻焮 著

生活·讀書·新知 三联书店

Copyright © 2022 by SDX Joint Publishing Company.
All Rights Reserved.
本作品版权由生活・读书・新知三联书店所有。
未经许可，不得翻印。

图书在版编目（CIP）数据

杜甫评传／陈贻焮著．—北京：生活・读书・新知三联书店，
2022.3 （2024.1 重印）
（当代学术）
ISBN 978-7-108-07168-2

Ⅰ．①杜…　Ⅱ．①陈…　Ⅲ．①杜甫（712-770）－评传
Ⅳ．① K825.6

中国版本图书馆 CIP 数据核字（2021）第 103774 号

责任编辑　冯金红
装帧设计　宁成春
责任校对　常高峰　曹秋月
责任印制　李思佳

出版发行　生活・讀書・新知 三联书店
　　　　　（北京市东城区美术馆东街 22 号 100010）
网　　址　www.sdxjpc.com
经　　销　新华书店
印　　刷　天津图文方嘉印刷有限公司
版　　次　2022 年 3 月北京第 1 版
　　　　　2024 年 1 月北京第 6 次印刷
开　　本　635 毫米 × 965 毫米 1/16　印张 94.5
字　　数　1098 千字
印　　数　28,001－33,000 册
定　　价　328.00 元

（印装查询：01064002715；邮购查询：01084010542）

陈贻焮先生在北大朗润园家中,摄于一九九一年

作者手稿

杜甫评传

第十章 天上人间

一、如此"中兴主"
二、"九回肯顾点朝班"
三、"去住损春心"
四、"近侍归京邑"
五、马和鹰的变化
六、忆人怀旧之什及其它
七、东都之行
八、"安得壮士挽天河，净洗甲兵长不用"
九、"天地终无情"

陈贻焮 著

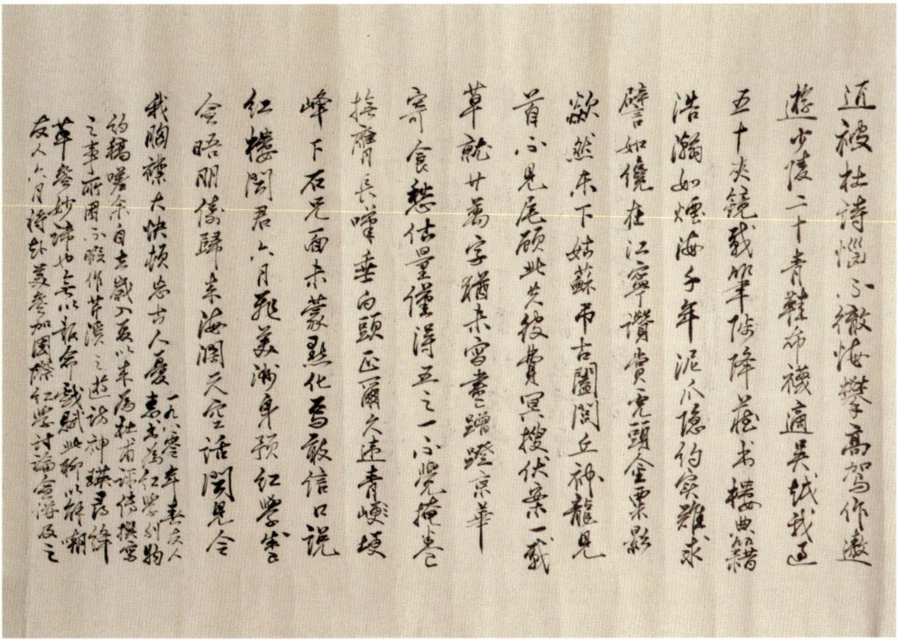

陈贻焮先生自作诗手迹

（《毓罴兄惠书约稿、为杜甫评传撰写之事无以报命，戏赋此聊以解嘲》，作于一九八〇年）

陈贻焮先生自作词手迹
(《满庭芳·一九五五年二月廿一日偕庆粤游西郊公园有感》)

当代学术
总　序

生活·读书·新知三联书店从1986年恢复独立建制以来，就与当代中国知识界同感共生，全力参与当代学术思想传统的重建和发展。三十年来，我们一方面整理出版了陈寅恪、钱锺书等重要学者的代表性学术论著，强调学术传统的积累与传承；另一方面也积极出版当代中青年学人的原创、新锐之作，力求推动中国学术思想的创造发展。在知识界的大力支持下，通过多年的努力，我们已出版众多引领学术前沿、对知识界影响广泛的论著，形成了三联书店特有的当代学术出版风貌。

为了较为系统地呈现中国当代学术的发展和成果，我们以上世纪八十年代以来刊行的学术成果为主，遴选其中若干著作重予刊行，其中以人文学科为主，兼及社会科学；以国内学人的作品为主，兼及海外学人的论著。

我们相信，随着当代中国社会的繁荣发展，中国学术传统正逐渐走向成熟，从而为百余年来中国学人共同的目标——文化自主与学术独立，奠定坚实的基础。三联书店愿为此竭尽绵薄。谨序。

生活·读书·新知三联书店
2017年3月

目 录

序一　林　庚　1

序二　傅璇琮　1

作者自识　1

第一章　"未坠素业"的家世

一　远祖的功业　1

二　祖父的文学　8

三　几个奇特的亲族中人　19

第二章　童年琐事

一　杜母小议　24

二　绮丽的童年回忆　27

三　凤凰——诗人的"图腾"　31

四　"脱略小时辈，结交皆老苍"　35

第三章　壮　游

一　"太平盛世"和"太平天子"　38

二　盛唐漫游之风盛行　44
　三　首游郇瑕和吴越之行　47
　四　"忤下考功第"和"放荡齐赵间"　60
　五　归筑陆浑庄　70
　六　"二年客东都"　75

第四章　续壮游
　一　"心雄万夫"的奇人　81
　二　"亦有梁宋游"　93
　三　"方期拾瑶草"　104
　四　"坡陀青州血"　109
　五　"东蒙赴旧隐，尚忆同志乐"　117

第五章　"应诏"前后
　一　一个"口蜜腹剑"的宰相　126
　二　一次"野无遗贤"的考试　129
　三　初来长安时的交游　136
　四　"李杜文章在，光焰万丈长"　142

第六章　旅食京华
　一　"汉皇重色思倾国"　158
　二　缘椒房而至相位的杨国忠　165
　三　彷徨的"白鸥"　173

四　献三大礼赋的前前后后　186

五　"才士汲引难"！　205

六　"率府且逍遥"　212

第七章　续旅食京华

一　两游何园　223

二　几首陪宴诗　240

三　游渼陂　登大雁塔　246

四　移居下杜　寄寓奉先　261

五　"马萧萧"　280

六　"杨花雪落覆白蘋"　297

七　"忧端齐终南"　301

第八章　惊变与陷贼

一　乱唐的"轧荦山"　313

二　最早的一组纪乱诗　324

三　"血污游魂归不得"　333

四　奉先·白水·鄜州　335

五　"日夜更望官军至"　353

六　"祸转亡胡岁"　361

七　"感时花溅泪，恨别鸟惊心"　365

八　在相濡以沫的日子里　381

第九章 长安遁复还

一 喜达行在 391

二 廷诤忤旨 400

三 北征途中 408

四 "生还偶然遂" 421

五 与《五百字》媲美的名篇 431

六 闻捷与返京 444

第十章 天上人间

一 如此"中兴主" 456

二 "几回青琐点朝班" 470

三 "去住损春心" 479

四 "近侍归京邑" 491

五 马和鹰的变化 502

六 怀人忆旧之什及其他 508

七 东都之行 520

八 "安得壮士挽天河,净洗甲兵长不用" 533

九 "天地终无情" 540

序 一

  一新将出版其《杜甫评传》上卷，命我作序。我与一新共事，朝夕相处近三十年；每纵谈唐音，追慕李杜。今一新成此巨帙，雅意相属，岂可不为一言？可是我又并不善于作序，便只好谈谈家常，这也是在向一新学习。一新为文，如行云流水，莫逆于心；其于杜甫，爱之既深，便备感亲切，如话家常。此百万长篇之所以若断若续而一气呵成也。上卷至"天地终无情"而暂作一结，这正是杜甫精神上接受最强烈震动的时刻；值此波涛汹涌之起伏，居此诗情激荡的高峰；我知其下卷必将欲罢不能，一泻千里矣。

  人之相与，必有所同好；而人之秉性，又往往各有不同。《评传》之作，盖脱胎于诗话而取意于章回。一新早年即好写小说，下笔自然繁富；我则好写诗，习于简约。一新之所能乃正我之所不能。人固不能全能，然亦深为羡之也。

  往岁尝与一新谈及唐代漫游之风，一新因作《孟浩然事迹考辨》，于孟浩然的漫游踪迹与交游多所发明，于评传的兴趣盖早有夙愿耳。这次作《杜甫评传》，每成一章，便乘兴来谈。我们都属于盛唐派，杜甫虽亲身经历天宝乱后的一些年月，而其安身立命之处，沉郁顿挫之际，实又孕育植根于盛唐时代；这正是上卷中精神之所在。我乃得以先睹为快，因聊作解人，并以为记。

林　庚
一九八一年八月二十日

序 二

　　陈贻焮同志是我的学兄。他的年岁比我大，1953年我们一起在北京大学听林庚先生讲授魏晋南北朝隋唐部分的文学史，那时他已是林先生的助教，我还是学生。因此，我对他一直是以师友对待的。贻焮同志在唐代诗歌的研究上所下的工夫很深。这些年来，他全面研究了王维和孟浩然的诗，探索了他们的生平；又论述了李颀、岑参的边塞诗，并对李白思想的某些重要方面作了很有深度的分析；又进而对李贺、李商隐进行研究，并对中晚唐的诗歌流派作了概括的论述，提出了值得注意的一些新看法。在50年代中期，他研究的重点是六朝文学，那时他所写的关于陶渊明、鲍照的文章，无论从资料搜讨和思想阐发来说，到现在仍有其价值。不难想见，在这样扎实广博的基础上，他集中对杜甫进行研究，并且写出了有好几十万字的《杜甫评传》，对他来说，是他学术研究进程中的一个新的进展，而对读者来说，则是获得了一部经过多年潜心研究而写成的内容丰富的专著。

　　对杜甫的研究之所以特别困难，是因为在杜甫诗歌中集中地出现了大唐帝国由盛到衰这一转变时期社会生活的许多重要问题，杜诗描绘了这个社会的多样而曲折的过程，充分地反映了这个过程的复杂性。杜甫出生的前后几年，似乎就标志着一个文学时代的结束，另一个文学时代的开始。杜甫生于唐玄宗先天元年（七一二），在这之前四年，中宗景龙二年（七〇八），杜审言卒。再过两年，睿宗景云元年（七一〇），上官婉儿在一次宫廷政变中被杀，宋之问被流放到岭外钦州，先天元年死于贬所。沈佺期死于开元元年（七一三）；同年，李峤随他的儿子赴虔州刺史任，大约过一二年死去。这样，武、韦时期的诗人就此在文坛上消逝。就在这同一时期，景云二年（七一一），张说入居相位，任同中书门下平章事、兼修国史。张说是开元时期转变文风的重要人物，从这时开始，他以宰相之尊，汲引一些文士于其周围，因而使开元时期的文风与前一时期有显著的不同。就在这一年，王翰登进士第，第二年，王湾登进士第。王湾在这前后所写的"潮平两岸阔，风正一帆悬；海日生残夜，江春入旧年"诗句，张说居相位时手题于政事堂，"令为楷式"，这风格壮美而又富于展望的诗句，一扫武、韦时期绮丽不振的诗风，使人耳目一新，预示着盛唐诗歌健康发展的康庄大道。从先天元年起，像贾曾、贺知章、张九龄等都先后步入仕途。到开元四年（七一六），富有才艺的早熟的王维，以十八岁的青少年诗人写出了长篇歌行《洛阳女儿行》，标志着诗歌史上的"唐音"已正式开始。对唐诗研究者来说，研究这一转变时期的政治、经济、社会风尚与文学发展的关系，该是多么有吸引力。应该说，这是一片有待于开垦和收获的肥沃的土地。

盛唐诗歌的另一转变时期是天宝年间。这时社会繁荣富庶似乎已达到了它的顶点，上层统治阶级、阶层的相互勾结、杀戮、争夺权力、掠取财物，以及种种腐朽现象，正以长安为中心，日益发展。社会矛盾已到达了饱和点，安史之乱正是这种矛盾发展的结果。这也是杜甫诗歌风格逐步形成的时期。这时，我们可以看到，高适、岑参正来往于西北的烽火边塞；王维已满足于他取得的社会地位和文艺成就，定居在长安郊区的美丽别墅写他的田园诗；

李颀、王昌龄等人忙碌于做他们的地方官,不时发出不平之鸣;大诗人李白正继续在南北各地游历……杜甫则正在长安这一政治斗争的中心,锤炼他的诗风。贻焮同志在《评传》上卷中,叙述杜甫居住长安时期多方面的生活,仿佛把我们引进了当时纷繁复杂的世界。我个人觉得,这是上卷的重心,是最引人入胜的地方。《评传》的作者没有把杜甫简单化,既没有像封建社会某些士大夫那样把他看成一饭不忘君的诗圣,也不像以前有一时期把杜甫贬成一钱不值的地主老财。他只是如实地根据杜甫本人的作品,把受多种社会条件约束的杜甫介绍给读者;但正因为如此,使我们感到杜诗之与众不同的地方,杜甫之所以伟大。《评传》的这些叙述,不但使我们认识了杜甫,还使我们具体地感受到这样庞大的封建帝国是怎样一步步衰弱下去,帮助我们具体认识那时的唐代社会。

　　杜甫研究之另一困难,不像有些作家那样,苦于资料太少,而是苦于资料太多。从宋朝以来,杜诗注家之多,是别的诗人所难以比拟的。当然,其中不乏真知灼见,但有不少是陈言滥调,或谬论妄说。今天,我们研究杜甫和他的诗歌,就得冲过这重重的评注家的包围圈,吸收其合理的一部分,摒弃其无价值的地方。贻焮同志的这部《评传》,也是较好地解决了这一困难的。《评传》主要采集了清代几个注家的说法,那就是钱谦益的《钱注杜诗》、杨伦的《杜诗镜铨》、浦起龙的《读杜心解》以及仇兆鳌的《杜诗详注》。这几部书在许多种杜诗评注本中是有特色的。《评传》引用了他们的某些说法,并站在今天的高度,结合杜甫的身世与当时的社会现实,对这些意见作了剖析。这里可以看出《评传》作者的眼力。

　　这里还应当特别指明的,是《评传》写法的一个特点,那就是作者力图做到雅俗共赏。书中既有材料的繁富征引,又有对杜诗作的行云流水般的讲解。书中往往在一些较为专门性的论述以后,就接着以亲切的笔调向读者介绍杜甫的生活,他的朋友,他的诗歌艺术手法的特点,犹如冬夜围炉听一老友在谈论他所感兴趣的事情。写到这里,我不禁想到宋人叶梦得在其《避暑录话》中的一段记载:

> 吴门下居厚喜论杜诗,每对客未尝不言。绍圣间,为户部尚书,叶涛致远为中书舍人。待漏院每从官晨集,多未厌于睡,往往即坐倚壁假寐,不复交谈。惟吴至则强之与论杜诗不已,人以为苦,致远辄迁坐于门下檐次。一日忽大雨飘洒,同列呼之不至,问其故,曰:"怕老杜诗。"

这是一则很有趣味的记载。古往今来,像叶涛那样怕说杜诗的情况恐怕也是不少的。但人们还是爱读杜诗,爱谈杜诗,这除了杜诗本身具有吸引力以外,也因为杜诗研究中还是出现了一些有价值的著作。贻焮同志的这部《评传》,一定会以其雅俗共赏的特点来吸引读者,从而在杜诗研究中据有一定的地位。

别林斯基曾称普希金的《欧根·奥涅金》为俄罗斯社会生活的"百科全书"。我觉得,从诗歌反映现实的广度和深度来说,杜诗也可以说是唐朝安史之乱前后几十年的生活的"百科全书"。试想,如果不去读读杜甫的《赴奉先咏怀》,历史学家要想写天宝末期那种"山雨欲来风满楼"的情景,他们的笔将是多么的枯涩乏味!如果没有"三吏""三别",九节度相州之溃后唐朝统治者与人民的矛盾,当时中原人民所受的战乱之苦,我们今天的认识将会多么地一般和平淡!杜甫的杰出贡献,即在于他凡所到之处,就把生活本有的丰富多样的面貌,精细地描绘出来。我们现在在《评传》的上卷中,随着贻焮同志的笔触,看到杜甫如何生活在一个奉儒守官的家庭,如何在多方面的教养下度过童年,又看到在开元盛世中杜甫的几次南北壮游,然后又看到杜甫进入纷繁的长安城,最后,看到杜甫在战乱中颠沛流离,用他的一支笔写出了活生生的社会现实。在这以后,杜甫的行踪更扩大了,我们将在《杜甫评传》的下卷中,看到杜甫在秦州时所写的特异的山川风物,杜甫在成都的定居以及他笔下的蜀中名胜,他的江陵的栖息,潇湘之游与漂泊一生的结局。这将是一轴长的画卷,我们等待着后一部分早日舒展在读者的眼前。

傅璇琮
一九八一年十月

作者自识

拙著《杜甫评传》上卷,从一九七九年三月中旬写起,到一九八一年五月底脱稿,为时两载有余。

多少年来,我就有了想为杜甫写评传的念头。苦于学浅才疏,总不敢贸然从事。转思光阴荏苒,马齿徒增,若一再蹉跎,有负初衷,何以自释?即"因顽慕勇",知难而进。个中苦况,可想而知了。

去年二月初,我写了首长歌,以序代题说:"罴兄惠书为红学刊物约稿,嗟予入春以来,为《杜甫评传》撰写之事所苦,不暇作芹溪之游,访神瑛,寻绛草,参妙谛也。无以报命,戏赋此聊以解嘲。罴兄六月将赴美参加国际红学讨论会,并及之。"诗说:"近被杜诗恼不彻,悔攀高驾作遨游。少陵二十青鞋布袜适吴越,我过五十夹镜载笔陟降藏书楼。典籍浩瀚如烟海,千年泥爪隐约实难求。譬如才在江宁赞赏虎头金粟影,欻然东下姑苏吊古阊闾丘。神龙见首不见尾,顾此失彼费冥搜。伏案一载草就廿万字,犹未写尽蹭蹬京华寄食愁。估量仅得三之一,不觉掩卷抚膺长叹垂白头。正尔久违青埂峰下石兄面,未蒙点化焉敢信口说《红楼》?闻君六月飞美洲,身预红学盛会晤朋俦。归来海阔天空话闻见,令我胸襟大快顿忘古人忧。"如此云云,非尽戏言,亦为实录;这真是赶鸭子上架,自作自受了。当时"草就廿万字",便自诩已"得三之一"。

今上卷止于杜甫弃官离华州，即达四十万字。此后时事虽可稍略，而诗作却不少，下卷字数至少不下此数。任务仍然艰巨，岂可懈怠？其实，为杜甫写评传，并不是我所能胜任的，即使勉强完篇，错误定然很多，万望专家和读者赐教。

深深感谢林庚先生和傅璇琮同志为本书作序。他们的过奖，我只能看作是对我的鞭策。

在写作过程中，一再得到夏承焘先生、唐圭璋先生、傅庚生先生，以及诸位师友来信或当面的鼓励和督促，深为感谢。

感谢上海古籍出版社的同志们为本书的出版，给予了热情而有力的帮助。

感谢李庆粤同志利用业余时间誊清了几乎全部的书稿，花费了不少精力。

陈贻焮

一九八一年十月十四日夜于镜春园

第一章 "未坠素业"的家世

一 远祖的功业

杜甫，字子美，唐玄宗先天元年（七一二）生于河南巩县城东二里的瑶湾。[1] 杜家祖籍在京兆杜陵（今陕西西安市东南），所以他每以"杜陵布衣"自称。他后曾一度家居杜陵附近的少陵，又自称"少陵野老"。其实他这一族从十世祖杜逊随晋室南渡，早已徙居襄阳。他曾祖杜依艺终巩县令，遂世居巩县。

杜甫的十三世祖是晋代的名将当阳侯杜预。杜氏家族，从杜预以来，自晋至唐，历代有人做官。从现存资料看，南北朝以前几代做的官较大，有做左丞、侍郎的，一般也多是太守、刺史；入隋以后，做的官较小，多县令、县尉、员外郎之类（如杜甫的父亲杜闲

---

[1]《唐书》本传与元稹《唐检校工部员外郎杜君墓系铭》均谓杜甫卒年五十九岁，诸家考证是年为大历五年（七七〇），故推知生于先天元年（七一二）。《京兆杜氏工部家诗年谱》："公生于是年正月。"四川省文史研究馆编《杜甫年谱》更据天宝十载《杜位宅守岁》"四十明朝过"，又大历三年《元日示宗武》"赋诗犹落笔，献寿更称觞"，定其生日在元旦。炊案：常俗谓过年长一岁。又，不逢生日，亦可称觞奉寿，如《诗·豳风·七月》："十月获稻，为此春酒，以介眉寿。"武平一《奉和正旦赐宰臣柏叶应制》："愿持柏叶寿，长奉万年欢。"（《本草纲目》："柏性后凋而耐久，禀坚凝之质，乃多寿之木，元旦以之浸酒，辟邪。"《风土记》："元旦进柏叶酒。"杜甫《元日示宗武》："飘零还柏叶。"元日赐宰臣柏叶以浸酒。）薛逢《元日田家》说："相逢但祝新正寿，对举那愁暮景催。"更可证唐时元日上自朝廷下至民间有称觞祝寿之习（犹今为健康而干杯），故不得遽定杜的生日在元旦，甚至在正月。

即曾为兖州司马、奉天令)。这是一个有悠久传统、但日趋衰落的封建官僚世族。所以杜甫在《进雕赋表》中慨叹道:"臣之近代陵夷,公侯之贵磨灭,鼎铭之勋,不复照耀于明时。"这样的世家,对杜甫的思想不会没有影响。他说:"传之以仁义礼智信,列之以公侯伯子男。"(《唐故万年县君京兆杜氏墓志》)又说:"自先君恕、预以降,奉儒守官,未坠素业矣。"(《进雕赋表》)他不仅为其祖先"列之以公侯伯子男",更为其世代"传之以仁义礼智信"而自豪。虽说他家世代"未坠素业",暗地里却在担心快"坠"了。那么怎样才能继承"素业"呢?这可从他所说"奉儒守官"的话中找到答案。"列之以公侯伯子男",当然是高标准的"守官"了。"传之以仁义礼智信",当然是最实质性的"奉儒"了。他以"奉儒""守官"并举,且置"奉儒"于"守官"之前,这意味着他重"守官",尤重"奉儒",也就是说要通过做官来推行儒家之道。他一心一意想"致君尧舜上,再使风俗淳"(《奉赠韦左丞丈二十二韵》)。后来理想落空了,自哂"许身一何愚,窃比稷与契"(《自京赴奉先县咏怀五百字》),但仍望友人能实现他所不能实现的愿望,竭尽全力,事君行道:"致君尧舜付公等,早据要路思捐躯"(《暮秋枉裴道州手札》)、"临危莫爱身"(《奉赠严公入朝》)。他这样说也是这样做的。他后任左拾遗,因忠于职守,上疏营救房琯罢相,竟触怒肃宗几乎获罪,就是明证。凡此种种,都足以说明他之所以要"守官",确乎是为了"奉儒"行道。《论语·先进》说:"所谓大臣者,以道事君,不可则止。"《孟子·万章下》说:"立乎人之本朝,而道不行,耻也。"孔、孟都主张做官要行道。杜甫讲"奉儒守官",说这显然是接受了儒家关于仕进的主张,那是一点儿也不错的。但须指出的是:这不仅是一般的来自书本的思想影响,而且是他自幼从家庭教育有关其祖先"功德"的夸大颂扬中得到的认识,这就无怪他将"奉儒守官"看成他家仕进的传统准则，他也要身体力行了。在盛唐诗人中，杜甫受儒家思想的影响较深，原因是多方面的，最重要的，似应从他的家世和他自幼所受的家庭教育中去找。

杜甫固然为他家有"奉儒守官，未坠素业"的传统而自豪（甚至给皇帝献赋时也津津乐道），但最使他景慕、对他的思想和人生态度影响最大的却是杜预。开元二十九年（七四一），杜甫漫游齐鲁之后归洛阳，筑陆浑庄于偃师县西二十五里的首阳山下。其地有远祖杜预和祖父杜审言的坟墓。这年寒食日，他为文祭杜预说："小子筑室首阳之下，不敢忘本，不敢违仁。"（《祭当阳君文》）[2] 杜甫在这里明白表示他"筑室首阳之下"是为了"不敢忘本，不敢违仁"。杜预是杜氏家族最有名的远祖，说"不敢忘本"是指不忘这个远祖，这也讲得通（也的确有这意思），但与"不敢违仁"联系起来考虑，终嫌不很贴切。为了领会作者的本意，不妨先看看前面的文字。这篇祭文的主要内容是颂扬杜预的"功德"："降及'武库'，应乎虬精。恭闻渊深，罕得窥测。勇功是立，智名克彰。缮甲江陵，祲清东吴。邦于南土，建侯于荆。……《春秋》主解，稿隶躬亲。呜呼笔迹，流宕何人！"杜预精通战略，平吴有功，有民谣称赞他："以计代战一当万。"后来又对开发江汉沅湘一带做出贡献，所以南方又有歌夸奖他："后世无叛由杜翁，孰识智名与勇功。"他博学多才，懂得经济、政治、法律、天文、算学、工程各种学问，又以武功、政事、学术著名，世号"杜武库"。更有甚者，他还被人荒唐地加以神化，说是什么蛇精转生（祭文中"应乎虬精"一语即指此）。祭文简短，却概括了上述杜预一生的"功德"。所有这一切，在杜甫看来，无疑是儒家"仁义礼智信"最完美的体

---

〔2〕 详见闻一多《唐诗杂论·少陵先生年谱会笺》。

现。那么，他家世代能"传之以仁义礼智信"，其本源，毋庸置疑，是来自杜预了。——这样理解"不敢忘本，不敢违仁"，似更接近作者本意。

杜预是杜甫心目中最理想的"奉儒守官"的楷模。杜甫筑室于其墓前，寒食祭奠，缅怀祖德，这岂止是一般的上坟扫墓！这是借祭扫在表"不敢忘本，不敢违仁"的决心，在勉励自己要"克绍箕裘"，建功立业。论及杜甫的大志，每举"许身一何愚，窃比稷与契""致君尧舜上，再使风俗淳"诸句为证，总觉空泛迂腐，头巾气太重，无非是儒生大而无当的梦想。杜甫的大志没能实现，当时已"取笑同学翁"，自己也深感"许身一何愚"，这大志确乎有不切实际、不合时宜的一面，也可从而看出他受儒家思想影响之深。但是，我们也要"不以成败论英雄"，综览他一生言行、出处，他也并不是个书呆子。尽管他"窃比稷与契"，其实心中最仰慕、最想效法的还是他的远祖杜预。杜预离杜甫虽然也有四百多年，但较之传说中的古圣贤"稷与契"，无论人和事，都具体得多，也便于学习得多。杜预及其事业，诸如博学多才、兴修水利、开发南方等，今天看来，也多少有值得肯定的地方。那么杜甫取法于他，激发起自己的大志，这大志哪怕再朦胧、再空洞、再富于儒生幻想，也总该有一些带进步因素的现实内容。王嗣奭《杜臆》说："人多疑自许稷契之语，不知稷契元无他奇，只是己溺己饥之念而已。""己溺己饥之念"，即杜甫自己所说"穷年忧黎元，叹息肠内热"的意思。杜甫大志中这种以天下为己任的精神，固然主要产生于他对当时社会现实的认识和对人民的同情，但也不排斥他从杜预那里多少得到些启发。《晋书·杜预传》说："预公家之事，知无不为，凡所兴造，必考度其始终，鲜有败事。或讥其意碎者，预曰：'禹稷之功，期于济世，所庶几也。'"杜甫"窃比稷与契",不过是像杜预一样,效"禹稷之功,期于济世"罢了。二者在精神上是相通的。正由于有这点精神,杜预多少做了一些有利于人民的好事。正由于有这点精神,随着时代巨变而日渐深入现实,杜甫终于突破了阶级和思想局限,走向了人民。这种精神是不容简单地加以抹杀的。

  杜甫诗中也多次提到了杜预。大历三年(七六八)驻节江陵的荆南节度使卫伯玉,派遣向某入京进奉端午御衣。杜甫当时已出峡,旅居于此作《惜别行》说:"尚书勋业超千古,雄镇荆州继吾祖。裁缝云雾成御衣,拜跪题封贺端午。向卿将命寸心赤,青山落日江湖白。卿到朝廷说老翁,飘零已是沧浪客。"杜预晋初曾为镇南大将军,都督荆州诸军事,镇襄阳。后攻克江陵,控制长江上游,为王濬顺流而下、直指建业扫清了道路。平吴后论功封当阳县侯。后还襄阳,以为天下虽安,忘战必危,勤于讲武,重视戍守。又引滍水、淯水灌田万余顷,开江陵扬口,通零、桂的漕运。这些都是杜预在荆襄时建树的勋业。杜甫自幼即以杜预为楷模,渴望在政治上取得重大成就,如今"飘零"到此,眼看着旁人"雄镇荆州",继承了"吾祖"的"勋业",自己却落得个当清客、讲奉承话的地步,他此时此境内心屈辱之情,就可想而知了。乾元元年(七五八)他任左拾遗时,在端午那天得到皇帝赏赐的宫衣,曾作诗谢恩:"意内称长短,终身荷圣情!"谁知到头来不过如此,这就更难怪他见端午进衣要感叹系之了。大历四年(七六九)他在长沙写了首《回棹》,抒发他想回襄阳旧籍的渴望,其中"凉忆岘山巅""吾家碑不昧"两句,念叨的仍然是杜预的事。杜预曾为留名后世煞费苦心。他常说:"高岸为谷,深谷为陵。"为了保险,就刻了两通碑,记载自己的勋绩,一沉万山潭(在襄阳城西北五里,后因名沉碑潭),一立岘山(在襄阳城南七里)。"岘山巅""吾家碑"即指此。写作这首诗的第二年杜甫就死了。他这时还念念不忘他那远祖的勋绩,在为自己的壮志未酬、无所建树而深深抱恨。可见他的封建家族观念和追逐荣名的意识都是十分强烈的。

陶渊明的曾祖父陶侃是东晋名臣,因平苏峻等有功,官至侍中、太尉,封长沙郡公,拜大将军。对于这样一个赫赫有名的先人,陶渊明跟杜甫一样,也是极其景仰的。陶渊明曾经作了几章《命子》诗,给儿子们讲他家"光荣"的传统,其中一章专论陶侃说:"桓桓长沙,伊勋伊德。天子畴我,专征南国。功遂辞归,临宠不忒。孰谓斯心,而近可得?"陶渊明"少有高趣",是个重操守的人。他称赞陶侃,"勋""德"并举,而卒章之意则偏重于德。跟历代像陶侃这样一些特出的祖先相比,他自愧不如:"嗟余寡陋,瞻望弗及",只有将希望寄托于儿辈:"尚想孔伋,庶其企而",勉励他们学习孔子后人孔伋的榜样,继承先人德业,有所成就。孔伋字子思,陶渊明特意给他的大儿子陶俨取了个字叫求思。在这篇诗中,他还打了个很幽默的比喻,说从前有个癞子,半夜里听说生了个儿子,就急忙取火去看,生怕他像自己是个癞子(见《庄子·天地篇》)。后来陶渊明见儿子们都不争气,感到很痛心,只好认命,借酒浇愁:"虽有五男儿,总不好纸笔。阿舒(俨的小名)已二八,懒惰故无匹。阿宣行志学,而不爱文术。雍端年十三,不识六与七。通子垂九龄,但觅梨与栗。天运苟如此,且进杯中物。"(《责子》)杜甫当日读到这首诗,颇有感触,写道:"陶潜避俗翁,未必能达道。……有子贤与愚,何其挂怀抱!"(《遣兴五首》其三)杜甫在写作这首诗之前、之后讲到他儿子宗文、宗武(尤其宗武)的诗句不少,如:"别离惊节换,聪慧与谁论?……忆渠愁只睡,炙背俯晴轩"(《忆幼子》)、"骥子好男儿,前年学语时。问知人客姓,诵得老夫诗"(《遣兴》)、"自从都邑语,已伴老夫名。……熟精《文选》理,休觅彩衣轻"(《宗武生日》)、"失学从愚子"(《不离西阁二首》其一)、"应须饱经术,已似爱文章。十五男儿志,三千弟子行。曾参与游夏,达者得升堂"(《又示宗武》),等等。若论为儿子"挂怀抱",杜甫丝毫不亚于陶渊明,难道他自己心里还不明白?他议论陶渊明的那些话,与其说是讥刺别人的微词,毋宁理解为"寄之渊明以解嘲"(黄庭坚语),慨叹做父母的对儿女往往痴心,甚至像陶渊明这样的"避俗翁"也不能免俗。其实,陶渊明对自己的要求又何尝能免俗?除了"进德修业",他也渴望立功。不然,他就无须一再在诗中提到他的"猛志""宏志",太息"日月掷人去,有志不获骋",太息"猛志逸四海,骞翮思远翥。荏苒岁月颓,此心稍已去"(均见《杂诗十二首》)了。陶渊明自愧赶不上他那些建功立业的祖先:"嗟余寡陋,瞻望弗及",这就表明他确曾有过想赶的念头或志向。他的"猛志""宏志"的形成,显然也同样受到了封建家族的影响。

　　陶渊明和杜甫,情况有异,成就各别。将他们放在一起加以比较,只是想说明这样一点意思:封建时代那些出身于没落世家的"飘零子弟",由于家庭教育、家族观念等原因,为了"重振家声",为自己的出路,往往会转向他们著名的祖先乞求精神上的支持力量,若明若暗地形成自己的大理想、大抱负;这些理想和抱负,即使在当时多少含有一些进步因素,但大多是抽象的、朦胧不清的,而且最终也离不开建功立业、光宗耀祖的世俗考虑;不过这些大理想、大抱负也有促使人们开阔眼界,注意重大社会和政治问题的作用,随着他们的日益深入现实,经历了种种磨炼,对那些有识之士来说,有可能在他们理想幻灭、抱负落空之后,得到并非他们梦寐以求的别种成就。失之东隅,收之桑榆。杜甫和陶渊明在人生道路上的得失就是明证。

二 祖父的文学

如果说远祖杜预激发了杜甫的功名事业心，那么祖父杜审言可说是他走上诗坛的先导。杜审言，字必简，唐高宗咸亨元年（六七〇）进士，做过县尉、县丞等小官。后武后召见，将任用他，问："卿喜否？"审言蹈舞致谢。武后教他赋《欢喜诗》，叹重其文，授著作佐郎，迁膳部员外郎。中宗神龙元年（七〇五）张柬之等诛杀武后宠幸的张易之、张昌宗兄弟，随后中宗即位，赦天下，惟二张党羽不原。杜审言因与张易之有交往，流峰州。不久召授国子监主簿、修文馆直学士。死后追赠著作郎。杜审言少年时与李峤、崔融、苏味道同被时人称为"文章四友"。武后很看重李峤的文才，朝廷每有重要写作任务，多交给他去完成。崔融为文典丽，当时很少有人能同他相比，朝廷许多文章，如《则天哀册文》等，多出自他的手笔。苏味道也很会写文章，曾替人起草谢表，援笔而成，辞理精密，盛传于代。杜审言的文章没有流传下来，既然和李、崔、苏三人并称，想也有一定水平。但要指出的是，从现存李峤为御史台巡按天下一事所上的疏、崔融论关市税收疏等文章看，他们写的多是带骈俪句式的应用文。这种文章写作起来虽然不易，却无多少文学意味。

宋代洪迈《容斋随笔》载，唐判语必骈俪，自朝廷至县邑莫不皆然，非读书善文不可，宰臣每启拟一事，亦必偶语数十语。当时习尚如此。杜审言的诗现存四十余首，多律诗，五律较有佳作。他和宋之问、沈佺期都通过自己的创作实践，对五律的形成做出过贡献。杜审言自恃才高，出言往往很狂妄。苏味道做天官侍郎，杜审言为他拟判，出来后对别人说："味道必死！"听到这话的人大吃一惊，问为什么，他说："彼见吾判，且羞死。"（可见他擅长的确乎是应用文。）他还对人夸口说："吾文章当得屈、宋作衙官，吾笔当得王羲之北面。"（虽是吹牛，可见他的书法还是可以的。《大唐新语》就说他"雅善五言，尤工书翰"。）他的自高自大，可说至死不变。当他病危临终时，宋之问、武平一等人来探望他，问他怎样。他答道："甚为造化小儿相苦，尚何言！然吾在，久压公等，今且死，固大慰，但恨不见替人也。"据史传载，崔融去世，杜审言曾为他服丧，恐怕他唯独对此人暗中感到有点佩服。沈佺期、宋之问人品很次，媚附张易之兄弟，扈从武后游宴，因会写歌功颂德的应制诗很受赏识。李峤、崔融、苏味道都以文才得到武后的重用，做了高官，结局也较好。但他们和沈、宋一样，都降节依附过张易之兄弟；二张伏诛，都连坐遭贬。杜审言同他们有来往，遭遇也差不多，官做得远没有李、崔、苏的高，也不像沈、宋那样卑下，但从他赋《欢喜诗》、蹈舞拜谢武后授官和交接二张等表现看，他的人品也不算很高尚。他和杜预的坟墓同在首阳山，杜甫寒食不祭祖而祭远祖，并表示政治上要以远祖为榜样，可见远祖和祖父在他心中所占的地位是不同的。他的《八哀诗·李公邕》说："往者武后朝，引用多宠嬖。"这"宠嬖"即指二张之流。他对他祖父的政治表现，不可能也不敢有任何微词，心里还是有看法的，起码会感到与这些"宠嬖"有牵连未免窝囊。杜甫后来在成都遇到与杜审言同时为武后所用的闾丘均的孙子某和尚，曾写诗送他说："惟昔武皇后，临轩御乾坤。多士尽儒冠，墨客蔼云屯。当时上紫殿，不独卿相尊。世传闾丘笔[3]，峻极逾昆仑。……吾祖诗冠古，同年蒙主恩。"（《赠蜀僧闾丘师兄》）很显然，他只是为作为"墨客"的两家祖

---

[3]《唐诗纪事》谓杜审言以诗、闾丘以字同侍武后。后代注家以为六朝以有韵者为诗、无韵者为笔，诗中所谓"闾丘笔"指文而言。据"吾笔当得王羲之北面"，这里的"笔"仍当指"字"，《纪事》不误。

父能以"诗""笔"与卿相同为朝廷所尊重,而深感际遇的不易,其着眼点主要在于文事。

说到文事的最高成就,一般多举屈原、宋玉。"吾祖诗冠古",当然超过了屈、宋。这不过是杜审言大言"吾文章当得屈、宋作衙官"的另一种说法。这么说,虽有自豪之意,但也不可过于认真,认为杜甫真的把他祖父看成"千古诗人之冠"。因为这话和夸奖"闾丘笔""峻极逾昆仑"一样,只是一般应酬诗中互相吹嘘家学渊源的老套头。《赠蜀僧闾丘师兄》作于上元元年(七六〇)秋。第二年作《戏为六绝句》。这组诗开论诗绝句的先声,也为后世诗话所宗尚,虽说"戏为",实是精当、严肃的论诗之作。其五说:"不薄今人爱古人,清词丽句必为邻。窃攀屈宋宜方驾,恐与齐梁作后尘。"《杜臆》说:"谓我不薄今人之爱古人,而辞句必与为邻也。但学古人者,在神不在貌,今优孟屈、宋自谓可与方驾,恐不免作齐、梁之后尘耳。"这首诗多歧解,但有一点是可以肯定的,他把屈、宋,不把"诗冠古"的"吾祖"当作高悬的标准。当认真论诗时,他也并不信口雌黄。杜甫诗文中涉及杜审言的话还有一些,如"天下之人谓之才子"(《唐故万年县君京兆杜氏墓志》)、"诗是吾家事"(《宗武生日》)、"法自儒家有"[4](《偶题》)等。虽说他并非真的盲目地认为杜审言的诗好得到了无以复加的极境,他还是为他家出了这样一个著名的"才子"和诗人而自豪。他把作诗看成是他家的专业,并以此勉励儿子,这固然反映出他有着强烈的封建家族感情,

---

[4] 郭沫若《李白与杜甫》:"(杜甫)《寄刘峡州伯华使君》诗中叙述到刘允济与杜审言同被见重于武后,谓'时论以儒称',这也就是'自先君恕、预以降,奉儒守官,未坠素业'的传统。因此,作为著作佐郎的诗人杜审言也应该算为'儒'了。杜甫在大历初在夔府所作的《偶题》中叙述到他自己作诗文的经历,有'法自儒家有'的诗句。'法自儒家有'等于说'诗是吾家事'而已。所谓'儒家'也不过是'书香之家'或者'读书人家'而已。"这样理解是对的。

也表明他确乎很看重他祖父所开创的诗歌传统。作为一种精神力量，这无疑会激发他从事诗歌创作的兴趣和热忱，增强他要在这方面取得成就的信心和勇气。

何况杜审言对杜甫的影响，并不仅止于精神上的鼓励。

不少评论家早已指出，杜审言给予杜甫最直接、最明显的影响是排律这一诗歌形式的运用。唐初袭齐梁余风，宫体诗盛行。宫体诗内容空洞，一味追求对仗、声韵、辞藻、用典，经过上官仪、沈佺期、宋之问诸人的不断写作，从而促进了五律诗体的形成。杜审言对五律诗体的定型也做出过贡献，但最引人注意的还是他的五言排律。说五排是五律的延长，不如说是齐梁以来新体诗的入律。新体诗一般较长，其中几联皆须对仗，只要调调平仄，一律改押平韵，就是五排了。李峤、崔融、沈佺期、宋之问等都写过不少很典型的五排，最长的则推杜审言的《和李大夫嗣真奉使存抚河东》四十韵。杜甫在《八哀诗·李公邕》中提到了这首长律："例及吾家诗，旷怀扫氛翳。慷慨嗣真作，咨嗟玉山桂。钟律俨高悬，鲲鲸喷迢遰。"李邕是盛唐文坛上的大名人。杜甫青年时就得到他的赏识（"李邕求识面"）。他曾经跟杜甫谈论过崔融、苏味道、杨炯、张说等前辈文人的创作成就，就中最推崇杜审言的诗，尤其那首四十韵的长律。这是杜甫事后追述李邕讲到他祖父的那段话。"玉山桂"出《晋书·郤诜传》郤诜答晋武帝语："臣举贤良对策为天下第一，犹桂林之一枝、昆山之片玉。"用在这里，意思是说这首长律可算得是天下第一名篇。对于这样一个极高的评价，杜甫当然是深感荣幸、永志不忘的。杨伦说："于表扬先世处尤致低徊，见仁人孝子之用心。"（《杜诗镜铨》）杜甫在这里又一次流露出强烈的封建家族感情。

显然受了祖父的影响，杜甫也很看重五排的写作。他写的五排既多且长，现存最长的是《秋日夔府咏怀奉寄郑监李宾客一百韵》，真说得上是青出于蓝而胜于蓝了。运用大量典故，严格遵守格律要求，还要一韵到底，而且内容庞杂，忽自叙，忽叙人，忽写景，忽言情，忽纪事，忽议论，忽眼下，忽过往，居然写得这样波澜层叠、流转自如，没有相当的创作经验和学识，是很难下手的。这首诗有思想，有感情，不可简单地斥之为"文字游戏"，将它一笔抹杀。可是这样的诗，框框多，局限大，很不利于真情实感的自然流露，即使挖空心思，拮扯掌故，写得再好，艺术效果也较差。[5] 杜甫是语言艺术大师，应该深谙此中甘苦。那么，他为什么偏要舍易求难、自讨苦吃，偏要变本加厉，将开始于他祖父的四十韵长律扩大为一百韵呢？

我看，除了个人爱好（既有这一体，无妨做些尝试和探讨），还有来自时尚的原因。

中唐掀起过古文运动，出现了不少著名的散文作家和作品，在某些时期、某些方面，散文取得了可喜的进展，但总的看来，终唐之世，凡官府文书，从朝廷"大手笔"、君臣诏奏，直至州县书判，所用文体始终未离骈俪（到中晚唐令狐楚、李商隐手里又进一步发展成骈俪化程度更高的四六文）。骈体应用文，既要用典，又要切合时事实际，写起来无疑比一般文学骈文更难。这就无形中成了一种专业技能，那些少数精于此道的人，由于"物以稀为贵"，自会名重一时了。这种时尚，也可说是起于特定的社会需要，反映到科举上，就要求那些想考上进士的人，应具备"藻思清华，词锋秀逸""游情文藻，下笔成章"的才学。杜审言是"文章四友"之一，又是进士出身。他曾

---

[5] 洪迈说："诗至百韵，词意既多，故有失于检点者。此诗'满座涕潺湲'，与'伏腊涕涟涟'为重意。"（《容斋随笔》）张𬘘说："'不敢坠周旋'，与'泽国绕回旋'为重韵。"（《杜少陵集详注》引）这虽是些小毛病，但足以说明排律过长技巧上也很难掌握。

经口出大言,自夸他起草的"判"能令苏味道"羞死",足见他是写骈体应用文的老手。此外,唐初以来,诗坛重辞藻、事对,像《北堂书钞》和《艺文类聚》这样一些类书便应运而生,诗便成了"类书家"的诗,也便是"类书式"的诗(详见闻一多《唐诗杂论·类书与诗》)。"四杰"和陈子昂,甚至杜审言、沈佺期、宋之问他们,各自从不同角度,都对转变这股形式主义诗风做过大小不同的努力,也收到了一定成效,但宫廷应制、官府应酬,写的仍是"类书式"的诗。从现存作品看,杜审言也是写这种诗的好手。杜审言既是写骈体应用文的老手,又是写"类书式"的诗的好手,加上他秉性狂妄,好恃才逞能,这就难怪他爱写长律,甚至有的竟长达四十韵了。

其后,规定进士科在试策之外加试诗赋各一篇,赋韵四平四仄,诗五言六韵十二句,无论诗赋都是命题作文,都须调平仄讲对仗。骈赋、排律既然成了法定的考试科目,就更为士林所重了。——究竟进士科加试诗赋始于何时?据《旧唐书·杨绾传》记载是始于天宝十三年。其实中宗复位之初已开其端,这时不过更进一步制度化罢了。[6]——为了考进士,掌握诗赋这一"敲门砖",当时的士子

---

[6] 关于进士科考试科目的增减情况大致如下。《旧唐书·杨绾传》载:"近隋炀帝始置进士之科,当时犹试策而已。至高宗朝,刘思立为考功员外郎,又奏进士加杂文,明经填帖。"《唐会要》卷七六所载与此稍有不同,但更具体:"调露二年四月,刘思立除考功员外郎。先时进士但试策而已。思立以其庸浅,奏请帖经,及试杂文,自后因以为常式。""帖经"是指将经文用纸贴住几字,令考生填写,犹今之填空。《唐会要》卷七六又载:"开元二十四年十月,礼部侍郎姚奕请进士帖左氏传、周礼、仪礼,通五(填对五个字)与及第。"可见不仅明经,进士亦需填帖,而且指定的经书范围也不小。所谓"杂文",虽未说明是哪一种,既然进士科要求"辞藻宏丽",光试策还嫌"庸浅",就很可能包括诗赋在内了。(因为诗赋最能见出辞藻修养。)《唐摭言·试杂文》载:"后至调露二年,考功员外刘思立奏请加试帖经与杂文,文之高者放入策。寻以则天革命,事复因循。至神龙元年方行三场试,故常列诗赋题目于榜中矣。"据此可肯定:中宗复位之初,终于实行了刘思立关于进士加试杂文的建议;而所谓"杂文"确乎包括"诗赋"在内,进士加试诗赋决非始于天宝十三载。

都曾狠狠地下过一番工夫。譬如孟浩然，他长期隐居襄阳，"属意在章句"，努力为应试入仕做准备，等到自以为"词赋颇亦工"了，才于四十岁那年入长安考进士（花了偌大的气力，可惜落第了）。

应试的诗赋看重辞藻、事对，要想提高这方面的水平，根据唐初以来形成的风气，就要精通《文选》。《文选》为习举业的士子提供了丰富的辞藻、典故，也提供了极佳的范文。由于时人的崇尚，学术上也相应出现了曹宪、李善等开创的所谓"选学"，足见它影响之大。李白后来采取交游干谒、隐逸求仙的方式，得到皇帝的征聘，想从此步入仕途。但先前似乎也曾有过应进士试的打算。《酉阳杂俎》载："李白前后三拟《文选》，不如意辄焚之，惟留《恨》《别》赋。今《别赋》已亡，惟存《恨赋》矣。"这传说是否可信姑且勿论，拟《恨赋》总是不假的。江淹的《恨赋》是标准的骈赋，无论就体制、作法或"辞藻宏丽"的文风而言，都最接近进士科所试的律赋。要不是为了应举，谁肯这么亦步亦趋地去苦苦摹拟它呢？光泛泛地解释这只是李白一般的刻苦学习创作的表现，不是很能令人信服的。前面已经提到杜甫很推崇他祖父杜审言的诗，尤其是他的排律，而且自己也很会写排律。结合当时的风气和进士科对诗赋的要求看，这也不仅出于一般的对文学创作的爱好，而主要是有着为考进士作准备的世俗打算。杜甫从小读书写作，自恃得家学真传，举业娴熟，便于漫游吴越之后，二十四岁那年第一次信心十足地去应试，哪知却失败了："归帆拂天姥，中岁贡旧乡。气劘屈贾垒，目短曹刘墙。忤下考功第，独辞京尹堂。"（《壮游》）屈、贾、曹、刘，全不在话下，好大的口气！这话与杜审言自夸"吾文章当得屈、宋作衙官"的大言相比，也毫不逊色。"法自儒家有"，杜甫得到了乃祖的文"法"、诗"法"，也得到他的狂妄了。当时他少年气盛，并不以下第为意。十二年后，他再次应诏赴长安就选，与元结等人皆因李林甫怕士子干预朝政而未被录取。这不是寻常的落第，这是政治迫害，加上年纪大些，他后来谈到这事感到很愤恨、很痛心："破胆遭前政，阴谋独秉钧。微生沾忌刻，万事益酸辛！"(《奉赠鲜于京兆》)到四十岁时，眼看功名无望，只得走投匦献赋这最后一条门路，进《三大礼赋》；玄宗奇之，命待制集贤院："忆献三赋蓬莱宫，自怪一日声烜赫。集贤学士如堵墙，观我落笔中书堂。"(《莫相疑行》)在他看来，虽未因此而博得名位，倒也十分的风光，总算没白学诗赋一场。《三大礼赋》现存，都是律赋，其中的一些骈辞俪句，如"九天之云下垂，四海之水皆立"[7]、"桐花未吐，孙枝之鸾凤相鲜；云气何多，宫井之蛟龙乱上"、"甲胄乘陵，转迅雷于荆门巫峡；玉帛清迥，霁夕雨于潇湘洞庭"[8]等，除了句式的不同，岂不是很好的诗句么？由此可见律赋和律诗在基本功的训练上是相同的。

杜甫继承家学，为应试练就了高超的诗赋写作能力，而终莫能售，失望之余，只有将"奉儒守官"、维持"未坠素业"的希望寄托在他所偏爱的二儿子宗武了。他给宗武的教训中最重要的有这么三句话："应须饱经术"(《又示宗武》)、"诗是吾家事"、"熟精《文选》理"(《宗武生日》)。第一句除指一般意义的"奉儒"，读者可别忘了考进士是要填帖经的啊！第二句主要为杜审言的诗文成就自豪，也有自负意，希望小子能继承他家这一传统专业。第三句，是说要想写好诗赋，唯一诀窍是精通《文选》。这是他的经验之谈，也是时人风尚。这三句话，如果仅仅理解为只不过在勉励儿子熟读经书，搞

---

[7] 苏轼《有美堂暴雨》中名句"天外黑风吹海立"即由此化出。
[8] 仇兆鳌说："公作赋时，正当平世盛年，忽云'荆门巫峡''潇湘洞庭'，厥后奔走蜀楚，暮景穷涂之兆，先见于此语。诗文各有谶，在作者亦不自知其然也。"(《杜少陵集详注》)谶语无稽之谈不足信；但指出这一偶合，倒也有趣，可资谈助。

好创作,做个通儒和诗人,恐怕不完全符合像杜甫这样的父亲的心意。这是在苦口婆心地教导儿子要按照乃祖乃父的路数,从小为应试练好过硬的本领。代宗时礼部侍郎杨绾,曾上疏议论高宗朝刘思立奏请进士加杂文、明经填帖之后,"从此积弊,浸转成俗,幼能就学,皆诵当代之诗;长而博文,不越诸家之集。递相党与,用致虚声。六经则未尝开卷(案《资治通鉴》卷二二二引文有'其明经则诵帖括以求侥幸'语),三史则皆同挂壁","朝之公卿以此待士,家之长老以此垂训"(《旧唐书·杨绾传》)。杜甫"致君尧舜上"的政治理想中尽管存在着一些封建性的糟粕,他倒是个很有真才实学的老实人。他看重科举,只是死心眼地认定这才是入仕的唯一正途。他要求子弟读经习文,也并非"用致虚声""以求侥幸"。这和杨绾所批评的不良倾向是很不相同的。不过他毕竟未能免俗。他对儿子夸耀"诗是吾家事",要他练好本领考进士,这还不是同世俗的"家之长老"一样,在"以此垂训"么?

杜甫将杜审言所开创的"吾家事"接过来传下去,当然不都是出于习举业的世俗考虑。因前人对此注意不够,故详言之。如果以为杜甫看待其祖,其祖影响杜甫仅限于此,那未免委屈古人,也不是我的本意。杜甫不用说了。杜审言虽然擅长时俗诗文,却是个地地道道的诗人,在初唐颇为突出,颇有影响。闻一多仿前人批评李善注《文选》"采事而忘意"的话,批评唐初宫体诗人"用事而忘意"。这只是就总的倾向而言,并非说这些诗人、诗作连丁点儿"意"也没有。杜审言追随二张、侍从武后游宴作应制诗的时间究竟不长,后来遭贬,"十年俱薄宦,万里各他方"(《赠崔融二十韵》),生活面广了,感受多了,也写过像《和晋陵陆丞早春游望》《赠苏绾书记》《渡湘江》这样一些情意真切、风格清新的诗篇。如果将"四杰"的深情咏叹比作应时而起的熏风,将陈子昂的高唱和倡导诗歌革新的大声疾呼比作狂飙，吹动了、吹散了弥漫唐初文苑的齐梁浮艳余风，那么，杜审言和沈、宋的少数写常人生活的篇章，就是冲淡宫体诗堆砌积习的细细凉飔。就杜审言现存的诗作而论，他的五排写得还是很堆砌，不如五律、绝句有一两首有新的突破。排律除头尾四句外，其余均须对仗，越长越呆板，形式本身就伏下先天性堆砌之病。杜甫自幼得乃祖真传，独擅此体，晚年技痒，制作颇多，居然能写出像《冬日洛城北谒玄元皇帝庙》《谒先主庙》《投赠哥舒开府翰二十韵》《大历三年春白帝城放船出瞿塘峡久居夔府将适江陵漂泊有诗凡四十韵》《寄岳州贾司马六丈巴州严八使君两阁老五十韵》《秋日夔府咏怀奉寄郑监李宾客一百韵》等这样一些格律严谨、属对精工、气势磅礴、挥洒自如的长篇巨制，这不能不教人惊叹他学力之深、才力之大和对艺术的执着追求。作排律往往无好诗，也不应提倡作排律。但是，杜甫既已对这一最呆板、最易窒息创作活力的形式运用得较为得心应手，写出了一些较有内容的好诗，难道能因形式而否定内容，说这不过是些毫无意义的"试帖诗"，是在玩"文字游戏"(9)吗？"诗是吾家事"，杜甫为他家有诗

----

(9) 长庆三、四年（八二三、八二四），白居易为杭州刺史，元稹为浙东观察使。他们置邮筒，唱和始依韵，多至千言，少或数十言，后结集十六卷，收诗千余首。他们大量写作这种"千言律诗"，不过是为了"吟咏情性"，且"意欲定霸取威""播扬名声"，这才真正是"文字游戏"。元稹好作长律，也极力推崇杜甫的长律。他说："是时山东人李白，亦以奇文取称，时人谓之李杜。余观其413浪纵恣，摆去拘束，挈写物象，及乐府歌诗，诚亦差肩于子美矣。至若铺陈终始，排比声韵，大或千言，次犹数百，辞气豪迈，而风调清深，属对律切，而脱弃凡近，则李尚不能历其藩翰，况堂奥乎？"（《唐检校工部员外郎杜君墓系铭并序》）元白皆抑李扬杜，而着眼点各别：白居易是因为囿于狭隘的"诗教说"而看不到积极浪漫主义的伟大意义；元稹则由于偏爱而错误地将律诗当作了衡量诗人高低的标准。其实，无论就思想或艺术而言，杜甫的长律在他各体诗歌中的成就最小。如果以此为标准来抑李扬杜，结果是不仅抑了李也抑了杜。在明眼人看来，这于李杜无伤，只足显出持论者的荒谬。对于这种谬论，加以适当的批驳是应该的。但是，如果不跳出元稹命题的框框，仍在诗歌形式的运用上为李杜争一日之短长，或反过来抑杜扬李，那岂不是五十步笑百步么？

歌创作传统而自豪，开始学诗的当初，想得最多、最具体的无疑是为了应试入仕。但是，到了他"晚节渐于诗律细"时，就显然不是为了应试而是为了创作了。今天不需要为创作，更不要为应试，去向老杜学作排律，但是，他这种锲而不舍、孜孜不倦、善于继承、勇于创新的精神却是值得学习的。

上述种种，可以明显地看出杜审言对杜甫的影响，但影响也决不仅止于此。

契诃夫的友人谢普金娜-库彼尔尼克曾在《忆契诃夫》（载人民文学出版社出版《回忆契诃夫》）的文章中写到，契诃夫的父亲巴维尔有许多大本子。在这些大本子里，他以一行字写上每天的全部事件，例如："十四日，女孩子们从树林里采回铃兰来。""十五日，玛利尤式卡烙饼烙得妙极了。""十六日，牧童被雷击死了。""十七日，米沙结了婚。""十八日，客人来了，褥垫不够用。""安东生气了。牡丹盛开了"等等。快乐、悲哀、新闻全部都庄严而沉重地写在一行里。从这个笔记中可以了解，契诃夫在一个句子里那样简练地描写了整幅图画——通过"一个在堤上闪着光的瓶嘴"描写了整个月夜的情景……这种才能是从哪里来的？才能、气质能否遗传，不拟讨论。不管怎样，这小段回忆很有意思。这不是科学的论断，这是出自女性敏感的觉察，但也很能说明些问题。巴维尔不是小说家，文化也不高，儿子尚可从他那里获得某种艺术才能。杜审言是诗人，作品俱在，难道杜甫就仅只在格律上，而不能从艺术本身得到一些启发么？杜审言诗歌特色之一是善于把握变化莫测的风物和微妙的情绪，如"云霞出海曙，梅柳渡江春"（《和晋陵陆丞早春游望》）、"日气含残雨，云阴送晚雷"（《夏日过郑七山斋》）、"江声连骤雨，日气抱残虹"（《度石门山》）、"春情著杏花"（《晦日宴游》）等等。我看，这种艺术感受和表现能力对杜甫并非毫无影响。杜甫的《题省中院壁》：

"落花游丝白日静，鸣鸠乳燕青春深"、《遣意二首》其二："云掩初弦月，香传小树花"、《水槛遣心二首》其一："细雨鱼儿出，微风燕子斜"、《船下夔州郭宿》："风起春灯乱，江鸣夜雨悬"、《即事》："雷声忽送千峰雨，花气浑如百和香"，等等，写景入微，情意自出，气氛浓烈，印象鲜明，造诣之高，非杜审言能及，但从发展上看，却是乃祖一脉所传。所以宋代王得臣说："杜审言，子美之祖也。则天时，以诗擅名，与宋之问倡和。其诗有'绾雾青条弱，牵风紫蔓长'。又有'寄语洛城风日道，明年春色倍还人'之句。若子美'林花带雨胭脂落，水荇牵风翠带长'。又云：'传语风光共流转，暂时相赏莫相违。'虽不袭取其意，而语句体格脉络，盖可谓入宗而取法矣。"（《苕溪渔隐丛话》引《麈史》）宋代邵博更列举杜审言《和韦承庆山庄》诗五首，说："味其句法，知子美之诗有自云。"（《河南邵氏闻见后录》卷十八）

三　几个奇特的亲族中人

此外，杜甫家族中还有些人和事对他多少有所影响。武后时杜审言贬吉州（今江西吉安）司户参军，与同僚不和。司马周季童为司户郭若讷所蛊惑，将杜审言下狱，准备杀害他。杜审言的次子杜并年十六岁[10]，决心为父报仇，趁一日宴会之际，怀刃猛刺周季童。周季童受重伤，他也被左右所击杀。周季童临死时说："吾不意审言有孝子，郭若讷误我至此。"杜审言因此得救，回到洛阳。当时

---

[10] 杜甫《唐故万年县君京兆杜氏墓志》中"并"误作"升"，《旧唐书·文苑传》杜并卒年误作"十三"，周季童误作"季重"，此据洛阳出土的《杜并墓志铭》中有关记载一一改正。

的人得知杜并的事都很感动，苏颋为他作墓志，刘允济作祭文，后来杜甫也很以他家出了这样个孝子为荣，说："缙绅之家，谏为孝童。"(《唐故万年县君京兆杜氏墓志》) 其实在杜并之前，杜家就出了个为父兄报仇的人。据史传记载，杜审言的曾祖杜叔毗，事母至孝，因其兄杜君锡为曹策所害，白昼手刃曹策于京城，然后从容面缚请戮，一时传为美谈。只是此人此事离杜甫较远，诗文中没有提到。血亲复仇是强烈家族观念和孝悌伦理道德的体现，一般地说不宜肯定，也为封建国法所不容。但是如果本身带有正义性，而且事后又投案伏法，那么这种行为不仅为时论所称，也会得到封建统治者的赞许。因为复仇者既以"伏法"维护了"法"的尊严，又以孝悌之行宣扬了礼教，二者都是有助于巩固封建统治的。如西晋傅玄《秦女休行》，写秦氏烈妇为父母报仇、刺死"暴且强"的仇人后投案自首的事，其主旨就是这样。如果以为这是创作，不足为凭，且看陈子昂关于类似案件的议论："窃见同州下邽人徐元庆，先时父为县吏赵师蕴所杀，元庆鬻身庸保，为父报仇，手刃师蕴，束手归罪。虽古烈者，亦何以多！诚足以激清名教，旁感忍辱义士之靡者也。然按之国章，杀人者死，则国家画一之法也。法之不二，元庆宜伏辜。又按礼经，父仇不同天，亦国家劝人之教也。教之不苟，元庆不宜诛。"(《复仇议状》) 那么怎么办呢？他接着提出这一个两全其美的处理方案："如臣等所见，谓宜正国之法，置之以刑，然后旌其闾墓，嘉其徽烈，可使天下直道而行。编之于令，永为国典。"《旧唐书·陈子昂传》说："当时议者，咸以子昂为是。"想是照此处理了。先正国法后旌表，似乎更看重法。其实，以死"正"法也"正"了礼。儒家讲杀身成仁、舍生取义。陈子昂懂得，只有处之以死刑，才能抑制凶杀的泛滥，才能极大地提高礼的价值，以收"激清名教"之效。徐元庆的事曾上报朝廷，廷议时都赞同陈子昂的意见[11]，可见这意见在当时是很有代表性的了。从这意见中可知封建统治者并非毫无条件地鼓励血亲复仇，而只是对那些奉礼守法、"可使天下直道而行"的人和事特加表扬。徐元庆报仇在杜并报仇前十余年。这两件事的性质是一样的。既已较具体地了解了当时人们对这类案件的看法，再回头来看杜并的事，对他的被尊崇、被传诵、甚至为仇人死前所原谅、所赞叹，就容易理解了。杜并可说是封建道德的最高体现者。杜甫以他家出此"孝童"为荣，也必会在封建道德的教养上受到不一般的影响。杜甫的封建道德观念很强，表现在行为上很执着，这有保守、迂腐的一面，也有真诚、刚烈的一面。当论及他所受家世影响时，应同时注意到这两个并非截然分开的不同的方面，而有所扬弃。

　　杜甫的母亲崔氏，在杜甫幼年就死了。杜甫对她大概没什么印象，诗文中很少提到她。四川文史馆编《杜甫年谱》谓崔氏系崔融之长女，不知何据。案杜甫《祭外祖祖母文》："外氏当房，祭祀无主；伯道何罪，阳元谁抚？"此用"天道无知，使邓伯道（名攸）无儿"和魏阳元（名舒）少孤为外家所养的典故（均见《晋书》二人本传）。又说他和姨表兄弟郑宏之都很命苦，母亲都死得早："弱岁俱苦，慈颜永违。"难道没有舅舅吗？但不知他归向何处："岂无舅氏？不知所归。"这不是说他外祖父那一房早已绝嗣了？《旧唐书·崔融传》载崔融"二子禹锡、翘，开元中相次为中书舍人"。他的外祖父不像是崔融。杜甫入蜀以后赠诸舅的诗很多，如《赠舅父崔十三评事公辅》："舅氏多人物"，又如《奉送二十三舅录事之

---

〔11〕《旧唐书·陈子昂传》在"当时议者咸以子昂为是"后有"俄授麟台正字"云云。罗庸《陈子昂年谱》说："案本集卷七载《复仇议状》辞意与献书不同，当是授官后作，非初应举时作也。"又《议状》中有"如臣等所见"云云，揣知此事曾付廷议。

摄郴州》：“贤良归盛族，吾舅尽知名”，以及《阆州奉送二十四舅》《王阆州筵席酬十一舅》等。这许多舅舅想必都不是亲的，但也可从诗句中看出这一曾与唐王室有亲戚关系的世家大族，在安史乱后并未中落。杜甫外祖母的父亲，是太宗第十子纪王李慎的次子义阳王李琮。武后专政，太宗子孙多遭杀戮。越王李贞起兵讨伐武后失败，李慎受牵连下狱，改姓虺氏，流放岭外，死于途中。李琮被拘于河南狱，其妻关在司农寺，杜甫的外祖母穿着布衣草鞋，形容憔悴，徒步往来两处，为父母送饭[12]，人们见了很受感动，说她是"勤孝"。李琮的儿子行远、行芳发配在巂州（今四川西昌）。行远到了成年，将被杀。行芳还小，应免死。但他抱住行远啼哭不放，请求代替他哥哥去死；不听，终于同归于尽。西南的人同情行芳，称赞他是"死悌"。行远、行芳就是杜甫母亲的舅舅。杜甫外祖父的母亲又是高祖第十八子舒王李元名的女儿。李元名在武后永昌年间为后党田神勣陷害，流放利州（今四川广元），不久被杀。杜甫晚年在夔州与高祖第十七子道王李元庆的曾孙李义相逢，有《别李义》说："神尧（指高祖）十八子，十七王其门。道国（元庆）洎舒国（元名），实维亲弟昆。中外贵贱殊，余亦忝诸孙。"杜甫曾与他的姨表兄弟荥阳郑宏之在洛阳北邙山合祭他们的外祖父母。他写的祭文中就沉痛地提到了这些惨剧，一开头就叹息道："缅维凤昔，追思艰寠。当太后（指武后）秉柄，内宗如缕。纪国则夫人（指外祖母）之门，舒国则府君（指外祖父）之外父（当是'外祖'之讹）。"像这种外婆的娘家、外公的外公的姻亲关系，本来很疏远

---

[12] 张说《赠陈州刺史义阳王神道碑》："初永昌之难，王下河南狱，妃录司农寺，惟有崔氏女，屝屦布衣，往来供馈。""录"是审讯囚徒的意思。"妃录司农寺"谓李琮妻被拘于司农寺受审。"往来供馈"，谓崔氏女往来于河南狱、司农寺两处为父母送饭。一些论著仅理解为为父送饭，与原意稍有出入。

了,但一与王室沾边,又出了些"孝""悌"可风的人和事,这自会受到像杜甫这样封建意识浓厚的人的重视(李白常自诩是宗室后裔,到处联宗攀亲,也未能免俗)。由于外公家与唐王室是姻亲,这无疑使杜甫产生一种特殊感情,更增强他的忠君思想。

　　杜甫出身于一个有着"奉儒守官"和诗歌创作传统的、有着"生常免租税,名不隶征伐"特权的旧世家。这样的家庭,为他早年"读书破万卷"提供了条件,更促使他对功业的追求和对文学的钻研,同时也养成了他强烈的封建思想感情。杜甫所受家世的影响有消极的一面,也有积极的一面。大致说来,早期消极面大于积极面;随着经历了时代的苦难,日渐深入社会,接触到下层人民,消极面有了很大的缩减,但始终在他的人生观中占据着自己的位置。

第二章　童年琐事

一　杜母小议

前面提到杜甫的母亲姓崔,她在杜甫幼年就去世了。因有关文字记载不多,对此一直有不同看法,不妨稍作探索。

钱谦益认为《唐故范阳太君卢氏墓志》是杜甫天宝三载(七四四)代他父亲杜闲所作,并论证杜闲卒于天宝年间,这是正确的。[1]但谓"公母崔氏,此云冢妇卢氏,卢字误。以《祭外祖祖母文》及张燕公《义阳王碑》考之,甚明。而作年谱者,曲为之说曰:先生之母微,故殁而不书。或又大书于世系曰:母卢氏,生母崔氏。其敢为诞妄如此",就不尽然。根据《祭外祖祖母文》等,认定杜甫母亲姓崔,这毋庸置疑。崔家是清河大族,世代与唐王室联姻,怎能说"先生之母微,故殁而不书"呢?语虽不经,而由来有自。杜甫在蜀多年没有咏海棠的诗。晚唐薛能《海棠诗序》说:"蜀海棠有闻,而诗无闻。杜子美于斯,兴象靡出,没而有怀。"岂

---

[1] 钱谦益笺:"此志代其父闲作也。薛氏所生子曰闲,曰并,曰专;太君所生曰登。《志》云:'某等夙遭内艰,有长自太君之手者。'知其代父作也。又云:'并幼卒,专先是不禄。'则知闲尚无恙也。……元《志》云闲为奉天令。是时尚为兖州司马。闲之卒,盖在天宝间,而其年不可考矣。"朱鹤龄注:"按《志》云'闲为故朝议大夫兖州司马',犹《汉书·李广传》所云'故李将军',非谓已没也。"

知从此便成口实，常为后人所道及，如"莫学当年杜工部，因循不赋海棠诗"(王禹偁《送冯学士入蜀》)、"杜甫句何略，薛能诗未工"(石曼卿句)，等等，不一而足。杜甫不赋海棠诗，本来没什么可奇怪的（海棠花再美，不一定非赋不可）。但既已引起后世的注意，就不免有好事人出来妄作解答："杜子美母名海棠，子美讳之，故杜集中绝无海棠诗。"[2]（《诗林广记》前集卷二引宋代李颀《古今诗话》）后来的人见到这一莫须有的解答，一想，妇女而名"海棠"，岂非侍婢姬妾之流欤？这不就引出杜甫"母微"的谬论来了吗？钱谦益否定这一谬论是对的，但不能不加分析地将"母卢氏，生母崔氏"一说也贸然斥之为"诞妄"。钱谦益之所以如此武断，是因为他既认定杜母为崔氏，就不能容许又凭空蹦出个卢氏来；即使杜甫代父所作《唐故范阳太君卢氏墓志》中明明写着"有若冢妇（嫡长子之妻，此指杜闲妻，即杜甫母），同郡卢氏"，也一定是刻字的把"崔"字错刻成"卢"字了。朱鹤龄同意这看法，只是觉得既然说"同郡"，那就是指与"太君卢氏"同是"范阳"郡望，光说刻错一个"崔"字还不解决问题，就补充说："'卢氏'乃'崔氏'之讹，极有据。但崔之郡望为清河。此曰'同郡'，疑并误。"误刻一字犹可说也，但很难将"清河"一并误作"同郡"。极力想自圆其说，哪知反露

---

〔2〕宋赵令畤《侯鲭录》载："王立之云：老杜家讳'闲'，而诗中有'翩翩戏蝶过闲幔'，或云：恐传者谬。又有'泛爱怜霜鬓，留欢卜夜闲'，余以为皆以'闲'为正，临文恐不自讳也。迂叟李国老云：余读《新唐书》，方知杜甫父名闲，检他诗果无'闲'字，惟蜀本杜诗二十卷，内《寒食》诗云：'邻家闲不违。'后见王琪本作'问不违'。又云：'曾闪朱旗北斗闲。'后见赵仁约说：薛向家本作'北斗殷'。由是言之，甫不用'闲'字明矣。"此议一开，有主临文不避讳的，有主不避讳处系传抄之误的，有主"礼卒哭乃讳"、不避讳之诗"容是父在所为"的（张耒《明道杂志》），众说纷纭，莫衷一是。避不避父讳尚难肯定，能相信因避母讳而不赋海棠诗吗？

出破绽,此解殊不足信。案:天宝元年(七四二),杜甫的二姑[3]万年县君、济王府录事参军河南裴荣期的夫人卒于东都仁凤里;六月,迁殡于河南县平乐乡。杜甫特地为她服丧,并撰刻墓志纪德。别人见了很感动,赞道:"岂孝童(杜并)之犹子(指侄)与?奚孝义之勤若此!"杜甫哭着答道:"非敢当是也,亦为报也。"接着就叙述他二姑对他的深情厚意:"甫昔卧病于我诸姑,姑之子又病。问女巫,巫曰:'处楹之东南隅者吉。'姑遂易子之地以安我,我用是存,而姑之子卒。后乃知之于走使。"《列女传》记载着这样一个故事:齐攻鲁,在郊外遥见一妇牵一儿抱一子。那妇人见齐军来了,抛下抱着的抱起牵着的就跑。齐军正想射她,见这情况便止住了。问抱着的是谁的儿子,答是哥哥的儿子。又问抛下的是谁的儿子,答是自己的儿子。齐军问:"何弃所生而抱兄子?"答:"子之于母,私爱也;侄之于姑,公义也。背公向私,妾不为也。"齐军说:"鲁郊有妇人,犹持节行,况朝廷乎?"就撤军不攻打鲁国了。鲁君听说,赐帛一束,称之为义姑。上述杜甫二姑的事跟这太相像了。杜甫同人说起这事,都很感动,不觉想到鲁义姑,就"相与定谥曰义"。最后他十分悲痛地说:"铭而不韵,盖情至无文。其词曰:呜呼!有唐义姑,京兆杜氏之墓。"(《唐故万年县君京兆杜氏墓志》)——根据这些材料,可看出:一、"'卧病于我诸姑'[4],意公之母早亡,而育于姑也"(黄鹤语);二、"后乃知之于走使",可见二姑抚育他时年龄很小,还不记事,"公七岁吟诗,六岁观舞,皆留记忆,卧病当在六七岁前"(闻一多语);三、"举兹一隅,昭彼百行",

---

[3] 《唐故范阳太君卢氏墓志》载:"薛氏所生……息女,长适巨鹿魏上瑜,蜀县丞。次适河东裴荣期,济王府录事。次适范阳卢正钧,平阳郡司仓参军。"知杜审言前妻薛氏所生、适裴氏者为二姑。

[4] 诸姑犹诸侯、诸生。虽一人亦得云诸。

除盛赞他二姑重义的节行，他对她感情确乎很不一般，说是"如丧考妣"，并不过分，可见是她带大的。前一章已论证杜甫和他的姨表兄弟郑宏之都不幸幼年丧母，舅舅又不在，比不上魏阳元有外家抚养。两相印证，就可以较有把握地断定生母崔氏在他不记事的幼年去世了；由于家里和外家无人照看，他小时寄养在东都洛阳仁风里二姑家里。闻一多认为"闲卒必在天宝三载以后，尚别有证。公弟四人：颖，观，丰，占。公行二，集有寄丰诗，称第五弟，疑丰为闲第四子。又有《远怀舍弟颖观等》诗，颖次观前，观当系闲第三子。又有《舍弟观归蓝田迎新妇》诗，约作于大历二年。若定观二十左右置室，则当生于天宝五载前后。丰、占复幼于观，知天宝十载前，闲盖尚存"（《会笺》）。此外尚有一妹适韦氏。天宝五载（七四六）前后杜观才出生，这时杜甫已三十五岁左右。杜颖尚难判断，但可肯定杜观以下弟妹决非崔氏而是继母所生。杜甫代父所作《唐故范阳太君卢氏墓志》既然明书"有若冢妇，同郡卢氏"，那么，说杜甫的继母是范阳卢氏，又有什么可怀疑的？没任何根据，怎能动不动就说是字刻错了？至于"母卢氏，生母崔氏"的这一说法，也不是没有可指责之处。如果"母"指继母，那就对了。如果用"母"与"生母"来区分正房与侧室（如探春的生母是赵姨娘，但只承认王夫人是她的母亲），那还是杜甫"母微"谬论的另一种提法，这就难免"诞妄"之讥了。

二　绮丽的童年回忆

杜甫自己记得起的最早的一件童年往事是在河南郾城看公孙大娘舞剑器。大历二年（七六七），杜甫五十六岁。这年十月十九日，他在夔州别驾元持宅观看了临颍李十二娘舞剑器，问她是跟谁学的，说是公孙大娘的弟子。他听了很有感触，就写了《观公孙大娘弟子舞剑器行并序》，序说："开元三载，余尚童稚，记于郾城，观公孙氏舞剑器浑脱，浏漓顿挫，独出冠时。"钱谦益笺："'三载'一作'五载'。时公年六岁。公'七龄思即壮'，六岁观剑，似无不可。诗云'五十年间似反掌'，自开元五年至是年，凡五十一年。"

剑器与浑脱是从西域传来的两种胡舞。《新唐书·五行志》："（太宗时）太尉长孙无忌以乌羊毛为浑脱毡帽，人多效之，谓之'赵公浑脱'。"中宗昏庸，复位以后，耽于嬉戏，曾御洛城南楼观泼寒胡戏，臣属谏以"谋时寒若，何必裸身挥水，鼓舞衢路以索之"，请禁不纳。"数与近臣学士宴集，令各效伎艺以为乐。工部尚书张锡舞《谈容娘》，将作大匠宗晋卿舞《浑脱》，左卫将军张洽舞《黄獐》，左金吾将军杜元谈诵《婆罗门咒》"（《资治通鉴》卷二〇八—九）。上有所好下必甚焉，泼寒胡戏、浑脱胡舞之类已在当时朝野盛行。《古今词话》："《柳塘词话》曰：'古典名。'……张说诗：'摩遮本出海西胡'……杨慎曰：考之即《舞回回》也。宋人作苏幕遮，注云：'胡服，一云高昌女子所戴油帽。'《教坊记》有《醉浑脱》之称。唐吕元济上书：'比见方邑，相率为浑脱队，骏马胡服，名曰苏幕遮。'曲名取此，则一舞曲也。"张说《苏幕遮五首》现存，其一："摩遮本出海西胡，琉璃宝服紫髯胡。闻道皇恩遍宇宙，来将歌舞助欢娱。"其二："绣装帕额宝花冠，夷歌妓（一作'骑'）舞借人看。自能激水成阴气，不虑今年寒不寒。"其三："腊月凝阴积帝台，齐歌急鼓送寒来。油囊取得天河水，将添上寿万年杯。"其四："寒气宜人最可怜，故将寒水散庭前。惟愿圣君无限寿，长取新年续旧年。"综览上述材料，可揣知：所谓"赵公浑脱"，并非创自赵公，而是因赵公好戴这种叫"浑脱"的西域毡帽而传名。西域原有浑脱舞，当亦非因"赵公浑脱"而演以为舞。浑脱舞也就是苏幕遮。两者即使因时地不同而稍异，基本上当是同一类型的舞蹈，有男舞、女舞、队舞三种，演出时伴以鼓乐歌唱。苏幕遮舞（或浑脱舞）在先当是泼胡戏中的舞蹈。有谓浑脱乃相掷浑脱毡帽而舞，恐非。张说诗其三"油囊取得天河水"之"油囊"，恐非舞者另备之物，疑即所戴"油帽"或"浑脱"（一种像囊一样的毡帽，说详任二北《唐戏弄·剧录·苏莫遮》）。腊月舞者以油帽或浑脱舀水相泼，"齐歌急鼓"而舞。此舞之兴起，由来不详。据张说诗其四的解释，是"寒气宜人"，"故将寒水散庭前"，以延长冬季，延"续旧年"，聊以满足想延长寿命的愿望。这只不过是诗人所作想当然的解释，恐不尽符合创此粗犷游艺的原来民族的风习和心理。冯至《杜甫传》认为浑脱舞是从泼寒胡戏演变而来，"后来泼寒胡戏在七一三年（开元元年）被禁止了，但是浑脱舞却在大小城市更为流行"。这是很正确的。

剑器是一种健舞，有歌曲伴舞。唐代段安节《乐府杂录》："健舞曲有《棱大》《阿连》《柘枝》《剑器》《胡旋》《胡腾》等。软舞曲有《凉州》《绿腰》《苏合香》《屈柘》《团圆旋》《甘州》等。"舞蹈的分健、软，犹如戏曲的分文、武。剑器这种健舞是以舞蹈语言写战争主题。姚合有《剑器词三首》，其一："圣朝能用将，破敌速如神。掉剑龙缠臂，开旗火满身。积尸川没岸，流血野无尘。——今日当场舞，应知是战人。"其二："昼渡黄河水，将军险用师。雪光偏著甲，风力不禁旗。阵变龙蛇活，军雄鼓角知。——今朝重起舞，记得战酣时。"两诗前六句所描状的都是观剑器舞时诗人想象中幻显出来的，有始有终、有起伏有高潮的疆场争战情状，从中恍惚可见鼓角声中的队形变化："阵变龙蛇活，军雄鼓角知"，和簸旗、耍剑的舞姿："掉剑龙缠臂，开旗火满身。"《宋史·乐志》："队舞之制……二曰剑器队，衣五色绣罗襦，裹交脚幞头，红罗绣抹额，带器仗。"宋承唐之旧，剑器之为队舞，以及所用服装、器仗，唐时想已大致如此。张尔公《正字通》《文献通考》等认为其舞用女妓雄妆空手而舞。陈寅恪《元白诗笺证稿》据有关文字和四川出土古砖，认为系持双剑而舞。有人又看了那块古砖，说舞者所执如短棒。不管是剑是棒，总之不是空手。清桂馥《札朴》："甘肃女子以丈余彩帛结两头，双手持之而舞，有如流星。问何名？曰剑器。乃知公孙大娘所舞即此。"我国伎艺源远流长，虽年代相隔久远，古制往往犹存，此说不为无据。若当日舞者真以彩帛为象征性的"器仗"，摹拟"掉剑""开旗"之状，那么，就活像"龙缠臂""火满身"了。崔令钦《教坊记》："右教坊在光宅坊，左教坊在延政坊。右多善歌，左多工舞。……妓女入宜春院，谓之'内人'，亦曰'前头人'，常在上前也。"《雍录》："开元二年正月，置教坊于蓬莱宫侧，上自教法曲，谓之梨园弟子。天宝初，即东宫置宜春北院，命宫女数百人为梨园弟子。"《明皇杂录》："上素晓音律，……安禄山从范阳入觐，亦献白玉箫管数百事，皆陈于梨园，自是音响遂不类人间。……时有公孙大娘者，善剑舞，能为《邻里》曲，及《裴将军》《满堂势》《西河》《剑器》《浑脱》舞，妍妙皆冠绝于时也。"（此据钱笺引，《唐人说荟》本《明皇杂录》无此条）公孙大娘是"前头人""梨园弟子"，工舞，亦善歌，时称第一，所以杜甫《剑器行序》说公孙大娘舞"剑器浑脱"独出冠时。"自高头宜春、梨园二伎坊内人，洎外供奉舞女，晓是舞者，圣文神武皇帝初，公孙一人而已。"《剑器》《浑脱》的舞容和伴奏音乐的调式本不相同，"唐自天后末年《剑器》入《浑脱》，是为犯声之始。《剑器》，宫调。《浑脱》，角调"（陈旸《乐书》）。杜甫《剑器行》写开元五年在郾城观公孙大娘舞《剑器》所得印象说："昔有佳人公孙氏，一舞剑器动四方。观者如山色沮丧，天地为之久低昂。㸌如羿射九日落,矫如群帝骖龙翔。来如雷霆收震怒,罢如江海凝清光。"这情景恰与那组作于玄宗朝[5]的敦煌曲子词《剑器词》其三"合如花焰秀,散若电光开"所述舞容相符。这首词接着说:"剑器呈多少,浑脱向前来。"可见所谓"剑器入浑脱"是指将二者前后紧接串演,非谓"合二而一"融合成另一新的歌舞。[6]杜甫作《剑器行》,主旨在于抒发"五十年间似反掌"的家国兴衰之感,且观舞时年幼,记忆淡漠,所以对剑器舞本身,就不很着意地去描写了。

三 凤凰——诗人的"图腾"

杜甫从小就开始学诗:"学诗犹孺子。"(《奉赠鲜于京兆二十韵》)晚年写《壮游》,还深情地提起了他最早的一次创作:"七龄思即壮,开口咏凤凰。"凤凰是我国古代传说中的神鸟,据说凤凰出现则天下太平。杜甫小时开口便咏凤凰,足见他的不凡了。李白、杜甫都有大抱负大志向。李白说他要"申管、晏之谈,谋帝王之术。奋其智能,愿为辅弼。使寰区大定,海县清一"(《代寿山答孟少府移文书》)。杜甫也"自谓颇挺出,立登要路津。致君尧舜上,再使风俗淳"(《奉赠韦左丞丈二十二韵》)。他们都是要当宰相的啊!李白由于受道家的影响较大,往往爱用庄子想象中的大鹏来自况,来形象地表现他所怀抱的巨大政治理想。在《大鹏赋》中,他将自己比作大鹏,恣意描写了大鹏惊天动地的飞翔。他深深地慨叹自己既如大鹏,但不知"何时腾风云,搏击申所能"(《赠新平少年》)。在他看来,

---

[5] 这组词共三首,任二北认为其辞应出玄宗朝,详《敦煌曲初探》论时代(五)。
[6] 有关剑器、浑脱、苏莫遮等的考证与解释,历来分歧很大,可参看任二北《唐戏弄·剧录·苏莫遮》。

无论成败、存亡，他都像大鹏一样，总是非常伟大而影响深远的：
"大鹏一日同风起，抟摇直上九万里。假令风歇时下来，犹能簸却
沧溟水"（《上李邕》）；"大鹏飞兮振八裔，中天摧兮力不济。余风激
兮万世，游扶桑兮挂石袂。后人得之传此，仲尼古兮谁为出涕？"
（《临终歌》）〔7〕

有趣的是，正像李白的大鹏，杜甫也有自己的艺术化身凤凰。
自从七岁开口咏凤凰以来，他似乎越来越有意识地以凤凰自况。
他"窃比稷与契"，"再使风俗淳"，那么，这带来太平和祥瑞的凤
凰，不就是他伟大政治抱负的象征，不就是他的"图腾"么？乾
元二年（七五九）杜甫四十八岁。这年七月弃官西去，度陇赴秦
州。十月又离秦州赴同谷。途经同谷东南十里的凤凰山，作《凤
凰台》："亭亭凤凰台，北对西康州。西伯今寂寞，凤声亦悠悠。
山峻路绝踪，石林气高浮。安得万丈梯，为君上上头。恐有无母
雏，饥寒日啾啾。我能剖心血，饮啄慰孤愁。心以当竹实，炯然
无外求。血以当醴泉，岂徒比清流。所重王者瑞，敢辞微命休？
坐看彩翮长，举意八极周。自天衔瑞图，飞下十二楼。图以奉至
尊，凤以垂鸿猷。再光中兴业，一洗苍生忧。深衷正为此，群盗
何淹留？"周文王姬昌，在商纣王时为西伯。传说周文王时有凤
鸣于岐山。这诗因凤凰台而联想及此，慨叹盛时久逝，战乱方滋，
诗人誓愿为国为民，刳心沥血，养育无母凤雏，保存祥瑞，早致
太平，中兴国运，消灭安史余孽。浦起龙说："是诗想入非非，要
只是凤台本地风光，亦只是杜老平生血性。"（《读杜心解》）"我能剖
心血，饮啄慰孤愁。"他岂止在慰藉无母雏凤的孤愁，也聊以自慰

---

〔7〕 王琦注："按：李华《墓志》谓太白赋《临终歌》而卒，恐此诗即是。'路'字盖
'终'字之讹。"

未能实现的活国济人的夙志。诗人逝世前一年（七六九）在潭州作《朱凤行》："君不见潇湘之山衡山高，山巅朱凤声嗷嗷。侧身长顾求其曹，翅垂口噤心甚劳。下愍百鸟在罗网，黄雀最小犹难逃。愿分竹实及蝼蚁，尽使鸱枭相怒号。"要是说前诗中的譬喻比较曲折，这诗就径以朱凤自拟了。朱凤高处山顶，见百鸟都坠入罗网，连最小的黄雀也难脱逃，自叹"翅垂口噤"，有心营救而无能为力，又找不到帮手，不觉悲鸣不已。但愿将自己所吃的竹实分与蝼蚁，哪管猫头鹰之类恶禽恼怒。将这诗中所说的几层意思，与诗人自抒胸臆的诗句："穷年忧黎元，叹息肠内热""不眠忧战伐，无力整乾坤""已诉征求贫到骨，正思戎马泪盈巾""枣熟从人打""安得广厦千万间，大庇天下寒士俱欢颜，风雨不动安如山！呜呼！何时眼前突兀见此屋，吾庐独破受冻死亦足""必若救疮痍，先应去螬贼"等，一一对照起来，这朱凤无疑是杜甫精神境界的自我写照。大鹏和凤凰，分别象征着李白和杜甫的大志，但须指出的是，大鹏出庄子，凤凰为儒家所艳称，形象的不同，便显示了这两大诗人的不同思想倾向。

上学早，注意培养，一些比较聪明好学的孩子，很小就会作诗、画画、写字……这并不希罕，古时候有，现在也不少。初唐"四杰"之一的骆宾王，同杜甫一样，也是七岁开口咏诗的。不过他咏的不是凤凰，而是鹅："鹅鹅鹅，曲项向天歌。白毛浮绿水，红掌拨清波。"鹅是太平凡了，没法跟神鸟凤凰相比，但从儿童创作的角度来看，这首《咏鹅》诗，正像现时小画家的画猫咪、画小鸡，却很能见出儿童的兴趣、爱好和心理，而且写得也不坏，不仅色彩鲜艳、神气活现地再现了游动着的高傲雍容的鹅群（"鹅鹅鹅"虽是儿歌惯用的起法，却唤来一只只的鹅游入了读者的想象），还渲染出一片清澈的水，响起了嘈杂的叫声，流露出童年的莫大喜悦。杜甫的咏凤凰没传下来，没法品评。若恕我孟浪，敢说写得不如《咏鹅》好。因为，对于七岁的儿童来说，鹅是生活中的老相识，而凤凰只不过是传说、教训中的概念。《凤凰台》《朱凤行》固然写得很好，可是这决非开口咏凤凰时所能做到。从创作的规律推测，儿童咏鹅，肯定比咏凤凰得心应手，有可能写出较富生活气息的作品来。虽然如此，知道杜甫小时咏过凤凰不是毫无意义的，这多少可窥见他幼年所受家庭教育的一斑。世家子弟，从小深受熏陶，往往会形成朦胧的"出将入相"的大志，这既不足怪，也无可称道。但是，杜甫却有所不同。他歌唱凤凰，赞美凤凰，向往凤凰，追求凤凰，一生执着，毫不懈怠，终于用他那心血孕育出来的朱凤，冲破童年天真的理想幻境，从盛时飞向乱世，从京洛飞向西南，从阿阁[8]飞向南岳之巅，为遭罗网之灾的百鸟而放声悲号，这无疑是一个值得纪念、值得敬仰的苦难历程。

天宝九载（七五〇）杜甫三十九岁，秋，投延恩匦《进雕赋表》说："臣自七岁所缀诗笔[9]，向四十载矣，约千有余篇。"从那篇《咏凤凰》算起，三十余年竟写作了诗文千余篇，用力之勤可以想见，惜所作多不传。

《壮游》又说："九龄书大字，所作成一囊。"儿童上学，都须习大字，今古皆然。杜审言自夸"吾笔当得王羲之北面"，书法想必不错。宋代蔡居厚说："杜子美《李潮八分小篆歌》云：'书贵瘦硬方通神。'予家有其父闲所书《豆卢府君德政碑》，简远精劲，多出于薛稷、魏华，此盖自其家法言之。"（《苕溪渔隐丛话》引《蔡宽夫诗

〈8〉 阿阁，宫殿式建筑四面注水的屋。传说黄帝时凤凰巢于阿阁（见《尚书·中候》）。
〈9〉 《文心雕龙·总术》："今人常言有文有笔，以为无韵者笔也，有韵者文也。"唐人亦称散文为笔。

话》)老杜不以善书闻名,有父祖家法,小时是受过严格的习字训练的。

四 "脱略小时辈,结交皆老苍"

杜甫十四五岁,学业有成,就开始在洛阳文坛与名流交往:"往昔十四五,出游翰墨场。斯文崔魏徒,以我似班扬。……性豪业嗜酒,嫉恶怀刚肠。脱略小时辈,结交皆老苍。饮酣视八极,俗物多茫茫。""斯文"句下原注:"崔郑州尚、魏豫州启心。"《唐科名记》:"崔尚擢久视二年(七〇一)进士。"[10]《唐会要》:"神龙三年(七〇七),才膺管乐科,魏启心及第。"杜甫生于公元七一二年。崔尚在杜甫出生前十一年,魏启心在前五年就已中试,二人起码比杜甫大二三十岁。原注中一个称"郑州",一个称"豫州",他们都是做过刺史的;能有暇同在东京与晚辈杜甫交游,很可能当时已致仕闲居了。崔尚现存《奉和圣制同二相已下群臣乐游园宴》诗一首,写得很一般。崔、魏二人虽不是大名士,称赞少年杜甫文"似班扬"也不过是对后进的奖掖,不必太认真。但他们居然乐意跟这么个十四五岁的孩子打交道,可见杜甫少年时的才学确乎是很出色的。杜甫《江南逢李龟年》:"岐王宅里寻常见,崔九堂前几度闻。"原注:"崔九,即殿中监崔涤,中书令湜之弟。"闻一多按云:"岐王范,崔涤,并卒于开元十四年,则公始逢李龟年,在是年以前,……考东都尚善坊有岐王范宅(见《唐两京城坊考》),崔氏亦

---

[10]《全唐诗》小传载:"崔尚,登久视六年进士第,官祠部郎中。"久视二年即改为长安元年,作"六年"误。诸司郎中从五品上。户满四万以上为上州。上州刺史一员,从三品。郑州荥阳郡,雄;户七万六千六百九十四。郑州刺史起码是从三品。崔尚做郑州刺史当在做祠部郎中以后。

有宅在东都（张说《荥阳夫人郑氏墓志铭》'终于雒阳之遵化里'，郑氏即涤之母）。公天宝前，未尝至长安，其闻龟年歌，必在东都。（公姑万年君居东都仁风里，幼年尝卧病于其家，或疑公母早亡，寄养于姑，虽近附会，然以巩洛咫尺之近，其常在东都留居姑家，则可信也。）"（《少陵先生年谱会笺》）杜甫说他当时结交的"皆老苍"，除崔尚、魏启心外，想也包括岐王李范、崔涤在内。《旧唐书·惠文太子范传》载："范，睿宗第四子也。……好学工书，雅爱文章之士，士无贵贱，皆尽礼接待。"杜甫因而得以经常随文士入岐王宅。《旧唐书·崔仁师传》载："涤多辩智，善谐谑，素与玄宗款密。兄湜，坐太平党诛，玄宗常思之，故待涤逾厚，用为秘书监，出入禁中，与诸王侍宴，不让席而坐。……从东封。"开元十二年（七二四）十一月玄宗来东都。十三年十一月封泰山，十二月还东都。崔涤随至东都，所以杜甫有机会几度见到他。他年纪很轻，初露头角，受到老一辈名流的器重，不免趾高气扬，目空一切，大有不可一切之概。"饮酣视八极，俗物多茫茫。"这股狂妄劲儿，多像他祖父杜审言！

传说李白是太白星下降，所以字太白。后入长安，贺知章见他风骨飘逸出尘，称他为"谪仙人"。又说他少年时，梦见所用的笔尖上生花（"梦笔生花"一词出此），后来天才赡逸，名闻天下（见《天宝遗事》）。杜甫也有类似的传说："杜子美十余岁，梦人令采文于康水。觉而问人，此水在（其出生地瑶湾）二十里外，乃往求之，见峨冠童子告曰：'汝本文星典吏，天使汝下谪，为唐世文章海，九云诰已降，可于豆垄下取。'甫依其言，果得一石，金字曰：'诗王本在陈芳国，九天扪之麟篆熟，声振扶桑享天福。'后因佩入葱市，归而飞火满堂，有声曰：'邂逅秽吾，令汝文而不贵。'"只是编得太俗气（唐代道教盛行，这很可能出自世俗道士之口），远不如讲李白的那些传说脍炙人口，但对杜甫的怀才不遇，也表露了深切的同情。

杜甫"少小多病，贫穷好学"（《进封西岳赋表》），"少年日"已"读书破万卷，下笔如有神"（《奉赠韦左丞丈二十二韵》）了。加上他很早就"脱略小时辈，结交皆老苍"，令人觉得他当时似乎是个体弱多病、一点儿也不活泼的小书呆子。其实，这种印象并不正确，至少不很全面。他固然有少年老成、早熟的一面，不过孩子到底是孩子，一旦从繁重的功课和强打精神的社交中脱出身来，他也就管不了那许多，且让自己像头欢蹦乱跳的小牛犊似地玩个痛快再说："忆昔十五心尚孩，健如黄犊走复来。庭前八月梨枣熟，一日上树能千回。"（《百忧集行》）童心和青春活力毕竟是不能扼制的。不要看轻少年杜甫心灵中的这头"黄犊"，要是没有它的横冲直闯，他真会给万卷书压扁，给"崔、魏徒"们的"老苍"熏得老气横秋。一个人没有活力没有激情，是不可能热爱生活、感受生活的。不多读书固然难成大诗人；死读书而不从生活中去汲取养料和力量，肯定连小诗人也成不了。

第三章 壮 游

一 "太平盛世"和"太平天子"

杜甫出生的那年，唐玄宗即位。第二年（开元元年，七一三），玄宗除掉了反对他的姑妈太平公主及其党羽；这时，被尊为太上皇的睿宗才把全部政权交给了他。他在位四十四年（七一二至七五六），主要用了开元、天宝两个年号。大致说来，开元时期（七一三至七四一），社会安定，经济、文化都很繁荣。李白说："一百四十年，国容何赫然！"（《古风》其四十六）这主要是唐王朝从建国以来，接受了隋末农民大起义的教训，推行了较多的革新措施，有利于社会正常发展的结果，也与开元时期政治较开明有直接关系。

玄宗即位前，亲身经历了不少政治斗争，有一定的社会经验。即位后，果断地结束了武后以来经常发生宫廷政变的动乱局面，先后任用了姚崇、宋璟、张说、张九龄这样一些较有远见、较有作为的人为相，励精图治，因而促使了"开元全盛日"的出现。杜甫是过来人，后来流寓成都，曾在《忆昔》诗中感慨系之地回忆起当时的情景："忆昔开元全盛日，小邑犹藏万家室。稻米流脂粟米白，公私仓廪俱丰实。九州道路无豺虎，远行不劳吉日出。齐纨鲁缟车班班，男耕女桑不相失。"作诗难免夸大；且看《新唐书·食货志》：" 是时，海内富实，米斗之价钱十三，青、齐间斗才三钱。绢一匹，钱二百。道路列肆，具酒食以待行人。店有驿驴，行千里不持尺兵。天下岁入之物，租钱二百余万缗，粟千九百八十余万斛，庸调绢七百四十万匹，绵百八十余万屯（绵六两为屯），布千三十五万余端。"《食货志》讲得很明白，所有这些丰富的财富，都是通过租庸调，从全国劳苦人民那里剥削来的。可见这丰硕的太平果实，主要是给朝野封建统治阶级所占有、所享用。但说这一时期社会比较安定，人民的生活比较好过一些，也不尽是溢美之词，打个折扣，还是可信的。皇帝做久了，如果有些成就，难免想寻欢作乐，松快松快。唐太宗可算得是皇帝中最英明的了。但一当政局稍定，也很想兴土木、耽游猎。只是内有长孙皇后，外有诤臣魏徵，常拿隋炀帝亡国的"不远""殷鉴"来劝阻他，又自知警惕，才幸免"骄奢生于富贵，祸乱生于所忽"（太宗语）。虽说"贞观之治"和"开元之治"往往相提并论，但玄宗终究不能跟太宗相比。

玄宗即位之初，姚崇请抑权幸、爱爵赏、纳谏诤、却贡献、不与群臣亵狎，他口头上都表示接受，可是，有的却根本没去做，有的做了一阵，久而久之就淡忘了。太宗哪里是这样的？且拿"抑权幸"来说，对待宦官，玄宗不但不抑，反而大扬特扬。开初太宗定制，内侍省不置三品官，黄衣廪食，守门传命而已。武后虽是女主，又宠爱二张，宦官并不用事。中宗时嬖幸很多，七品以上的多达千余人，也很少四五品的。玄宗在藩邸时很信任高力士，做了太子，奏为内给事，即位后，又因高力士在铲除太平公主及其党羽的斗争中立功，升为右监门将军、知内侍省事。此后宦官增加到三千余人，四五品以上的千余人。开元十七年（七二九）遣内侍杨思勖领兵南讨，后两年又拜杨思勖为辅国大将军。这就伏下了安史乱后宦官擅军政大权的祸根。这都是开元前十多年以内的事，还不包括开元末年倚重"口蜜腹剑"的李林甫在内。也有些事是开头做了做，后来不但虎头蛇尾，还改弦易辙了。譬如开元二年，薛王李业的舅舅王仙童，侵暴百姓，御史弹奏，玄宗听从了姚崇等人的意见，处理了，由是贵戚束手。这固然很好，可是后来将儿媳妇寿王妃杨氏夺过来做了贵妃，对待杨氏兄妹又是怎样的呢？至于生性爱骄奢、好追求享乐，更是玄宗做人、为政的一大致命伤。开元元年（七一三）二月，他虽还只是个小皇帝，大权仍紧握在太上皇手中，太平公主又无时无刻不在威胁着他的地位，可是他居然有心思大酺天下，大合伎乐，并亲自陪同太上皇登门楼观看，夜以继日，一连狂欢三个多月。这充分表露了他好奢侈的心性。

玄宗儒、释、道三家并重（太宗时即如此，不过到他手上搞得更厉害些罢了），亲自注过《道德经》《金刚经》等，还主编了《开元文字音义》三十卷。他也写诗，现存六十多首，思想内容都很庸劣，光看艺术，也只有《唐诗三百首》中所选的那首《经邹鲁祭孔子而叹之》稍微像样些。他曾经将《尚书》"无颇"错改为"无陂"，有人说他的学问跟他的那位把"杕杜"读成"杖杜"的宰相李林甫差不多。李林甫不大会写作，全靠人"捉刀代笔"。说句公道话，玄宗的文化水平肯定比李林甫要高一些。不过，从现存的诗歌看来，此人的文学修养也很平常。文学不行，他对音乐倒很在行。《唐语林》载："玄宗洞晓音律，丝管皆造其妙。制作诸曲，随意即成，如不加意。尤爱羯鼓横笛，云：'八音之领袖，诸乐不可为比。'尝遇二月初，诘旦，巾栉方毕，时宿雨始晴，景气明丽，殿庭柳杏将拆。上曰：'对此景物，岂得不为他判断乎？'左右相目，将令备酒。独高力士遭取羯鼓，上临轩纵击一曲，名《春光好》"（原注：上自制也），神气自得。及顾柳杏皆已发拆，指而笑曰：'不唤我作天公可乎？'嫔嫱侍臣皆称万岁。又尝制《秋风高》，每至秋空迥彻，纤埃不起，即奏之，必远风徐来，庭叶坠下，其神妙如此。"小说家言，过于神奇，不可深信，不过他于此道确乎是很精通的。当时懂得音乐、会打羯鼓的还有宰相宋璟和乐工李龟年。玄宗曾与宋璟论羯鼓技艺甚细，他击鼓的本领也远远超过李龟年。汝阳王李琎（此人即杜甫《饮中八仙歌》中的一仙），是玄宗大哥的长子，年轻时羯鼓也打得好："常戴砑绢帽打曲，上（指玄宗）摘红槿花一朵，置于帽上笪处，二物皆极滑，久之方安。遂奏《舞山香》一曲，而花不坠。乐家云：'定头项难在不动摇。'上大喜，赐金器一厨。"（《唐语林》）这绝技，也是玄宗训练出来的。爱好音乐，本无可厚非，但对于所谓"太平天子"来说，若不自知约束，稍一放纵，其后果就不堪设想。隋炀帝穷奢极欲以致亡国的教训，对唐太宗实在是太深刻了，所以总有所警惕。

玄宗不是这样，在他刚坐稳皇帝宝座的第二年（七一四），就兴致勃勃、迫不及待地张罗女乐："旧制，雅俗之乐，皆隶太常。上精晓音律，以太常礼乐之司，不应典倡优杂伎，乃更置左右教坊以教俗乐，命右骁卫将军范及为之使。又选乐工数百人，自教法曲于梨园[1]，谓之'皇帝梨园弟子'。又教宫中使习之。又选伎女，置

---

[1] 任半塘《教坊记笺订·弁言》："太常寺之大乐署、宫廷之内外教坊，及皇帝男女弟子所属之宫内梨园，乃盛唐同时并存之三种伎艺机构。此三机构之业务各有特点，但一部分则相同；因之，在后人之认识中，每致混淆。太常乃礼乐之司，乐工限于男性（指盛唐内外教坊完备以后而言）。其与教坊业务之分判，本书已郑重道之，毋俟引述。惟教坊与梨园之别，尚非人所通晓，误会甚多，有一言之必要。梨园主要业务，乃乐队之训练，重在演奏玄宗所特好之法曲，所谓'法部'与'小部音声'者皆在焉。其男伎中之人才间有善歌者，女伎中之人才间有擅舞者，因个人之邀宠而偶作特殊之表现则有之，若歌舞与其他表演，则终非梨园一般之主业也。……内外教坊，亦男女伎兼备，而以歌舞与散乐之表演为其主业。歌舞须色艺兼擅，标准最高；散乐包含百戏与戏剧两部，各有所司。自来戏剧史中，误信梨园为唐戏所自出，实则唐代宫戏全出教坊，与梨园丝毫无涉。"

宜春院，给赐其家。"（《资治通鉴》卷二一二）不要听他说得好听。他把俗乐从太常管辖的范围中划分出来，好像是怕俗乐乱了雅乐似的，其实他何尝喜欢雅乐。一次他听乐工弹琴，没等弹完，就把人家轰了出去，接着对太监说："速令花奴（汝阳王李琎的小名）将羯鼓来，为我解秽！"他嫌传统的琴声弄脏他的耳朵。他把俗乐分出来，是另有打算的：就是要把僵化了的、索然无味的雅乐撇在一旁，单独成立皇家乐队，由他这位音乐大师当教授，当指挥，培养"皇帝梨园弟子"，排练他创作的和喜爱的乐曲，有时自己也参加演出。同时，还成立了皇家歌舞戏剧杂耍团，表演各种丰富多彩的节目。作为一个即位不久、年轻有为的皇帝，这样做很不合适。当时礼部侍郎张廷珪、酸枣尉袁楚客看不惯，都上疏谏阻，以为"上春秋鼎盛，宜崇经书，迩端士，尚朴素；深以悦郑声、好游猎为戒"。他也"嘉赏"了他们，就是不采纳，仍旧照原计划进行。除了音乐、歌舞、百戏与戏剧，他还爱好打球、拔河、斗鸡。据陈鸿《东城老父传》载，玄宗好斗鸡，建鸡坊于宫中，选六军小儿五百人专管饲养训练，其中最得宠的是号称"神鸡童"的贾昌。开元十三年（七二五）玄宗东封泰山，贾昌等带了三百只鸡随驾。贾昌的父亲贾忠是玄宗的卫士，在外病死，贾昌护送灵柩归葬长安，葬器、丧车等等都由官府从优承办。时人作歌谣讽刺道："生儿不用识文字，斗鸡走马胜读书。贾家小儿年十三，富贵荣华代不如。能令金距期胜负，白罗绣衫随软舆。父死长安千里外，差夫持道挽丧车。"李白诗中曾经不止一次提到了斗鸡者，如"路逢斗鸡者，冠盖何辉赫"（《古风》其二十四）、"羞逐长安社中儿，赤鸡白狗赌梨栗"（《行路难》其二）等，可见这故事不是毫无根据的。

玄宗本性爱奢华，开头又想励精图治，这不能不在言行上表露出严重的矛盾来。前已提到，开元二年春天，他筹建教坊、梨园时，有人出来谏阻，要他尚朴素、放郑声，他表示赞赏，却并不采纳。可是，就在这年秋天，他忽然心血来潮，接连下了两道命令，一道是对宫廷的："乘舆服御、金银器玩，宜令有司销毁，以供军国之用；其珠玉、锦绣，焚于殿前；后妃以下，皆毋得服珠玉锦绣。"一道是对百官的："百官所服带及酒器、马衔、镫，三品以上，听饰以玉，四品以金，五品以银，自余皆禁之；妇人服饰从其夫、子。其旧成锦绣，听染为皂。自今天下更毋得采珠玉、织锦绣等物，违者杖一百，工人减一等。"还解散了长安和东都的织锦坊（见《资治通鉴》卷二一一）。你看他态度多么坚决，多么像过激党啊！写到这里，司马光不觉议论道："明皇之始欲为治，能自刻厉节俭如此，晚节犹以奢败；甚哉奢靡之易以溺人也！《诗》云：'靡不有初，鲜克有终。'可不慎哉！"其实哪用到晚年，两年后他就按捺不住，准备派监察御史杨范臣往狮子国（今斯里兰卡）去买珠翠奇宝；好在杨范臣及时提醒他，说："陛下前年焚珠玉、锦绣，示不复用。今所求者何以异于所焚者乎！"他自己感到也有点说不过去，才收回成命。这充分表明：尚朴素的理念和爱奢华的习性经常在他内心深处交战，有时这个占了上风，有时那个占了上风，就这么互有胜负地苦斗着，终于一个彻底击败了另一个。

唐太宗曾说："治安则骄侈易生，骄侈则危亡立至。"玄宗前期黾勉励精图治，而骄侈之心早萌，祸乱之机已伏。这不只是他个人的生性、品质使然，也体现了整个封建统治阶级为空前的升平景象所陶醉，日渐腐化的趋势。到了开元末年，尤其是天宝年间（七四二至七五五），阶级矛盾和其他社会矛盾日趋尖锐，加上玄宗在位日久，变得越来越昏庸，只顾纵情声色，娱乐晚年，李林甫、杨国忠等所代表的腐朽政治势力，便乘机而起，窃据要位，败坏朝政，进一步激化了诸般矛盾，终于在天宝十四载（七五五）爆发了安史之乱，宣告唐王朝"太平盛世"美梦的破灭。这是后话。但对杜甫说来，值得庆幸的是，在他年华似锦的青年时代，恰好碰上了唐朝最繁荣的开元盛世，而且还多次从事过当时士大夫中最风行也最快意的活动：到祖国各地去做长时期的漫游。

二 盛唐漫游之风盛行

自古以来，封建士大夫，为了谋事、做官，在外旅行，也是常事。还有个别的人，如谢灵运，为了览胜，如司马迁、郦道元，为了科学考察，曾经多次专程到各处去旅行。然而，只有到了盛唐，漫游才成为盛极一时的风尚。

盛唐漫游之风盛行不是没有原因的。首先是这一时期经济繁荣，封建统治阶级生活富裕，物价便宜，社会秩序安定，为漫游提供了必不可少的条件。这就是杜甫《忆昔》中所说的："稻米流脂粟米白，公私仓廪俱丰实。九州道路无豺虎，远行不劳吉日出。"其次，水陆交通的发达，驿传制度的建立，不仅满足了政令传达、官员往来和漕运的需要，也有利于常人行旅。早在隋炀帝时代，南北运河就凿通了。洛阳是南北运河的中心。从洛阳往北一段叫永济渠，中经今河南的浚县、内黄，河北的大名，山东的临清、武城、德州，河北的沧州，天津到北京。从洛阳往南一段叫通济渠（唐名广济渠），中经今河南开封，于安徽泗县入淮水。乘船顺淮水东北行至江苏淮安西南，转邗沟到扬州，于镇江对岸渡长江，入江南河，中经镇江、苏州、太湖到杭州。盛唐商业繁荣，南北水路漕运增多，对民间行旅就更加方便了。当时陆路交通也很方便，各大城市都有道路相连。初唐郑世翼《登北邙还望京洛》说："青槐夹驰道，迢迢修且旷。"杜甫《送张十二参军赴蜀州因呈杨五侍御》说："两行秦树直。"《唐会要》载："开元二十八年正月，令两京道路并种果树。"杜甫同时人郑审有《奉使巡检两京路种果树事毕入秦因咏》诗。可见秦中，尤其长安和洛阳之间的驰道笔直阔广，两旁植青槐、果树，极其讲究，还有大员负责巡检。别处的道路当然不能与京洛相比，不过，既由官府经营，想也不会太坏。而且在水陆主要交通线上都设驿，负责传递公文，接待来往官员食宿，并为他们提供车船马匹等交通工具。每三十里建一驿舍（亦称传舍或邮舍），由驿丞掌管；为驿传服役的称为驿夫。全国共一千六百三十九驿。其中水驿二百六十所，设驿船；陆驿一千二百九十七所，设驿马；水陆相兼者八十六所。这都是公家所设。私营旅店则备有驿驴，供旅客租用。《新唐书·食货志》说："道路列肆，具酒食以待行人。店有驿驴，行千里不持尺兵。"私人旅行也是很方便的。最后，也是最重要的原因，则与当时的社会风习有关。

《新唐书·选举志》载："唐制取士之科，多因隋旧。然其大要有三。由学馆者曰生徒，由州县者曰乡贡，皆升于有司而进退之。……其天子自诏者曰制举，所以待非常之才焉。"又《云麓漫钞》载："唐之举人，先藉当世显人以姓名达之主司，然后以所业投献，逾数日又投，谓之温卷。"可见凭交游以扬声誉，藉干谒以求提拔，对于准备应试的士子来说，是多么重要了。要交游、干谒就须旅行。初盛唐时期求仙访道、云游五岳名山之风盛行：有野心的，可藉此沽名钓誉，步卢藏用的后尘，走"终南捷径"，渔猎富贵；仕途失意的，则全仗宗教"鸦片"的麻醉、山川胜景的陶醉，以求得精神上的解脱（当然也有单为排遣仕途失意的苦闷而漫游的）。

再从积极方面看，这一时期，由于要相对地澄清吏治，加强国防，就通过科举与征辟，吸收了不少有作为的人参加文武统治机构，这就使得当时的士大夫们极为活跃。他们大都怀着出将入相的幻想，仗剑去国，辞亲远游；或应举入幕，或交游干谒，或寄旅京华，或驰驱朔漠；加上南北统一，版图辽阔，大好河山，引人入胜，又有上述生活和交通方面的种种有利条件，于是漫游之风便盛极一时了。

孟浩然是盛唐前期的诗人，比杜甫大二十三岁。他于开元十六年（七二八）赴京应举。在此以前，曾几次出游，到过洛阳，到过扬州，到过今湖南的长沙、常德，到过今江西的南昌、赣州、石城。最北到过北京，最南到过广西。应举不第以后，为了排遣失意的苦闷，便"自洛之越"，在今浙江的杭州、绍兴、温州、乐清等地住了两三年，游览了天台、剡溪、镜湖、云门寺、若耶溪、孤屿等名胜。晚年在张九龄荆州幕，曾陪同张九龄出巡，到过今湖北的当阳、松滋等地，登过当阳楼，游览过紫盖山和玉泉。此外还有过入蜀之行。孟浩然可算得是当时的大旅行家了。据我的考据，孟浩然"自洛之越"约在开元十八年（七三〇）夏秋之际，自吴越还乡约在开元二十一年（七三三）五月。[2] 开元十九年到二十一年，杜甫也在吴越（主要是越）游历。杜甫晚年在夔州闲居，曾作《解闷十二首》，回忆故人旧事，其六说："复忆襄阳孟浩然，清诗句句尽堪传。即今耆旧无新语，漫钓槎头缩颈鳊。"一往情深，语气亲切，看样子，他与孟浩然这位前辈诗人是有过交往的。如果真是这样，那么，他们同在越中的这一段时期，见面的可能性就比较大。李白大半生过的是漫游生活，出蜀后先后游历了湘楚、吴越、齐鲁……去过很多地方。王维、李颀、高适、岑参，也都是些"读万卷书，

---

[2] 详见拙著《唐诗论丛·孟浩然事迹考辨》。

行万里路",知识面与眼界都很宽阔,写过不少讴歌祖国壮丽河山、抒发豪情壮志的诗篇的大诗人。由此可见当时漫游风气之盛,以及这种风气对盛唐诗歌创作的影响。

三 首游郇瑕和吴越之行

同当时大多数青年士子一样,为了开阔眼界、增长阅历,杜甫很早就开始了漫游。他第一次出远门去郇瑕(今山西临猗县),是在十九岁那年(开元十八年,七三〇)。此行详情不明,只知道他当时在郇瑕结识了韦之晋、寇锡。后来杜甫在湖南又见到了他们。这时韦之晋已经做了刺史,不久就死了;寇锡也做了御史。他的《哭韦大夫之晋》说:"凄怆郇瑕地,差池弱冠年。丈人叨礼数,文律早周旋。"《奉酬寇十侍御锡见寄四韵复寄寇》说:"往别郇瑕地,于今四十年。"都简单地提到了这段往事。冯至先生认为,那年洛水、瀍水泛滥成灾,冲毁了洛阳的天津桥、永济桥,沉溺许多扬州等地开来的租船,千余户居民的住房也都倒塌了,杜甫一度到郇瑕,可能是躲避水灾。要是到"郇瑕地"真的是为了躲避水灾,这就难怪他感到那里有点"凄怆"了。

开元十九年(七三一)杜甫二十岁,开始往吴越游历。他的《进三大礼赋表》说:"浪迹于陛下丰草长林,实自弱冠之年矣。"指的就是这事。这次漫游是从洛阳出发,乘船经广济渠、淮水、邗沟,渡江而前往江宁(今江苏南京市)。乾元元年(七五八)杜甫做左拾遗时,同僚许八拾遗回江宁省亲,他写了两首诗相送。从这两首诗中,多少可以看出他当日在江宁的交往和游览情况:"淮阴清夜驿,京口渡江航。竹引趋庭曙,山添扇枕凉。十年过父老,几日赛城隍。看画曾饥渴,追踪恨渺茫。虎头金粟影,神妙独难忘。"(《送许八拾遗归江宁觐省甫昔时尝客游此县于许生处乞瓦棺寺维摩图样志诸篇末》)前六句写许八南归沿途所见和抵家后情事,虽是想象,却有作者亲身经历的感受作根据。那"淮阴清夜驿",那"京口渡江航",那"赛城隍"的江南淫祀之风(这不禁令我想到龚自珍《己亥杂诗》"九州生气恃风雷"首末尾所加"过镇江,见赛玉皇及风神、雷神者,祷祠万数"的自注;千百年来,南人赛神之风如故),无不给青年诗人留下了一些快意的印象。后四句写在瓦棺寺观壁画时的莫大喜悦和收获。瓦官寺[3],晋武帝时建,以所在为陶(瓦)官故地命名,后讹"官"为"棺"。寺在秦淮河北岸,寺内建阁,高二十四丈。李白《横江词》其一:"一风三日吹倒山,白浪高于瓦官阁。"即藉其高以为夸饰。

虎头,是东晋著名画家顾恺之的小字。顾恺之,字长康,晋陵无锡(今江苏无锡)人,工诗赋,尤善绘画,画人重在传神,强调"以形写神",他的画法和画论,对我国绘画艺术影响很大。他多才而性痴,当时的人说他有三绝:才绝、画绝、痴绝。《世说新语·言语》载:"顾长康从会稽还,人问山川之美。顾云:'千岩竞秀,万壑争流。草木蒙笼其上,若云兴霞蔚。'"这虽只是片言只字,亦足见顾恺之的美学趣味和文艺修养。《净名经义钞》:"梵语

---

[3] 《古今图书集成》职方典卷六四九综引江宁府县志有关该寺资料,今摘录于后,供参考(与正文所引矛盾之处,亦如其旧):瓦官寺在城西南隅。按《建康实录》:晋哀帝兴宁二年诏移陶官于淮水北,遂以南岸陶所施僧慧力建寺,故名"瓦官"。内有晋义熙中狮子国所献玉佛。先有征士戴安道手制佛像五躯及顾长康维摩图,世号三绝。《京师寺记》:瓦官寺有瓦官阁,梁时建,高二百四十尺。南唐升元中改寺曰升元寺,阁曰升元阁。《江南野史》:唐狄仁杰为溧阳主簿,群公休沐宴升元阁,仁杰即席和诗,有"云散便凝千里目,日斜常占半城阴"句,坐客皆惊。开元九年,江宁县瓦官寺阁西南久倾,因风自正。明初寺废。嘉靖中杏花村建积庆庵,掘地得升元石像,云此即瓦官寺故地,遂改为古瓦官寺,建阁曰"青莲"(烣案:李白自号青莲居士,其《横江词》云:"白浪高于瓦官阁",故以其号命名)。

维摩诘，此云净名，郁提之子，过去成佛，号金粟如来。"金粟影，指维摩诘的画像。瓦棺寺殿壁有顾恺之所绘维摩诘变相。⁽⁴⁾相传东晋兴宁（三六三—三六五）中瓦棺寺重修就绪，僧众设会，请朝贤"鸣刹注钱"（犹言捐钱为古刹重振名声），没有超过十万的。轮到顾恺之，他就在本子上注明捐百万。后来寺众请他兑现了账，他教他们准备一面粉壁，于是闭户绝往来一月余，画维摩诘一躯，画完了，将点眸子，便对寺僧说："第一日观者，请施十万。第二日可五万。第三日，可任例责施。"等到门窗一开，光照一寺。来观看、施钱的人挤满寺院，一会儿便得到了百万钱（见《京师寺记》）。

这一段艺坛佳话，杜甫一定早就听说了。"看画曾饥渴，追踪恨渺茫。"他多么渴望见到这幅神奇的壁画，要是赶得上结识顾恺之，那又该有多好啊！可是，他跟顾恺之隔了三四百年，中原跟江宁又相距上千里，不管就时间还是就空间而论，都很渺茫，令人深为遗憾。如今总算亲眼见到了这幅向往已久的著名壁画，他内心的快慰和惊异，那就可想而知了。观之不足，回头还向许八求得一幅

⑷ 见《唐瓦棺寺维摩诘画像碑》。敦煌变文《维摩诘经讲经文》载，"缘毗耶城内，有一居士，名号维摩，他缘是东方无垢世界金粟如来，意欲助佛化人，暂住婆婆秽境。缘国无二王，世无二佛，所以权为长者之身。示现有妻子男女，在毗耶城内，头头接物，处处利生，处城中无不归依，在皇阙寻常教化。毗耶国王，礼为国老。知道我佛世尊，在庵园说法，欲彰利济之心。遂入王宫教化得五百太子"，同往庵园听佛说法，中途患病故留云云。表现佛经中神变故事的说唱叫"变文"、图画叫"变相"。碑文既说所绘为"变相"，当是前引变文所述情节中之一瞥，非仅止一孤立的维摩诘画像。段成式《游长安诸寺联句》"平康坊菩萨寺"注："佛殿……东壁上吴道玄画《智度论》，《色偈》《变偈》是吴自题，笔迹遒劲，如磔鬼神毛发。次堵画礼骨仙人，天衣飞扬，满壁风动（即今所谓'飞天'）。佛殿内后壁，吴道子画《消灾经》事。……佛殿内槽〔东〕壁维摩变，舍利弗角膝而转。"（《全唐诗》卷七九二）可见古代佛殿变相壁画情状。吴道子所画维摩变是带情节的。《苕溪渔隐丛话》引《艺苑雌黄》说："考之《南史·夷貊传》：'师子国（今斯里兰卡），晋义熙初，始遣使献玉像，高四尺二寸，玉色洁润，形制特殊，殊非人工。'此像历晋、宋，在瓦棺寺。先有征士戴安道手制佛像五躯，及顾长康维摩像画图，世人号之三绝。"

第三章 壮 游 │ 49

顾画维摩诘图样作纪念，可见他对这幅名画倾折之至。"虎头金粟影，神妙独难忘。"二十七年过去了，青年时代见到的一幅壁画犹历历在目，足见画家艺术魅力的神妙和诗人艺术感受力的敏锐。

杜甫咏画的诗不少，如《画鹰》《天育骠图歌》《刘少府山水障歌》《题松树障子歌》《画鹘行》《题壁上韦偃画马歌》《戏题王宰画山水图歌》《戏为韦偃双松图歌》《姜楚公画角鹰歌》《观薛稷少保书画壁》《通泉县署壁后薛少保画鹤》《丹青引赠曹将军霸》《韦录事宅观画马图》《杨监又出画鹰十二扇》，等等。这些诗，大多借画抒怀，但论画亦甚精到。《杜臆》评《奉先刘少府新画山水障歌》说："画有六法：'气韵生动'第一，'骨法用笔'次之。杜以画法为诗法，通篇字字跳跃，天机盎然，见其气韵。乃'堂上不合生枫树'，突然而起，从天而下，已而忽入'前夜风雨急'，已而忽入两儿挥洒，突兀顿挫，不知所自来，见其骨法。至末因貌山僧，转云门、若耶，青鞋布袜，阒然而止，总得画法经营位置之妙。而篇中最得画家三昧，尤在'元气淋漓障犹湿'一语，试一想象，此画至今在目，真是下笔有神，而诗中之画，令顾、陆奔走笔端。"又仇注引陆时雍评《韦讽录事宅观曹将军画马图歌》语："咏画者多咏真，咏真易而咏画难，画中见真，真中带画，尤难。此诗亦可称画笔矣。"可见杜甫不仅很懂得画，而且他的诗法也深受画法的影响。杜甫不以善画闻名，但和当时名画家王维、曹霸、王宰、韦偃等都有交往，跟郑虔的关系更密切。这种接触和熏陶，无疑有助于他审美趣味与艺术修养的提高。如果想要进一步追溯他在这方面所受到的最早最大的影响，恐怕就不能不提到那次在江宁观顾恺之的维摩诘壁画了。

李肇《唐国史补》载："张旭草书得笔法，后传崔邈、颜真卿。旭言：'始吾见公主担夫争路，而得笔法之意。后见公孙氏舞剑器，而得其神。'"杜甫《观公孙大娘弟子舞剑器行序》也说:"昔者吴人张旭,善草书书帖,数尝于邺县见公孙大娘舞西河剑器,自此草书长进。"这并不神秘,因为艺术虽有不同,但都来源于生活,其间自有相通之处可资借鉴,甚至可给人以意想不到的契机,促使其艺术发生飞跃的变化。

杜甫从未说过有哪种艺术曾给予他的诗歌创作以明显的启示,但有一点是可以肯定的,那就是:从童年观公孙大娘舞剑器,到少年听李龟年唱歌,到青年观顾恺之的壁画,他在艺坛、诗坛繁花似锦的盛唐时代,广泛接触了从古代到当时种种第一流的文艺杰作和精湛的技艺,无形中受到很好的艺术教育,这无疑有助于他在深入生活,获得深刻感受和深广题材之后,成为思想、艺术水平都很高的伟大诗人。

歌德一次谈到莎士比亚和时代的关系,曾经打了这样一个很妙的譬喻:"看莎士比亚就像看瑞士的群山。如果把瑞士的白峰移植到纽伦堡大草原中间,我们就会找不到语言来表达对它的高大所感到的惊奇。不过如果到白峰的伟大家乡去看它,如果穿过它周围的群峰如少妇峰……玫瑰峰之类去看它,那么,白峰当然还是最高的,可是就不会令人感到惊奇了。"(朱光潜译《歌德谈话录》)杜甫当然也是唐诗领域中的高峰,它不仅与李白这另一高峰对峙,还有无数的大小群山衬托,而这些群山,又不仅崛起于诗的国度。

青年杜甫在江宁时,除了许八,还常和旻上人来往:"不见旻公三十年,封书寄与泪潺湲。旧来好事今能否,老去新诗谁为传?棋局动随幽涧竹,袈裟忆上泛湖船。闻君话我为官在,头白昏昏只醉眠。"(《因许八奉寄江宁旻上人》)三十年(实只二十七年)不见旻上人,因许八南归而封书寄诗致意,不觉伤情,并对之倾诉居官抑郁之怀,足见二人交谊之深。朱瀚注:"旻居幽涧,公携棋局以相随,公在湖船，旻着袈裟而同泛，即所谓'旧来好事'也。"黄生以为"旻必善吟善弈，喜与文士游，故以'好事'称之"(《杜诗说》)。看来他当日在江宁时与旻上人过从最密，经常相偕徜徉于湖光山色之间，偶赋新诗，多承上人赏识而广为传播。[5]

中唐樊晃《杜工部小集序》说杜甫去世后不久的一段时期，"文集六十卷，行于江汉之南。常蓄东游之志，竟不就。属时方用武，斯文将坠，故不为东人之所知。江左词人所传诵者，皆公之戏题剧论耳。曾不知君有大雅之作，当今一人而已"。当时"江左词人所传诵"的杜甫的那些"戏题剧论"之作，大概多是他漫游吴越时流传下来的。他的少作，虽然不可能尽是"戏题剧论"，恐怕都不很成熟，格调都不高，久而久之就湮没了。由于杜甫对人生真谛的执着追求和对艺术的锲而不舍，他终于完成了从"戏题剧论"到"诗史"的质的飞跃，这是很不容易的，是值得钦佩的。

离开江宁后在吴越各地的游踪，只能在他晚年回忆往事的跳跃而浓缩的诗篇中窥见一鳞半爪："东下姑苏台，已具浮海航。到今有遗恨，不得穷扶桑。王谢风流远，阖闾丘墓荒。剑池石壁仄，长洲芰荷香。嵯峨阊门北，清庙映回塘。每趋吴太伯，抚事泪浪浪。蒸鱼闻匕首，除道哂要章。枕戈忆勾践，渡浙想秦皇。越女天下白，鉴湖五月凉。剡溪蕴秀异，欲罢不能忘。归帆拂天姥，中岁贡旧乡。"(《壮游》)

这诗前十四句叙吴门古迹，后八句述越中胜境。前十四句只"王谢"句指江宁，其余皆指苏州。当时江宁既不是政治中心，又

---

[5] 黄生说："'新诗谁与传'，言不见其（指旻上人）近作也。俗解以此句为公自道，则'老去'与'头白'字重。且已（己）不能吟，而徒传人之诗，是一世法俗僧矣，非公所取也。"所论未免失之穿凿。"旧来好事"已包括吟诗、下棋、泛舟之类雅事了，难道只有"世法俗僧"才可传人之诗么？

不是商业中心（润州的治所在今江苏镇江，附近最繁华的城市是扬州），作为六朝故都，却吸引着无数骚人墨客前往观光、凭吊。杜甫当日在江宁必有所作，可惜一首也没有流传下来。那么，"王谢风流远"这一事后追述的诗句，可看作是他游江宁之后失望的叹喟。

他自幼熟精《文选》，对南朝人文荟萃的金陵无疑是早就向往的了。那儿除台城、石头城、凤凰台、鸡鸣埭等有关朝代兴亡的古迹外，还有许多名人住宅的遗址，如：二陆（机、云）读书堂在秦淮河边。王导宅、谢安宅在朱雀桥乌衣巷。顾恺之宅在瓦官寺东北，相传他在宅内建层楼为画室，风雨寒暑不下笔，天气晴朗，才登楼作画，即去梯，妻子罕见。谢灵运宅在康乐坊。《文选》编者昭明太子（萧统）读书台在钟山北高峰。沈约宅在钟山麓。范云宅在城东南七里秦淮河边。江总宅在钟山下青溪旁。这些地方，明清方志中尚有记载，唐时当更有遗迹可寻。这许多遗址，杜甫当日不一定都去过。去过的地方，给他的印象和感受，恐怕也不过如李白所说："凤凰台上凤凰游，凤去台空江自流。吴宫花草埋幽径，晋代衣冠成古丘！"（《登金陵凤凰台》）这种怅惘之情，生发开来，也可以写出像刘禹锡《金陵五题》那样的组诗；如果压缩到一个句子里，那不就是"王谢风流远"么？"朱雀桥边野草花，乌衣巷口夕阳斜。旧时王谢堂前燕，飞入寻常百姓家。"（《乌衣巷》）基调与此大致相同，只是中唐时晚年的刘禹锡的深沉的感伤，定非盛唐时青年的杜甫所能有。

寻幽访胜、凭吊古迹，在江宁是这样，来到苏州，还是这样。他可能在苏州待得长一些，参观得细一些，印象深一些，所以诗里就写得多一些。"东下姑苏台"，是说从江宁往东到苏州去。不说苏州而说姑苏台，不止出于修辞上的需要，而是要借此以引起遥远的历史回忆。

姑苏台一名胥台，在苏州市西三十里姑苏山（今名胥台山）。相传吴王阖闾修筑此台，三年不成，积材五年乃成。又造九曲路以通台，高见三百里。他常来此作春夏之游。夫差又在台上别立春宵宫，为长夜之饮，作天池以泛青龙舟，每日与西施为嬉。作海灵馆、馆娃宫，皆铜沟玉槛，饰以珠玉。后越伐吴，吴太子友战败，就将台烧了（详范成大《吴郡志》）。——点出"姑苏台"，对诗人自己，对知道这些掌故的人，自会引起些联想和感触来的。现在的上海当时远未成为通商口岸，苏州是最接近海边的大城市。杜甫在苏州时可能有船舶将去日本，他不觉偶然起了"穷扶桑"的念头。对这话也不可太认真，说说不过表示年轻时曾有此豪情奇想而已。要是他那时真去了，肯定成不了鉴真（鉴真就是从扬州东渡的）；而且他的诗歌一旦离开了所植根的土壤，他也成不了杜甫了。"阖闾丘墓"，指苏州城西北九里虎丘的阖闾墓。传说阖闾葬此山，以扁诸鱼肠剑三千为殉，过了三日，金精结为白虎，踞其上，故名虎丘。唐代避李渊祖父李虎讳，改为武丘，又叫海涌峰。虎丘远看只是平田中的一个大土山，走到里面便觉奇胜万状，其中景致最奇丽的又是剑池。相传秦始皇东游到此，发掘阖闾墓，凿山求剑，一无所得。被凿开的地成了深涧，这就是剑池。旁边两崖划开，中涵石泉，深不可测。"阖闾丘墓荒"，"剑池石壁仄"，所描状的即此境地。

诗人的同代人颜真卿（七〇九—七八五）书"虎丘剑池"四个大字，石刻现存。题字是以后的事，杜甫来游时还没有这几个字。长洲苑在城西南七十里（也有说在城东的），是吴王游猎之地。到西汉吴王刘濞手上，又重加修葺。杜甫前来凭吊，此地早已荒凉，留给他览赏的，只有"长洲菱荷香"了。太（一作"泰"）伯是周朝祖先古公亶父的长子。他有两个弟弟：仲雍和季历。季历的儿子就是姬昌（周文王）。传说古公预见到昌的"圣德"，想破例把君位不传长子太伯，而传给幼子季历，以便再传给昌。太伯为实现父亲的愿望，就和仲雍出走到勾吴（成了吴国的始祖），君位终于传给了季历和昌。昌后来扩张国势，竟有天下三分之二，到了他儿子姬发（周武王），便灭了殷商，统一天下。《史记》注载太伯冢在城北十里的梅里聚。《吴郡志》载东汉永兴二年（一五四）太守糜豹建太伯庙于阊门（在城西北）外。坟和庙相隔不远。《论语·泰伯》开篇就说："子曰：'泰伯，其可谓至德也已矣。三以天下让，民无得而称焉。'"孔子讲"孝弟"，讲"礼让"。杜甫从小受到这种教育，对太伯是极其景仰的。如今亲来太伯的庙里、坟前致敬，想到"泰伯让而世好争，所以'抚事'而堕泪"（《杜臆》）了。"嵯峨阊门北，清庙映回塘"，虽写实景，却藉阊门的嵯峨、回塘水光的辉映，形象地显示了太伯人格的"高"和"清"。"每趋吴太伯，抚事泪浪浪"，既说"每趋"，可见去了不止一次，可见他对太伯的仰慕。要知道，这里说的虽是青年时事，写诗时已是饱经忧患的晚年，怀古伤时，感触之深，就更有甚于畴昔了。

《史记·刺客列传》载，吴公子光具酒宴请吴王僚，使专诸置匕首于鱼腹中进之，刺死吴王僚，公子光自立，这就是阖闾。相传盘门内伍大夫庙侧有专诸墓。《汉书·朱买臣传》载，朱买臣，吴人，家贫，曾随会稽（今浙江绍兴）郡的守邸者寄居饭食。后来做了太守，他就穿着原来的衣服，怀着印绶，步归郡邸。一直走了进去，正碰上官吏们聚在一起喝酒，大伙瞧也不瞧他。他稍微露了露印绶，守邸者觉得奇怪，上前拽出绶看印，原来是会稽太守章。官员们都吓坏了，马上排列在中庭拜谒。又载会稽郡官吏听说太守要来了，发动民夫清除道路。朱买臣乘传车入吴，见那嫌他贫穷跟他离了婚的前妻和她的后夫在修路，他就命后车将他俩载入太守的传舍，安置在园中加以招待，住了一月，前妻惭忿，自缢死。朱长文《吴郡图经续记》载："死亭湾在阊门外，故传朱太守妻惭，自经于此。"亭指驿亭，也就是《西京杂记》"朱买臣为会稽太守，怀章绶还至舍亭"的"舍亭"，即传舍。可见朱买臣前妻死在苏州阊门外。"蒸鱼闻匕首，除道哂要章（腰上系着印绶）"，写的都是苏州的古迹和他的感叹。杨伦认为下句仅指朱买臣怀印绶入会稽官邸和会稽发动民夫为太守除道事，"旧引故妻事未合"（《杜诗镜铨》），这是因为他不知道苏州有朱买臣前妻的遗迹和传闻所致。

接着就写到越中的漫游："枕戈忆勾践，渡浙想秦皇。"苏州、会稽都有勾践庙。枕戈待旦是西晋末爱国志士刘琨语，这里借指勾践的卧薪尝胆、矢志灭吴雪耻。《史记·秦始皇本纪》载，三十七年（公元前二一○）十月秦始皇出游，十一月行至云梦，望祀虞舜于九嶷山，浮江下，观藉柯，渡海渚，过丹阳，至钱塘，临浙江，水波恶，乃西行百二十里，从狭中渡。上会稽祭大禹（会稽山在绍兴县东南十二里，山西北有大禹陵，禹巡越病亡葬此）。望于南海，而立石颂秦德。苏州、绍兴以及这两地之间有关秦始皇的古迹很多。传说秦始皇发阖闾墓求剑，见虎当坟而踞，他以剑击之，误中石，现遗迹尚存，即剑池前试剑石。今浙江海宁县审山之巅有磨剑石，相传秦始皇淬剑于此，锷痕犹存，旁有小石潭，水甚清冽。杭州宝稷山之南有石佛山，相传是秦始皇的缆船石；又城南十二里有秦望山，相传秦始皇东游登此山眺望，欲渡会稽（绍兴）。今绍兴城南四十里宛委山南也有秦望山，高出群山之外，相传秦始皇登之以望东海；又，城西南五十里，有刻石山（一名鹅鼻山），因秦始皇刻石其上得名；又城东南三十二里有望秦山，相传秦始皇曾登之以望秦中。加上勾践当年曾经在这条路上来往过，所以当杜甫离开苏州前往绍兴时，就自然而然会"枕戈忆勾践，渡浙想秦皇"了。

"越女天下白，鉴湖五月凉"，写初来越中的新鲜印象。鉴湖一名镜湖，在今绍兴城南三里。若耶溪在城东南三十五里，北流入镜湖。相传若耶溪旁有西施浣纱石（另一浣纱石在今诸暨县南五里西施故里苎萝山下浣江中）。初来乍到，偶见镜湖、若耶溪一带越女白皙秀美，气质浪漫，想象力丰富的诗人往往会联想到西施。李白《子夜吴歌四首》其二说："镜湖三百里，菡萏发荷花。五月西施采，人看隘若耶。"又《越女词》其五说："镜湖水如月，耶溪女如雪。新妆荡新波，光景两奇绝。"又《浣纱石上女》说："玉面耶溪女，青蛾红粉妆。一双金齿屐，两足白如霜。"杜甫作诗时不一定想到李白的这几首诗，但这几首诗却能帮助了解杜甫的诗句，因为它们都产生于相同的生活情境而感受也很相近。

据方志载，绍兴东南二百八十里有嵊县。剡溪在嵊县南，清川北注，远与曹娥江相接。剡溪附近有嵊山、崿山，二山峰岭相连，其间倾涧怀烟，泉溪引雾，触岫延赏。溯剡溪而上，两岸峭壁，势极险阻。乘高瞰下，有深林茂竹，表里辉映，名为崿嵊，山水俱秀。谢灵运的《山居赋》并自注说："决飞泉于百仞，森高薄于千麓。""会以双流，萦以三洲，表里回游，离合山川。崿崩飞于南峭，槃傍薄于西阡。拂青林而激波，挥白沙而生涟（双流，谓剡江及小江，此二水同会于山南，便合流注下。三洲在二水之口，排沙积岸而成）。""室壁带溪，曾孤临江。竹缘浦以被绿，石照涧而映红。月隐山而成阴，木鸣柯以起风。"……描写的就是这里的景物。北有石床，谢灵运曾垂钓于此。下为剡溪口，水深而清，叫崿浦。"剡溪蕴秀异，欲罢不能忘"，即写在剡中恣意游赏的事。

嵊县、新昌、天台诸县毗连,名山相接。新昌县东五十里有天姥山,高三千五百丈,周围六十里,其脉来自括苍山,层峰叠嶂,万状千态,最高峰名拨云尖。《太平寰宇记》卷九六引《后吴录》:"传云登者闻天姥歌谣之响。"道家称为第十六福地。谢灵运常在会稽一带寻幽探胜,天姥山也是他游踪所到之处:"暝投剡中宿,明登天姥岑。"(《登临海峤初发疆中作与从弟惠连见羊何共和之》)又县东三十五里有沃洲山,高五百余丈,周围十里,与天姥山对峙,道家称为第十五福地。东晋名僧支遁等居之,王羲之、谢安等名士十八人与之游,号为胜会。天台县北三里有天台山,周围八百里,主峰为华顶山,景物奇异。又县北六里有赤城山,石皆霞色,望之如雉堞,故名。又县西北二十里有桐柏山,亦为道家所谓"七十二福地"之一。由清溪迤北而入,岭路九折,至洞门一望,佳景豁然,道观屹立其中,当时著名的道士司马承祯即隐于此。唐景云二年(七一一)睿宗召天台道士司马承祯,问以阴阳数术;后承祯固请还山,遣之(见《旧唐书·隐逸列传》)。据《清一统志》载,桐柏观(一名桐柏宫)即这年为司马承祯建。据卫凭《唐王屋山中岩台正一先生庙碣》(载《全唐文》),知司马承祯卒于开元二十三年(七三五),而自开元十五年(七二七)以后他即居王屋山(见《旧唐书·隐逸列传》)。杜甫来游剡中时司马承祯虽在世但不在此。其后十一年(天宝元年,七四二),李白与司马承祯的师弟吴筠隐于剡中,"既而玄宗诏筠赴京师,筠荐之于朝,遣使召之,与筠俱待诏翰林"(殿本《旧唐书·李白传》脱此一段,此据张元济用宋刊校补本)。后吴筠为群僧所嫉,乃求还山,李白亦遭谗见放。"既而中原大乱,江淮多盗,(筠)乃东游会稽。尝于天台、剡中往来;与诗人李白、孔巢父诗篇酬和,逍遥泉石,人多从之"(《旧唐书·隐逸列传》)。可见剡中从东晋到当时一直就是僧道名士隐居邀游的去处。李白早有"此行不为鲈鱼鲙,自爱名山入剡中"（《秋下荆门》）的愿望。天宝四载（七四五）他将离东鲁入越时作《梦游天姥吟留别》,盛赞天姥之雄奇非五岳、赤城、天台差可比肩,且对此山似甚熟悉,这当是他与吴筠等人的旧隐地。

白居易《沃洲山禅院记》说:"东南山水,越为首,剡为面,沃洲、天姥为眉目。"浙东山水既浑然一体,又各具特色,杜甫当时在此地的游踪,只简括地提到"剡溪蕴秀异,欲罢不能忘""归帆拂天姥"。他既已到此,近处诸般名山胜概想都登临观赏过。他的《奉先刘少府新画山水障歌》说:"悄然坐我天姥下,耳边已是闻清猿。……若耶溪,云门寺,吾独何为在泥滓？青鞋布袜从此始。"又《送孔巢父谢病归游江东兼呈李白》说:"南寻禹穴见李白,道甫问讯今何如。"《水经注》载:"若耶溪上承嶕岘麻溪,溪水至清,照众山倒影,窥之如画。"又载:"山阴县南有玉笥、竹林、云门、天柱精舍,尽泉石之好。"禹穴在绍兴委宛山,相传禹得天书处。这哪里是在用典？这是杜甫在追忆会稽、剡中的壮游。"青鞋布袜从此始",可见青年杜甫当日的英姿。孟浩然《越中逢天台太一子》说:"登陆寻天台,顺流下吴会。"曹娥江上游即剡溪,其一源出天台山,经新昌与它源合。据此,知游天台、天姥后可乘船从剡溪顺流而下往绍兴。所以杜甫说:"归帆拂天姥。"但不知他曾往新安江、桐江、富春江一带游历否。与杜甫在同一个时期游历越中的孟浩然,所采取的路线是比较合理的:先溯浙江而上,登览了天台山,然后从剡溪顺流而下往绍兴（详拙文《孟浩然事迹考辨》）。吴越风景优美,从古以来名胜古迹很多,又是当时人文荟萃之地。青年杜甫来此游历,感受深刻,收获丰富,增长了阅历,提高了美学修养,这无疑有助于他诗歌艺术的成熟。他晚年写《春日梓州登楼二首》其二说:"厌蜀交游冷,思吴胜事繁。$^{(6)}$应须理舟楫，长啸下荆门。"可见他总忘不了这一段愉快的游历，到老还想再去呢。

杜甫《唐故范阳太君卢氏墓志》载杜甫的叔父杜登"前任武康（今浙江德清县西武康镇，即旧县治所在）尉"，姑丈"会稽（今浙江绍兴）贺㧑，卒常熟（今江苏常熟，在苏州北）主簿"。此墓志作于天宝三载（七四四）。这时杜登已不做武康县尉，贺㧑已去世。十余年前杜甫游吴越时他们可能都在江南。贺㧑的郡望为会稽，可能就是会稽人（会稽姓贺的很多，名人就有贺知章）。广德二年（七六四）秋杜甫所作《送舍弟颖赴齐州三首》其三有"诸姑今海畔"句。诸姑犹诸侯、诸生，虽一人亦得云诸，他在《唐故万年县君京兆杜氏墓志》中就称抚养过他的那位二姑为"诸姑"。送弟诗中的这位"诸姑"当是会稽贺㧑的夫人。可见贺家一直居住在会稽。冯至先生认为青年杜甫往江南不是没有人事上的因缘，这推测不无道理。诸家年谱考订杜甫漫游吴越前后凡四年（七三一——七三五）。他在江南生活了一段时期，一定去过很多地方，结识了不少朋友。只是少作不存，详情不明，深感惋惜。

四 "忤下考功第"和"放荡齐赵间"

他的《壮游》接着写道："归帆拂天姥，中岁贡旧乡。气劘屈

---

(6) 郭沫若《李白与杜甫》说："（韦庄《菩萨蛮》中的）'垆边人似月，皓腕凝双雪'，不就是'越女天下白'吗？'未老莫还乡，还乡须断肠'，不就是'欲罢不能忘'吗？杜甫所'思吴'的'胜事'，毫无疑问，就是这些风流逸事。杜甫也并不经常是那么道貌岸然的。"诚然，杜甫也并不经常是那么道貌岸然的。如《独坐二首》其一："暖老思燕玉"句，旧注引《古诗》："燕赵多佳人，美者颜如玉"，谓"须燕玉，所谓八十非人不暖也"，足证。可是，说"越女天下白"即指风流逸事未免武断。即使真是如此，难道杜甫所"思吴"的"胜事"，就仅只是这些风流逸事吗？

贾垒，目短曹刘墙。忤下考功第，独辞京尹堂。"这里讲的就是开元二十三年（七三五）他二十四岁自越归东都举进士不第的事。头年正月玄宗来东都，这年进士科考试就在东都崇业坊福唐观举行。主持其事的是考功员外郎孙逖。这次登进士第的有贾至、李顾、萧颖士、赵骅、李华等，杜甫却落第了。孙逖入《旧唐书·文苑列传》，据载："（逖开元）二十一年，入为考功员外郎、集贤修撰。逖选贡士二年，多得俊才。初年则杜鸿渐至宰辅，颜真卿为尚书。后年拔李华、萧颖士、赵骅登上第。逖谓人曰：'此三人便堪掌纶诰。'二十四年，拜逖中书舍人。"[7] 孙逖本人文思敏捷，词理典赡，后掌诰八年，制敕所出，为时流叹服；衡文亦有眼力，所选拔者后来多有成就；但着眼点在掌纶诰之才，从现存杜文看，颇嫌艰涩，造诣不及其诗，未能中试，不为无因；何况考试偶然性很大，谁也难有必胜的把握。这次杜甫前来应试，自视甚高，甚至连屈原、贾

---

[7]《资治通鉴》卷二一四："旧制，考功员外郎掌试贡举人。有进士李权，陵侮员外李昂，议者以员外郎位卑，不能服众；（开元二十四年）三月，壬辰，敕自今委礼部侍郎试贡举人。"李昂即孙逖后任。《唐摭言》载："开元二十四年，李昂员外性刚急，不容物，以举人皆饰名求称，摇荡主司，谈毁失实，窃病之而将革焉。集贡士与之约曰：'文之美恶悉知之矣，考校取舍存乎至公，如有请托于时，求声于人者，当首落。'既而昂外舅常与进士李权邻居相善，乃举权于昂。昂怒，集贡人，召权庭数之。权谢曰：'人或猥知，窃闻于左右，非敢求也。'昂因曰：'观众君子之文，信美矣；然古人云：瑜不掩瑕，忠也。其有词或不典，将与众评之若何？'皆曰：'唯公之命！'既出，权谓众曰：'向之言，其意属吾也。吾诚不第决矣，又何藉焉！'乃阴求昂瑕以待之。异日会论，昂果斥权章句之疵以辱之。权拱而前曰：'夫礼尚往来，来而不往，非礼也。鄙文不臧，既得而闻矣；而执事昔有雅什，常闻于道路，愚将切磋，可乎？'昂怒而嬉笑曰：'有何不可！'权曰："耳临清渭洗，心向白云闲。"岂执事之词乎？'昂曰：'然。'权曰：'昔唐尧衰耄，厌倦天下，将禅于许由，由恶闻，故洗耳。今天子春秋鼎盛，不揖让于足下，而洗耳，何哉？'是时国家宁谧，百寮畏法令，兢兢然莫敢跌。昂闻惶骇，躩起，不知所酬。乃诉于执政，谓权风狂不逊，遂下权吏。初，昂强愎，不受请谒；及是，有请求者，莫不先从。由是庭议以省郎位轻，不足以临多士，乃诏礼部侍郎专之矣。"李昂意欲杜绝私情，但措置失当，又不能坚持初衷，实无可取。

谊、曹植、刘桢这样一些古代大文学家都不放在眼里,一旦落第,懊恼之情,可想而知。但他当时少年气盛,考场得失,并不过于在意,这正如他后来安慰人落第时所说:"暂蹶霜蹄未为失。"(《醉歌行》)第二年(开元二十四年,七三六),他又兴致勃勃,到齐赵漫游去了:"放荡齐赵间,裘马颇清狂。春歌丛台上,冬猎青丘旁。呼鹰皂枥林,逐兽云雪冈。射飞曾纵鞚,引臂落鹙鸧。苏侯据鞍喜,忽如携葛强。"

齐、赵是现在的山东和河北南部一带。他父亲杜闲当时正在做兖州(今山东兖州)司马。他到兖州去省亲,作为少爷,生活条件优厚,轻裘肥马,到处旅游,无忧无虑,十分惬意。"苏侯"下原注:"监门胄曹苏预。"这苏预,就是他"放荡齐赵间"的伴侣。苏预,后改名源明,京兆武功(旧治在今陕西武功县治西南)人,少孤,寓居徐兖(指今江苏徐州、山东兖州一带)。工文辞,有名天宝间。进士及第,更试集贤院。累进太子谕德。出为东平(今山东东平)太守,召还为国子司业。现仅存做东平太守时所写《小洞庭洄源亭宴四郡太守诗》《秋夜小洞庭离宴诗》二首,皆骚体,不很精彩。安禄山叛军陷长安,他托病不受伪职。唐肃宗收复两京,提升为考功郎中知制诰。后为秘书少监卒(详《新唐书·苏源明传》)。杜甫以前是否认识苏源明,不得而知。齐赵同游以后,二人交往密切,友谊始终不渝。杜甫晚年创作《八哀诗》,其六就是专为哀苏源明而写的。这首诗一开始记述苏源明少年情事甚详:"武功少也孤,徒步客徐兖。读书东岳中,十载考坟典。时下莱芜郭,忍饥浮云巘。负米晚为身,每食脸必泫。夜字照燕薪,垢衣生碧藓。庶以勤苦志,报兹劬劳愿。"这里讲的比本传具体:苏源明少年时长期住在泰山读书,不时从山上到莱芜县背点口粮回去,想起子路为亲负米百里之外(见《孔子家语》)而自己无亲奉养,感到很伤心。他很穷困，夜里点着柴火照着读书，没衣裳换洗，上面都起了霉斑了。这些他都毫不在意，只是专心致志地坚持学习。杜甫来山东时苏源明想已做了监门胄曹，情况有所好转。这时，苏源明陪着杜甫，春天登临邯郸（今河北邯郸市）城中战国时赵王的丛台，高歌怀古；冬天则纵马放鹰，在齐景公曾经畋猎过的青丘（在今山东益都一带）附近，在皂荚树、栎树丛生的林子里，在彤云笼罩、白雪覆盖的山冈上打猎。一次，他一箭射下只大鸟（谁知道是什么鸟呢？说是"落鹜鸽"，不过是用张衡《南都赋》"仰落双鸧"的话罢了。），这一下子把据鞍观看的苏源明喜坏了，就开玩笑地自比晋朝的征南将军山简，说杜甫简直是他经常相携出游的爱将葛强了。这一段回忆写得确实精彩，令人读了不由得意气风发，浮想联翩："过路的人往往看见一行人马，带着弓箭旗枪，驾着雕鹰，牵着猎狗，望郊野奔去。内中头戴一顶银盔，脑后斗大一颗红缨，全身铠甲，跨在马上的，便是监门胄曹苏预（后来避讳改名源明）。在他左首并辔而行的，装束略微平常，双手横按着长槊，却也是英风爽爽的一个丈夫，便是诗人杜甫。"（《唐诗杂论·杜甫》）这是闻一多的美丽而天真的想象，可贵的是这种好兴致，不必深究一个小小的监门胄曹平时出猎是否须全身披挂而带着弓箭旗枪，同行的杜甫是否须手按长槊。

开元二十四年至二十八年，杜甫二十五岁至二十九岁，这几年他都在齐赵漫游。当时他结识的朋友除苏源明外，还有高适和张玠等。高适（七〇二—七六五）渤海蓨（此当指郡望，详傅璇琮《唐代诗人丛考·高适年谱中的几个问题》）人。他开元二十三年游长安，二十七年游梁（今河南开封）、宋（今河南商丘）。闻一多以为二十七八年间他可能曾至山东，杜甫因得以与他相遇于齐南鲁北汶水之上。杜甫晚年在成都草堂作《奉寄高常侍》诗说："汶上相逢年颇多,飞腾无那故人何!"案:高适后因人荐举,中"有道科",做过封丘县尉。安史乱起,他奔赴行在,见玄宗陈述军事,得到玄宗、肃宗的赏识,后又因围攻永王璘有功,得到肃宗嘉许,连续升迁,官至淮南、剑南西川节度使,最后任散骑常侍。这诗后句称赞高适的飞黄腾达,前句即指汶上相遇订交事。

《旧唐书·高适传》载:"适少濩落,不事生业,家贫,客于梁、宋,以求丐取给。"可见与杜甫相遇时高适的困苦生活境况。高适这时不到四十岁,已创作了名篇《燕歌行》。[8] 传载"适年过五十,始留意诗什",不可信。杜甫这时还结识了张玠。杜甫大历四年(七六九)在湖南作《别张十三建封》诗,有谓:"相逢长沙亭,乍问绪业余。乃吾故人子,童丱联居诸。"案:《旧唐书·张建封传》载,张建封,兖州人,父张玠。张玠少豪侠,轻财重士。安禄山反叛,派伪将李庭伟带蕃兵威胁沿途城邑投降。来到鲁郡(即兖州,天宝元年改称),太守韩择木具礼郊迎,置于邮馆。张玠率领乡豪集聚兵丁准备杀李庭伟,韩择木害怕,只有员外司兵张孚赞同,他们就杀了李庭伟及其同伙数十人。后奏闻朝廷,韩择木、张孚都得到封赏,张玠因游江南,不言其功。朱注:"公父闲,为兖州司马,当是趋庭之日,与张玠同游,而建封相从也。'故人'指玠。'童丱'指建封。建封以贞元十六年终,年六十有六。公开元末游兖,是时建封才六七岁耳。"张建封很有军政才能,后来在维护中央王权、反对藩镇叛乱的斗争中屡立功勋,任徐州刺史,兼徐泗濠节度使等职,进位检校礼部尚书,又加检校右仆射,入朝时得到德宗极大的礼遇。他礼贤下士,韩愈等在他下面做过事。贞元

---

[8] 《燕歌行序》:"开元二十六年,客有从御史大夫张公出塞而还者,作《燕歌行》以示,适感征戍之事,因而和焉。"知此诗创作于是年。

中,他在驻节地徐州为爱妾关盼盼筑燕子楼,他死后盼盼楼居十五年不嫁,后不食死。[9] 燕子楼遗址在今江苏徐州市西北角,常为后世文人雅士所题咏。杜甫第二次在长沙遇见张建封,张建封正不乐意在杜甫的故交湖南观察使韦之晋下面当差,离去时杜甫就送了他上面提到的那首诗,对他期望很大,他后来总算功成名就了。

　　杜甫的诗歌,从漫游齐赵这一时期,才开始有一些篇章得以保留下来。到山东后写得最早的一首诗当是《登兖州城楼》:"东郡趋庭日,南楼纵目初。浮云连海岱,平野入青徐。孤嶂秦碑在,荒城鲁殿余。从来多古意,临眺独踌躇。"首联不是表示他登楼是在刚来兖州省亲之时吗?颔联写远眺开阔的视野:浮云与渤海、岱宗(泰山)相连;平野东入青州(今山东益都一带)、南入徐州之境,一片苍茫。颈联点境内有峄山(在今山东邹县东南)秦始皇的颂德刻石和鲁恭王的灵光殿(遗址在曲阜城)等古迹,非谓远眺可见。尾联抒登临怀古之情。赵汸说:"公祖审言《登襄阳城》诗云:'旅客三秋至,层城四望开。楚山横地出,汉水接天回。冠盖非新里,章华只旧台。习池风景异,归路满尘埃。'公此诗实本于其祖"(仇注引)。杜甫少时作诗,恪遵家法,也不一定某首必本于乃祖某首。五律的一般写法是前起后结,中四句二写景二言情。《登兖州城楼》中四句皆写景,而前景寓目、后景感怀,则稍有突破;如谓"此诗实本于其祖",恐怕就着重表现在这一手法的运用上了。胡应麟说:"审言'楚山横地出,汉水接天回''飞霜遥度海,残月迥临边'等句,闳逸浑雄,少陵家法婉然。宋人掇其'牵风紫蔓'小语,以为杜所自出,陋哉!"(《诗薮》)说杜甫《登兖州城楼》等

---

〔9〕 白居易做校书郎时,游徐泗间,曾在张建封的招待宴会上见过关盼盼;后作《燕子楼三首并序》,记其始末甚详。

诗的"闷逸浑雄"多少受了乃祖诗风的影响,这样看待"家法"的继承和借鉴,眼光就比较高一些了。

《望岳》:"岱宗夫如何?齐鲁青未了。造化钟神秀,阴阳割昏晓。荡胸生曾(通作层)云,决眦入归鸟。会当凌绝顶,一览众山小!"这是这一时期的不朽之作。岱宗即东岳泰山,地处山东省中部,绵延于济南、长清、历城、泰安之间,主峰在泰安县境内,海拔一千五百余米,周围一百六十余里。山路盘曲,自下而上,经南天门、东西三天门至绝顶,约四十里。上有登封台,相传为古代帝王登封所筑。战国时齐、鲁有些儒生认为五岳中泰山最高,帝王应到泰山祭祀,登泰山筑坛祭天曰封,在山南梁父山上辟基祭地曰禅。《史记·封禅书》载古封泰山者有七十二君,这只是传闻。后来的秦始皇、汉武帝、光武帝、唐高宗都曾举行过这种大典。现玉女池上有秦篆碑,刻李斯书秦始皇、秦二世颂德文。又有无字碑,世传为秦始皇立,顾炎武考证为汉武帝立。这些都是有关秦、汉封禅的古迹。开元十三年(七二五)十一月,唐玄宗登封泰山,封泰山神为天齐王。今东岳庙即祀此神。今山顶东岳庙后有唐摩崖碑,其一为玄宗八分书纪《泰山铭》,字五寸许,遒劲可爱。古帝王封禅的事杜甫是熟知的。玄宗封禅是从东都出发,杜甫当时已有十四岁,又正在东都,对此事当有印象。由于杜甫自幼对泰山就有了极其伟大、崇高、神圣的观念,一旦身历其境,高山仰止,就不免要发出这样充满敬畏之情、神秘之感的礼赞:"岱宗夫如何?齐鲁青未了。造化钟神秀,阴阳割昏晓。"一山横亘,北为齐,南为鲁,千里青苍一色,冥搜所见,却很形象。王维《终南山》"太乙近天都,连山到海隅",气魄差近。向阳一面天亮得早,背阴一面天黑得早,阴阳昏晓全凭高峭的岱宗分割,那么岱宗不止得到了造化所钟的神秀,也得了干预天时的造化之力。层云回荡,胸襟豁然开朗；山鸟归飞，张目极视始见。此时身在岳麓，而神游绝顶，想象众山卑小，尽收眼底，似乎就更懂得孔子"登泰山而小天下"（《孟子·尽心上》）之意了。由此可见杜甫当日情绪很高，信心很大，确实不为头年的考试失败而懊丧。咏泰山的诗，这首诗以外，前有陆机、谢灵运的《泰山吟》各一首，皆写乐府旧题，毫无实感。李白于天宝元年（七四二）四月从故御道上泰山作《游泰山六首》，首章缅怀开元十三年东封盛事已成陈迹，其余皆作求仙之想，深义无多，且意多重复，间有佳句可摘，如"天门一长啸，万里清风来"、"黄河从西来，窈窕入远山"（此写泰山四大奇观之一"黄河金带"）、"攀崖上日观，伏槛窥东溟。海色动远山，天鸡已先鸣。银台出倒景，白浪翻长鲸"（此写"旭日东升"奇观）、"举手弄清浅，误攀织女机。明晨坐相失，但见五云飞"等等。若论体势雄浑，亦稍逊杜甫《望岳》。大历二年（七六七）秋杜甫作《又上后园山脚》说："昔我游山东，忆戏东岳阳。穷秋立日观，矫首望八荒。……平原独憔悴，农力废耕桑。非关风露凋，曾是戍役伤。于时国用富，足以守边疆。"日观峰在岳顶东，五鼓可见海上日出。可见杜甫"望岳"之后确已"凌绝顶"而流览无际，且见中原农村凋敝，慨叹当时虽国力富强，由于连年用兵于契丹（这正是高适《燕歌行》所反映的时事），致使生产遭到了破坏。那么，为什么不另设专题以铺张游概呢？有人以为"以《望岳》一首，已领其要，故不必再拈也"（仇注引卢世㴶语）。

诚然，《望岳》这首诗写得很出色。它不但反映了泰山雄奇之美，也表现了主人公磅礴的气势和宽广的胸襟。他的《房兵曹胡马》和《画鹰》也作于这一时期。这两首诗的题材虽然不同，精神实质跟《望岳》却很接近。杜甫一生最爱咏马、咏鹰，但写得都没有这两首豪迈而乐观。前诗说："胡马大宛名，锋棱瘦骨成。竹批双耳峻,风入四蹄轻。所向无空阔,真堪托死生。骁腾有如此,万里可横行。"后诗说:"素练风霜起,苍鹰画作殊。㧐身思狡兔,侧目似愁胡。绦镟光堪摘,轩楹势可呼。何当击凡鸟,毛血洒平芜。"这不止是咏马咏鹰,而是在借马借鹰言志。这种前程万里、海阔天空的气势,是他后来诗歌中所没有的。浦起龙在《房兵曹胡马》诗后缀评语说:"此与《画鹰》诗,自是年少气盛时,都为自己写照。"(《读杜心解》)"自谓颇挺出,立登要路津"(《奉赠韦左丞丈二十二韵》),他当时是多么自负多么自信啊!

这一时期,他还写了一些饶有兴会、文辞娟秀的诗篇,如《题张氏隐居二首》《与任城许主簿游南池》《对雨书怀走邀许主簿》等,记述他愉快的游赏以及同朋友们惬意的交往。他描写了林丘的斜日、涧道冰雪未消的余寒、鹿群的游憩、水边的欢宴、城隅倦游待泊的归舟、夏日的倾盆大雨……莫不充满强烈的生活气息和清新的情意。《题张氏隐居二首》其二:"之子时相见,邀人晚兴留。霁潭鳣发发,春草鹿呦呦。杜酒偏劳劝,张梨不外求。前村山路险,归醉每无愁。"这是首很别致的生活小诗。《诗经·卫风·硕人》:"鳣鲔发发。"又《小雅·鹿鸣》:"呦呦鹿鸣,食野之苹。我有嘉宾,鼓瑟吹笙。"颔联是用典,却一点儿不显得迂腐、呆板,而是山村晚景在诗人笔底留下的明丽印象:鱼在清潭里拨剌欢跳,迎接着新晴;鹿鸣呦呦,呼朋唤友,分享着芳香的春草,分享着春天的喜悦。其一说:"远害朝看麋鹿游",这里确乎是有鹿的。"杜酒偏劳劝,张梨不外求",用事巧而不纤,这只不过是在朋友之间开个小小的玩笑。传说酒是杜康发明的(见《急就篇》注),而张公大谷之梨又最有名(见潘谷《闲居赋》)。酒本出于我们杜家,偏劳您殷勤相劝。梨是府上的特产,就无须乎远求了。不要以为杜甫总是那么沉郁挫抑,年轻的时候,他也是很有幽默感的。黄鹤见包括李白在内、隐居于徂徕山的"竹溪六逸"中有张叔明,而杜甫的《杂述》也提到"鲁之张叔卿",以为这"张氏"就是张叔明("明""卿"只是一字之误),或是他的兄弟。四川文史研究馆编《杜甫年谱》以为这"张氏"是张建封的父亲张玠。两说都有可能又都无过硬的依据。在我看来,《杂述》说"鲁之张叔卿、孔巢父"二人都很穷:"是何面目黧黑,常不得饱饭吃,曾未如富家奴,兹敢望缟衣乘轩乎?"这"张氏"却能优游林下,经常设宴留宾:"之子时相见,邀人晚兴留。……前村山路险,归醉每无愁",而人品又极高洁:"不贪夜识金银气,远害朝看麋鹿游。"前引《旧唐书·张建封传》载张玠少豪侠,轻财重士,安禄山反,他纠集乡人杀伪将李庭伟等数十人,当地太守和员外郎司兵都得封赏,他因游江南,不言其功。观其大致,此人的行止颇接近"张氏"。《杜甫年谱》的揣度不为无因。

《与任城许主簿游南池》:"秋水通沟洫,城隅进小船。晚凉看洗马,森木乱鸣蝉。菱熟经时雨,蒲荒八月天。晨朝降白露,遥忆旧青毡。"这诗写得更加出色,今天我们读了也还能真切地新鲜地感觉到那秋水的清澈、那傍晚泛舟的愉快、那城边景物的萧疏和那因季节的更换而产生的淡淡的乡愁。宋代周紫芝说:"余顷年游蒋山,夜上宝公塔时,天已昏黑,而月犹未出,前临大江,下视佛屋峥嵘,时闻风铃,铿然有声。忽记杜少陵诗:'夜深殿突兀,风动金琅珰。'恍然如己语也。又尝独行山谷间,古木夹道交阴,惟闻子规相应木间。乃知'两边山木合,终日子规啼'之为佳句也。又暑中濒溪,与客纳凉,时夕阳在山,蝉声满树,观二人洗马于溪中,曰:此少陵所谓'晚凉看洗马,森木乱鸣蝉'者也。此诗平日诵之,不见其工,惟当所见处,乃始知其为妙。作诗正要写所见耳,不必过为奇险也。"(《竹坡诗话》)这段话很有意思,说明不仅创作，就是欣赏，也同样要有真切的生活感受。《庄子·外物》说："筌者所以在鱼，得鱼而忘筌。……言者所以在意，得意而忘言。"诗歌是一种语言艺术，当然必须借语言来表现思想感情。但是，诗人之能事是应让人了解，他的描写不只要清楚明白，他还得唤起我们生动的生活体验；要我们想象，仿佛自己也进入了他所创造的就像现实本身一样可感知的意境，完全忘记了那个"筌"——语言。如上所述，"晚凉"二句等等，对于读者来说已产生了"得意忘言"的效果，可见杜甫青年时期的诗歌艺术，已有很高的造诣了。

五　归筑陆浑庄

开元二十九年（七四一），杜甫三十岁，从齐鲁归洛阳，筑陆浑庄于洛阳东、偃师县西北二十五里的首阳山下。首阳山有他远祖杜预和祖父杜审言的坟墓。这年寒食日，新居落成，作《祭当阳君文》，昭告远祖，矢志"不敢忘本，不敢违仁"，要以杜预为榜样，争取在政治上有所建树。《奉寄河南韦尹丈人》原注："甫故庐在偃师。"又诗中有句说："尸乡余土室。"《忆弟二首》原注："时归在河南陆浑庄。"又有《凭孟仓曹将书觅土娄旧庄》说："平居丧乱后，不到洛阳岑。""偃师故庐""尸乡土室""河南陆浑庄""土娄旧庄"都是一处。"土室"即"土娄"，即窑洞。黄鹤说："诸杜庐与墓，多在河南偃师。……自开元二十九年，酹远祖于洛之首阳，及天宝元年，为姑万年县君制服作铭，三年为皇甫妃、范阳太君卢氏作志，皆在河南也。所以公殁，又归祔于偃师。"（《奉寄河南韦尹丈人》仇注引）他家本宅在巩县，洛阳可能有公馆，而庄园、祖茔则在偃师。他与夫人杨氏结婚大概在这年。杨氏是司农少卿杨怡的女儿。他们夫妻之间感情深厚，后来一起辗转各地，同甘共苦，直至白头；偶有分离，杜甫多赋诗以致缱绻之情。

《旧唐书·五行志》载："（开元）二十九年，暴水，伊、洛及支川皆溢，损居人庐舍，秋稼无遗，坏东都天津桥及东西漕，河南北诸州皆多漂溺。"这时他的弟弟杜颖正在做齐州临邑（今山东临邑）主簿，掌管治河防泛，来信感到很忧虑，他就写首五言排律《临邑舍弟书至苦雨》去安慰他。这诗前段叙暴雨成灾，郡国嗷嗷，堤防之患，主事所忧。中段描写想象中山东、河北洪水汹涌情状，也是河南一带惨重灾情的真实反映："燕南吹畎亩，济上没蓬蒿。螺蚌满近郭，蛟螭乘九皋。徐关深水府，碣石小秋毫。白屋留孤树，青天失万艘。"末段戏为大言以慰之："吾衰同泛梗，利涉想蟠桃。却倚天涯钓，犹能掣巨鳌。"传说有个土捏的偶人（土偶）对桃木刻的偶人（桃梗）说："子东园之桃也，刻子以为梗，遇天大雨，水潦并至，必浮子，泛泛乎不知所止。"（见刘向《说苑》）《十洲记》载，东海有度索山，山有大桃树，屈蟠三千里，叫蟠桃。《列子》载龙伯国有大人，一钓而连六鳌。这几句引用的就是这几个典故，意思是说，我这几年犹如桃梗，到处漂流，心疲力竭，一事无成，今见一片汪洋，不觉顿生泛东海、觅蟠桃的奇想。我想象自己就像龙伯国的巨人似的，依仗着高出天外的长钓竿（宋玉《大言赋》不是有"长剑耿耿倚天外"的话么？我的钓竿也有这么长），一扽就是六条大鳌鱼，哪还怕什么洪水泛滥？

《侯鲭录》记载了一则有关李白的故事说："李白开元中谒宰相，封一板，上题云：'海上钓鳌客李白。'相问曰：'先生临沧海，钓巨鳌，以何物为钓线？'白曰：'以风浪逸其情，乾坤纵其志，以虹蜺为丝、明月为钩。'相曰：'何物为饵？'曰：'以天下无义丈夫为饵。'时相悚然。"这故事显然是虚构的，却神似太白。没想到杜甫同李白一样，也是"海上钓鳌客"。李白扬言他要像"广张三千六百钓"(《梁甫吟》)、"一举钓六合"(《鞠歌行》)、"钓周"(《留别于十一兄逖裴十三游塞垣》)的吕尚那样,将宰相名器、辅弼权柄当作渔猎对象。杜甫想钓什么,可想而知。他"窃比稷与契""居然成濩落",在这以后,这位大钓客还是忘不了海上作业:"才力应难跨数公,凡今谁是出群雄?或看翡翠兰苕上,未掣鲸鱼碧海中。"赵次公说:"'群'字亦指(庾信、杨、王、卢、骆)数公;而'出群雄'则盖自负矣。……公所自负其'出群雄'者,如掣鲸鱼于碧海。非钓手之善,气力之雄,安能然哉!"(郭知达《九家集注杜诗》)杜甫自负有如此的神力和绝技,既然掣不了功业的"鳌",就改掣文章的"鲸"吧!要知道,功业、文章同属于"三不朽"啊。——前已提到,杜甫登泰山时念及东北边事,慨叹中原憔悴,这只是后来的回忆,并不见当时篇什。从现存作品看,杜甫反映社会现实情况最早的诗歌,当首推《临邑舍弟书至苦雨》。这诗虽然写到了洪水灾情,却无后期深切同情民生疾苦的沉重心情,而且联想所及,只是个人美妙的前景和强烈的自信。这显然是他前期乐观心情的自然流露。张綖注:"此诗诸家皆编在开元二十九年,公是时年甫三十,而诗中有'吾衰同泛梗'之句,是岂其少作耶?徒以唐史此年有伊、洛及支川皆溢,河南北二十四郡水,遂为编附。然黄河水溢,常常有之,岂独是年哉!"姑且不论开元二十九年大水系长时期所无,单看其中所表现出来的思想感情,定这诗作于是年比较合乎情理。"吾衰"出《论语·述而》:"子曰:'甚矣吾衰也,久矣,吾不复梦见周公。'"这只是用其字面,叹已漂泊日久、心力衰竭、一事无成,不必过于拘泥,非断定这诗作于衰老之年不可。

杜甫的陆浑庄附近有宋之问生前的陆浑别业,因为经常经过这里,曾赋《过宋员外之问旧庄》说:"宋公旧池馆,零落首阳阿。枉道只从入,吟诗许更过。淹留问耆老,寂寞向山河。更识将军树，悲风日暮多。"宋之问诗作得还可以，对唐代律诗的发展和形成产生过一定影响，为人可不怎么样。他是杜审言的老熟人，遭遇多少相似，诗人不便说什么，只不过表示通家晚辈凭吊、感叹之意罢了："枉道入庄，题诗志胜，有留连不尽之意，故云'吟诗许更过'。'问耆老'，访其子孙家世也。'向山河'，伤其迹在人亡也"（仇兆鳌语）。《后汉书·冯异传》载诸将并坐论功，冯异独屏树下，军中呼为大树将军。庾信《哀江南赋》："将军一去，大树飘零；壮士不还，寒风萧瑟。"案《旧唐书·宋之问传》载："宋之问，虢州弘农人。父令文，有勇力而工书、善属文，高宗时为左骁卫郎将、东台详正学士。……世人以之问父为三绝。之问以文词知名。弟之悌有勇力。之逊善书。议者云：各得父之一绝。之悌开元中自右羽林将军出为益州长史、剑南节度兼采访使，寻迁太原尹。"旧注皆以为"更识将军树，悲风日暮多"二句系指宋之悌而言，这样理解也不算错，但我认为这主要是表示追念宋令文的意思，因为当时宋之悌正官运亨通，即使远去，也不易使人生此悲凉之感。陆浑别业或宋令文所置，令文曾为左骁卫郎将，品秩虽不甚高，总是将军，也照样可用冯异的典故。今宋之问集尚存咏陆浑别业的诗共四首，其中《寒食还陆浑别业》说："洛阳城里花如雪，陆浑山中今始发。旦别河桥杨柳风，夕卧伊川桃李月。伊川桃李正芳新，寒食山中酒复春。野老不知尧舜力，酣歌一曲太平人。"又《陆浑山庄》说："归来物外情，负杖阅岩耕。源水看花入，幽林采药行。野人相问姓，山鸟自呼名。去去独吾乐，无能愧此生。"宋之问同杜甫是隔了一代的人，宋家的别业也并非杜家的土室，但仍可从宋之问的这两首诗中看出：陆浑这儿有山有水，风景幽美，离洛阳又不远，朝发夕至，往来很方便，对正在做官或想做官的人来说，这的确是个可进可退的好去处。杜甫成都《倦夜》诗句"水宿鸟相呼"，与宋诗句"山鸟自呼名"相仿佛。这倒不是说杜有意学宋,充其量不过显示杜对宋诗颇熟,偶或情境类似,有所触发,不觉口吻宛然。

《夜宴左氏庄》:"风林纤月落,衣露静琴张。暗水流花径,春星带草堂。检书烧烛短,看剑引杯长。诗罢闻吴咏,扁舟意不忘。"注家多系此诗于是年(开元二十九年)。诗写得很妩媚很别致:风林树叶簌簌作响,一痕纤月早已落山。弹琴僻静之处,清露沾衣。黑暗中涧水傍着花径流过,虽然看不清楚,更觉泠泠之声盈耳。春星灿烂,夜空犹如透明的屏幕,映带出草堂剪影。烧烛检书,奇文共赏,疑义相析;看剑引杯,豪情可想,醉态可掬。写就新诗,忽闻传来吴音吟咏,便勾引起他前几年乘船漫游江南的回忆,心情久久不能平静。——描绘琐细而浑然不见痕迹,只觉风韵绝妙,情意深长,艺术上颇为成功。

《巳上人茅斋》:"巳公茅屋下,可以赋新诗。枕簟入林僻,茶瓜留客迟。江莲摇白羽,天棘蔓青丝。空忝许询辈,难酬支遁词。"可能也是他居住在陆浑庄时的作品。巳上人住在僻静的林间茅庵里。池上的白莲迎风而舞,像鹭鸶羽毛般轻盈。岩畔天门冬飘拂着青青的丝蔓。杜甫来到这里不觉诗兴大发。主人置枕簟于林下,留他消夏,喝茶吃瓜,一坐就是大半天。《高僧传》载东晋高僧支遁讲《维摩经》,他每通释一义,居士许询无以设难;许询每设一难,支遁也不能再作通释。杜甫与巳上人谈禅,称赞他造诣很高,简直像支遁一样,而自愧不如许询。这是客套话,但可看出他当时曾与学问僧有过交往,多少也懂得点佛学。张戒《岁寒堂诗话》说:"余尝闻刘右司朿,以子美'枕簟入林僻,茶瓜留客迟',最得避暑之趣。余不以为然。郑武子曰:此句非不佳,但多'僻'与'迟'两字。若云:'枕簟入林,茶瓜留客',岂不快哉!"五律没法改成四言,这只是说表现上还不很惬意而已。

六 "二年客东都"

天宝元年(七四二),杜甫的二姑万年县君在洛阳仁风里去世;六月,还殡于河南县。杜甫来东都,为她服丧,作墓志,刻石。他幼时曾得到过二姑的抚养,对她的死感到很伤心。二姑父裴荣期,当时正在做济王府录事参军,也赶回来料理后事。这年写《假山》诗,序说:"天宝初,南曹小司寇舅,于我太夫人堂下垒土为山,一匮盈尺,以代彼朽木,承诸焚香瓷瓯,瓯甚安矣,旁植慈竹。盖兹数峰,嶔岑婵娟,宛有尘外致。乃不知兴之所至,而作是诗。"诗说:"一匮功盈尺,三峰意出群。望中疑在野,幽处欲生云。慈竹春阴覆,香炉晓势分。惟南将献寿,佳气日氤氲。"这假山是他舅舅为他继祖母卢氏所堆造,藉之祝愿她寿比南山。堆三峰造型秀丽的假山,栽几竿平添野趣的慈竹,这舅舅的襟怀颇不俗!一九七二年在陕西乾陵发掘的唐代章怀太子墓(建于公元七〇六年)中,发现两幅侍女手持盆景的壁画。一幅男装侍女手托盆景,中有假山、小树。另一幅身穿长裙的侍女,手持莲瓣形盘,上有盆景:绿叶、红果(见《人民画报》一九七八年七月号《唐代盆景》图片介绍)。相传王维以黄磁斗贮兰蕙,养以绮石,累年弥盛(见《云仙杂记》)。韩愈有《盆池五首》,其一说:"老翁真个似童儿,汲水埋盆作小池。一夜青蛙鸣到晓,恰如方口钓鱼时。"其二说:"莫道盆池作不成,藕梢初种已齐生。从今有雨君须记,来听萧萧打叶声。"其五说:"池光天影共青青,拍岸才添水数瓶。且待夜深明月去,试看涵泳几多星。"又白居易《题牛相公归仁里宅新成小滩》说:"况此朱门内,君家新引泉。伊流决一带,洛石砌千拳。……曾作天南客,漂流六七年。何山不倚杖,何水不停船。巴峡声心里,松江色眼前。今朝小滩上,能不思悠然?"他自己也在住处布置小滩(见《亭西墙下伊渠水中置石激流潺湲成韵颇有幽趣以诗记之》《南侍御以石相赠助成水声因以绝句谢之》《新小滩》)。可见唐代士大夫们多好培植盆景、盆池,设计假山、假水,聊以小中见大,驰骋想象,寄托对大自然的爱好。这一趣味,这一风尚,固然仅只属于统治阶级,仅只为了享乐的目的,但也多少反映出唐代诗歌和艺术影响之大;诗歌和艺术原本来自生活,哪知如今生活反而诗化了、艺术化了。

天宝三载(七四四),杜甫三十三岁,仍在东都。五月,继祖母卢氏卒于陈留郡(即汴州治所,在今开封市)的私第(据此知卢氏居汴州,《假山》诗当是杜甫来汴州探望祖母时所作)。八月,归葬偃师,他作墓志。

这两年他跟显贵秘书监李令问、驸马郑潜曜[10]等都有交往。他的《重题郑氏东亭》就是咏洛阳西不远的新安县(今河南新安县)郑驸马园亭之作。说是"重题",则来此游赏、作诗决不止一次。这别业有山有水,亭建山腰,鱼跃水面,鹰归云树,景物野旷,规模很大:"华亭入翠微,秋日乱清晖。崩石欹山树,晴涟曳水衣。紫鳞冲岸跃,苍隼护巢归。"与作于稍后的《郑驸马宅宴洞中》所描绘的豪华的宅第相较,这当是郑潜曜田产所在的庄园之一。由此可窥见唐代显贵奢豪之一斑。他的《李监宅二首》其一说:"尚觉王孙贵,豪家意颇浓。屏开金孔雀,褥隐绣芙蓉。且食双鱼美,谁看异味重。门阑多喜色,女婿近乘龙。"这诗称美李监得乘龙快婿,兼叙陈设的奢华、筵席的精美。顾注引《灵怪录》:"李令问开元中为秘书监,好美服、珍馔,以奢闻;有炙驴、䴙鹅之属,惨毒取味",谓"今诗中有'异味重'之句,岂即令问乎?"。王嗣奭说:"起语与五、六,俱含讽意。挟贵好华,此是王孙习气。曰'尚

---

[10]《重题郑氏东亭》朱注:"郑氏无考。鲍钦止云:即驸马郑潜曜。"

觉''颇浓',犹未尽言之也。下文又申之云美鱼可食,只此已足,而乃异味重叠,谁复看此耶?盖以俭朴之意,箴其奢华耳。"(仇注引,今本《杜臆》无)天宝三载他第一次见到李白时就发牢骚说:"二年客东都,所历厌机巧。野人对腥膻,蔬食常不饱。"他宁肯不饱蔬食,不愿为口腹自役。可见他对这两年亲身接触到的唐王朝另一政治中心东都的上层社会,还是有所感触、有所不满的。这一时期,由于涉世稍深,有时就难免在诗中流露出人生的感伤、失意的悲叹:"往来时屡改,川陆日悠哉!相阅征途上,生涯尽几回。"(《龙门》)

《龙门》是他重过龙门时所作。之前他曾写过一首五古《游龙门奉先寺》:"已从招提游,更宿招提境。阴壑生虚籁,月林散清影。天阙象纬逼,云卧衣裳冷。欲觉闻晨钟,令人发深省。"编年杜诗多把这诗列为第一首,认为是开元二十三年(七三五)自吴越归东都后所作。案:龙门石窟在洛阳南二十五里的伊阙;伊水北流,两山夹岸对峙,形如门阙,所以叫伊阙。《两京新记》载隋炀帝观伊阙,说:"此龙门也,自古何不建都于此。"所以又叫龙门。伊水两岸崖壁雕凿了许多石窟。现在保留下来的窟龛,据龙门保管所统计,有二千一百三十七个(窟一千三百五十二座,龛七百八十五个)。这些窟龛,大部分都在伊水西岸,其中大窟有二十八个;东岸多是唐代洞窟,有七个大窟和一些小窟。根据铭刻,可知龙门石窟的开始凿造,最迟在北魏太和(四七七—四九九)年间。北魏晚期龙门石窟凿造最盛。以后东魏、西魏、北齐、北周、隋,都在前代未完成的洞窟中继续有所雕造,仅有个别新开的洞窟。到唐代贞观以后,龙门又逐渐成为贵族、皇室造像活动的中心。盛唐以后才又沉寂下来。龙门唐代的造像石窟不少。在西山的唐窟,按时代先后大体自北而南,主要是初唐时开凿的。然后在伊水东岸继续修造。唐代龙门造像最繁盛的时期是公元六四〇年以后，特别是李治、武则天时期（六五〇—七〇五）。显然这和武则天长期住在东都，而且迷信佛教有关。奉先寺是龙门最重要的石窟，创建于咸亨三年（六七二）四月一日，到上元二年（六七五）十二月三十日完工，前后费时不过三年九个月，而规模之大超过了这里所有的石窟。在比较短的时间内，完成这样大的工程，这跟动员人力的众多和工程设计的灵巧是分不开的。

奉先寺不采取全部开凿洞壁的方式，而在露天雕造佛像，这就可以利用山势减少开凿山崖的工程，从而缩短时间。奉先寺的设计和雕刻制作的精巧，显示了我国古代艺术匠师们的杰出才能。建造者"支料匠"李君瓒、成仁威、姚师积等人所代表的大批艺术家，应该认为是中国雕塑史上杰出的巨匠。奉先寺南北约三十六米，东西深约四十一米，本尊是"卢舍那佛"坐像，高十七米有余。据开元十年（七二二）铭记载："佛身通光座高八十五尺，二菩萨七十尺，迦叶、阿难、金刚、神王各高五十尺。"雕造规模之大实属罕见。奉先寺群像的价值还在于形象的塑造，佛、弟子、菩萨、天王、力士和脚下的地神，以及这组群像相互之间所体现的内在联系，显示了当时艺术家的高度意匠。他们通过佛教所规定的形象，创造了各种不同性格和气质的人物。卢舍那大佛庄严、温和、睿智而富于同情心，可看作理想化了的封建社会"圣贤"的象征，佛像的身躯以及手的姿态都表达出一种宁静的心境，这种宁静心境和慈祥的目光结合在一起，是在力图摹拟一个具有伟大感情和开阔胸怀的形象，这也就是作者心目中的佛。阿难文静温顺，外形朴素。菩萨华丽、端庄，表情矜持。天王硕壮有力，神态严肃。力士性格刚强而暴躁。那几个承担着天王沉重的身躯的地神，神情各异：有的无所畏惧，有的表现出抗拒的力量。所有这些，都是艺家们深刻观察了社会现实，以当时不同阶层的人物及其精神面貌作为参考，而进行创造的。因此，这些宗教雕像就自然而然地突破了类型化的造型，富于生活意味。这九躯圆雕造像，不仅各具性格特征，而且被组织在以本尊为中心的一组群像里，形成既有变化又有内在联系的艺术整体。奉先寺的凿造规模、艺术设计，以及雕刻形象的塑造，都标志着唐代艺术已达到了极高的水平（详龙门石窟保管所编《龙门石窟》，一九六一年文物出版社出版）。

一九七三年初冬，我去龙门参观，特别在奉先寺多看了看，见到的情况，大致同前面讲到的差不多。杜甫来游时，奉先寺刚竣工六十年，面貌必然很新。除了石窟，龙门还有像东岸香山寺（始建于北魏熙平元年，五一六）等一样宏伟、华丽的佛寺，所以杜甫的《龙门》说："气色皇居近，金银佛寺开。"可见当时龙门的建筑是极其壮丽的。奉先寺九躯造像前地盘很大。据《龙门石窟》龙门保管所一九六〇年八月写的《编后记》载："龙门石窟两年来又有明显的变化。原来在奉先寺堆积达四五米厚的积土瓦砾，已被彻底清理干净了，现在看到的是原有的大高台和广阔的石级。"显然，这里原先是有土木结构的佛寺建筑，是有僧人居住的（这与其他洞龛不同）。所以杜甫游龙门后得以住宿于此："已从招提游，更宿招提境。"关于龙门石窟的记载，以往方志均不详，诸注家对之不甚了了。王嗣奭据诗意以为寺当在山顶，实非。"天阙象纬逼，云卧衣裳冷"两句，从来聚讼纷纭，莫衷一是。有的拘于偶对，竟臆改"天阙"为"天窥""天开""天阅""天阔""天关"。其实"天阙"即指伊阙。仇兆鳌根据前代笺注所引韦述《东都记》："龙门，号双阙，与大内对峙，若天阙然"、韦应物《龙门游眺》："凿山导伊流，中断若天阙"等，以为"皆确据也。况此古体诗，何必拘拘偶对耶"，其说可从。"阴壑生虚籁"，写夜深人静，附近石壁大小洞宽，风激发声，泠泠可闻；"阴壑"非泛指一般背阴的山沟。王嗣奭说："盖人在尘溷中，则天机不露。先从招提游，已觉耳目清净；而更宿其境，加以夜景清寂，形神收敛，故当晨钟初觉，遂发深省。"又说："此诗景趣泠然，不用禅语而得禅理，故妙。"前已指出，杜甫当时曾与和尚有交往，也多少懂得点佛学，且涉世日深，偶有厌世高蹈之想。因此固不可夸大其词，说什么这"简直像一个和尚在作诗了"，但诗中也确乎流露出一些消极的情绪。杜甫青壮年时代几次漫游南北各地的这一段经历，同其后流离颠沛的遭遇比较起来，当然说得上"快意八九年"，是很值得珍惜和回忆的。但若细加分析，自从他从吴越回东都应试失利，尤其是"二年客东都"以后，阅历深了，感慨多了，有时心头也掠过了暗淡的人生的阴影，因此就不像以前总是那么"快意"了。不能认为青壮年时代的杜甫毫不徘徊、探索，总是一个劲儿地怀着"致君尧舜上"的儒家理想，在"学而优则仕"的道途上迅跑；也不能因为偶尔从他的诗中闻到了一丝"禅味"，就断定他是个宗教徒。诚然，杜甫从青壮年时代以来，就程度不同地受到了儒、释、道三家的影响（唐代三家并重），而且终身未能摆脱其局限。但是，他之所以成为伟大的诗人，决非简单地受了这家或那家的影响所致，而是他坚持在人生的道路上探索、追求，有所突破，有所扬弃，终于随着个人的宦海沉浮和社会的大变动，日渐深入社会，接近人民，并从而获得了取之不尽、用之不竭的创作源泉。

第四章 续壮游

一 "心雄万夫"的奇人

闻一多先生曾经把李白和杜甫的会面比作诗中的两曜劈面走了来,认为该当品三通画角,发三通擂鼓,然后提起笔来蘸饱了金墨,大书而特书。闻先生说这话时的感情我是能理解的。我也曾闪过这样一个念头:要是李白和杜甫从来没见过面,没有那么一段(哪怕很短暂)值得纪念的深情交往,我是会感到寂寞的。李白在长安时王维也在那里,他们都有共同的好朋友孟浩然和晁衡,他们总该见过面吧?可是在他们的集子里却找不到任何显示他们有过交往的痕迹。他们是两种不同性格的人,或许见过,恐怕也各自不会留下什么印象,可是,我总为这两个同龄人的未能相识而深感遗憾。他们一个是才华横溢的大诗人,一个是全面体现盛唐诗歌、绘画、音乐等文艺水平的大师,他们要是见着了该有多好。杜甫跟王是熟识的,写到王维的诗也有好几首。这是后话。

李白(七〇一—七六二)比杜甫大十一岁,祖籍陇西成纪(今甘肃天水附近),先世在隋末流徙到西域。他父亲叫李客,可能是富商。他诞生在中亚细亚的碎叶城(当时属唐安西都护府),五岁随父迁居绵州昌隆(今四川江油县)。他幼年受的教育很杂,"五岁诵六甲,十岁观百家;轩辕以来,颇得闻矣"(《上安州裴长史书》),

"十岁通诗书"（《新唐书·李白传》），十九岁又随善为纵横谈、著《长短经》的赵蕤学纵横术（见《唐诗纪事》引《彰明逸事》）。他的兴趣也很广，"十五观奇书，作赋凌相如"（《赠张相镐》），"十五好剑术"（《与韩荆州书》），"十五游神仙"（《感兴八首》其五）。他的朋友魏颢（即魏万）说他"少任侠，手刃数人。与友[1]自荆徂扬，路亡权窆，回棹方暑，亡友糜溃，白收其骨，江路而舟"（《李翰林集序》）。他年轻时真是个侠客。至于求仙访道的活动，更是贯彻一生。由于学得杂、兴趣广，他的志向就多而易变。他曾在《与韩荆州书》中夫子自道："虽长不满七尺，而心雄万夫。"这话最能见出他的精神面貌。他想做侠客："纵死侠骨香，不惭世上英。谁能书阁下，白首《太玄经》。"（《侠客行》）想做刺客："燕南壮士吴门豪，筑中置铅鱼隐刀。感君恩重许君命，太山一掷轻鸿毛。"（《结袜子》）想做大将："手中电曳倚天剑，直斩长鲸海水开。……功成献凯见明主，丹青画像麒麟台。"（《司马将军歌》）[2] 想做高士："乍向草中耿介死，不求黄金笼下生。天地至广大，何惜遂物情。善卷让天子，务光亦逃名。所贵旷士怀，朗然合太清。"（《设辟邪伎鼓吹雉子斑曲辞》）想做圣贤："我志在删述，垂辉映千春。希圣如有立，绝笔于获麟。"（《古风》其一）想做神仙："愿餐金光草，寿与天齐倾。"（《古风》其七）……这些志向往往同时并存或前后一致，但就其大体而论，却有一个发展过程："忆昔作少年，结交赵与燕。金羁络骏马，锦带横龙泉。……晚节觉此疏，猎精草《太玄》。……中回贤明顾，挥翰凌云烟。骑虎不敢下，攀龙忽堕天。还家守清真，孤洁励秋蝉。"（《留别广陵诸公》）志

---

[1] 此人为吴指南，其事详见李白《上安州裴长史书》。
[2] 原注："代陇上健儿陈安。"这当是泛拟乐府歌辞，非实写某将。前后所引乐府或古风诗句，皆抒向往之情、有言志之意。

向既然如此之多，而且前后有所改变，但其中最大最主要、为他长期所追求而始终不渝的却只有一个——想做宰相："申管、晏之谈，谋帝王之术。奋其智能，愿为辅弼。使寰区大定，海县清一。"(《代寿山答孟少府移文书》)

　　唐初以来，出过不少"布衣卿相"，当时有志之士，想当宰相的就更多，杜甫不是也有过"窃比稷与契"的大志吗？想当宰相并不希罕，希罕的倒是他那个实现这一大志的如意算盘："近者逸人李白，自峨嵋而来。尔其天为容，道为貌，不屈己，不干人，巢、由以来，一人而已。……将欲倚剑天外，挂弓扶桑，浮四海，横八荒，出宇宙之寥廓，登云天之渺茫。俄而李公仰天长吁，谓其友人曰：'吾未可去也。吾与尔，达则兼济天下，穷则独善一身，安能餐君紫霞，荫君青松，乘君鸾鹤，驾君虬龙，一朝飞腾，为方丈、蓬莱之人耳？此则未可也。'乃相与卷其丹书，匣其瑶瑟，申管、晏之谈，谋帝王之术。奋其智能，愿为辅弼。使寰区大定，海县清一。事君之道成，荣亲之义毕，然后与陶朱、留侯，浮五湖，戏沧洲，不足为难矣。"(同上)他是想把积极入世的政治抱负和消极出世的老庄思想、隐逸态度结合起来，由隐出仕而终归于隐，以退为进而急流勇退，以免偏执一端之弊，并获"兼济""独善"二者之利。——好一个非凡的理想！要想实现这样的理想，就势必采取非凡的方式，走非凡的途径。应举入仕实在太平常了。交游干谒、求仙访道、退隐山林，本身无足奇，但多管齐下，若能从而一步登天，感会风云，出将入相，倒也不落俗套。于是这就为李白所选中，而依为进身之阶、上天之梯了。

　　交游干谒，是旧社会任何时代求仕进者所习用的从政活动方式之一，唐代尤甚。前一章已提到，当时有"温卷"的风习，而且生徒、乡贡都须经过有关官府选拔保送。即使是应"天子自诏""制举"的"非常之才",亦须地方高级长官举荐,如《旧唐书·玄宗本纪》载:"(开元)二十三年,春,正月,己亥,……其才有霸王之略,学究天人之际,及堪将帅牧宰者,令五品已上清官及刺史各举一人。"即是。由此可见,若不交游干谒,莫说擢第,恐怕连准考资格也得不到。此外,还可依仗达官贵人的赏识、提拔而直接见用于朝。如李白曾经干谒过,并借"天下谈士"的话"生不用封万户侯,但愿一识韩荆州"赞扬过的韩朝宗,就"喜识拔后进,尝荐崔宗之、严武于朝"(《新唐书·韩朝宗传》)。李白《与韩荆州书》说:"君侯亦荐一严协律人为秘书郎,中间崔宗之、房习祖、黎昕、许莹之徒,或以才名见知,或以清白见赏。白每观其衔恩抚躬,忠义奋发,以此感激。知君侯推赤心于诸贤腹中,所以不归他人,而愿委身国士。倘急难有用,敢效微躯。且人非尧舜,谁能尽善。白谟猷筹画,安能自矜。至于制作,积成卷轴,则欲尘秽视听,恐雕虫小技,不合大人。若赐观刍荛,请给纸墨,兼之书人。然后退扫闲轩,缮写呈上。庶青萍、结绿,长价于薛、卞之门。幸惟下流,大开奖饰。惟君侯图之。"可见李白想走这一门径以求朝廷重用,并非毫无现实可能性。

至于隐逸、求仙,本是出世的表现,似与干禄无关,但实际上早已为士大夫所利用,成为另一类行之偶见奇效的"登龙术"了。六朝时,曾前后出现过据说"此人不出,如苍生何"而从东山出仕的"名士"谢安、干预朝政时称"山中宰相"的"真人"陶弘景等等,便是明证。到了唐代高宗、武后、玄宗时代,情况进一步有所加剧。《新唐书·卢藏用传》载:"藏用能属文,举进士不得调,与兄微明偕隐终南、少室二山,学练气,为辟谷。……长安中,召授左拾遗。……始隐山中时,有意当世,人目为'随驾隐士'。……司马承祯尝召至阙下,将还山,藏用指终南曰:'此中大有嘉处。'

承祯徐曰：'以仆视之，仕宦之捷径耳。'藏用惭。"所谓"终南捷径"一词即出于此。其实，当时借隐逸、求仙以沽名钓誉、渔猎富贵的岂止卢藏用一人。就是那个嘲笑别人的道士司马承祯，本身也不例外。所不同的，只是他所追求的是名誉而非富贵而已。案《旧唐书·隐逸列传》共传二十人（《孔述睿传》附其子敏行，敏行进士出身，除外），其中即有王远知、田游岩、潘师正、刘道合、史德义、王友贞、卫大经、司马承祯、王希夷、卢鸿一、白履忠、吴筠、孔述睿、阳城、崔觐等十五人，各与其同代最高统治者高祖、太宗、高宗、武后、中宗、睿宗、玄宗、代宗、德宗、文宗等有过关系，或为他们所"临幸"，或为他们礼聘、嘉奖、封赏过。最值得注意的是道士王远知、潘师正和司马承祯、吴筠等祖孙三代。他们与玄宗以前除中宗外的唐朝历代皇帝一直保持着极密切的联系，这决非偶然的事。原来这王远知就是"山中宰相"华阳真人陶弘景的嫡传弟子。他曾为陈后主召见，隋炀帝也曾对他亲执弟子之礼，后又为唐高祖、太宗见知，来头很大。这就难怪他的徒子徒孙一直能受到唐代几朝皇帝的特殊礼遇了。从他们与皇帝接触时的行为表现看，故作高尚以沽名钓誉的因素有之，但不尽然。他们对政治都很关心，甚至还想用"无为之旨，理国之道"的老庄理论来影响皇帝，以改变其为政的基本哲学思想，或陈"名教世务"，并"间之以讽咏以达其诚"，企图对时政能起一定作用。

潘师正曾对他的大徒弟司马承祯说："我自陶隐居（弘景）传正一之法，至汝四叶（陶弘景—王远知—潘师正—司马承祯）矣！"除传正一之法外，"山中宰相"的传统和精神也是他们所一脉相承的。既是这样一个头等的"隐逸世家"，且都学会了一套以退为进、以隐干政的"道门隐诀"，又与之有"通家之好"，那么，就当时最高统治者方面着眼，若想"举逸人而天下归心",征隐士以点缀太平,舍此其谁?开元十三年(七二五),李白二十五岁,刚出蜀,即在江陵结识了司马承祯,曾作《大鹏遇希有鸟赋》(后改为《大鹏赋》),以鹏自况,以希有鸟况承祯。后又于天宝元年(七四二)与孔巢父等随吴筠隐于剡中,"既而玄宗诏筠赴京师,筠荐之于朝;遣使召之,与筠俱待诏翰林"[3](《旧唐书·李白传》张元济用宋刊校补本)。李白和王远知这一道派始终保持着极密切的关系,终于在政治上得到他们之中的人的大力帮助,而走上朝廷。可见他的隐逸、求仙,虽有出世因素,但主要还是想借此作为上天之梯,以求实现他自以为非凡的志向。高宗、武后、玄宗都喜欢征聘隐者道士,而又以玄宗为最:计自在东宫时至天宝初,约共征隐者道士达七人(包括李白在内)九次之多。当时只要自身有些本领,又走对了门路,从"终南捷径"直登庙堂的现实可能性并不很小(比如陈希烈即以习老庄取相位)。李阳冰《草堂集序》说:"天宝中,皇祖下诏,征就金马,降辇步迎,如见绮、皓。以七宝床赐食,御手调羹以饭之。谓曰:'卿是布衣,名为朕知。非素蓄道义,何以及此!'置于金銮殿,出入翰林中,问以国政,潜草诏诰,人无知者。丑正同列,害能成谤。格言不入,帝用疏之。"对于李白来说,这已经不是有没有可能性的问题,而是历史事实。李白采取交游干谒、隐逸求仙的从政活动方式,致令"名动京师",得以"召入禁掖","问以国政,潜草诏诰",已获得由隐入仕的初步成功。可是,开元末年

---

[3] 王琦《李太白年谱》说:"按李白之召见,《旧唐书》以为吴筠荐之,《新唐书》以为贺知章言之,新书盖本之乐史《(李翰林)别集序》。……疑当时吴筠荐之于先,贺知章复言之于后。"魏颢《李翰林集序》说:"白久居峨嵋,与丹邱因持盈法师达,白亦因之入翰林。"持盈法师即玉真公主。玉真公主曾至司马承祯所居修金箓斋,与王远知这一道派关系很深。

以来，玄宗日渐腐化，李林甫、杨国忠等贵族相继用事，政治黑暗。因此"丑正同列，害能成谤。格言不入，帝用疏之"。这当然是李白在政治上取得初步成功后又终于遭到失败的主要原因。此外，将由隐而仕这一从政活动方式的作用估计得过大过于理想，对于最高统治者之所以极其重视礼聘、表彰逸人高士的根本用意和真实目的认识不清，寄托了过多过于天真的幻想，指望过高，这也是他失败的主观原因。

隐逸本来是一种对现实、对当代政治不满的消极表现。但由于"末世人情弥巧，文而不惭，固有朝赋采薇之篇，而夕有捧檄之喜者"（顾炎武《日知录》），以致成为士大夫们"托薜萝以射利，假岩壑以钓名"（《旧唐书·隐逸列传》）的手段。这是一种利用。那么，为什么最高统治者和当权派竟乐意于被利用，而大力加以鼓励提倡呢？原来他们也别有用心，也要反过来利用之。道理很简单：隐逸既然是不满现实、反抗时政的表现，那么，若将逸人高士之中几个"名扬宇宙"的代表人物找来应应景，以示"天下归心""圣代无隐者，英灵尽来归"，岂不是就轻而易举地为自己的统治坐收点缀升平、笼络人心的奇效？隐逸肥遁，虽是消极行为，但也多少含有不满和反抗时政的意味。如果听之任之，是会在观感上舆论上给统治者带来一些不利的。但应过征聘、得过封赏而致仕还山的隐士，由于已经表示归服，且通名籍于朝，经过登记，辞归后又"置给全禄，以毕其身"，不容不食"周粟"，此外还赋予"若知朝廷得失，具以状闻"、随时反映情况的使命，这就不仅早已失去其对抗性，而且已变不利为有利，成为统治者不可或无的帮闲人物了。这就是唐代许多皇帝，尤其是玄宗之所以重视并多次礼聘隐士的政治原因。《新唐书·韩朝宗传》载："开元末，海内无事。讹言兵当兴，衣冠潜为避世计。朝宗庐终南山，为长安尉霍仙奇所发。玄宗怒，使侍御史王鉷讯之。贬吴兴别驾。"卢藏用隐终南得官，韩朝宗庐终南遭贬。可见隐逸肥遁，若一旦对他们的统治不利，他们就不仅不提倡而要严加法办了。从正反两面来看，他们礼聘隐士的政治目的，不是很清楚吗？

唐代最高统治者为了表示自己确系天潢龙种，本支百世，源远流长，曾于武德三年（六二〇）趁人捏造老子在晋州羊角山显圣，说老子自谓是他们的祖先，高祖即遣使致祭，立庙其地(见《封氏闻见记》)。高宗崇尚道教，迷信神仙服食之说，对此兴趣更大，曾于乾封元年（六六六）二月"次亳州，幸老君庙，追号曰'太上玄元皇帝'，创造祠堂。其庙置令、丞各一员"(《旧唐书·高宗本纪》)。玄宗又加倍光大之，曾于"开元二十年（七三二），正月，己丑，诏两京及诸州各置玄元皇帝庙一所；并置崇玄学。其生徒令习《道德经》及《庄子》《列子》《文子》等。每年准明经例举送"(《旧唐书·礼仪志》)。上有所好，下必甚焉。道家、道教始祖既然同时是李家天子始祖，多此一段莫须有因缘，有心人不愁前头没有出路。纯做道士，不过是方伎；纯做隐者，嫌不时髦。若想在政治上容易出头，最好是一身兼备此二重身份，何况隐逸、求仙，实质相同，往往结合，这就无怪乎当时山林隐逸多是道家、道士，无怪乎李白既隐逸山林又四处求仙访道了(以上几段详见拙著《唐诗论丛·唐代某些知识分子隐逸求仙的政治目的》)。

虽说终南捷径可达朝廷，但正像玄宗对李白所说的那样，"卿是布衣，名为朕知"，并将之"召入禁掖"，这毕竟是很不寻常的事。加上他品貌非凡，才情纵放，乍到长安，朝野轰动，轶事、传闻，自然不少。魏颢《李翰林集序》载："入翰林，名动京师。《大鹏赋》时家藏一本。"这真可与"洛阳为之纸贵"的左思《三都赋》

前后媲美。刘全白《唐故翰林学士李君碣记》载:"天宝初,玄宗辟翰林待诏,因为和蕃书,并上《宣唐鸿猷》一篇。上重之,欲以纶诰之任委之。"这写和蕃书的事,后来竟敷演成《李太白醉草吓蛮书》的小说了。范传正《唐左拾遗翰林学士李公新墓碑并序》载:"在长安时,秘书监贺知章号公为谪仙人,吟公《乌栖曲》云:'此诗可以哭鬼神矣!'时人又以公及贺监、汝阳王、崔宗之、裴周南[4]等八人为酒中八仙,朝列赋谪仙歌百余首。"杜甫后来写的《寄李十二白二十韵》开头几句:"昔年有狂客(贺知章自号四明狂客),号尔谪仙人。笔落惊风雨,诗成泣鬼神。声名从此大,汩没一朝伸",即咏其事。当时人们争着写的谪仙歌已失传。杜甫入长安后一定还见到过这些诗篇。他的《饮中八仙歌》就是根据这风行一时的题材创作的,其中写李白说:"李白斗酒诗百篇,长安市上酒家眠。天子呼来不上船,自称臣是酒中仙。"张表臣《珊瑚钩诗话》引范传正《李公新墓碑序》:"(白)多陪侍从之游。他日,泛白莲池,公不在宴,皇欢既洽,召公作序。时公已被酒于翰苑中,仍命高将军扶以登舟"解此,并说:"世云'不上船','船',襟纽,何穿凿如此!"都很正确。可见杜诗所写,系传闻实录,并非虚构。其余七人或二句或三句,唯独李白四句,倒不一定有意突出,只是对他感情最深,提到他不觉就话多了。——上面这些有关李白在长安的活动情况,都出于同时或稍后的人的记载,大体上是可信的。

宋代乐史《李翰林别集序》载:"开元中,禁中初重木芍药,即今牡丹也。得四本红、紫、浅红、通白者,上因移植于兴庆池

---

[4] 杜甫《饮中八仙歌》以贺知章、汝阳王李琎、李适之、崔宗之、苏晋、李白、张旭、焦遂为"八仙",无裴周南。

东沉香亭前。会花方繁开，上乘照夜车，太真妃以步辇从，诏选梨园弟子中尤者得乐一十六色。李龟年以歌擅一时之名，手捧檀板，押众乐前，将欲歌之。上曰：'赏名花，对妃子，焉用旧乐辞焉！'遽命龟年持金花笺宣赐翰林供奉李白，立进《清平调》词三章。白欣然承诏旨，由若宿醒未解，因援笔赋之。其一曰：'云想衣裳花想容，春风拂槛露华浓。若非群玉山头见，会向瑶台月下逢。'其二曰：'一枝红艳露凝香，云雨巫山枉断肠。借问汉宫谁得似？可怜飞燕倚新妆。'其三曰：'名花倾国两相欢，长得君王带笑看。解释春风无限恨，沉香亭北倚阑干。'龟年以歌辞进，上命梨园弟子略约调抚丝竹，遂促龟年以歌。太真妃持颇梨七宝杯，酌西凉州葡萄酒，笑领歌辞，意甚厚。上因调玉笛以倚曲，每曲遍将换，则迟其声以媚之。太真妃饮罢，敛绣巾重拜。上自是顾李翰林尤异于诸学士。"此即稗史《太真外传》中的一段，《新唐书·李白传》亦撮要采入。即使此事出自传闻，不很可信，但表明玄宗这时生活上早已腐化，之所以看重李白，不过是想借仗他的文才，供自己享乐，这还是符合实际情况的。李白既深为玄宗所重，为什么没有多久就把他打发掉了呢？说法很多，比较可信的是魏颢在《李翰林集序》中的这段记载："上皇豫游，召白，白时为贵门邀饮。比至，半醉，令制出师表，不草而成。许中书舍人，以张垍谗逐，游海岱间。"这就是李阳冰《草堂集序》所说："丑正同列，害能成谤。格言不入，帝用疏之。"这里虽未点名，指的却是同一件事。魏颢是李白的崇拜者，曾不远千里追随李白。李阳冰是李白的族叔，李白就是病死在他家里的。他们记载的那些话，当是听李白亲口所说，是最有根据的。至于这班小人用以进谗的借口是什么，不清楚。范传正《碑序》说："既而上疏请还旧山，玄宗甚爱其才，或虑乘醉出入省中，不能不言温室树〈5〉，恐掇后患，惜而遂之。"李阳冰《集序》说："出入翰林中，问以国政，潜草诏诰，人无知者。"王琦据此"疑其醉中曾泄漏禁中事机，或者云云，明皇因是疏之"（见所编《李太白年谱》天宝三载下按语）。这推测不为无因。很可能李白在醉中泄露了机密，张垍那班忌妒他的人就乘机进谗，使得玄宗不想用他了。不然，开头那么重视，这时即使不打算破格提拔，给他个中书舍人之类官职，也未尝不可。此外，也有认为是李白得罪了高力士，高力士挑拨杨贵妃出来阻止玄宗给他官做的。〈6〉这也很有可能。张垍等进谗于外，贵妃等又从中作梗，李白就必然不容于朝了。

〈5〉《汉书·孔光传》："或问（孔）光：'温室省中树皆何木也？'光嘿不应，更答以它语，其不泄如是。"这里是用典，暗示李白醉中有泄密的事。宋代洪迈《容斋随笔》说："李太白以布衣入翰林，既而不得官。唐史言高力士以脱靴为耻，摘其诗以激杨贵妃，为妃所沮止。今集中有《雪谗诗》一章，大率言妇人淫乱败国，其略云：'彼妇人之猖狂，不如鹊之彊彊。彼妇人之淫昏，不如鹑之奔奔。坦荡君子，无容簧言。'又云：'妲己灭纣，褒女惑周。汉祖吕氏，食其在旁。秦皇太后，毒亦淫荒。蟪蛄作昏，遂掩太阳。万乘尚尔，匹夫何伤？词殚意穷，心切理直。如或妄谈，昊天是殛。'予味此诗，岂非贵妃与禄山淫乱，而太白曾发其奸乎？不然则'飞燕在朝阳'之句，何足深怨也。"《雪谗诗》讽意甚明，但洪迈的这一猜想却嫌证据不足。
〈6〉其事《旧唐书·李白传》记载得最简单："（白）尝沉醉殿上，引足令高力士脱靴，由是斥去。"《新唐书》本传较详："白常侍帝，醉，使高力士脱靴。力士数贵，耻之，摘其诗以激杨贵妃。帝欲官白，妃辄沮止。"乐史《别集序》更加细致而近小说家言："会高力士终以脱靴为深耻，异日，太真妃重吟前辞，力士曰：'始以妃子怨李白深入骨髓，何翻拳拳如是耶？'太真妃因惊曰：'何翰林学士能辱人如斯？'力士曰：'以飞燕指妃子，贱之甚矣。'太真妃颇深然之。上尝三欲命李白官，卒为宫中所捍而止。"钟泰华《文苑四史》载："《唐书》曰：'玄宗召李白草《白莲辞》，使太真捧砚，力士脱靴。'"王琦按："今《唐书》无此文，恐出自稗官小说，钟盖误引耳。"《唐国史补》载："李白在翰林，多沉饮。玄宗令撰乐词，醉不可待，以水沃之。白稍能动，索笔一挥十数章，文不加点。后对御，令高力士脱靴，上令小阉排出之。"《酉阳杂俎》载："李白名播海内，玄宗于便殿召见，神气高朗，轩轩若霞举。上不觉忘万乘之尊，因命纳履。白遂展足与高力士：'去靴。'力士失势，遽为脱之。及出，上指白谓力士曰：'此人固穷相。'"同记高力士脱靴一事，各有异同。可见事或有之，而传闻失实。

从天宝元年（七四二）"皇祖下诏，征就金马"，到天宝三载（七四四）"帝赐放还"，李白在长安待的时间不长。作为政治家，他此行是失败了。但作为诗人，他的收获可不小。其中最重要的，就是他得到了难能可贵的机会，接触到直至皇帝、贵妃的上层统治阶层，逐渐认清了那帮人的腐朽实质和罪恶勾当以及封建政治的黑暗内幕，终于从"仰天大笑出门去，我辈岂是蓬蒿人"（《南陵别儿童入京》）的狂喜和迷梦中惊醒过来，抛弃了对朝廷的幻想，从思想认识上，促使他诗歌的浪漫主义发生了质的突变和飞跃。从今以后，他收起了那天真、热情的"太平盛世"的讴歌，一变为揭露大胆、抨击有力的控诉。他指出玄宗犹如"乱天纪"的"殷后"、"亦已昏"的"楚怀（王）"，贵妃是"灭纣"的"妲己"、"惑周"的"褒女"，若"擢发续罪，罪乃孔多，倾海流恶，恶无以过"，而朝廷显贵，则不过是一些"得志鸣春风"的"蹇驴"、"贝锦喧谤声"的"苍蝇"；讽刺君王宠信的那些"冠盖何辉赫，鼻息干虹霓""举动摇白日，指挥回青天"的烜赫人物，但知"斗鸡金宫里，蹴鞠瑶台边"，但知醉生梦死，过着"香风引赵舞，清管随齐讴。……行乐争昼夜，自言度千秋"的荒淫生活，而不知礼贤下士，竟至于倒行逆施，以"珠玉买歌笑，糟糠养贤才"；给那些窃据要津的佞幸小人以极大的蔑视，将他们斥为"鸡狗"，对他们表示了自己"安能摧眉折腰事权贵"[7]、毅然唾弃他们的决心。

---

[7] 以上所引，见《古风》其五十一，《书情赠蔡舍人雄》，《雪谗诗赠友人》，《答王十二寒夜独酌有怀》，《古风》其二十四、其四十六、其十八、其十五，《梦游天姥吟留别》诸诗。

二 "亦有梁宋游"

天宝三载三月，李白就是带着这样一种情绪、认识离开长安的。这年初夏，他在东都初次遇见了杜甫。杜甫这时写的《赠李白》："二年客东都，所历厌机巧。野人对腥膻，蔬食常不饱。岂无青精饭，使我颜色好？苦乏大药资，山林迹如扫。李侯金闺彦，脱身事幽讨。亦有梁宋游，方期拾瑶草"，和后来写的《寄李十二白二十韵》："乞归优诏许，遇我宿心亲"，即纪其事。"遇我宿心亲"，就是说"一见如故"。可见他俩这次确乎是初次见面。当时杜甫已在东都活动了两年，正为世态炎凉、人心不古而满腹牢骚，如今得遇见这位见过大世面的"李侯金闺彦"，见他尚且要"脱身事幽讨"，这就更增强自己弃世高蹈之志（严格地说，这哪里算是什么"志"，这只不过是初出茅庐、稍受挫折的人一时的冲动而已）。上诗"李侯金闺彦，脱身事幽讨"两句指的既是李白，紧接"亦有梁宋游，方期拾瑶草"两句当是诗人自指。李白要去游梁宋，恰好他也要去，所以说"亦有梁宋游"。于是他们就相约到那里去求仙访道"拾瑶草"了。别看杜甫跟李白一见倾心，好像是很理解李白似的。其实他所见到的、自以为很理解李白的，仍然是"谪仙人"的佯狂表象。他哪里知道，就在这表象下面，还深藏着许多"不足为外人道也"的庙堂黑幕和宫闱秽闻，深藏着他竭力克制、唯恐一触即发的满腔孤忿。在对社会、对时政的认识上，杜甫当时是远远赶不上李白的。这不仅是因为他的年纪比李白小得很多，还因为他没有李白那一段待诏翰林、极便窥知内幕的良机。就是对李白本人来说，他长安之行的一入一出虽然仅隔三年，但他对时局的认识，前后却有很大的不同啊！杜甫在相遇第二年写的《赠李白》说："秋来相顾尚飘蓬，未就丹砂愧葛洪。痛饮狂歌空度日，飞扬跋扈为谁雄?"这是现存杜诗中最早的一首绝句。《杜诗镜铨》引蒋弱六的话说:"是白一生小像。公赠白诗最多,此诗最简,而足以尽之。"评价虽嫌过当,但这首诗仍能说明一些问题。首先,杜甫说要求仙,这时期也跟着李白从事过这方面的一些活动,但从这诗头两句看,他对此并没有多大信心,不过借此以发泄一时愤世嫉俗的情绪罢了。其次,他对李白的规劝是很诚恳的,也不能说不切中要害,但教人读了总觉得他对李白并不十分了解。"痛饮狂歌""飞扬跋扈",寥寥八字,确乎画出个活生生的李白来。但诗人对促使李白加剧这种性格特色的内心的巨大痛苦和矛盾,似乎缺乏较深切的体察和谅解。

前一章中已提到,这年五月杜甫的继祖母卢氏卒于陈留郡的私第。八月归葬偃师,他作墓志。大概李、杜东都初遇在卢氏卒前(李白三月出京,很快就会到达洛阳的),当时二人即相约同游梁宋,而成行当在八月卢氏丧事结束之后。唐汴州,天宝元年改为陈留郡,乾元元年复为汴州,治所即在今河南开封市,这是梁宋一带的首府。杜家既有私第在此,祖母生前又住在这里,这里当是杜甫常来常往的去处。这年秋天他偕同李白、高适来梁宋游览,就常情而论,他还应尽地主之谊呢。

李阳冰《草堂集序》说:"天子知其不可留,乃赐金归之。遂就从祖陈留采访大使彦允。"可见李白路过洛阳遇见杜甫之后随即先往汴州投奔李彦允去了。

前几年杜甫漫游齐赵,在汶上结识了高适,不久高适想又回到了梁宋(传载高适"客于梁宋,以求丐取给",梁宋当是高适当时的活动中心)。高适《东征赋》说:"岁在甲申,秋穷季月,高子游梁既久,方适楚以超忽。"岁次甲申即天宝三载(七四四)。既然说这时"游梁既久",可见他早已从齐赵回来,并且在与李、杜就近漫游之后又将离此往楚地流浪去了。他们三人，一个在这里有私第，一个来这里投奔人，一个长期寄寓在这里，所以他们即使未预先约定，也是不难在这里相遇的。

梁（今河南开封市）、宋（今河南商丘县，天宝元年改为睢阳郡，乾元元年复为宋州）两地相距不远，都是当时很繁华的通都大邑。杜甫的《遣怀》说："昔我游宋中，惟梁孝王都。名今陈留亚，剧则贝魏俱。邑中九万家，高栋照通衢。舟车半天下，主客多欢娱。白刃仇不义，黄金倾有无。杀人红尘里，报答在斯须。"宋州和汴州一样，都在广济渠旁，水陆交通很方便，所以说"舟车半天下"。那里人口稠密，建筑宏伟，富室生活奢华，游侠之风盛行。凡此种种，写的虽是宋州，既然说"名今陈留（汴州，即古梁地）亚"，汴州的情况想也差不多。梁宋地区古时很有名。汉文帝少子梁孝王刘武，于前元十二年（公元前一六八）以淮阳王徙封于此。因为他最亲、有功，又为大国，居天下膏腴之地，北界泰山，西至高阳，四十余城，多是大县。于是梁孝王筑东苑三百余里，大治宫室，为复道，自宫连属于平台三十余里，招延四方豪杰，自山以东，游说之士，莫不毕至。《西京杂记》载，园内有百灵山，山顶有落猿岩；又有雁池，池间有鹤洲、凫渚。《九域志》载，菟园中有修竹园。后代方志载梁园遗址在商丘城东，一名梁苑，或以为即菟园；而平台在城东二十里，后又因刘宋谢惠连登此赋雪，又名雪台。可是《水经注》引《陈留风俗传》以为此台在开封："县有仓颉师旷城，上有列仙之吹台，梁王增以为吹台，城隍夷灭，略存故址，其台方一百许步。"唐李吉甫《元和郡县志》记载得更具体："吹台在开封县东南六里。"《明一统志》以后开封府县方志皆然。明代刘醇曾来此登览，为文描述说："惟（开封）城东南仅三里有荒台，故基巍然独存，挺出风烟之外，高广数丈，可登可眺，即古之吹台也。台西有寺，民庐相接，竹木萧然，风景可爱。"(《吹台春游序》，载《古今图书集成》职方典卷三八六)可见历来多以为吹台在开封附近。梁孝王筑东苑三百余里，当然遍及梁、宋两地，大而化之，就整个说两地皆有梁园亦无不可，但两地都各坐实梁园和园内平台在本城之东若干里，这不仅必有一失，甚至两者都可能是后人伪托，都不可信。因为梁王所筑三百余里的东苑，不可能安置在随便宋州或汴州哪个城东几里的小范围之内。至于何以两地都说在城东呢？这显然是根据相传"梁孝王筑东苑"的"东"字而设想出来的。

梁、宋两地都相传有梁园、平台等古迹。那么，李白、杜甫、高适他们当日相偕游览、赋诗的梁园古迹，到底是开封市附近的，还是商丘县附近的呢？

要想理出个头绪，应该先研究一下经常在这一带活动的高适的作品。高适有《宋中十首》，其一说："梁王昔全盛，宾客复多才。悠悠一千年，陈迹唯高台。"这"高台"就是平台（吹台）。其四说："梁苑白日暮，梁山秋草时。君王不可见，修竹令人悲。九月桑叶尽，寒风鸣树枝。"他认为这里就是梁苑（梁园）遗迹，所以见到了竹子就不觉想起了"修竹园"中的"修竹"而发思古之幽情。作者来此登临，已是九月天寒木落之时。其六说："忆昔鲁仲尼，凄凄此经过。"商丘县城东南一里有文雅台，世传孔子适宋，与群弟子习礼于此地大树下。诗即指此而言。其二说："朝临孟诸上，忽见芒砀间。赤帝终已矣，白云长不还。"杜预《春秋经传集解》载，孟诸，宋大薮也，在梁国睢阳县（故城在今商丘县南）东北。《元和郡县志》载，孟诸泽，在宋州虞城县西北十里，周围五十里，俗号盟诸泽。《汉书·高帝纪》载，汉高祖刘邦隐于芒、砀山泽间，其所居上常有云气。应劭注：芒属沛国。砀属梁国。二县之界有山泽之固。方志载河南永城北有芒砀山。赤帝指汉高祖。诗中所咏亦商丘近处事。其九说："常爱宓子贱，鸣琴能自亲。……何意千年后，寂寞无此人。"《吕氏春秋·察贤》："宓子贱治单父，弹鸣琴，身不下堂而单父治。"世传琴堂在今山东单县城南一里故单父城。诗咏此古迹。单县在商丘东北，相距不远。这组诗题名《宋中》，可见在"老梁宋"的高适的心目中，梁苑、平台、修竹园等古迹是在商丘附近而不在开封。

高适《宓公琴台诗三首》前置小序说："甲申岁，适登子贱琴台。"又《东征赋》说："岁在甲申，秋穷季月，高子游梁既久，方适楚以超忽。""甲申岁"即天宝三载。"秋穷季月"，即《宋中十首》其四中所谓"九月桑叶尽"。又其五说："登高临旧国，怀古对穷秋。落日鸿雁度，寒城砧杵愁。昔贤不复有，行矣莫淹留！"末二句岂非"游梁既久，方适楚以超忽"之意么？可见《宋中十首》这组诗亦当作于偕李、杜快游宋中时。杜甫《遣怀》诗，首段叙述"宋中"（当时的睢阳郡）城市的繁荣和风习的豪奢，接着描写他与高、李诸人在此间游赏情事："忆与高李辈，论交入酒垆。两公壮藻思，得我色敷腴。气酣登吹台，怀古视平芜。芒砀云一去，雁鹜空相呼。"仇兆鳌说："此叙高、李同游之兴。三人相得，成千古文章知己。芒砀云去，汉高遗迹难寻也。《杜臆》云，此可见其旷怀。"无论时地、感叹都与高适《宋中十首》相合，又点明是与高、李同游，足证前面所做的推断不至大讹。

高适的《别韦参军》说："二十解书剑，西游长安城。举头望君门，屈指取公卿。……白璧皆言赐近臣，布衣不得干明主。归来洛阳无负郭，东过梁宋非吾土。兔苑为农岁不登，雁池垂钓心长苦。"又《封丘作》说："我本渔樵孟诸野，一生自是悠悠者。乍可狂歌草泽中，宁堪作吏风尘下。"据此可知高适早年入长安求仕失利后，得人荐举中"有道科"做封丘尉前，长期寄寓梁宋，常在今商丘附近"兔苑""雁池"等梁园遗址和孟诸泽一带活动。想李、杜这年来宋中时，他早已在这里了。

李白《梁园吟》说："我浮黄河去京阙，挂席欲进波连山。天长水阔厌远涉，访古始及平台间。……洪波浩荡迷旧国，路远西归安可得？人生达命岂暇愁，且饮美酒登高楼。平头奴子摇大扇，五月不热疑清秋。……梁王宫阙今安在？枚马先归不相待。舞影歌声散渌池，空余汴水东流海。沉吟此事泪满衣，黄金买醉未能归。连呼五白行六博，分曹赌酒酣驰晖。歌且谣，意方远，东山高卧时起来，欲济苍生未应晚。"王琦注引《汉书·梁孝王传》和《元和郡县志》，论证平台在宋州虞城县西四十里（今商丘东不远），这是正确的；但不得又引《一统志》所主梁园在开封府城东南与此相矛盾的另一说。据李白这首《梁园吟》，知他出长安后不久，五月间已到达宋中梁园一带访古。他当时孤忿满怀，惟借痛饮、狂歌、纵博以自遣，但仍憧憬有朝一日为天下苍生而东山再起。杜甫来宋中前，高、李二人很可能已在此间相遇了。

就在这年（天宝三载，七四四）秋天，杜甫来到宋中，他们三人短暂的、快意的游览开始了。

他们一起登临怀古、把酒论文："忆与高李辈，论交入酒垆。两公壮藻思，得我色敷腴。气酣登吹台，怀古视平芜。芒砀云一去，雁鹜空相呼。"后四句跟高适《宋中十首》其二"朝临孟诸上，忽见芒砀间。赤帝终已矣，白云长不还"的意思相近，都是写眺望当地远处云山、缅怀汉高祖功业的感触。杜甫初来乍到，对这里的山川古迹，哪能这么熟悉，这还不是高适这位"我本渔樵孟诸野"的流浪诗人指点、介绍的么？杜甫后来写的《昔游》说："昔者与高李（原注：高适、李白），晚登单父台。寒芜际碣石，万里风云来。桑柘叶如雨，飞藿去徘徊。清霜大泽冻，禽兽有余哀。"单父城宓子贱琴堂离宋州不远，是高适的常游地，这次他又陪同李、杜前来登临凭吊了。时节已是深秋，原野一片肃杀、凄清景象。触景生情，这不禁引起了诗人们对边事的关心和议论："是时仓廪实，洞达寰区开。猛士思灭胡，将帅望三台。君王无所惜，驾驭英雄才。幽燕盛用武，供给亦劳哉！吴门转粟帛，泛海陵蓬莱。肉食三十万，猎射起黄埃"（《昔游》）；"先帝正好武，寰海未凋枯。猛将收西域，长戟破林胡。百万攻一城，献捷不云输。组练弃如泥，尺土负百夫。拓境功未已，元和辞大炉"（《遣怀》）。吴兢《开元升平源》载姚崇拜相之前，曾向玄宗献十事，论及其二说："圣朝自丧师青海，未有牵复之悔；臣请三数十年不求边功，可乎？"上曰："可。"此似好事者为之，依托兢名，难以尽信。但开元前期，确乎不甚求边功；到了后期，就不是这样了。

譬如开元二十三年（七三五），玄宗因幽州节度使张守珪屡破为患东北的契丹有功，欲以为相。张九龄进谏说："宰相者，代天理物，非赏功之官也。"玄宗说："假以其名而不使任其职，可乎？"答道："不可。惟名与器不可以假人，君之所司也。且守珪才破契丹，陛下即以为宰相；若尽灭奚、厥，将以何官赏之？"上乃止。虽然没将宰相的荣誉称号授予他，等到这年二月他来东都献捷，仍拜他为右羽林大将军，兼御史大夫，赐二子官，赏赐甚盛。

第二年（开元二十四年，七三六），玄宗因朔方节度使牛仙客以前镇守河西有功，要任命他为尚书，又遭到张九龄的坚决反对。由于李林甫从中拨弄，玄宗就罢了张九龄的相位，以李林甫兼中书令，牛仙客为工部尚书、同中书门下三品，遥领朔方节度如故。此风一开，边将为了邀功希宠，就竞相扩充自己的力量，从而大大地加重了人民的负担:"开元之前,每岁供边兵衣粮,费不过二百万;天宝之后,边将奏益兵浸多,每岁用衣千二十万匹,粮百九十万斛,公私劳费,民始困苦矣。"(《资治通鉴》卷二一五)后来李林甫出于专宠固位的自私打算,想杜绝文臣边帅入相之路,就进奏道:"文臣为将,怯当矢石,不若用寒畯胡人;胡人则勇决习战,寒族则孤立无党,陛下诚以恩洽其心,彼必能为朝廷尽死。"玄宗听了很高兴,就开始重用安禄山。到天宝前几年,诸道节度使尽用安禄山、安思顺、哥舒翰、高仙芝等胡人,精兵都戍守北边,天下之势偏重,终于导致安史之乱,倾覆天下(见《资治通鉴》卷二一六)。——了解了这样一些历史背景,然后再来看上面引的两段杜诗,就能比较深切地领会诗人当时多少已觉察到的隐忧。"猛士思灭胡,将帅望三台",是"谓禄山领范阳节度求平章事"(蔡梦弼语)。仇兆鳌于"幽燕盛用武"六句下引《博议》:"唐运江淮租税以给幽燕,此天宝间海运也。"并谓:"泛海输粟,则民日疲。射猎练军,则兵日横,欲不乱得乎?"《遣怀》中的那一段文字,也是议论玄宗开边的事。"收西域",如王忠嗣、哥舒翰等的攻吐蕃。"破林胡",如安禄山、张守珪等的攻契丹(契丹即战国林胡地)。攻取岂无胜负?边将为了邀功,只献捷而掩败,所以说"不云输"。驱百万之众以攻一城,是一尺之土不足偿百夫之命,所以说"负百夫"。"元和",太平和乐的气象。

《庄子·大宗师》:"以天地为大炉。""元和辞大炉"是说天地间失却和平气象。浦起龙说这一段是"带述明皇黩武,指出盛衰聚散关头"。这两首诗都作于安史乱后,这里写的虽说是当年他们在宋中登览时的所见所感,总免不了搀杂着许多后来的认识和见解。这就是说,他们当时不大可能那么明确地意识到这就是"盛衰聚散关头"。但是,他们都是关心国事、感觉敏锐的诗人,既已见到因皇帝黩武、边将邀功造成公私劳费、民疲兵困的严重后果，他们不会不有所感触、有所忧虑、有所议论。开元二十三年（七三五）河北节度副大使张守珪以与契丹作战有功，拜辅国大将军兼御史大夫。其后部将败于契丹余部，他不但不据实上报，反而贿赂派去调查真相的牛仙童，为他掩盖败绩。高适《燕歌行序》说："开元二十六年，客有从御史大夫张公出塞而还者，作《燕歌行》以示适。感征戍之事，因而和焉。"所咏即此事。张守珪先平东北边患有功，本当受赏。但所遇殊隆，显见上有开边之意，则滋下邀功之心，以致发生欺诈、贿赂等不法情事。诗人不以为然，所以《燕歌行》首段"汉家烟尘在东北，汉将辞家破残贼。男儿本自重横行，天子非常赐颜色"云云，貌似赞扬，实含讽意。接着写骄兵出征声势："摐金伐鼓下榆关，旌旆逶迤碣石间"；写将军骄奢淫逸、不与士卒同甘共苦而于前方酣战中作乐："战士军前半死生，美人帐下犹歌舞"，莫不为了生动地说明"力尽关山未解围"、久战失利的根源在于主帅"身当恩遇恒轻敌"，在于将士离心，在于上"赐颜色"下"重横行"，挑动与兄弟民族之间的不义战争。

中唐诗人白居易说："君不闻，开元宰相宋开府，不赏边功防黩武[8]；又不闻，天宝宰相杨国忠，欲求恩幸立边功[9]。"（《新丰折臂翁》）又说："夫兴利除害，应天顺人，不为名尸，义然后动，谓之义兵。相时观衅，取乱侮亡，不为祸先，敌至而应，谓之应兵。恃力宣骄，作威逞欲，轻人性命，贪人土地，谓之贪兵。兵贪者亡，

---

[8] 自注："开元初，突厥数寇边。时天武军牙将郝灵荃出使，因引特勒回鹘部落，斩突厥默啜，献首于阙下，自谓有不世之功。时宋璟为相，以天子年少好武，恐徼功者生心，痛抑其赏，期年始授郎将。灵荃遂恸哭呕血而死也。"

[9] 自注："天宝末，杨国忠为相，重构阁罗凤之役，募人讨之，前后发二十余万众，去无返者。又捉人连枷赴役，天下怨哭，人不聊生。故禄山得乘人心而盗天下。"

兵应者强,兵义者王;王之兵,无敌于天下也。"(《策林》四十三)其实,因"欲求恩幸立边功"而用"贪兵"的现象,不须有待于"天宝宰相杨国忠",如前所述,在开元年间李林甫执政时早就有了。此外,据《资治通鉴》卷二一四载:"(开元二十五年,春,二月,己亥,)河西节度使崔希逸袭吐蕃,破之于青海西⁽¹⁰⁾。初,希逸遣使谓吐蕃乞力徐曰:'两国通好,今为一家,何必更置兵守捉,妨人耕牧!请皆罢之。'乞力徐曰:'常侍忠厚,言必不欺。然朝廷未必专以边事相委,万一有奸人交斗其间,掩吾不备,悔之何及!'希逸固请,乃刑白狗为盟,各去守备;于是吐蕃畜牧被野。时吐蕃西击勃律,勃律来告急,上命吐蕃罢兵,吐蕃不奉诏,遂破勃律;上甚怒。会希逸傔人孙诲入奏事,自欲求功,奏称吐蕃无备,请掩击,必大获。上命内给事赵惠琮与诲偕往,审察事宜。惠琮等至,则矫诏令希逸袭之。希逸不得已,发兵自凉州南入吐蕃二千余里,至青海西,与吐蕃战,大破之,斩首二千余级,乞力徐脱身走。惠琮、诲皆受厚赏,自是吐蕃复绝朝贡。"又载:"(开元二十六年,夏,五月,丙申,)以崔希逸为河南尹。希逸自念失信于吐蕃,内怀愧恨,未几而卒。"知前一年西北边境已经发生过上黩武下邀功的不义事件。由此可见《燕歌行》所讽,既非泛指,又不只局限于张守珪一事,而具有较深广的现实内容。《燕歌行》作于高适偕李、杜漫游宋中前几年,高适早已对边事有所感讽了。这诗末段"相看白刃血纷纷,死节从来岂顾勋?君不见沙场征战苦,至今犹忆李将军",谓战士愿在李广(或李牧)那样的名将率领下为安边而死节,但决不愿在不义战争中为"顾勋"而又无能之辈苦战。这足见诗人

〈10〉崔希逸袭吐蕃事,新旧《唐书·玄宗本纪》均谓发生在三月。这年秋,王维奉使出塞宣慰崔希逸,途中作《使至塞上》《出塞作》等诗。

并未歪曲广大士卒的爱国热忱和英雄气概；对战争也并非一概加以否定，而有义与不义之分、拥护与反对之别。李白的《战城南》说："去年战，桑乾源；今年战，葱河道。……士卒涂草莽，将军空尔为。乃知兵者是凶器，圣人不得已而用之。"萧士赟说："开元、天宝中，上好边功，征伐无时，此诗盖以讽也。"这诗大概也作于这一时期。由此可见他们三人在宋中游览时，除了登临怀古、把酒论文，还常为时政、边事萦怀。

李白《秋猎孟诸夜归置酒单父东楼观妓》说："倾晖速短炬，走海无停川。冀餐圆丘草，欲以还颓年。此事不可得，微生若浮烟。骏发跨名驹，雕弓控鸣弦。鹰豪鲁草白，狐兔多肥鲜。邀遮相驰逐，遂出城东田。一扫四野空，喧呼鞍马前。归来献所获，炮炙宜霜天。出舞两美人，飘飖若云仙。留欢不知疲，清晓方来旋。""冀餐圆丘草"二句讲的就是杜甫《赠李白》"李侯金闺彦，脱身事幽讨。亦有梁宋游，方期拾瑶草"中所提到的来此求仙的事。这诗当作于这次来梁宋时。时光易逝，仙实难求。人生无常，不如及时行乐。这是李白一生中常发的感叹，这时由于他在政治上遭到了极大的挫折，更带有发牢骚的意味。这诗就思想和艺术而论，写得都不算很好。值得珍贵的是，它不是回忆，而是当时有关他们游踪的较详细的记录。他们一早便结伴携徒，跨马控弦，在孟诸泽一带打围射猎，郊野禽兽为之一扫而空；日暮归来，置酒单父东楼，各献所获，炮炙佐酒，一边观看官妓表演歌舞，通宵达旦，乐不知疲，可见他们纵情游乐的豪兴。三个漫游诗人，哪有这么大的排场？原来是有当地官府做东道主。高适《宓公琴台诗序》说："甲申岁，适登子贱琴台，赋诗三首：首章怀宓公之德，千祀不朽；次章美太守李公，能嗣子贱之政，再造琴台；末章多邑宰崔公，能继子贱之理。"琴台在单父县（今山东单县）。单父县属宋州。据此可见宋州太守是李某,单父县令是崔某;而李、杜、高三诗人所参加的游猎、欢宴活动,都是李太守、崔县令他们张罗、主持的。高适集中有《同群公秋登琴台》《同群公出猎海上》《同群公题郑少府田家》《同群公题中山寺》《同群公宿开善寺赠陈十六所居》等诗,所谓"群公",指的当是包括李、杜在内的这一大群四出漫游的州县长官和他们的宾客。《同群公出猎海上》说:"畋猎自古昔,况伊心赏俱。偶与群公游,旷然出平芜。层阴涨溟海,杀气穷幽都。鹰隼何翩翩,驰骤相传呼。豺狼窜榛莽,麋鹿罹艰虞。高鸟下骍弓,困兽斗匹夫。尘惊大泽晦,火燎深林枯。失之有余恨,获者无全躯。咄彼工拙间,恨非指踪徒。犹怀老氏训,感叹此欢娱。""层阴涨溟海,杀气穷幽都",犹如杜甫《昔游》中所说"昔者与高李,晚登单父台。寒芜际碣石,万里风云来",写的是远景。他们实际上是在孟诸泽畔深林里打猎:"尘惊大泽晦,火燎深林枯。"题中的"海"字,不过极言大泽的浩瀚而已。知道李、杜他们曾经随同大队人马在孟诸泽畔打过猎,再回头来读杜甫《昔游》中"清霜大泽冻,禽兽有余哀"这两句诗,就自会懂得这并非一般的写景,而是当时射猎情状的片段回忆。《新唐书·杜甫传》载:"(甫)尝从白及高适过汴州,酒酣,登吹台,慷慨怀古,人莫测也。"即概述其事。

三 "方期拾瑶草"

"亦有梁宋游,方期拾瑶草。"此行既然是为求仙,等到在宋中与李白、高适诸人纵意游乐之后,杜甫还是渡过黄河到王屋山寻访道士华盖君去了。高适也在此先后离梁宋南游入楚,李白很可能同杜甫一道去寻访华盖君。杜甫晚年写的《忆昔行》追述此行说:

"忆昔北寻小有洞,洪河怒涛过轻舸。辛勤不见华盖君,艮岑青辉惨么么。千崖无人万壑静,三步回头五步坐。秋山眼冷魂未归,仙赏心违泪交堕。弟子谁依白茅屋,卢老独启青铜锁。巾拂香余捣药尘,阶除灰死烧丹火。玄圃沧洲莽空阔,金节羽衣飘婀娜。落日初霞闪余映,倏忽东西无不可。松风磵水声合时,青兕黄熊啼向我。"《太平御览》引《名山记》说:"王屋山有洞,周回万里,名曰小有清虚之天。"可见华盖君住持的道观是在王屋山。李、杜长途跋涉来到那里,不料华盖君已死,弟子大多四散,只有少数几人留在白茅盖的道观里。卢老当是华盖君的大弟子,见李、杜来了,就出来迎接,还特意开了封锁已久的华盖君修行炼丹的静室,让他们凭吊致意。室内衣物上沾着捣药的微尘,散发着余香。阶前炼丹炉早已停火,只剩下一膛死灰。黄昏日暮,观外传来松风声、涧水声的和鸣,还夹杂着青兕、黄熊的啼叫,空山幽谷,更显得分外凄凉。这种景象,对于他们这两位热烈、虔诚的求仙访道者来说,该是一瓢降温的冷水,可是他们一时并未从求仙的狂热中清醒过来。杜甫的《昔游》又说:"昔谒华盖君,深求洞宫脚。玉棺已上天,白日亦寂寞。暮升艮岑顶,巾几犹未却。弟子四五人,入来泪俱落。余时游名山,发轫在远壑。良觌违夙愿,含凄向寥廓。林昏罢幽磬,竟夜伏石阁。王乔下天坛,微月映皓鹤(闻一多按云:此言梦寐恍惚,如见道士跨鹤降于天坛也。旧注非是)。晨溪响虚驭,归径行已昨。岂辞青鞋胝,怅望金匕药。东蒙赴旧隐,尚忆同志乐。伏事董先生,于今独萧索。"可见他们当时求仙之心确乎十分迫切,曾通宵匍匐在石阁之下,希冀出现奇迹,能有神仙跨鹤下降,授以金丹妙诀。这不过是幻想,他们最后还是失望地离此而去。朱鹤龄说:"华盖君既不得见,于是含凄天坛,怅望匕药,而复为东蒙之游焉。'东蒙旧隐',即(杜甫)《玄都坛歌(寄元逸人)》'故人昔隐东蒙峰'者也。公客东蒙，与太白诸人同游好，所谓'同志乐'也。其时之伏事者，则董先生，即衡阳董炼师也。"《舆地纪胜》载，董奉先，天宝中修九华丹法于衡阳，栖朱陵后洞。董炼师修九华丹法于衡阳是其后几年的事[11]，当时他大概是在东鲁，所以杜甫他们不久就往东鲁去寻访他。

李阳冰《草堂集序》载："天子知其不可留，乃赐金归之。遂就从祖陈留采访大使彦允，请北海高天师授道箓于齐州紫极宫。"闻一多《少陵先生年谱会笺》订李白受道箓事在这年（天宝三载）。如果李白确曾偕杜甫同往王屋山访华盖君，则此事当在这年秋冬之际自王屋来齐州（今山东济南市）之后。李白的《奉饯高尊师如贵道士传道箓毕归北海》即记此事。据李白《访道安陵遇盖寰为予造道箓临别留赠》，得知他是先去安陵（今河南鄢陵县）请道士盖寰代他造好道箓，然后到济南由道士高如贵在紫极宫（天宝三载三月改称诸郡玄元庙为紫极宫）正式授予。这样，李白就成了一名真正的道士了。所以他在《草创大还》诗中就郑重其事地宣称："抑予是何者？身在方士格！"关于道教徒受道箓的繁文缛节，《隋书·经籍志》记述甚详："其受道之法，初受《五千文箓》，次受《三洞箓》，次受《洞玄箓》，次受《上清箓》。箓皆素书（用朱写在白绢上），纪诸天曹官属佐吏之名，有多少。又有诸符错在其间。文章诡怪，世所不识。受者必先洁斋，然后赍金环一，并诸贽币，以见于师。师受其贽，以箓授之。仍剖金环，各持其半，云以为

〈11〉《忆昔行》说："秘诀隐文须内教，晚岁何功使愿果。更讨衡阳董炼师，南浮早鼓潇湘柁。"《昔游》说："伏事董先生，于今独萧索。胡为关塞道，道意久衰薄。妻子亦何人，丹砂负前诺。虽悲发鬓变，未忧筋力弱。杖藜望清秋，有兴入庐霍。"朱鹤龄说："汉武移南岳于霍山，故衡霍之称相乱。'杖藜望清秋，有兴入庐霍'，即《忆昔行》：'更讨衡阳董炼师，南浮早鼓潇湘柁'也。"这是大历二、三年（七六七、七六八）杜甫作这两首诗时说他将往湖南访董炼师，非指回忆当年而言。

约。弟子得箓，缄而佩之。其洁斋之法，有黄箓、玉箓、金箓、涂炭等斋。为坛三成，每成皆置绵蕝（以绳束茅为之）以为限域。旁各开门，皆有法象。斋者亦有人数之限，以次入于绵蕝之中，鱼贯面缚，陈说愆咎，告白神祇，昼夜不息。或一、二七日而止（或一周或两周）。其斋数之外有人者，并在绵蕝之外，谓之斋客。但拜谢而已，不面缚焉。"像李白这样狂放不羁的人居然受得了这一番煞有介事的作弄，真是不可思议！

为什么能这样，主要原因当然是出自一种虔诚的宗教热情和迷信。[12]但考虑到这事所发生的时期，不能不说这多少与李白当时的政治遭遇和心情有关。这正如范传正《李公新墓碑序》所说："公以为千钧之弩，一发不中，则当摧槁折牙，而永息机用，安能效碌碌者苏而复上哉！脱屣轩冕，释羁缰锁，因肆情性，大放宇宙间。饮酒非嗜其酣乐，取其昏以自富；作诗非事于文律，取其吟以自适；好神仙非慕其轻举，将不可求之事求之，欲耗壮心、遗余年也。"创造条件，利用条件，李白居然以布衣身份为皇帝礼聘入宫，待诏翰林，"问以国政，潜草诏诰，人无知者"，际遇之盛，可说是无以复加了。岂料不久即遭谗见放，满怀希望，顿化泡影。这就是范传正所说的"千钧之弩，一发不中"。"骑虎不敢下，攀龙忽堕天"（《留别广陵诸公》）。经过政治上这样的大起大落，李白所受到的打击无疑是极其沉重的。这就更加促使他借饮酒吟诗，借求仙学道以排遣他内心巨大的孤忿和苦闷，以求得精神上的平衡。李白也确乎迷信道教，妄想服食灵丹而羽化飞升，如说："安得生羽翼，千春卧蓬瀛？"（《天台晓望》）"安得不死药，高飞向蓬瀛？"（《游泰山》其四）"九转但能生羽翼，双凫忽去定何依？"（《题雍丘崔明府丹灶》）而

---

[12] 可参看郭沫若《李白与杜甫·李白的道教迷信及其觉醒》。

且他还真的去炼过丹:"闭剑琉璃匣,炼丹紫翠房。身佩豁落图[13],腰垂虎韐囊。仙人驾彩凤,志在穷遐荒"(《留别曹南群官之江南》);"弃剑学丹砂,临炉双玉童。寄言息夫子,岁晚陟方蓬"(《流夜郎半道承恩放还兼欣克服之美书怀示息秀才》)。所以范传正说他"好神仙非慕其轻举",是与实际不符的。但是,反过来以为这只是煞费苦心的辩护,以为李白的饮酒、作诗、好神仙,只不过是他生性认真的表现:他想做官,很认真;饮酒,很认真;作诗,很认真;好神仙,也很认真(见《李白与杜甫》)。这岂是知人之言?要是说到认真,列夫·托尔斯泰《战争与和平》中的彼埃尔该是最认真的了。但是,假若彼埃尔当时不是正处于怀疑妻子不贞、在决斗中打死情敌的巨大心灵震动和情绪风暴中,能设想他会愚蠢地去忍受宗教团体共济会那酷似受道箓的、可怖可笑的入会仪式的作弄吗?托氏所描写的仪式,是根据他在莫斯科卢密安采夫博物馆所看到的书籍与手稿。一八六六年秋,他写信给他的妻子说:"喝过咖啡,我到卢密安采夫博物馆,坐到三点钟,阅读很有趣的共济会的手稿。我不能告诉你为什么这个阅读使我丧气,整天不能释然。使我痛心的是,所有的那些共济会员都是傻瓜。"[14]何止那些共济会员,所有的宗教迷信家全是些傻瓜,这并不奇怪;奇怪的倒是托氏为什么偏要把他心爱的、受过良好教育的典型人物彼埃尔写成这样的一个傻瓜。我看,他之所以这样写,恐怕主要是服从人物性格和情节发展的需要。也就是说,只有这样,才比较符合以生活真实的逻辑为依据的艺术真实的逻辑。李白和彼埃尔,既有古今中外之别,又有历史人物和艺术典型之分,将二者相提并论,未免不伦不类,但也多少有助于理解李白

---

[13] 郭沫若考证"豁落图"即是道箓。
[14] 见《战争与和平》毛德英译本注。

当时何以甘受那种极愚蠢可笑的宗教仪式的作弄。如果认为这还不足以说明问题，不妨再作这样的假设：李白固然是百事"认真"的了；要是当时他已"认真"地做起官来，即使他依然迷信神仙，彼时彼地他还会"认真"地去受道箓么？

四 "坡陀青州血"

天宝三载年底或四载初，当李白在齐州（今济南）紫极宫受道箓前后，杜甫也来到了齐州。当时李之芳正在做齐州司马。天宝四载夏天，正在做北海（即青州，治所在今山东益都县）太守的李邕从北海来齐州。杜甫常跟他们在一起游赏宴会，写了《陪李北海宴历下亭》《同李太守登历下古城员外新亭》等诗篇。这都是些酒筵之上的应酬诗，写得也平常，只前首"海右此亭古，济南名士多"一联较为人所传诵。历下亭今名客亭，在济南大明湖，因历山得名。亭上有清人何绍基写此一联，惟"海右"二字改为"历下"。李之芳开元末为驾部员外郎；天宝十三载安禄山奏为范阳司马；安禄山反，他自拔归西京。《同李太守登历下古城员外新亭》原注说："时李之芳自尚书郎出齐州，制此亭。"驾部员外郎为兵部尚书属官，故称"尚书郎"。

李邕《登历下古城员外孙新亭》说："吾宗固神秀，体物写谋长。"称李之芳为"孙"为"吾宗"，知李之芳是李邕的族孙。李邕来齐，新亭初建，乃欢会于此。李邕是广陵江都（今江苏扬州）人[15]，《昭明文选》注家李善的儿子。武后长安年间，李峤、张廷珪

---

[15] 杜甫《八哀诗》书"江夏李公邕"，系指其居住处而言。今武昌的洪山庙，传最早为李邕旧宅所改。仇注："《世系表》：后汉会稽太守高阳侯，徙居江夏，遂为江夏李氏。其后元哲徙居广陵。元哲生善，善生邕。亦题曰'江夏李公'，诗又云'江夏姿'也。"

举荐他词高行直,拜左拾遗。宋璟奏武后的内宠张昌宗兄弟有不顺之言,请付法推断,武后初不应,李邕便在阶下抗言赞助,武后只得接受了宋璟的请求。事后别人问他:"吾子名位尚卑,若不称旨,祸将不测,何为造次如是?"他说:"不愿不狂,其名不彰;若不如此,后代何以称也!"这话最能见出他的思想、性格。他是个敢讲话、不怕死的勇敢分子!杜甫《八哀诗·赠秘书监江夏李公邕》说:"往者武后朝,引用多宠嬖。否臧太常议,面折二张势。"即指此。中宗昏庸,即位后以妖人郑普思为秘书监。李邕上书力谏说:"陛下今若以普思有奇术可致长生久视之道,则爽鸠氏久应得之,永有天下,非陛下今日可得而求。若以普思可致仙方,则秦皇、汉武久应得之,永有天下,亦非陛下今日可得而求。若以普思可致佛法,则汉明、梁武久应得之,永有天下,亦非陛下今日可得而求。"这话说得很尖锐、很透彻、很幽默,也很大胆。李邕敢于讲话,不光坏人嫉恨他,就是一些较好的执政也很讨厌他。开元三年,他任户部郎中,中书令姚崇嫉邕险躁,因事构成其罪,左迁括州司马。后征为陈州刺史。开元十三年,玄宗车驾东封回,他汴州谒见,累献词赋,很中皇帝的意,于是颇自矜衒,自吹当居相位。张说为中书令,很厌恶他;不久陈州赃污事发,减死贬为钦州遵化县尉。后在岭南从中官杨思勖作战有功,又累转括、淄、滑三州刺史。李邕素负美名,频被贬斥,人们都称道他能文、善养士,是贾谊、信陵君一流人物;却为执政所忌,剥落在外。他的名声很大,后进不识,每聚于京洛道路上观看,以为古人;或传他眉目有异,士大夫都争相寻访。后又为人中伤,始终不得进用于朝。天宝初,前后做过汲郡、北海太守。李邕性豪侈,不拘细行,所在纵求财货,驰猎自恣。五载(七四六),奸赃事发。又曾赠左骁卫兵曹柳勣马一匹,柳勣因"妄称图谶、交构东宫、指斥乘舆"罪下狱,吉温令柳勣供出李邕与此案有牵连。六载（七四七）正月，朝廷差员驰往北海，就郡杖杀之，时年七十余。李邕早年即擅才名，尤长碑颂，虽贬职在外，朝中官员和天下寺观多备重金去求他的文章。前后所制凡数百篇，收到的馈赠亦至巨万。时议以为自古卖文获财，没有比得上李邕的。李邕虽是古代最大的稿费收入者，由于他性好豪侈，交游又广，开销很大，这点稿费和俸禄当然是远远不够他花销的。因此史传记载他曾经犯过两次贪污案，这当是实情。李邕作为封建社会的大名士，有值得肯定的地方（如敢于仗义执言等），而可非议之处亦复不少（如生活豪侈、纵求财货等）。这些都不必苛责，也无须偏袒。至于说到他的死，毫无疑义，则是当时一大冤案。因为通过这一案件有助于了解当时日益恶劣的政局，不妨稍加介绍。

原来赞善大夫杜有邻有个女儿做了太子良娣。良娣的姐姐就是左骁卫兵曹柳勣的妻子。柳勣性狂疏，好功名，喜交结豪俊。淄川太守裴敦复荐于北海太守李邕，李邕与之订交。柳勣到京师，与著作郎王曾等为友，他们都是当时的名士。柳勣跟他妻子娘家人不和，要陷害他们。天宝五载，柳勣散布流言蜚语，控告他岳父杜有邻妄称图谶，交构东宫，指斥乘舆（指批评皇帝）。权奸李林甫教他的爪牙京兆士曹吉温与御史审讯此案，查出柳勣是首谋。吉温指使柳勣将王曾等也牵连进去。这年十二月，杜有邻、柳勣和王曾等皆被杖死，积尸大理寺，妻子流远方；中外震栗。李林甫又遭派他另一爪牙监察御史罗希奭往山东，于六载正月分别将李邕、裴敦复杖死。——这不是件孤立的冤案，而是李林甫为了巩固个人权势、打击异己力量的大阴谋中的一环。案：一、开元二十二年（七三四），以张九龄为中书令，李林甫为礼部尚书、同中书门下三品。李林甫柔佞多狡数，凭借宦官、宠妃之力以进；从此开始入阁。二、玄宗欲以李林甫为相，遭到张九龄的反对。李林甫巧伺上意，日思所以中伤之，终于得逞。二十四年（七三六），以张九龄为右丞相，罢政事；以李林甫兼中书令，牛仙客为工部尚书、同中书门下三品。"上即位以来，所用之相，姚崇尚通，宋璟尚法，张嘉贞尚吏，张说尚文，李元纮、杜暹尚俭，韩休、张九龄尚直，各其所长也。九龄既得罪，自是朝廷之士，皆容身保位，无复直言。李林甫欲蔽塞人主视听，自专大权，明召诸谏官谓曰：'今明主在上，群臣将顺之不暇，乌用多言！诸君不见立仗马乎？食三品料，一鸣辄斥去。悔之何及！'补阙杜琎尝上书言事，明日，黜为下邽令。自是谏争路绝矣。牛仙客既为林甫所引，专给唯诺而已。然二人皆谨守格式，百官迁除，各有常度，虽奇才异行，不免终老常调，其以巧诌邪险自进者，则超腾不次，自有他蹊矣。"（《资治通鉴》卷二一四）三、二十五年（七三七），监察御史周子谅弹牛仙客非才，引谶书为证。玄宗怒，命左右搏于殿庭，气绝复苏；流瀼州，至蓝田而死。李林甫说："子谅，张九龄所荐也。"贬张九龄荆州长史。四、李林甫做宰相时，凡才望功业超过他和为皇帝所看重、势位将威胁他的，他必千方百计搞掉他；尤忌文学之士，或表面上跟他好，用甜言蜜语笼络他，而暗中陷害他。所以世谓李林甫"口有蜜，腹有剑"。例如天宝元年（七四二），他得知玄宗有想用严挺之的意思，当时严挺之正在做绛州刺史，他就假装关心，对严挺之的弟弟严损之说："上待尊兄意甚厚，盍为见上之策，奏请风疾，求还京师就医。"严挺之照他说的那样做了，他又对玄宗说："挺之衰老得风疾，宜且授以散秩，使便医药。"玄宗听了叹息很久，就授以詹事散职，让他在东都养病。这一类暗中捣鬼的例子很多，不赘述。五、李林甫除了暗中捣鬼，还收买爪牙，对那些不依附于他的人大搞政治迫害。天宝四载（七四五）前不久，有人荐吉温于李林甫；李林甫得之大喜。吉温常说："若遇知己，南山白额虎不足缚也。"当时又有杭州人罗希奭，为吏深刻，李林甫提拔他当了殿中侍御史。这两个家伙都能根据李林甫所要达到的深浅程度，锻炼成狱；凡遭受他们暗算的没一个人能逃脱得了，时人谓之"罗钳吉网"。从此以后，冤狱就层出不穷，而杜有邻、柳勋一案就是其中最大、牵连最广的。此案有关人犯处死后余波犹未平息。六载，李林甫又奏请分遣御史往贬所赐皇甫惟明、韦坚[16]（此二人皆为李林甫诬告"结谋欲共立太子"，经吉温等罗织、进谗遭贬）等死。罗希奭往青州处死李邕后又去岭南，沿途杀遭贬的官员，郡县惶骇。原左相李适之因与李林甫争权有隙，牵入韦坚一案，贬宜春太守。御史排马牒[17]到宜春，李适之忧惧，仰药自杀。先天二年，王琚曾助玄宗剪除太平公主及其党羽有功，拜户部尚书，封赵国公；天宝后为邺郡太守。王琚和李邕一样，性豪侈，喜欢摆老资格，李林甫恶其负材使气，就借赃污事把他贬为江华司马。罗希奭至江华，王琚仰药不死；一听见他已到县，就自缢了。睢阳太守裴宽为李林甫所忌[18]，也牵入韦坚一案，贬为安陆别驾。

《旧唐书·李林甫传》载："林甫尝梦一白皙多须长丈夫逼己，接之不能去。既寤，言曰：'此形状类裴宽，宽谋代我故也。'时宽

---

[16] 韦坚为太子妃兄，天宝元年领江淮租庸转运使，发人引浐水作"广运泽"，二年而成，通江淮漕运至京城，为玄宗所重，遂有入相之志。李林甫跟韦坚有点亲戚关系，开头还አ好；一旦成了政敌就不饶他了。先做成他升了刑部尚书的美官，实夺其权，然后又使人诬告他与边将皇甫惟明结谋，欲共立太子，贬韦坚为缙云太守，再贬为江夏员外别驾，贬皇甫惟明为播州太守。

[17] 御史所过，沿路郡县给驿马，故未至先有排马牒。

[18] 裴宽曾为户部尚书，素为玄宗所重，李林甫怕他人相，天宝三载，指使刑部尚书裴敦复抢先告他徇私舞弊，贬睢阳太守。天宝四载，以裴敦复充岭南五府经略等使。因裴敦复平沿海战乱有功，受到玄宗的嘉奖，李林甫又陷害裴敦复，坐裴敦复逗留不赴任罪，贬淄川太守。

为户部尚书兼御史大夫，故因李适之党斥逐之。"可见他担心别人抢他的相位，竟到了疑神疑鬼、梦魂不定的地步。——罗希奭又绕道过安陆，要杀裴宽，裴宽向罗希奭叩头求生，罗希奭不宿而过，乃得免。李适之子李霅迎父丧到东都，李林甫令人诬告李霅，杖死于河南府。李林甫恨韦坚不已，因韦坚曾为江淮租庸转运使，便遣使沿黄河和江、淮一带州县搜求韦坚的罪状，抓了许多押船的小吏和船夫，牢狱里都关满了人。到处搜捕逃犯，邻里也受到牵连，都裸露死于公府。这场大祸，到李林甫死了才止住。看了以上的简要叙述，不须剖析，玄宗的昏庸、李林甫的歹毒、当时反动势力的猖狂和政治局面的黑暗自明。李邕的死，决不是孤立的寻常冤案，而是以李林甫为代表的反动势力为剪除异己巩固自身地位而长期策划的一连串政治谋杀之一。曾被讥讽是走"终南捷径"的卢藏用常对李邕说："君如干将、莫邪，难与争锋，然终虞缺折耳。"在明哲保身的人看来，不知韬光养晦难免遭忌，但这话也说明正因为他是"难与争锋"的"干将、莫邪"，李林甫才深感是对自己势位的威胁，所以就设法把他除掉的啊！《资治通鉴》说："李林甫为相，凡才望功业出己右及为上所厚、势位将逼己者，必百计去之。"像李邕一样，李适之、王琚、裴宽、裴敦复、韦坚等等，都被李林甫视为劲敌，成了他魔掌中的牺牲品。

李邕被杖杀的惨剧，就发生在杜甫与李邕、李之芳等在齐州游赏宴会后两年。

杜甫两年后写的《奉赠韦左丞丈二十二韵》说："李邕求识面，王翰愿为邻。"提到王翰，自会想起他的名篇《凉州词》："葡萄美酒夜光杯，欲饮琵琶马上催。醉卧沙场君莫笑，古来征战几人回。"王翰，字子羽，并州晋阳（今山西太原市）人。少豪荡，恃才不羁，喜纵酒，枥多名马，家蓄妓乐，发言立意，自比王侯。唐睿宗景云元年（七一〇）中进士，又举超群拔类科。张说当政，召为秘书省正字，擢驾部员外郎。张说罢相，他被贬为仙州别驾；至郡，日聚英豪，纵禽击鼓作乐。再贬为道州司马，卒。文士祖咏、杜华等常跟他在一起游赏。杜华的母亲崔氏说："吾闻孟母三迁，吾今欲上居，使汝与王翰为邻，足矣。"可见他在当时是很负盛名的。一般人以能与王翰为邻为荣，杜甫青少年时期，王翰却自愿与他为邻，足见他的不凡。《新唐书·杜甫传》说杜甫"少贫，不自振，客吴、楚、齐、赵间，李邕奇其材，先往见之"。杜甫晚年作的《八哀诗·赠秘书监江夏李公邕》："伊昔临淄亭，酒酣托末契。重叙东都别，朝阴改轩砌。"前两句指齐州再遇陪宴历下亭事。此时既说"重叙东都别"，"李邕求识面"定然是前几年在东都的事。那么，这次再遇，这一老一少，可算得是忘年的旧知交了。诗中接着追述了杯酒言欢之余李邕跟他纵论了前辈名家诗文，赞扬杨炯诗文雄健，不满意李峤的华丽，尤其感谢对他祖父杜审言诗作的高度评价："论文到崔（融）苏（味道），指尽流水逝。近伏盈川（指杨炯）雄，未甘特进（指李峤）丽。……例及吾家诗，旷怀扫氛翳。慷慨嗣真作，咨嗟玉山桂。钟律俨高悬，鲲鲸喷迢递。"（参看本书第一章有关论述）对李邕的冤死及其身后的荒凉，他是很悲愤、很感叹的："呜呼江夏姿，竟掩宣尼袂。……日斜鹏鸟入，魂断苍梧帝。……终悲洛阳狱，事近小臣敝。祸阶初负谤，易力何深哜！……坡陀青州血，芜没汶阳瘗。……子孙存如线，旧客舟凝滞。"王嗣奭说："此老才名甚盛而死极惨，公痛之甚，故既云'竟掩宣尼袂'，又云'魂断苍梧帝'，又云'事近小臣敝'，又云'坡陀青州血'，不觉其言之复也。"李邕的死，对他的震动是很大的。这无疑有助于他今后逐渐看清现实政治情况。

有人据李白《上李邕》"时人见我恒殊调，见余大言皆冷笑。

宣父犹能畏后生,丈夫未可轻年少",断言李邕"独与李白性情不相投合"。这诗不妨作如是观,但解作是李白对李邕诉说衷肠、慨叹自己不为世俗大人先生所重,也未尝不可。[19] 其实李白对李邕的冤死也是极其愤慨、极其同情的:"君不见李北海,英风豪气今何在?君不见裴尚书,土坟三尺蒿棘居。"(《答王十二寒夜独酌有怀》)裴尚书指裴敦复,他与李邕皆坐柳勣事同时杖死,所以这里与李北海并举。虽无文字记载,当杜甫、李邕在齐州再遇的那会儿,李白既然也在那里,而且二人并无恶感,不见得他就没去看李邕,没参加过任何一次宴会。前年冬天我游大明湖,想到历下亭去看看,可惜找不到渡船,曾写了首七绝发思古之幽情说:"筵开北海引杯长,座客都输太白狂。欲觅遗踪乏舟楫,孤亭宛在水中央。"我是想象李白当年也是在座的啊。

杜甫有《暂如临邑至㟙山湖亭奉怀李员外率尔成兴》诗:"野亭逼湖水,歇马高林间。鼍吼风奔浪,鱼跳日映山。暂游阻词伯,却望怀青关。霭霭生云雾,惟应促驾还。""㟙山"当是"鹊山"之讹。临邑(今山东临邑)在齐州北百五十里。鹊山湖在州北二十里。去临邑当经过鹊山湖。历城东门外有历水流入此湖。第三章已经提到他的弟弟杜颖在临邑做主簿。这次他暂离齐州去临邑,当是去探望杜颖。这诗首联说在湖边"野亭""高林间"下马暂歇。颔联写湖上景象。"词伯"指"李员外"之芳。"青关"即青州穆陵关。颈联说李之芳暂不同游,令他不觉极目远望而怀念青关。可见李之芳这时正在青州。所以尾联有盼他早归齐州之意。案:杜甫《同李太守登历下古城员外新亭》题下原注说:"时李之芳自尚书郎出齐州制此亭。"首二句"新亭结构罢,隐见清湖阴"其下原注

---

[19] 萧士赟说:"此篇似非太白之作。"这倒未必。我看像是他早年的作品。

说:"亭对鹊山湖。"既说"隐见",李邕《登历下古城员外孙新亭》也说"巨壑眇云庄"("巨壑"指鹊山湖,"眇云庄"谓远眺湖边庄舍渺在云间),可见筑在"历下古城"的"新亭"离州北二十里的鹊山湖很远。再看这诗:题中明明说是"嵴(鹊)山湖亭"而非"对鹊山湖"之亭。诗中又明明说这"野亭"(哪有称官场中人所筑"新亭"为"野亭"的?)"逼湖水"而非"隐见清湖阴",所写之景"鼍吼风奔浪,鱼跳日映山"是近在眼前而非"巨壑眇云庄"那样远在天边。可见旧注以为"野亭"即"新亭",并从而推断杜甫"暂如临邑,先至湖亭别李员外之芳,李适往青州,因而奉怀"(卢元昌注),或说"疑公将往临邑,中道抵历下登新亭,因怀李之芳"(王道俊《杜诗博议》),都不可信。不妨作这样的想象:杜甫往临邑去看望弟弟,跨马出了齐州城,走了二十多里,来到鹊山湖畔,见有"高林""野亭",便停下来稍稍休息一下。想到当日登临"新亭",此湖仅隐约可见。今日对此一派湖山壮丽景致,可惜李员外远在青州,不能同来游赏。"率尔成兴",便写了这诗,抒发怀念之情,并盼他早日归来。——这难道不更合乎情理吗?李之芳去青州,大概是专程去送他年迈的族祖李邕回去。等到杜甫从临邑回到齐州时,恐怕再也不能陪李邕为诗酒之会,再也见不到这位最赏识他的文坛老前辈了。

五 "东蒙赴旧隐,尚忆同志乐"

杜甫在临邑杜颖那里盘桓了一些日子,这年秋天,他再次来到前几年的旧游地兖州(天宝元年改称鲁郡)。李白《寄东鲁二稚子》说:"我家寄东鲁,谁种龟阴田。……南风吹归心,飞堕酒楼前。楼东一株桃,枝叶拂青烟。此树我所种,别来向三年。"《太平广记》载:"李白自幼好酒,于兖州习业,平居多饮。又于任城县构酒楼,日与同志荒宴,客至,少有醒时。邑人皆以白重名,望其里而加敬焉。"据此知李白有家寄住在鲁郡任城县(今山东济宁)。李白这时早已到家,杜甫想是应约前来,二人相偕游览,关系更是密切。杜甫的《与李十二白同寻范十隐居》,就很好地表达了他俩之间纯真的友情,记下了当日愉快相处的生活片段:"李侯有佳句,往往似阴铿。余亦东蒙客,怜君如弟兄。醉眠秋共被,携手日同行。更想幽期处,还寻北郭生。入门高兴发,侍立小童清。落景闻寒杵,屯云对古城。向来吟《橘颂》,谁欲讨莼羹?"李白诗中称"龟阴""东山",这诗称"东蒙",其实指的都是鲁郡一带。[20] "余亦东蒙客,怜君如弟兄。"可见杜甫是应约来此欢聚的。"醉眠秋共被,携手日同行",见来此已是秋天,更见二人情谊之深。寻范十隐居之事,李白亦有诗记述说:"雁度秋色远,日静无云时。客心不自得,浩漫将何之?忽忆范野人,闲园养幽姿。茫然起逸兴,但恐行来迟。城壕失往路,马首迷荒陂。不惜翠云裘,遂为苍耳欺。入门且一笑,把臂君为谁。酒客爱秋蔬,山盘荐霜梨。他筵不下箸,此席忘朝饥。酸枣垂北郭,寒瓜蔓东篱。还倾四五酌,自咏《猛虎词》。近作十日欢,远为千载期。风流自簸荡,谑浪偏相宜。酣来上马去,却笑高阳池。"(《寻鲁城北范居士失道落苍耳中见范置酒摘苍耳作》)杜诗写寻范居士仅数句,格调高古,兴致飘逸,情境清妙,确乎难能可贵。若论叙事的真实、细节的生动、形象的传神、语言的

---

[20] 闻一多《少陵先生年谱会笺》:"公诗曰:'余亦东蒙客',白《寄东鲁二稚子》诗曰:'我家寄东鲁,谁种龟阴田',《忆旧游寄元参军》诗曰:'北阙青云不可期,东山白首还归去',曰东蒙,曰龟阴,曰东山,实即一处。《续山东考古录》:'《元和志》以蒙与东蒙为二山。余谓蒙在鲁东,故曰东蒙。……今天又分东蒙,云蒙,龟蒙三山;惟《齐乘》以为龟蒙二山,最当。……合言之曰东山,分言之曰龟蒙。'"

幽默，却不及落笔往往不着边际的浪漫主义大师李白。——清秋雁过，日静无云，心头涌起无名的惆怅，正不知往何处去排遣。忽然想起兖州城北那范十的幽居[21]，不觉兴起，便拉着杜甫匆匆出发。哪知出得城来，马在荒坡里迷了路，把我摔落在苍耳丛中，给扎得够呛，也顾不得我那件华贵的翠云裘了。总算到了范家，范十见我这副狼狈相，把臂大笑，说认不出我是谁了。（苍耳就是葈耳，也叫卷耳，苍耳子能入药。别看苍耳子多刺扎人、粘人衣，挺讨厌，苍耳的嫩苗倒是很可口的野菜呢！）范十马上为我们置酒办饭，摘了我这酒客最爱吃的秋蔬炒了，其中就有刚才跟我作对的苍耳苗，还端出大盘经霜刚收藏的梨子[22]给我们下酒。我这人吃腻了山珍海味，别的什么酒筵我懒得伸筷子，这一席却很对我的胃口，吃饱了喝足了，恐怕明朝也忘了饿呢！北郭城墙上满是果实累累的酸枣刺[23]，篱笆上爬着藤蔓挂着秋瓜。面对这荒凉的景色又干了几杯，独自吟咏着陆机的《猛虎行》词："渴不饮盗泉水，热不息恶木阴。恶木岂无枝，志士多苦心。整驾肃时命，杖策将远寻。饥食猛虎窟，寒栖野雀林。日归功未建，时往岁载阴。崇云临岸骇，鸣条随风吟。静言幽谷底，长啸高山岑。急弦无懦响，亮节难为音。人生诚未易，曷云开此衿？眷我耿介怀，俯仰愧古今。"[24] 眼下暂且同朋

---

[21]《居易录》："鲁城北有范氏庄，即太白访范居士失道落苍耳中者。"
[22]《齐民要术》："藏梨法，初霜后即收。"
[23] 酸枣树，也就是棘，野生，北方各地都有，多生在山坡和城垒间。似枣木而皮细，木心赤色，叶茎俱青，花似枣花，八月结实，紫红色，似枣而圆小，味酸。
[24]《猛虎行》是汉乐府相和歌平调曲名，古辞现存如下："饥不从猛虎食，暮不从野雀栖。野雀安无巢，游子为谁骄？"陆机本篇言志士本来慎于出处，但为时命所迫，不容选择，结果功业无成，彷徨苦闷，有愧平生之志。这正与李白当时的境况和心情相合，席间所咏，当是这诗。

友们欢聚一个短时期,长远的目标则相约在永恒的仙境再见。⁽²⁵⁾我既然被政治的旋风簸荡人间,采取"谑浪笑敖"⁽²⁶⁾玩世不恭的人生态度,这对我是最合适了。喝个痛快我们上马回去吧!晋代的山简经常在襄阳高阳池喝得烂醉,虽说还能骑马,可他那倒着接䍦醉似泥的模样真可笑。我这会儿不是比他强多了么?——李白也很少像这样用写实的手法作诗。这诗写得很亲切、很真诚,不仅再现了他的行动举止、言谈笑貌、风度神态,也坦露了内心深处的彷徨、懊恼和难以忍受的悲愤。前面提到了杜甫的那首《赠李白》说:"秋来相顾尚飘蓬,未就丹砂愧葛洪。痛饮狂歌空度日,飞扬跋扈为谁雄?"这诗当作于二人在鲁郡再次见面时。看了李白在前诗中为自己所摄取的生活剪影,不是更感到"痛饮狂歌空度日,飞扬跋扈为谁雄"这两句,确乎抓住了他当时给人最主要的印象特征了吗?抓住一个人最主要的印象特征,并不等于真正了解他。我想,杜甫读了李白那首寻范居士的诗,自会加深对李白的了解的。"风流自簸荡,谑浪偏相宜。"这简直可看作李白对杜甫提出"痛饮狂歌空度日,飞扬跋扈为谁雄"这一问题的答复。诗中还提到了《猛虎词》,要是杜甫当时知道这指的就是陆机的《猛虎行》,要是他曾细细琢磨过这诗的主旨和李白吟咏这诗的心情,那他就应该更懂得李白,虽说他们一个初出茅庐一个饱经沧桑,在对社会和人生的认识上存在着不小的差距。

除了范居士,他们还访问了隐居于东蒙山的元逸人⁽²⁷⁾(杜甫

〈25〉这译文所根据的原句"远为千载期"也就是他《月下独酌》"永结无情游,相期邈云汉"的意思。
〈26〉"谑浪"出《诗经·邶风·终风》:"谑浪笑敖,中心是悼。"用在这诗里,言外之意是,别看我狂放乐观,这是我故意装出来的,其实我内心很痛苦呢。
〈27〉旧注以为此人即李白的好友元丹丘。

《玄都坛歌寄元逸人》："故人昔隐东蒙峰，已佩含景苍精龙。"）和董奉先炼师（《昔游》："东蒙赴旧隐，尚忆同志乐。伏事董先生，于今独萧索。"）。杜甫来鲁郡的主要目的是寻访董先生学修道炼丹。既说"伏事董先生"，"尚忆同志乐"，想必与李白等"同志"曾随董炼师在修行静室、炼丹炉旁参悟、见习过一番。《抱朴子》说："道术诸经，可以却恶防身者，有数千法，如含景藏形等，不可胜计。"又说："诸大符出于老君，其中有青龙符等，行用之可以得仙。"杜甫说元逸人这时"已佩含景苍精龙"，可见他也是个修道学仙的隐者。杜甫他们去年往王屋山访华盖君，岂料华盖君已死，只得转寻董炼师。这次董炼师倒是见到了，也学了学修道、炼丹，但从《赠李白》"秋来相顾尚飘蓬，未就丹砂愧葛洪"的话看来，他们不辞辛苦、辗转千里、梦寐以求的"金匕药"还是没有得到。杜甫当时正处在盛年，他自幼怀着"窃比稷与契"的壮志，一心渴望大展宏图，他这一阵子之所以热衷神仙，除了受时尚和李白的影响，主要是出于"二年客东都，所历厌机巧"、对世俗社会的不满和愤激。折腾了多时，道术不成，丹砂未就，一时的感情冲动过去了，热忱冷了下来，两年来求仙学道的活动自然会马上结束，从"事幽讨"的"山林"转过身来，重新走上通向朝廷、企求"致君尧舜上"的道路。《赠李白》一诗，表露了杜甫对这一短暂漫游求仙生活意义的怀疑，并想引起李白足够的注意，认真考虑他今后的生活态度和人生道路，足见他不是没有经过深思熟虑而迷途知返的。前面已经论到，由于杜甫年轻识浅，对李白这样一位身经大变故、心藏大矛盾、情绪正处在大震荡之中的年长好友知之不深，因此他对李白的规劝即使发自肺腑、盛情可感，但在李白看来，未免显得稚气而一笑置之。不久，这两位中国文学史上成就最卓越的伟大诗人，就结束了他们短暂的"醉眠秋共被，携手日同行"如兄似弟的欢快生活,怀着对这一段共同游历的最美好的回忆和惜别深情,各奔前程,永远地,永远地分开了。

李白《鲁郡东石门送杜二甫》说:"醉别复几日,登临遍池台。何时石门路,重有金樽开?秋波落泗水,海色明徂徕。飞蓬各自远,且尽手中杯!"石门山在今山东曲阜县东北。[28]此地石峡对峙如门,峡后有峰,峰顶有泉,流入溪涧,往往形成瀑布,景致颇佳,又是杜甫旧游地,附近还有他们相识的人,所以李白诸人就聚集在这里饯别杜甫。这诗说他和杜甫前在齐州醉别,不久又来兖州相会,遍游此间各处名胜[29],彼此都很愉快。今日分离,但不知何时能重来这里开筵欢聚?泗水秋波渺渺,海色辉映着徂徕山,美景现虽共赏,转眼便随车远去,各自东西。临别依依,且再为可珍惜的友谊干此最后的一杯!——李白惜别之情是深沉的。"何时石门路,重有金樽开?"值得惋惜的是,这愿望终于落空了。

杜甫走后不久,李白来到沙丘(今山东临清县),客居寂寞,更觉相思,就写了《沙丘城下寄杜甫》说:"我来竟何事?高卧沙丘城。城边有古树,日夕连秋声。鲁酒不可醉,齐歌空复情。思

〈28〉《居易录》:"孔博士东塘言:曲阜县东北有石门山,即杜子美诗《题张氏隐居》所谓'春山无伴独相求'、《刘九法曹郑瑕丘石门宴集》所谓'秋水清无底'者是也。李太白有《石门送杜二甫》诗'何时石门路,更有金樽开',亦其地。山麓今尚有张氏庄,相传为唐隐士张叔明旧居。张盖与太白、孔巢父辈同隐徂徕,称竹溪六逸者也。山不甚高大,石峡对峙如门,故名。中有石门寺,寺后曰涵峰,峰顶有泉,流入溪涧,往往成瀑布。"
〈29〉当地最著名的游览地是兖州城南的尧祠。诗中说他和杜甫在兖州曾相偕"登临遍池台",尧祠想必是去过的。李白这一时期写的《鲁郡尧祠送窦明府薄华还西京》《秋日鲁郡尧祠亭上宴别杜补阙范侍御》诗中,就提到尧祠有"池台"之胜,风景很好,游人不断,十分热闹。如:"长杨扫地不见日,石门喷作金沙潭。笑夸故人指绝境,山光水色青于蓝。庙中往往来击鼓,尧本无心尔何苦?门前长跪双石人,有女如花日歌舞。银鞍绣縠往复回,簸林蹶石鸣风雷。远烟空翠时明灭,白鸥历乱长飞雪。红泥亭子赤栏干,碧流环转青锦湍。"又如:"歌鼓川上亭,曲度神飘吹。"

君若汶水，浩荡寄南征。"友朋雨散，音尘莫接，寄旅沙丘，无所事事。城边古树，日暮秋声瑟瑟，情境分外孤清。"鲁酒薄而邯郸围"（《庄子·胠箧》），"鲁酒"含有薄酒的意思。齐歌则向来有名。薄酒喝了不醉不能解愁，心境不佳歌自唱得很动情。他因思念杜甫而无心饮酒、听歌了。"思君如流水，何有穷已时！"（徐幹《室思》）李白也好用滔滔不绝的流水比喻一往情深的相思或别意，如《寄远》"相思无日夜，浩荡若流波"，《金陵酒肆留别》"请君试问东流水，别意与之谁短长"，等等。[30]这里的"思君若汶水，浩荡寄南征"，虽然也是这么写，但由于感情充沛、感受深切，似乎非如此不足以表达，令人读了并无雷同之感。文艺创作当然要讲究构思和表现的新颖，切忌雷同，但也不可理解得过偏，过于绝对化。并无真情实感，一味逞奇斗怪，以至于出乎常情常理，非常人之所能解，如此新，虽新何补？貌似陈熟，而陈中见新，情溢于辞，感人至深，如此陈，虽陈何害？叶燮在《原诗》中写道："夫厌陈熟者，必趋生新；而厌生新者，则又返趋陈熟。以愚论之：陈熟、生新，不可一偏，必二者相济，于陈中见新，生中得熟，方全其美。……陈熟、生新，二者于义为对待。对待之义，自太极生两仪以后，无事无物不然。……舒写胸襟，发挥景物，境皆独得，意自天成，能令人永言三叹，寻味不穷，忘其为熟，转益见新，无适而不可也。若五内空如，毫无寄托，以剿袭浮辞为熟，搜寻险怪为生，均为风雅所摈。"又说："李贺鬼才，其造语入险，正如苍颉造字，可使鬼夜哭。王世贞曰：'长吉师心，故尔作怪，有出人意表；然奇过则凡，老过则稚，所谓不可无一，不可有二。'余尝谓世贞评诗，有极切

---

[30] 李白的《赠汪伦》"桃花潭水深千尺，不及汪伦送我情"，《黄鹤楼送孟浩然之广陵》"孤帆远影碧空尽，唯见长江天际流"，也莫不或明或暗以水深、水长譬情。

第四章 续壮游 | 123

当者,非同时诸家可比。'奇过则凡'一语,尤为学李贺者下一痛砭也。"这些意见都很可取。论陈熟、生新的辩证关系和诗的优劣最终须取决于内容,更是中肯。李贺属中唐韩愈、孟郊一派,作诗讲究构思,多有佳作,其生新可救平庸、陈熟之病,但因夭折过早,阅历有限,所作内容不深,艺术亦未臻成熟,若强调过当,学习过偏,难免流于险怪、艰涩。"转益多师是汝师",就是要注意学习古今中外种种新颖的构思和艺术表现,但是,千万可别忘了在生活中获得真情实感,也不要把生新、陈熟形而上学地对立起来。前面所举李白不避陈熟仍见新意的诗句,就是一个小小的例证。歌德说:"世界总是永远一样的,一些情境经常重现,这个民族和那个民族一样过生活,讲恋爱,动情感,那么,某个诗人作诗为什么不能和另一个诗人一样呢?生活的情境可以相同,为什么诗的情境就不可以相同呢?"又说:"(拜伦受到无理攻击时)应该说,'我的作品中的东西都是我自己的,至于我的根据是书本还是生活,那都是一样,关键在于我是否运用得恰当!'……我的靡非斯托夫也唱了莎士比亚的一首歌。他为什么不应该唱?如果莎士比亚的歌很切题,说了应该说的话,我为什么要费力来另作一首呢?我的《浮士德》的序曲也有些像《旧约》中的《约伯记》,这也是很恰当的,我应该由此得到的是赞扬而不是谴责。"(朱光潜译《歌德谈话录》)这话讲得很大胆,有魄力,富于启发性。我想,这是歌德老人在鼓励文艺家们只管努力表现他们在生活中深切感到的最好最美最有意义的东西,无须瞻前顾后、左顾右盼,唯恐触人犯规;而决非故设遁词,为抄袭和雷同开脱。

李白四年前随吴筠隐于剡中,他就是从剡中被征聘入朝的。后来他遭谗放还,在梁宋、齐鲁等地览胜寻幽,痛饮狂歌,炼丹受箓,满腔孤忿,稍稍得以发泄;去秋高适他往,于今杜甫又去,高卧沙丘，客怀寂寞，便不觉思念起剡中风物，动了南游之念了。无论未来之前或到过以后，李白对剡中总是不胜神往的。他集中写到剡中的诗篇不少，例如《秋下荆门》说："霜落荆门江树空，布帆无恙挂秋风。此行不为鲈鱼鲙（他当时正满怀希望，想借隐逸求仙以平步青云，当然不会欣赏张翰的莼鲈之思），自爱名山入剡中。"又如《东鲁门（在兖州城东）泛舟》其一说："轻舟泛月寻溪转，疑是山阴雪后来。"其二说："若教月下乘舟去，何啻风流到剡溪。"等等。如果说前一首表示了他对剡中的向往，后两首写这两年在兖州时经常不忘剡中之游，那么，这一时期写的《梦游天姥吟留别》，就倾泻了李白处于极端苦闷中所爆发出来的对剡中如饥似渴的思念和对朝廷权贵的莫大鄙弃："别君去兮何时还？且放白鹿青崖间，须行即骑访名山。安能摧眉折腰事权贵，使我不得开心颜！"这首诗的题目一作《别东鲁诸公》，就像他不久前和朋友饯别杜甫一样，他接着也被朋友们或在石门，或在尧祠，或在东鲁门，频斟蚁酒，高唱骊歌，依依地送走了。为了让剡溪、镜湖荡漾的渌水澡雪精神，为了让熊咆龙吟、列缺霹雳消除郁闷，为了让洞天仙境寄托理想，他毅然决然地独自南行，去重寻旧梦，而将家室，将"字平阳"的"娇女"、"名伯禽"的"小儿"留在东鲁，留在他深情的回忆和怀念中。

第五章 "应诏"前后

一 一个"口蜜腹剑"的宰相

李林甫是唐高祖李渊的叔伯兄弟长平王李叔良的曾孙。虽属宗室，只是关系疏远，他祖父、父亲只出仕过长史、参军一类官职，并无封荫。他小字哥奴，自幼就是个纨绔子弟，加上早年得志，官运亨通，生活一直都过得很阔气，车马衣着，极其奢华。他没什么学问，仅能动动笔。写点什么东西，都要请他所倚重的郭慎微、苑咸这班无行文人修改或捉刀。他主持选部时，选人严迥的判语中有"杕杜"二字。"杕"音第，是特生的意思。"杜"是赤棠。《杕杜》是《诗经》的篇名，《唐风》和《小雅》中都有。李林甫不识"杕"字，问吏部侍郎韦陟道："此云'杖杜'，何也？"韦陟只好低着头，不敢言语。太常少卿姜度是他的表兄弟（舅父的儿子）。姜度的妻子生儿子。他亲笔写信去祝贺说："闻有弄獐之庆。"古人重男轻女，生下男孩子，把一种叫"璋"的玉器给他玩；生下女孩子，把原始的纺锤"瓦"给她玩。所以祝贺人家生男孩叫"弄璋之庆"，生女孩叫"弄瓦之庆"。当时众人见这位"白字先生"李林甫把"弄璋"写成"弄獐"（逗弄獐子，岂不是在驯兽么？），莫不掩口暗笑。不要以为李林甫是个大草包，其实他倒很有能耐。他擅长音律，这虽与他豪奢生活的习染有关，却也显示了他有这方面的才能。在懂得音乐这一点上，他与玄宗君臣之间应当有共同语言，可算得是知音了。但是，他当政二十年，深得玄宗的宠信，决不是因为他们有共同的艺术爱好，而是因为李林甫除了有音乐才能，还具有另一种非凡的能耐，这就是史传所说的，"面柔而有狡计，能伺候人主意，故骤历清列，为时委任，而中官妃家，皆厚结托，伺上动静，皆预知之，故出言进奏，动必称旨"。这就是说，他善于走后门，拉关系，安插耳目，刺探情报，投其所好，全凭阴谋权术去博取主子的宠信。例如他通过宦官巴结上玄宗的宠幸惠妃，表示要尽力保护她的儿子寿王李清（后改名为瑁），惠妃很感激他，就暗中帮助他于开元二十二年（七三四）从吏部侍郎升为黄门侍郎。又如开元二十四年（七三六），玄宗在东都。因宫中有怪，想马上回长安，找宰相们商量，裴耀卿、张九龄都说："今农收未毕，请俟仲冬。"李林甫早已探听到玄宗的心意，等裴、张二相退下去以后，独自留下对玄宗说："长安、洛阳，陛下东西宫耳，往来行幸，何更择时！借使妨于农收，但应蠲所过租税而已。臣请宣示百司，即日西行。"玄宗大为高兴，就采纳了他的意见。——既讨好了主子，又暗伤了同僚，两面三刀，真是居心叵测！开元初，李林甫刚升太子中允就想当司门郎中，侍中源乾曜对替他说情的儿子源洁说："郎官须有素行才望高者，哥奴岂是郎官耶？"可见他的名声从来就不怎么样。谁知没几天他竟当上了谕德，后来还做了宰相，这不仅表明他真是狡猾奸诈、登龙有术，也表明唐玄宗有眼无珠、毫无知人之明啊！

李林甫的府第在长安平康坊，其中有堂如偃月，号"月堂"。每欲排构大臣，他就待在里面，挖空心思打鬼主意。只要是他兴高采烈地从里面出来，那么就准有人将要家破人亡了。前一章提到的那许多冤案，想必是从这个罪恶的月堂里策划、制造出来的。由于自己不学无术，除了排构大臣，他还特别忌恨当时有名气的文士。开头他个别打击像李邕这样被他视为劲敌的文坛领袖，接着就将矛盾指向了一般的士大夫们。最明显的例子就是天宝六载（七四七）他暗中捣鬼搞的那次假考试："上欲广求天下之士，命通一艺以上皆诣京师。李林甫恐草野之士对策斥言其奸恶，建言：'举人多卑贱愚聩，恐有俚言污浊圣听。'乃令郡县长官精加试练，灼然超绝者，具名送省，委尚书复试，御史中丞监之，取名实相副者闻奏。既而至者皆试以诗、赋、论，遂无一人及第者。林甫乃上表贺野无遗贤。"（《资治通鉴》卷二一五）这件事是论者经常提到的。这里所要着重指出的是：李林甫害怕举人们对策时会指斥他的奸恶，这是出于极其现实的政治考虑，而不应等闲视之。要知道，这次考试正是处于李林甫以莫须有的罪名，大量制造冤案，刚刚杖杀李邕、裴敦复，又奏分遣御史往贬所赐皇甫惟明、韦坚兄弟等死，并逼死李适之、王琚等不久，朝野震惊的时候。

李林甫跟古往今来所有权奸一样，别看他们身居高位，气焰万丈，不可一世，作威作福，肆无忌惮，其实他们都是些外强中干的纸老虎。他们干了哪些坏事，犯了哪些丧尽天良的大罪，他们自己比谁都明白，所以他们最怕人议论、怕人指摘、怕人反抗、怕人暗算。李林甫的儿子李岫担心他父亲恶贯满盈，一次跟随李林甫游后园，指着役夫对李林甫说："大人久处钧轴，怨仇满天下，一朝祸至，欲为此得乎！"李林甫不乐，答道："势已如此，将若之何！"（这使人想起李斯临刑时对他儿子说"吾欲与若复牵黄犬，出上蔡东门逐狡兔，岂可得乎？"这一段话。）可见李林甫并非毫无自知之明，不过是作恶多端，难以自拔，只好破罐子破摔罢了。他自知结怨于人，常常担心给刺客发觉，就在住处安装了重扃复壁、络板甃石等保险设备，这还不放心，一夜总要转移几处，就是家里的人也搞不清他到底在哪里。凡此种种，跟上述他在考试中耍花招，以免遭到应举士子攻击的做法一样，都充分暴露了这一"口蜜腹剑"的大奸臣的鬼蜮伎俩和极端阴暗的变态心理。李林甫一辈子算计人，没料到"善恶到头终有报"，死后仍逃不脱另一个大恶人杨国忠对他的报复。杨国忠"以其人之道还治其人之身"，诬奏他与蕃将阿布思同谋叛逆，他终于被诏夺官爵，剖棺抉取含珠，褫去金紫，更以小棺如庶人礼葬之，诸子并遭贬岭外。这是后话。

二 一次"野无遗贤"的考试

且说杜甫于天宝四载（七四五）在鲁郡石门与李白握别，大概回到东都或陆浑庄住了一个时期，五载来到长安，为的就是参加李林甫操纵的这场骗人的考试，结果同另一著名诗人元结等，无一例外，统统落选了。一次全国公开举行的招贤考试，居然选拔不出一个合格的人才，这是我国考试史上空前绝后的一件大怪事，不能不教人感到惊异和怀疑。这时，李林甫却自作聪明，出来上表祝贺什么"野无遗贤"（表面上是颂贤，其实是在吹嘘自己宰相当得好），这岂不是"此地无银三百两"，欲盖弥彰吗？内幕很快就揭开了，元结事后在《谕友》中曾愤慨地直书其事说："天宝丁亥中，诏征天下士有一艺者，皆得诣京师就选。晋公林甫以草野之士猥多，恐泄漏当时之机，议于朝廷曰：'举人多卑贱愚聩，不识礼度，恐有俚言，污浊圣听。'于是奏待制者悉令尚书长官考试，御史中丞监之，试如常例。（原注：如吏部试诗、赋、论、策。）已而布衣之士，无有第者，送表贺人主，以为野无遗贤。"所述情况跟《新唐书·李林甫传》和《资治通鉴》中有关记载大致相同。这是当事人的笔录，可看作指控李林甫钳制舆论、压抑人才的有力佐证，就史料而论，也是很有价值的。据其中所说："诏征天下士有一艺者,皆得诣京师就选""奏待制者悉令尚书长官考试,御史中丞监之"(案:进士科考试则由礼部侍郎主持),可知这是一次"天子自诏"的"制举",而非例行的"进士""明经"等科举。这年进士科考试也举行了,包佶就是这年登的进士第。没有迹象表明杜甫、元结他们曾经参加过这年的进士试。

杜甫在其后天宝十一载(七五二)写的《奉赠鲜于京兆二十韵》中也痛定思痛地提到了这次应制举失利的事:"破胆遭前政,阴谋独秉钧。微生沾忌刻,万事益酸辛。"作这首诗时李林甫刚死,所以称他为"前(执)政"。仇兆鳌说:"'破胆'以下,恨李林甫之忌才,只'阴谋''忌刻'四字,极尽奸邪情状。"王嗣奭以为"'微生沾忌刻',下字忠厚",这样理解仍嫌片面。要是联系史实读这几句诗,自会感到诗人对李林甫的批评很激烈也很深刻。

杜甫抱着很大的希望参加了这次制举,没想到再次落第,他当时虽不敢像后来那样公开指责李林甫的"阴谋""忌刻",但仍在许多诗中情不自禁地表露了对此事的强烈不满和愤慨。《赠比部萧郎中十兄》是他在落第后不久所写送表兄的诗,末段就隐隐约约地流露出这种不满和愤慨的情绪:"漂荡云天阔,沉埋日月奔。致君时已晚,怀古意空存。"他自幼就"窃比稷与契",一心一意想"致君尧舜上,再使风俗淳",如今两次失利,一事无成,时光流逝,壮心未已,这怎教他不满怀孤忿、感叹系之呢!

这种不平之鸣、抑郁之情更多地表露在写给韦济的几首诗中。韦济出身大族世家,祖父韦思谦,居官刚正,武后垂拱初,赐爵博昌县男,迁凤阁鸾台三品。伯父韦承庆,武后天授以来,三掌天官选事,累迁凤阁侍郎,同凤阁鸾台平章事。中宗神龙初,坐附推张易之弟张昌宗失实(指有所包庇),流放岭外。起复为秘书员外少监,兼修国史,以修《则天实录》有功,赐爵扶阳县子。父韦嗣立,武后朝累迁凤阁侍郎,同凤阁鸾台平章事。神龙中,转兵部尚书,同中书门下三品。他在骊山营建了一所别墅,中宗也曾经去做过客,自制诗序,教随同前往的官员们赋诗留念。又赐给他二千匹绢,封他为"逍遥公",给这地方命名为"清虚原""幽栖谷"。睿宗即位,拜中书令。以定册尊立睿宗有功,实封一百户。开元七年(七一九)卒。《旧唐书·韦思谦传》说:"嗣立、承庆俱以学行齐名。……(兄弟)前后四职相代。又父子三人,皆至宰相。有唐已来,莫与为比。"可见这一家族在当时政界、社交界的地位很高。韦济的大哥韦孚,官至左司员外郎。二哥韦恒,有经济才。开元二十九年(七四一)为陇右道河西黜陟使,往河西巡察。当时这里的节度使是盖嘉运。他仗着有中贵撑腰,为非作歹,假报战功。韦恒就上表弹劾他,没成功,自己反而被调任陈留太守,未往而卒。韦济早年就以辞翰闻名。开元初年调补鄄城令。有人密奏玄宗,说这次所放县令多无才能。谢官日玄宗便命引入殿庭问安人策一道。参加考试的共有两百多人,唯独韦济答得最好,考了个第一名,其余的都考得不好,甚至有交白卷的。开元二十四年(七三六)为尚书户部侍郎,累转太原尹(当时的京兆尹、河南尹、太原尹都相应于现代的直辖市市长,地位很高)。天宝七载(七四八)又为河南尹,迁尚书左丞。他曾连任台省直辖府尹,当时被认为是很光荣的事。杜审言的年辈相当于韦承庆、韦嗣立。杜审言的政治地位虽远远赶不上韦氏兄弟,但诗名很大,又同在武后朝做官,他们之间当有通家之好。所以韦济对杜甫很关心很看重;杜甫对韦济也很尊敬很信任,称他为"丈人",一再写诗给他倾诉衷肠,希望能得到他的同情和汲引。杜甫的《奉寄河南韦尹丈人》说:"有客传河尹,逢人问孔融:'青囊仍隐逸,章甫尚西东?'……尊荣瞻地绝,疏放忆途穷。浊酒寻陶令，丹砂访葛洪。江湖漂短褐，霜雪满飞蓬。牢落乾坤大，周流道术空。谬惭知蓟子，真怯笑扬雄。……尸乡余土室，谁话祝鸡翁！"韦济天宝七载为河南尹，不久迁尚书左丞。又，这诗题下原注说："甫故庐在偃师，承韦公频有访问，故有下句。"据此可揣知：杜甫在天宝六载应诏不中以后的一两年内，寄寓长安，很是失意，经常纵浪近畿，聊以自遣。这时听说河南尹韦济曾多次到偃师他的陆浑庄故庐访问他，他就写了这首诗寄给韦济，表达自己感激的心情，诉说近来的境况。

《后汉书·孔融传》载："河南尹李膺，以简重自居，不妄接士宾客，敕外自非当世名人，及与通家，皆不得白。融欲观其人，故造膺门，语门者曰：'我是李君通家子弟。'门者言之。膺请融，问曰：'高明祖父尝与仆有恩旧乎？'融曰：'然。先君孔子，与君先人李老君，同德比义而相师友，则融与君累世通家。'众坐莫不叹息。"通家谓世交。历来注家都不引孔融自称通家子弟的话；其实，引了这句话，既切河南尹，又切世交，就更加精确恰当了。晋代郭璞曾跟郑公学习，得《青囊书》，于是就懂得了金、木、水、火、土五行相生相克的道理(见《晋书·郭璞传》)。孔子成年时在宋国居住，戴着当地一种叫"章甫"的黑帽子。孔子还说过自己是东西南北周游各地的人(见《礼记》的《儒行》和《檀弓》)。前四句是说有人从河南来，传达了韦济的话，问他现在是在隐逸学道，还是在到处漫游？——可见他的学道和漫游是出了名的了。下面是他的答复和感叹。他说韦丈您是无比的尊贵荣耀，可我目前的处境不由得教人想起阮籍的途穷恸哭。[1]我现在还是在跟陶渊明那样的隐士一块儿喝酒，在寻访葛洪那样的方士学炼丹。布衣白发，风尘仆仆，落拓江

---

[1] 《晋书·阮籍传》："(籍)时率意独驾，不由径路，车迹所穷，辄恸哭而反。"

湖。我哪能跟孔子相比,虽也周游天下,只是道术空虚,只落得一事无成。东汉时有个蓟子训有神异之道,来到京师,受到朝廷公卿们的礼遇(见《后汉书·方术传》)。谬承见知,我自愧不如蓟子训。扬雄闭门草《太玄》,很少有人上门,多为后辈所笑。我真跟扬雄一样,早给人笑怕了。——《自京赴奉先县咏怀五百字》中也说:"取笑同学翁,浩歌弥激烈。"可见他落第后经常遭到时人的奚落,深感屈辱。——传说古时候有个叫祝鸡翁的洛阳人,住在尸乡北山下,养鸡百多年,鸡有千只,都有名字,一唤就来。他卖鸡和鸡子儿得钱千余万,可是却把钱搁在那里就走了(见《列仙传》)。这尸乡北山下就是我陆浑庄故庐所在。(2)那儿我还残存着几孔窑洞,除了您,又有谁来访问我这像祝鸡翁的不合时宜的人!稍加笺释,杜甫落第后很长一段时期内落魄纵浪的行径、潦倒愤激的神情,不就多少可以得其仿佛了么?

不久韦济迁左丞入京,杜甫又有《赠韦左丞丈济》诗。(3)这诗前半从左丞之职叙出韦家门第,都是称颂的话。后半则自叹穷老不遇,渴望对方大力提拔:"有客虽安命,衰容岂壮夫。家人忧几杖,甲子混泥途。不谓矜余力,还来谒大巫。岁寒仍顾遇,日暮且踟蹰。老骥思千里,饥鹰待一呼。君能微感激,亦足慰榛芜。"《礼记·月令》:"仲秋之月,养衰老,授几杖。"杜甫这年才三十七岁,竟说自己已经衰老:"衰容岂壮夫",而家里的人也正在急着为他养老做准备:"家人忧几杖",这样的话、这样的心情在这以前的诗中是从未有过的。杜甫对典故很熟习,又有很高的驾驭文字的能力,

---

(2) 河南偃师县西二十里有尸乡亭。杜甫的故庐和坟墓在土娄村。土娄村距尸乡亭不远(详见清孔星衍纂《偃师县志》)。
(3) 韦济天宝七载迁左丞。杜甫《赠韦左丞丈济》首联说:"左辖频虚位,今年得旧儒。"篇末又有"岁寒"字样,可知这诗当作于天宝七载冬。

第五章 "应诏"前后 | 133

而且明知这是在对有地位的长辈说话，那么这不可能是用词不当的语言上的疏忽，或者只是倚老卖老的随便说说，而是他心灵上的真实感觉，他感到自己确乎是衰老了，转眼之间，壮年已成过去。由此可见，这次应诏就选失败，对他精神上的打击是极其沉重的。他从南到北，四处漫游，"快意八九年，西归到咸阳"（《壮游》），满以为一举成名，青云直上，猛不防当头遭此一棒，给打得晕头转向，许久也缓不过来。从此，他那"快意"的"壮游"永远结束了，把美好的回忆深藏心底，留给晚年聊慰寂寥；眼下却须强打精神，硬着头皮，忍受冷嘲热讽，面对惨淡的人生，奔走于长安富家权贵之门，为将来的出路，为当前的生计而乞求帮助。这无怪乎他不觉忘了自己的实际年龄，忘了对尊者长辈应有的礼貌，而大发起叹老嗟贫的牢骚来了。

他的《奉赠韦左丞丈二十二韵》可说是作者这一时期生活和思想感情最高度的艺术概括："纨袴不饿死，儒冠多误身。丈人试静听，贱子请具陈。甫昔少年日，早充观国宾。读书破万卷，下笔如有神。赋料扬雄敌，诗看子建亲。李邕求识面，王翰愿为邻。自谓颇挺出，立登要路津。致君尧舜上，再使风俗淳。此意竟萧条，行歌非隐沦。骑驴十三载，旅食京华春。朝扣富儿门，暮随肥马尘；残杯与冷炙，到处潜悲辛。主上顷见征，歘然欲求伸。青冥却垂翅，蹭蹬无纵鳞。甚愧丈人厚，甚知丈人真。每于百僚上，猥诵佳句新。窃效贡公喜，难甘原宪贫。焉能心怏怏，只是走踆踆。今欲东入海，即将西去秦。尚怜终南山，回首清渭滨。常拟报一饭，况怀辞大臣。白鸥没浩荡，万里谁能驯？"开端突兀两句，一肚皮牢骚愤激，冲口而出。以前两诗还有称颂韦济的话，这首则全属陈情，直抒胸臆。可见杜甫在京活动日久，希望甚微，事急情迫，不觉言之过激了。"甫昔"八句自诩才学人品之高。这是沉沦挣扎时发自肺腑的呼号，教人读了只觉良材见弃之冤，毫无自吹自擂之感。"自谓"四句，杨伦旁批道："自是腐儒大言，在他人亦不敢说。"唐人往往敢说大言，李、杜尤其如此。他们不光敢说，还要为此奋斗一生，始终不渝。说杜甫这些人是"腐儒"，他们"腐"就"腐"在不知时势、对所处的时代缺乏应有的清醒认识，这犹可说也；但是，他们的那种追求理想、争取实现伟大抱负的执着精神和顽强意志却是不容轻视的，更何况这理想、这抱负中还多少含有活国济人的进步因素。"骑驴十三载，旅食京华春。朝扣富儿门，暮随肥马尘；残杯与冷炙，到处潜悲辛。"寥寥数笔，便勾勒出诗人当日寄人篱下的狼狈相和苦痛心情。"十三"，诸本作"三十"。旧注以为杜甫自开元二十三年归东都举进士不第，至天宝六载以应诏入京，恰是十三年，作"十三"为是。[4]"主上"四句即述天宝六载应诏退下事。浦起龙说："此应诏退下后，将归东都时作也。先是有《赠韦左丞丈》诗云：'君能微感激，亦足慰榛芜。'盖尝以推奖望之。是后韦必尝以公之才诵言于当轴而莫有应者，公遂决计远行，赠此致感，且以告别。不作悻悻急去语，亦不作脂韦无骨语。本心之厚，立品之高，俱见。"诠评后段甚当。举进士不第则应制举，应制举退下则献赋，要求一次比一次高，路子一次比一次窄，他并不像世俗士子那样不惜屡入场屋，非考个进士不可。可见他恃才负气，自视极高，生性是很倔强的。东都西京，相去不远，交通又很方便，不久他就回洛阳去了，甚至不止一次；不过这一期间，他主要是在长安活动以旅食谋生的。

---

〔4〕 陶渊明《归园田居》其一："误落尘网中，一去十三年。""十三"一作"三十"。注家以为作者断续做官十二年，到写诗时共十三年，作"十三"为是。两相偶合，可资谈助。

三　初来长安时的交游

以应诏退下一事分界，此前此后杜甫简直判若两人。回顾天宝五载他初来长安时，由于刚刚"放浪齐赵间，裘马颇清狂"，余兴犹存，又面临天子自诏的制举，正满怀希望，意气风发。这时他虽也出入于上层社会，跟汝阳王李琎、驸马郑潜曜这样一些大贵族交往，但是，不管别人还是他自己，都把这看作不过是登科有望、前程无量的士子的正常社交活动，因此他毫无一点落选后的那种寄人篱下、困蹇寒酸之感。《壮游》"西归到咸阳"后有"赏游实贤王""曳裾置醴地"的话。仇注说："'贤王''置醴'，指汝阳王琎也。"

汝阳王李琎是宁王李宪（原名成器）的长子，而李宪又是睿宗的长子。当初议立太子，正犹豫不决时，李宪见玄宗讨平韦后、拥立睿宗有功，就坚持将太子的位置让给了玄宗。因此玄宗很感激他，对他极其尊崇。开元二十九年（七四一）宁王卒，又追封他为让皇帝。宁王十子多封王或公。李琎封汝阳郡王，任太仆卿，与贺知章等为诗酒之交。天宝初，居父丧期满，加特进。天宝九载（七五〇）卒。杜甫的《赠特进汝阳王二十韵》就是他初来长安时所作。这诗前半是赞扬李琎的话：说他又有才又忠诚；说皇帝对他很礼遇，他却很谦让谨慎；说他学识渊博，文章华美而富哲理，书法飞动；说他谈笑风生，对朋友很随和、很热情、很讲信用。后半则写李琎对他的热情接待和他的知遇之感："已忝归曹植，何如对李膺？招要恩屡至，崇重力难胜。披雾初欢夕，高秋爽气澄。樽罍临极浦，凫雁宿张灯。花月穷游宴，炎天避郁蒸。砚寒金井水，檐动玉壶冰。瓢饮惟三径，岩栖在百层。……淮王门有客，终不愧孙登。"曹植喜好文学，他对王粲、徐幹、陈琳、阮瑀、应场、刘桢等都很友好。后汉李膺和杜密的名望、人品相当,当时的人称他们为"李杜"。"已忝"的意思是说,自己虽然不及建安诸子,所幸已"归曹植"。"何如"句的意思是说,愧非杜密,名望、人品怎能"对李"?上句切亲王,下句切两姓。措辞委婉,骨子里却不无李白那种"平交王侯"的气概。

《世说新语·赏誉门》载卫瓘命子弟去见乐广,说:"此人人之冰镜也,若披云雾睹青天。"又《北齐书·李浑传》附李绘传载,李绘仪容端伟,邢晏说:"若披云雾,如对珠玉。"《晋书·王徽之传》载,王徽之以手版拄颐说:"西山朝来,致有爽气耳。""披雾"一段叙相见游赏的事。大约时值残暑,所以先设譬喻说:披雾初见,襟怀犹如高秋爽气的清澄。加之张筵于林间浦口,汲井贮冰,因而灯曇花月,炎暑顿消。只见砚水寒而檐玉(檐马)响,恍惚进入了清凉世界(此采浦起龙说而稍加修订,仇兆鳌、杨伦都认为这一段分叙春、夏、秋、冬四时游赏之事,似不合)。汉淮南王好方术,养士数千人(见《神仙传》)。孙登是魏、晋之交的隐士,居汲郡北山,好读《易》,抚一弦琴,时游人间,所过之家或设衣食相待,一无所受(见《晋书·隐逸传》)。朱鹤龄说:"(末二句)言汝阳爱士固不下淮南,我则何敢有愧孙登乎?盖不欲自居于曳裾之客也。"可见杜甫入长安之初应制举以前自视甚高,情绪颇佳,丝毫不认为自己是个在豪门贵家帮忙帮闲的清客。李琎的六弟李瑀初封陇西郡公。天宝十五载随玄宗避安史之乱入蜀,到汉中,因封汉中王。后杜甫入蜀,写了不少诗寄他。大概杜甫入长安初跟李琎交往时就跟他很熟了。第一章曾经提到杜甫同唐王朝宗室多少沾点亲,他初入长安便与汝阳王李琎一家有交往,可能跟这有关系。李琎宅第在长安胜业东南角(见《旧唐书·让皇帝宪传》),诗中所述游赏之地即在此。

《郑驸马宅宴洞中》当与上诗作于同一时期。唐玄宗皇甫淑妃的女儿临晋公主嫁给郑潜曜。⁽⁵⁾《长安志》载："莲花洞在神禾原，即郑驸马之居，（杜诗）所谓'主家阴洞'者也。"郑潜曜是广文博士郑虔的侄儿。杜甫跟郑虔很要好，可能因郑虔的关系很早就与郑驸马家有来往，第三章提到天宝初年他所游洛阳西不远新安县的"郑氏东亭"一说即郑潜曜的别墅，多少可作印证。既是老熟人，杜甫一到长安就来"主家阴洞"饮宴消夏，后来郑驸马又请杜甫为开元二十三年逝世的岳母撰写《唐故德仪赠淑妃皇甫氏神道碑》，就是很自然的事了。碑文中说："甫忝郑庄之宾客，游窦主之园林。"杜甫也自认是郑府座上的常客，恐怕不只是参与在莲花洞宴会的一时一事。⁽⁶⁾这首《郑驸马宅宴洞中》不过极力写莲花洞的阴凉、酒筵的精美、境界的非凡，意义不大，但有一点很值得注意，那就是杜甫这一时期已经在着手尝拗体七律的一种新的表现艺术了。试将这诗"主家阴洞细烟雾，留客夏簟青琅玕。春酒杯浓琥珀薄，冰浆碗碧玛瑙寒。误疑茅堂过江麓，已入风磴霾云端。自是秦楼压郑谷，时闻杂佩声珊珊"与"晚节渐于诗律细"时所写的《白帝》"白帝城中云出门，白帝城下雨翻盆。高江急峡雷霆斗，翠木苍藤日月昏。戎马不如归马逸，千家今有百家存！哀哀寡妇诛求

⟨5⟩ 杜甫《唐故德仪赠淑妃皇甫氏神道碑》："有女曰临晋公主，出降代国长公主子荥阳郑潜曜，官曰光禄卿，爵曰驸马都尉。"代国公主是睿宗刘皇后的女儿，嫁给郑潜曜的父亲郑万钧。这是亲上加亲。据《新唐书·公主传》和独孤及《郑驸马孝行纪》载，临晋公主出嫁在开元二十八年（七四〇），大历时卒，郑潜曜当驸马后"嗣荥阳郡公，佩金印，列长戟，垂三十载"，当卒于大历四年（七六九）左右。

⟨6⟩ 闻一多说："或以为东都亦有郑宅，至以新安东亭，亦属潜曜，皆臆说无据，徐松《唐两京城坊考》云：'洛阳第宅，多是武后中宗居东都时所立，中业以后，不得有公主宅。'亦可证公未来长安前，不得游窦主之山林，即不得为郑庄之宾客矣。"（《少陵先生年谱会笺》）歉收之年大臣贵戚多随玄宗往东都趁食，一来两三年，岂能无住处？徐松所言不足深信。史载玄宗兄弟圣历初出阁，列第于东都积善坊，五人分院同居，号"五王宅"。东都既有五王宅，亦当有驸马第。

尽,恸哭秋原何处村?"稍作比较,就会看出这两首诗,若论思想意义,高低悬殊,简直无法相比;但是,若论声调上拗救规律的掌握,用词遣句上的刻意求新,以及风格的苍秀、意境的冷峭,二者之间确乎存在着不少相似之处。初盛唐诸家,由于对五七言近体诗格律的掌握不尽烂熟,有时古体入律,有时律体带古,如李白的《宿五松山下荀媪家》、王维的《敕借岐王九成宫避暑应教》等等,虽出无心,却是拗体。但有意突破格律又恪遵格律、探索拗救之法以发展近体诗表现艺术的,却是从杜甫开始。此后作拗体诗的代不乏人,间有佳作,而其中作得最多、成绩最显著的又首推北宋诗人黄庭坚。黄庭坚的七律几乎全是拗体。且看他的《题落星寺》其三:"落星开士深结屋,龙阁老翁来赋诗。小雨藏山客坐久,长江接天帆到迟。宴寝清香与世隔,画图妙绝无人知。蜂房各自开户牖,处处煮茶藤一枝。"这种拗口的语句、这种生新多变的烹炼工夫、这种苍秀的风格、这种冷峭的意境,难道不是来自老杜而又有所变化自成一家的么?(当然,这些特点各体诗中都有,不过七律中最突出罢了。)苏轼说:"鲁直诗文如蝤蛑江瑶柱,格韵高绝,盘飧尽废,不可多食,多食则发风动气。"(《书鲁直诗后》)居然让诗文变成了"格韵高绝""多食则发风动气"的"蝤蛑江瑶柱",不管好还是不好,总该由黄庭坚自己负责,不得推给别人。不过,若要"沿波而讨源"的话,就不难发现这"异味"多少存在于前期杜诗中了。

上述杜甫拗体诗的这些风格、艺术特点上的"异味",在他晚年许多诗歌中都或多或少地有所表露,例如《秋兴八首》就是最明显的例证。这组诗平仄合律,音乐性很强,一点儿也不拗口,但依然存在着格调高雅、手法多变、意境精美等艺术风格上的"异味"。由此可见,杜甫虽到"晚节"才"渐于诗律细",但早在前期就着手对之进行探索和尝试了,而且这种探索和尝试不仅止于"诗律"和表现艺术的创新,更在于诗人独特的艺术风格(这种独特的艺术风格借古今常讲的"沉郁顿挫"四字差可意会)、独特的生活美感的发展和形成。美是客观存在的,但离开了人类社会劳动和生活的长期发展过程就无所谓美。而美感,则是生活中美这"光束"投射到人们感官直至心灵所引起的反应和感觉。因此美感因人的时代和阶级属性,因人的个性而各异。如果容我打个跛脚的比喻,把人们大同小异的美感比作照相机的各种滤色镜,那么,任何想形成独特艺术风格的诗人或艺术家,都必须努力从生活体验和艺术实践中先炼就他所特有的"滤色镜"。不然,他即使技艺熟练,甚至能勉强进行所谓"创作",也永远不会形成自己独特的艺术风格,成不了卓越的诗人和艺术家的。苏轼《书吴道子画后》说:"知者创物,能者述焉,非一人而成也。君子之于学、百工之于技,自三代历汉至唐而备矣。故诗至于杜子美、文至于韩退之、书至于颜鲁公、画至于吴道子,而古今之变,天下之能事毕矣。"杜甫集古今诗歌的大成而大变,体现在从内容到形式的各个方面。以上所论,仅只诗律的探索和表现艺术的创新一途。但仅此一途,亦可窥见诗人善于学习、勇于推陈出新的一斑。这种精神,对今天新诗形式的探索和表现艺术的提高,或许是有所启发的。

天宝五载除夕(按照阳历,这时已进入公元七四七年)写的《今夕行》,由于诗人刚从齐赵来到长安,诗中仍然洋溢着壮游时的那股粗犷、豪迈的强烈浪漫气息:"今夕何夕岁云徂,更长烛明不可孤。咸阳客舍一事无,相与博塞为欢娱。冯陵大叫呼五白,袒跣不肯成枭卢。英雄有时亦如此,邂逅岂即非良图。君莫笑刘毅从来布衣愿,家无儋石输百万。"《唐国史补》记载一种叫"樗蒲"的古老的赌具及其赌法甚详:"洛阳令崔师本,又好为古之樗蒲。其法：三分其子三百六十，限以二关，人执六马，其骰五枚，分上为黑，下为白。黑者刻二为犊，白者刻二为雉。掷之全黑者为卢，其采十六；二雉三黑为雉，其采十四；二犊三白为犊，其采十；全白为白，其采八；四者贵采也。开为十二，塞为十一，塔为五，秃为四，撅为三，枭为二：六者杂采也。贵采得连掷，得打马，得过关，余采则否。新加进九退六两采。"这种古代的博戏当时还是有人玩的，不过最流行的是另外的几种新博戏："今之博戏，有'长行'最盛。其具有局有子，子有黄黑各十五，掷采之骰有二，其法生于'握槊'，变于'双陆'。……后人新意，长行出焉。又有'小双陆''围透''大点''小点''游谈''凤翼'之名，然无如长行也。……王公大人，颇或耽玩，至于废庆吊、忘寝休、辍饮食者。及博徒是强名争胜谓之'撩零'，假借分画谓之'囊家'，'囊家'什一而取谓之'乞头'。有通宵而战者，有破产而输者，其工者近有浑镐、崔师本首出。围棋次于长行，其工者近有韦延祐、杨茈首出。"《唐国史补》记开元至长庆间事。据上所述可知当时上层社会赌博之风很盛，输赢很大，甚至还出现开赌场、拿"什一""乞头"的"囊家"。从《今夕行》所描述的情况看，杜甫他们那晚玩的是"古之樗蒲"。文人雅士多有好古之癖，也许真的是在玩樗蒲，也许为了古雅硬把长行、大点之类说成是樗蒲，这都无关紧要。总之，那年除夕，杜甫他们在一家可能是兼营赌场的"客舍"里，大赌而特赌就是了。要是不怕亵渎"诗圣"头顶上的灵光，想象一下作为赌徒的杜甫的形象和神情，那该是多么有趣、多么令人目瞪口呆啊！——大年三十，厅堂里明烛高烧，旅客们为了守岁，为了排遣乡愁，正吆五喝六全神贯注地在聚赌，而杜甫，就是其中最来劲儿的一个。深夜严寒，室内却温暖如春。赌徒们因胜负时而狂喜时而惊叹，就显得更是燥热。杜甫这会儿手气不好，一连掷了几次骰子都不得"贵采",心里一发急,不觉"五白""五白"地大呼大叫,袒胸露足地探起身来,正聚精会神地准备孤注一掷,转败为胜。最后大概是输定了,便搬出古人的事来自我解嘲说:"《南史·宋本纪上》不是说'刘毅家无儋石之储,摴蒲(即樗蒲)一掷百万'么?英雄们行事也往往如此,碰上机会,偶然下笔大赌注,这总不失为一个好主意啊!""袒跣不肯成枭卢"用的是《晋书·刘毅传》的典故:"(毅)于东府聚摴蒲大掷,一判应至数百万,余人并黑犊以还,唯刘裕及毅在后。毅次掷得雉,大喜,褰衣绕床,叫谓同座曰:'非不能卢,不事此耳。'裕恶之,因抟五木久之,曰:'老兄(我)试为卿答。'既而四子俱黑,其一子转跃未定。裕厉声喝之,即成卢焉。"老杜掷不成枭卢,可见最后一局他确乎是赌输了。输了还要口出大言,讲一番英雄事业多如赌博的大道理,可见他当年是多么踌躇满志、自命不凡啊!过了"今夕"就是天宝六载。几个月后,他信心十足地参加了那年的制举,谁知他竟在这一场下了大赌注的人生的"博塞"中再一次输得精光。从此他便一蹶不振,过了许久都缓不过来,像"英雄有时亦如此,邂逅岂即非良图"这样盲目乐观的豪言壮语,也没有兴致再讲了。

四 "李杜文章在,光焰万丈长"

一个人处顺境时可能有一二件烦恼事,处逆境时也可能有一二件快意事,所以不可以单单从其中所流露出来的情绪来判断作品的创作时期。但是,如果有其他的依据,也不妨适当考虑诗人在某一时期内的基本情感特色,作为粗略判断作品创作时期的补充条件。仇兆鳌《杜少陵集详注》将杜甫的《冬日有怀李白》编在天宝四载冬;将《春日忆李白》编在天宝五载春;接着将《送孔巢父谢病归游江东兼呈李白》编在《春日忆李白》之后《今夕行》之前，虽未明言，心里也认为这诗当作于天宝五载春；这种安排，或据旧注所做考证或酌情而定，大致上是可信的。杜甫随李白漫游一两年，对李白很倾折，感情很深厚，一旦分离，关山阻隔，难免不时相思。这两年怀念李白的诗歌不一而足，是可以理解的。《春日忆李白》就是这种真挚感情的自然流露："白也诗无敌，飘然思不群。清新庾开府，俊逸鲍参军。渭北春天树，江东日暮云。何时一樽酒，重与细论文？"

由于个人爱好和宗尚的不同，中唐以来李杜优劣的论战就开始了。中唐抑李扬杜最突出的首推元稹。他说："至于子美，盖所谓上薄风骚、下该沈宋、言夺苏李、气吞曹刘、掩颜谢之孤高、杂徐庾之流丽，尽得古今之体势，而兼人人之所独专矣。使仲尼考锻其旨要，尚不知贵，其多乎哉！苟以为能所不能，无可无不可，则诗人以来，未有如子美者。是时山东人李白，亦以奇文取称，时人谓之李杜。余观其壮浪纵恣、摆去拘束、摹写物象及乐府歌诗，诚亦差肩于子美矣。至若铺陈终始、排比声韵，大或千言、次犹数百，辞气豪迈而风调清深，属对律切而脱弃凡近，则李尚不能历其藩翰，况堂奥乎！"（《唐检校工部员外郎杜君墓系铭序》）白居易由于对浪漫主义具有的巨大现实意义和深刻的思想性缺乏认识，又过于窄狭地要求诗歌的政治性，曾经错误地抑李扬杜，同时也贬低了杜诗的成就说："诗之豪者，世称李杜。李之作，才矣奇矣，人不逮矣，索其风雅比兴，十无一焉。杜诗最多，可传者千余篇。至于贯穿今古，觇缕格律，尽工尽善，又过于李，然撮其《新安》《石壕》《潼关吏》《塞芦子》《留花门》之章，'朱门酒肉臭，路有冻死骨'之句，亦不过三四十。杜尚如此，况不逮杜者乎！"白居易着眼于思想内容来抑李扬杜尚且不可，那么，元稹光从律对的当否、篇幅的短长等形式技巧的掌握上论李杜诗歌的优劣,就显得更加荒谬了。⁽⁷⁾中唐时抑杜扬李的议论不详,但从韩愈《调张籍》"李杜文章在,光焰万丈长。不知群儿愚,那用故谤伤!蚍蜉撼大树,可笑不自量"的话来看,两种针锋相对、各捧一家、各执一端的议论,当时想必十分激烈。历来对杜甫的颂扬显然超过李白。宋代王安石编杜欧韩李四家诗,以杜为第一、李为第四,并答人质疑道:"白之歌诗,豪放飘逸,人固莫及;然其格止于此而已,不知变也(王世贞《艺苑卮言》所谓'十首以前少陵较难入,百首以后青莲较易厌'即此意)。至于甫,则悲欢穷泰,发敛抑扬,疾徐纵横,无施不可,故其诗有平淡简易者,有绮丽精确者,有严重威武若三军之帅者,有奋迅驰骤若泛驾之马者,有淡泊闲静若山谷隐士者,有风流酝藉若贵介公子者。盖其诗绪密而思深,观者苟不能臻其阃奥,未易识其妙处,夫岂浅近者所能窥哉?此甫所以光掩前人,而后来无继也。元稹以谓兼人所独专,斯言信矣。"(《苕溪渔隐丛话》引《遁斋闲览》)其后仇兆鳌《杜诗详注》凡例中"杜诗褒贬"又说:"秦少游则推为孔子大成,郑尚明则推为周公制作,黄鲁直则推为诗中之史,罗景纶则推为诗中之经,杨诚斋则推为诗中之圣,王元美则推为诗中之神,诸家无不崇奉师法。宋惟杨大年不服杜,诋为村夫子,亦其所见者浅。至嘉、隆间,突有王慎中、郑继之、郭子章诸人,严驳杜诗,几令身无完肤,真少陵蟊贼也。杨用修则抑扬参半,亦非深知少陵者。"把攻讦杜甫的话多予删削,而一味颂杜,也难免迂腐过当,令人生厌。仇兆鳌注杜、王琦注李,他们的爱好虽各有所偏,但也尽力避免公开表态,不敢轩轾。王士禛论诗重神韵。他虽然认为李白的《夜泊牛渚怀古》和孟浩然的《晚泊浔阳

⑺ 详见拙著《唐诗论丛·从元白和韩孟两大诗派略论中晚唐诗歌的发展》。

望庐山》二诗"色相俱空，正如羚羊挂角，无迹可求"，可比画中"逸品"（《分甘余话》），也讲过杜诗中的一些优长，但总的倾向是宗王、孟而不宗李、杜，他撰《唐贤三昧集》不取李、杜，虽巧设托词，其意自明。因此，他倒不十分介意李、杜优劣之争。清人李、杜优劣之争不甚激烈。

到了当代，从郭沫若《李白与杜甫》开始，突然大刮抑杜扬李之风。该书持论偏颇，褒贬往往失当，但总算是一家之言，可以从长讨论。至于"四人帮"出于篡党夺权的阴谋，搞什么"评法批儒"运动，硬把李白尊为"法家"、杜甫贬为"儒家"，根本不是学术研究，必须首先从政治角度加以批判。我曾经写了首绝句对此表示愤慨说："谪仙心契浣花翁，风骨师承却不同。鹏背摩天鲸逝海，无劳鼠目判雌雄！"通过以上简单的介绍，便可看出从古到今关于李杜优劣的论争一直就没有中断过。无论抑李扬杜，或抑杜扬李，还是李杜并重，统统是学术上的不同看法，都是可以各抒己见、百家争鸣的。李、杜优劣之论竟持续了千多年，这一事实就足以表明李、杜在文学史上、在人们心目中的崇高地位。

歌德曾经颇为自负地说过："听众对于席勒和我谁最伟大这个问题争论了二十年。其实有这么两个家伙让他们可以争论，他们倒应该感到庆幸。"（《歌德谈话录》）要是我们不那么敏感，不为这老头儿无意中流露出嘲弄听众、读者的意味所激怒的话，我们无疑会惊叹这话说得实在太对了。如果说，有那么两个家伙可以让魏玛和欧洲的听众争论二十年，他们就该感到庆幸；那么，我们居然有那么"两个家伙"可以让我们争论千多年，这难道不应该更加感到庆幸和自豪么？正因为多少世纪以来人们都庆幸出了李、杜这两大诗人，都热衷于争论他俩谁最伟大，所以，一当见到他们之中有谁评价到对方的诗歌成就时，就自然会引起很大的兴趣和关注。这就是人们特别重视前面提到的那首《春日忆李白》,并从而引起争论的原因。要知道,正是这样的一首诗,它可看作杜甫对李白诗歌创作最早的一篇较全面、较严肃的评论啊!朱鹤龄笺释这首诗说:"公与太白之诗,皆学六朝。前诗(《与李十二白同寻范十隐居》)以'李侯佳句'比之阴铿。此又比之庾、鲍,盖举生平所最慕者以相方也。王荆公谓少陵于太白,仅比以鲍、庾,阴铿则又下矣。或遂以'细论文'讥其才疏也。[8]此真瞽说。公诗云:'颇学阴何苦用心。'又云:'庾信文章老更成。'又云:'流传江鲍体,相顾免无儿。'公之推服诸家甚至,则其推服太白为何如哉?[9]荆公所云,必是俗子伪托耳。"朱鹤龄的理解是正确的,批驳得也很有力。王安石抑李扬杜,所论云云,不一定是伪托(最早怀疑伪托的是陆游,见《老学庵笔记》),朱鹤龄也不一定真认为是伪托。这么说,只是以免直接指着鼻子去批王安石这位"先贤"而已。朱鹤龄硬给蒙头盖脑地安上个"俗子伪托",巧妙地批了王安石,由于一时照顾不到,可放过了他同时期稍早的王嗣奭变通、发展了所谓"俗子伪托"之说的这一番异议:"杜于李交契甚厚,至称其诗'无敌',而止云'清新''俊逸',语担斤两,且亦极肖。欲与论文,而加一'细'字,似欲规其所不足。荆公云:'白之歌诗豪放飘逸而不知变。'此固李之所不足者也。然诗意初无轻薄。……前四句真传神手,至今李白

---

[8]《遁斋闲览》载王安石的话说:"甫赠白诗,则曰'清新庾开府,俊逸鲍参军',但比之庾信、鲍照而已。又曰'李侯有佳句,往往似阴铿',铿之诗,又在鲍、庾下矣。"(《苕溪渔隐丛话》引)

[9]《苕溪渔隐丛话》引《学林新编》说:"某按子美《夔州咏怀寄郑监李宾客》诗曰:'郑李光时论,文章并我先',阴何尚清省,沈宋欻联翩。'盖谓阴铿、何逊、沈约、宋玉也;四人皆能诗文,为时所称者。而子美又以阴铿居四人之首,则知赠太白之诗,非鄙之也,乃深美之也。《陈书·阮卓传》曰:'……(阴铿)尤善五言诗,为当世所重。有集三卷行于世。'以此观之,则子美赠太白诗'往往似阴铿'者,乃美太白善五言诗似阴铿也。"早已有所辩驳。

犹在。五六但即彼己所在之景，而怀自可想见，所以怀之者，欲与'论文'也。公向与白同行同卧论文旧矣，然于别后自有悟入，因忆向所与论犹粗也。白虽'不群'，而竿头尚有可进之步，欲其不以庾、鲍自限，而重与'细论'也。世俗之交，我胜则骄，胜我则妒，即对面无一衷论，有如公之笃友谊者哉？按公《雕赋》序云：'自七岁所缀诗笔，向四十载矣，约千有余篇。'进赋在天宝九载，而集中诗作于开元、天宝者无几，必公自悟入后汰其前作也。李白到底只是庾、鲍伎俩，幽冥中负良友矣。王荆公论子美诗良是，谓庾、鲍之比有轻薄意，则未然。公盖'拟人必于其伦'者，非若他人之谀也。且平日何尝轻视庾、鲍哉？"王嗣奭不同意说杜甫拿庾信、鲍照来比方李白有轻视的意思，认为杜甫为人忠厚，对李白的友谊很深，这都是不错的。但是，是不是就真的像王嗣奭所说的那样，杜甫在跟李白分别以后，对诗歌创作艺术有了新的领悟，因而回想起以往他们在一起讨论文艺时自己的那些见解未免粗疏，就很想跟李白重新细细交换交换看法，希望他要突破庾信、鲍照的局限，百尺竿头更进一步呢？是不是"李白到底只是庾、鲍伎俩，幽冥中负良友"呢？这就大可商榷了。李白在此以前已经写了《襄阳歌》、《丁都护歌》、《蜀道难》、《古风》其二十四、《行路难》、《梁甫吟》，在此以后又写了《梦游天姥吟留别》、《答王十二寒夜独酌有怀》、《古风》其三十四、《将进酒》、《远别离》、《古风》其十九等名篇。这些作品，无论思想还是艺术，都远远超过了庾信和鲍照，成为了我国古典文学遗产中的瑰宝。如果不是出于偏见，对于李白在诗歌创作上所获得的高深造诣和伟大成就，无论如何是不会看不到，不会不感到敬佩的。怎么能说他"到底只是庾、鲍伎俩，幽冥中负良友"呢？（他说杜甫对庾、鲍并无轻薄之意，但从说这句话的语气看，他对庾、鲍倒是很轻视的。）王嗣奭的这一段议论，跟王安石讲的那几句话相比，乍看起来似乎是委婉些、公允些，但稍加琢磨，就会发现他抑李扬杜的偏见也同样严重。一个人有了偏见，看问题往往就不那么实事求是了。

其实在杜甫的那首《春日忆李白》诗里，既无轻薄之意，也看不出他对重大创作问题"于别后自有悟入"，有帮助李白进一步提高的想法；有的只是对李白的深情怀念和由衷钦佩，渴望能有机会再跟他细细地谈论文学，谈论自己新获得的体会和进步。杨伦说："首句（'白也诗无敌'）自是阅尽甘苦上下古今，甘心让一头地语。窃谓古今诗人，举不能出杜之范围；惟太白天才超逸绝尘，杜所不能压倒，故尤心服，往往形之篇什也。"我认为这话是正确的。杜甫写给李白和写到李白的诗上十首，可见对他感情之深了。其后写的《梦李白》说："千秋万岁名，寂寞身后事。"又《寄李十二白二十韵》说："笔落惊风雨，诗成泣鬼神。"可见对他诗歌评价之高了。杜甫从来没露出过小看李白，自以为高他一头的意思啊！这也可以从别的方面得到印证。

杜甫的《送孔巢父谢病归游江东兼呈李白》和《饮中八仙歌》是这一时期前后不久写成的两篇名作。前一首诗说："巢父掉头不肯住，东将入海随烟雾。诗卷长留天地间，钓竿欲拂珊瑚树。深山大泽龙蛇远，春寒野阴风景暮。蓬莱织女回云车，指点虚无是征路。自是君身有仙骨，世人那得知其故。惜君只欲苦死留，富贵何如草头露？蔡侯静者意有余，清夜置酒临前除。罢琴惆怅月照席，几岁寄我空中书？南寻禹穴见李白，道甫问讯今何如？"孔巢父字弱翁，冀州人。他早年曾与李白、韩准、裴政、张叔明、陶沔隐居泰山附近的徂徕山，号"竹溪六逸"。朱注："考史，巢父以辞永王璘辟署知名（李白恰恰相反，因从璘而获罪）。广德中始授右卫兵曹参军。意巢父在天宝间，尝游长安，辞官归隐，史不及载耳。"

李白跟杜甫在山东分别后不久就到吴越求仙访道去了。孔巢父闻讯辞官南游，准备随李白归隐，杜甫就写了这首诗送他，并托他问候李白。看这情形，这首诗大概作于杜甫初入长安不久，或即天宝六载的春天（"春寒野阴风景暮"）。

杜甫的《杂述》先为张叔卿、孔巢父的怀才不遇发了一大通牢骚，最后说："嗟乎巢父，执雌守常，吾无所赠若矣。泰山冥冥崒以高，泗水潾潾弥以清。悠悠友生，复何时会于王镐之京。载饮我浊酒，载呼我为兄。"这里有三点值得注意：一、这是篇赠别的短文，当作于泰山下泗水旁——这很可能就在兖州一带；二、希望再会于京师——可能张、孔先入京，杜甫也有入京的打算；三、杜甫跟孔巢父的关系很亲密，他们常在一起喝酒，孔巢父称杜甫为兄。既然孔巢父是个"执雌守常"的人，先前跟李白在徂徕山隐居过，现在又将南游随李白归隐，而且他跟杜甫在山东的时候就很有交情，那么，他可能就是李白、杜甫那会儿在那里寻访董炼师等人求仙学道的伴侣。道友看破了繁华富贵，坚持要走，苦苦死留也留不住，自己虽然决心留下来应制举，争取实现多年的理想，做一番大事业，但也不能不使他因此而回忆起过去那一段美妙的求仙生活，何况这位旧时道友去的是他最难忘的会稽、剡中，找的又是他最思念的李白，这就无怪他要浮想联翩，写出这样一篇"极狂简之致"（李子德评语）的诗篇来了。浦起龙解末二句说："呈李白只一点，'今何如'者，前此赠白诗，一则曰'拾瑶草'，再则曰'就丹砂'，至此其果有得乎否也？亦非止平安套语，正与全篇赠孔意打成一片。"这是深得作者用心的，可见杜甫刚入长安之初对求仙的事并未忘怀。

《饮中八仙歌》说："知章骑马似乘船，眼花落井水底眠。汝阳三斗始朝天，道逢曲车口流涎，恨不移封向酒泉。左相日兴费万钱，饮如长鲸吸百川，衔杯乐圣称避贤。宗之潇洒美少年，举觞白眼望青天，皎如玉树临风前。苏晋长斋绣佛前，醉中往往爱逃禅。李白一斗诗百篇，长安市上酒家眠，天子呼来不上船，自称臣是酒中仙。张旭三杯草圣传，脱帽露顶王公前，挥毫落纸如云烟。焦遂五斗方卓然，高谈雄辩惊四筵。"贺知章、汝阳王李琎、左相李适之前面已经提到过了。崔宗之是助玄宗讨平韦后有功的崔日用的儿子，袭封齐国公，曾为侍御史，贬官金陵时与李白诗酒唱和，交往密切。苏晋是进士出身，做过户部侍郎和吏部侍郎，终太子庶子。张旭是吴郡人，当时杰出的书法家。官至金吾长史，世称"张长史"。他虽以草书知名，其实他的楷书也很好。传世碑刻有《郎官石记序》。颜真卿曾向他请教过笔法；怀素继承并发展了他的草书，而以"狂草"得名。张旭的草书取法于东汉张芝的大草而形成自己独特的风格，和王羲之的草法路数有所不同。他的墨迹现仅存《草书古诗四帖》一件，极奔放。

《唐国史补》载："旭曰：'始吾见公主担夫争路，而得笔法之意。后见公孙氏舞剑器，而得其神。'旭饮酒辄草书，挥笔而大叫，以头揾水墨中而书之，天下呼为张颠。醒后自视，以为神异，不可复得。"李颀《赠张旭》说："张公性嗜酒，豁达无所营。皓首穷草隶，时称太湖精。露顶据胡床，长叫三五声。兴来洒素壁，挥笔如流星。……问家何所有？生事如浮萍。左手持蟹螯，右手执丹经。瞪目视霄汉，不知醉与醒。"惟妙惟肖，神情毕露，可与杜诗参看。焦遂不详，仅袁郊《甘泽谣》中提到他说：陶岘，开元中家于昆山，自制三舟，有前进士孟彦深、进士孟云卿、布衣焦遂，共载游山水。孟云卿是杜甫的好友，杜甫也可能跟焦遂有交往。沈德潜评《饮中八仙歌》说："前不用起，后不用收，中间参差历落，似八章仍是一章，格法古未曾有。"（《唐诗别裁集》）我看这种摄取各人最富于性格特色的生活片断的描写，也是"古未曾有"的。这种艺术处理和表现手法，显然借鉴了当时盛行的略带情节的人物肖像画（如阎立本的《步辇图》，吴道子的《送子天王图》，王维的《济南伏生像》《孟浩然像》等）和描绘佛经神变故事的"变相"壁画（如敦煌壁画等）而有所变化。《饮中八仙歌》就是一幅人物画长卷，八个人物分作单独写照，栩栩如生，神气活现，但彼此又在无照应中有照应，无连贯中有连贯，浑然一体，毫无割裂之感。不将八人处理成同处一境同做一事的行乐图，竟获得了如此成功的艺术效果，诀窍全在于巧妙地借各自不同的酣饮之态，传了"八仙"俱备的飘逸之神。这就是说，诗人抓住了个"仙"字，仗着这股"仙气"，使各个人物活了起来，飞动起来，突破了章法、情节前后不相连贯的局限而融为一体，共同表现了那种不受世情俗务拘束、憧憬个性解放的浪漫精神。这种浪漫精神，是盛唐时期的诗人们，如李白、王维、王昌龄、李颀、崔颢、高适、岑参等所共有的。杜甫前期也有，由于"应诏"退下深受打击，后来又逐渐加深了对现实的了解，这种盲目的乐观情绪和浪漫精神就越来越少了。

萧涤非先生说："这（首《饮中八仙歌》）大概是天宝五载杜甫初到长安时所作，往后生活日困，不会有心情写这种歌。"（《杜甫研究》下卷）这估计是可信的。《新唐书·李白传》所载"酒中八仙人"姓名同《八仙歌》，当即据此诗入传，不足据。不过。范传正的《李公新墓碑序》也对此早有记载："时人又以公及贺监、汝阳王、崔宗之、裴周南等八人为酒中八仙，朝列赋谪仙歌百余首。"范传正是中唐人。碑序撰于元和十二年。他"常于先大夫文字中见与公有浔阳夜宴诗，则知与公有通家之旧"。可见他上述有关"八仙"的记载不是没有根据的。只因为是一时佳话，口耳相传，"八仙"姓名不尽相同，这是很自然的。我在前一章《续壮游》中曾经说过,当时人们争着写的谪仙歌已失传,杜甫入长安后一定还见到过这些诗篇,他的《饮中八仙歌》就是根据这风行一时的题材创作的。案《旧唐书·李适之传》载:"适之雅好宾友,饮酒一斗不乱。夜则宴赏,昼决公务,庭无留事。天宝元年代牛仙客为左相,累封清和县公,与李林甫争权不叶。适之性疏,为其阴中。……五载(四月)罢知政事,守太子少保,遽命亲故欢会,赋诗曰:'避贤初罢相,乐圣且衔杯。为问门前客,今朝几个来?'竟坐与韦坚等相善,(七月)贬宜春太守。"《八仙歌》有"衔杯乐圣称避贤"的话,显系用李适之诗意。据此可知这诗最早也必作于天宝五载四月以后。《本事诗》载:"宰相李适之,疏直坦夷,时誉甚美。李林甫恶之,排诬罢免。朝客来,虽知无罪,谒问甚稀。适之意愤,日饮醇酣;且为诗曰:'避贤初罢相……'李林甫愈怒,终遂不免。"[10]罢相之初虽"谒问甚稀",犹能"日饮醇酣"。天宝五载七月贬宜春,六载即被逼仰药自杀。贬后更须借酒消愁,但决无"饮如长鲸吸百川"的豪兴。或以为这不过是追述旧日的欢娱,犹如苏晋卒于开元二十二年[11],诗中还说他"醉中往往爱逃禅"一样。这也不无道理。但死跟死也有所不同,且不说一早逝一新殁,只要一想到李适之死得那样惨,能有这么好的

---

[10]《唐诗纪事》载:"适之未罢相也,朝退,每邀宾戚谈谐赋诗,曾赋云:'朱门长不闭,亲友恣相过。年今将半百,不乐复如何?'后为林甫所潜罢,乃为诗曰:'避贤初罢相……'"可见"左相日兴费万钱"倒是纪实。《资治通鉴》卷二一五载:"韦坚等既贬,左相李适之惧,自求散地。(天宝五载,四月,)庚寅,以适之为太子少保,罢政事。其子卫尉少卿霅尝盛馔召客,客畏李林甫,竟日无一人敢往者。"可为李适之诗"为问门前客,今朝几个来"注脚。这两条材料与《本事诗》所载有所不同,可互相补充。

[11]王琦《李太白年谱》:"苏晋以开元二十二年先卒,见《旧唐书》,而谓于天宝初与李白同游,恐其误也。然子美与太白同时,遍举其人,自必不妄,或者天宝初苏晋尚存,《旧书》二十二年之下卒字之上尚有缺文,遂致兹误,亦未可知。"备考。

兴致把他的豪饮写得这么淋漓尽致吗？揆情度理，这诗似乎只应作于李适之罢相之初、贬官惨死之前。这也可算是酌定此诗作于天宝五载杜甫初到长安时的一个旁证。

《旧唐书·让皇帝宪传》载汝阳王李琎"与贺知章、褚庭诲为诗酒之交"。李琎既预"八仙"之列，就其所处社会地位而论，诗酒之会的东道主多半由他来当。王琦说："其裴周南一人（见范传正《李公新墓碑序》），不入杜诗所咏之数，意者如今时文酒之会，行之日久，一人或亡，则以一人补之，以致姓名流传，参差不一，其以此欤？"（《李太白年谱》）这推测很合乎情理。前已提到杜甫一来到长安就跟汝阳王李琎有交往，常陪他饮宴游赏。这样，他自然会跟汝阳王座上著名的"酒人"们很熟识，也会听到那些已离京或已去世的诗酒旧友的种种趣闻雅事。于是一时兴起，便写出这一讴歌酒徒、标榜旷达的名篇来。

沈德潜评《送孔巢父谢病归游江东兼呈李白》起句"巢父掉头不肯住"说："飘忽。"评"蓬莱织女回云车，指点虚无是征路"说："李杜多缥缈恍惚语，其盖出于骚。"总评说："巢父归隐学仙，故诗中多缥缈欲仙语。"王嗣奭评《饮中八仙歌》说："此创格，前无所因，后人不能学。描写八公都带仙气，而或两句三句四句，如云在晴空，卷舒自如，亦诗中之仙也。"这些话都独具只眼，很有见地。前人称道李白是"天才""仙才"，所作多"飞仙语"，而"其歌行之妙，咏之使人飘飘欲仙"。杜甫对李白的歌行也很推重，如说："近来海内为长句，汝与山东李白好。"（《苏端薛复筵简薛华醉歌》）杜甫跟李白分别不久，在写到李白的这两篇歌行中，有意无意间竟露出了一股仙气，语言、风格也近似李白，这不正表明李白从为人到创作都对杜甫产生了深刻影响，而杜甫也是在认真学习李白么？——绕了半天，我们又回到了原来的地方。

我们已经论证了杜甫的《春日忆李白》诗中并无轻薄之意,也看不出他对重大创作问题"于别后自有悟入",有帮助李白进一步提高的想法。现在,既然通过对《送孔巢父谢病归游江东兼呈李白》和《饮中八仙歌》的分析,得知杜甫这时不仅无意去指导李白,而是在有心向他学习,那么,那些想借杜甫之口来压低李白的议论就更站不住脚了。

同样,也有人从李白那方面,根据李杜相互赠诗的多寡来议论他们之间的关系,或借个别李赠杜诗而大做文章。如《扪虱新话》说:"唐世诗称李、杜,文章称韩、柳。今杜诗语及太白处,无论数十篇;而太白未尝有与杜子美诗。只有'饭颗'一篇,意颇轻甚。论者谓以此可知子美倾倒太白至难。"杜甫讲到李白的诗并没有那许多(详注〈14〉),李白也不是从来没有写过诗送杜甫,起码《沙丘城下寄杜甫》和《鲁郡东石门送杜二甫》这两首诗是保险不会有错的。(12) 这两首诗在前一章中已经介绍过了,诗中都倾泻了对杜甫的无限深情,怎能说他看不起杜甫,以至于"子美倾倒太白至难"呢?所谓"饭颗"诗,最早见于唐人孟棨的《本事诗》:"(李)白才逸气高,与陈拾遗齐名,先后合德。其论诗云:'梁陈以来,艳薄斯极,沈休文又尚以声律。将复古道,非我而谁与?'故陈、李二集,律诗殊少。尝言兴寄深微,五言不如四言,七言又其靡也,况使束于声调俳优哉?故戏杜曰:'饭颗山头逢杜甫,头戴笠子日卓午。借问别来太瘦生?总为从前作诗苦。'盖讥其拘束

〈12〉晚唐段成式《酉阳杂俎》载:"众言李白惟戏杜考功'饭颗山头'之句。成式偶见李白《祠亭上宴别杜考功》诗,今录首尾曰:'我觉秋兴逸,……茫然空尔思。'"案杜甫未为考功,李白集中称杜补阙(《秋日鲁郡尧祠亭上宴杜补阙范侍御》),而杜亦未为补阙,且与李白同游时杜尚为布衣,并未做官,可见这不一定是赠杜甫的诗。宋人多以为是赠杜甫之作,想是听信了段成式的话所致。

也。"⁽¹³⁾这里是说李白从一种复古的文学主张出发，反对作诗拘束于声调俳优，所以对杜甫有所讥讽。

《旧唐书·杜甫传》把问题看得稍微严重些，说："天宝末，诗人杜甫与李白齐名，而白自负文格放达，讥甫龌龊，而有饭颗山之嘲诮。"《唐诗纪事》谓"此诗载于唐旧史"，即指此。后人好事，就进一步把这诗和杜甫《春日忆李白》联系起来，说这是李杜之间因争夺诗坛地位而爆发的一场小小舌战。《鹤林玉露》说："李太白一斗百篇，援笔立成。杜子美改罢长吟，一字不苟。二公盖亦互相讥诮，太白赠子美云：'借问因何太瘦生？只为从前作诗苦。''苦'之一辞，讥其困雕镂也。子美寄太白云：'何时一樽酒，重与细论文？''细'之一字，讥其欠缜密也。"《韵语阳秋》对此也有相同的看法，但都不如王安石说的这么露骨："甫赠白诗，则曰'清新庾开府，俊逸鲍参军'，但比之庾信、鲍照而已。又曰'李侯有佳句，往往似阴铿'，铿之诗，又在鲍、庾下矣。饭颗之嘲，虽一时戏剧之谈，然二人者名既相逼，亦不能无相忌也。"（见《苕溪渔隐丛话》引《遁斋闲览》）曹丕曾经在《典论·论文》中说过"文人相轻，自古而然"，很难担保李杜之间毫无此意。但上面这些高论，未免有无事生非之嫌，令人难以置信。杜甫《春日忆李白》中有无相轻之意，前面已经讨论过了，不必再议。至于那首"饭颗"诗，还是可以稍加研究。这诗王琦编入《李太白全集·诗文拾遗》，题作《戏赠杜甫》，对其真伪不置一辞。仇兆鳌采入《杜少陵集详注·附录》，题作《太白逸诗》，并加按语说："此诗唐人谓讥其太愁肝肾也。今按李集不载。洪容斋（迈）谓是好事者为之耳。李杜文章知己，心相推服，断无此语。且诗词庸

────────

⁽¹³⁾五代王定保《唐摭言》亦载此诗，文字稍有不同，如"饭颗山头"作"长乐坡前"等。

俗，一望而知为赝作也。"[14] 说"一望而知为赝作"未免武断，怎见得不可能是李白写的呢？李白在山东兖州（当时叫鲁郡）时跟杜甫一道出城到北郊去寻访隐士范十，曾经写了首题为《寻鲁城北范居士》的诗说："风流自簸荡，谑浪偏相宜。""谑浪"就是开玩笑（详第三章此诗笺释）。要是李白当时见他这位朝夕相处、亲密无间的年轻好友，作起诗来太认真、"太愁肝肾"，就跟他开这么个无伤大雅的小小玩笑，不见得就毫无可能吧？不见得就一定是由于"名既相逼，亦不能无相忌"，在发泄酸溜溜的醋意吧？要知道，李白比杜甫整整大十一岁，当时李白已曾"召入翰林，世称才名，占得翰林，他人不复争先"（晚唐郎裴《李公墓碑》语），杜甫虽也"李邕求识面，王翰愿为邻"，到底离他因献三大礼赋而"自怪一日声烜赫"（《莫相疑行》）还有七八年。既然两不相当，客观上就根本不存在谁威胁谁名誉、地位的问题。正因为他俩的关系介乎师友之间，所以李白对杜甫虽也很友好，总不如杜甫对他依恋、倾折之情的深长。李、杜之间相赠和相忆的篇章，诚然有数量多寡和感情深浅之分，其原因恐怕在于此，而不在于什么"相

---

〔14〕"讥其太愁肝肾"非唐人语，实出宋葛立方《韵语阳秋》："李白论杜甫，则曰：'饭颗山……'似讥其太愁肝肾也。"此引洪迈语见《容斋四笔》："李太白、杜子美在布衣时，同游梁宋，为诗酒会心之友。以杜集考之，其称太白及怀赠之篇甚多，如'李侯金闺彦，脱身事幽讨。''南寻禹穴见李白，道甫问讯今何如？''李白一斗诗百篇，自称臣是酒中仙。''近来海内为长句，汝与山东李白好。''昔者与高李，晚登单父台。''李侯有佳句，往往似阴铿。''忆与高李辈，论交入酒垆。''白也诗无敌，飘然思不群。''昔年有狂客，号尔谪仙人。''落月满屋梁，犹疑照颜色。''三夜频梦君，情亲见君意。''秋来相顾尚飘蓬，未就丹砂愧葛洪。''寂寞书斋里，终朝独尔思。''凉风起天末，君子意如何？''不见李生久，佯狂真可哀。'凡十四五篇。至于太白与子美诗，略不见一句，或谓《尧祠亭别杜补阙》者是已，乃殊不然。杜但为右拾遗，不曾任补阙，兼自谏省出为华州司功，迤逦避难入蜀，未尝复至东州。所谓饭颗山头之嘲，亦好事者所撰耳。"谓李白无一句诗赠杜甫，非。但搜集杜甫赠李白诗甚详，可供参考。

逼""相忌"。方弘静说："王荆公以杜诗后来莫继，信矣！若子美第一，太白第四，无乃太远。子美'怜君如弟兄'之句，正可为二家诗评耳。或谓杜称李太过，反为所诮，不然也。'斗酒百篇'，遗逸多矣。韩退之诗，已有泰山毫芒之慨，当时相赠答者，可尽见耶？太白虽天仙之才，岂无心人？黄鹤楼推崔颢，不啻己出，乃轻子美耶？或又以杜比李于庾、鲍为轻之，又不然，庾、鲍岂可易者耶？文人齐名如李、杜之相得者，足为古今美谈，后人乃以浮薄意妄测前贤耳。"（《千一录》）在长期喋喋不休的有关李杜相轻的论战中，这意见无疑是比较公允的，对李赠杜诗之所以不多的解释也不无道理。

杜甫漫游齐赵，"快意八九年，西归到咸阳。许与必词伯，赏游实贤王"（《壮游》），一时深受上层社会的欢迎和文坛的重视，但不久应诏退下，打击沉重，几经挣扎，终无起色。从此旅食京华，十年困蹇，就再也不像从前那么"快意"了。应诏一事，实是转关；此前此后，他判若两人。这一点，或者可以从本章的论述中看出端倪。

第六章　旅食京华

一　"汉皇重色思倾国"

中唐陈鸿的《长恨歌传》说："开元中，泰阶平，四海无事。玄宗在位岁久，倦于旰食宵衣，政无大小，始委于右丞相（李林甫），稍深居游宴，以声色自娱。"不要以为这不过是记世俗传闻的小说家言，其实这倒是很有根据的。《资治通鉴》卷二一五载："初，上自东都还（此为开元二十四年事），李林甫知上厌巡幸，乃与牛仙客密谋增近道粟赋及和籴以实关中；数年，蓄积稍丰。上从容谓高力士曰：'朕不出长安近十年，天下无事，朕欲高居无为，悉以政事委林甫，何如？'对曰：'天子巡狩，古之制也。且天下大柄，不可假人；彼威势既成，谁敢复议之者！'上不悦。力士顿首自陈：'臣狂疾，发妄言，罪当死。'上乃为力士置酒，左右皆呼万岁。力士自是不敢深言天下事矣。"高力士这太监可不是庸人。玄宗即位之初，他曾在铲除太平公主及其党羽的斗争中立过功，升为将军，此后更为玄宗所宠信，成了他贴身、贴心的帮忙、帮闲和帮凶，作威作福，权势很大。高力士阅历深，富于政治经验，不管动机、目的如何，他劝阻玄宗不要委政于李林甫，这是很有见地的。高力士这种人，不能坚持己见，据理力争，不足为奇。奇怪的是玄宗这个从政治风浪中闯过来的人，不仅干出了这样的蠢事，甚至有人给他提醒了，还一点也不理会，可见他当时只顾以声色自娱，已经腐朽得够可以了。

天宝十一载（七五二）李林甫病死，《资治通鉴》在记载了此事以后有一段这样的议论："上晚年自恃承平，以为天下无复可忧，遂深居禁中，专以声色自娱，悉委政事于林甫。林甫媚事左右，迎合上意，以固其宠；杜绝言路，掩蔽聪明，以成其奸；妒贤疾能，排抑胜己，以保其位；屡起大狱，诛逐贵臣，以张其势。自皇太子以下，畏之侧足。凡在相位十九年，养成天下之乱，而上不之寤也。"其中讲到玄宗委政于李林甫的几句话，跟《长恨歌传》中上述那一段的意思相同。关于李林甫的案语下得很好，可说是言简意赅，将这个"口蜜腹剑"的权奸执政十九年所犯下的种种罪行都包括无余。玄宗委政、林甫专权，二者相提并论，君昏臣奸，显而易见。

封建专制时代，一个皇帝想要有所作为，不一定能成事。要是他头脑发昏，陶醉于眼前歌舞升平的假象，一味追求享乐，不愿为国事操劳，听不进逆耳忠言，坏人势必会乘虚而入，投其所好，攫取权柄，败坏朝政，伏下足以使王朝覆灭的危机。坏人任何时代都有，不足为奇。如果不是乱世，而是在皇帝尚能掌握生死予夺大权的情况下，这些坏人若要窃据高位以售其奸，首先必须有赖于皇帝的昏庸、腐化。如前所论，玄宗即位之初，便露出好奢华、爱享乐的苗头，但总的看来，前期尚能励精图治，用了一些开明正直、较有才干的宰相，做了一些有利于社会发展的事。可是到了后期，他确乎是昏庸、腐化了。因此，从开元末年以来，由于他的偏听偏信，先是误用了李林甫，接着又一错再错地用了另一个大奸臣杨国忠。玄宗委政于李林甫，主要是为了腾出时间好让他专以声色自娱。杨国忠是杨贵妃的从祖兄，他的被重用，同玄宗的宠爱杨贵妃直接有关。《旧唐书》李林甫、杨国忠传赞说："天启乱阶，甫、忠当国，蔽主聪明，秉心谗慝。""乱阶"哪里是"天启"的？如果把这"天"字解释为社会诸矛盾相互作用而非人力所能控制的发展趋势，那倒勉强说得过去。李林甫、杨国忠欺君误国，罪恶当然很大；但史臣言语之间有意为玄宗开脱，却不公允。

开元、天宝时期的由治而乱，总而言之，是阶级矛盾、民族矛盾、统治阶级内部矛盾日益尖锐的结果，而最高统治者的昏庸、奸佞的当权、政治的黑暗，又进一步促使动乱局势的恶性发展。唐玄宗的昏庸主要起因于他后期的沉湎声色，为了了解当时朝廷内幕，探讨致乱的根芽，有必要从政治的角度对他的私生活稍加介绍。

唐玄宗的原配是王皇后。她曾赞成过玄宗诛韦后夺权的密谋。她哥哥太子少保王守一见她无子，就要和尚明悟为她祭南北斗，剖霹雳木，书天地字与玄宗的名讳合而佩之，祷告说："佩此有子，当如则天皇后。"事发，开元十二年（七二四）七月，废王皇后为庶人，移别室安置；贬王守一为潭州别驾，中途赐死。十月，废后王氏卒；由于她待人较宽厚，后宫思慕不已，玄宗也有点后悔。——《旧唐书》记王皇后事大略如此。其实她的被废，最主要的原因还不在于搞迷信活动。《资治通鉴》卷二一二载："初，上之诛韦氏也，王皇后颇预密谋，及即位数年，色衰爱弛。武惠妃有宠，阴怀倾夺之志，后心不平，时对上有不逊语。上愈不悦，密与秘书监姜皎谋以后无子废之，皎泄其言。嗣滕王峤，后之妹夫也，奏之。上怒，张嘉贞希旨构成其罪，云：'皎妄谈休咎。'甲戌，杖皎六十，流钦州，弟吏部侍郎晦贬春州司马，亲党坐流、死者数人，皎卒于道。"这段话，综合了各纪传史实，叙述得较完整，也较可信。王皇后的求子，是因为玄宗要以无子为借口把她废掉，好让他所宠爱的武惠妃做皇后。可见"色衰爱弛，武惠妃有宠"才是这一宫闱祸起的真正原因。《旧唐书·玄宗贞顺皇后武氏传》载："武氏，则天从父兄子恒安王攸止女也。攸止卒后，（武）后尚幼，随例入宫。上即位，渐承恩宠。"玄宗即位不久，早已萌动了情欲之心，久而久之，就发展到因私爱而无事生非了。

开元十四年（七二六），玄宗想立武惠妃为皇后，当时有人反对说："武氏乃不戴天之仇，岂可以为国母！人间盛言张说欲取立后之功，更图入相之计。且太子非惠妃所生，惠妃复自有子，若登宸极，太子必危。"此事暂作罢。但宫中礼仪，一如皇后。

封建时代，皇帝宠爱一个妃子，也并非什么希罕事。何况惠妃在开元二十五年（七三七）就死了，除了为她的儿子寿王李瑁夺取皇位继承权谋害过太子李瑛外，她还来不及做更多、政治影响更大的坏事。[1] 但是，李林甫的得以出任宰相，全仗她暗中使劲，这她是没法脱干系的："吏部侍郎李林甫，柔佞多狡数，深结宦官及妃嫔家，伺候上动静，无不知之，由是每奏对，常称旨，上悦之。时武惠妃宠幸倾后宫，生寿王清（后改为'瑁'），诸子莫得为比，太

---

[1]《旧唐书·庶人瑛传》载："及武惠妃宠幸，（瑛生母赵）丽妃恩乃渐弛。时鄂王瑶母皇甫德仪、光王琚母刘才人……亦渐疏薄。惠妃之子寿王瑁，钟爱非诸子所比。瑛于内第与鄂、光王等，自谓母氏失职，尝有怨望。惠妃女咸宜公主出降于杨洄。洄希惠妃之旨，规利于己，日求其短，谮于惠妃。妃泣诉于玄宗，以太子结党，将害于妾母子，亦指斥于至尊。玄宗惑其言，震怒，谋于宰相，意将废黜。中书张九龄奏曰：'……不可不慎。今太子既长无过，二王又贤。臣待罪左右，敢不详悉。'玄宗默然，事且寝。其年驾幸西京，以李林甫代张九龄为中书令，希惠妃之旨，托意于中贵人，扬寿王瑁之美，惠妃深德之。（开元）二十五年四月，杨洄又构于惠妃，言瑛兄弟三人，与太子妃兄驸马薛锈，常构异谋。玄宗遽召宰相筹之。林甫曰：'此盖陛下家事，臣不合参知。'玄宗意乃决矣。使中官宣诏于宫中，并废为庶人，锈配流，俄赐死于城东驿。……其年武惠妃数见三庶人（瑛、瑶、琚）为祟，怖而成疾，巫者祈请弥月，不瘳而殒。"武惠妃迷信因果报应，说她给鬼吓死了，并非毫无可能。她哪里是真见鬼，是心中有鬼。做了亏心事，疑神疑鬼，终于成病，不治而亡。这可说是报应不爽吧！从这段记载看，李林甫在这笔政治交易中对武惠妃还是有所支付的。只是武惠妃"薄福薄命"，并没得到什么好处。她没来得及把亲儿子李瑁扶上太子宝座就死了，白害死了几条人命（还饶上她自己）。她死后第二年（开元二十六年）七月，玄宗立了他的第三子李亨为皇太子。这就是后来的唐肃宗。

子浸疏薄。林甫乃因宦官言于惠妃，愿尽力保护寿王；惠妃德之，阴为内助，由是擢黄门侍郎。（开元二十二年）五月，戊子，以裴耀卿为侍中，张九龄为中书令，林甫为礼部尚书、同中书门下三品。"（《资治通鉴》卷二一四）这是奸诈小人与妇道人家做的一笔政治买卖，大赚特赚的当然是前者，但真正的赔家却不是惠妃，而是那个日渐昏庸、不惜用朝廷重位去讨宠妃喜欢的皇帝李隆基。女色误国的苗头刚一表露出来，不想就铸成个大错！到后来武惠妃一死，杨贵妃入宫，情况就越来越糟了。

杨贵妃，小字玉环。高祖杨令本，做过金州刺史。父杨玄琰，做过蜀州司户。她早孤，是叔父河南府士曹杨玄璬抚养大的。开元二十二年（七三四）做了寿王李瑁的妃子。二十五年（七三七）十二月武惠妃病故，玄宗悼惜了很久，后宫数千，竟没有一个可意的人。有人奏说杨玉环姿色绝世无双。二十八年（七四〇）十月，玄宗往温泉宫（后改名为华清宫）避寒，就叫高力士将杨玉环从寿王府领了出来，度为女道士，号太真，住在太真宫。[2] 先转了这么一个弯子，于是在天宝四载（七四五）七月，册封韦昭训女为寿王妃。八月，册封杨太真为贵妃。

将儿媳夺过来做老婆，唐玄宗的昏庸、腐朽已达到极点了。杨玉环开头是寿王妃这件事，《旧唐书》有关各纪传都没提。《新唐书》纪

---

[2] 陈寅恪《元白诗笺证稿》载："至杨氏究以何时入宫，则度寿王妃杨氏为女道士敕文虽无年月，然必在开元二十五年十二月七日武惠妃薨以后，天宝四载八月壬寅日即十七日册杨太真为贵妃以前。《新唐书》伍《玄宗纪》云：'开元二十八年十月甲子，幸温泉宫。以寿王妃杨氏为道士，号太真。'《南部新书》辛云：'杨妃本寿王妃，（开元）二十八年，度为道士入内。'《杨太真外传》云：'（开元）二十八年十月，玄宗幸温泉宫。使高力士取杨氏女于寿邸。度为女道士，号太真，住内太真宫。'正史小说中诸纪载何所依据，今不可知。以事理察之，所记似最为可信。姑假定杨氏以开元二十八年十月为玄宗所选取，其度为女道士敕文中之太后忌辰，乃指开元二十九年正月二日睿宗昭成窦后之忌日。虽不中，不远矣。"详原书，不备录。

传点明了，本是实情，可是后来封建思想严重的人还极力为李隆基这个昏君洗刷。最高封建统治者触犯了封建教条，做了见不得人的事，居然还有那么多的人出来"为尊者讳"，为他辩护，足见封建礼教的虚伪，封建道德的堕落，以及人们在长期封建专政统治下所养成的奴性之深。不过李隆基这臭不堪闻的丑事，在民间还是有所传闻的。中唐人陈鸿写作《长恨歌传》，出于免祸的考虑，曾在文章的末尾为自己开脱说："《(长恨)歌》既成，使鸿传焉。世所不闻者，予非开元遗民，不得知。世所知者，有《玄宗本纪》在。今但传《长恨歌》云尔。"但文章一开头，他还是忍不住对李隆基的好色丑态有所描绘，对他的无耻丑闻有所吐露："先是元献皇后、武淑妃皆有宠，相次即世。宫中虽良家子千数，无可悦目者。上心忽忽不乐。时每岁十月，驾幸华清宫，内外命妇，熠耀景从，浴日余波，赐以汤沐，春风灵液，澹荡其间。上心油然，若有所遇，顾左右前后，粉色如土。诏高力士潜搜外宫，得弘农杨玄琰女于寿邸，既笄矣。鬓发腻理，纤秾中度，举止闲冶，如汉武帝李夫人。别疏汤泉，诏赐藻莹，既出水，体弱力微，若不任罗绮。光彩焕发，转动照人。上甚悦。进见之日，奏《霓裳羽衣曲》以导之；定情之夕，授金钗钿合以固之。"玄宗纳贵妃时已六十二岁，杨贵妃还只有二十七岁。老夫少妻极不相称。玄宗既不顾老迈，一味以声色是耽，当然要倍加恩宠，百般讨好了。（其后他俩之间曾经闹翻过两次，每次都是以妃子略表谢罪、皇帝更加宠爱了事，其实都是皇帝屈服了，就是这个道理。）

　　写小说，难免加油加醋，不过揆情度理地想一想，这些叙述和描写，不仅有一定的艺术真实性，甚至还有民间传闻作为依据，并非纯出虚构。《仪礼·士昏礼》："女子许嫁，笄而醴之，称字。"传中说："诏高力士潜搜外宫，得弘农杨玄琰女于寿邸，既笄矣。"就暗示杨玉环已是寿王妃了。这远较《新唐书》为早透露了个中消息。白居易的《长恨歌》却说:"杨家有女初长成,养在深闺人未识。天生丽质难自弃,一朝选在君王侧。"这还是在替唐玄宗圆谎。晚唐李商隐的《骊山有感》说:"骊岫飞泉泛暖香,九龙呵护玉莲房。平明每幸长生殿,不从金舆惟寿王。"又《龙池》说:"龙池赐酒敞云屏,羯鼓声高众乐停。夜半宴归宫漏永,薛王沉醉寿王醒。"玄宗跟贵妃通宵达旦地寻欢作乐,寿王怎能跟着去呢?怎教他不痛心疾首、彻夜失眠呢?(要是武惠妃九泉有灵,得知她的儿媳竟当了她的替身,又当做何感想呢?)这讽刺很辛辣也很明显,可是冯浩却故意妄加解释说:"此(《骊山有感》)诗上二句指春寒赐浴之事。'九龙'喻明皇。'玉莲房',喻妃尚以处女为道士,故曰'呵护'。……下二句言每遇平明幸长生殿焚香之时,妃以女冠必从焉。故寿王不得从金舆矣。意甚细致,实以长生殿为斋殿,岂昧寝处之典故哉?"实在掩饰、搪塞不过去了,就破口大骂:"余谓(《龙池》)正大伤诗教者!"(《玉谿生诗详注》)这是毫无道理的。

杨贵妃入宫以后,由于她姿质丰艳,能歌善舞,懂得音律,人很聪敏,有心计,善于承迎上意,很快就得到了玄宗的宠爱,待她就像待武惠妃一样,凡仪礼皆如皇后,宫中称她为"娘子"。她父亲杨玄琰累赠太尉齐国公,母封凉国夫人,叔父杨玄珪任光禄卿。从兄杨铦任鸿胪卿;杨锜任侍御史,还做了武惠妃女太华公主的驸马。她有三个姐姐,都有才貌。大姐封韩国夫人,三姐封虢国夫人,八姐封秦国夫人。她们都得到皇帝的恩宠,称之为姨,出入宫掖,势倾天下,甚至连皇帝的妹妹玉真公主等,见了她们都不敢就位。韩、虢、秦三夫人和杨铦、杨锜五家,每有请托,府县立即照办,如奉圣旨。四方来送礼行贿的很多,门庭若市。天宝五载(七四六)七月,贵妃不知为了什么得罪了皇帝,给送回到她哥哥杨铦家中。一到晌午,玄宗想她想得吃不下饭,夜里又派高力士把她接回来,不仅和好如初，而且对她更加宠爱，对她的家人更加厚待了。韩、虢、秦三夫人每人每年给钱千贯作为脂粉费，杨铦授三品上柱国，私第立戟。姊妹兄弟五家，甲第洞开，可与宫廷媲美；车马仆御十分华丽，照耀京城。他们之间竞相显示阔气，每盖一座华堂，花费的钱往往以千万计。见别家建筑的规模、规格超过自己，就马上拆了再盖，日夜赶着施工。虢国夫人尤其豪强。一天她带着一帮子人，闯入韦嗣立家（韦家从武后以来前后父子三人都当过宰相。韦嗣立就是杜甫曾对之献诗求过汲引的那位"韦左丞丈"韦济的父亲），拆掉旧屋，自盖新第，仅仅给了韦家十亩边角地。皇帝的赏赐和四方的奉献，五家一个样，送礼的人络绎不绝。开元以来，没有哪个豪贵的雄盛能跟杨家相比。玄宗凡有游幸，贵妃无不随侍；骑马则由高力士执辔授鞭。宫中供贵妃院织锦刺绣之工共七百人，管雕刻熔造的又数百人，朝中和外省官员争献器服珍玩。岭南经略使张九章、广陵长史王翼，以所献精美，张加三品，王入为户部侍郎；天下从风而靡。民间有歌谣说："生男勿喜女勿悲，君今看女作门楣。"贵妃喜欢吃鲜荔枝，每年命岭南驰驿进贡（苏轼《荔枝叹》"永元荔枝来交州，天宝岁贡取之涪"，自注："唐天宝中盖取涪州荔枝，自子午谷路进入。"以为贡自四川），为此跑死了很多人和马。杜牧的《过华清宫》其一说："长安回望绣成堆，山顶千门次第开。一骑红尘妃子笑，无人知是荔枝来。"即咏叹其事。

杨贵妃得宠，最坏的后果是导致杨国忠的当权。

二　缘椒房而至相位的杨国忠

杨国忠，本名钊，后以图谶有"金刀"改名。他是杨贵妃的从祖兄，不学无术，能饮酒，好赌博，人品很坏，为宗党所鄙视。于是发愤从军于蜀,授新都尉;考满,家贫不能还乡,当地富户鲜于仲通经常周济他。杨贵妃的父亲杨玄琰死在四川,杨国忠往来其家,跟这家的二姑娘(也就是后来的虢国夫人)勾搭上了。

鲜于仲通名向,以字行,还读了点书,有才智,剑南节度使章仇兼琼把他当作心腹。章仇兼琼觉得自己独为皇帝所器重,要是没有内援,必为李林甫所害,听说杨贵妃新得宠,就想请鲜于仲通到长安去结识杨家,作为靠山。鲜于仲通说自己从来没去过京城,恐怕搞不好反砸了锅,就把杨国忠的情况向他介绍了。章仇兼琼引见杨国忠,见他一表人才,言辞敏捷,很高兴,就将他辟为推官,跟他往来很密切,还送了他价值万缗的蜀货,打发他到长安去。杨国忠大喜过望,日夜兼程赶到长安,挨家拜访了几个妹妹,将蜀货分送给她们,说:"此章仇公所赠也!"这时虢国夫人新寡,他就住在她家。于是杨家几姊妹日夜跟皇上夸奖章仇兼琼,终于在天宝五载(七四六)任章仇兼琼为户部尚书;还称道杨钊善樗蒲博戏,引他见了皇上。皇上准许他跟随供奉官出入禁中,授予他金吾兵曹参军。从此以后,杨国忠侍宴禁中,专掌樗蒲文簿,钩校精密。皇上很赏识他的精明强干,称他是"好度支郎"。

杨国忠得到玄宗的赏识以后,便有计划有步骤地为扩张自己的权势进行阴谋活动了。这净是些算计人的事,一一道来,未免乏味。简而言之,先是跟李林甫狼狈为奸,剪除异己,趁机往上爬:"李林甫屡起大狱,别置推事院于长安。以杨钊有掖庭之亲,出入禁闼,所言多听,乃引以为援,擢为御史。……钊因得逞其私志,所挤陷诛夷者数百家,皆钊发之。"(《资治通鉴》卷二一五)翅膀硬了,就掉过头来拿李林甫的心腹开刀:"(天宝九载)夏,四月,己巳,御史大夫宋浑坐赃巨万,流潮阳。初,吉温(注意:前面提到过所谓'罗钳吉网'的话,'吉网'即指此人而言)因李林甫得进;及兵部侍郎兼御史中丞杨钊恩遇浸深,温遂去林甫而附之,为钊画代林甫执政之策。萧炅及浑,皆林甫所厚也,求得其罪,使钊奏而逐之,以翦其心腹,林甫不能救也。"(同上书,卷二一六)图穷而匕首见,最后直接将李林甫的军:"初,李林甫以国忠微才,且贵妃之族,故善遇之。国忠与王鉷俱为中丞,鉷用林甫荐为大夫,故国忠不悦,遂深探邢缚狱,令引林甫交私鉷兄弟及阿布思事状(这几人都犯了叛乱罪),陈希烈、哥舒翰从而证之;上由是疏林甫。国忠贵震天下,始与林甫为仇敌矣。"(同上)

此外,他还善于窥察皇上的爱恶,竭力聚敛钱财,讨他的欢喜,早在天宝七载(七四八)就领十五余使。所以苏冕愤慨地评论说:"洎奸臣广言利以邀恩,多立使以示宠,刻下民以厚敛,张虚数以献状;上心荡而益奢,人望怨而成祸。……宇文融首唱其端,杨慎矜、王鉷继遵其轨,杨国忠终成其乱。"昏君奸臣,贼义好货,臭味相投,一拍即合,加之贵妃得宠,爱屋及乌,杨国忠的入相,是很必然的了。⁽³⁾唐玄宗一错再错,接连任用了这样两个大权奸,

---

⑶《资治通鉴》卷二一六载:"南诏数寇边,蜀人请杨国忠赴镇;左仆射兼右相李林甫奏遣之。国忠将行,泣辞,上言必为林甫所害,贵妃亦为之请。上谓国忠曰:'卿暂到蜀区处军事,朕屈指待卿,还当入相。'……国忠比至蜀,上遣中使召还,至昭应,谒林甫,拜于床下。林甫流涕谓曰:'林甫死矣,公必为相,以后事累公!'国忠谢不敢当,汗出覆面。(天宝十一载)十一月,丁卯,林甫薨。……庚申,以杨国忠为右相,兼文部尚书,其判使并如故。……(十二载)杨国忠使人说安禄山诬李林甫与阿布思谋反,禄山使阿布思部落降者诣阙,诬告林甫与阿布思约为父子。上信之,下吏按问;林甫婿谏议大夫杨齐宣惧为所累,附国忠意证成之。时林甫尚未葬,二月,癸未,制削林甫官爵;子孙有官者除名,流岭南及黔中,给随身衣及粮食,自余资产并没官;近亲及党与坐贬者五十余人。剖林甫棺,抉取含珠,褫金紫,更以小棺如庶人礼葬之。己亥,赐陈希烈爵许国公,杨国忠爵魏国公,赏其成林甫之狱也。"可见唐玄宗早有意用杨国忠,杨贵妃也出力不小。杨国忠素恨李林甫。天宝十一载(七五二),杨国忠曾利用来降突厥西叶护阿布思因与安禄山不和复叛归漠北事,以及王鉷、王锜、邢缚谋反案,告发过李林甫跟这些人有牵连,虽然给了他以沉重打击,但并没有彻底搞垮他。李林甫死后,终于得逞了。

其昏庸腐朽也就可想而知了。当然这也不仅只是皇帝个人昏庸不昏庸的问题，而是整个封建统治集团在"开天盛世"醉生梦死的享乐生活中日渐腐化堕落从而结出的严重政治恶果。

天宝十一载（七五二）十一月李林甫病死，即以杨国忠为右相，兼文部尚书。他从做侍御史以来所领诸如御史大夫、判度支、蜀郡长史、剑南节度支度营田等副大使、木炭、宫市等四十余使，仍旧由他兼任，大到军国大事，小到替皇宫采办木炭、料理"宫市"，都归他一手包办，权力之大，无以复加。

杨国忠当宰相前，除了聚敛财物讨好皇帝外⁽⁴⁾，最大的罪行是天宝十载（七五一）为了贪图战功，命剑南节度使鲜于仲通率兵八万攻打南诏国（在今云南省），发动了不义战争。（天宝九载，杨国忠荐举鲜于仲通为剑南节度使，以报答知遇之恩。鲜于仲通性情急躁，因而引起了民族纠纷，大动干戈。这事到天宝十三载还未了结。杨国忠隐瞒败绩，一再征兵进讨，前后死了近二十万人，损失惨重。详后。）当了宰相以后，大权在握，又有贵妃做靠山，很得玄宗宠信，就肆无忌惮、为所欲为了。

首先，在用人上，他采取清洗与收买人心相结合的方针：一方面将那些有才行时名但不为他所用的台省官员通通处理掉；另一方面又建议"文部选人无问贤不肖，选深者留之，依资据阙注官"，也就是说不管有无才德，一律按资排辈。这样一来，那些候补多年得不到官职的人都很满意。他廉价收买了人心，又无形中挑选出一大批毫无能耐但保险不会跟他捣乱的庸才，真是一举两得。《旧唐

---

(4)《资治通鉴》卷二一六载："八载春，二月，戊申，引百官观左藏，赐帛有差。是时州县殷富，仓库积粟帛，动以万计。杨钊奏请所在粜变为轻货，及征丁租地税皆变布帛输京师；屡奏帑藏充牣，古今罕俦，故上帅群臣观之，赐钊紫衣金鱼以赏之。上以国用丰衍，故视金帛如粪壤，赏赐贵宠之家，无有限极。"

书·杨国忠传》载:"国忠本性疏躁,强力有口辩。既以便佞得宰相,剖决几务,居之不疑。立朝之际,或攘袂扼腕,自公卿已下,皆颐指气使,无不詟惮。"对这种性情浮躁、办事专断、缺乏教养的政治上的暴发户来说,一个由庸才和奴才组成的官僚机构越腐败越无能就越便于他作威作福。

从前那些较正直有为的人当宰相,他们不爱摆架子抖威风,出入车骑随从不多。从李林甫开始,每出则车骑满街。就是节度使、侍郎这样的大员有事要见他,都得像文案小吏一样,急趋而入,肃然而退。旧例宰相午后六刻才公毕归府。到了李林甫手上,他进奏说天下太平无事,把宰相每天的下班时间提前到巳时。机务积压了很多,都在家里处理;然后由主管文书的吴珣拿着公文去左相陈希烈家请陈签署,陈拿来就签,从来不置可否。杨国忠接着当宰相,照样这么干。杨国忠兼职多,公事也多,就是签署一个字也无法全部签完,干脆都责成下边胥吏们去办,于是贿赂公行,官场给闹得乌烟瘴气。比如以前吏部选官,要经过"三铨""三注""三唱"几道审核手续,从春到夏,才能把事情办完。天宝十一载(七五二),杨国忠以宰相的身份亲自掌管选官的事,手续就大为简化了。他教胥吏们预先在家里拟定任命名单,然后将官员们召集到尚书省,"对""注""唱"几道手续一天之内就赶着办完,还以此来夸耀自己办事迅捷。其实事情搞得糟透了,营私舞弊,谬误百出。第二年更是花样翻新,他竟把全体候选的人召集到他家里,让他的堂妹韩、虢、秦三夫人垂帘观看,笑语之声,朗闻于外。按照老规矩,办完注官(将所委任的官职、人名注册)手续,还要经过门下侍中、给事中复审。杨国忠注官时,就把左相陈希烈叫来坐在一旁,让给事中站在前列,说:"既对注拟,过门下了矣(意思是说,注官手续是当面办的,就算经过门下省了事了)。"吏部侍郎韦见素、张倚都是用紫服色（当时最高贵的服色）的朝廷大员，这天也来当差，同本曹郎官奔走于屏风庭树之间。过后他问几位妹妹道："两员紫袍主事何如人？"相对大笑。朝廷选官是很严肃的大事，他却视同儿戏。鲜于仲通做剑南节度使闯下了用兵南诏的大乱子。天宝十载（七五一），杨国忠指使鲜于仲通上表请求皇上叫他自己遥领剑南节度使，并将鲜于仲通调到长安当京兆尹。那两次胡乱选官的事办过以后，京兆尹鲜于仲通讨好杨国忠，就示意得官的选人们给杨国忠立碑于省门歌功颂德。皇帝指示鲜于仲通撰写碑文；碑文写好后，皇帝改定了几个字，鲜于仲通就教人刻了，还填了金。仅从选官这件事上，便可见出杨国忠继李林甫之后对朝政的败坏。

唐官制承隋制而有所改进。唐初宰相有中书省长官中书令、门下省长官侍中和尚书省长官左右仆射。⁽⁵⁾其余由皇帝指定参加政事堂会议为宰相的，都以本官加带知政事、参预朝政等名，这些名称后来逐渐固定为"同中书门下平章事"的头衔。政事堂会议是协助皇帝统治全国的决策机关。中书省和门下省是机要之司。中书省负责整理、陈奏来自各方的表章，并提出处理的初步意见，起草并宣行皇帝的制诏。门下省负责审查中书省起草的制诏和尚书省拟制的奏抄；制诏有不便施行的，封驳奏还。尚书省是最高行政机关。其首脑部门是都省，下设吏、户、礼、兵、刑、工六部。六部的正副长官为尚书、侍郎。各部与诸州联系，必须通过都省。御史台是监察机关，其正副长官为御史大夫、御史中丞。御史台的主要职责是弹劾中央和地方官吏的违法行为，参加大案的审讯。——这就是

⁽5⁾ 尚书省的长官为尚书令和左、右仆射。因武德年间唐太宗曾为尚书令，后为皇帝，故此后尚书令有官名而不实授。左、右仆射在唐初是宰相，不须兼带他名。高宗以后，仆射始带"同中书门下"为宰相，直到玄宗时，始有专为仆射不兼宰相者。

唐初以来的中央政治机构组成和权力划分的大致情况。这些设施和制度，在封建专政时代，还是比较完备比较好的。玄宗前期励精图治，用的宰相大都不错，尚能照章办事，因此行政机构较健全，吏治也较好。到了后期，他只顾享乐，先后用了李林甫、杨国忠这两个大坏蛋，让他们大权独揽，为所欲为，这就把贞观以来行之有效的一整套规章制度全给破坏了。上述有关杨国忠选官的种种胡作非为，就是明证。

杨国忠在蜀地时早就跟虢国夫人关系暧昧。一旦得势，更是肆无忌惮。为了往来方便，他们两家在长安宣义里挨着盖起了头等府第，连土木都蒙上了绨绣，若论豪华，京洛两都没有能跟这相比的。两人昼会夜集，根本不管什么规矩礼法。有时杨国忠与虢国夫人并辔入朝，挥鞭走马，打情骂俏，以为笑谑，路人见到这等情状，莫不惊奇慨叹。杜甫的《虢国夫人》说："虢国夫人承主恩，平明上马入金门。却嫌脂粉涴颜色，淡扫蛾眉朝至尊。"[6] 诗中虽未讽及她与杨国忠的私情，而其轻薄狐媚之态可见。

唐玄宗每年冬十月都要去骊山华清宫避寒，过了冬才回长安。皇亲国戚当然也要跟着去。杨国忠的山第在华清宫东门的南边，跟虢国夫人的山第相对。韩国夫人和秦国夫人的山第紧挨着，甍栋相接。玄宗每次出来做客，都要遍访杨氏兄妹五家，赏赐宴乐。每次

---

[6] 此篇见《草堂逸诗》，一作张祜诗《集灵台二首》其二。仇兆鳌认为："祜乃中唐人，去天宝已久，若作追忆虢国之词，亦当微带乱后事。诗意全不及之，还是讥讽现在。应属少陵作也。"到底是谁的作品尚难断定，可以讨论，但仇说所举理由却不够充分。即以张祜《集灵台》其一"日光斜照集灵台，红树花迎晓露开。昨夜上皇新授箓，太真含笑入帘来"而论，该诗亦未"微带乱后事"，"还是讥讽现在"，能说这也不可能是中唐人所作吗？宋代乐史《杨太真外传》载："(妃)有姊三人，皆丰硕修整，工于谑浪，巧会旨趣。每入宫中，移晷方出。……虢国不施妆粉，自衒美艳，常素面朝天。"此可作《虢国夫人》一诗的注脚。浦起龙说："诗似浅露，不类少陵语。"风格难凭，亦非的判。

去骊山华清宫扈从皇帝游赏，杨氏五家的车骑各为一色，五家合队[7]，粲若云霞；杨国忠家那一队，更以剑南旌节前导。他们随驾出游，临行有"饯路"，回来有"软脚"。皇帝凡是得到远近进贡来的珍玩狗马、阉童歌女，都要平均分赐五家。杨国忠在进封为魏国公不久又拜司空，真是位极人臣，势倾天下。杨国忠身居高位，作恶多端，他自己也并非毫无警惕。他曾经对人这样说过："吾本寒家，一旦缘椒房至此，未知税驾之所，然念终不能致令名，不若且极乐耳。"这跟李林甫对他儿子叹息自己"势已如此，将若之何"的话，何其相似！这班坏人也并非毫无自知之明。之所以明知故犯，主要是他们在罪恶的道路上以加速度往下滑落，越滑越快越远，即使想刹住也刹不住了。

安禄山的得势以至于作乱，首先应归咎于唐玄宗。李林甫姑息养奸，罪责也很大。但安史之乱最后爆发在杨国忠当宰相期内，杨国忠也是没法脱干系的。后面将详细论述此事，这里就不多说了。

---

[7] 赵翼《陔余丛考·杨氏五家合队》载："《新唐书》叙杨氏五家合队，最不明析。《杨贵妃传》云：以贵妃宠，擢其兄铦鸿胪卿，锜侍御史，而钊（即国忠）亦浸显。又三姊封韩、虢、秦三国夫人。据此则铦、锜、钊及韩、虢、秦应是六家。下又云铦以上柱国门列戟，与锜、国忠、诸姨五家第舍联亘，帝所得奇珍，分赐五家如一，则所谓五家者，兄弟中缺一家耶？姊妹中缺一家耶？下又云铦、秦国早死，故韩、虢与国忠贵最久，则又应是四家矣。而其叙华清从驾处，复何以云五家车骑各为一色，俄五家合队，烂若万花耶？……《旧唐书》虽叙铦、锜、韩、虢、秦为五家，而其后华清从驾，谓国忠姊妹五家扈从，每家一队，队各一色。则又以国忠入五家之内矣。又云国忠山第与虢国相对，秦国、韩国相接。是《新唐书》虽云秦国早死，而《旧唐书》则国忠为相后秦国尚在。《通鉴》亦云：禄山反，上欲传位太子，国忠大惧，使韩、虢、秦三夫人说贵妃衔土请命，帝乃止。及马嵬之变，国忠及韩国、秦国为军士所杀；虢国奔陈仓，县令薛景仙捕诛之。是秦国直至马嵬始被杀。《新唐书》谓秦国早死者，恐未必得实也。然则五家者，其始则铦、锜、韩、虢、秦也，其后则锜与国忠及韩、虢、秦也。"

三 彷徨的"白鸥"

上面讲的是李林甫、杨国忠两大权奸更替到安史之乱爆发这十年间（天宝四载，公元七四五年册杨太真为贵妃，至天宝十四载，公元七五五年安禄山叛乱）唐王朝君昏臣奸、政治腐败、生活腐化的一般情况。杜甫旅食京华大致是在这一时期内。因此，这些叙述，对了解杜甫这一时期的生活、思想和创作，或多或少，或直接或间接，是有帮助的。

第五章已经提到杜甫参加了天宝六载（七四七）的制举，由于李林甫暗中捣鬼，这次考试一个也没有考上。事后杜甫大概了解到了其中的内幕，曾在一些诗中流露出不满和愤慨的情绪，但也不敢明言。这不仅是慑于李林甫那不可一世的淫威，而且他跟李林甫的女婿还多少有点交往，因此言谈之间也应有所检点。

他的《杜位宅守岁》说："守岁阿戎家，椒盘已颂花。盍簪喧枥马，列炬散林鸦。四十明朝过，飞腾暮景斜。谁能更拘束，烂醉是生涯。"据"四十明朝过"，知这诗作于天宝十载（七五一）。这时李林甫尚在相位。杜位是李林甫的女婿，是杜甫的同族堂弟。[8]杜甫《寄杜位》原注说："位京中宅，近西曲江。"杜甫今晚就在长安曲江西边杜位的家里过年，见"椒盘颂花"酒筵之盛、"喧马""散鸦"来宾之众，自是一派富贵景象；又"目击附势之徒，见（杜）位而伛偻府仰，不胜拘束，故言不能效此拘束之态，惟有

---

[8] 宋代王应麟《困学纪闻》载杜位为李林甫之婿。《新唐书·宰相世系表二上》载杜位出襄阳房，为考功郎中、湖州刺史。《资治通鉴》齐明帝建武四年："（王晏）谓思远兄思征曰：'隆昌之末，阿戎（指王思远）劝我自裁。'"胡三省注："晋宋间人，多谓从弟为阿戎，至唐犹然。"诗中称杜位为"阿戎"，知杜位是杜甫同族堂弟。胡俨说："'阿戎'，注家改为'阿咸'，不知阿咸乃叔侄事，与兄弟不相当。东坡与子由诗：'欲唤阿咸来守岁，林乌枥马正喧哗。'亦一时误用耳，不必据以为证。"（仇注引）

烂醉，是吾生涯而已"⁽⁹⁾(仇注引顾宸语)。微有感慨，却见与杜位的关系非同一般，措辞命意，很是得体。李林甫还红的时候，杜甫对杜位的关系和态度是这样。天宝十一载（七五二）十一月李林甫病死。十二载二月，制削李林甫官爵，子孙有官者除名，流岭南及黔中，近亲及党与坐贬者五十余人。杜位是李林甫的女婿，当然在坐贬之列。上元二年（七六一）秋，杜甫从成都到青城（治所在今四川灌县东南），得知杜位贬岭南新州（今广东新兴县）十年，今移江陵（今湖北江陵县），作《寄杜位》诗说："近闻宽法离新州，想见归怀尚百忧。逐客虽皆万里去，悲君已是十年流。干戈况复尘随眼，鬓发还应雪满头。玉垒题书心绪乱，何时更得曲江游？"⁽¹⁰⁾《旧唐书·李林甫传》载："林甫性沉密，城府深阻，未尝以爱憎见于容色。自处台衡，动循格令；衣冠士子，非常调无仕进之门。所以秉钧二十年，朝野侧目，惮其威权。及国忠诬构，天下以为冤。"杜甫在敲"仕进之门"时曾惨遭李林甫的暗算，因此对他不仅"侧目"，而且"破胆"（"破胆遭前政"）。至于他死后为"国忠诬构"，杜甫是不是也同"天下"人一样"以为冤"呢？不得而知。不过，《寄杜位》这首诗写得很有感情，诗人对李林甫的女婿坐贬十年尚

⟨9⟩ 四川省文史研究馆编《杜甫年谱》以为"位为李林甫之婿，见其攀附权势炙手可热不胜拘束之状"，恐非。如果真是这样，那简直是使酒骂座了。我想，杜甫不至于这样不通人情，杜位也不至于这样令人讨厌。

⟨10⟩ 朱鹤龄说："位为李林甫婿。天宝十一载十一月，林甫卒。位之贬官，必在十二载。自十二载癸巳，至上元二年辛丑，为九年。诗举成数，故云'十年流'也。"浦起龙按："即十一载冬，亦未可知。至上元二年，恰十年。"削李林甫官爵，流其子孙、近亲、党羽在十二载二月，故杜位之贬官，决不可能在十一载冬。朱说未为是。邵傅据杜甫《奉送蜀州柏二别驾将中丞命赴江陵起居卫尚书太夫人因示从弟行军司马位》，考知杜位离新州以行军司马移江陵。至确。《一统志》载玉垒山在灌县（即唐青城）西北。据"玉垒题书心绪乱"句，知此诗在青城作。《杜甫年谱》说："（杜甫）回成都草堂后，得从侄杜位消息，知其岭南新州贬所，得归长安。"认为诗作于成都草堂，杜位是杜甫的从侄，杜位离新州得归长安，皆误。

不得回长安的悲惨遭遇倒是很同情的。末句"何时更得曲江游"后原注说:"位京中宅,近西曲江。"一想到长安曲江西边杜位的府第,不觉神往,就想跟杜位同返长安,重游旧地,可见他当时曾是杜位府中座上的常客,非止天宝十载那年除夕在那里守过一次岁。

丈人归丈人,女婿归女婿,各有各的账。杜甫可以不喜欢李林甫,却并不妨碍他跟李林甫的女婿要好。——话虽这么说,可是他到底是跟李林甫的人有瓜葛啊!指出这一点,倒不是为了要责难杜甫,只不过想借此说明这样一点意思:社会是复杂的,人也是复杂的,"在山泉水清,出山泉水浊",像杜甫那样出身旧家望族的士大夫,同当时整个封建上层社会本来就有千丝万缕的联系;何况来到京师,四处活动,急于找条出路,哪能那么泾渭分明,不挨着这沾着那呢?社会关系复杂不怕,一时认识不清投错了人不怕,怕的是错往错处去,越陷越深,直到同流合污。杜甫旅食京华的这一时期,除了跟李林甫女婿有交往,还颂扬过杨国忠,投奔过杨国忠的亲信鲜于仲通。这当然不能算是什么值得夸耀的体面事,但难能可贵的是,他不是越陷越深,而是越深入这污浊的上层社会,他的头脑越清醒,终于写出了像《丽人行》《自京赴奉先县咏怀五百字》等等这样一些深刻揭露贵族腐朽、罪恶生活的伟大篇章来。

表明了这层意思,取得了读者的谅解,然后再回过头去较客观地探索杜甫这一时期内所曾经历过的彷徨、苦闷、追求、失望、猛省……的苦难历程,我想,就不至于因文笔的拙劣、叙述的径直而唐突古人了。

前面提到,杜甫在应诏退下后的第二年(天宝七载,七四八),曾献诗韦济说:"今欲东入海,即将西去秦。……白鸥没浩荡,万里谁能驯?"他是不是很快就真的离开长安,像白鸥一样远泛江湖呢?不是。

杜集中有首歌咏高仙芝战马的《高都护骢马行》说："安西都护胡青骢，声价欻然来向东。此马临阵久无敌，与人一心成大功。功成惠养随所致，飘飘远自流沙至。雄姿未受伏枥恩，猛气犹思战场利。腕促蹄高如踏铁，交河几蹴曾（层）冰裂。五花散作云满身，万里方看汗流血。长安壮儿不敢骑，走过掣电倾城知。青丝络头为君老，何由却出横门道？"天宝六载（七四七），安西副都护高仙芝平小勃律。八载入朝。九载带兵讨石国，俘其王而归。诗中既然有"飘飘远自流沙至"和"长安壮儿不敢骑，走过掣电倾城知"这样的话，可见天宝八载高仙芝得胜回朝时杜甫仍在长安，并未往别的地方去。

一般地说，古代将军的建立奇功，没有不得力于马的。而高仙芝的这次讨伐小勃律获胜，更是跟马有关。《旧唐书·高仙芝传》载："小勃律国王为吐蕃所招，妻以公主，西北二十余国，皆为吐蕃所制，贡献不通。后节度使田仁琬、盖嘉运、并（夫蒙）灵察累讨之，不捷。玄宗特敕仙芝以马步万人为行营节度使，往讨之。时步军皆有私马，自安西行十五日至拨换城，又十余日至握瑟德，又十余日至疏勒，又二十余日至葱岭。守捉又行二十余日至播密川，又二十余日至特勒满川，即五识匿国也。仙芝乃分为三军，使疏勒守捉使赵崇玼统三千骑，趣吐蕃连云堡，自北谷入；使拨换守捉使贾崇瓘自赤佛堂路入；仙芝与中使边令诚自护密国入。约七月十三日辰时会于吐蕃连云堡。堡中有兵千人，又城南十五里，因山为栅，有兵八九千人。……遂登山挑击，从辰至巳，大破之。……天宝六载八月，仙芝虏勃律王及公主，趣赤佛堂路班师。"这次出兵征讨，路途极其遥远，要是行动缓慢，对方得知过早，备战充分，就很难成功。兵贵神速。要想神速，在当时当地的具体条件下就只有用马了。玄宗特敕高仙芝"以马步万人"前往。圣旨岂可违抗？权宜之计，就让"步军皆有私马"，名义上是"步军"，实际上已全部变成"马军"了。全部变成"马军",赶到连云堡决战,尚且费时近百天。若是没有马,难免要在路上走一年,拖也拖垮了,还能打胜仗吗?可见马在这一战役中所起的作用非同小可。全军的马尚且如此,那么,高都护的坐骑"胡青骢"就更不在话下了。高都护奏凯入朝,京师震动。今见骏马东来,自会引起都人的极大兴趣,"走过掣电倾城知",诗人也禁不住要赞叹"此马临阵久无敌,与人一心成大功"了。

杜甫素喜咏马,好借马抒怀。前几年他的《房兵曹胡马》说:"所向无空阔,真堪托死生。骁腾有如此,万里可横行。"当时他正信心十足,"自谓颇挺出,立登要路津",因此也坚信房兵曹的这匹胡马可立边功于万里之外。高都护的这匹"胡青骢"如今是真的建立了奇功,主人为了报答它的"汗马功劳",将它从遥远的沙漠中带回长安,优厚而舒适地供养起来,这决非无功受禄,应该是心安理得了。可是"胡青骢"却大不以为然。它"雄姿未受伏枥恩,猛气犹思战场利",生怕"青丝络头为君老,何由却出横门道"!这哪里是马的担心,这是壮志未酬的诗人的自白。立过大功的骏马,尚且不甘伏枥。要是教杜甫这样杜绝了仕进之门、有才莫展、功名无望的寒士,从此以后,将如白鸥的远泛江湖,那就更难甘心了!——老杜咏物,物中总有他当时的自我在。

这年(天宝八载)冬天,杜甫暂回东都,参观了那里的太微宫,欣赏了吴道子所作壁画,写作了五言长律《冬日洛城北谒玄元皇帝庙》[11]:"配极玄都閟,凭高禁籞长。守祧严具礼,掌节镇非

---

[11] 黄鹤注:"天宝二年三月壬子,(玄宗)亲祀玄元庙,改西京玄元庙为太清宫,东京庙为太微宫,天下为紫微宫。据旧史改庙为宫,已在二年,题曰'玄元皇帝庙',仍旧称也。'五圣联龙衮'是天宝八载闰六月事(指玄宗以上高祖、太宗、高宗、中宗、睿宗谥号皆加'大圣'二字)。题云'冬日'当是其冬作。盖天宝九载,公归长安,进三大礼赋,不在洛阳矣。"定杜甫参观东都太微宫在天宝八载冬,可信。

常。碧瓦初寒外，金茎一气旁。山河扶绣户，日月近雕梁。仙李蟠根大，猗兰奕叶光。世家遗旧史，道德付今王。画手看前辈，吴生远擅场。森罗移地轴，妙绝动宫墙。五圣联龙衮，千官列雁行。冕旒俱秀发，旌旆尽飞扬。翠柏深留景，红梨迥得霜。风筝吹玉柱，露井冻银床。身退卑周室，经传拱汉皇。谷神如不死，养拙更何乡？"

太微宫是道观，在洛阳积善坊，供养的主神是太上老君老子李耳。老子一说姓老名聃，楚国苦县厉乡曲仁里人，曾做过周朝宫廷小官柱下史。他是个哲学家，著有《老子》，也叫《道德经》。后世宗尚黄老之说、神仙导引之术的道家，尊他为祖师爷。道教发展到北魏其名始立，奉他为教祖。到了唐代，最高统治者为了给皇族增添庄严神秘的色彩，又把他说成是自己的祖先；从高祖开始，直至玄宗，崇封隆祀，集三祖于一身，老子地位的崇高，真是无以复加。高宗追尊老子为"太上玄元皇帝"，不妨这么分析，"太上"属道教，"玄元"属道家，"皇帝"属皇族。如果从名实是否相符的角度考察，这谥号，该是再准确也没有的了。因为老子在唐代具有如此无与伦比的崇高地位，所以题中把进庙去参观叫"谒"（这"谒"字政治上的含义远远超过宗教信仰上的含义），诗中更是使用了大量冠冕堂皇的辞藻，所采取的体裁又是较典雅也较板滞的排律。照理，这种诗不可能写得太好，不过杜甫的这首诗却很出色。《杜诗镜铨》引汪伯玉的话说："此诗清丽奇伟，势欲飞动，可与吴生画手并绝古今。"称颂难免过当，"清丽奇伟，势欲飞动"几字考语下得倒很中肯。"山河扶绣户，日月近雕梁"，状庙貌的庄严宏大。"翠柏深留景，红梨迥得霜"，写冬日森爽印象。仅就景物描写而论，"清丽奇伟"的特色可见。至于以称尊追祖之意总起全诗以后，或写实，或讲史，或咏叹，逐层铺叙，一气呵成，这种笔力遒劲的写法，确乎说得上是"势欲飞动"。排律这一形式必须连篇属对，劣手为之，往往有臃肿、支离之病。此诗居然摆脱羁绊，舒展自如，老杜可算得是尽驾驭格律艺术的能事了。

叶燮《原诗》说："可言之理，人人能言之，又安在诗人之言之？可征之事，人人能述之，又安在诗人之述之？必有不可言之理，不可述之事，遇之于默会意象之表，而理与事无不灿然于前者也。今试举杜甫集中一二名句，为子晰而剖之，以见其概，可乎？如《玄元皇帝庙》作'碧瓦初寒外'句，逐字论之。言乎'外'，与内为界也。'初寒'何物，可以内外界乎？将'碧瓦'之'外'，无'初寒'乎？寒者天地之气也，是气也，尽宇宙之内，无处不充塞，而'碧瓦'独居其'外'，寒气独盘踞于'碧瓦'之内乎？'寒'而言'初'，将严寒或不如是乎？'初寒'无象无形，'碧瓦'有物有质，合虚实而分内外，吾不知其写'碧瓦'乎？写'初寒'乎？写近乎？写远乎？使必以理而实诸事以解之，虽稷下谈天之辨，恐至此亦穷矣。然设身而处当时之境，会觉此五字之情景，恍如天造地设，呈于象，感于目，会于心。意中之言，而口不能言；口能言之，而意又不可解。划然示我以默会相象之表，竟若有内有'外'，有寒有'初寒'，特借'碧瓦'一实相发之。有中间，有边际，虚实相成，有无互立，取之当前而自得，其理昭然，其事的然也。昔人云：王维诗中有画。凡诗可入画者，为诗家能事，如风云雨雪景象之至虚者，画家无不可绘之于笔，若初寒、内外之景色，即董、巨复生，恐亦束手搁笔矣。天下惟理、事之入神境者，固非庸凡人可摹拟而得也。又《宿左省》作'月傍九霄多'句，从来言月者，只有言圆缺，言明暗，言升沉，言高下，未有言多少者。若俗儒，不曰'月傍九霄明'，则曰'月傍九霄高'，以为景象真而使字切矣。今曰'多'，不知月本来多乎？抑傍九霄而始多乎？不知月多乎？月所照之境多乎？有不可名言者。试想当时之情景，非言'明'、言'高'、言'升'可得，而惟此'多'字可以尽括此夜宫殿当前之景象。他人共见之，而不能知，不能言；惟甫见而知之，而能言之。其事如是，其理不能不如是也。又《夔州雨湿不得上岸》作'晨钟云外湿'句，以'晨钟'为物而湿乎？'云外'之物，何啻以万万计？且钟必于寺观，即寺观中，钟之外，物亦无算，何独湿钟乎？然为此语者，因闻钟声有触而云然也。声无形，安能湿？钟声入耳而有闻，闻在耳，止能辨其声，安能辨其湿？曰'云外'，是又以目始见云，不见钟，故云'云外'。然此诗为'雨湿'而作，有云然后有雨，钟为雨湿，则钟在云内，不应云外也。斯语也，吾不知其为耳闻耶？为目见耶？为意揣耶？俗儒于此，必曰'晨钟云外度'，又必曰'晨钟云外发'，决无下'湿'字者。不知其于隔云见钟，声中闻湿，妙悟天开，从至理实事中领悟，乃得此境界也。又《摩诃池泛舟》作'高城秋自落'句，夫'秋'何物？若何而'落'乎？时序有代谢，未闻云'落'也；即'秋'能'落'，何系之以'高城'乎？而曰'高城落'，则'秋'实'自''高城'而'落'，理与事俱不可易也。以上偶举杜集四语，若以俗儒之眼观之，以言乎理，理于何通？以言乎事，事于何有？所谓言语道断，思维路绝。然其中之理，至虚而实，至渺而近，灼然心目之间，殆如鸢飞鱼跃之昭著也。理既昭矣，尚得无其事乎？古人妙于事理之句，如此极多，姑举此四语以例其余耳。其更有事所必无者，姑举唐人一二语，如'蜀道之难难于上青天'、'似将海水添宫漏'、'春风不度玉门关'、'天若有情天亦老'、'玉颜不及寒鸦色'等句，如此者，何止盈千累万？决不能有其事，实为情至之语。夫情必依乎理，情得然后理真，情理交至，事尚不得耶？要之：作诗者，实写理、事，情可以言，言可以解，解即为俗儒之作。惟不可名言之理，不可施见之事，不可径达之情，则幽渺以为理，想象以为事，惝恍以为情，方为理至、事至、情至之语，此岂俗儒耳目心思界分中所有哉？则余之为此三语者，非腐也，非僻也，非锢也，得其意而通之，宁独学诗？无适而不可矣。"这段话讲得绝妙，容我稍加发挥。

在这段议论的前面，叶燮谈了诗文与理、事、情三者的密切关系，紧接着就假设有人提问说："先生发挥理、事、情三言，可谓详且至矣。然此三言，固文家之切要关键；而语于诗，则情之一言，义固不易，而理与事，似于诗之义未为切要也。先儒云：'天下之物，莫不有理。'若夫诗，似未可以物物也。诗之至处，妙在含蓄无垠，思致微渺，其寄托在可言不可言之间，其指归在可解不可解之会：言在此而意在彼，泯端倪而离形象，绝议论而穷思维，引人于冥漠恍惚之境，所以为至也。……而先生断断焉必以理、事二者与情同律乎诗，不使有毫发之或离，愚窃惑焉，此何也？"这段议论就是针对这一提问的回答。在我看来，他经过论证最后将文艺创作过程中形象思维的"理"和意境中的"事"，也说成是一般所指客观存在着的理和事，这虽也讲得过去，总难免有偷换概念之嫌。（比如他认为"蜀道之难难于上青天"等句"决不能有其事"，但又说"幽渺以为理，想象以为事，惝恍以为情，方为理至、事至、情至之语"，可见他前面所说"决不能有其事"的"事"是指客观的"事"，后面所说"想象以为事"的"事"是指意境中的"事"。意境中的事物，即使再离奇，总是客观事物反映在主观上所形成的凌乱影像，就这一点而论，两者不无关系，但严格地说，客观的"事"与主观的"事"这两个概念的内涵是不相同的。）虽然如此，叶燮在这段话中却独具只眼，指出了并解释了诗歌创作中一种不易觉察或不易言传的艺术特点。时贤谈文艺好谈形象和比兴，这固然是十分正确的了。然而形象、比兴俱备便是佳作么？非尽如此。我小时听大人说，我们那里前清有个好作诗而苦无诗意的村夫子，曾吟成一联道："雨打芭蕉如擂鼓，风吹柳絮似抛球。"形象也有，比兴也有，可惜唯独没有诗意。可见离开思想感情，离开真切感人的生活感受而侈谈文艺的形象或比兴，并不能解决多大问题。诗文之于所描写的对象和作者的思想感情（也就是叶燮所说理、事、情），一般的要求是真切（包括形象和比兴的真切）。那么，是不是一旦做到了真切，诗文的艺术技巧就达到极境了？前面引到叶燮的话恰好回答了这一提问。他主要以杜甫"碧瓦初寒外"等句为例，详加分析，提出诗歌创作中还有一种似不真切而实极真切的艺术境地。所举那四句杜诗，要是出现在初学者的作文本上，判卷者根据逻辑、语法、修辞的种种规律，很可能给一个"文理不通，用辞欠当"之类的批语，一笑了之。然而在杜集中，却被后人看作绝妙的佳句。这倒不是出于对"诗圣"的盲目崇拜，而是表明在艺术创作的造诣上确乎存在不真切—真切—似不真切而实真切的三种境地。绝大多数绝妙好辞多属于第二种境地（但不能说凡是真切的都是绝妙好辞）。属第三种境地的不多，由于不易觉察或难于言诠，往往得不到知音相赏；即使偶得知音，惜"只可意会，不可言传"，击节者难免遭主观、唯心之讥。例如诗中的"木叶"一辞，妙悟者以为有"木"便平添枯槁萧瑟之感；质朴者则认定"木叶"即"树叶"，并无他义，所感云云，纯属主观。可见对于第三种艺术境地，人们不一定不能感知，但的确难以做出恰当的解释。

《沧浪诗话·诗辨》说："盛唐诸人惟在兴趣，羚羊挂角，无迹可求。故其妙处透彻玲珑，不可凑泊，如空中之音，相中之色，水中之月，镜中之象，言有尽而意无穷。"严羽主妙悟："禅道惟在妙悟，诗道亦在妙悟。"他诗歌理论中的主观唯心主义倾向是很明显的，不过，他对诗歌艺术还是有所领悟，一些具体的感受虽然讲得玄一点，也不是毫无道理。前几年我曾戏为《动物园杂韵十章》，其七咏羚羊说："羚羊挂角迹难寻，此义沧浪妙悟深。我欲从君参圣谛，奈何君亦不知音。"此于种种谈诗妙论颇有微词，并无唐突沧浪之意，只嫌他能"妙悟"而不能确解。叶燮则异于是。他既能调动自己丰富的生活体验去领悟诗人某种"味在甜酸之外"的奇妙感受；又能借仗反复辩难的方法，颇透辟地诠释这种艺术的奥妙在于：借某一似是而非的形象或感受（如"碧瓦初寒外"的"碧瓦"、"月傍九霄多"的"多"）表此时此境另一种不易言传的微妙感受。比如他说："设身而处当时之境，会觉（'碧瓦初寒外'）此五字之情景，恍如天造地设，呈于象，感于目，会于心。意中之言，而口不能言；口能言之，而意又不可解。划然示我以默会相象之表，竟若有内有'外'，有寒有'初寒'，特借'碧瓦'一实相发之。"这感受不是很微妙，这诠释不是很有说服力吗？杜甫之前，谢灵运的名句"池塘生春草"也妙就妙在"划然示我以默会相象之表"，使读者强烈地感受到一股清新而微带哀伤的春天气息。不然，光就字句的表面意思而论，这又有什么美妙的呢？可见这种借粗略而平凡的形象或情事表达精美感受的写法早就有了。不过，到了杜甫手里，这类表现手法就越来越熟练越自觉了。

钱谦益以为唐自追祖老子，见像降符，告者不一，玄宗笃信而崇事之，老杜作此诗以为讽谏："'配极'四句，言玄元庙用宗庙之礼，为不经也。'碧瓦'四句，讥其宫殿逾制也。'世家遗旧史'，谓《史记》不列于世家。开元中敕升为列传之首，然不能升之于世家，盖微词也。'道德付今王'，谓玄宗亲注《道德经》乃置崇玄学，然未必知道德之意，亦微词也。'画手'以下，记吴生画图，冕旒旌旆，炫耀耳目，为近于儿戏也。《老子》五千言，其要在清静无为，理国立身。是故'身退'则周衰，'经传'则汉盛，即令'不死'，亦当藏名'养拙'，安肯凭人降形，为妖为神，以博世主之崇奉也？'身退'以下四句，一篇讽喻之意，总见于此。"

毛先舒针对钱笺反驳道："此篇旧说皆属讽刺，不知诗人以忠厚为心，如明皇失德致乱，子美于《洞房》《夙昔》诸作，及《千秋节有感》二首，何等含蓄温和。况玄元致祭立庙，始于唐高祖，历世沿祀，不始明皇。在洛城庙中，又五圣并列，臣子入谒，宜如何肃将者。且子美后来献三大礼赋，其朝献太清宫，即老子庙也，赋中竭力铺张。若先刺后颂，不应自相矛盾若此。"杨伦引此，并加以肯定说："此论可一空前说。"毛先舒认为此诗不当如钱谦益所笺释的那样是对明皇追祖老子的公然讽刺，这是不错的。但也很难说他决不可能"先刺后颂"。他后来不是"先颂后刺"了杨国忠么（详后）？虽说这二者之间有君臣之分，以及"先刺后颂"和"先颂后刺"的不同，可见在他还是可以"自相矛盾"的啊！要知道，即使是像杜甫这样所谓"以忠厚为心"的人，我们也很难担保他自始至终，从里到外，总是处在"无差别境界"，总是不产生任何良知与世故、封建观念与现实认识的矛盾的。

比较起来，还是浦起龙说得好："'配极'四句，亦似巨典，亦是悖礼。'碧瓦'四句，亦似壮观，亦似逾制。'蟠根''奕叶'，亦似绵远，亦似矫诬。'遗旧史'，亦似反挑，亦似实刺。'付今王'，亦似同揆，亦似假托。纪实处，亦似尊崇，亦似涉戏。'谷神''何乡'，亦似呼吸可接，亦似神灵不依。而读去毫无圭角，所以为佳。钱笺语语指斥，意非不是也。但学者不善会之，偏在讥刺一边看去，则失之远矣。盖题系朝廷巨典，体宜颂扬。非比他事讽谏，尚可显陈也。"所谓"亦似"，就是说像这又像那，总之教人把握不住：看看钱笺，句句有根据，岂非讽谏？想想毛说，老杜确乎"忠厚"，也较"封建"，难道真敢如此放肆？且不管作者主观意图如何，既然作品能令人感到唐王朝最高统治者尊李耳为始祖一事未免荒唐，咏叹之间不无讽意，这就显示出这篇诗歌具有较强的现实意义了。要知道，优秀作品的客观意义，往往是大于作家的主观认识的。

康骈《剧谈录》载，东都玄元观壁上，有吴道子画五圣真容，及《老子化胡经》事，丹青绝妙，古今无比。诗中原注："庙有吴道子画五圣图。"即指此。吴道子是阳翟（今河南禹县）人。少时孤贫。相传曾学书于张旭、贺知章，未成而罢；改习绘画，不到二十便有成就。曾在韦嗣立处当过小吏，又做过兖州瑕丘（今山东兖州县）县尉。浪迹洛阳时，唐玄宗闻其名，任以内教博士，改名道玄，在宫廷作画，后官宁王友，乾元初尚在。擅长佛教、道教人物画，远师南朝梁张僧繇，近学张孝师，笔迹磊落，势状雄峻，形象生动而有立体感。长于画壁，在长安、洛阳两地寺观作壁画三百余间，情状都不相同。张彦远《历代名画记》说他"因写蜀道山水，始创山水之体，自为一家"。又传于大同殿壁画嘉陵江三百余里山水，一天就画成了。他随张旭学书虽未有成，也多少受其影响。张旭好酒后作草书，吴道子绘画前也必定要酣饮。张旭观公孙大娘舞剑器而草书大进，吴道子观裴旻将军舞剑而画若有神，据说是"观其壮气，可助挥毫"。一作书，一作画，他们都是很重气势的。吴道子在长安兴善寺画中门内神，观者如堵，画神像顶上的圆光时，不用尺度，"立笔挥扫，势若风旋"，观者喧呼，惊动坊邑，其气势之盛、技艺之精可见。所以苏轼说："道子实雄放，浩如海波翻。当其下手风雨快，笔所未到气已吞。"（《王维吴道子画》）又说："画至于吴道子，而古今之变、天下之能事毕矣。"（《东坡题跋·书吴道子画后》）吴道子的作品多不传（今传《送子天王图》多认为是后人学其风格所绘制)。《邵氏闻见后录》载:"凤翔府开元寺大殿九间,后壁吴道玄画,自佛始生、修行、说法至灭度,山林、宫室、人物、禽兽数千万种,极古今天下之妙。如佛灭度,比丘众躃踊哭泣,皆若不自胜者。虽飞鸟走兽之属,亦作号顿之状。独菩萨淡然在旁如平时,略无哀戚之容。岂以其能尽死生之致者欤?曰画圣宜矣。其识开元三十年云。今凤翔为敌所坏,前之邑屋皆丘墟矣。"苏轼是见到这壁画的,前面引到的那首诗说:"何处访吴画,普门与开元。……亭亭双林间,彩晕扶桑暾。中有至人谈寂灭,悟者悲涕迷者手自扪。蛮君鬼伯千万万,相排竞进头如鼋。"写的就是这大型壁画中佛说法的场面。由此可见吴道子所作表现佛经神变故事的"变相",规模宏大,人物众多,是很有气魄的。太微宫吴道子所作"五圣真容",杜诗说是"五圣联龙衮,千官列雁行。冕旒俱秀发,旌旆尽飞扬",想是把五代皇帝挨个画在一起,人物众多,场面很大,不见得有什么情节。另一幅画的是《老子化胡经》中的故事,肯定是有情节的道教"变相"。那么,不妨从苏轼所描述的吴道子的那幅佛教变相中去揣想这幅"丹青绝妙,古今无比"的道教变相壁画的规模和风貌。杜甫早年在江宁见到瓦棺寺顾恺之维摩诘变相到老印象犹新。这次他看了当代艺术大师吴道子的五圣图和老子化胡变相,备加赞赏,又特意加注点明,可见他对壁画艺术的爱好。吴道子有"画圣"之称,他与"诗圣"杜甫同时,又都跟韦嗣立一家有旧(杜甫与韦嗣立的儿子韦济关系很深,吴道子曾经在韦嗣立处做过小吏),但不知他俩熟不熟。

四 献三大礼赋的前前后后

天宝九载(七五〇),杜甫这年三十九岁,又从洛阳来到长安。春天，作《赠翰林张四学士垍》[12]。张垍是名相张说的次子，与兄张均都能文，父亲居相位时，他俩就开始掌制诰。张垍是玄宗女儿宁亲公主的驸马，深受恩宠，特许在禁中置内宅，侍为文章，曾赏赐珍玩不可胜数。当时张均也一同供奉翰林院。张垍常以所赐向哥哥炫耀，张均开玩笑说："此妇翁与女婿，非天子赐学士也。"天宝中，玄宗有意用张垍代陈希烈为相，后因杨国忠从中作梗，未成。（张均也有此意，同样失望了。）天宝十三载正月，范阳节度使安禄山入朝，自以为破奚契丹立功，求带平章事。杨国忠认为他"眼不识字"，若入相，"恐四夷轻"，就没有同意他的请求，只加封他为左仆射。后安禄山还镇，命高力士饯于浐坡。高力士送走安禄山回宫，玄宗问安禄山高不高兴。高力士答道："观其深心郁郁，必伺知宰相之命不行也。"玄宗将这事告诉了杨国忠，杨国忠说："此议他人不知，必张垍所告。"玄宗很生气，就把张垍三兄弟都放逐了：张均为建安太守，垍为卢溪郡司马，张垍为宜春郡司马。就在这一年中，张垍又被召还，迁为太常卿。安禄山乱起，兵临长安，玄宗奔蜀。到了咸阳，玄宗对高力士说："昨日苍黄离京，朝官不知所诣，今日谁当至者？"高力士说："张垍兄弟，世受国恩，又连戚属，必当先至。房琯素有宰相望，深为禄山所器，必不此来。"玄宗说："事未可料。"这天房琯到了，玄宗大为高兴，因而问及张均、张垍。房琯说："臣离京时亦过其舍，比约同行，均报云：'已于城南取马。'观其趣向，来意不切。"后来这两兄弟果不其然当了安禄山的伪官：张均为中

---

〔12〕黄鹤注："天宝十三载（张）垍贬卢溪郡司马，旋召还，迁太常卿。题云'赠翰林张学士'，则在未贬司马前。诗云'此生任春草，垂老独漂萍'，意是天宝九载自河南归时作。是时未献赋，故诗不及之。"

书令，张垍与陈希烈也当了宰相。两京收复后张垍按律当斩，只因唐肃宗跟他有交情，特免死，长流岭表。张均处死。（参看第八章第六节）

张垍后来的表现很不好，当时也不尽善。魏颢《李翰林集序》说："上皇豫游，召白，白时为贵门邀饮。比至，半醉，令制出师诏，不草而成。许中书舍人，以张垍谗逐，游海岱间。"唐中书省有舍人六人，正五品上，掌侍进奏参议表章，凡诏旨制敕，玺书册命，皆起草进画；既下，则署行。中书舍人是很清贵的要职。李白在长安时，张垍正是以中书舍人供奉翰林。魏颢是李白的崇拜者，曾"不远命驾江东访白"，"白相见泯合"，并以后事相托。[13]他跟李白的关系很密切。序中所述李白"以张垍谗逐"的事，很可能是直接从李白本人那里听来的，是比较可信的。旧时代旧官场忌才进谗的事虽屡见不鲜，无足为奇，到底是小人的行径。张垍对李白若真有此举，他人品的卑下可知了。

杜甫赠张垍的这首五言排律，前面大段文字，就是称赞对方位高势大、才华出众、宠遇无比；除了开头"翰林逼华盖，鲸力破沧溟。天上张公子，宫中汉客星"几句用事贴切，较有艺术性外，并无多大意义。末六句"无复随高凤，空余泣聚萤。此生任春草，垂老独漂萍。倘忆山阳会，悲歌在一听"，则可稍作探讨。

---

〔13〕《李翰林集序》："颢平生自负，人或为狂，白相见泯合，有赠之作，谓余：'尔后必著大名于天下，无忘老夫与明月奴。'因尽出其文，命颢为集。颢今登第，岂符言耶？解携明年，四海大盗，宗室有潭者，白陷焉，谪居夜郎。……否极则泰，白宜自宽。……经乱离，白章句荡尽。上元末，颢于绛偶然得之，沉吟累年，……今日怀旧，援笔成序。……白未绝笔，吾其再刊。"上元三年（七六二）四月改元为宝应元年。序说"上元末"得李白章句，"沉吟累年"，"今日"成序。那么，作序显然在公元七六二年以后。李白卒于公元七六二年，只因魏颢远处"于降"，未闻噩耗，以为李白仍在人世，所以有"否极则泰，白宜自宽""白未绝笔，吾其再刊"这样的话。魏颢为李白编集作序，他总算没辜负李白对他的期望。

"无复"句以凤集高梧喻张垍身居禁中难再攀附。既说"无复随",可见曾经是追随过张垍的。"空余"句用晋代车胤家贫勤学夏月囊萤照读书事,喻自身的不得志,惟有萤窗暗泣而已。《杜臆》说:"此刻意之作,人多草草看过。如'高凤''聚萤',本不用人名车胤事,一经评注点染,竟为白璧之瑕。垍官翰苑,又宅禁庭,如凤翔千仞,无复可随,而空泣聚萤耳。公在秦州赠薛三、毕四诗云:'官乔趋栖凤,朝回叹聚萤。'知其必有所出。今以臆解之:萤之为物,弱质不离腐草,微光难近太阳,故以自比。而两处俱作囊萤解,则儿童之见也。"王嗣奭的解释有可取的地方。不过此处的"聚萤"仍当理解为用车胤事,与上句联系起来看,意思是悲叹自己不能像张垍那样接近皇帝,只得过寒素的读书人生活。"此生"二句自叹垂老无成,到处漂泊。《魏氏春秋》载嵇康寓居河内山阳,与王戎、向秀同游,向秀后作《思旧赋》。末二句用此典故,意在表明诗人与张垍有旧(另一首《奉赠太常张卿垍二十韵》:"桃阴想旧蹊",也表明二人有旧),希望他对赠诗求汲引之意有所领悟。了解了他俩的关系和赠诗的意图,再回过头去看前面那一大段对张垍的称颂之辞,不是有意无意地在暗示:像您这样通天的大人物,若念旧情,稍加提携,我不是就平步青云了吗?杜甫另有《奉赠太常张卿垍二十韵》。[14]张垍为太常卿在天宝十三载(七五四)。这诗当作于这年。这诗后段说:"适越空颠踬,游梁竟惨凄。谬知终画虎,微分是醯鸡。萍泛无休日,桃阴想旧蹊。吹嘘人所羡,腾跃事仍暌。碧海真难涉,青云不可梯。顾深惭锻炼,才小辱提携。槛束哀猿叫,枝惊夜鹊栖。几时

---

[14]题中"垍"字旧作"均",黄鹤改定,说详该诗仇注。施鸿保认为"似题中'均'字不误",说详《读杜诗说》。

陪羽猎，应指钓璜溪。"仇兆鳌解释说："适越游梁，浪游之迹。知同画虎，谓召试不遇。分等醯鸡，谓抱道不行。萍踪无托，而回想旧居。以张公吹嘘之后，腾跃终沮也。从此碧海无涯，青云难上矣。虽蒙顾遇提携，亦自愧才疏未炼耳。哀猿惊鹊，困穷莫诉。陪猎钓溪，终望张之见引也。"可见在前次赠诗之后，张垍也确曾"吹嘘""提携"过杜甫。天宝十载杜甫进三大礼赋，玄宗奇之，命待制集贤院。张垍很可能为促成这事在暗中使过劲（说详后）。扬雄侍从汉成帝游猎，作《羽猎赋》。"几时"句即用此典故比喻张垍为侍从。周文王因猎得遇太公。《尚书大传》载："文王至磻溪，见吕尚，拜之。答曰：'望钓得玉璜，刻曰：姬受命，吕佐检。'"《十道志》："栎阳（故城在今陕西临潼县境）有钓璜浦。"陪羽猎而指璜溪，老杜不惟望张垍终能汲引，且以晚遇文王的吕尚自居。[15]穷愁潦倒，仍不忘"窃比稷与契""致君尧舜上"的大志，这种为实现理想而坚持不懈的奋斗精神，足可与李白媲美。为了"济苍生"（《梁园吟》）、"安黎元"（《书情赠蔡舍人雄》），李白曾一再宣称他要像吕尚那样"一举钓六合"（《鞠歌行》），"钓周"（《留别于十一兄逖裴十三游塞垣》）。后来他应召入京，正想大展鸿图，不意遭谗见放；虽然这样，他还是以吕尚等大器晚成的古人自勉："闲来垂钓碧溪上，忽复乘舟梦日边。……长风破浪会有时，直挂云帆济沧海"（《行路难》其一）；"君不见朝歌屠叟辞棘津，八十西来钓渭滨。宁羞白发照清水，逢时壮气思经纶。广张三千六百钓，风期暗与文王亲"（《梁甫吟》）。可见李、杜不甘沉沦，总是想做一番大事业。李白遍干诸侯，希求汲引，观其《与韩荆州书》《上安州

---

[15]《杜臆》解"几时陪羽猎，应指钓璜溪"说："吕望晚而遇主，公觊张之速荐而借吕以动之，盖反言之也。"亦佳。

裴长史书》等，谀人、自炫，言辞无所不用其极，令人读之生厌。杜甫赠韦济、张垍诸诗亦然。干谒请托是当时风气，因此应看到他们为世俗颓风所沾染、难免庸俗的一面；但也应同时看到，在他们热衷于仕进的追逐中，确乎有一点用世的真忱在。

天宝十载（七五一）正月，玄宗祠太清宫、太庙，祀南郊。杜甫时年四十岁，在长安，作三大礼赋，投延恩匦以献。[16]《进三大礼赋表》说："臣生长陛下淳朴之俗，行四十载矣。与麋鹿同群而处，浪迹于陛下丰草长林，实自弱冠之年矣。岂九州牧伯，不岁贡豪杰于外？岂陛下明诏，不仄席思贤于中哉？臣之愚顽，静无所取，以此知分，沉埋盛时。不敢依违，不敢激讦，默以渔樵之乐自遣而已。顷者卖药都市，寄食友朋。窃慕尧翁击壤之讴，适遇国家郊庙之礼，不觉手足蹈舞，形于篇章。漱吮甘液，游泳和气，声韵浸广，卷轴斯存。抑亦古诗之流，希乎述者之意。然词理野质，终不足以拂天听之崇高，配史籍以永久。恐倏先狗马，遗恨九原。臣谨稽首，投延恩匦，献纳上表。"这表写得不算很出色，却有史料价值。老杜在表中先回顾了早年的漫游，又提到了当时窘迫的生计。他后来有些诗句写到他在流寓地采药、种药的事，可见他从寄旅长安时开始，就靠卖药补贴部分家用了。口里说："岂九州牧伯，不岁贡豪杰于外？岂陛下明诏，不仄席思贤于中哉？"他心里何尝忘记开元二十三年（七三五）的那次举进士不第，忘记天宝六载（七四七）的那次应诏而退。当着皇帝，他当然"不敢依违，不敢激讦"，只能自认"愚顽"，表示"知分"。但是，他的愤懑、抱屈

---

[16]《新唐书·杜甫传》载献三大礼赋在天宝十三载。黄鹤说："《旧唐书·玄宗纪》：'十载春正月，乙酉朔，壬辰，朝献太清宫。癸巳，朝飨太庙。甲午，有事于南郊。'朝享太庙，赋曰：'壬辰，既格于道祖，乘舆即以是日，致斋于九室。'有事于南郊，赋曰：'二之日，朝庙之礼既毕。'与《旧书》甲子俱合，则为十载献赋明矣。"

第八章 旅食京华 | 191

之情，仍然隐隐约约地从字里行间流露出来，为熟悉他当时恶劣心境的读者所觉察。

杜甫献赋所投的延恩匦创始于武后时。《资治通鉴》卷二百三载："(垂拱二年，三月，)太后命铸铜为匦：其东曰'延恩'，献赋颂、求仕进者投之；南曰'招谏'，言朝政得失者投之；西曰'伸冤'，有冤抑者投之；北曰'通玄'，言天象灾变及军机秘计者投之。命正谏、补阙、拾遗一人掌之，先责识官，乃听投表疏。"胡三省注："识官，犹今之保识。"这就是说投匦必须先找熟识的官员作保，不是随便可以投得的。当年孟浩然举进士不第后曾写诗说："欲随平子去，犹未献《甘泉》。"(《题长安主人壁》)又说："十上耻还家，徘徊守归路。"(《南阳北阻雪》)可见他当时真献过赋，只是仍无结果罢了。孟浩然献赋，投的也当是这延恩匦。

杜甫应诏而退，只得干谒权贵以求汲引，仍无效，惟有投匦献赋直接向皇帝呼吁一法了。他所献三赋为《朝献太清宫赋》《朝享太庙赋》《有事于南郊赋》。《朝献太清宫赋》说："冬十有一月，天子既纳处士之谕，承汉继周，革弊用古，勒崇扬休。明年孟陬，将摅大礼以相籍。"这事和有关情况《资治通鉴》卷二一六记之甚详："(天宝九载，八月，)处士崔昌上言：'国家宜承周、汉，以土代火；周、隋皆闰位，不当以其子孙为二王后。'事下公卿集议。集贤殿学士卫包上言：'集议之夜，四星聚于尾，天意昭然。'上乃命求殷、周、汉后为三恪，废韩(元魏后)、介(后周后)、酅(隋后)公；以昌为左赞善大夫，包为虞部员外郎。冬，十月，庚申，上幸华清宫。太白山人王玄翼上言见玄元皇帝，言宝仙洞有妙宝真符。命刑部尚书张均等往求，得之。时上尊道教，慕长生，故所在争言符瑞，群臣表贺无虚月。李林甫等皆请舍宅为观以祝圣寿，上悦。"既然天下太平，万事大吉，皇帝就得感谢天地,感谢他的始祖老子和历代祖宗,这就引出天宝十载同时行三大礼的事来了。

上有所好,下必甚焉。皇帝既然迷信阴阳五行之说,又尊道教慕长生,那么,上自宰相,下至处士、山人,为了讨好主子,博取恩宠,就不惜弄虚作假,胡扯瞎编,或割爱施舍,故作虔诚。玄宗在前期还想有所作为的时候,头脑还是清醒的。比如开元十三年四月,他与中书门下及礼官学士宴于集仙殿,他说:"仙者凭虚之论,朕所不取。贤者济理之具,朕今与卿曹合宴,宜更名曰集贤殿。"又同年九月,他对宰臣说:"《春秋》不书祥瑞,惟记有年。"敕此后州县不得更奏祥瑞(见《资治通鉴》卷二一二)。后来他年纪大了,又沉湎于声色犬马,迷恋着帝王生活,就越来越怕死,越来越感到精神空虚,于是就只好乞灵于宗教迷信,相信起鬼神来了。《资治通鉴》卷二一四载:"太常博士王玙上疏请立青帝坛以迎春;从之。(开元二十五年)冬,十月,辛丑,制自今立春亲迎春于东郊。时上颇好祀神鬼,故玙专习祠祭之礼以干时。上悦之,以为侍御史,领祠祭使。玙祈祷或焚纸钱,类巫觋。习礼者羞之。""子不语怪力乱神"(《论语·述而》)。儒家重视祭祀,看作赖以巩固封建统治的礼的一部分,但反对淫祀和巫觋之类的迷信活动。王玙搞的那一套已类乎巫觋,所以作为儒家正统的"习礼者羞之"。玄宗不仅不"羞之",反而"悦之",可见他由于生活上的腐化、精神上的崩溃导致政治上的昏庸,已到了不可救药的地步了。走"终南捷径"可得官,习道举可得官(陈希烈就以讲老庄得进,后来竟做了宰相),如今又多了条"专习祠祭之礼以干时"的得官门路。皇帝的昏庸,助长了投机取巧的歪风邪气。发展到了天宝九、十载,更是花样翻新,愈演愈烈,这就无怪乎要出现"所在争言符瑞,群臣表贺无虚月"的高潮,无怪乎处士崔昌竟以妄议五行而得官，学士卫包也因谎报星象而晋爵了。三大礼将朝献太清宫（即祭长安的老子庙）置于朝享太庙（祭李唐王室真正的祖宗）和合祭天地之上，这倒不是因为玄宗真的敬重他的这位干始祖公，而是因为在他愚昧的心目中，这位一再"显圣"的干始祖公是唯一能保佑他长生不老、永享鸿福的法力无边的活神仙，必须首先顶礼膜拜。

你要是了解了三大礼举行的根由，懂得了当时投皇帝的所好易于得官的诀窍，同时还注意到杜甫干求过的老熟人张垍的哥哥张均在那场"玄元皇帝"显灵的闹剧中充当了求"妙宝真符"的重要角色，就难免会闪过这样一个念头：杜甫这次投匦献赋的时机实在是选择得太妙了，兴许有懂行的高明在后面替他出谋划策呢。可能是我想入非非了，我总觉得，在杜甫当时的那班熟人中，最有条件在这方面对他加以点拨，甚至出面来为他的投匦当保人的，似乎没有谁超得过张垍兄弟的了。在那样的社会里，能要求杜甫这样长期受压抑、眼看即将被湮没的有志之士，白白地错过有利时机，不做任何努力么？能忍心责怪他没顶住歪风邪气，也跟着投机取巧之徒跑了么？

时机选择得好，所进的赋又正对皇帝的胃口，杜甫这一炮总算是打响了："帝奇之，使待制集贤院，命宰相试文章。"（《新唐书·杜甫传》）集贤院即集贤殿书院。集贤殿原名集仙殿，前已提到此殿在开元十三年由玄宗改名。其后杜甫写的《进封西岳赋表》说："顷岁，国家有事于郊庙，幸得奏赋，待罪于集贤。"即指其事。因献赋惊动了皇帝，居然得到"命宰相试文章"的恩典，对于长期仕途郁郁不得志的士子来说，这无论如何是个成功，是件令人振奋的大事。后来诗人流落西蜀，沉沦使府，为轻薄少年所侮，赋《莫相疑行》以抒愤，曾感慨系之地提到此事说："忆献三赋蓬莱宫，自怪一日声烜赫。集贤学士如堵墙，观我落笔中书堂。往时文采动人主，此日饥寒趋路旁。"足见他很以自己有这一段不寻常的际遇而自豪。

这事前前后后的大致情况，在他此后不久所作《奉留赠集贤院崔于二学士》诗中有所反映："昭代将垂白，途穷乃叫阍。气冲星象表，词感帝王尊。天老书题目，春官验讨论。倚风遗鹢路，随水到龙门。竟与蛟螭杂，空闻燕雀喧。青冥犹契阔，陵厉不飞翻。儒术诚难起，家声庶已存。故山多药物，胜概忆桃源。欲整还乡旆，长怀禁掖垣。谬称三赋在，难述二公恩。"崔学士是吴郡人崔国辅。开元十六年后几年孟浩然游越时他正在做山阴县尉。[17]《唐诗纪事》说他"明皇时应县令举，授许昌令，集贤直学士，礼部员外郎。坐王鉷近亲，贬晋陵郡司马"。户部侍郎、御史大夫、京兆尹王鉷坐叛逆案赐自尽在天宝十一载四月。崔国辅贬晋陵郡司马当在这年四月王鉷事发后不久。据此可断定这诗当作于天宝十一载四月以前。诗中既着重在回顾献三大礼赋事，而天宝十一载并未举行三礼，那么，可进一步断定《新唐书·杜甫传》中关于献三大礼赋在天宝十三载的记载实误，黄鹤改订于十载至确。崔国辅也是诗人，他流传下来的诗篇，不少写水乡风情，其中最出色的要算是《从军行》了："塞北胡霜下，营州索兵救。夜里偷道行，将军马亦瘦。刀光照塞月，阵色明如昼。传闻贼满山，已共前锋斗。"惺惺惜惺惺，他应该理解杜甫，赏识杜甫。于学士是于休烈，开元初中进士，自秘书省正字累迁集贤殿学士，转比部员外郎。据《唐六典》载，集贤殿书院官五品以上为学士，六品以下为直学士。学士的品秩虽然高低不等，但都是侍从皇帝饮宴赋诗的清要官职。这首诗末

―――――

[17] 详见拙著《唐诗论丛·孟浩然事迹考辨》。

后有原注说："甫献三大礼赋出身，二公尝谬称述。"黄鹤说："崔、于二学士当是试文之官。"浦起龙不同意："愚谓不然。玩诗中'倚风''随水'等句，殆由召试不遇，意将辞别而归。二学士特集贤院长耳。"其实浦说是不能成立的，理由是：一、杜甫回忆当时应召试文的情形说："集贤学士如堵墙，观我落笔中书堂。"又，这诗说："天老书题目，春官验讨论。"《帝王世纪》载："黄帝以风后配上台，天老配中台，五圣配下台，谓之三公。"周代以春官掌邦礼（见《周礼》春官宗伯）。武后时曾一度改礼部为春官。世因称礼部官为春官。这里的"春官"实指集贤学士。[18] 仇注引《杜臆》："'验讨论'，谓考验其文词所自出，故赴试者语必典雅。"（此条今本不存）据此可知杜甫当时应试的地点是在宰相们办公的政事堂（开元十一年张说奏改政事堂为中书门下，"中书堂"即指此），考试的题目是当时的宰相李林甫、陈希烈他们出的，集贤院众学士都临场监考，并授权考校文字，评议优劣。据赠诗末二句"谬称三赋在，难述二公恩"和原注"甫献三大礼赋出身，二公尝谬称述"，知崔、于二位是在"观我落笔中书堂"的"如堵墙"的众"集贤学士"之内；他俩作为"验讨论"的"春官"，对献赋"出身"的杜甫是"尝谬称述"的。杜甫如今召试不遇，将东归洛阳，为了感谢他俩的称许美意，特赋诗留赠。这也是很自然、很合乎情理的。那么，黄鹤说他

〈18〉《资治通鉴》卷二一二载，开元十三年四月玄宗"与中书门下及礼官学士宴于集仙殿"，并改集仙殿为集贤殿，"其书院官五品以上为学士，六品以下为直学士；以张说知院事，右散骑常侍徐坚副之。上欲以说为大学士；说固辞而止"。从此以后便成定制，"每宰相为学士者为知院事，常侍一人为副知院事"（《旧唐书·职官志》）。据此可知：一、集贤学士属于礼部之官；二、当时以宰相张说兼任院长，以右散骑常侍徐坚兼任副院长，正副院长的地位崇高，非一般学士所能担任；三、不管本官实职为何，只要选入书院都加"学士"或"直学士"衔。张说固辞"大学士"衔，仍保留"学士"衔。由此可推知得入书院者都是"学士"或"直学士"衔。因此之故，学士、直学士品秩高下悬殊。

俩"当是试文之官",又有什么不对呢?二、改名后的集贤殿书院第一任院长是宰相张说,副院长是右散骑常侍徐坚,此后成为定制,院长一律由有"学士"衔的宰相兼任,副院长由常侍之一兼任(详本章注〈18〉)。崔国辅是直学士,贬晋陵郡司马以前最高只做到从六品上的礼部员外郎。于休烈最高也只做到从六品上的比部员外郎。这官职是从集贤殿学士"转"来的,转官一般官阶不动。可见他在集贤殿时怎么也到不了五品,没资格当学士;他的学士不过是直学士的泛指罢了。杜甫赠诗题中将他排在崔国辅之后,就是明证。他俩连学士都没当上,怎能当只有宰相和常侍才能担任的集贤殿书院正副院长呢?浦起龙说"二学士特集贤院长耳",只是强不知以为知,不足信。

赠诗首二句"昭代将垂白,途穷乃叫阍",开门见山,表明这次投匦献赋只是出于不得已:多方碰壁,日暮途穷;延恩匦既为"凡怀才抱器,希于闻达者"(《唐六典》)而设,就顾不得冒"惊驾"的风险,将希望寄托在这孤注一掷了。

"气冲星象表,词感帝王尊"[19],也就是"往时文采动人主"(《莫相疑行》)的意思,是说三赋幸得"通天",为玄宗所赏识。三大礼赋写得颇典雅,稍嫌板滞,但也不乏文采。例如"九天之云下垂,四海之水皆立"[20](《朝献太清宫赋》)、"桐花未吐,孙枝之鸾凤相鲜;云气何多,宫井之蛟龙乱上"(《朝享太庙赋》)、"甲胄乘陵,转迅雷于荆门巫峡;玉帛清迥,霁夕雨于潇湘洞庭"(《有事于南郊赋》)等等,都

〈19〉《杜臆》说:"'诗感帝王尊',知明皇不但奇其三赋已也,又奇其诗。"各本"诗"均作"词",此解无据。
〈20〉洪迈《容斋四笔》载:"东坡在杭州,作《有美堂会客(此二字应作'暴雨')》诗,颔联云:'天外黑风吹海立,浙东飞雨过江来。'读者疑海不能立。黄鲁直曰:盖是为老杜所误。因举三大礼赋《朝献太清宫》'九天之云下垂,四海之水皆立'以告之。二者皆句语雄峻,前无古人。"

是些很漂亮的骈辞俪句，若与初唐诸名家手笔相较，毫不逊色，文风也很接近。[21] 不过，在我看来，"动人主"的不只是"文采"，主要还是赋献得及时，内容也深获"圣心"。崔昌谈五行，卫包言星象，本是极其荒诞不经的事，《朝献太清宫赋》一上来追原行三大礼的因由，却冠冕堂皇地加以肯定说："冬十有一月，天子既纳处士之谕，承汉继周，革弊用古，勒崇扬休。明年孟陬，将摅大礼以相籍。"即使要行大礼，按照封建祀典的常规，只须"朝享太庙"以祭祖，"有事于南郊"以合祭天地就足够了。如今不但要"朝献太清宫"以祭老子，还要将这一大礼放在首位，能说这符合"革弊用古"的精神吗？作者不一定没意识到这一点，不过，为了讨皇帝喜欢，却借所谓"天师张道陵"（实指太清宫的道官）的口，引经据典地夸奖皇帝能厘正祀典说："今王巨唐，帝（指玄元皇帝老子）之苗裔。……至于易制取法，足以朝登五帝，夕宿三皇。……臣道陵等，试本之青简，探之于缥囊；列圣有差，夫子闻斯于老氏；好问自久，宰我同科于季康。取拨乱反正，乃此其所长。"案《礼

---

[21] 严有翼《艺苑雌黄》载："秦少游尝言，人才各有分限。杜子美诗冠古今，而无韵者殆不可读。曾子固以文名天下，而有韵者辄不工。此未易以理推也。余比观《西清诗话》，乃不然其说。杜少陵文自古奥，所举数语，出《朝享太清宫赋》，诚磊落惊人。此不谓之无韵之作可乎？窃意少游所谓无韵不可读者，不过伐木诗序之类而已。"刘克庄《后村诗话》也有类似的议论："前人谓：杜诗冠古今，而无韵者不可见读。"又谓："太白律诗殊少。此论施之小家数，可也。余观杜集无韵者，惟夔州府诗题数行颇艰涩，容有误字脱简。如大礼三赋，沉着痛快，非钩章棘句者所及。太白七言近体如凤凰台，五言如忆贺监、哭纪叟之作，皆高妙。未尝细考而轻为议论，学者之通患。……李杜是甚气魄，岂但工于有韵及古体乎？"平心而论，谓杜工于有韵、李长于古体、曾以文章名家，大致不差。陈子龙说："三大礼赋，辞气壮伟，非唐初余子所能及。"仇兆鳌引此并加按语："历代赋体，如班、马之两都、子虚，乃古赋也。若贾、扬之吊屈、甘泉，乃骚赋也。唐带骈耦之句，变为律赋。宋参议论成章，又变为文赋。少陵廓清汉人之堆垛，开辟宋世之空灵，盖词意兼优，而虚实并运，足以超前轶后矣。陈氏称其词气雄伟，非唐初余子所及，尚恐未尽耳。"陈对三赋评价已过高，仇尚嫌其未尽其妙，更是溢美失实了。但论赋体的演变极是。

记·曾子问》载:"孔子曰:……祫祭于祖,则祝迎四庙之主,主出庙入庙必跸。""吾闻诸老聃。"又《史记·仲尼弟子列传》载宰我,《孔子家语》载季康子都问过孔子关于五帝之德的事。仇兆鳌说:"夫子闻老氏,见圣祖当尊。宰我问帝德,见历代宜辩。拨乱反正,指祀典之礼言,即所云'易制取法'也。"这解释大致不差。至于《朝享太庙赋》写祭毕推恩,泽被众生,感及人物:"福穰穰于绛阙,芳菲菲于玉弭。沛枯骨而破聋盲,施夭胎而逮鳏寡。园陵动色,跃在藻之泉鱼;弓剑皆鸣,汗铸金之风马",《有事于南郊赋》推崇玄宗能振兴唐祚:"插紫极之将颓,拾清芳于已缺。炉之以仁义,锻之以贤哲。……盖九五之后,人人自以遭唐虞;四十年来,家家自以为稷契",更是极尽歌功颂德的能事。正当需要为举行不合古制的三大礼大造舆论的时候,居然有人自动献上这么三篇洋洋洒洒、振振有词而又颇富文采的赋来捧场,这怎教玄宗不喜出望外,不深表赞赏而特命待制集贤院以张扬其事呢?处士崔昌以议五行而得官,从献赋之初的受重视看,杜甫也并非毫无发迹的可能啊!朱鹤龄说:"玄宗崇祀玄元,方士争言符瑞,又信崔昌之议,欲比隆周、汉,不知淫祀矫诬,惭德多矣。三赋之卒章,皆寓规于颂,即子云风羽猎、甘泉意也。公诗云:'赋料扬雄敌',岂虚语哉?"扬雄字子云,年轻时以辞赋见称,被召入宫,侍从汉成帝祭祀游猎,作《甘泉》《羽猎》《长杨》《河东》四赋以歌颂汉朝的声威和皇帝的功德。后人艳称扬雄寓讽于赋,这是真的吗?且看他本人的答复吧。"或曰:'赋可以讽乎?'曰:'讽乎?讽则已;不已,吾恐不免于劝也。'"(《法言·吾子》)所以他后来对自己的"少而好赋"很后悔,说这不过是"童子雕虫篆刻","壮夫不为也"(同上)。《汉书·艺文志》也说:"大儒孙卿及楚臣屈原,罹谗忧国,皆作赋以风(讽),咸有恻隐古诗之义。其后宋玉、唐勒,汉兴,枚乘、司马相如下及扬子云,竞为侈丽闳衍之词,没其风(讽)谕之义。是以扬子悔之,曰:'诗人之赋丽以则,辞人之赋丽以淫。……'"他本人不承认,东汉人也不认为他的赋里真寓有讽喻,后人怎可平白无故地拔高其辞赋的思想意义,怎可主观主义地认为杜甫"三赋之卒章,皆寓规于颂,即子云风羽猎、甘泉意"呢?对于玄宗的种种荒唐行径,杜甫即使有所腹非,但鉴于他当时求官心切,唯恐"词理野质,终不足以拂天听之崇高",是不大可能,也不敢表露于口头笔底的。如果真"寓规于颂",也不过是"讽一而劝百",在玄宗这种为神仙、女色弄得神魂颠倒、昏聩不堪而又好大喜功、爱听奉承的皇帝眼里,那吞吞吐吐、似是而非、模棱两可的一"讽",还甚至会被误认为一"劝"。那么,从实际效果上看,这哪里是"讽一而劝百",简直是"劝百而加一"了。试问:这岂不是多此一举,弄巧反拙了吗?——我不是在这里忽发狂言,故作惊人之笔,而只是想借以说明那些好心的"寓规于颂"论者,欲扬而实抑,适得其反罢了。

"倚风遗鹢路,随水到龙门",紧接"天老"二句之后,大意是说虽然参加了宰相出题、学士判卷的考试,可惜未遇而退。《左传》僖公十六年载:"六鹢退飞过宋都。""鹢"或作"鶂"。为什么要退飞呢?《昭明太子启》说:"鹢路颓风",是遇到了逆风的缘故。传说鲤鱼跳龙门,跳过的化龙,跳不过的曝腮点额而退(见《三秦记》)。"随水"句即用此典故;与上句合看,不是明显地表示他这次仍然是"曝腮点额而退"了么?

"竟与蛟螭杂",意谓这次待制集贤院,厕身于诸学士之间,有如鱼龙混杂。这是自谦的话。《史记·日者列传》有"凤皇不与燕雀为群"的话。古人多以"燕雀"喻小人。"空闻燕雀喧",喻三大礼赋予这次应试所作诗文遭小人妄议。诗人对崔、于二学士的"称述"感激莫名，必然对反对意见要耿耿于怀了。

"青冥犹契阔，陵厉不飞翻"，承上意，慨叹因小人信口雌黄而终于不得青云直上、飞黄腾达。他后来的《进封西岳赋表》说："顷岁，国家有事于郊庙，幸得奏赋，待罪于集贤；委学官试文章，再降恩泽；仍猥以臣名实相副，送隶有司，参列选序。"可见这次应试的唯一收获是"送隶有司，参列选序"。换句话说，就是给了他一个交政府备案、准许参加候缺选官的资格。这当然会使他大失所望，就难免有青冥契阔之叹了。

最后一段意思比较明显，大致是说，不能奋起入朝，只好引退还乡；但"待制集贤院"这一段短暂的生活，和二位的"称述"之恩，却令我难以忘怀；"儒术诚难起，家声庶已存。故山多药物，胜概忆桃源。欲整还乡斾，长怀禁掖垣。谬称三赋在，难述二公恩。"赠诗后不久，他大概又一度回洛阳故居去了。[22]

从以上的剖析中，可窥得杜甫从献赋到召试不遇全过程的梗概。既然皇帝对杜甫"圣眷甚隆"，而且所作"使待制集贤院，命宰相试文章"的决定也极其郑重，非同小可，为什么折腾了半天，最后连个起码的实缺也没捞到手呢？看起来，问题就出在"命宰相试文章"这几个字上面。当时的左相是陈希烈，右相是李林甫。当权的是李林甫，陈希烈凡事都听命于李林甫。这时陈希烈虽已与李林甫为敌，但无关紧要的事还得依着他。因此，即使这次皇帝没派李林甫当主考官，对于杜甫命运的穷达通塞，他照样能起决定性的作用。上次（天宝六载）玄宗诏天下通一艺者皆得诣京师就选，

---

[22] 仇兆鳌按："公系出襄阳，曾祖依艺，始知洛之巩县，遂居于此。杜陵乃其宗族所在。梦弼泥鹿门采药、武陵桃源，遂以故乡为襄阳。但移巩已经四世，襄阳无复回庐可依矣。当从朱注作洛阳故居。其曰'忆桃源'，欲如秦人之避世耳。不必亲至桃源也。"

他因素忌文学之士，又怕来自下层的士子"泄漏当时之机"，就在暗中捣了个鬼："试如常例"之后，却一个也不录取，还一本正经地"送表贺人主，以为野无遗贤"（详第五章）。杜甫就是上次那些倒霉的落第者中的一个，没料到冤家路窄，如今又得到皇帝"再降恩泽"的良机应试来了。那么，那位"口蜜腹剑"的宰相，既然早已宣称"野无遗贤"，这次就势必不会容许他得中高科了。似乎杜甫也多少意识到李林甫的存在很不利于他的仕进，三赋中凡是直接或间接涉及他的地方，话说得很谨慎，甚至还不惜谬加称颂，如"四十年来，家家自以为稷契"（《有事于南郊赋》），虽不是专夸李林甫犹如古代的贤臣稷和契，既然是全称肯定，自然包括玄宗即位至今这整整四十年中执政近二十年的右相李林甫在内啊！在《朝享太庙赋》中，辞赋家还特意安排李林甫和左相陈希烈出场向皇帝致颂辞："于是二丞相进曰：陛下应道而作，惟天与能。浇讹散，淳朴登。尚犹日慎业业，孝思烝烝；恐一物之失所，惧先王之咎征。如此之勤恤匪懈，是百姓何以报夫元首，在臣等何以充其股肱？"你看这二位丞相仪态何等的雍容，言辞何等的得体！借二相之口颂扬的虽是"元首"的"勤恤匪懈"，而"股肱"的辅佐之功，不是也不言而喻了吗？[23]可见杜甫的这次召试不遇，并不是因为他行文、

---

[23] 仇兆鳌按："是时林甫当国，公进此赋，须关白宰臣，故篇中兼及丞相，然不肯谬作谀词。上言生佐命而死配神，见名臣可法也。下言报元首而充股肱，见尸位可忧也。且云诸侯迫胁，方士威棱，见大权不可旁落，君心不宜蛊惑也。既箴于君，又讽其臣，文章品格，卓然千古矣。"所论不无道理。也可以理解这是作者在故弄狡狯：通过丞相之口，以箴其君，以讽其臣。很可能作者主观上真是这样想。殊知古今权奸，无不好话说尽，坏事做绝。那么，不管你出自真心还是假意，既然把他描绘成了这样一个高瞻远瞩、作风正派的大政治家，这正是他求之不得的大好宣传文字。在特定的语言环境中，他本人和当时的人，是不大可能看出其中含有什么挖苦的意思。因为，那些真心诚意的颂辞，不也是这样写、这样说的么？所以，从客观效果上考察，不能说这不是"谀词"。

说话之间不当心，无意中在什么地方冒犯了这个权奸，也不见得他跟这权奸个人之间存在什么矛盾，倒很可能取决于这权奸这样一个政治上的考虑：决不能让他高中，决不能承认上次落第者之中还有可选拔的"遗贤"，决不能自己打自己的嘴巴。要是当初玄宗见赋一高兴，当即赏杜甫个闲官散职，就像一采纳了处士崔昌废二王后的建议便任命他为左赞善大夫一样，不是就没有这一番波折了吗？不过，说句公道话，李林甫固然忌才，唐玄宗也未必真爱才。不然，这两次考试都是他亲自做出的决定，上次给李林甫弄了手脚，这次又给胡乱地打发过去了，他就不觉得可疑，不来稍加过问么？"汉皇重色思倾国"，他哪里还顾得上重才、思贤？即使一时兴起，偶尔也下诏选士，只不过是做做姿态，廉价地沽"明君"之名、钓"好德"之誉罢了。求贤诏是下了，收买人心的目的已达到了："岂陛下明诏，不仄席思贤于中哉？"杜甫不就是这样看的么？可见群众反应不坏。至于取谁不取谁，还是通通不取，其中有无弊病，自有宰相和主管官员负责，他也就乐得不闻不问了。——能说这是真爱才吗？

诚然，唐玄宗心里并不真爱才，不过他既已对杜甫所献三赋表示大为欣赏，而且来了个"使待制集贤院，命宰相试文章"的大动作，按常情，这考试也不过是走走过场，是不难通过的。更何况"谬称三赋在"，用封建"歌德派"的眼光衡量，这三赋确乎写得"队伍谨严，词华典赡"(仇兆鳌语)，据说还能"寓规于颂"，很见功力，加之集贤学士中又有张垍兄弟、崔国辅、于休烈这样一些大力"提携""吹嘘"他的人，要不是这事直接跟李林甫的阴谋政治有抵触，李林甫不得不从中作梗，那么，在杜甫献赋得到皇帝的夸奖之后，哪个小人敢跳出来鼓噪、唱反调？"竟与蛟螭杂，空闻燕雀喧"，这些集贤院里瞎嚷嚷的"燕雀"，想必跟那些用来教训诸谏官的"立仗马"差不多（李林甫曾召集谏官们训话，要他们学那些给皇帝上殿排班的"立仗马"的样，只要不瞎叫，保证能"食三品料；一鸣辄斥去，悔之何及"），都是李林甫养着的，主子一声吆喝，教它们出来起哄，它们敢不遵命？让杜甫入选得官，这是万万不可以的。把他一笔抹杀，总得顾全点皇帝的脸面。那么，好吧！跟他要个花招，"送隶有司，参列选序"，这不就两全其"美"，把难题儿给对付过去了？——这种上下其手处事的鬼点子，恐怕只有"柔佞多狡数"的李林甫才想得出来。果真是这样，那么，作于稍后的《奉赠鲜于京兆二十韵》中所说"破胆遭前政，阴谋独秉钧。微生沾忌刻，万事益酸辛"，就当兼指前后两次应试不遇而言了。仇兆鳌在这两句诗后加按语说："公初应诏而见黜，后以召试而仍弃，皆林甫为之。"这理解是对的。细味《进封西岳赋》中"再降恩泽"一语，最明显的含义固然是表达了对玄宗施恩的感激之情，但似乎也含有"再次失望"的潜台词。他对两次来自李林甫的重大打击，心里是明白的啊！

古今诸家杜甫年谱，多将杜甫"奏赋三篇，帝奇之，使待制集贤院"的事订于天宝十载（七五一），将"命宰相试文章"和"送隶有司，参列选序"的事订于天宝十一载（七五二）。可商榷。愚意以为，玄宗行三大礼都在十载正月，杜甫献三赋，当在此后不久。玄宗奇之，既"使待制集贤院，命宰相试文章"，这年才开始不久，有的是时间，而且考的只是杜甫一人，无须费时准备，按常情推断，这一极简便的考试，决无推迟到第二年举行之理。"送隶有司，参列选序"是考后所做出的决定（据《进封西岳赋表》，"送隶"二句前有"仍猥以臣名实相副"的话，想此决定已由主考宰相奏请皇帝认可了的）。考试的事既然应该改订在十载，那么，"送隶有司"的事也就要跟着往前挪了。杜甫大概在长安"候补"了一年左右，最迟到十一载四月以前，见没有多大希望，就特意赋诗留赠崔、于二学士，感谢他们的称许，抒发不遇的牢骚，之后，又暂时回洛阳探家去了。

五 "才士汲引难"！

此后两三年内，杜甫还曾一再投匦献《封西岳赋》《雕赋》等[24]，但不见有何反响；想玄宗对此早已不感兴趣，便一笑置之了。《进封西岳赋表》说："臣本杜陵诸生，年过四十，经术浅陋。进无补于明时，退尝困于衣食，盖长安一匹夫耳。顷岁，国家有事于郊庙，幸得奏赋，待罪于集贤，委学官试文章，再降恩泽。仍猥以臣名实相副，送隶有司，参列选序。然臣之本分，甘弃置永休，望不及此。岂意头白之后，竟以短篇只字，遂曾闻彻宸极，一动人主。是臣无负于少小多病、贫穷好学者已。在臣光荣，虽死万足。至于仕进，非敢望也。日夜忧迫，复未知何以上答圣慈，明臣子之效。况臣常有肺气之疾，恐忽复先草露、涂粪土，而所怀冥寞，孤负皇恩。"《进雕赋表》说："臣之近代陵夷，公侯之贵磨灭，鼎铭之勋，不复照耀于明时。自先君恕、预以降，奉儒守官，未坠素业矣。亡祖故尚书膳部员外郎先臣审

---

[24] 除三大礼赋外，集中现尚存《封西岳赋》《雕赋》《天狗赋》三赋。《进封西岳赋表》说："谨诣延恩匦献纳，奉表进赋以闻。"《进雕赋表》说："谨投延恩匦进表献上以闻。"这两个赋肯定是献过的。《天狗赋》无表有序，可能他本来就不打算献。黄鹤说："是年（指天宝十三载）二月，右相兼文部尚书杨国忠守司空。即《封西岳表》所云'元弼''司空'也。故知进表在是年。"仇兆鳌据《进雕赋表》："自七岁所缀诗笔，向四十载矣"，认为《雕赋》及表的写作"年次又在进三大礼赋后，应是天宝十三载所作；黄鹤以为九载者未合"。《天狗赋序》说"天宝中"，具体年次不详，当作于《雕赋》前后。

言，修文于中宗之朝，高视于藏书之府。故天下学士，到于今而师之。臣幸袭先臣绪业，自七岁所缀之诗笔，向四十载矣，约千有余篇。今贾、马之徒，得排金门上玉堂者甚众矣。惟臣衣不盖体，尝寄食于人，奔走不暇，只恐转死沟壑，安敢望仕进乎？伏惟明主哀怜之。倘使执先祖之故事，拔泥涂之久辱，则臣之述作，虽不能鼓吹六经，先鸣数子，至于沉郁顿挫，随时敏捷，扬雄、枚皋之徒，庶可企及也。有臣如此，陛下其舍诸？伏惟明主哀怜之，无令役役，便至于衰老也。……臣以为雕者，鸷鸟之殊特，搏击而不可当。岂但壮观于旌门，发狂于原隰？引以为类，是大臣正色立朝之义也。臣窃重其有英雄之姿，故作此赋。"《天狗赋序》说："天宝中，上冬幸华清宫，甫因至兽坊，怪天狗院列在诸兽院之上。胡人云：'此其兽猛健，无与比者。'甫壮而赋之。尚恨其与凡兽相近。"这些都是研究杜甫家世、生平、思想的极其珍贵的第一手资料。除已引用、论证过的以外，现试分条摘要简述如下：

（一）少小多病，常有肺气之病，四十岁左右头发就白了。《奉留赠集贤院崔于二学士》说："昭代将垂白"，《曲江三章》其一说："游子空嗟垂二毛"，《乐游园歌》说："数茎白发那抛得"，当是实录。所以这时期的诗中不乏叹老之句，如"垂老独漂萍""归老任乾坤""杜陵野老骨欲折"等等。正因为如此，更渴望及时见用，以免"先草露、涂粪土""转死沟壑"。

（二）他贫穷好学，从七岁开始学习写作，到当时已有诗、笔（南北朝以来指无韵的骈散文为笔）千余篇（多不传），自以为能赶得上扬雄这样一些有成就的前代作家（讲到这里，提出了"沉郁顿挫"的说法，后来便成为形容他诗歌风格的专用语）。今见文学之士多是"金马玉堂"人物，而自己还是"困于衣食"的"长安一匹夫"，因此深感抱屈和不平。

（三）杜审言生前做过著作佐郎。所说"倘使执先祖之故事"云云，话虽委婉，其实是指名问皇帝要官做。著作佐郎是从六品上阶。对一个尚未释褐的人来说，一上来就想获得这样一类官职，未免要价过高。但在杜甫心目中，这仅仅只是个开头，他最大的愿望和最终的目的是要充当皇帝的得力鹰犬，做一番大事业。所以他见到雕"有英雄之姿"，便"引以为类"，并从而领悟出"大臣正色立朝之义"；见到天狗"猛健，无与比者"，便"壮而赋之"。可见杜甫总是忘不了他"窃比稷与契""致君尧舜上"的初衷啊！

天宝九载（七五〇）正月，群臣奏封西岳，从之。二月，关中旱，西岳庙发生火灾，制罢封西岳。到了天宝十三载，杜甫上表献《封西岳赋》（详本章注〈24〉），又旧事重提，请求皇帝完成这一件大事："今兹人安是已，今兹国富是已。况符瑞翕集，福应交至，何翠华之默默乎？维岳，固陛下之本命，以永嗣业。维岳，授陛下元弼，克生司空。斯又不可寝已。伏惟天子需然留意焉！"（《进封西岳赋表》）玄宗《西岳碑》说："予小子之生焉也，岁丙戌，月仲秋，膺少皞之盛德，协太华之本命，故常瘗寐灵岳，肸蠁神文。"可见西岳是玄宗本命的象征，也就是他的命根子。《唐会要》载：临轩册三公，自神龙以来，册礼久废，惟天宝末册杨国忠为司空。杨国忠为司空在天宝十三载二月。可见这里所说的"元弼""司空"是指杨国忠无疑了。这西岳是皇帝的命根子，它又给皇帝降生了杨国忠这样的好宰相，如今国富民安、符瑞翕集、福应交至，那怎能老是拖延，不到那儿去登封告成呢？——好大的由头，好迂腐的见地，好露骨的颂扬！面对这样的情况，仇兆鳌这样一些好心的"寓规于颂"论者，想必也感到很难为诗人开脱，只得稍发议论说:"古者天子巡方,有祭岳而无封禅。自管子创为其说,始皇遂起而行之。善乎唐太宗之言曰:秦始皇封禅,而汉文帝不封禅,后世岂以文帝之贤不及始皇?可谓识高千古矣。当时魏徵与诸臣议礼,不能明决其非,故高宗复举而行之。追明皇时,群臣纷纷导谀,少陵亦作赋以劝上,其亦司马长卿之余习欤?唐世力辟封禅之谬,惟柳宗元一人而已。"杜甫献赋劝皇帝封禅,最主要的目的,无非是想借此讨好皇帝捞个官做罢了。如果不是形而上学地把他看成道德的化身、十全十美的完人,这本来是可以理解,甚至是无可厚非的。他在《朝享太庙赋》中颂扬李林甫、陈希烈,仇兆鳌说这只是因为赋中"须关白宰臣",并不是要"谬作谀词"。那么,能说这里仍"须关白宰臣"杨国忠么?"维岳,授陛下元弼,克生司空。"杨国忠当宰相、拜司空,跟西岳又有什么相干?真是百思不得其解。这难道不是故意在"谬作谀词"?我看,他不光是在"谬作谀词",还对杨国忠寄予了很大的希望呢!这只要跟他的《奉赠鲜于京兆二十韵》稍加印证,就会感到我说这话并非毫无根据。

鲜于京兆就是鲜于仲通。鲜于仲通是杨国忠的心腹,前面已经介绍过了。天宝十一载(七五二)十一月李林甫卒,杨国忠为右相,引剑南节度副大使鲜于仲通入为京兆尹。《资治通鉴》卷二一六载:"(天宝十一载十二月)杨国忠欲收人望,建议:'文部选人,无问贤不肖,选深者留之,依资据阙注官。'滞淹者翕然称之。国忠凡所施置,皆曲徇人所欲,故颇得众誉。"又载:"(十二载正月)京兆尹鲜于仲通讽选人请为国忠刻颂,立于省门,制仲通撰其辞;上为改定数字,仲通以金填之。"《奉赠鲜于京兆二十韵》中"献纳纡皇眷,中间谒紫宸"二句,指的就是他因献三大礼赋为玄宗所奇、召试文章、送隶有司参列选序的事。可见杜甫正是那些候选的"滞淹者"中的一分子,即使他当时并未参加选人们请为杨国忠刻颂的活动,也必会为那一场大吹大擂的宣传所迷惑,而于绝望之中顿生侥幸之心。这首诗前三段称颂鲜于仲通,后三段自叙,末尾说:"破胆遭前政,阴谋独秉钧。微生沾忌刻,万事益酸辛。交合丹青地,恩倾雨露辰。有儒愁饿死,早晚报平津。"前面已经提到杜甫初次应诏、再次诏试,都给李林甫弄了手脚,断送了前程,早已怀恨在心,只是权奸仍然在位,不敢表露罢了。如今好不容易见到他恶贯满盈、身败名裂,总算可以把多年憋着的一肚皮怨气一吐为快了。李林甫死在天宝十一载十一月。十二载二月,即为杨国忠使安禄山诬告,坐与阿布思谋反罪剖棺褫金紫。如果李林甫不是在政治上彻底完蛋,在上当权大员的诗中,是不好公开痛斥"前政"(前任执政者)的。可见这首诗当作于十二载二月李林甫狱成之后不久(诸家多订在十一载十一月或十二月作,不当)。这时"前政""阴谋独秉钧"的种种劣迹业已昭彰,而时相杨国忠的亲信鲜于仲通却正在示意选人为他的主人刻颂立碑、沽名钓誉。老杜久"沾忌刻",但"愁饿死",今见鲜于仲通与杨国忠"交合",施恩正易("交合丹青地,恩倾雨露辰"),这就无怪乎他要投诗鲜于仲通,诉"破胆遭前政"的苦,并迫切盼望鲜于"早晚报平津",企求重用了。汉武帝元朔五年,公孙弘为丞相,封平津侯,开东阁以延贤人。这里借礼贤下士的平津侯来比喻时相杨国忠,虽是阿谀,也寓有以贤能自负之意。诗中揭露李林甫的"阴谋""忌刻",固然是实话实说,也是长期受压抑者发自内心的控诉,但考虑到说话的对象和场合,总难免令人感到有点出自私心、投时相之所好的意味。闻一多先生表示不满:"夫林甫之阴谋,不待言。若国忠之奸,不殊林甫,公岂不知?且二人素不协,秉政以来,私相倾轧者久矣。今林甫死后,将有求于国忠,则以见忌于林甫为言,公之求进,毋乃过疾乎?"接着又原谅了他:"虽然,《白丝行》曰:'已悲素质随时染',又曰:'君不见才士汲引难,恐惧弃捐忍羁旅',审其意所在,殆有悔心之萌乎!故知公于出处大节,非果无定见,与时辈之苟且偷合,执迷不悟者,不可同日语也。钱谦益曰:'少陵之投诗京兆,邻于饿死(按赠鲜于诗有"有儒愁饿死"之句),昌黎之上书宰相,迫于饥寒。当时不得已而姑为权宜之计,后世宜谅其苦心,不可以宋儒出处,深责唐人也。'此言虽出之蒙叟,然不失为平情之论。《投简华咸两县诸子》曰:'饥卧动即向一旬,敝衣何啻联百结。'比来公生计之艰若是!"(《少陵先生年谱会笺》)

杜甫当时的生活确乎很穷困,不过,如果不想把他过于理想化,他的"病急乱投医",恐怕主要还是取决于他急于做官的庸俗考虑。说他"殆有悔心之萌"很有见地。他的《丽人行》当作于天宝十二载春,正与投诗鲜于仲通求杨国忠汲引同时。在一首诗中无情地鞭挞了杨国忠而在另一首诗中却不得不向他唱赞歌,向他求援,这种滋味好受吗?硬着头皮做了之后能不后悔吗?不愿干也得干,干了又后悔,这就是现实生活中并不那么理想那么美妙的真实的杜甫。杜甫处在"贫富常交战"的剧烈思想矛盾中,并不像陶渊明歌咏的那些高尚的贫士那样,总是"道胜无戚颜",而往往会讲一些违心的话,做一些违心的事。不过,即使这样,每当他扪心自问时还是有所悔恨,有时他的正义感、是非心甚至会战胜种种卑微的自私打算,居然使得他不顾身家性命,将讽刺的笔锋指向那"炙手可热势绝伦"的丞相,指向那骄奢淫荡的"云幕椒房亲"——这就是杜甫难能可贵的地方。哪能要求名利场中人竟然是冰清玉洁、一尘不染呢?

本章一开头就讲到杨国忠执政之初,为了收买人心,曾在选官这件事上大做文章，说要进行一番改革。他亲自主持了两次选官，手续是简化了，确乎大大加快了进度，但事情却办得越来越糟。这是因为：第一，他选人的原则是"无问贤不肖，选深者留之，依资据阙注官"，简言之，即今天所说的"论资排辈"；第二，让胥吏预定任官名单，因此营私舞弊，贿赂公行，谬误百出。朱鹤龄认为《奉赠鲜于京兆二十韵》"殆公谒选时所上"。如果杜甫当时真的参加了这两次被杨国忠视同儿戏的选官的话，那他注定要受骗上当、落选而归了。他取得"送隶有司参列选序"的资格才两三年，既然"无问贤不肖，选深者留之"，这怎么也轮不到他啊。更何况送京兆尹的"秀才人情纸半张"，远不如贿赂胥吏的银两神通广大。李林甫死后四个月以谋反判罪。又过了一个月，杨国忠欲攻李林甫之短，复以魏、周、隋后为三恪；卫包以助邪贬夜郎尉，崔昌贬乌雷尉。当年三大礼的举行就是起因于崔昌的妄议五行、卫包的谎报星象。杜甫的三大礼赋和表对此表示赞许，对李林甫也有所颂扬。他献三赋虽未平步青云，到底因此取得个候补选官的资格。杜甫献赋、召试之事，轰动一时，杨国忠不可能不知道。在杨国忠力图肃清其政敌影响的当时，杜甫虽不至于因献三赋而获"助邪"之罪（要知道，行三大礼的主角是皇帝，三大礼的本身又极神圣，杨国忠复三恪，贬崔昌、卫包，实际上已否定了三大礼，但也不敢明说），要想候选得官也很难（杜甫在赠鲜于仲通诗中特别强调自己遭李林甫的"忌刻"，似乎也意识到这一点）。所以第二年（天宝十三载）他又接着投匦献《封西岳赋》，除了颂圣，还特意赞扬了杨国忠，希望自己终能为朝廷所重用。当时掌管延恩等匦的是献纳使、起居舍人田澄。在这次献赋之前，杜甫还曾经预先送诗给田澄打招呼，求他帮助："扬雄更有《河东赋》，唯待吹嘘送上天！"（《赠献纳使起居

第六章　旅食京华　｜　211

田舍人澄》）[25]《汉书·扬雄传》载：上陟西岳以望八荒，迹殷、周之墟，眇然思唐、虞之风。雄以为临川羡鱼不如归而结网，还，上《河东赋》以劝。这典故用在这里是再合适也没有的了。可是读了以后总教人感到"似巫觋烧纸钱状，殊堪捧腹"（朱瀚语）。虽说是迫于饥寒，杜甫也未免太热衷于仕进，以致不惜低三下四，哀词祈请，如醉如迷。

六 "率府且逍遥"

再三献赋，终无结果，最后就只剩下投笔从戎以博取功名这一条路了。杜甫想参军的念头起得较晚。他早年咏《房兵曹胡马》，仅在借胡马抒发豪情壮志，并非真要驰骋疆场。他在天宝六、七载时写的《故武卫将军挽词三首》其一说："王者今无战，书生已勒铭。封侯意疏阔，编简为谁青？"其三说："部曲精仍锐，匈奴气不骄。无由睹雄略，大树日萧萧。"[26]既然承平之世，连现有的将军也无用武之地，难得封侯，他一介书生，当时更何敢望此？天宝八载高仙芝得胜回朝，他写作了《高都护骢马行》，只因自己壮志未酬，诗中不免流露出"老骥伏枥，志在千里"的感慨，仍然不见有想参军的表示。稍后作的《兵车行》《前出塞九首》，表

---

[25]《旧唐书·职官志》"知匦使"下载："天后垂拱元年，置匦以达冤滞。……天宝九年，改匦为献纳。乾元元年，复名曰匦。垂拱以来，常以谏议大夫及补阙、拾遗一人充使受纳诉状。每日暮进而晨出之也。"田澄当以起居舍人兼献纳使。据"扬雄"二句，知此诗当是献《封西岳赋》之前所作。

[26]仇兆鳌按云："开元、天宝间，府兵罢，折冲停，民间挟兵器有禁。'王者今无战'，正指其时。盖天宝六、七载时，在京师作也。自此以后，边将多尚战功矣。"又引蔡邕《张伯雅祠堂碑》："假石勒铭"，以诗中"书生已勒铭"句"谓墓碑也。旧引班固作《燕然山铭》，勒石纪功。未合。"

现了对不义战争的不满，又都是乐府诗，当另作评述。天宝十一载，高适随河西节度使哥舒翰入朝[27]，与杜甫得以暂聚。不久高适别去，杜甫作《送高三十五书记十五韵》，对哥舒翰的穷兵黩武颇著微词，其中有这样一段话："饥鹰未饱肉，侧翅随人飞。高生跨鞍马，有似幽并儿。脱身簿尉中，始与捶楚辞。借问'今何官？触热向武威。'答云'一书记，所愧国士知！'人实不易知，更须慎其仪。十年出幕府，自可持旌麾。此行既特达，足以慰所思。男儿功名遂，亦在老大时。"这是送别时勉励老朋友的话，是说只要小心谨慎地在幕府中坚持下去，熬他十年八载，总会当上个刺史之类的地方长官的。高适后来果真当了"持旌麾"的刺史、节度使，这固然有其他种种原因和条件，却也不能认为与这几年军中的历练无关。此外，杜甫的另一好友岑参，也是军幕出身，最后做到了刺史。唐代这样的例子很多，举不胜举。可见杜甫说这话是认真的，经过考虑的，并不完全是一般的客套话。细细玩味，话语之间确乎存在着一种退而求其次的惋惜意味（这在视科举为正途的杜甫的心目中是难免的），而且丝毫没露他也想走这条路的口风。不过从这几句诗中可揣想到，由于时势的改变、朋友的影响和自身长期的落魄，他当时不会没转过这方面的念头。又过了两年，到天宝十三载，他在再次投匦献赋不报、完全绝望之后，终于下决心要到哥舒翰那里去参军。

这年（天宝十三载，七五四）吐谷浑苏毗王款塞，玄宗诏

---

[27]《旧唐书·高适传》："（适）解褐汴州封丘尉，非其好也。乃去位，客游河右。河西节度哥舒翰见而异之，表为左骁卫兵曹，充翰府掌书记。从翰入朝，盛称之于上。"仇兆鳌按云："据此，则适为书记，在翰未入朝之前，其入朝称适，亦必在十一载时。……若十四载，翰以风疾还京，阊门不与朝请，岂暇荐士君前乎？《通鉴》谓十三载五月，翰奏前封丘尉高适为掌书记。此特遥奏授官，恐适未必至京，（杜甫）何缘送赠诗章耶？明与《旧（唐）书》、杜诗不合。"仇说是。

哥舒翰到磨环川去接应他。哥舒翰遣派判官田梁丘入朝，杜甫作《赠田九判官梁丘》[28]说："陈留阮瑀谁争长？京兆田郎早见招。麾下赖君才并美，独能无意向渔樵？"阮瑀字元瑜，陈留人，"建安七子"之一，曹操请他和陈琳都当军谋祭酒，共同掌管记室。仇兆鳌认为："阮瑀指高适。适本封丘尉，与陈留相近。他章（《送蔡希鲁都尉还陇右因寄高三十五书记》）云'好在阮元瑜'可证。高之入幕，必由田君所荐，故云'早见招'而幕下赖之。留意渔樵，公仍望其汲引也。"他同时写的《寄高三十五书记》说："叹息高生老，新诗日又多。美名人不及，佳句法如何？主将收才子，崆峒足凯歌。闻君已朱绂，且得慰蹉跎。"唐制五品以上始服绯。虽说这是诗人在为垂老幸得高升的好友而深感欣慰，也显然流露出艳羡和失悔的心情：同样是才子，同样蹉跎了大半生，要是早就去了，很可能也"已朱绂"了。——他这时想参军的意愿是多么殷切啊！于是他就迫不及待地托田梁丘将《投赠哥舒开

---

[28] 此诗题下仇注引陈廷敬语："考《王思礼传》，天宝十三载，吐谷浑苏毗王款塞，明皇诏翰应接。旧注以此当降王款朝，是也。其谓翰报命而入朝，此意料之词，不见确据。考帝纪及翰传，天宝十三年无翰入朝事。是年，翰遘风疾，因入京，废疾于家。田盖以使事入奏，当在翰未疾之先，非随翰入朝也。公所投翰诗，当是一时作，或即因田而投赠于翰也。"闻一多说："按《旧书·方伎·金梁凤传》：'天宝十三载，客于河西，……时因哥舒翰为节度使，诏入京师。'陈谓天宝十三载无翰入朝事，未确。其云公因田投诗于翰，则是也。"案该传有关原文如此："金梁凤，不知何许人也。天宝十三载客于河西，善相人，又言玄象。时哥舒翰为节度使，诏入京师，裴冕为祠部郎中，知河西留后，在武威。梁凤谓冕曰：玄象有变，半年间有兵起，……其后安禄山反。"后文既然说所言皆验，那么金梁凤给裴冕相面、言玄象当在安禄山反前半年，即天宝十四载的上半年。可见金梁凤来河西在天宝十三载，给裴冕看相在十四载。这时哥舒翰已回京养病，河西使府事由裴冕暂理。节度离职养病，为使府派遣留后，无一不须经皇帝批准。因此，说哥舒翰"诏入京师"未尝不可。闻说不足取。又，《通鉴考异》说："《旧·金梁凤传》云：'天宝十三载，哥舒翰入京师，裴冕为河西留后，在武威。'"传文系改写，不足为据。

府翰二十韵》〔29〕转交给将军本人。在长篇大论地颂扬了哥舒翰的功德、勋业之后,他便哀词诉说起自己身老不遇、日暮途穷的苦情,提出想投陇右、河西幕参谋军事的请求,唯愿最识人才的哥舒将军收录:"未为珠履客,已见白头翁。壮节初题柱,生涯独转蓬。几年春草歇,今日暮途穷。军事留孙楚,行间识吕蒙。防身一长剑,将欲倚崆峒。"钱谦益指出:哥舒翰奏严挺之之子武为节度判官,河东吕諲为度支判官,前封丘尉高适为掌书记,又萧昕亦为翰掌书记,皆委之军事;又为其部将论功,陇右十将皆加封,若王思礼为翰押衙,鲁炅为别将,郭英乂亦策名河陇间,又是年奏安邑曲环为别将,皆拔之行间。这就是"军事"两句所指的具体内容。崆峒山在陇右。"防身"二句,比喻自己将投靠驻节河陇的哥舒翰。《旧唐书·哥舒翰传》载,翰好读《左氏春秋传》及《汉书》,疏财重气,士多归之。既然哥舒翰这么讲义气,知人善任,幕中又有严武、高适等世交、老友,本人又这么想去,要不是没多久哥舒翰因中风还京,在家养病,杜甫很可能真参军度陇了。这诗前段颂辞中有"先锋百胜在,略地两隅空"

---

〔29〕仇兆鳌定此诗作于天宝十三载,理由是:"按《唐书》翰三入朝:一在天宝六载;一在十一载;后以废疾还京,当在十三载之末。据本传,于还京之后,再提十四载禄山反,则知归京在去年冬矣。其加河西节度使,封西平郡王,乃十三载事。诗言'茅土''山河',即是年所作以寄赠者。"安禄山反在十四载十一月。《翰传》将"翰好饮酒,颇恣声色,至土门军,入浴室,遘风疾绝倒,良久乃苏,因入京,废疾于家"一段,紧置于"十三载拜太子太保,更加实封三百户,又兼御史大夫"和"及安禄山反,上以封常清、高仙芝丧败,召翰入,拜为皇太子先锋、兵马元帅"二段之间("及安禄山反"前并无"十四载"字样)。哥舒翰因风疾入京,可在十三载末,也可在十四载初,冯说未免过拘。《资治通鉴》将这事记载在十四载二月的末尾、三月的前面:"陇右、河西节度使哥舒翰入朝,道得风疾,遂留京师,家居不出。"说法也有所不同:不是因病回京,而是入朝途中得病。说杜甫投赠哥舒翰诗当作于十三载可信。此诗末二句说:"防身一长剑,将欲倚崆峒。"可见当时哥舒翰尚远在陇右。因急欲赴陇参军,故趁田梁丘入朝返镇之便,投赠此诗以先容。

等语。《杜臆》评论说:"杜冀为记室参军,故称之不无过当。如'略地两隅',征突厥未及考,至伐吐蕃,明是逢君,明是邀功,乃王忠嗣所不肯为者,《兵车行》所为作也。此极称之,岂由衷语哉?他日有诗云:'慎勿学哥舒!'才是正论,不必以此诗为碍也。"指出这一点是很有意义的。可见在杜甫身上,除了正直、高尚的品质,确乎也同时存在着世故、庸俗的一面。前面已经提到了这一点,这里又一次得到印证。

天宝十三载八月,陈希烈罢相,以韦见素为武部尚书、同平章事。天宝九载韦见素曾经当过吏部侍郎,典选累年,铨叙平允,颇为时论所称道。前年杜甫候补落选,大失所望,现正想赴陇参军,别图出路。今见这样一位"仁恕长者"(《旧唐书》韦传语)入相,心底不觉又涌现出一线希望,就强打精神,再接再厉,在韦见素入相后的第一个春天,写了《上韦左相二十韵》[30],企求汲引。这类诗前半照例是称颂对方。这诗跟前面提到的同类作品比较,吹捧的程度有过之无不及。——"凤历轩辕纪,龙飞四十春。八荒开寿域,一气转洪钧。"时玄宗在位四十二年,此举成数。从朝宇升平叙起,颂相先颂得相之君,刘辰翁谓"最为得体",其实这是俗套,也是最保险的做法。如赠张垍诗首句"翰林逼华盖",一上来就拉扯上皇帝。投赠哥舒翰开端虽直指将军本人:"今代麒麟阁,何人第一功?"但紧接着就归功于主上的圣明:"君王自神武,驾驭必英雄。"杜甫这几年这类诗写得多,已很精于此道了。头年下了六十多天的秋雨,造成很大的灾害,皇帝以为这是宰相

---

[30] 仇注:"见素初入相,在天宝十三载之秋。诗云'四十春',盖天宝十四载初春作。且'寿域''洪钧''庙堂''风俗'等句,绝不及忧乱之词。后(见素)为左相,在至德二载,题中'左相'二字,黄鹤谓是后来追书,是也。"

不称职的征兆，就命杨国忠"精求端士"。杨国忠听取了手下人的意见，觉得"见素方雅，柔而易制"，便推荐了他；皇帝因他曾在相王（睿宗即位前封号）府做过事，有老交情，便拜他为相，替代陈希烈。"霖雨思贤佐，丹青忆旧臣"⁽³¹⁾，即咏其事，借以突出他品德和身价之高。"沙汰江河浊，调和鼎鼐新。"《三国志·蜀书·许靖传》载，周毖为吏部尚书，与许靖共议进退天下之士，说要"沙汰秽浊，显拔幽滞"。《法言》："江河以涤之。"上句化用这两个典故，意谓朝廷上已清洗了陈希烈，因此下句希望韦见素入阁后能行新政。李林甫倒台，马上在赠鲜于京兆的诗中骂李林甫，对陈希烈也是这样。杜甫跟形势倒跟得真紧！不过这同时显出他也未免太急躁、太天真、太没有政治经验了。俗语说："官官相护。"一个干谒求官的人，怎好公开在诗中对后任排擠卸职而尚未垮台的前任呢？这样做，即使不引起人家的反感，为了避嫌疑，也不大好用你啊！两《唐书》本传说杜甫"性褊躁"或"性褊躁傲诞"，不为无因。他长期在京，多方谋官不得，自有各种原因，而性格上的缺点，无疑也是个不利因素。不过，所谓利害得失，也并不是绝对的。"性褊躁"或"性褊躁傲诞"，势必使他与当时的上层社会格格不入，不利于仕进。可是在另一方面，恰好由于格格不入，无形中对当时上层社会产生反感和对立情绪，从而使得他能够较冷静、较客观地观察现实，发现问题，这就大有利于创作。何况性格的形成总与社会环境分不开。他的"性褊躁"

---

〔31〕此句下原注："相公之先人，遗风余烈，至今称之。"浦起龙说："《梅福传》：'以伯乐之图，求麒麟于市。'朱注引钱云：上以见素经事相王府，有旧恩，遂用之。又引赵云：'忆老臣'，非公自注。愚按：颂得相，不应用'骏马''麒麟'（'忆旧臣'下紧接以'应图求骏马，惊代得麒麟'二句）。惟对其父而言，乃见清切。勿驳原注为是。又按：父名湊（开元中太原尹）。"杨伦解"应图"二句说："此与'麒麟带好儿'俱兼用徐陵天上石麒麟事。二句谓韦以世臣登用也。"

第六章 旅食京华 | 217

是他怀才不遇、长期受压抑的结果，是精神创伤，不仅值得同情，也有一定认识价值——畸形的性格，不就是畸形社会环境的一面镜子么？"韦贤初相汉，范叔自归秦。"汉宣帝本始三年韦贤代蔡义为丞相，封扶阳侯。借喻韦见素代陈希烈为相，并预祝封侯。用事切而善谀。范雎字叔，王稽载入秦，昭王逐穰侯乃拜为相。钱笺谓："见素虽为国忠引荐，公深望其秉正以去国忠，故有范叔之谕。盖国忠以外戚擅国，犹穰侯之擅秦也。今范叔已归秦矣，穰侯其可少避乎？盖诡词以劝之也。"韦见素本来"柔而易制"，如今既为杨国忠所引荐，感激不尽，凡百顺从，岂敢怀有贰心？对于这种人，果真想"诡词以劝之"，那老杜也实在太孟浪、太天真、太缺心眼儿了！难怪他老献这献那唱颂歌，却老是碰壁而回，一无所得。别看他在长安前后混了快十年，像是个"老门槛"，其实并不怎么精通"登龙术"。他毕竟不是当官的材料（安史乱后他短暂的朝官经历便是明证），只能做个有血性的真诚的诗人。这诗后面还很长，不一一缕析，总之纯以虚怀好士为颂扬之词，又攀上韦、杜两家原是世交，更须照顾（"余波德照邻"），最后才点出想望汲引之情作结。诸家评论都认为这诗写得很得体，浦起龙更是推崇备至："下段，转入自己，只消历叙寥落，不须更作乞怜语。而闻者之心头已动，而作者之地步绝高。此等用意，原非余子所知。一朝领悟及此。千年杜老，其有相知定文之许哉？"浦老自诩最领悟杜老用意的高妙，超出余子一头。可惜他看不出上述两点"败事有余"的毛病，难夸独具只眼。张𡎺《杜通》说："末（'感激'）四句虽时迈急于求进，然必与吾道契合者，然后望其汲引，故独为韦公歌此曲。"今老杜投赠诸诗俱在，岂"独为韦公歌此曲"哉？

多年候补，四处夤缘，杜甫好不容易在天宝十四载（七五五）

十月得到了授河西尉的任命。[32] 他年轻时，"自谓颇挺出，立登要路津。致君尧舜上，再使风俗淳"，居然信心十足，以贤相自期。几经挫折，世故渐深，他当然会懂得宰相并非那么容易到手。可是在头年所上《进雕赋表》中，曾委婉地向皇帝暗示，希望起码能给他个从六品上著作佐郎之类的官职，要价还是不低。哪知如今得到的只是个从九品的县尉，对于实有才学，又自视甚高、颇存奢望的选人杜甫来说，这简直是个极大的嘲讽，是个恶意的作弄。从感情上考虑，他没有接受这一任命是完全可以理解的。许是哥舒翰这条门路起了作用，不久，他便辞了河西尉，到军事机关右卫率府当兵曹参军去了。案《旧唐书》本传载："召试文章，授京兆府兵曹参军。"《新唐书》本传载："命宰相试文章。擢河西尉，不拜，改右卫率府胄曹参军。"历来诸家多采后说，作"右卫率府胄曹参军"。《官定后戏赠》题下原注却说："时免河西尉，为右卫率府兵曹。"这是作者自注，可信。左右卫率府全称为"太子左右卫率府"。太子左右卫是太子的卫戍、仪仗部队，其率府置有仓、兵、胄三曹参军，官阶是从八品下。（《文学遗产》一九八〇年第二期载张海珊《杜甫是胄曹参军吗？》论此甚详，可参看。）杜甫从县尉改兵曹

---

〔32〕杜甫《官定后戏赠》原注："时免河西尉，为右卫率府兵曹。"黄鹤注："十三载冬，公《进西岳赋表》云：'长安一匹夫'，则其时尚未得官也。其改卫率府参军，乃在十四载。《夔府咏怀》诗所云：'昔罢河西尉，初兴蓟北师'，是也。"闻一多《少陵先生年谱会笺》定授河西尉事在十月。《旧唐书·地理志》："同州上辅"载："夏阳，武德三年（六二〇）分郃阳于此置河西县。乾元三年（七六〇）复为夏阳。"河西（夏阳）县治所在今陕西合阳东。杜甫授尉时此县名河西。闻谱以为"河西县故城在今云南河西县境"。案：此河西县唐属戎州都督府治下的宋州。《旧唐书·地理志》注明戎州中都督府所属十六州（包括宋州在内）"天宝已前朝贡不绝"，意谓自从天宝十载、十三载杨国忠两度发动征南诏的不义战争之后，这里跟朝廷的关系疏远了。十四载正是再征南诏唐军惨败后不久，不当有实授云南河西县尉之事。《文学遗产》一九八一年第四期朱明伦《杜诗"不作河西尉"解》考之甚详，可参看。

参军，官阶稍稍升了一点，而且任所就在长安，迫于生活，权且屈就，其实心里是老大的不高兴，便作了首诗送给自己，聊以解嘲说：

"不作河西尉，凄凉为折腰。老夫怕趋走，率府且逍遥。耽酒须微禄，狂歌托圣朝。故山归兴尽，回首向风飙。"（《官定后戏赠》）《列子·周穆王》："趋走作役，无不为也。"县尉是小吏，做吏是要跑腿的，所以高适当年做封丘县尉时就感叹说："宁堪做吏风尘下！"要他去当个趋走风尘的小吏，老杜当然是不会乐意的。高适做了吏以后才"转忆陶潜《归去来》"，杜甫想起陶渊明不为五斗米折腰便决心不就吏职，这不是他比高适高明，而是他窝着一肚子火，根本就不想去。阮籍闻步兵厨人善酿，有贮酒三百斛，乃求为步兵校尉。老杜如今要去军事机关供职，觉得真有那么一点阮步兵的意味，就自宽自解地暗以这位高雅的前辈先生自况说："耽酒须微禄""率府且逍遥"。"狂歌托圣朝"跟孟浩然的"端居耻圣明"一样，都是反话正说，无不暗藏着久困不遇的牢骚和对皇帝的抱怨。《杜臆》说："若论得钱，则为尉颇不凄凉，其云'凄凉'者，为折腰且怕趋走，不如率府兵曹且得逍遥，'逍遥'与'凄凉'反。率府之禄甚微，颇堪为耽酒之需，而且得狂歌以自托于圣朝，谓朝廷不以狂歌为罪也。正见逍遥处。初本欲归，今得微禄，归兴遂尽，甘回首向风飙耳。曰'向风飙'，知率府亦非所欲，为贫而仕，不得已也。不平之意，具在言外。"这串讲很好，能窥见作者心意。老杜在率府任内写的《去矣行》说："君不见鞴上鹰，一饱即飞掣。焉能作堂上燕，衔泥附炎热？野人旷荡无觍颜，岂可久在王侯间。未试囊中餐玉法，明朝且入蓝田山。"这不是明显地表示他要弃官而去了么？十一月，他赴奉先（今陕西蒲城）探家，作《自京赴奉先县咏怀五百字》。这时安禄山已反于范阳，只是消息一时尚未传到京师，所以诗中虽流露出唯恐时局有变的隐忧，却未直接讲到这事。要是他当时已经意识到他十载旅食京华的求官生活，意识到开元以来的所谓"太平盛世"，都马上要结束了，那么，他的感慨定然会更多的。

唐玄宗后期成了昏君，又接连用了李林甫、杨国忠两个大坏蛋当宰相，把政治搞得一塌糊涂。杜甫两次遭到李林甫的"忌刻"，后来又为杨国忠所愚弄，唐玄宗虽曾一度对他的文才表示欣赏，但由于"寡人有疾，寡人好色"，转眼便把他忘得干干净净。杜甫的怀才不遇，不仅可以笼而统之地说是同当时政治的黑暗有关，甚至还直接牵涉一个昏君、两个权奸，因此很有典型意义和认识价值：像杜甫这样一个既有才能，又比较正直，而且跟上层社会并非毫无联系的世家子弟，在长安竭尽全力，活动了近十年，始终得不到一个合适的职位，而那些邪恶小人却能通过各种渠道，捷足先登，超腾不次，这岂不充分表明时政的败坏，已达到无以复加的地步了吗？

杜甫这十年求官的遭遇，跟他的老友李白三年供奉翰林的结局一样，都是很不幸的。韩愈说："李杜文章在，光焰万丈长。……惟此两夫子，家居率荒凉。帝欲长吟哦，故遣起且僵；剪翎送笼中，使看百鸟翔。平生千万篇，金薤垂琳琅。"（《调张籍》）若就"人间要好诗"（白居易《读李杜诗集因题卷后》），人民要伟大的诗人而言，他们的不幸倒无疑又是无与伦比的大幸。过去常说"文穷而后工"。在旧时代，一个人要是飞黄腾达了，就不大可能真正洞察社会弊端，了解民生疾苦，更不可能百感交集、情不自禁地以诗文鸣人世之不平了。李白、杜甫也毫不例外，这只要看他俩暂时接近皇帝、颇觉得意时写的诗篇，如李白的《宫中行乐词》，杜甫的

《腊日》《奉和贾至舍人早朝大明宫》等等，就会觉得这种担心不无根据不无道理。看李白、杜甫的思想性格，他俩决当不了文学弄臣。要是他俩真能老待在宫廷，"共沐恩波凤池里，朝朝染翰侍君王"（贾至句），净看皇帝脸色行事，"天颜有喜近臣知"（杜甫句），那他俩就是沈佺期、宋之问，而不是李白、杜甫了。

第七章 续旅食京华

一 两游何园

上一章着重论述了杜甫频繁而极不顺利的干求活动，弄清他所以久滞长安，主要是想找个进身之阶，小可以养家小，大可以酬壮志，却终于大失所望，一事无成。掌握了这些多少跟国家大事、名人活动有关的生平事迹梗概，现在再来进一步探讨他这近十年旅食京华的生活和创作情况，就比较方便些了。

陶渊明的《乞食》诗说："饥来驱我去，不知竟何之！行行至斯里，叩门拙言辞。主人解余意，遗赠岂虚来？谈谐终日夕，觞至辄倾杯。情欣新知欢，言咏遂赋诗。感子漂母惠，愧我非韩才。衔戢知何谢，冥报以相贻。"乞食的心理写得多真切。不过，我总不相信他真的是沿门托钵去要饭了。诚然，陶渊明亲老家贫，幼稚盈室，瓶无储粟，经常挨饿受冻："夏日长抱饥，寒夜无被眠。"（《怨诗楚调示庞主簿邓治中》）可是他到底是有地位的人，且不要提周续之、刘遗民、祖企、谢景夷等这些有名望的朋友，就是那些跟他时相往还，"有酒斟酌之"的邻里"素心人"，也绝不会让他真去行乞的。人们见他在家挨饿，便设酒食相邀，盛情款待；在他看来，这实质上岂不是在行乞么？慨叹之余，经过艺术的想象，自己不觉进入了角色，从而作《乞食》诗云云，聊以自遣而已。

今日读此诗,可感其情,不可信其事,以免为诗人故意弄的小小狡狯所欺。不信请看诗:"谈谐终日夕,觞至辄倾杯。"谁见过这样打发乞丐的?

应该同样看待杜甫的这几句诗:"朝扣富儿门,暮随肥马尘;残杯与冷炙,到处潜悲辛。"(《奉赠韦左丞丈二十二韵》)一早就赶来排班侍候,在大阔佬马前马后跑跑颠颠,捞点残羹冷饭糊口,人前装笑脸,暗地里眼泪往肚里落。好一副清客的可怜相!杜甫天宝五载(七四六)来长安之初,虽也经常出入富贵人家,只是他这时自恃有才,自以为前程远大,偶有所咏,只觉踌躇满志,意气风发,哪有一点寒酸气味?那么,是不是在天宝六载(七四七)他应诏而退以后,当写作这诗之时,那些富贵人家便立即翻脸不认人,把他视同仆役了呢?也不尽然。人情冷暖,世态炎凉,见他流年不利,怠慢、轻视他的当然会有,但是,他在当时上层社交界中的处境,也绝不会像他诗中所形容的那么可怜,那么卑下。他之所以这么写,只不过是从实质上显示他那寄人篱下的清客身份,表露他遭到屈辱、万分痛苦的心情。所以说应该用看待陶渊明《乞食》诗那样的眼光去看待杜甫的这几句诗。

如果不老是去计较他实际上所处的帮闲、帮忙的从属地位,从表面上看,他跟那些阔人交往,不仅只平起平坐,颇受礼遇,有时还毋宁说过得十分写意,竟将怀才不遇的烦恼暂时置诸脑后了。

这几年写的这一类诗歌,集中现在还保留了不少。篇章最多、写得也别饶情趣的,要算是《陪郑广文游何将军山林十首》和《重游何氏五首》这两组诗了。

郑广文指郑虔。郑虔是荥阳(今河南荥阳)人。家贫,学书法无纸,用柿叶代纸。据说在慈恩寺贮藏了几屋柿叶,每天拿来练字,都用完了。后为协律郎,被告发私撰国史贬官。天宝九载(七五〇)七月，置广文馆，任命他为博士。[1]他喜欢弹琴、饮酒、赋诗，善画山水，书法也很好。曾经亲笔写了自己的诗，跟画一起献给玄宗，玄宗在诗画的末尾题了"郑虔三绝"，表示赞赏。杜甫跟郑虔可能是老相识（详第五章）。现在他们又在长安见面了，还同时荣幸地受到了何将军的邀请到他山林别墅中去做客，他们的喜悦可想而知。大概郑虔跟何将军熟，何招郑，也带着邀请了杜，所以题中说是陪郑去的。

《通志》载："少陵原乃樊川北原，自司马村起，至何将军山林而尽。其高三百尺，在杜城之东，韦曲之西，上有浮图亦废，俗呼塔陂。"何将军虽不详，他的山庄旧址还是可以查考的。《杜臆》说："山林与园亭不同，依山临水，连村落，包原隰，涧樵渔，王右丞辋川似之，非止一壑一丘之胜而已。此十诗明是一篇游记，有首有尾。中间或赋景，或写情，经纬错综，曲折变幻，用正出奇，不可方物。有自为首尾者，有无首无尾者；诗不可无首尾，因有总首尾在也。"这段话讲得好，可帮助理解这组诗。现将各首择要介绍于后。

其一："不识南塘路，今知第五桥。名园依绿水，野竹上青霄。谷口旧相得，濠梁同见招。平生为幽兴，未惜马蹄遥。"一开头便点明是初次来游。许浑《春日题韦曲野老村舍》有"北岭枕南塘"句，可见当地真有南塘。张礼《游城南记》载："第五桥在韦曲西，桥以姓（第五是复姓）名。"何家这"依绿山"的"名园"想在南塘旁，有第五桥可通。"名园"二句写未到而遥望之景，印象浑成，引人入胜。"看来

---

[1] 闻一多《少陵先生年谱会笺》："《新唐书·文艺·郑虔传》：'天宝初，为协律郎，集缀当世事著书八十余篇。有窥其稿者，上书告虔私撰国史。虔苍黄焚之。坐谪十年。还京师，玄宗爱其才，欲置左右，以不事事，更为置广文馆，以虔为博士。'《唐会要》：'天宝九载七月，置广文馆，以郑虔为博士。'据《新书》，著书坐谪，必是天宝元年，而拜广文博士，则自谪所甫归京师时事。计若自天宝元年起，谪居十年，则归京师拜广文，必在天宝十载。然《会要》所纪，年月并具，必不误。误者，《新书》'天宝初'与'坐谪十年'二语，必居其一耳。"

山林以水胜，着眼处在此，向后读去便知"(浦起龙《读杜心解》)。郑朴，字子真，汉成帝时人。扬雄《法言》："谷口郑子真耕于岩石之下，名震京师。"这里以郑子真喻郑虔。"谷口旧相得"，是说他们来京前在乡下早就有交情了。前面提到他俩可能是旧相识，这可算是个旁证。[2]《庄子·秋水》："庄子与惠子游于濠梁之上。""濠梁"句即用此典故，说他俩同时得何将军邀请来此游山玩水。"叙交情曲折，浑融不露，杜每至难叙事处，即引古为喻，语不烦而意自显"(黄生《杜诗说》)。据"未惜"句，知二人是骑马来的。其四说"没马"，其八说"走马"，他们骑马来，还骑着马去游赏，足见山林诸胜分布范围的宽广。诗人平生为探幽不怕路远，此行亦然。点出"幽兴"，表明此行非为别事，也引出其后各章中有关种种"幽兴"的咏叹。

其二："百顷风潭上，千章夏木清。卑枝低结子，接叶暗巢莺。鲜鲫银丝脍，香芹碧涧羹。翻疑柁楼底，晚饭越中行。"前半写潭上夏日林荫景象，大处泼墨渲染，细处工笔勾勒，相映成趣，境地立呈，极富气氛和情调。随后写设宴林间，飨客以鲜鲫、香芹，不须明说，将军的雅致可想。最出人意料的是收尾两句：昔年南游，曾在柁楼底进晚餐时食此羹脍，触景生情，不觉神往，恍疑此身犹在越中也。[3]——一往情深，纯是自然流露，非仅止于借剡中旧事

---

[2] 闻一多认为郑虔于天宝九载回京师后始与杜甫订交，理由是："今观凡公诗及虔者，不曰'广文'，即曰'著作'，不曰'著作'，即曰'司户'，咸九载以后之作，益足以断二公定交，至早在天宝九载。不然，以二公相知之深，相从之密，何以九载以前，了不见过从酬答之迹？"杜甫前期篇章遗失不少，故不得以现存诗文中有无"过从酬答之迹"作为判断订交与否的根据。

[3] 施鸿保《读杜诗说》："《陪郑广文游何将军山林》第二云：'鲜鲫银丝脍，香芹碧涧羹。'(仇)注：'食有芹鲫，乃初到而留饮。末云晚饭，盖至暮而留宿矣。'今按：鲜鲫香芹，皆风潭中所见，因忆越游时在柁楼晚饭，曾有二物也。句意本明，不知注何以误解。"以为因芹鲫而忆及越游琐事，至确。但不得谓"鲜鲫香芹，皆风潭中所见"。若兼采仇注"食有芹鲫"之说，庶几乎得作者之用心。

以称美此间风物，所以落落大方，不同凡响。

其三：记园林中一种叫"戎王子"的奇花异卉。这种花，来自万里之外的月支绝域，"汉使徒空到，神农竟不知"，中土实属罕见。今来此幸得相赏，虽已"露翻兼雨打，开拆渐离披"，仍觉眼福不浅，就专写一章来歌咏它。

其四："旁舍连高竹，疏篱带晚花。碾涡深没马，藤蔓曲藏蛇。词赋工无益，山林迹未赊。尽捻书籍卖，来问尔东家。""旁舍"指何园的邻舍。诗人爱此地幽僻，"而时方献赋不售，正当穷愁，忽兴感怆，谓'词赋'虽工何益，'书籍'亦为弃物，当拈而卖之，'问尔东家'，托此以终吾身而已。卖书典宅，正见其穷，此愤激之词，非实语也。乐中生悲，所以为性情之诗；吾辈作诗不及古人，正在阿堵"（王嗣奭《杜臆》）。[4]

其五："剩水沧江破，残山碣石开。绿垂风折笋，红绽雨肥梅。

---

[4]《读杜诗说》："'尽捻书籍卖，来问尔东家。'注引郿原传、王筠诗，云东家即指何氏。今按若指何氏，于'尔'字意不合，且云'尔东家'，亦复。《杜臆》：公献赋不售，故欲卖书买宅，乃愤激之词。后《重过》第一云：'高枕乃吾庐'，旧以公视何园为吾庐，注讥其冒认已有；此句如《杜臆》说，不但冒认，且欲据为己有，望其速售矣。据首二句云：'旁舍连高竹，疏篱带晚花'，'旁舍'，本《汉书·高祖纪》，犹邻舍也，公诗常用之，如'旁舍颇纯朴''燕入非旁舍''旁舍未尝嗔'等句。疑何园之旁，别有他氏之园，高竹相连，惟隔一篱，下二句'碾涡深没马，藤蔓曲藏蛇'，正指其处。碾涡水积，深恐没马，藤蔓阴蔽，曲疑藏蛇，皆言其处荒凉，何园虽云'真作野人居'，然风磴云门，异花野竹，以及食单书屋等，似尚不至如此。此必其园久废，或本欲出售，公故特发此兴，'东家'虽借用现成字，亦必其园正在何园之东。《重游（过）》第二云：'向来幽兴极，步屧向东篱'，篱当即此所云'疏篱'，因其在东，故曰'东篱'，公盖实爱其处，故重游时，犹欲步屧往游而自言'幽兴极'也。注既误解，诸说亦未得诗意。东坡《豆粥诗》：'我老此身无着处，卖书来问东家住'四句，正用此诗，亦作邻家说也。"剖析较细，可供参考，只是对王嗣奭的批评不当。案《杜臆》："'疏篱'即旁舍之篱，而花竹则何园物也。'碾涡'洙注谓碾硙者误。盖何园周围有水，观'依绿水'可见。必引水入园，通流以界旁舍，形如碾槽，而涡旋可以'没马'。"先以"旁舍"与"何园"对举，复谓"引水入园，通流以界旁舍"，何尝以为"旁舍""东家"皆指何园，"且欲据为己有，望其速售"呢？

银甲弹筝用,金鱼换酒来。兴移无洒扫,随意坐莓苔。"写山林景物和将军待客的豪情,意境、兴会俱佳胜。老杜倒装句,人习知晚年所作《秋兴八首》"香稻啄余鹦鹉粒,碧梧栖老凤凰枝"一联,其实这组诗中已经开始在尝试这种句法了,如其二"鲜鲫"联、本章"绿垂"联皆是(甚至可以追溯到早年所作《望岳》"荡胸生曾云"句)。顾宸说:"旧注以'香稻'一联为倒装法。今观诗意,本谓香稻乃鹦鹉啄余之粒,碧梧则凤凰栖老之枝,盖举鹦鹉、凤凰以形容二物之美,非实事也。重在稻与梧,不重在鹦鹉、凤凰。若云'鹦鹉啄余香稻粒,凤凰栖老碧梧枝',则实有鹦鹉、凤凰矣。少陵倒装句,固不少,惟此一联,不宜牵合。"(《辟疆园杜诗注解》)所论良是,但须修正的是:非独此联,非独老杜,凡是成功的倒装句都不宜牵合。"鲜鲫"一联,抟直了就是"银丝鲜鲫鲙,碧涧香芹羹"。这么一来,倒也通顺易懂,只是弄巧反拙,把诗给糟蹋了:(一)"银丝鲜鲫鲙""碧涧香芹羹",这岂不是唐代饭馆菜单上的两种应时名菜么?——真煞风景!(二)不合平仄。意思是顺了,就是念起来不顺口。(三)也是最重要的,诗人的着眼点在"鲜鲫""香芹"而不在"银丝""碧涧";不然,接着在末二句发见物怀旧的幽情,就显得不那么自然了。又如"绿垂"一联,本意是"风折笋(而)绿垂,雨肥梅(而)红绽"。如果这样还原,不仅平仄不调又出了韵,还严重地破坏了诗人精美、别致的艺术感受和表现。"绿垂""红绽"是偶然见到的,"风折笋""雨肥梅"是随即意识到的,二者虽接连闪现于瞬息之间,却有先后之分、有意无心之别。因此,敏锐地体察这些细微的感知差异,为了尽可能多保留一些生活实感而巧妙地加以表现;不简单地陈述"这是风吹折的笋子""那是雨中黄熟的梅子",而说"绿垂——风折笋,红绽——雨肥梅",这就会使读者耳目一新,仿佛也随着进入何氏山林,亲身感受到那夏天里风雨的多变、那笋折梅熟的生趣和季节感，甚至连诗人当时处在这幽美境地中快意的神情也似乎活现在眼前了。王维《山居秋暝》中的"竹喧——归浣女，莲动——下渔舟"，也是具有同样艺术魅力的一对倒装句。竹林里传出愉快的喧笑，浣纱姑娘们回来了。莲叶莲花纷纷摆动，原来是渔舟归来从那里经过。——就这样，诗人挥动了他神奇的彩笔，竟像今天的电影似的，在动中，巧妙地、有声有色地再现了山村秋日傍晚生活和景物中的美，同时也烘托出了自己怡然自得的风姿。所谓"倒装"，只是跟日常平铺直叙的表述方式相对而言。严格地说，若从艺术的感受、构思和表现的角度来看，根本无所谓"正装""倒装"。像以上讲的那些倒装句，能说它们在思路上是前后倒置的吗？我这么说，并不是要否认语法、句式上有所谓"倒装句"，只是想表明，对于诗人来说，首先需要关心的是生活实感和由此而来的醇厚诗意。如若不然，即使你写出了一个又一个极其标准就是没多少诗意的倒装句，那岂不枉抛心力、无济于事么？就拿韩愈来说吧，不能说韩愈不会作诗，他不少的诗就写得很好。只是此公好争奇斗险，力主"惟陈言之务去"，勇于在语法、句式上做花样翻新的试验，往往由于不大注意诗意的酝酿而写出一些极其古怪的句子。他也尝试过倒装句的运用，如《春雪》"入镜鸾窥沼，行天马度桥"一联便是。

《梦溪笔谈》说："杜子美诗：'红稻啄余鹦鹉粒，碧梧栖老凤凰枝。'此亦语反而意全。韩退之雪诗：'舞镜鸾窥沼，行天马度桥。'亦效此体，然稍牵强，不若前人之语浑成也。"人多讥沈括不解诗，实不尽然，比如这条评论就很中肯。所谓"语反"，并非平常所说的"讲反话"，指的就是倒装。"意全"或"语浑成"，大致是指句意完整、自然、浑然一体。认为杜诗"红（香）稻"一联"语反而意全"无疑是正确的。那么，为什么说韩愈"舞（入）镜"

一联就"稍牵强"呢?问题就在于"语反"而"意"不"全"啊!"鸾窥沼(如)入镜,马度桥(若)行天",一经倒置,便成此联。虽然炮制如法,并无纰漏,只是挖空心思,冷不丁地蹦出这么两句,故作形容,无甚兴象,怎能算是气足神完而"意全"呢?纪昀说:"律体非韩公当行,'入镜'一联,向来推为名句,然亦小有思致,巧于妆点耳,非咏雪之绝唱也。"[5]《瀛奎律髓》批)所论甚是。由此可见,如若诗意不醇,无论"正装""倒装",都很难写出绝妙好辞来。艺术的构思和表现也是重要的,而且往往与诗意的酝酿一同渐臻成熟,但千万不可本末倒置,一味猎奇。

其余几章,据仇注的概述,其六"状山林高寒,而美其淳朴";其七"记山林物产,而叹其景幽";其八"因水府而旁记游迹";其九"宿何园而记其韵事";其十总结十章,写"出门以后情事"。可见这组诗,正如《杜臆》所说,"明是一篇游记"。杜甫这些年来,蹭蹬未遇,心力交瘁。今来何园,稍得消停,其快何如!"将军不好武,稚子总能文"(其九),"银甲弹筝用,金鱼换酒来"[6](其五),难得主人一家儒雅,又豪爽好客,杜甫和他的好友郑虔,这几天在这里过得实在是太痛快了。他们骑马到处游逛,寻幽访胜:"碾涡深没马,藤蔓曲藏蛇"(其四);"忆过杨柳渚,走马定昆池"(其八)。累了饿了就在水边林下席地而坐,举行野餐:"兴移无洒扫,随意坐莓苔。"(其五)不需要什么山珍海味,只烹制些园子里出产的时新菜蔬和鲜鱼佐酒下饭:"鲜鲫银丝脍,香芹碧涧

---

[5] 方回《瀛奎律髓》说:"'行天马度桥'一句绝唱。"程学恂《韩诗臆说》说:"状景奇确。"评价都过高。但与"入镜"句比较,这句确乎略胜一筹:"行天"句尚有生活气息;"入境"句纯属虚构,则未免空洞、乏味。
[6]《新唐书·车服志》载:"佩鱼始高宗朝,武后改佩鱼为龟,中宗初,罢龟袋,复给鱼。"杨慎说:"高宗初用佩鱼,以鲤为李也。武后改用龟,龟属玄武也。杜诗'金鱼换酒来',此时仍用鱼矣。李白赠贺知章云:'金龟换酒处',盖系往时旧物耳。"

羹"(其二);"脆添生菜美,阴益食单凉"(其七)。喝多了燥热难熬,就往飞瀑四溅、水花似雪的云门风磴,找个阴凉的去处,铺张箧席睡他一觉;醒来冷不过,只想穿棉袄:"风磴吹阴雪,云门吼瀑泉。酒醒思卧簟(酒醒了以后才意识到自己原来是睡在竹席子上面),衣冷欲装绵。"(其六)说来好笑,杜甫喝醉了酒,一高兴,不仅又唱又跳:"自笑灯前舞,谁怜醉后歌"[7](其十),有时还耍酒疯儿,手中拿着从池子里折来的荷叶,把帽子扔到地上,简直以为自己就是童谣里唱的那位"日夕倒载归,酩酊无所知。复能骑骏马,倒着白接䍦"的、晋代镇守襄阳的征南将军山简,面对黄昏时候的秦山坐着,望着眼前辽阔的水面出神,心想这儿若有识水性的"吴儿"、会驾船的"郢客",载着他去浪迹江湖该多好;"醉把青荷叶,狂遗白接䍦(帽子)。刺船思郢客,解水乞吴儿。坐对秦山晚,江湖兴颇随"(其八)。在这样幽美的环境里,过了几天优哉游哉的浪漫生活,一旦真要告辞回城了,心里当然会感到有说不出来的难过:"幽意忽不惬,归期无奈何!"(其十)终于离开了,走远了,还不时回头眺望这个白云缭绕、流水回环的幽美的山林:"出门流水住,回首白云多。"他跟郑虔约好,无论如何,他们还要再到这里来做客的:"只应与朋好,风雨亦来过。"这种难分难舍的依恋之情,甚至跟王维离别自己盘桓多年的辋川别业时的心境相差不远:"依迟动车马,惆怅出松萝。忍别青山去,其如绿水何!"(《别辋川别业》)可见他是多么爱这家殷勤好客的主人,爱这种无拘束的生活,爱这个地方,尤其爱这里的淳朴的风土人情:"野老来看客,河鱼不取

〈7〉 唐代士大夫饮宴时不仅看歌舞伎表演,只要一高兴,自己也会唱起来跳起来的。老杜《题郑十八著作丈故居》中有"酒酣懒舞谁相拽"之句,可见他们有时还拽着朋友一块儿跳舞呢。

钱。⁽⁸⁾只疑淳朴处，自有一山川。"（其六）王嗣奭说："末章曲折顿挫，无限悲感。谓山林宴游，真可不厌，而幽意忽有不惬，于是告归，而实出于无可奈何。故身虽出门，心不忍去，若见流水俱住，然回首见白云，已如隔壤矣。因追思前夕灯前舞、醉后歌，岂真赏心？不过借以散闷，谁则知之？'自笑''谁怜'，正见幽意。盖何将军虽高雅，然初会未必知心。'朋好'则郑广文，乃知心者。幽愁难遣，只应与之来游，风雨不避，正《诗》所云'驾言出游，心写我忧'者，非真恋山林也。"具体解释未必尽当，但指出杜甫在佯狂之态和欣喜、依恋之情的后面，隐藏着深刻的忧愁和苦闷，这是很有见地的。

第二年春天，杜甫果然又来到何氏山林做客，写了《重过何氏五首》这组诗。这次是将军在答谢他问候的回信中特意邀请他的（诗中不见有与郑虔同往的迹象）。他喜出望外，便匆匆忙忙坐着车赶了来；因为是旧地重游，大有宾至如归之感："问讯东桥竹，将军有报书。倒衣还命驾，高枕乃吾庐。花妥莺捎蝶，溪喧獭趁鱼。重来休沐地，真作野人居。"（其一）

去岁夏天杜甫在这里时，竹林里的笋子正在脱箨抽条，他见有的给狂风吹折了，十分可惜，曾经写出了"绿垂风折笋"这一名句。回城后，他老是惦记着这片竹林子，春天来了，心想去年夏天那茬笋子该早已长成新竹了吧，就捎了个信去打听，没料到却收到了何将军邀他重游的回信。——这就是头两句的意思。"问讯东桥竹"而不问讯何将军，这恐怕不礼貌吧？要知道，这是作诗。在实

---

(8) 仇注："野老看客，馈以河鱼，即此见风土淳朴，与他处不同。"《杜诗镜铨》引蒋弱六评："言何不禁人游，不禁人取，即所谓淳朴也。"两说俱通，前说为胜。一说"另有一山川"暗用桃花源事。

际生活中,诗人跟平常人也大致差不多,不管见到了人还是写信,总会先问对方和亲友们好,不会一上来就问候那些花呀竹呀的。可是作起诗来,就往往"目中无人"了。比如王维也是这样,他遇见从故乡来的人,别的什么都不关心,就问他自己窗前的寒梅开花没有:"君自故乡来,应知故乡事。来日绮窗前,寒梅著花未?"(《杂诗》)不要以为这是诗人在故作风雅,其实他思乡怀人的深情,也尽藏在这简短的一问中。杜甫不仅在诗中,甚至也可能在致何将军的信中真的"问讯东桥竹",那还不是在借此表示对去年何园雅集的怀念,对何将军盛情款待的感谢。何将军是聪明人,体会出里面有想来重游的意思,就主动地来邀请他了。《杜臆》说:"'倒衣还命驾'二语,正述报书,而末有'真作野人居'之语,正与'吾庐'相应,加一'真'字以实之。须溪解'倒衣'谓自家颠倒而前,误甚。'花妥'两句,正是野景,而'獭趁鱼'更觉幽僻,故野人居之最称。"仇注采此说,认为若按照旧注那么解释,则直"视何园为吾庐,几乎冒认己有矣"。浦起龙不同意:"七、八明点'重过'。言得书即去,竟似吾庐。虽系将军别业,俨然入我故居矣。习熟之甚,使'重过'意活跃而出。近解谓'高枕吾庐',即报书中语,邀公夜宿也,则'乃'字如何安放?"驳得对。看起来不是刘辰翁"误甚"而是王、仇二位颇迂。今天在亲友家做客,也往往讲"我在这儿过得挺自在,就像在家一样"之类的客套话,能说这是"冒认己有"么?不过,浦起龙接着说:"谓'野人居'就'将军'言,则于'真作'二字不合。上年熟游,今日始觉耶?"这理解也似乎过迂了。案其四说:"颇怪朝参懒,应耽野趣长。雨抛金锁甲,苔卧绿沉枪。手自移蒲柳,家才足稻粱。看君用幽意,白日到羲皇。"这诗是专门赞美将军的,这位何将军并没有卸职,可怪的是他却懒于上朝参见皇帝,经常住在山林别墅里,抛甲卧枪,武也不练,只是这里移蒲那里种柳地作"无事忙",不骄不奢,不善理家,日子刚刚过得去。为什么他要这样?也是因为他太迷恋"野趣""幽意",只想过羲皇上人那样淳朴的理想生活啊!

陶渊明在《与子俨等疏》中说:"五六月中,北窗下卧,遇凉风暂至,自谓是羲皇上人。"又在《五柳先生传》中称赞五柳先生说:"无怀氏之民欤?葛天氏之民欤?"羲皇上人是伏羲时代以上的人,也就是传说中上古帝王无怀氏、葛天氏那时候的人民。这当然是一些没开化的"野人",但在陶渊明、杜甫、何将军这些向往太古淳朴之风的人看来,他们无疑是最高尚、他们的生活也是最理想的了。杜甫在上次游何将军山林诗中说自己有耽幽之癖:"平生为幽兴,未惜马蹄遥",这里又引何将军为同调,并暗中夸他是陶渊明那样的人,那么,"谓'野人居'就'将军'言"又有什么不可以的呢?"重来"两句的大意是说,再次来到您这个环境幽美、风气淳朴的休假胜地,真会让人错误地将它当作羲皇上人的住处了。这难道不是在极力称美主人么?浦起龙不同意这种解释,主要是他囿于世俗之见,又没真正弄懂"野人"的含义,生怕杜甫不讲礼貌,唐突了主人的缘故。他没有明确地表示这两句到底应该怎样串讲,但根据他对"高枕吾庐"的理解,可以揣知他认为这句是说,这真是我这个"野人"居住的好地方啊。[9]——这样似乎是谦虚多了,不过按照诗人原来的想法来看,与其说是自谦,毋宁说是自命清高、自我标榜。至于说:"上年熟游,今日始觉耶",这更是不成理由的理由。即使

---

〔9〕 蒋弱六说:"末二句申解第四句,惟其为'野人居',故竟称'吾庐',不嫌唐突也。"(《杜诗镜铨》引)既然仍将"野人"一辞理解成含有贬义,那么,不管怎样解释,终嫌唐突主人。"府上真可当作我这个'野人'的住处,我高卧其中,实在写意,感到这就是我的家。"要是你听到在你家住宿的客人这么对你说,你会做何感想呢?李白在诗中就称范居士为"野人":"忽忆范野人"(《寻鲁城北范居士……》),可见李、杜是把"野人"当作雅称的。

上年已有此感，难道重来就不许更加觉得果真如此么？怎能说"于'真作'二字不合"呢？我看是再合不过的了。

卢元昌说："天宝间，五家竞开第舍，一堂之费，动逾千万，至且撤韦氏宅为虢国居。又于亲仁坊起禄山第，莫不穷极壮丽。公于将军，特表曰'野人居'，取其俭朴以风世。"（仇注引）这未免如杨伦所讥，"动涉刺讥，深文周内"了。不过何将军给人的印象倒是个不满现实、洁身自好的人。这就无怪乎满腹牢骚的老杜跟他合得来，他也一再欢迎老杜到他林园中去。在耽"野趣"、尚"淳朴"这一点上，老杜引他为同调；我们应该进一步看到，在他们这共同志趣的后面，多少隐藏着愤世嫉俗的思想倾向。但是他俩之间的差异还是很大的：不管怎样，何将军已有买山退隐之资；而老杜则蹉跎岁月，一命不沾，来此虽暂得逍遥，终得回长安奔走。想到这里，诗人就不胜感慨了："到此应常宿，相留可判年。蹉跎暮容色，怅望好林泉！何日沾微禄，归山买薄田。斯游恐不遂，把酒意茫然。"（其五）老杜以前总是强调自己的干禄是为了"致君尧舜上，再使风俗淳"，做番大事业。后来钉子碰多了，就不那么自信了，退而求其次，竟想当个小官，弄点钱，置点产业，优游林下，过几年松快日子。老杜后来在《自京赴奉先县咏怀五百字》中，谈到自己也曾有过独善其身、退隐山林的想法，只是由于死心眼，始终没能改变兼济天下的初衷："非无江海志，萧洒送日月。……顾惟蝼蚁辈，但自求其穴。……终愧巢与由，未能易其节。"他在东都与李白相遇时，也曾有过厌世高蹈之想，甚至真的去求仙学道过，不过那只是出于一时的愤慨，不可看得太认真了。如果说老杜曾经真有过"萧洒送日月"的"江海志"，有过"但自求其穴"的想法，那么，这一次在《重过何氏》其五中所提到的"沾微禄"、"买薄田"、归山隐居的打算，可说是最早、最具体、最明显、最真实的了。

其二写重来刚到时情景,自然亲切,境地自呈:"山雨樽仍在,沙沉榻未移。犬迎曾宿客,鸦护落巢儿。云薄翠微寺,天清皇子陂。向来幽兴极,步屧过东篱。"诗人一来到何园,与主人周旋过后,自然会情不自禁地要到这旧游地各处转转。没想到去夏优游林下、饮宴偃息时用过的酒樽、卧榻,经过多少次山雨冲击、水涨沙沉,还依然留在那里。狗见客人似曾相识,叫也不叫了,忙摇着尾巴表示欢迎。(若非文学夸张,过了大半年,狗真的还认得人,老杜那次在这里逗留的时间可不短了。)忽听见林中鸦雀声喧,原来是鸦雏不知怎的从巢里翻落下来了,老鸦们飞扑着、惊叫着在保护着它,却一筹莫展,不知如何是好!极目远眺,南面终南山上的翠微寺〈10〉,薄云轻抹,依稀可见,西面皇子陂〈11〉那边,天气晴朗,景物历历在目。前次在这里游览,见何园东邻那边,"碾涡深没马,藤蔓曲藏蛇",十分僻静,一时幽兴大发,曾转过卖书买屋、到这里来隐居的念头,今日重来,不觉又穿过东篱,绕到那儿去走走("向来幽兴极,步屧过东篱")。——这诗端的写得好,前代评点家多赏其"语语重过",不过,光要求做到这一点不算太难。难能可贵的是,诗人在随意行吟之中,便将重游的喜悦、往事的怀念、林居的幽致、远眺所见阴晴多变的春山,挥洒自如、轻描淡写,却又有声有色、情境交融地表现出来了。

《杜臆》说:"第四句乃即所见,而'鸦护儿',因'犬迎客'

〈10〉朱注:"《唐书》:长安县南五十里太和谷有太和宫,武德八年置,贞观十年废,二十一年复置,曰翠微宫,笼山为苑。元和中以为寺。《长安志》:翠微宫在万年县外终南山之上。公诗已云翠微寺,恐非元和间所改也。"案孟浩然开元十七年左右在长安时就到翠微寺游览、住宿过,写了《宿终南翠微寺》,可见早就改宫为寺了。
〈11〉《十道志》:"秦皇葬子,起冢陂北原之上,故名皇子陂,地在韦曲之西。"《杜臆》:"按《名胜志》:杜曲在西安府城之东。子美旧居韦曲,在城南。韦曲之东有郑庄,郑虔所居。西有塔坡(陂),何将军之山林也。皇子陂在韦曲之西。"

也。"说这句是写即目所见是对的，认为鸦因狗迎客而护儿，情理上却讲不通。姑且不说"犬迎曾宿客"不一定大声狂吠，就是叫声再大，也不至于将鸦雏吓得从巢里掉下来的。这两句在五律中虽是对仗，并无因果关系，大可不必硬把这两件事扯到一起。仇兆鳌说："'落巢'谓新雏生落巢中。"[12] 或云鸦儿落地，或云新巢落成，俱非。"乌鸦搭巢不是盖华堂，岂可说"落成"？人出生叫"落地"或"落草"，生小狗也叫"落草"。鸦雏是孵出来的，又不是胎生，怎能说"生落巢中"呢？看起来，还是"鸦儿落地"这一解释最文从字顺，最符合作者本意。既然如此，为什么各家都不采用此说呢？无他，主要是他们墨守成规，不理解杜甫在诗歌创作中所做的尝试，不认识他所取得的新成就所致。

契诃夫在致亚·巴·契诃夫的信中这样写道："依我看来，自然的描写应当非常简练，而且带一种偶然的性质。俗套头是这样的：'落日沉浸在发黑的海浪里，海面上洋溢着紫红的金光'，等等。'燕子在水面上飞翔，快活的啾啾叫。'——这类俗套头应当丢开。描写风景的时候应该抓住琐碎的细节，把它组织起来，让人看完以后，一闭上眼睛，就可以看见那个画面。比方说，要是你这样写：在磨坊的堤坝上，有一个破瓶子的碎片闪闪发光，像明亮的星星一样，一只狗或者一只狼的影子像球似的滚过去等等，那你就写出了月夜。"（《契诃夫论文学》）这段景物描写，后来几乎原封不动地在他的短篇小说《狼》和剧本《海鸥》中出现过两次，效果很好。（我国的一位小说家也学着让一些玻璃碎片在他的长篇和短篇中各闪光一次，效果虽说也不错，但切忌照样老闪，闪多了，岂不

---

[12]《杜诗镜铨》认为"鸦护落巢儿""言春来鸦已乳子也"，实从仇说。大概他觉得这样解释不大通，就只好含糊其辞，笼而统之，一带而过了。

又成了俗套了？）可见这是这位卓越语言艺术大师的经验之谈，是经过实践证实了的，也就是说，是符合艺术规律的。小说和诗歌中的景物描写，因各自的艺术特点而有所不同（比如前者重逼真，后者须加以美化和诗化），但一些基本的要求却是共同的（比如都要求创新而不落俗套，要求给人以鲜明的印象而有身临其境之感，等等），因此在表现艺术上是相通的。千多年后，契诃夫介绍的关于景物描写的这点经验，杜甫当时虽然没有谈到过，但从他这一时期大量的写景诗句中可以看出，他已经明确地意识到了这一点，并且一再尝试，取得了出色的成绩了。且看前后游何将军山林写的这两组诗，比如"卑枝低结子""碾涡深没马""绿垂风折笋""红绽雨肥梅""花妥莺捎蝶""溪喧獭趁鱼""翡翠鸣衣桁""蜻蜓立钓丝"，以及那句引出这一大段议论的"鸦护落巢儿"等等，都是一些正如契诃夫所说的"非常简练，而且带一种偶然的性质"的景物描写。由于诗人丢开了俗套，抓住了琐碎的细节，并出色地将它们表现了出来，因此"让人看完以后，一闭上眼睛，就可以看见那个画面"了。杜甫的这些景物描写，比起契诃夫那个著名的例子来，显然是经过诗化和美化了的，但就艺术表现的方法和特点而论，二者基本上是相同的。但是，对于过去那些摆脱不开俗套、看惯了艺术长河中给冲击摩擦成滚圆光滑的鹅卵石的评注家来说，这样一种艺术表现法未免太尖新太陌生，甚至有时往往会感到不大容易理解，只得勉强将"落巢"讲成"新雏生落巢中"或"新巢落成"云云。又由于他们受时文作法和古文章法的影响很深，总爱形式主义地从起承转合、破题点题等方面来说诗，对于像"鸦护落巢儿"这样一些写带偶然性细节的句子，也一定要找出它跟上一句"犬迎曾宿客"的承接关系，说什么"'鸦护儿'，因'犬迎客'"，似是而非，把本来不难懂的诗句越讲越糊涂。在这一时期以前，杜诗中很少有这样一些带偶然性细节的自然景物描写，以后却不胜枚举。可见诗人在诗歌艺术的探讨上，是勇于摒弃俗套，追求创新，并通过不断的实践，写出了新水平，取得了新成就的。

这组以其三写得最潇洒，最能体现老杜独特的美学趣味和清丽的艺术风格："落日平台上，春风啜茗时。石栏斜点笔，桐叶坐题诗。翡翠鸣衣桁，蜻蜓立钓丝。自今幽兴熟，来往亦无期。"杨慎《丹铅总录》说："庾信之诗为梁之冠冕，启唐之先鞭。史评其诗曰'绮艳'；杜子美称之曰'清新'，又曰'老成'。绮艳清新，人皆知之；而其老成，独子美能发其妙。余尝会而衍之曰：绮多伤质，艳多无骨，清易近薄，新易近尖。子山之诗绮而有质，艳而有骨，清而不薄，新而不尖，所以为老成也。……若子山者，可谓兼之矣。不然，则子美何以服之如此。"老杜不仅服庾信，也学庾信，他的诗歌，最善于熔"清新""老成"于一炉，形成了自己独特的艺术风格。其三"落日平台上"这首诗，就是体现这一艺术风格特征较好较早的作品之一。此外，如《奉陪郑驸马韦曲》其一："韦曲花无赖，家家恼杀人。绿樽须尽日，白发好禁春。石角钩衣破，藤梢刺眼新。何时占丛竹，头戴小乌巾。"其二："野寺垂杨里，春畦乱水间。美花多映竹，好鸟不归山。城郭终何事，风尘岂驻颜？谁能与公子，薄暮欲俱还？"《陪李金吾花下饮》："胜地初相引，徐行得自娱。见轻吹鸟毳，随意数花须。细草偏称坐，香醪懒再沽。醉归应犯夜，可怕李金吾。"以及《崔驸马山亭宴集》等等，都是这样一类题材类似、风格相同的作品。贵家的清客、座上的嘉宾、赏心悦目的游览、纵情的饮宴、风流倜傥的韵致、偶尔涌现的哀愁……经过诗人诗情画意的酝酿、生花梦笔的渲染，便草成了这样一些精致、清新的小品，为我们留下了他旅食京华、不尽是愁苦一面的剪影。他虽然为自己寄人篱下"残羹与冷炙，到处潜悲辛"的处境而深感屈辱，但每逢春秋佳日，得预华筵，对酒当歌，留连光景，仍然会暂忘烦恼，逸兴飞扬，颇感快意。蒋弱六评《奉陪郑驸马韦曲二首》说："此与《漫兴》《江畔寻花》诸绝，同是一种奈何不得光景。此老痴情狂兴，真绝世风流。"（《杜诗镜铨》引）不把眼光局限于前后几组诗中如"韦曲花无赖，家家恼杀人""江上被花恼不彻，无处告诉只颠狂"之类字句的近似，而能看到此老贯彻始终的"绝世风流"和"痴情狂兴"，这是很有眼力的。这种浪漫主义的气质，在杜甫的性格中所占有的比重并不小，切勿把他看成仅只是个迂腐、拘谨的人。

二　几首陪宴诗

最能见出唐时京师上层社会习尚、贵公子行径和清客身份的，是《陪诸贵公子丈八沟携妓纳凉晚际遇雨二首》。

江淮南租庸等使韦坚，为了希宠，于天宝元年开始动工，引浐水抵苑东望春楼下为潭，以聚江、淮运船，役夫匠通漕渠，发人丘垄，自江、淮至京城，民间萧然愁怨。第二年三月竣工，皇帝亲临望春楼观看新潭。韦坚以新船数百艘，扁额上写明郡名，各陈郡中珍货于船背。陕尉崔成甫化了装，穿红着绿，站在前船唱《得宝歌》："得宝弘农野，弘农得宝耶！潭里舟船闹，扬州铜器多。三郎当殿坐，听唱《得宝歌》。"使美妇百人盛饰而和之，鼓笛胡部以应之。其余的船随着缓缓地开到楼下，连樯数里，观者山积。京城百姓多不识驿马、船樯竿，人人见了都觉得很稀奇。韦坚跪进诸郡轻货，又献上百样牙盘食（用象牙盘盛御食样品置于帝前，谓之"看食"）。皇帝置宴，竟日而罢。四月，加韦坚左散骑常侍；给新潭命名为广运潭（详《资治通鉴》《旧唐书·韦坚传》）。《通志》载长安下杜城西有第五桥、丈八沟。黄鹤认为这就是韦坚所开广运潭的漕渠，很对。这里自从那次盛况空前的御驾亲"游"之后，加上又是南北水路交通枢纽，过往官商人等很多，自会成为近畿歌楼舞馆骈列、画舫游艇纷集的冶游地，多少仿佛清代北京东郊漕渠通惠河的二闸（即庆丰闸）。丈八沟离第五桥不远，第五桥边就是何将军山林。杜甫这次陪诸贵公子来丈八沟携妓纳凉，比起那次风雅的山林之游，显然要俗气得多。可是，经过诗人的美化，写了出来，却也不太恶劣。"落日放船好，轻风生浪迟。竹深留客处，荷净纳凉时。公子调冰水，佳人雪藕丝。片云头上黑，应是雨催诗。"(其一)"雨来沾席上，风急打船头。越女红裙湿，燕姬翠黛愁。缆侵堤柳系，幔卷浪花浮。归路翻萧飒，陂塘五月秋。"(其二) 张上若说："二首当合作一首看。首联泛舟，次纳凉，三联陪公子携妓，末句是雨将至。次首前六句是舟中避雨仓皇之景，结是归时天气陡凉。放船归路，各有情景，互为起结。"叙事层次清楚，宛如一篇简短的游记。《杜臆》说："舟携南北妓，见贵公子行径。燕姬不惯乘舟，又兼风雨，故愁。"此解得之。这里既是水路交通枢纽，秦楼楚馆中当然不乏"越女""燕姬"。(13)说诸贵公子为了寻欢作乐，为了摆阔，舟中所携，北妓南妓都有，不是毫无根据的。

　　李商隐有一首《镜槛》诗，"镜"一作"锦"。徐逢源说："'锦槛'，锦棚也。《开元遗事》：长安富家，每至暑伏中，各于林亭内植画柱，结锦为凉棚，设坐具，召名姝间坐，递请为避暑会。杜子美《陪诸贵公子丈八沟携妓纳凉》诗，即此会也。玩全篇语文，与此颇合。"可见当时上层社会骄奢淫逸的不良风气。但须补充的

---

(13)《读杜诗说》："今按'越女''燕姬'，第用成语，非其时果有南北妓也。且题虽云'请贵公子'，其实当有一人作主，非各自携妓，同在一船也，云各尚豪华，亦误。"即持反对意见。

是：作为清客，杜甫这次陪诸贵公子携妓纳凉的所在是在漕渠的船上，而不是在林亭内的凉棚中。

从艺术上看，其一"竹深留客处，荷净纳凉时"二句意境颇佳。南宋衡山（今湖南衡山）人赵葵的《杜甫诗意图》（原题《竹溪消夏图》）就是以这两句诗为题，但描绘的不是长安附近丈八沟携妓纳凉光景，而是江南水乡的平远景色。修竹万竿，郁茂葱茏，近处浓重清晰，远处疏淡迷蒙，层次分明。又用水墨点染出浅溪回汀，隐约显露出曲折的小径，有两人策骡缓行。遥望远处雾霭苍茫，似乎令人感到夏季的湿润空气。后面是幽静的荷塘，小屋数间，一人坐在水阁中纳凉，侍童旁立。屋后竹篱小桥，溪流潺潺，景色宜人。整幅画面深远恬静，使人犹如置身于万竹丛中，涤尽烦暑，凉气袭人，充分表达了"深""净"的意境（原画影印图片及朱恒蔚解说词见《艺苑掇英》一九七八年第二期）。这幅画被评为"无上神品"，画得委实是好。当然，图中画的不等于诗中写的，画好也不等于诗好，但这画和这两句诗之间意境却是相通的，也可以说是相得益彰。

闻一多在《宫体诗的自赎》一文中说，宫体诗人"人人眼角里是淫荡"。写"携妓纳凉"，题材是够淫荡的了，但眼角里不见淫荡，写出来的诗也还清新。如果要找点理由为老杜开脱的话，这该算是他多少不同于宫体诗人、不同于流俗的地方吧？

写同一题材艺术上独具特色之作，当推《城西陂泛舟》："青蛾皓齿在楼船，横笛短箫悲远天。春风自信牙樯动，迟日徐看锦缆牵。鱼吹细浪摇歌扇，燕蹴飞花落舞筵。不有小舟能荡桨，百壶那送酒如泉？"西陂即渼陂，在长安京兆府鄠县（今陕西户县）西五里，水面宽阔，风景幽美，是当时都人春秋佳日游览胜地之一。诗中写的是贵家在楼船上摆酒大宴宾客的热闹情景。还是王嗣奭讲解得好："有'青蛾皓齿'，故有'横笛短箫'。楼船高敞，故声达天际，而用一'悲'字，妙。盖喜从悲生，如云痛快，不痛不快，观场者至于堕泪而后以为得趣也。楼船甚安，不见其动，但有风有樯，自信其船之行，用'自信'字极妙。船大则行自缓，故云'徐看'；此联顶'楼船'来。'鱼吹细浪'，妙在'吹'字；此联顶'青蛾'来。船大则送酒必用小舟，故倒其语而簸弄风致。"这诗写得很委婉，却淋漓尽致，春意盎然，艺术上颇见功夫，但无甚深意，至多反映了盛唐时期歌舞升平的表象，和上层统治阶级寻欢作乐、醉生梦死的精神面貌，客观上有些须认识价值。杨伦以为"此诗当有所指，如《丽人行》之类，观'在'字自是望中，不必身与"，未免主观。跟前面那两首诗和后面即将论及的《乐游园歌》联系起来看，杜甫参加达官贵人、王孙公子这类声妓如云、香醪泉涌的狂欢宴会也是常事。《城西陂泛舟》这首诗，无论怎样解释，思想意义都不算深刻，诗人"身与"不"身与"都无所谓。如果一定要问个究竟，我认为，从诗题和诗人当时的交游情况看，城西陂的这次携妓春游宴会，他倒很可能是参加了的。

《乐游园歌》是"晦日贺兰杨长史筵醉中作"(原注)，虽也写到歌舞华筵盛况，但与前三首即景助兴的应酬诗不同，不仅含蓄且有倾向性地反映了最上层追求享乐的腐化生活，还情不自禁地倾诉了自己怀才不遇的悲愤和身世之感："乐游古园崒森爽，烟绵碧草萋萋长。公子华筵势最高，秦川对酒平如掌。长生木瓢示真率，更调鞍马狂欢赏。青春波浪芙蓉园，白日雷霆夹城仗。阊阖晴开佚荡荡，曲江翠幕排银榜。拂水低回舞袖翻，缘云清切歌声上。却忆年年人醉时，只今未醉已先悲。数茎白发那抛得？百罚深杯亦不辞。圣朝已知贱士丑，一物自荷皇天慈。此身饮罢无归处，独立苍茫自咏诗。"

乐游园也叫乐游苑或乐游原，在长安城南，汉宣帝时所立。唐代长安年间，太平公主于原上置亭游赏。每年三月三上巳节、九月九重阳节，京师士女都到这里来踏青、登高，帐幕云布，车马填塞，虹彩映日，香尘满路。文人雅士聚会时所赋诗歌，第二天便传遍全城。（比登报还快，可见唐人对诗歌的爱好！）晦日，指阴历每月最后一日。但原注中所说的"晦日"，则是指正月最后一日。唐代以正月晦日、三月三、九月九为三令节。唐德宗时李泌请废正月晦日，以二月朔日（阴历每月初一为朔）为中和节。正月晦日跟二月朔日只差一天，这时已是郊游的节日（初盛唐诗人写正月晦日游览的诗很多），而且这首诗头两句"乐游古园崒森爽，烟绵碧草萋萋长"中已显出春意不浅，可见当日长安一带的气温比现在稍高一些。研究证明，隋唐（五八一——九〇七）期间，气候曾一度变暖，长安可以种植柑橘。到了十一世纪以后，气候又变剧寒，长安一带柑橘通通冻死，甚至位于长江下游的太湖全部结冰，可以通行车辆（见沈文雄《中国的气候变迁》，载《人民画报》一九七四年第四期）。了解了过去曾经有过的气候变迁，再反过来看唐诗中一些关于物候的描述，如杜甫的《丽人行》说阴历三月三日就飘柳絮："三月三日天气新，……杨花雪落覆白蘋。"王维的《寒食城东即事》说少年们兴致最高，用不着到阴历三月的清明和上巳，二月中春分以来早就在外面游玩了："少年分日（春分、秋分叫分，这里指春分）作邀游，不用清明兼上巳"，就觉得说的这些都是实情，读起来也好懂得多了。

　　这诗从设宴园中叙起，写景由近而远。"公子华筵势最高，秦川对酒平如掌"，既见地势高敞，又见胸襟开阔，其心旷神怡的程度，只有王维的《辋川集·临湖亭》"轻舸迎上客，悠悠湖上来。当轩对樽酒，四面芙蓉开"差可比拟，而笔力则更加雄浑。

　　《长安志》载："乐游原居京城之最高，四望宽敞，京城之内，俯视如掌。"正因为座上俯视，可见全城："秦川对酒平如掌"，便引出下面"长生"句至"缘云"句一段从所见宫阙园苑远景生出的有关皇帝此时此刻也在欢宴游玩的想象。案曲江池在乐游园南，今西安市东南十里。张礼《游城南记》载："芙蓉园在曲江西南，与杏园皆秦宜春下苑地。园内有池，谓之芙蓉池，唐之苑也。"《两京新记》载："开元二十年筑夹城，入芙蓉园：自大明宫夹亘罗城复道，经通化门观，以达兴庆宫；次经春明、延喜门，至曲江芙蓉园。"这一段提到南苑芙蓉园，提到夹城复道中如雷霆般轰鸣的车马仪仗经过时的声响，提到大开的天门阊阖（借指宫城的正门），等等，可见诗人指的是皇帝带着他的宠幸这时正赶着前往南苑诸胜去寻欢作乐。浦起龙说："'青春'六句，一气读。虽纪游，实感事也。是时诸杨专宠，宫禁荡轶，舆马填塞，幄幕云布。读此如目击矣。"这等场合，哪能少得了诸杨？不过，从这偌大的势派看，这浩浩荡荡的春游队伍，非得有皇帝和贵妃亲自率领不可。浦说未必允当。《杜诗镜铨》引张上若的话说："此指明皇游幸，妙在浑含。"很对。仇兆鳌解"长生"二句："酌瓢之后，调马而行，得以尽览诸胜。"杨伦加旁批说："首叙长史筵宴。"以"酌瓢""调马"就杨长史及其宾从而言，可商榷。一、汉上林苑有长生木（见《西京杂记》），瓢用此木雕成，即使是借以表"示真率"，这典故也不宜于贺兰杨长史（若是诸杨倒也罢了）。二、杨长史在此置酒宴客，并未奉旨随驾，如今皇帝正在南苑游幸，他岂敢冒冒失失地带着杜甫这样的"长安一匹夫"，调马而行，尽览诸胜？难道不怕犯惊跸之罪么？三、从文章结构上看也讲不通："既方酌酒，不应即说调马，下又仍说饮酒"（施鸿保语）。[14]那么，究竟怎样理解才比较接近作者原意呢？我认为很简单，只要将这两句看作就皇帝而言就行了。玄

---

[14] 施鸿保驳仇说一针见血，但是他所提出的如下解释也难令人相信："记白乐天集五言排律百韵诗，自注：酒令有莫走、鞍马等名。疑'鞍马'是酒令名；'调'则'调笑'之'调'；'更'亦言诸人更易也。"

宗崇道祖，信神仙，求长生，偶尔也会在大内用"长生木瓢"酌饮以"示真率"（即《朝享太庙赋》中二丞相颂扬玄宗"浇讹散，淳朴登"的意思，恐怕平日真有这么一番欺人自欺的做作），可是一旦遇到良辰美景，便再也按捺不住他那强烈的凡人情欲，而"更调鞍马狂欢赏"，到南苑诸胜散心去了。——这样解释，不是很妥帖吗？这诗先叙杨长史设宴于地势高敞的乐游园，全城景物尽收眼底。次述因眺望所见而生出种种有关皇帝游幸情事的想象，并以含混的言辞加以表现。因为相隔很远，虽见到一些动静，到底只能凭想象揣度，并非亲眼得见，岂能坐实皇帝一定在内？就是明明知道皇帝正在南苑寻欢作乐，即使不像王维那样找出冠冕堂皇的理由来为他辩护，说这只是"为乘阳气行时令，不是宸游重物华"（《奉和圣制从蓬莱向兴庆阁道中留春雨中春望之作应制》），也不能大肆张扬他跟爱宠们在吃喝玩乐啊！想说又不敢说，这就不免支吾其词，含混不清了。一想到了皇帝，势必会勾引起应诏、召试以来的无穷心事，倾泻出来，便是末段中那深沉的慨叹和徒倚无依的身世之感。诗人的思路是清晰的，前后段诗意的过渡也很自然，只是前人未能悟透，讲解起来，不是这里就是那里，显得疙疙瘩瘩了。

以往读杜甫陷长安安禄山叛军时所作《哀江头》中追忆帝妃出游曲江情事的描写，总以为纯系想象之辞，现在我多少读懂了《乐游园歌》，才知道诗人虽未躬逢其盛，却也真在远处居高临下地鸟瞰过那"霓旌下南苑"的热闹场面。可见诗人的想象，还是有一点生活感受作依据的。这就无怪乎他写得这样真切、这样动感情了。

三　游渼陂　登大雁塔

杜甫这一时期的纪游之作，写得最出色的是《渼陂行》和《同诸公登慈恩寺塔》。前诗一开头就说明是随岑参兄弟出游，后诗原注说："时高适、薛据先有作。"同伴都是好朋友、大诗人，又互相唱和，游兴、诗兴大发，自然是容易写出好诗来的。

岑参（七一五—七七〇），江陵（今湖北江陵县）人，先世居南阳棘阳（今河南新野县东北），故一作南阳人。少时隐居嵩阳，二十岁至长安，献书阙下。此后十年屡次往返于京洛间。开元二十九年游河朔。天宝三载（七四四）举进士，以第二人及第，解褐授右内率府兵曹参军。天宝八载（七四九），安西四镇节度使高仙芝入朝，表荐他为右威卫录事参军，充节度使幕掌书记，遂赴安西。第二年正月，高仙芝除武威太守河西节度使。五月，出师迎击大食，兵败还朝。岑参约于初秋到长安。天宝十三载（七五四）安西四镇节度使封常清入朝。三月，权北庭都护伊西节度瀚海军使，表荐他为大理评事，摄监察御史，充安西北庭节度判官，遂赴北庭。由于他有边塞生活丰富而深切的感受，他写了许多讴歌边防将士英雄气概、描绘边疆奇异景色的诗篇，成了唐代最富于浪漫主义精神和艺术特色的边塞诗人。

岑参的《感旧赋》说："国家六叶，吾门三相矣。"三相指的是他曾祖父岑文本相太宗，伯祖岑长倩相高宗，伯父岑羲相睿宗。岑文本长于文翰，著述甚富。岑长倩因为反对改立武承嗣为皇太子，反对诏天下立大云寺，得罪了诸武，被诬谋反，斩于市，五子同赐死。岑羲坐预太平公主谋逆，被诛，籍没其家，亲族数十辈，放逐略尽。这是岑参诞生前两年的事。可见他虽出身于大家贵族，不过到他这一代已经中落了。父岑植，做过刺史；子五人：岑渭、岑况、岑参、岑秉、岑亚。岑况曾官单父尉，与诗人刘长卿友善，似亦有文名。杜甫《渼陂行》"岑参兄弟皆好奇"、王昌龄《留别岑参兄弟》"岑家双琼树，腾光难为俦"，指的都是岑参和他的二哥岑况。其余几个兄弟不详(见闻一多《岑嘉州系年考证》)。岑羲在睿宗朝做户部尚书时曾经写了一首题为《参迹枢揆》的诗。沈佺期的《和户部岑尚书参迹枢揆》说:"大君制六合,良佐参万机。……盐梅和鼎食,家声众所归。"案"参迹枢揆"即《北史·邢峦传论》所谓:"峦以文武才策,当军国之任,内参机揆,外寄折冲","良佐参万机"即《汉书·百官公卿表》所谓:"相国丞相……掌丞天子,助理万机",皆指辅宰而言。岑羲原诗今不存,沈佺期和章显系赞美岑氏一门三相。岑参字不详,不易确定其名当读"餐"还是读"申"。既知他伯祖曾赋《参迹枢揆》诗,且同官亦有和章,可见为岑参命名者当受此启发,有望其重振相国家声之义,似当读"餐"。岑参不像李、杜那样常在诗文中宣扬自己的大志。但是他的《银山碛西馆》说:"丈夫三十未富贵,安能终日守笔砚?"又《西蜀旅舍春叹寄朝中故人呈狄评事》说:"功业悲后时,光阴叹虚掷。却为文章累,幸有开济策。"可见他受家世的影响,还是自负"有开济策",且以建功立业自相期许的。

杜甫与岑参何时在何地开始结识,不详。天宝五载到八载、十载到十三载二人都在长安,这两段时期内,他们见面和在一起游览、聚会的机会是很多的。杜甫有《与鄠县源大少府宴渼陂》:"应为西陂好,金钱罄一餐。饭抄云子白,瓜嚼水精寒。无计回船下,空愁避酒难。主人情烂漫,持答翠琅玕。"岑参也有《与鄠县源少府泛渼陂》:"载酒入天色,水凉难醉人。清摇县廓动,碧洗云山新。吹笛惊白鹭,垂竿跳紫鳞。怜君公事后,陂上日娱宾。"两题仅二字不同,前诗自注"得寒字",后诗自注"得人字",可见他俩一同参加了这次由源县尉慷慨做东的盛会了。他们乘船游赏、听乐钓鱼、吃瓜喝酒、拈韵赋诗,一直玩到天黑才回去。加上岑参兄弟领着杜甫去游渼陂的那一次,他们同游渼陂起码有两

次之多。⁽¹⁵⁾

杜甫《渼陂行》说："岑参兄弟皆好奇，携我远来游渼陂。天地黯惨忽异色，波涛万顷堆琉璃。琉璃汗漫泛舟入，事殊兴极忧思集。鼍作鲸吞不复知，恶风白浪何嗟及。主人锦帆相为开，舟子喜甚无氛埃。凫鹥散乱棹讴发，丝管啁啾空翠来。沉竿续缦深莫测，菱叶荷花净如拭。宛在中流渤澥清，下归无极终南黑。半陂以南纯浸山，动影袅窕冲融间。船舷暝戛云际寺，水面月出蓝田关。此时骊龙亦吐珠，冯夷击鼓群龙趋。湘妃汉女出歌舞，金支翠旗光有无。咫尺但愁雷雨至，苍茫不晓神灵意。少壮几时奈老何，向来哀乐何其多？"

《通志》载元末游兵决水取鱼，渼陂早已枯干改成水田了。据说当时渼陂的水源出终南山诸谷，合胡公泉，形成了这一片辽阔的水面。陂上是紫阁峰，峰下陂水澄湛，环抱山麓，周围十四里，中有荷花、凫雁之属，向北流入荥水。渼陂在鄠县西五里，离长安城上百里。所以说岑参兄弟领着杜甫来此游赏是"远来"。殷璠在《河岳英灵集》中评论岑参说："参诗语奇体峻，意亦造奇。至如'长风吹白茅，野火烧枯桑'，可谓逸才。又'山风吹空林，飒飒如有人'，宜称幽致也。"后世艳称岑参边塞诗的奇，如"轮台九月风夜吼，一川碎石大如斗"写奇观，"侧闻阴山胡儿语，西头热海水如煮。海上众鸟不敢飞，中有鲤鱼长且肥。……蒸沙烁石燃虏云，沸浪炎波煎汉月"状奇境，"北风卷地白草折，胡天八月即飞雪。忽然一夜东风来，千树万树梨花开"发奇想，等等，莫不脍炙人口，但很少注意到他从早年隐居以来所写山水诗中已不时闪耀着

⁽¹⁵⁾岑参《与鄠县群官泛渼陂》说："闲鹭惊箫管，潜虬傍酒樽。暝来呼小吏，列火俨归轩。"宾从的众多、场面的热闹与杜甫《城西陂泛舟》中所描述的情况相仿，但不知两诗是否作于另一次同游时。

令人惊讶的异彩。除了前面殷璠摘出的那几句以外，像"石潭积黛色，每岁投金龙。乱流争迅湍，喷薄如雷风"（《冬夜宿仙游寺》）、"东南云开处，突兀猕猴台。崖口悬瀑流，半空白皑皑。喷薄四时雨，傍村终日雷"（《终南云际精舍》）、"草堂近少室，夜静闻风松。月出潘陵尖，照见十六峰。九月山叶赤，溪云淡秋容。……昨诣山僧期，上到天坛东。向下望雷雨，云间见回龙"（《自潘陵尖还少室居止秋夕凭眺》），这样一些描绘，不管写的是恬静的境界还是雄伟的景象，都显示出了"参诗语奇体峻，意亦造奇"的特色和诗人"好奇"的个性。《河岳英灵集》所收诸家诗"起甲寅，终癸巳"（高宗永徽五年，公元六五四至玄宗天宝十二载，公元七五三）。天宝十二载以前岑参已去过一次安西，也创作了一些边塞诗。但《河岳英灵集》只选了《戏题关门》"来亦一布衣，去亦一布衣。羞见关城吏，还从旧路归"这一首与边塞有关却无边塞情调的小诗，其余六首都是一般写景或抒情之作，而且评语中也未摘录边塞诗中的奇句。可见岑参为当时人所称道的，是他的那些一般写景或抒情之作中的奇，还不是边塞诗中的奇（实际上，他边塞诗中的名篇，如《白雪歌送武判官归京》《走马川行奉送出师西征》等，多作于天宝十三载第二次出塞在北庭时）。诗奇在于人奇，老杜在《渼陂行》中一开头就说："岑参兄弟皆好奇，携我远来游渼陂。"看起来，这一对难兄难弟的好奇、好事、好寻幽访胜，在当时一定是出了名的了。跟着岑氏兄弟这样的奇人，游赏渼陂这样的奇景，这就难怪老杜诗兴勃发，竟然写出了《渼陂行》这样一篇"溷漾飘忽，千态并集，极山岫海潮之奇，全得屈骚神境"（杨伦语）的奇文来。

这是夏季阴阳变化莫测的一天。他们来到渼陂岸边的那会儿，只见雨云密布，天地黯淡无光，碧绿而透明的万顷波涛，像堆积着片片琉璃，显得很神秘很阴森可怖。这种天气一般地说最不宜于乘船出游，岑氏兄弟却偏要"琉璃汗漫泛舟入"，这事岂不是很特别么？他们的兴致真高，他们果真"好奇"，我可提心吊胆，生怕给风浪打翻了船，喂了水怪，悔之晚矣！——这就是"事殊兴极忧思集"和"鼍作鲸吞不复知，恶风白浪何嗟及"的意思。鼍也叫鼍龙或扬子鳄，俗称猪婆龙，产于江淮间，这里不一定真有，这么说，只是为了增加神秘感。"鼍作鲸吞"是说鼍龙像鲸鱼那样将人囫囵吞下，不是说这里还有鲸。

　　开船以后没想到很快就云净天空、风平浪静，诗人不觉转忧为喜，便心旷神怡地欣赏起种种湖山胜景来了。中流有菱叶、荷花，陂水无疑不深。所谓"沉竿续缦深莫测""宛在中流渤澥清"，不止是一般的艺术夸张，还是在写一种因见水中山峰倒影而引起的幻觉和想象：渼陂南面大半边水面浸满了终南山的倒影，山影动摇，水波荡漾，山光水色，交融在一起（"半陂以南纯浸山，动影裹窕冲融间"），把陂水映得黑洞洞的，仿佛深得没有个底，船行陂中，就像到了清澄的海上一般（"宛在中流渤澥清，下归无极终南黑"）。

　　接着写日暮游艇从中流移近南岸的情形。"船舷暝戛云际寺，水面月出蓝田关"二句还是施鸿保解说得好："注：舷，船边也。戛，轹也，此谓船舷经过之声。今按船在陂中，寺在岸上，如何经过且有声？注引《长安志》：云际山大定寺在鄠县东南六十里。渼陂在鄠县西五里。不但相去甚远，一在县东南，一在县西，则尤不能经过。此句犹下'水面'句，皆指水中倒影而言：云际之寺，远影落波，船舷经过，如与相戛。"指出这两句皆就水中倒影而言，可算是懂得了作者的用心所在了。船舷是实，山寺倒影是虚，虚实相戛，匪夷所思，足见构思之奇。身在船中，不能见所在的船舷与山寺倒影相戛；能见者，必是他人之船。在诗人想象中不必如此拘泥，但也可见此行游艇非止一艘。

接着写"月下见闻之状：灯火遥映，如骊龙吐珠。音乐远闻，如冯夷击鼓。晚舟移棹，如群龙争趋。美人在舟，依稀湘妃汉女。服饰鲜丽，仿佛金支翠旗"。仇兆鳌对这一段诗的理解是正确的。一天的快游即将结束，主人兴犹未阑，趁月出东山，华灯初上，便命鼓乐大作，歌舞纷陈，群舟竞渡，将游赏乐事推到了高潮。诗写到这里，也随着进入高潮。

接着说忽然天又变得漆黑，一场雷雨眼看即将来临，于是诗人便从夏日阴晴变化莫测转到慨叹人生哀乐无常作结。汉武帝巡视河东，泛舟中流，与群臣饮宴，作《秋风辞》说："泛楼船兮济汾河，横中流兮扬素波，萧鼓鸣兮发棹歌。欢乐极兮哀情多，少壮几时兮奈老何！"情境相同，难免忆及此辞，顿生乐极之悲。结语还算妥帖。王嗣奭认为"'少壮几时'一句，用旧语可厌"，欠当。[16]

杜甫游渼陂不止一次。据诗意揣度，《渼陂行》当记初游。又有《渼陂西南台》诗："高台面苍陂，六月风日冷。蒹葭离披去，天水相与永。怀新目似击，接要心已领。仿佛识鲛人，空蒙辨鱼艇。错磨终南翠，颠倒白阁影。崷崒增光辉，乘陵惜俄顷。劳生愧严郑，外物慕张邴。世复轻骅骝，吾甘杂鼃黾。知归俗可忽，取适

---

[16] 王嗣奭评此诗说："余谓平湖宽阔，湖波浩荡，杜家京师，素不习水，初见不无惊愕，如'鼍作鲸吞''恶风白浪'，皆以意想得之。已而心神稍定，主人开帆，舟子色喜，加以棹讴、丝管，易忧为喜，自是人情之常。如水有菱荷，不过寻丈之水，而谓之'深莫测'，此正不习水人口吻，而忧心终在也。故至夜深，仍见大水茫无际涯，又复惊惶，如雷雨将至，皆疑心幻影，有何神灵使之哉？故湖本无奇，而乍见者误以为奇，又误以岑参为好奇，而二岑固未尝好奇。后来登泛舟，各自有诗，未尝云奇，而追思前作，亦当失笑耳。'骊龙'数语，亦以意想得之，亦喜亦惊。"这些意见都欠当。这诗有夸张，有想象，但决非纯写不习水人的恐惧心理。老杜固不习水，少年时曾漫游吴越，大江大湖总该见过，哪至于一见渼陂便如此惊慌失措！岑参生性"好奇"，作诗"意亦造奇"，但也不可能篇篇都奇。岑诗"语奇体峻"者不少，岂可据一两篇"未尝云奇"之作，就说他"固未尝好奇"呢？

事莫并。身退岂待官？老来苦便静。况资菱芡足，庶结茅茨迥。从此具扁舟，弥年逐清景。"仇兆鳌说："此台，前游所未至者，故重游而记其胜。"杜甫第一次来游，人多，热闹，从早到晚，日程又安排得很紧凑，恐无暇独登此台。这诗写独自登台所见所感，似当如仇兆鳌所说，是重游时所作。两诗所述时令都在夏季，两次来游，或是在同时前后不久。这诗先写景后抒怀，顺序串讲如下：台高水阔，六月亦觉阴凉。满陂的芦苇，远处水天相接。赏心悦目，感受新鲜。清澄的深水里，仿佛能见到南海里那种不废纺织、泪滴成珠的鲛人。烟雾空蒙的远方，渔艇隐约可辨。圭峰东边有紫阁、白阁、黄阁三峰：旭日照到紫阁峰，紫光灿烂；白阁峰阴森森白皑皑，终年积雪不融；黄阁峰不知根据什么取的名。三峰相隔不远，离渼陂也近（见《通志》）。白阁峰的影子和终南山的翠色都映在水中了。群峰阳光辉映，景色迷人，可惜俄顷登临便将离去。想到我忙忙碌碌长年为生计、前途而身心劳瘁，真愧对那隐居谷口的郑子真、卖卜成都的严君平，更仰慕那甘处蓬蒿的张仲蔚、免官养性的邴曼容。这四位汉代的高士，都能疏外物清尘欲而洁身自好。现今人世间又看轻千里马，那我宁肯隐遁江湖，跟蛤蟆们做邻居了。能知归隐，薄俗便可忽视，不须介意。做到取适无闷就好了，世上事不可能都那么如意。难道非做了官才能引退？人老了最宜于过恬静的生活，何况陂中菱角、鸡头米很多，采来足可卖得笔钱，凑合着在这偏远的地方盖个茅屋。从此便具备一叶扁舟，让我整年不再追逐名利，且追逐湖山清景去吧！

朱鹤龄说："此诗俱本谢康乐。'怀新目似击'，即谢诗'怀新道转迥'也。'乘陵惜俄顷'，即谢诗'恒充俄顷用'也。'外物慕张邴'，即谢诗'外物徒龙蠖'，又诗'偶与张邴合，久欲还东山'也。'知归俗可忽'，即谢诗'适己物可忽'也。'取适事莫并'，即谢《山居赋》'随时取适',又诗'万事难并欢'也。'身退岂待官',即谢诗'辞满岂多秩,谢病不待年'也。'老来苦便静',即谢诗'拙疾相倚薄,还得静者便'也。公云:'熟精《文选》理',真不诬耳。"对照得好!可见老杜取法前人用力之勤。但须补充的是:此诗俱本谢康乐,却仅止于遣词造句、格调章法而已;至于思想感情,则决非从大谢诗中照搬过来的,而是老杜"虽参列选序,尚未授官"这一时期内所特有的。老杜这种因愤世嫉俗而转思归隐的思想感情,在《陪郑广文游何将军山林》其四、《重过何氏》其五等诗中曾有过最明显的表露。这次独来渼陂西南台登览,不觉又引出了这一念头来了。他当时要归隐,主客观条件都不具备:主观上,大才未展,壮志未酬,哪能善罢甘休?客观上,卖书终难买屋,菱芡不足资生,与古之隐逸不同,后世的归田,总得有点钱才好。"何日沾微禄,归山买薄田。"(《重过何氏》其五)这想法倒切合实际。"身退岂待官?"谈何容易!那么,老杜要归隐,是不是一时兴起,随便说说的呢?也不是。他三番五次地这么说,这表明他当时确曾认真地考虑过这问题。到了旅食京华那十年的末尾,杜甫的思想矛盾越来越深、内心也越来越苦闷。如果能从他的作品中,较多较具体地了解到他这时到底在想什么、怎么想,无疑会有助于进一步去认识他,去探索他思想发展的过程。

应该将《渼陂西南台》和《渼陂行》对照着读。如果说前者是底,是内心的独白、冷静的思考、孤寂灵魂的自慰,那后者就是面,是抑郁情绪的迸发、逢场作戏的清狂、虚假的欢乐。底和面合了起来,才庶几见其全人,见其全貌,才不至于骂他"'少壮几时'一句,用旧语可厌"了。他当时的心境是悲苦的。虽用旧语,却是实情;斥之为"可厌",不过是皮毛之见而已。

老杜几次游渼陂,吃过这里出产的"云子白"的米饭,欣赏过"半陂以南纯浸山,动影袅窕冲融间""错磨终南翠,颠倒白阁影"的景色。后来他流浪到夔州,写了《秋兴八首》,抒发故国之思,其八曾一往情深地追述昔日京畿游乐盛事说:"昆吾御宿自逶迤,紫阁峰阴入渼陂。香稻啄余鹦鹉粒,碧梧栖老凤凰枝。佳人拾翠春相问,仙侣同舟晚更移。彩笔昔曾干气象,白头吟望苦低垂。"在诗人浮想联翩的回忆中,显然闪过了那几次渼陂之游的情景。当初未尽快意的事,在其后饱历战乱的老杜看来,都变得那么美好、那么可爱。这,是诗人的悲哀,是人生的悲哀,是时代的悲哀!

《同诸公登慈恩寺塔》是首思想性、艺术性结合得比较好的诗:"高标跨苍穹,烈风无时休。自非旷士怀,登兹翻百忧。方知象教力,足可追冥搜。仰穿龙蛇窟,始出枝撑幽。七星在北户,河汉声西流。羲和鞭白日,少昊行清秋。秦山忽破碎,泾渭不可求。俯视但一气,焉能辨皇州?回首叫虞舜,苍梧云正愁。惜哉瑶池饮,日晏昆仑丘。黄鹄去不息,哀鸣何所投?君看随阳雁,各有稻粱谋。"题下原注:"时高适、薛据先有作。"其实这次一同登临赋诗的还有岑参、储光羲。薛据所作已佚,其余诸篇均存。[17] 闻

---

〔17〕高适《同诸公登慈恩寺浮图》:"香界泯群有,浮图岂诸相。登临骇孤高,披拂欣大壮。言是羽翼生,迥出虚空上。顿疑身世别,乃觉形神王。宫阙皆户前,山河尽檐向。秋风昨夜至,秦塞多清旷。千里何苍苍,五陵郁相望。盛时怆阮步,末宦知周防。输效独无因,斯焉可游放。"岑参《与高适薛据登慈恩寺浮图》:"塔势如涌出,孤高耸天宫。登临出世界,磴道盘虚空。突兀压神州,峥嵘如鬼工。四角碍白日,七层摩苍穹。下窥指高鸟,俯听闻惊风。连山若波涛,奔凑似朝东。青槐夹驰道,宫馆何玲珑。秋色从西来,苍然满关中。五陵北原上,万古青濛濛。净理了可悟,胜因夙所宗。誓将挂冠去,觉道资无穷。"储光羲《同诸公登慈恩寺塔》:"金祠起真宇,直上青云垂。地静我亦闲,登之秋清时。苍芜宜春苑,片碣昆明池。谁道天汉高,逍遥方在兹。虚形宾太极,携手行翠微。雷雨傍杳冥,鬼神中蹉跎。灵变在倏忽,莫能穷天涯。冠上闻阊阖,履下鸿雁飞。宫室低逦迤,群山小参差。俯仰宇宙空,庶随似义归。愀尔非大厦,久居亦以危。"可参看。

一多定诸人登塔赋诗事在天宝十一载（七五二）秋。理由是：一、天宝十载秋多雨，既非登塔之时，而杜甫卧病，尤无参与斯游之理；二、天宝十二载五月至九月，高适在河西，不得同游；三、天宝十三载秋霖积六十余日，杜甫因京师霖雨乏食，生计艰窘，携家往奉先，且岑参已于四月去北庭；四、参以仇氏杜诗当作于十载献赋后之说，则登塔赋诗之事必在十一载无疑(详《岑嘉州系年考证》)。岑参原在安西四镇节度使高仙芝幕，已于十载初秋回长安。高适当时在河西节度使哥舒翰幕，这年随哥舒翰入朝来长安。储光羲（七〇七—约七六〇），兖州（今山东兖州）人[18]，开元十四年（七二六）进士。诏中书试文章，官监察御史。这年与诸人登塔赋诗时当正在任此职期内。后三年安禄山叛军陷长安，他受伪官，乱平后贬岭南。他的田园诗，多写农村淳朴生活，抒发隐逸闲适情怀，间有清新之作。后人常将他与孟浩然、王维、韦应物、柳宗元并称，但成就远逊。薛据（一作"璩"），荆南（今湖北江陵，古为荆州南郡，简称荆南）人。[19] 长安二年（七〇二）生。开元十九年（七三一）进士。天宝六载（七四七）中风雅古调科第一人。在吏部参加选官时，他自恃才名，请求授予他万年录事。诸流外官都一同去见宰相表示反对："赤县录事是某等清要官，今被进士夺去，某等色人无措手足矣。"遂罢。后仕涉县令、司议郎、水部郎中。他为人鲠直，有气魄，文如其人。初好栖遁，居高炼药。晚年置别业于终南山下以终老。他跟王维、杜甫、高适、刘长卿都很要好，诸人集中现尚存有送他的诗。

---

[18] 一说润州延陵（今江苏丹阳县西南延陵镇）人，兖州系其祖籍。
[19] 此据《唐才子传》。《唐诗纪事》说他是河中宝鼎（故治在今山西荣河镇）人，中书舍人薛文思曾孙。宝鼎当是其祖籍。

王维《座上走笔赠薛璩慕容损》:"希世无高节,绝迹有卑栖。……春风何豫人,令我思东溪。草色有佳意,花枝稍含蘤。更待风景好,与君藉萋萋。"见王、薛志趣相同,都爱好过山林隐逸的生活。高适《淇上酬薛三据兼寄郭少府微》[20]:"故交负灵奇,逸气抱謇谔。隐轸经济具,纵横建安作。"见其才具。又《酬别薛三蔡大留简韩十四主簿》:"薛侯怀直道,德业应时选。"见其性格的鲠直和自恃才名请授万年录事时的神情。又《同薛司直诸公秋霁曲江俯见南山作》,当作于薛据任司议郎(司直)时。薛据做过永乐主簿、涉县丞,后又选为涉县令。刘长卿《送薛据宰涉县》:"故人河山秀,独立风神异。人许白眉长,天资青云器。雄辞变文名,高价喧时议。下笔盈万言,皆合古人意。一从负能名,数载犹卑位。……昔闻在河上,高卧自无事。几案终日闲,蒲鞭使人畏。顷因岁月满,方谢风尘吏。"见其风貌、才调和生平事迹梗概。据杜甫乾元二年(七五九)所作《秦州见敕目薛三璩(据)授司议郎毕四曜除监察与二子有故远喜迁官兼述索居三十韵》诗题,知薛据授司议郎在乾元二年。诗中说:"伊昔贫皆甚,同忧岁不宁。栖遑分半菽,浩荡伴流萍。"见杜、薛诸人相知甚厚,在长安时都很贫困,生活上常互通有无。

大历元年(七六六),杜甫作《解闷十二首》,其四:"沈范早知何水部,曹刘不待薛郎中。独当省署开文苑,兼泛沧浪学钓翁。"第二句下原注:"水部郎中薛据。"薛据始任水部郎中当在大历元年以前。《唐诗纪事》说:"'省署开文苑,沧浪学钓翁。'据之诗也。子美怀据诗乃云:'独当省署开文苑,兼泛沧浪学钓翁。'"杨伦据此认为:"据前在省部,今在荆南,(杜)故云。"大历二年春,

---

[20] 一作王昌龄诗。

杜作《寄薛三郎中璩》说："与子俱白头，役役常苦辛。虽为尚书郎，不及村野人。……天未厌戎马，我辈本常贫。子尚客荆州，我亦滞江滨。……闻子心甚壮，所过信席珍。上马不用扶，每扶必怒嗔。赋诗宾客间，挥洒动八垠。乃知盖代手，才力老益神。……凤池日澄碧，济济多士新。余病不能起，健者勿逡巡。"仇兆鳌认为："时薛在荆州，将北归京师，而寄诗赠之也。"案水部郎中属尚书省工部，从五品上。所以诗中称之为"尚书郎"。水部郎中、员外郎各一人，掌津济、船舻、渠梁、堤堰、沟洫、渔捕、运漕、碾硙之事。荆州本是薛据的家乡。薛据这两年在荆州，当是为水部公务出差，非致仕还乡，所以说"子尚客荆州"。《唐诗纪事》说他官终礼部侍郎。韩愈《薛公达墓志》说："父璩，为尚书郎中，赠给事中。"给事中是追赠的官职，实际上他生前最高只做到尚书郎中。尚书郎中指的是尚书省水部郎中。不说水部郎中而说尚书郎中，只是为了听起来显得神气些罢了。墓志当然比《唐诗纪事》可靠，可见《唐才子传》说他官终水部郎中是不错的。杜甫诗中祝愿他回京后能升官，看来这希望是落空了。《杜臆》评《寄薛三郎中璩》说："此即《解闷》诗所云：'曹刘不待薛郎中'者，盖以比何水部云。此诗又称其'盖代手''才力老益神'，知其诗定不后人，而无一字传于世，列唐诗人，亦无其名，知唐之能诗而遗佚者多矣，为之一慨！"唐之能诗而遗佚者固多，但薛据并非"无一字传于世"，也非"列唐诗人，亦无其名"。姑且不论宋代的《唐诗纪事》和元代的《唐才子传》中皆单列条目，就是盛唐人殷璠所选《河岳英灵集》中尚保存其诗十首，之前并冠以小序说："据为人骨鲠有气魄，其文亦尔。自伤不早达，因著《古兴》诗云：'投珠恐见疑，抱玉但垂泣。道在君不举，功成叹何及。'怨愤颇深。至如'寒风吹长林，白日原上没'。又'孟冬时短晷，日尽西南天'。可谓旷代之佳句。"王嗣奭失察，所论不足据。——以上是这次登塔赋诗同伴们的概况。这是好友们的聚会，诗人们的聚会，是难能可贵，很值得纪念的。

慈恩寺是唐高宗做太子时为文德皇后所创建，故名"慈恩"，贞观二十二年（六四八）建成，在长安东南区进昌坊（今陕西西安市东南）。寺塔为永徽三年（六五二）玄奘所立，共六级。塔渐毁损，长安元年（七〇一）改建，增高为七级，高三百尺。一名大雁塔，今存，为古今登眺胜地。杜甫那首登塔眺望诗，一上来先翻用王粲《登楼赋》"登兹楼以四望兮，聊暇日以销忧"的意思，说塔高不易登，胸怀若不旷达，登了反会百感交集，从而引出下段登塔之事、所见之景，和末段预感世乱的忧思。在分析这首诗的思想内容之前，且先看清人王士禛的一段议论。王士禛论诗主"神韵"，最推崇王维、孟浩然的山水田园、隐逸闲适诗，但与中唐以来通脱诗派相对而言，则又力赞盛唐诸家。如说："唐人章八元《题慈恩寺塔》诗云：'回梯暗踏如穿洞，绝顶初攀似出笼。'俚鄙极矣。乃元、白激赏之不容口，且曰：'不意严维出此弟子！'论诗至此，亦一大劫也。盛唐诸大家有同登慈恩塔诗，如杜工部云：'七星在北户，河汉声西流。'又云：'秦山忽破碎，泾渭不可求。仰视但一气，焉能辨皇州。'高常侍云：'秋风昨夜至，秦塞多清旷。千里何苍苍，五陵郁相望。'岑嘉州云：'下窥指高鸟，俯听闻惊风。'又：'秋色从西来，苍然满关中。五陵北原上，万古青濛濛。'已上数公，如大将旗鼓相当，皆万人敌；视八元诗，真鬼窟中作活计，殆奴仆台隶之不如矣。元、白岂未睹此耶？"（《带经堂诗话·推较类》）章八元那首诗是七律。颈联"回梯"两句确乎拙劣。颔联"却怪鸟飞平地上，自惊人语半天中"倒小有意思。且就"却怪"句而论，塔高于飞鸟，俯视则大地便成为飞鸟的衬景，岂非"鸟飞平地上"？乍一见此，岂不可怪？平平淡淡的一句话，便见出登高鸟瞰之景、当时惊喜之情，不能说作者毫无一点表现力。元、白开通脱一派诗风，欣赏这类诗是可以理解的。王士禛对这首诗及其欣赏者的鄙薄，几至于谩骂，未免太过。但指出盛唐诸家在艺术风格上都具有雄健浑成的共同时代特色，这是十分正确的。《河岳英灵集》编者、盛唐选评家殷璠，曾经提出了"兴象"和"高唱"说法。所谓"兴象"不过是指触景生情、借景抒情、情景交融的创作过程和艺术效果，而"高唱"则意味着"有壮逸之气"。我想，如果借用这位盛唐选评家所标榜的"兴象"和"高唱"，来具体说明盛唐诗歌艺术的共同时代特色，即通常所谓"盛唐气象"，虽不中，想亦不远矣。

诸家登慈恩寺塔诗（详本章注〈17〉），从艺术成就看，储光羲稍逊，其余三家确乎如王士禛所说，"如大将旗鼓相当，皆万人敌"。但若论其思想深度，则高、岑又远逊老杜。关于杜甫这首诗的意义，诸家笺注除个别坚持只是登高警语，大多认为是刺时忧危。仇兆鳌说："'回首'二句思古，以虞舜苍梧，比太宗昭陵也。'惜哉'二句伤今，以王母瑶池，比太真温泉也。"朱鹤龄说："末以黄鹄哀鸣自比，而叹谋生之不若阳雁[21]，此盖忧乱之词。"钱谦益说："高标烈风，登兹百忧，岌岌乎有漂摇崩析之惧，正起兴也。泾渭不可求，长安不可辨，所以回首而思叫虞舜。苍梧云正愁，犹太白云：'长安不见使人愁'也。唐人多以王母喻贵妃，瑶池日晏，言天下将乱，而宴乐之不可以为常也。"这些意见基本上一致，且互相补充，颇得作者用心。开元以来一直到安禄山叛乱

〈21〉仇注引三山老人胡氏的话说："贤人君子，多去朝廷，故以黄鹄哀鸣比之。小人贪禄恋位，故以阳雁稻粱刺之。"

以前，虽然边境上有时也发生过一些战争，但总的说来，整个局势是稳定的、太平的。开元末年不知怎的社会上忽然刮起了一阵妖风，说不久会大动干戈，天下将乱，吓得官绅人家都暗中做避乱的准备。就连那位以识才荐贤名重于时的韩荆州韩朝宗也沉不住气，竟搬到了终南山里去住，被人告发扰乱治安、动摇人心，遭到了审讯，贬了官（见《新唐书·韩朝宗传》）。可是这倒不是事实而是谣传。到了天宝末年，一场大战乱，一场浩劫正在酝酿着，眼看一触即发了，而且安禄山的将反也并非毫无迹象，可是昏庸的玄宗就是不信，"有言禄山反者，上皆缚送，由是人皆知其将反，无敢言者"（见《资治通鉴》所载天宝十三载三月事）。因此当时社会上倒很平静，上自皇帝贵妃，下至文人雅士，都为太平盛世的假象所迷惑，仍然在这个即将爆发的火山顶上胡帝胡天地寻欢，优哉游哉地游乐，连丁点儿大祸临头的预感也没有。"世人皆醉我独醒"，当时唯独杜甫比较清醒，多少有大难临头的朦胧预感，这是难能可贵的。

四　移居下杜　寄寓奉先

　　干谒投赠、登临游宴诸应酬篇什仅可概见诗人社交活动之一斑，如欲窥知他长安十年真实的生活状况和精神面貌，则须进一步阅读他的那些描写身边琐事和叹老嗟贫的诗篇。

　　这类诗歌多写作于天宝十载（七五一）献赋召试以后，这是可以理解的。应诏、干谒、献赋，该想的办法都想了，该走的门路都走了，依然毫无希望，加上马齿渐增，日暮途远，身世之感、忧生之嗟自会郁积胸中，发为诗歌，就不觉重欷累叹了。

　　闻一多《少陵先生年谱会笺》订杜甫"自东都移家至长安，

居南城之下杜城"一事在天宝十三载（七五四）春，考证精细可信。此前一两年他写作了《白丝行》[22]："缫丝须长不须白，越罗蜀锦金粟尺。象床玉手乱殷红，万草千花动凝碧。已悲素质随时染，裂下鸣机色相射。美人细意熨帖平，裁缝灭尽针线迹。春天衣著为君舞，蛱蝶飞来黄鹂语。落絮游丝亦有情，随风照日宜轻举。香汗轻尘污颜色，开新合故置何许？君不见才士汲引难，恐惧弃捐忍羁旅。"杨伦采众家之说，搀和己意，解释得很好："《白丝行》，即墨子悲素丝也。叹士人媚时徒失其身，终归弃置。故有志者，宁守贫贱也。全首托兴正意，只结处一点。"但须补充的是：这不仅只是对一般士人出处、操守笼而统之的感叹，其中还深含着悔恨自己这几年来热衷仕进、卑躬屈膝、多方干求的意思在内。首句"缫丝须长不须白"，确乎如杨伦所说，是"喻奔竞之徒，但希荣进，不须名节也"；正由于反省到自己居然也堕落到这步田地，这就难怪诗人百感交集，发此"有激之词"了。"顽夫廉，懦夫有立志。"既已觉悟，决心自励，是否即垒块冰消，心胸开阔，毫不介意于仕途得失了呢？也不尽然。"君不见才士汲引难，恐惧弃捐忍羁旅。"说到最后，他还是在为才士的见弃而抱屈啊！

这一时期，他愤世嫉俗的情绪很大。他慨叹人情冷暖、世态炎凉："翻手作云覆手雨，纷纷轻薄何须数！君不见管鲍贫时交，此道今人弃如土。"（《贫交行》）[23]他深感身世萧条、孤立无援："曲

---

[22] 仇兆鳌说："此诗当是天宝十一二载间，客居京师而作，故末有'忍羁旅'之说。"
[23] 黄鹤注："此必公献赋后，久寓京华，故人莫有念之者，故有此作。梁氏编在天宝十一载，是也。"《杜诗镜铨》发挥王嗣奭之意说："作行止此四句，语短而恨长，亦唐人所绝少者。"《读杜心解》说："诗如谣，乐府体也。只起一语，尽千古世态。"起句已成了现尚流行的"翻云覆雨"（或"翻手为云覆手为雨"）这一成语，可见其艺术概括力之强。

江萧条秋气高,菱荷枯折随风涛,游子空嗟垂二毛。白石素沙亦相荡,哀鸿独叫求其曹。"他满腔孤忿,发为长歌,声音激越,悲切感人:"即事非今亦非古,长歌激越捎林莽,比屋豪华固难数。吾人甘作心似灰,弟妹何伤泪如雨。"他愤愤不平,声称要高蹈出世,了此一生:"自断此生休问天,杜曲幸有桑麻田,故将移住南山边。短衣匹马随李广,看射猛虎终残年。"(《曲江三章章五句》)

曲江在长安城南,杜陵西北。汉武帝所造,名为宜春苑,其水曲折,故名。开元中疏凿为胜境,其南有紫云楼、芙蓉苑,其西有杏园、慈恩寺,花卉环列,烟水明媚,都人游赏,以中和、上巳二节最盛。《唐国史补》载:"(进士)既捷,列书其姓名于慈恩寺塔,谓之题名会。大宴于曲江亭子,谓之曲江会。"仇兆鳌"据此则知公之对景兴慨,意固有所为矣",并从而订此诗当是天宝十一载献赋不遇后有感而作。杜曲在长安城南,其北为曲江,其东为杜陵、少陵原,其西南为终南山。《雍录》:"樊川韦曲东十里,有南杜、北杜。杜固谓之南杜,杜曲谓之北杜。二曲名胜之地。"唐代杜氏世居杜曲一带,杜甫祖籍杜陵,所以说:"杜曲幸有桑麻田,故将移住南山边。"想移而尚未移,当时他并不一定已在杜曲置了产业。"杜曲"句云云,不必拘看,不过泛指此乃杜氏家园而已。"短衣匹马随李广,看射猛虎终残年。"这当然是故作狂放的愤激之辞,但也可见其性格的不羁和对仕途、尘世的由衷厌恶。

杜甫一家原住洛阳东边的偃师陆浑庄,旅居京华期间,有时归东都探家。现既起意将家"移住南山边"的"杜曲"一带,后来到底搬来了没有?闻一多《少陵先生年谱会笺》曾对此做过详细而精当的考证,以为杜甫自东都携眷移家至长安居南城之下杜城在天宝十三载（七五四）春，这年秋又从下杜城移居奉先（今陕西蒲城县）。[24]

杜甫移家下杜城这一短暂时期的生活情况，可从下面这几首诗中窥见一斑。

---

[24]《少陵先生年谱会笺》："据《桥陵诗》，知是年（天宝十三载）秋后，自长安移家至奉先。然公家本在东都，其何时徙居长安，则诗中无明文可考。惟《遣兴三首》曰：'客子念故宅，三年门巷空'。（故宅，指东都之宅，验本诗可知）仇定此诗作于乾元元年，上数三年，则初离故宅时为天宝十四载。此明与《桥陵诗》所纪不合；十三载，已自长安移家奉先，不得十四载始离东都至长安也。今定《遣兴》作于至德二载，则作诗时距本年（天宝十三载）适为三年，与《桥陵诗》无抵牾矣。又据《桥陵诗》，既知自长安移家至奉先，在天宝十三载秋后，再参以'三年门巷空'之句，则知公眷属自东都至长安，必在天宝十三载正月以后，十月以前。《秋雨叹》（卢编在天宝十三载）曰：'长安布衣谁与数，反锁衡门守环堵'，又曰'稚子无忧走风雨'（疑指宗文），知是年秋，公已置宅长安，妻子亦俱至也。《夏日李公见访》（旧但云天宝末作，兹定为天宝十三载）：'贫居类村坞，僻近城南楼'，曰：'孰谓吾庐幽'，知是年夏公有宅在长安也。诗中暗示，止于此际。移家长安，疑在天宝十三载之春。《遣兴》又云：'昔在洛阳时，亲友相追攀，送客东郊道，遨游宿南山'，知迎眷来京之役，公实亲任之。然本年诗中，不言归东都事，盖偶然失纪耳。考前此数年诗文中曰：'卖药都市，寄食朋友'（《进三大礼赋表》），曰：'垂老独漂萍'（《赠张四学士》），曰：'此身饮罢无归处'（《乐游园歌》），曰：'寄食于人，奔走不暇'（《进雕赋表》），曰：'恐惧弃捐忍羁旅'（《白丝行》），曰：'卧病长安旅次'（《秋述》），皆言长安无家也；而十载在杜位宅守岁，十一载将归东都，《留别二学士诗》曰：'欲整还乡旆'，尤为前此未移家长安之明证。然《游何将军山林》曰：'尽捻书籍卖，来问尔东家'，《重过何氏》曰：'何日沾微禄，归山买薄田'，已萌置宅城南之念矣。（《通志》：'少陵原，乃樊川北原，自司马村起，至何将军山林而尽，……在杜城之东，韦曲之西。'）《赠郑谏议》曰：'筑居仙缥缈，旅食岁峥嵘'，惟其有筑居之心，而力不足，故有此叹，《曲江三首》曰：'杜曲幸有桑麻田，故将移住南山边'，则移居之决心，已明白表示矣。此皆十一二载之诗，足证其时移家之心虽切，然未能见诸事实。至《夏日李公见访》，始有'贫居类村坞，僻近城南楼'及'孰谓吾庐幽'之语。《桥陵诗》曰：'辘轳辞下杜'；下杜，即李公见访之处也。《长安志》云：下杜城在长安县一十五里，此曰'僻近城南楼'，正与下杜城之方位合，其证一也。《李公见访诗》又云：'展席俯长流'，而杜陵之樊乡有樊川，滈水自樊川西北流，经下杜城。赵曰'展席俯长流'，即当此地，其证二也。又《九日五首》曰：'故里樊川菊'，《哀江头》原注曰：'甫家居在城南'，与赴奉先前所居之处，及李公见访之处皆合，故知公之自称'杜陵野老'，实因尝居其地，非徒循族望之旧称也。"

他的《醉时歌》当作于天宝十三载春刚移家长安后不久[25]："诸公衮衮登台省，广文先生官独冷。甲第纷纷厌粱肉，广文先生饭不足。先生有道出羲皇，先生有才过屈宋。德尊一代常坎坷，名垂万古知何用！杜陵野客人更嗤，被褐短窄鬓如丝。日籴太仓五升米，时赴郑老同襟期。得钱即相觅，沽酒不复疑。忘形到尔汝，痛饮真吾师。清夜沉沉动春酌，灯前细雨檐花落。但觉高歌有鬼神，焉知饿死填沟壑？相如逸才亲涤器，子云识字终投阁。先生早赋归去来，石田茅屋荒苍苔。儒术于我何有哉？孔丘盗跖俱尘埃。不须闻此意惨怆，生前相遇且衔杯。"

《旧唐书·玄宗本纪》载："（天宝十二载）八月，京城霖雨，米贵，令出太仓米十万石，减价粜与贫人。"诗中有"春酌""花落"字样，可见这减价米一直卖到十三载春。如果这时诗人仍"寄食朋友"，则无须也不可能获许"日籴太仓五升米"（"日籴"，每日现买的意思。这是减价救灾粮，怕人多买或并非急需的也来买，就故意增加购买的麻烦，以为限制。如果当时杜甫仍然是一人在京，即使需要买米，也很难天天都能买到这许多）。可见杜甫的家眷这时确已迁入京师，而且已沦入吃"减价""太仓米"的"贫人"行列了。诗中先以"登台省"的"衮衮""诸公"、"厌粱肉"的"纷纷""甲第"来反衬"广文先生"郑虔的"官独冷"和"饭不足"。接着写自己这个"杜陵野客"的境况连这也不如，可见生计的艰难了。"被褐短窄鬓如丝"，勾勒几笔，便草就一幅自画速写像：穷愁潦倒，衰容宛若，不无夸大，毕竟传真。闻一多曾在《杜甫》一文中表露了"思其高曾，愿睹其景（影）"的向往。仅就这一点而论，

---

[25] 黄鹤注："《旧书》天宝十二载秋，令出太仓米。诗言'日籴太仓五升米'，正其时也，当是十三载春作。"诗中自称"杜陵野客"，想这时已移家到下杜城来了。

这类诗句是弥足珍贵的。"日籴太仓五升米",家人赖以糊口的粮食已经是够少的了。他还要拿一部分去沽酒,"时赴郑老同襟期",这不是故作高雅,实在是内心太痛苦了,不得不用酒来麻醉自己:"忘形到尔汝,痛饮真吾师。""相如逸才亲涤器,子云识字终投阁",这不是发思古之幽情,这是因自己和郑虔的怀才不遇而生慨,物伤其类。只有较真切地了解到诗人当时的境况和心情,才会感到"焉知饿死填沟壑"的担心确乎不是平白无故说着玩儿的。老杜最尊崇孔丘的儒术,如今竟将孔丘和盗跖并提,大喊:"儒术于我何有哉?孔丘盗跖俱尘埃。"虽说这不过是一时愤激之辞,但也可见出情势的严酷。杜甫即使真如史传所说有"性褊躁"的毛病,若不是迫于情势、走投无路的话,何至于忽然迸出这样离经叛道的话来呢?仇兆鳌在诗中"孔丘"下加按语说:"当做尼父。"冬烘可笑。末尾归到"意惨怆""且衔杯",点明《醉时歌》非徒醉后狂言,实深有感而发。这种愤激之情,有时也用调侃的口吻加以发泄:"广文到官舍,系马堂阶下。醉则骑马归,颇遭官长骂。才名三十年,坐客寒无毡。赖有苏司业,时时乞酒钱。"(《戏简郑广文兼呈苏司业》)

苏司业就是当年与老杜在齐赵一带漫游骑猎的那个监门胄曹苏预(源明)。他后来做了东平太守。天宝十三载郡废,召苏源明为国子司业。苏源明前后做过京官,又放过外任,宦囊当然充裕得多,所以经常能打发郑虔他们一些酒钱。郑虔好琴酒篇咏,善画山水,书法亦佳,很受玄宗赏识,赞为"郑虔三绝",特置广文馆,任命他为博士。像他这样的人尚且如此穷困,这就难怪老杜要发牢骚,担心自己会"饿死填沟壑"了。

《旧唐书·玄宗本纪》载:"(十三载)是秋,霖雨积六十余日,京城垣屋颓坏殆尽,物价暴贵,人多乏食,令出太仓米一百万石,开十场贱粜,以济贫民。东都瀍、洛暴涨,漂没一十九坊。"又

《资治通鉴》卷二一七载:"自去岁(十二载)水旱相继,关中大饥,杨国忠恶京兆尹李岘不附己,以灾沴归咎于岘,九月,贬长沙太守。……上忧雨伤稼,国忠取禾之善者献之,曰:'雨虽多,不害稼也。'上以为然。扶风太守房琯言所部水灾,国忠使御史推之。是岁,天下无敢言灾者。高力士侍侧,上曰:'淫雨不已,卿可尽言。'对曰:'自陛下以权假宰相,赏罚无章,阴阳失度,臣何敢言!'上默然。"连年春旱秋涝,灾情严重,加上权奸当道,欺下瞒上,昏君在位,装聋卖哑,人民生活的困苦就更不堪设想了。

杜甫有几首诗,写个人苦雨窘况,真实而形象地反映了灾情的严重。

他的《苦雨奉寄陇西公兼呈王征士》说:"今秋乃淫雨,仲月来寒风。群木水光下,万象云气中。所思碍行潦,九里信不通。悄悄素浐路,迢迢天汉东。愿腾六尺马,背若孤征鸿。划见公子面,超然欢笑同。奋飞既胡越,局促伤樊笼。一饭四五起,凭轩心力穷。嘉蔬没涸浊,时菊碎榛丛。鹰隼亦屈猛,乌鸢何所蒙。式瞻北邻居,取适南巷翁。挂席钓川涨,焉知清兴终。"黄鹤定此诗作于天宝十三载秋。题下原注:"陇西公即汉中王瑀。征士,琅琊王彻。"李瑀是让皇帝李宪第六子,初封陇西公,天宝十五载从玄宗幸蜀,至汉中,因封汉中王。杜甫入长安之初曾为汝阳王李琎座上客。李瑀是李琎的弟弟,杜甫大概早就认识他,以后曾多次赠诗给他,可见他们的关系是很好的。淫雨为灾,长安城一片汪洋,低处的树木全给水泡了,千家万户笼罩在云气之中。潘岳《西征赋》:"南有玄灞、素浐。"《长安志》:"浐水在万年县东,北流四十里入渭。"《三辅黄图》:"渭水贯都,以象天汉;横桥南渡,以法牵牛。"素浐、清渭泛滥,道路阻绝,居民音信不通,亲友相望,咫尺天涯,不意一城之内,真有星汉之隔了。既不能飞度恍如胡越的短距离,走访同欢;只得困居在这一饭之间亦须转移四五次的漏屋,凭轩怀想,穷尽心力。污水淹没了水稻菜蔬[26],刚开的菊花摧折披靡在荆榛乱草丛中,鹰隼乌鸢都没精打采敛翮垂翼了。卢注:"《偪侧行》云:'我居巷南子巷北',故知公为'南巷翁'也。"诸家亦多以"北邻居"谓王,"南巷翁"自指。《读杜心解》则认为:"末及王征士。征士必与陇西为南北邻,北居即指陇西,南翁当指征士。遥想两人不时还往,以形己之岑寂也。注家混甚。"若以为"北邻居"谓王,一介征士,在陇西公面前,不当用"式瞻"字样。若以为"南巷翁"系自指,明明说自己已"局促伤樊笼""一饭四五起"了,还谈得上什么"取适"呢?南巷不是地名,《偪侧行赠毕四曜》"我居巷南子巷北",所谓"巷南""巷北"只是就二人所居相对而言。而《偪侧行》当作于乾元元年(七五八),与作《苦雨奉寄陇西公》诗时相距四年,其间又经过了安史之乱的大变动,老杜前后未必同居一地。卢注貌似精当,实不可信,采《读杜心解》的说法为是。

《读杜心解》又说:"寄岑则寓讽时局,寄陇西则起处微露,以其为亲王也,有触忌之恐乎!"李瑀是皇帝的亲脉侄,言谈之间当然不可造次。寄陇西之作,贵在描绘了长安遭灾情状,若论讽谕的深广,则首推《九日寄岑参》:"出门复入门,雨脚但如旧。所向泥活活,思君令人瘦。沉吟坐西轩,饮食错昏昼。寸步曲江头,难为一相就。吁嗟乎苍生,稼穑不可救。安得诛云师,畴能补天漏。大明韬日月,旷野号禽兽。君子强逶迤,小人困驰骤。维南有崇山,恐与川浸溜。是节东篱菊,纷披为谁秀?岑生多新诗,性亦嗜醇酎。采采黄金花,何由满衣袖。"仇兆鳌引《资治通鉴》所载

---

[26] 钱注:"《记》:稻曰嘉蔬。《江赋》:挺自然之嘉蔬。"仇注:"又公《园官送菜》诗并序皆以嘉蔬为菜,义可兼用耳。"

天宝十三载"上忧雨伤稼，国忠取禾之善者献之"和高力士以为淫雨不已系阴阳失度等史料（详前）说："'苍生''稼穑'一段，确有所指。'云师'，恶宰相之失职。'天漏'，讥人君之阙德。'韬日月'，国忠蒙蔽也。'号禽兽'，禄山恣横也。'君子''小人'，贵贱俱不得所也。"又引张綖的话说："此诗忧国家危乱将至，而气象愁惨。《邶》之'北风其凉，雨雪其雱。惠而好我，携手同行'，意正相似。"古人皆信灾异与时政有关，当时这场秋涝就在上层政界引起了追究责任的议论，杨国忠甚至推出不附己的京兆尹李岘当替罪羊，以灾沴归咎于他，将他贬为长沙太守，妄图借此转移视线，以脱干系。据史载左丞相陈希烈的下台也与这场秋涝有关。[27] 诗人深受灾害，在时论的影响下，有感及此，发为诗歌，暗有所讽，也不是毫无可能。诸家所论，不为无据。"维南有崇山，恐与川浸溜。"唯恐终南山也让大水给冲走了，这难道只是一般夸饰之词，不像"群冰从西下，极目高崒兀，疑是崆峒来，恐触天柱折"（《自京赴奉先县咏怀五百字》）、"秦山忽破碎，泾渭不可求"（《同诸公登慈恩寺塔》）那样，有着国家将乱、大难临头的预感么？杨国忠曾取禾之善者献给玄宗，骗他雨虽多不害稼，玄宗竟以为然。老杜作诗时不管得知此事与否，单看客观效果，"吁嗟乎苍生，稼穑不可救"两句，简直是对这一对昏君奸臣针锋相对的揭发和当头棒喝。

同时又有《秋雨叹三首》，可与《九日寄岑参》参看。其一

---

[27]《旧唐书·韦见素传》："右相杨国忠用事，左相陈希烈畏其权宠，凡事唯诺，无敢发明，玄宗颇知之，圣情不悦。天宝十三年秋，霖雨六十余日，京师庐舍垣墉颓毁殆尽，凡一十九坊污潦。天子以宰辅或未称职，见此咎征，命杨国忠精求瑞士。……八月，拜（韦见素为）武部尚书同中书门下平章事，充集贤院学士，知门下省事，代陈希烈。"皇帝打发了个左相，右相打发了个京兆尹，虽各有自己的目的，但也可见出所谓"咎征"既已成了社会上根深蒂固的传统迷信观念，便会对当政者产生沉重的政治压力，他们若不找个替罪羊来搪塞，就没法开脱自己了。

说:"雨中百草秋烂死,阶下决明颜色鲜。著叶满枝翠羽盖,开花无数黄金钱。凉风萧萧吹汝急,恐汝后时难独立。堂上书生空白头,临风三嗅馨香泣。"决明夏初生苗,七月开黄花;可入药,功能明目,故名。王嗣奭引史载杨国忠取禾之善者以献玄宗、谓雨多不害稼一事,说:"百草烂死,决明独鲜,三嗅而泣,岂谓是耶?白头书生不敢非议朝政,有泣而已。"仇兆鳌进一步坐实说:"房琯上言水灾,国忠使御史按之,故曰:'恐汝后时难独立。'"其后诸家多主是说,只是附会得过于穿凿,教人感到总不那么像。很明显,这只是一首慨叹自己老大无成的咏物抒情诗,并未暗藏着像浦起龙琢磨出来的这许多深意:"据此(指仇注云云),则'决明'之'鲜',比(房琯之)直节也。'后时独立',逗出主意。'凉风吹汝',塞言路者,怀奸叵测焉。'临风三叹',秉苦节者,孤芳相赏焉。思深哉!"《杜臆》说:"江总九日采菊视之,谓宾客曰:'元亮若见,必不使混莸草中。'至醉,又语客曰:'三嗅三忆古人,使人三泣。'"这一条笺注绝妙,不仅指出了"三嗅馨香泣"的出处,更有助于理解诗人迟暮不遇的深沉感叹。这首诗的思想感情,跟同时前后所作的《叹庭前甘菊花》差不多:"庭前甘菊移时晚,青蕊重阳不堪摘。明日萧条醉尽醒,残花烂漫开何益?篱边野外多众芳,采撷细琐升中堂。念兹空长大枝叶,结根失所缠风霜。"黄鹤注:"此当是天宝十三载在长安作,盖献《西岳赋》之后。"杨伦说:"此公自喻负经济才,过时而无以自见,反不如小人之见用也。"两相对照,主旨自明。

其二:"阑风伏雨秋纷纷,四海八荒同一云。去马来牛不复辨,浊泾清渭何当分?禾头生耳黍穗黑,农夫田父无消息。城中斗米换衾绸,相许宁论两相直?"这诗着重写灾情的严重和人民生活的困苦。阑,阑珊,将尽。伏,平伏。说是"阑风伏雨",却仍然"秋纷纷"，可见风老是刮个不停，雨老是下个不停。"四海"句即陶渊明《停云》"八表同昏"的意思，是说天下无处不雨。《庄子·秋水》："秋水时至，百川灌河，径流之大，两涘渚崖之间，不辨牛马。""去马"句用典写洪水浩瀚实景如绘。平时泾水入渭，清浊不相杂；如今大水泛滥，沆瀣一气，渭清泾浊，就无须分辨了。"浊泾"句寓感叹于写实，妙在有意无意之间。《苦雨奉寄陇西公》也说："所思碍行潦，九里信不通。悄悄素浐（此水入渭）路，迢迢天汉东。"众水泛滥当是实情。《朝野佥载》："俚谚曰：秋雨甲子，禾头生耳。"是说久雨谷物未收在田中发芽如耳形。仇兆鳌说："国忠恶言灾异，而四方匿不以闻。故曰：'农夫田父无消息。'"末二句是说：为了活命，抱床结婚绸被去换斗米，只要管"贱粜场"的长官许可，哪还顾得上考虑这值还是不值？卢注："是秋帝令出太仓粟，减价粜与贫人。但上虽减价，而下不论直，盖沾惠者少矣。"所见甚是。白居易《杜陵叟》说："不知何人奏皇帝，帝心恻隐知人弊。白麻纸上书德音，京畿尽放今年税。昨日里胥方到门，手持尺牒牓乡村。十家租税九家毕，虚受吾君蠲免恩。"与杜诗此二句对照，可知每逢天灾，上必照例颁发"德音"以收买人心，下则上下其手从中渔利，人民不惟少沾实惠反而备受剥削。

其三："长安布衣谁比数，反锁衡门守环堵。老夫不出长蓬蒿，稚子无忧走风雨。雨声飕飕催早寒，胡雁翅湿高飞难。秋来未曾见白日，泥污后土何时干？"这诗写自家苦雨寥落的境况。司马迁《报任安书》："刑余之人，无所比数。"首二句自嗟微贱，无人论及，雨中惟有困守家中。"长蓬蒿"见"不出"之久，见久雨门巷的荒凉。"稚子走风雨"，以稚子的"无忧"反衬自己的深忧，"亦曲尽稚子无知光景"（杨伦语）。《读杜心解》说："'翅湿飞难'，句中有泪，自叹本旨在此。结意更远，日晦而土污，主德掩而庶事堕矣！^{〈28〉}推极言之，亦岂徒为一身叹哉。"这诗"秋来"二句从宋玉《九辩》"皇天淫溢而秋霖兮，后土何时而得干"化出。序说："《九辩》者，楚大夫宋玉之所作也。辩者，变也。九者，阳之数也，道之纲纪也。谓陈说道德以变说君也。"其中悲秋气，叹秋霖，寄托显然，且"皇天"二句即《九辩》"愿一见而有明"之意。今老杜既有意化用《九辩》中的辞句入诗，可见上述浦起龙发挥的那几点意义多少是有些道理的。

连年秋涝，冬春干旱，下杜城杜甫一家困苦的生活境况可从《投简咸华两县诸子》诗中窥见一二："赤县官曹拥才杰，软裘快马当冰雪。长安苦寒谁独悲？杜陵野老骨欲折。南山豆苗早荒秽，青门瓜地新冻裂。乡里儿童项领成，朝廷故旧礼数绝。自然弃掷与时异，况乃疏顽临事拙。饥卧动即向一旬，敝衣何啻联百结。君不见空墙日色晚，此老无声泪垂血！"黄鹤注："梁权道编成都诗内，以咸（一作成）、华为成都、华阳两县。然诗云'长安苦寒'，又'南山''青门'皆长安事，当是天宝间在京师简咸宁、华原二县者。"案：诗中"杜陵野老""南山豆""东陵瓜"云云，知作诗时已移家于下杜城。闻一多已考知杜甫自东都移居此间在天宝十三载春，而同年秋后又离此间移家至奉先。则可进一步揣知此诗当作于秋后仍在下杜时。故旧弃掷，仕进无门。地冻苗荒，生理焉说？^{〈29〉}原以为"杜曲幸有桑麻田"，是族人聚居之地，"移住南山边"下

〈28〉仇兆鳌说："帝以国事付宰相，而国忠每事务为蒙蔽，故曰'秋来未尝见白日'，语虽微婉，可寓意深切，非泛然作也。"浦说即据此发挥。

〈29〉《汉书·杨恽传》："田彼南山，芜秽不治。种一顷豆，落而为萁。"《三辅黄图》载，长安霸城门其色青，故曰青门。秦东陵侯邵平隐居于此，种瓜五色。"南山"二句虽用典，却是实指。诗人移居此间以前曾作诗说："杜曲幸有桑麻田，故将移住南山边。"搬来以后，一家数口，生活没着落，现在既然多少分得点"桑麻田"，哪有白放着不种一点东西的道理？

杜城，或能仰仗庇荫；哪知"乡里儿童项领成"（《后汉书·吕强传》），"群邪项领"，欺负老杜这家新搬来的远房外来户。饥卧动辄一旬，敝衣何啻百结。眼看严冬将临，"无衣无褐，何以卒岁！"移家奉先之役，就势在必行了。

他的《示从孙济》说："平明跨驴出，未知适谁门。权门多噂沓，且复寻诸孙。诸孙贫无事，宅舍如荒村。堂前自生竹，堂后自生萱。萱草秋已死，竹枝霜不蕃。淘米少汲水，汲多井水浑。刈葵莫放手，放手伤葵根。阿翁懒惰久，觉儿行步奔。所来为宗族，亦不为盘飧。小人利口实，薄俗难具论。勿受外嫌猜，同姓古所敦。"这诗当作于天宝十三载居下杜城时[30]，多少能从一个侧面反映出诗人当时的日常生活情况。钱注："《宰相世系表》：济字应物，给事中，京兆尹。颜鲁公《神道碑》：（济）征南十四代孙，东川节度兼京兆尹。"杜甫既在《祭远祖当阳君文》中自称是杜预"十三叶孙"，今又称杜济为"从孙"，则"十三"或"十四"必有一误。据诗中所述，杜济这时尚未发迹。关于这首诗的主旨，大多认为是老杜见杜济受人嫌猜，故作此加以劝导。譬如浦起龙说："济或年少孤子，由谗言构衅，而猜嫌族属，故谆谆告之如此。"又，卢元昌说："大历七年，元载党徐浩，属杜济以知驿奏优，贬杭州刺史。据此，济交必多比匪，宜此诗有'权门噂沓''小人利口'等语。盖公之先见也。"浦说近是，卢说就未免言甚其辞。王嗣奭的理解则稍有不同："起语从陶靖节《乞食》诗（'饥来驱我去，不知竟何之'）脱来，亦其情同也。'诸孙贫无事'，言其贫而懒也，观下文自见；止云'无事'，语气浑厚耳。'淘米'四句，是家人语。因其汲水、刈葵，而示

---

[30] 黄鹤注："诗言'权门多噂沓，且复寻诸孙'，则济所居在长安矣。当是天宝十三载作。"

以作家之法如此。亦知其留款,止有米饭葵羹耳。以为比兴,恐未然。篇终数句,是老人训诲后辈语,体悉人情,悃款忠厚。张昭谓顾、陆曰:'吾来为道义,非因盘飧。'杜正用此。'不受外嫌猜',乃鲍明远诗。"王说不以为"淘米"四句是比兴,不深究"勿受外嫌猜"何所指,未必都对;但说起语从陶诗脱出,"亦其情同也",并指"所来"一句的出处,倒也不无道理。参考诸家笺注,揣度诗人用心,我觉得这首诗有这样几层意思:(一)《投简咸华两县诸子》说:"饥卧动即向一句",作诗难免夸大,他这时经常挨饿总是实情,可见王嗣奭说"起语从陶靖节《乞食》诗脱来,亦其情同也"是对的。他来找杜济,确乎有想叨扰一顿酒饭的意思。《投简》诗说:"朝廷故旧礼数绝。"达官贵人既已高攀不上,不得已,只好求助于族人。这就是"权门多噂沓,且复寻诸孙"的意思。穷愁潦倒,走投无路,老杜当时的处境和心情实在是够惨了。(二)中间一段意思不大好懂。照说杜济目前也"贫无事",境况并不太好,如今见杜甫这位"阿翁"来了,便忙着淘米做饭相待,这总算是不错的了,那为什么又平白无故地引出这位族祖后面这一番教训来呢?如果像浦起龙那样,认为"济或年少孤子,由谗言构衅,而猜嫌族属",老杜这次前来,是特意找他谈话做思想工作的,那么,为什么起语要从陶靖节《乞食》诗脱来,后面又声明"亦不为盘飧"呢?看起来,老杜找杜济,本来只想叨扰一顿饭,没料到杜济有什么地方冒犯了老杜,因而引出了老杜的牢骚和教训来。王嗣奭说:"因其汲水、刈葵,……知其留款,止有米饭葵羹耳。"明知杜济家境不宽裕,老杜为人忠厚,决不会因"其留款止有米饭葵羹"而怪罪于他。我看冒犯老杜的主要是杜济的态度。且先看"觉儿行步奔"这句诗。这句诗诸家皆无较圆满的解说。仇兆鳌说:"卢注谓公欲警觉儿辈,故奔走而来。此说未合。公本跨驴而出,非步行而至者。行步当就济言。"指出"行步当就济言"是对的,但究竟应如何解释此句却不甚了了。又"淘米少汲水,汲多井水浑。刈葵莫放手,放手伤葵根"几句讲得也很蹊跷。赵次公说:"时必淘米刈葵,故复以起兴。族之有宗,犹水之有源葵之有根也。水有源,勿浑之;葵有根,勿伤之;族有宗,则亦勿疏之而已。"这解释是可通的,问题是诗人何以竟因汲水淘米、刈葵作羹这样一些极寻常的家务劳动而忽然兴起勿疏宗族之意呢?我认为使得诗人起兴的根源在于"汲多"在于"放手"。杜济见这位不速之客上门,碍于情面,只得勉强招待他,不过心里却老大不高兴,就随便对付他一顿粗茶淡饭,加上家里人手少[31],杜济平日又懒散[32],如今要他亲自汲水淘米、刈葵作羹,无疑会感到很窝火,于是就难免流露出不耐烦的神情,汲水将井水搅浑,刈葵放手乱砍一气,老杜见了当然会有所觉察,有所感慨,然后写出"淘米"四句加以点破,并引出后面的一段教训来。——这理解若不大谬,其后"觉儿行步奔"一句就有着落了。"行步奔"是说杜济的行动匆忙、奔走不停。这句和前一句"阿翁懒惰久"连起来串讲,大意是说:阿翁我懒散惯了,今天来这儿发觉孙儿你真匆忙啊!才来不久,又能从哪里觉察得到呢?还不是从"汲多井水浑""放手伤葵根"这样一些气鼓鼓的行动举止之中。话说得委婉而幽默,前后对照,讽意自明。(三)为了一顿饭,没想到自讨没趣,老杜按捺不住了,便发话说:"所来为宗族,亦不为盘飧。小人利口实,薄俗难具论。勿受外嫌猜,同姓

---

[31] 施鸿保说:"今按('堂前')四句皆当是比,非但(如仇注所云)伤本支零落也。萱草,古人多以比母,或母方死,故云;竹枝,似亦用竹林籍、咸事,比其子侄,或济子侄无多,又或其时又短折者,故云。"

[32]《杜臆》:"'诸孙贫无事',言其贫而懒也。"

古所敦。"仇兆鳌说:"按'口实'有二义:若承上'盘飧',是口腹贪饕,当以《颐卦》'自求口实'为证;若照下'外嫌',是口舌谗间,当据《尚书》'以台为口实'作证。宜从后说为确。"所论甚是。这几句话的大意是说:我这次到你这儿来是为了密切宗族情谊,也不是为了一顿饭。(要是光图口腹,何不往"权门"去混个酒醉饭饱。)小人爱生口舌、挑拨离间,种种浇薄的世情俗态讲也讲不完。你切勿听信谗言嫌弃我猜疑我,古人是很重视敦睦同姓的啊。《投简》诗说:"乡里儿童项领成。"又《病后过王倚饮赠歌》说:"老马为驹信不虚。"钱注:"《角弓》:'老马反为驹,不顾其后。'注:已老矣,而孩童慢之。"这两句杜诗意近,都说他受乡党后生的欺负。联系这诗"勿受外嫌猜"的话来看,他移居下杜城的那一短暂时期,由于穷途落魄,他确乎是常受乡里小儿、族间晚辈的凌辱、排揎、中伤和嫌弃的。"朝廷故旧"冷落他,"乡里儿童"不容他,甚至连多少谙事的"从孙"招待他一顿米饭葵羹也要给他颜色看,处此困境,怎教他不感慨万千、悲愤欲绝呢?"君不见空墙日色晚,此老无声泪垂血!"这决不是夸大之辞,更不是无病呻吟,这是此老内心创伤的真实写照。他不仅"泪垂血",他的心,血也在哗哗直流啊!

  了解了老杜当时的处境和心情,才能理解他何以对青年朋友王倚的一饭之德竟如此感激莫名、称道不已:"麟角凤觜世莫识,煎胶续弦奇自见。尚看王生抱此怀,在于甫也何由羡?且过王生慰畴昔,素知贱子甘贫贱。酷见冻馁不足耻,多病沉年苦无健。王生怪我颜色恶,答云伏枕艰难遍。疟疠三秋孰可忍?寒热百日相交战。头白眼暗坐有胝,肉黄皮皱命如线。惟生哀我未平复,为我力致美肴膳。遣人向市赊香粳,唤妇出房亲自馔。长安冬菹酸且绿,金城土酥净如练。兼求畜豪且割鲜,密沽斗酒谐终宴。故人情义晚谁似？令我手脚轻欲旋。老马为驹信不虚，当时得意况深眷。但使残年饱吃饭，只愿无事长相见。"（《病后过王倚饮赠歌》）王倚跟杜甫在此以前并无深交[33]，家境也不富裕，见杜甫来访，颜色很不好，问知是打了三个来月摆子，身体很瘦弱，十分同情，便打发人去赊购好米，又叫妻子亲自做菜备饭，割鲜沽酒，特产俱呈，竭尽全力，盛情款待，这当然会使深谙"人生冷暖、世态炎凉"的老杜大为感动，不觉手脚轻旋，沉疴为之顿起了。"杜曲幸有桑麻田""同姓古所敦"，老杜的封建宗法观念是很强的。他原以为移居杜氏聚族而居的下杜城，或可得到宗族的庇荫，日子多少好过一些。谁知事与愿违，由于自己的落魄，备受乡里小儿、族间晚辈的轻视和欺凌。如今一个并无深交的外人，却能对他如此敬仰，如此关怀，如此盛情款待，相形之下，当然会更加感到王生的友谊淳真可贵了。"麟角凤觜世莫识，煎胶续弦奇自见。尚看王生抱此怀，在于甫也何由羡？"对王生古道热肠的盛情赞叹，就是对末世薄俗的由衷鄙薄，懂得了这一点，就不觉得诗人对一饭之德未免感激过分、对王生之奇未免称许过当了。浦起龙说："饱谙冷落，一为倾倒；憔悴之士，其感易生。"这话讲得好。仇兆鳌说："此章赠王倚，后有赠姜七少府诗，皆用方言谚语。盖王、姜二子本非诗流，故就世俗常谈，发出恳至真情，令其晓然易见。文章浅深，随人而施，此其所以有益也。"李白《赠汪伦》《金陵酒肆留别》等诗也都是这样。

---

[33]《十洲记》载，凤麟洲在西海中，洲上多凤麟。仙家煮凤喙及麟角合煎作胶，名为集弦胶，或云连金泥。此胶能属连弓弩；断弦折剑，亦以胶连之。卢元昌说："此以煎胶喻交情，即所谓'胶漆虽坚，不如雷与陈'也。盖王生敦笃士，寻常亦几失之。及公以尫羸病躯，与之谈情愫，留欢宴，不觉手足轻旋，沉疴为之顿起，真有似乎煎胶续弦者，此意最为切当。"可见杜甫对王倚原先也不很了解，这次接触始见其奇而称许不置。

"但使残年饱吃饭,只愿无事长相见。"要求虽低,但王生留宴这样的快人快事毕竟不常有。贫病交加,衣食不周,在备受乡里族人冷遇之后,为了另求出路,老杜终于在这年(天宝十三载)秋冬之际,带着形容憔悴的妻子儿女,满腹辛酸,离开了曾一度以为差可赖以谋生的"杜曲桑麻田",流浪到长安东北二百四十多里的奉先(今陕西蒲城县),寄寓在县署公舍里:"辘轳辞下杜,飘飖凌浊泾。诸生旧短褐,旅泛一浮萍。荒岁儿女瘦,暮途涕泗零。主人念老马,廨署容秋萤。流寓理岂惬,穷愁醉不醒。何当摆俗累,浩荡乘沧溟?"(《桥陵诗三十韵因呈县内诸官》)[34]王嗣奭说:"苏勋云:'何时摆脱俗累,乘一叶,泛沧溟之浩荡,偃仰八极,挹琼浆丹砂,吾志足矣。'杜之结句正用其语。"每当干求碰壁、生活艰难、心情极端苦闷时,老杜往往会发出"白鸥没浩荡,万里谁能驯""扁舟吾已具,把钓待秋风""欲浮江海去,此别意茫然""何当摆俗累,浩荡乘沧溟"这样一些深沉的叹喟,抒泻力求摆脱世网羁绊、放浪江海的向往之情。向往之情固然极其浪漫而美好,不过现实终归是现实,他不光没法摆脱妻室儿女的"俗累",更丢不开数十年鲠在胸中的那个"窃比稷与契"的"俗念"。这么说说,倒也不是自命风雅在唱高调。这是他实在愁苦不过时借缅怀漫游和求仙的往事聊以自慰罢了。诗人的心,无疑是凄凉而悲哀的。

这一时期,由于伏枥之志并未全泯,老杜还是写了一些激昂慷慨的诗篇。如《天育骠图歌》以骅骝况人而叹世无王良、伯乐:"吾闻天子之马走千里,今之画图无乃是?是何意态雄且杰,骏尾

---

[34] 黄鹤注:"诗云:'廨宇客(一作容)秋萤',又云:'荒岁儿女瘦',当是天宝十三载,物价暴贵,人多乏食时,往见诸官而作。又篇内不言禄山之事,知非十四载所作矣。"

萧梢朔风起。……年多物化空形影，呜呼健步无由骋！如今岂无骙裏与骅骝，时无王良伯乐死即休！"《沙苑行》借沙苑皇家马厩中"至尊内外马盈亿，伏枥在坰空大存"的现象，慨叹人才积压，难以各显其能，而"掉尾一波，如史之有赞"（李子德语），极力为异物奇才张目，一舒抑郁之情："角壮翻同麋鹿游，浮深簸荡鼋鼍窟。泉出巨鱼长比人，丹砂作尾黄金鳞。岂知异物同精气，虽未成龙亦有神。"《骢马行》在赞人良马之余，犹流露出大器晚成的希冀："吾闻良骥老始成，此马数年人更惊。岂有四蹄疾于鸟，不与八骏俱先鸣。时俗造次那得致，云雾晦冥方降精。近闻下诏喧都邑，肯使麒麟地上行？"《魏将军歌》描状大将风貌，爽气逼人，亦见诗人凌云壮志："魏侯骨耸精爽紧，华岳峰尖见秋隼。星缠宝校金盘陀，夜骑天驷超天河。欃枪荧惑不敢动，翠蕤云旓相荡摩。吾为子起歌《都护》，酒阑插剑肝胆露，钩陈苍苍玄武暮。万岁千秋奉明主，临江节士安足数！"这些诗虽含愤激之情，却无寒俭之态，都写得壮丽奇伟，气魄沉雄，很值得一读。《六一诗话》载："陈公时偶得杜集旧本，文多脱误，至送蔡都尉诗云：'身轻一鸟'，其下脱一字。陈公因与数客各用一字补之，或云'疾'，或云'落'，或云'起'，或云'下'，莫能定。其后得一善本，乃是'身轻一鸟过'。陈公叹服，以为：'虽一字，诸君亦不能到也。'"这诗全名为《送蔡希鲁都尉还陇右因寄高三十五书记》，约作于天宝十四载春。在我看来，这诗非止一字一句人所不及，全首也很警拔。可见老杜这一时期的诗篇，情调并不都是低沉的。

闻一多《少陵先生年谱会笺》载："（天宝十四载）公四十四岁。在长安。岁中往白水县，今陕西关中道白水县，唐属左冯翊同州。省舅氏崔十九翁。时崔为白水尉。[35] 九月，同崔至奉先。公夫人杨氏。《九日杨奉先会白水崔明府》之杨奉先，疑即其内家之为奉先令者。公自去秋移家来奉先，即依此人。公与杨若非亲近，则妻子岂得寄寓于廨署？"这推测合乎情理。这年十月老杜只身归长安，授河西尉，不拜，改右卫率府兵曹参军。到任后作《去矣行》，见辞官而去之意已坚。十一月离京赴奉先县探家。不久安禄山反叛的消息传到京师，天下大乱。老杜也就在这兵荒马乱之秋，结束他十年旅食京华、功名不就、壮志难酬、走投无路、心身交瘁的悲惨生活。

五 "马萧萧"

"失之东隅，收之桑榆。"京华困顿十年，老杜在功业上一事无成，自嗟寥落，但由于他长时期活动于上层社会，与王侯显宦相周旋，熟知种种骄奢淫逸的现状和黑暗政治的内幕，又沦落下层，既贫且病，饱经忧患，对社会弊端和民生疾苦体察尤深，因此竟在这一时期内开始成功地创作出一些揭露最高统治集团的腐朽、反对穷

---

[35] 杜甫这一时期写到其崔氏舅的诗作计有《白水明府舅宅喜雨》《九日杨奉先会崔明府》《白水崔少府十九翁高斋三十韵》三首，前二首作于天宝十四载安史乱前。后一首作于乱后十五载夏。杨伦于《白水明府舅宅喜雨》题下加按语说："邵注：舅是崔十九翁。按：后《高斋》诗崔本少府而此称明府者，其时或以尉摄令。"唐人尊称县令为明府、县尉为少府。《九日杨奉先会白水崔明府》"今日潘怀县，同时陆浚仪"二句，分别用《晋书·潘岳传》潘岳为河阳令转怀令，又《陆云传》陆云以太子舍人出补浚仪令二事指二人，题中称崔为"明府"不误。《白水崔少府十九翁高斋三十韵》有"吏隐适情性""作尉穷谷僻"之句，题中称崔为"少府"不误。因此不得怀疑三诗题中或有错字（或错"少"为"明"，或错"明"为"少"）。前一年所作二诗皆称"明府"，后一年所作一诗改称"少府"，之所以如此，也可能是罢职。降职而不换治所，较罕见，且后诗说崔"吏隐适情性"，丝毫不见失志之意，可见还是杨伦所作"或以尉摄令"的解释较合乎情理。

兵黩武的开边政策、为被压迫被剥削的人民而呼吁的卓越诗篇,为他其后现实主义光辉乐章源源不绝地涌现奏响了序曲。这无疑是老杜始料之所不及的。

这方面写得最早的名作当推《兵车行》:"车辚辚,马萧萧,行人弓箭各在腰。耶娘妻子走相送,尘埃不见咸阳桥。牵衣顿足拦道哭,哭声直上干云霄。道傍过者问行人,行人但云点行频。或从十五北防河,便至四十西营田。去时里正与裹头,归来头白还戍边。边庭流血成海水,我皇开边意未已。(36) 君不闻,汉家山东二百州,千村万落生荆杞。纵有健妇把锄犁,禾生陇亩无东西。况复秦兵耐苦战,被驱不异犬与鸡。长者虽有问,役夫敢伸恨?且如今年冬,未休关西卒。县官急索租,租税从何出?信知生男恶,反是生女好。生女犹得嫁比邻,生男埋没随百草。君不见,青海头,古来白骨无人收。新鬼烦冤旧鬼哭,天阴雨湿声啾啾!"

开元末期以来,边境战争中有的是为了保卫境内安全、维护国家统一,不可一概抹杀。但由于玄宗开始昏庸,相继委政于李林甫、杨国忠这样一些野心家之手,穷兵黩武,奖励边功,确乎发动过多次不义战争,给国家各族人民造成了极大灾难,其中最突出的是伐石堡和征南诏。伐石堡一事的前后经过很能说明问题。石堡城一名铁刃城,在今青海西宁市西南。唐时防御吐蕃的军事重镇,也是唐、蕃交通要冲,曾先后置振武军、神武军及天威军于此。为了争夺这一重镇,双方经常开战。就唐方而论,战争有时是正义的,有时是非正义的。开元二十九年(七四一)十二月,吐蕃屠达化县,陷石堡城。每年这一带麦熟,吐蕃就来抢收,没

---

(36)"我皇"一作"武皇"。傅庚生先生说:"诗中是叙征戍之人的答词,应以'我皇'于辞为顺,因为它并不是诗人之辞。"(《杜诗散绎》)

有人能抵御，边人谓之"吐蕃麦庄"。天宝六载（七四七），哥舒翰先在旁边埋伏了军队，等对方到来，便截断后路前后夹攻，没放走一人，从这以后不敢再来。这时玄宗想派陇右节度使王忠嗣去攻占石堡城。王忠嗣上言："石堡险固，吐蕃举国守之，今顿兵其下，非杀数万人不能克；臣恐所得不如所亡，不如且厉兵秣马，俟其有衅，然后取之。"要求师出有名和考虑后果，这意见本来不错，但皇帝当时一意开边，听了很不痛快。将军董延光想邀边功，自动请求带兵去攻占石堡城，玄宗就命令王忠嗣分兵相助。王忠嗣不得已奉诏，却不尽满足董延光的要求，就与董延光结了怨。河西兵马使李光弼对王忠嗣说："大夫以爱士卒之故，不欲成延光之功，虽迫于制书，实夺其谋也。何以知之？今以数万众授之而不立重赏，士卒安肯为之尽力乎？然此天子意也，彼无功，必归罪于大夫。大夫军府充牣，何爱数万段帛不以杜其谗口乎？"王忠嗣说："今以数万之众争一城，得之未足以制敌，不得亦无害于国，故忠嗣不欲为之。忠嗣今受责，天子不过以金吾、羽林一将归宿卫，其次不过黔中上佐；忠嗣岂以数万人之命易一官乎！李将军，子诚爱我矣，然吾志决矣，子勿复言。"李光弼说："向者恐为大夫之累，故不敢不言。今大夫能行古人之事，非光弼所及也。"后董延光过期不能攻克石堡城，说是王忠嗣阻挠军事计划的进行，玄宗震怒。李林甫趁机指使济阳别驾魏林出面诬告"忠嗣尝自言我幼养宫中，与忠王相爱狎"，欲拥兵尊奉太子。敕征王忠嗣入朝，交三司审问。王忠嗣差一点被判极刑，由于得到代他为陇右节度使、特承恩宠的哥舒翰大力为他说情，才免死贬汉阳太守。

天宝八载（七四九）玄宗又命哥舒翰率领陇右、河西及突厥阿布思兵，加上朔方、河东兵共六万三千，攻石堡城。这座城三面险绝，只有一条小路可上，吐蕃只以数百人防守，多贮粮食，积擂木滚石，唐兵前后发动了几次攻势，都不能攻克。哥舒翰攻了几日攻不下来，要斩裨将高秀岩、张守瑜，二人请限期三日可攻克；如期占领了这座城，俘获吐蕃铁刃悉诺罗等四百人，唐军士卒死了几万，果然像王忠嗣说的那样。皇帝不负责任的错误决策，权相阴谋陷害主持正义的忠良，边将不惜"以数万人之命易一官"，这些因素决定着这一惨胜的终于取得。无论从战略意义还是从战争性质上来看，这次伐石堡战役，正如王忠嗣所说，"以数万之众争一城，得之未足以制敌，不得亦无害于国"，都是不足取的。至于其后两次征南诏之战，问题就更严重了。南诏王阁罗凤跟唐王朝的关系本来很好，后来出了事，矛盾越来越激化，这主要是剑南节度使鲜于仲通性子褊急、处事不当所造成的。按惯例，南诏王常与妻子一起去拜会都督，过云南（郡治姚州，今云南姚安县北），云南太守张虔陀皆私之。又多所征求，阁罗凤不答应，张虔陀派人去辱骂他，还密奏其罪。阁罗凤一怒之下，就在天宝九载（七五〇）起兵造反，攻陷云南，杀了张虔陀，夺取了三十二个夷州。

　　天宝十载（七五一）夏四月，鲜于仲通带兵八万讨伐南诏，大败南诏于泸南。阁罗凤遣使谢罪，请求准许归还俘虏和所掠财物、修复云南城而去，并且说："今吐蕃大兵压境，若不许我，我将归命吐蕃，云南非唐有也。"鲜于仲通不许，还把来使囚禁起来。进军至西洱河，与阁罗凤战，大败，唐军士卒死亡六万人，鲜于仲通仅以身免。鲜于仲通是杨国忠的恩人，他的出任节度使，也是由于杨国忠的保荐。杨国忠袒护他，掩盖其败状，仍叙其战功。阁罗凤投靠了吐蕃，却刻碑于国门，言己不得已而叛唐，还说："我世世事唐，受其封爵，后世容复归唐，当指碑以示唐使者，知吾之叛非本心也。"皇帝下令大募两京及河南、河北兵去打南诏；人们听说云南多瘴疠，未战士卒就死了十之八九，都不敢应征。杨国忠遣派御史分道捕人，连枷送到军所。按老规矩，百姓有功勋的免征役，当时调兵既多，杨国忠奏先取高勋。于是走的人愁怨，父母妻子相送，到处哭声震野。李林甫死后杨国忠继任右相。天宝十三载（七五四）侍御史、剑南留后李宓带兵七万打南诏。阁罗凤诱敌深入，至大和城，闭壁不战，李宓粮尽，士卒得瘴疫病死饿死了十之七八，只得往回撤，南诏兵追击，李宓被俘，全军覆没。杨国忠对皇帝隐瞒战败实况，还谎报打了大胜仗，更发大军征讨，前后死了将近二十万人，却没人敢公开谈论这件事。玄宗一次曾对高力士说："朕今老矣，朝事付之宰相，边事付之诸将，夫复何忧！"高力士答道："臣闻云南数丧师，又边将拥兵太盛，陛下将何以制之？臣恐一旦祸发，不可复救，何得谓无忧也？"皇帝说："卿勿言，朕徐思之。"可见他并非毫无所知，只是已老迈昏聩，无能为力，便故意装聋作哑，得过且过，不了了之了（详《资治通鉴》）。这两桩边事，尤其是后者，朝野震动很大，人民受害很深。诗人李白对之都做了尖锐的讽刺与抨击，如说："君不能学哥舒，横行青海夜带刀，西屠石堡取紫袍。"（《答王十二寒夜独酌有怀》）《旧唐书·哥舒翰传》载哥舒翰拔石堡城后，"上录其功，拜特进鸿胪员外卿，与一子五品官，赐物千匹、庄宅各一所，加摄御史大夫"。将"西屠石堡取紫袍"跟史实和王忠嗣"以数万人之命易一官"的话联系起来看，讽意不是很明显么？对于因后一桩边事所引起的几次不义战争，李白还特意创作了专章诗歌加以揭露说："羽檄如流星，虎符合专城。喧呼救边急，群鸟皆夜鸣。白日曜紫微，三公运权衡。天地皆得一，澹然四海清。借问此何为，答言楚征兵。渡泸及五月，将赴云南征。怯卒非战士，炎方难远行。长号别严亲，日月惨光晶。泣尽继以血，心摧两无声。困兽当猛虎，穷鱼饵奔鲸。千去不一回，投躯岂全生！如何舞干戚，一使有苗平？"了解了这一边事的始末和内情，再来看这首诗就觉得好懂多了，真切多了。诗中有两点见解很有意思很可注意：（一）指出靠抓壮丁押解到前方去参加不义战争必然是白送死："怯卒非战士""困兽当猛虎，穷鱼饵奔鲸"。己方为"怯卒""困兽""穷鱼"，彼方为"战士""猛虎""奔鲸"，这主要不取决于士卒素质的优劣而取决于战争性质的正义与否和士气的高低。《新唐书·杨国忠传》："凡募法，愿奋者则籍之。（为征南诏）国忠岁遣宋昱、郑昂、韦儇以御史迫促，郡县吏穷无以应，乃诡设饷召贫弱者，密缚置室中，衣絮衣，械而送屯，亡者以吏代之，人人思乱。"当然，用欺骗手段抓些贫弱者来充数，这就更无战斗力，更不堪一击了。（二）《太平御览》卷八一引《帝王世纪》载有苗氏部族不受舜的政命，禹请求去征服它。舜说："我德不厚而行武，非道也。吾前教由未也。"他于是修政教三年，执干（盾）戚（斧）而舞，有苗氏终于归服了。这诗末二句即用此典故，却绝不是发思古之幽情，徒作书生空泛迂腐之论。其实南诏始终不愿叛唐，这场不义战争的连续发生，完全是昏君、奸臣缺德而黩武所导致的严重恶果。不过，即使到诗人写作这诗的当时，事态已发展到不可收拾的地步，只要唐王朝执政者真正认识错误，采取有力的补救措施，还是有希望和平解决的。诗人心里对问题的看法既然如此深刻如此尖锐，那么前面说什么"白日曜紫微，三公运权衡。天地皆得一，澹然四海清"，岂不是明明地在借颂扬之辞，对祸国殃民的君臣，作又痛又痒、啼笑皆非的揶揄和讽刺吗？

对时代的背景做了粗略的回顾，现在且来探讨杜甫的《兵车行》。此诗以往各家多认为是因玄宗用兵吐蕃而作。最早宋代黄鹤见诗中所叙述的送别悲楚之状,与史书记载天宝十载鲜于仲通丧师于泸南,杨国忠遣御史分道捕人连枷送军所,行者愁怨,父母妻子相送,哭声震野,情况相符,认为是因出兵南征而作。钱谦益更进一步发挥说:"'君不闻'已下,言征戍之苦,海内驿骚,不独南征一役为然,故曰'役夫敢申恨'也。'且如'以下,言土著之民,亦不堪赋役,不独征人也。'君不见'以下,举青海之故,以明征南之必不返也。不言南诏,而言山东,言关西,言陇右,其词哀怨而不迫如此。曰'君不闻''君不见',有诗人呼祈父之意焉。是时国忠方贵盛,未敢斥言之,杂举河陇之事,错互其词,若不为南诏而发者,此作者之深意也。"(37) 钱笺剖析入微,言之成理,当代说诗者多主是说。写南征而不点明南征,却杂举河陇之事,除了钱笺所作解释外,光就创作的角度而论,这不仅是容许的,更是艺术概括过程中增强人物、事件典型意义所必需的。诗人根据生活实感,构思一个"或从十五北防河,便至四十西营田",如今又被驱南征、备受"我皇开边"之苦的老战

〈37〉仇兆鳌不同意钱说,批驳说:"按明皇季年,穷兵吐蕃,征戍驿骚,内郡几遍,当时点行愁怨者,不独征南一役,故公托为征夫自诉之词以讥切之。若云惧杨国忠贵盛,而诡其词于关西,则尤不然。太白《古风》云:'渡泸及五月,将赴云南征。……'已明刺之矣,太白胡独不畏国忠耶?"若云不惧杨国忠贵盛,少陵同时前后之作《丽人行》"杨花雪落覆白蘋,青鸟飞去衔红巾。炙手可热势绝伦,慎莫近前丞相嗔"亦然,不须舍近求远取证于太白《古风》。不过即使如此,也不足以断定作此诗时必无钱说的考虑。"明皇季年,穷兵吐蕃,征戍驿骚,内郡几遍"云云,虽无史实根据,揣情度理,容或如此。但是从战争的规模、唐军损失的惨重、征兵的不择手段以及在两京等地所引起的骚动看,都远不如征南诏那次,所以史书对之记载颇详,而且每当论及征兵情况时辄称"凡募法,愿奋者则籍之""旧制,百姓有勋者免征役",借以对比说明这次"诡ció饷召贫弱者,密缚置室中,衣絮衣,械而送屯""分道捕人,连枷送诣军所"等等做法,完全是胡来。因此,说《兵车行》是目击这次"行者愁怨,父母妻子送之,所在哭声震野"的惨状,有感而作,是比较合乎情理的。

士，设为答问之辞，让他现身说法，在自述平生经历的谈论之中，自然而然地将多年来海内各地人民，从前方到后方，从役夫到农夫，从兵役、徭役到赋税，所受穷兵黩武之害，集中而又真实地反映出来，游刃有余地解决了有限篇幅和较多内容之间的矛盾，获得了思想和艺术表现上的极大成就，能说这不是一次别出心裁的、成功的尝试么？设置极少人物，截取短暂生活片段，通过对话写事以表达思想感情，这是汉乐府民歌中常见的表现手法。

陈琳《饮马长城窟行》即学此表现手法，而其中"生男慎莫举，生女哺用脯"二句又直接借用于秦代民歌："生男慎勿举，生女哺用脯。不见长城下，尸骸相支拄。"（见杨泉《物理论》）诸注家均以为《兵车行》"信知生男恶，反是生女好"二句与陈琳"生男"二句有关联，这是对的。其实不仅止于此，若论表现手法，也是从陈琳《饮马长城窟行》，从汉乐府民歌继承发展而来的。元稹在《乐府古题序》中说："近代惟诗人杜甫《悲陈陶》《哀江头》《兵车》《丽人》等，凡所歌行，率皆即事名篇，无复依傍。予少时与友人白乐天、李公垂辈谓是为当，遂不复拟赋古题。"可见《悲陈陶》等篇最先开"即事名篇"之风及其对中唐新乐府运动的影响。

但须补充说明的是：（一）元稹将杜甫"即事名篇"之作从《悲陈陶》等篇算起，是因为他概念中的"事"，指的是那些带有重大社会和政治意义的"时事"。这一类即"时事"名篇的歌行中，创作得最早的不是《悲陈陶》而是《兵车行》。《兵车行》的出现，标志着诗人由于多年来的阅历和体验，社会思想、文艺思想已日臻成熟，开始着手在为自己，为后人，开拓那条起自国风的现实主义诗歌创作道路，这是很值得珍惜、很值得纪念的。

（二）如果将"事"理解为一般的生活琐事，那么，现存杜诗中那些即"琐事"名篇的歌行出现得还要早。若按通常的编年先后排列，在《兵车行》以前即有《今夕行》《饮中八仙歌》《高都护骢马行》《乐游园歌》等篇。这些都是歌行，也不能说不是"即事名篇"，但显然不属于元稹所指的那一类。白居易《与元九书》说："杜诗多，可传者千余篇。……然撮其《新安》《石壕》《潼关吏》《塞芦子》《留花门》之章，'朱门酒肉臭，路有冻死骨'之句，亦不过三四十。"如果根据这一狭隘的、大可商榷的评诗标准衡量，《今夕行》诸篇，必会被斥为有乖六义而落选。不过从形式上考虑，诗人在天宝十载写作《兵车行》前五年（天宝五载）写作《今夕行》时就尝试"即事名篇"了。可见艺术形式上任何一个小的突破和改变，也是有一个发展过程的。（三）文学史家每当论及文人继承、发展乐府民歌传统的过程时都说，由汉乐府的"缘事而发"，一变而为曹操诸人的借古题而写时事，再变为杜甫的"因事立题"，这"因事立题"，经元结、顾况等一脉相承，到白居易更成为一种有意识的写作准则，即所谓"歌诗合为事而作"，并从而出现了新乐府运动。这概括无疑是正确的。写乐府歌诗"因事立题"在文人中固然最早始于杜甫，不过，这倒并不是他的"发明创造"，他无非是恢复了民歌本来的作法而已。那些"饥者歌其食，劳者歌其事"的国风如《伐檀》《硕鼠》《东山》，那些"感于哀乐，缘事而发"的汉乐府民歌如《战城南》《有所思》《东门行》《妇病行》《孤儿行》等等，又有什么古题可借，还不都是"因事立题"，也就是元稹所说的"即事名篇"么？古时反动政客干反动勾当时，也懂得制造舆论，颠倒黑白，混淆视听，进行反动宣传。

天宝十一载（七五二）年底，李宓首次出征云南前夕⁽³⁸⁾，朝廷命群臣赋诗送行。如储光羲的《同诸公送李云南伐蛮》说："昆明滨滇池，蠢尔敢逆常。天星耀铁锁，吊彼西南方。冢宰统元戎，太守齿军行。囊括千万里，矢谟在庙堂。耀耀金虎符，一息到炎荒。搜兵自交趾，茇舍出泸阳。……斩伐若草木，系缧同犬羊。余丑隐羿河，啁啾乱行藏。……剑关掉鞅归，武弁朝建章。龙楼加命服，獬豸拥秋霜。邦人颂灵旗，侧听何洋洋。京观在《七德》，休哉我神皇！"无非是将唐方非正义的出兵说成是正义的，鼓吹大肆杀戮，预祝凯旋加官晋爵，颂扬"统元戎"的"冢宰"杨国忠庙略的高妙，归不世之功于"休哉我神皇"。第二年（十二载）四月李宓奏凯还京⁽³⁹⁾，朝廷同样命群臣赋诗欢迎、庆功。如高适的《李云南征蛮诗》说："圣人赫斯怒，诏伐西南戎。肃穆庙堂上，深沉节制雄。遂令感激士，得建非常功。……泸水夜可渡，交州今始通。归来长安道，召见甘泉宫。"颂扬的内容与前诗接近，所不同的只是一预祝、一告成而已。⁽⁴⁰⁾不管是"真心"还是"违心"，储光

⟨38⟩⟨39⟩⟨40⟩《资治通鉴》载天宝十载（七五一）十月杨国忠使鲜于仲通表请己遥领剑南，十一月以杨国忠领剑南节度使。十一载十一月以杨国忠为右相。十三载六月侍御史、剑南留后李宓将兵七万击南诏，被诱深入，李宓被擒（《旧唐书·杨国忠传》载死于阵），全军覆没。但据高适《李云南征蛮诗序》："天宝十一载，有诏伐西南夷。右相杨公兼制之寄，乃奏前云南守李宓涉海自交趾击之。道路险艰，往复数万里，盖百王所未通也。十二载四月，至于长安"，知李宓于十三载六月征南诏失利全军覆没身亡以前，还曾于十一载杨国忠为右相后出征一次；这次涉海自交趾击南诏获胜，于十二载四月凯旋。此可补史册记载的疏漏。储光羲《同诸公送李云南伐蛮》说："冢宰统元戎，太守齿军行。囊括千万里，矢谟在庙堂。耀耀金虎符，一息到炎荒。搜兵自交趾，茇舍出泸阳。"可见李宓这次南征，即十一载年底从长安出发、涉海自交趾击南诏获胜的那一次，而这次战役的决策者，主要是杨国忠。案《后汉书·舆服志》："法冠，执法者服之，或谓之獬豸冠。獬豸，神羊，能别曲直，楚王常获之，故以为冠。"王先谦集解引惠栋曰："《淮南子》云：'楚文王好服獬冠，楚国效之。'高诱云：'獬鹰之冠，如今御史冠也。'"据此可知储作"龙楼加命服，獬豸拥（转下页）

羲、高适二位，作为属官，处在必得"应诏"或"应教"赋诗的场合中，写作了这样一两首政治倾向性很糟的"颂圣""歌德"之作，情有可原，不须深责；但也无妨借来作为对照，以便更清楚地显示出李、杜对社会现实认识的深刻，和他们热爱人民、敢于揭露抨击昏君奸臣祸国殃民反动决策的勇气。

这一时期杜甫写出征、戍边题材的诗还有《前出塞九首》。

《前出塞九首》写天宝年间哥舒翰征吐蕃时事。[41]这组诗，借一征夫的自述，夹叙夹议，反映了从出征到论功十余年来的征戍生活及其感触。其一说："戚戚去故里，悠悠赴交河。公家有程期，亡命婴祸罗。君已富土境，开边一何多！弃绝父母恩，吞声行负戈。"这首诗写役夫被迫出征、辞亲离家时的悲愤。"君已富土境，开边一何多"是这组诗的主旨，和《兵车行》"边庭流血成海水，我皇开边意未已"一样，都是借被迫出征士卒之口讽玄宗后期的穷兵黩武、恣意开边。卢元昌说："此拈开边，为诸章眼目。自开元十五年王君㚟启衅，后张忠亮破吐蕃于渴谷，拔其大莫门城；杜宾客破吐蕃于祁连城下。十七年，张守素破西南蛮，拔昆明及盐城；（信安）王祎破吐蕃于石堡城。十八年，乌承玼破奚、契丹于捺禄山。二十年以后，虽吐蕃又款，至赤岭之碑仆，衅端又开，与奚、契丹交构不已。此皆开边之祸也。"可参看。天宝间边事已概述，此可补前引史料之不足。从后来杜甫任左拾遗为房琯罢相辩护而遭贬的表现看，他是敢于仗义执言，讽谏时君为政得失，有古诤臣风的。

（接上页）秋霜"系指李宓因战功加侍御史衔。《资治通鉴》载十三载六月时李宓确获此衔。泛泛而言，预祝其加官晋爵则可；若断定其必得某官则不可。这诗很可能亦如高诗，系同诸官庆李宓班师而作。只是题中标明"送李云南征蛮"别无确证，不敢臆改。

〔41〕《杜臆》："诗有'磨刀鸣咽水'，陇头乃出征吐蕃所经蹂者，诗亦当作于此时。注云追作，非也。"

有人以为这组诗的表现特点是全部用第一人称来写，让这个征夫直接向读者诉说，由于寓主位于客位，转能畅所欲言，并避免直接批评时政的罪状。设置某一人物以第一人称来写，这是乐府诗中常见的做法，并非这组诗的特点，也很难说这是出于远祸的考虑。——欲加以妄议时政之罪，哪管用的是第一人称还是第三人称，这不都是你杜某写的么？通过设身处地的艺术构思，杂取彼役夫不同时地不同境况下的不同言行表现和心理状态，若断若续地顺序串联起来，形成一组各篇之间结构松散（故可单独成篇）而前后脉络却暗暗相通的大型组诗，以乐府诗独特的叙事抒情方式，展现了人物的性格和遭遇，从而使主题思想得到了完满的体现。如果一定要谈这组诗在艺术表现上的特点，我看特点就在这学习汉乐府手法而有所创新之处。浦起龙说："汉魏以来诗，一题数首，无甚铨次。少陵出而章法一线。如此九首，可作一大篇转韵诗读。"也多少看到了这一特点。

其二说："出门日已远，不受徒旅欺。骨肉恩岂断？男儿死无时。走马脱辔头，手中挑青丝。捷下万仞冈，俯身试搴旗。"这首诗述上路后轻身自奋情状。恣意开边，师出无名[42]，离乡别井，本不欲来。现既已来，岂可受人欺凌，低人一头？脱缰走马，俯身搴旗，初试身手，亦不后人。写此役夫的骁勇，非只见其骁勇，亦见其不甘示弱的倔强性格，更见其有感于"骨肉恩岂断？男儿死无时"而自暴自弃的愤懑心情。举一隅而三隅反，可说极尽艺术之能

---

[42]《晋书·乐志》载《出塞》《入塞》曲，李延年造。这组诗显系采用旧题；后又作五首，故分别加"前""后"字样以资区别。胡夏客却说："前后《出塞》诗题，不言'出师'而言'出塞'，师出无名，为国讳也，可为诗家命题之法。"则认为是"即事名篇"。施鸿保不同意这看法："今按此第仍用《晋志》旧名，盖本拟古乐府也。云出塞，则出师可知，过搜新义，殊属无谓。"不过夏说强调师出无名，这一点还是可取的。

事了。如果处理不当,写役夫途中的表现,过分渲染其一中那"吞声行负戈"的情绪,就会把他写成毫无血性、毫无骨气的胆小鬼,从而减弱诗歌反对不义之战的力量。相反,如果把他写成真的变得很积极,这不仅显得很突然、很不合情理,而且直接与这一诗篇的主题思想相违背,就更不能容许了。像现在这样写,既能突出人物的个性,又能相反相成地借铤而走险的心理状态和行动表现,反衬出朝廷倒行逆施的决策,给有头脑、有正义感的役夫所带来的巨大的精神痛苦,既写活了人物,又表现了主题,做到了思想性和艺术性的高度结合,这无疑是难能可贵、值得很好学习的。王嗣奭评论这一章说:"死既无时,而后作壮语,所谓'知其不可如何而安之若命'者也,愈壮愈悲。"颇得作者用心。

其三说:"磨刀呜咽水,水赤刃伤手。欲轻肠断声,心绪乱已久。丈夫誓许国,愤惋复何有?功名图麒麟,战骨当速朽。"这首诗通过途中一个生活细节的描写,反映这一役夫内心剧烈的矛盾和无比的痛苦。《陇头歌辞》:"陇头流水,鸣声幽咽。遥望秦川,心肝断绝。""磨刀"四句显然是从这首古代民歌中点化出来的。不过,同一般用典有所不同,必须考虑到那个不一定知道这古歌的抒情主人公——役夫,处在陇头"呜咽水"发出"断肠声"的境地,无须想到典故,就有可能见景生情,直接产生那种情绪上的波动。在"呜咽水"旁磨刀,只是想借此以转移注意力,摆脱因"断肠声"而勾引起的愁思。"水赤"才知"刃伤手",岂不是磨刀割破了手一点也不觉得痛?可见注意力并未因此而转移,愁思并未因此而摆脱。"心绪乱已久",真是没法使自己这颗乱糟糟的心安定下来啊!举重若轻,细微处见大手笔。"丈夫"四句是自我宽解的话。既已誓死报国,还有什么可愤惋的?可见愤惋太甚,终难释然;倒不是自己胸怀窄狭,许多问题实在令人想不通。横下一条心豁出命来干一场吧！要么成功，要么战死，倒也干脆。"图麒麟"谈何容易！"战骨当速朽"，死了朽了也就万事大吉了。"当"字下得沉痛。越宽解越愤惋，欲擒故纵，正意反出，用多变的手法写多变的情绪，绝妙。

其四说："送徒既有长，远戍亦有身。生死向前去，不劳吏怒嗔。路逢相识人，附书与六亲。哀哉两决绝，不复同苦辛！"这首诗写在途中被徒长欺压和驱逼的情形。前已充分写出了这一役夫的有血性、有头脑，这样的人却受到愚蠢而蛮横的徒长的无理对待，就更觉难堪。不管是用积极还是消极的想法，他似乎多少已解决了一些思想问题，减轻了一些精神负担，如今面对这"被驱不异犬与鸡"的残酷现实，他又重新掉进了痛苦的深渊，更加思念起故乡的亲人[43]来了。

其五说："迢迢万里余，领我赴三军。军中异苦乐，主将宁尽闻？隔河见胡骑，倏忽数百群。我始为奴仆，几时树功勋！"这首诗写跋涉万里、初到军中的感叹。细细玩味，"军中"二句与高适《燕歌行》"战士军前半死生，美人帐下犹歌舞"二句的意思还是有所不同。后者指主将与士卒苦乐迥异，而前者则指下面部属、士卒之间存在着待遇不公、苦乐各别的种种不合理现象而主将很难了解。言外之意是说所受之苦并非一般。《杜臆》说："不曰为军士，而曰'为奴仆'，盖军人以强弱相役，此正其所苦，而无从往诉于主将者，何时得树功勋而得舒其积愤也？胡骑之多如此，则树功正未易耳。此后皆到军苦境。"讲得极透彻。前思"图麒麟"，为排遣愁思，此盼"树功勋"，为摆脱苦境，处于不堪忍受的境地，聊作

---

[43] 原文为"六亲"。《汉书·礼乐志》："六亲和睦。"注："父子、兄弟、姑姊、甥舅、婚媾、姻娅。"

第七章　续旅食京华 | 293

非分的妄想，表面上说的是役夫想邀功，实际上揭露的却是那权臣边将为邀功而发动的不义战争带给役夫和人民的莫大苦难，文思如清溪，萦回转折，最后总流往主旨所趋的方向，可见诗人驾驭艺术本领的高强。

其六说："挽弓当挽强，用箭当用长。射人先射马，擒贼先擒王。杀人亦有限，立国自有疆。苟能制侵陵，岂在多杀伤？"这首诗很著名，"擒贼"句已成为成语。诗人对战争的看法和态度很正确。前四句酷似民间谣谚，是乐府本色，亦合抒情主人公口吻。在人物性格、赴边经过得到充分展开以后，插入这一段议论，点醒主旨，就显得比较自然了。

其七说："驱马天雨雪，军行入高山。径危抱寒石，指落曾冰间。已去汉月远，何时筑城还？浮云暮南征，可望不可攀。"这首诗写筑城戍守的艰苦和无时或释的思归之情。"径危抱寒石，指落曾冰间。"写苦寒奇警，读之感同身受，不寒而栗。《自京赴奉先县咏怀五百字》"霜严衣带断，指直不能结"，亦写严寒，程度有别，稍有夸大，不违常情。(44) 从中可悟现实主义细节描写分寸的掌握。开元末以来，屡筑军城防边。如开元二十六年（七三八）杜希望将鄯州之众夺吐蕃河桥，筑盐泉城于河左，置镇西军于盐泉。又同年剑南节度使王昱筑两城于吐蕃所据安戎城侧，顿军蒲婆岭下。天宝七载（七四八）哥舒翰筑神威军（城）于青海上，又筑城于青海中龙驹岛，谓之应龙城。八载（七四九）朔方节度等使张齐丘于中受降城西北五百余里木剌山筑横塞军（本名可敦城）。王忠嗣更重视边防，从天宝四载（七四五）以朔方节度使兼

---

(44)《汉书·鄎通传》："会大寒，士卒堕指者什二三。"严寒地区野外活动不经意冻掉耳朵手指者今亦偶有所闻。"指落曾冰间"云云，不算夸大失实。

河东节度使以来，自朔方至云中，边陲数千里，要害之地，悉列置城堡。筑城往往会导致边境短暂的安定，所以役夫每当愁苦之极时，往往会渴望有朝一日结束战争筑城而还。《资治通鉴》载开元十六年十二月丙寅敕："长征兵无有还期，人情难堪；宜分五番，岁遣一番还家洗沐，五年酬勋五转。"连皇帝也公开承认征兵制度的不合理和戍边士卒永无还期的悲苦，可见问题的严重。初唐以来写征夫思妇题材的诗歌特盛，绝非偶然。皇帝偶发善心，颁布"德音"，规定得很具体很理想。一年一换，轮番还家洗沐，但真要实行，谈何容易！这不过是故作姿态，廉价收买人心而已。从以后穷兵黩武、征募频繁的情况看，这道敕书中的许诺恐怕从未兑现过，而征兵制度之糟、戍边士卒之苦，就变本加厉、有过之无不及了。那么，役夫远戍，还家无期，只好仰望浮云，神驰故里，靠远望来排遣忧伤了。

其八说："单于寇我垒，百里风尘昏。雄剑四五动，彼军为我奔。虏其名王归，系颈授辕门。潜身备行列，一胜何足论！"这首诗写役夫一战告捷，且虏其名王而归。末谓潜身行伍，仅获一胜，仍难出人头地。关于这两句的言外之意各家体会有所不同。王嗣奭说："虏名王，授辕门，不以一胜为功；盖其立志远大，必空漠南之庭而后快也。"此说与组诗"擒贼先擒王""苟能制侵陵，岂在多杀伤"的主旨抵牾，不足取。杨伦以为"聊作妄想快意，亦正见当时主将无能如卫、霍辈者，不过徒残民命而已"，尤非。

其九说："从军十年余，能无分寸功？众人贵苟得，欲语羞雷同。中原有斗争，况在狄与戎？丈夫四方志，安可辞固穷？"这首诗以慨叹军中赏罚不明、众人争功而结束全篇。擒王之功不可谓不大了，有功者不言功，无功者竟邀赏，人心浇薄，公道何存？遇此等处，常人为之必大发议论，而老杜却轻轻带过，只写役夫不忧自身的不荣显而忧四方的多故、中原的将乱[45]，从而圆满地完成了人物性格的表现，深刻地揭示了穷兵黩武必会给国家带来致命危机的这一极富政治远见的主题思想。

　　通过叙事、抒情，采用了乐府诗特有的表现手法，诗人确乎成功地塑造了役夫这一艺术形象，从一个侧面，反映了所谓"开天盛世"的黑暗面，具有进步的政治倾向性和较高的艺术性。仁者见仁，智者见智，各家对于役夫这一艺术形象的看法，也存在着一些分歧：有的认为杜甫一定接触到这类人物，否则不能写得如此具体深刻；有的"诧云行伍中安得有此人"（见《读杜心解》所引）。诚然，老杜很可能接触过这类人物，因此，他虽然从未有过出塞、戍边的生活体验，却能根据亲历其境者的述说写得很真实很细致。即使如此，也不能简单地认为行伍中一定有此人。浦起龙骂那个说"行伍中安得有此人"的评点家"直痴人说梦耳"，也未免性急了一点。我讲这话的意思不仅只是说凡是成功的艺术形象必然超出了真人真事的范畴而带典型性，而是说这一艺术形象更多地反映出老杜本人的影子，也可以说，这是诗人在借别人的酒卮浇自己的垒块。王嗣奭说："《出塞》九首，是公借以自抒其所蕴。读其诗而思亲之孝，敌忾之勇，恤士之心，制胜之略，不尚武，不矜功，不讳穷，豪杰圣贤兼而有之。勿以诗人目之也。"吹捧太过，便觉冬烘；但看出这组诗中有夫子自道之意，这一点却是不错的。

〈45〉杨伦说："后半言穷兵不已，非特边疆多故，并恐衅起萧墙；人臣果有志立勋，尽有可驰驱效命之处，不必一时妄希荣显也。"

六 "杨花雪落覆白蘋"

这一时期还写了一首最著名的政治讽刺诗《丽人行》:"三月三日天气新,长安水边多丽人。态浓意远淑且真,肌理细腻骨肉匀。绣罗衣裳照暮春,蹙金孔雀银麒麟。头上何所有?翠为㔕叶垂鬓唇。背后何所见?珠压腰衱稳称身[46]。就中云幕椒房亲,赐名大国虢与秦。紫驼之峰出翠釜,水精之盘行素鳞。犀箸厌饫久未下,鸾刀缕切空纷纶。黄门飞鞚不动尘,御厨络绎送八珍。箫鼓哀吟感鬼神,宾从杂遝实要津。后来鞍马何逡巡,当轩下马入锦茵。杨花雪落覆白蘋,青鸟飞去衔红巾。炙手可热势绝伦,慎莫近前丞相嗔!"《旧唐书·杨贵妃传》载:"玄宗每年十月,幸华清宫,国忠姊妹五家扈从。每家为一队,着一色衣;五家合队,照映如百花之焕发。而遗钿坠舄,瑟瑟珠翠,灿烂芳馥于路。而国忠私于虢国,而不避雄狐之刺;每入朝,或联镳方驾,不施帷幔。每三朝庆贺,五鼓待漏,靓妆盈巷,蜡炬如昼。"又杨国忠于天宝十一载(七五二)十一月为右相。这首诗当作于十二载春,讽刺了杨家兄妹骄纵荒淫的生活,曲折地反映了时君的昏庸和时政的腐败。

恩格斯曾经说过:"我认为倾向应当从场面和情节中自然而然地流露出来,而不应当特别把它指点出来;同时我认为作家不必要把他所描写的社会冲突的历史的未来的解决办法硬塞给读者。"(《致敏·考茨基》)又说:"作者的见解愈隐蔽,对艺术作品来说

---

[46]《杜臆》:"用修谓他本于'稳称身'之下,有'足下何所着?红蕖罗袜穿凳银',此真不可少。《诗归》从之。"钱谦益说:"杨慎曰:古本'称身'下有'足下……'。遍考宋刻本并无,知杨氏伪托也,今削正。"

就愈好。"(《致玛·哈克奈斯》)有意思的是,远在千多年以前,杜甫的《丽人行》早就很好地满足了恩格斯所提出的这些值得重视的要求。这篇歌行的主题思想和倾向倒并不隐晦难懂,但确乎不是"指点出来"而是"从场面和情节中自然而然地流露出来"的。从头到尾,诗人描写那些简短的场面和情节,都采取像《陌上桑》那样一些乐府民歌中所惯常用的正面咏叹方式,态度严肃认真,笔触精工细腻,着色鲜艳富丽、金碧辉煌,丝毫不露油滑语调,也不做漫画式的刻画。但令人惊叹不置的是,诗人在这一本正经的咏叹中,出色地完成了诗歌揭露腐朽、鞭挞邪恶的神圣使命,获得了比一般轻松的讽刺更为强烈的艺术批判力量。诗中首先泛写上巳曲江水边踏青丽人之众多,以及她们意态之娴雅、体态之优美、衣着之华丽。辛延年《羽林郎》:"胡姬年十五,春日独当垆。长裙连理带,广袖合欢襦。头上蓝田玉,耳后大秦珠。两鬟何窈窕,一世良所无。"《陌上桑》:"头上倭堕髻,耳中明月珠。缃绮为下裙,紫绮为上襦。"《焦仲卿妻》:"着我绣夹裙,事事四五通。足下蹑丝履,头上玳瑁光。腰若流纨素,耳着明月珰。指如削葱根,口如含朱丹。纤纤作细步,精妙世无双。"回环反复,咏叹生情,"态浓"八句就是从这种民歌表现手法中变化出来的。

《杜臆》:"钟云:'本是讽刺,而诗中直叙富丽,若深不容口,妙妙。'又云:'如此富丽,而一片清明之气行乎其中。'……'态浓意远''骨肉匀',画出一个国色。状姿色曰'骨肉匀',状服饰曰'稳称身',可谓善于形容。"前人已看到了这诗用工笔彩绘仕女图画法作讽刺画的这一特色。胡夏客说:"唐宣宗尝语大臣曰:'玄宗时内府锦袄二,饰以金雀,一自御,一与贵妃;今则卿等家家有之矣。'此诗所云,盖杨氏服拟于宫禁也。"总之,见丽人服饰的豪华,见丽人非等闲之辈。写到热闹处,笔锋急转,点出"就中云幕椒房亲，赐名大国虢与秦"，则虢国、秦国（当然还有韩国）三夫人在众丽人之内了。着力描绘众丽人，着眼却在三夫人；三夫人见，众丽人见，整个上层贵族骄奢淫逸之颓风见，不讽而讽意见。肴馔讲究色、香、味和器皿的衬托。"紫驼之峰出翠釜，水精之盘行素鳞"，举出一二品名，配以适当颜色，便写出器皿的雅致，肴馔的精美丰盛以及其香、其味来。这么名贵的山珍海味，缕切纷纶而厌饫久未下箸，不须明说，三夫人的骄贵暴珍，已刻画无遗了。"黄门飞鞚不动尘，御厨络绎送八珍"，内廷太监鞚马飞驰而来，却路不动尘，这是何等的规矩，何等的排场！皇家气派，毕竟不同寻常。写得真好看煞人，也惊恐煞人。如此煞有介事地派遣太监前来，络绎不绝于途，到底所为何事？原来是奉旨从御厨房里送来珍馐美馔为诸姨上已曲江修禊盛筵添菜助兴，头白阿瞒不可谓不体贴入微，不可谓不多情，也不可谓不昏庸了。

乐史《杨太真外传》载："时新丰初进女伶谢阿蛮，善舞。上与妃子钟念，因而受焉。就按于清元小殿，宁王吹玉笛，上羯鼓，妃琵琶，马仙期方响，李龟年觱篥，张野狐箜篌，贺怀智拍。自旦至午，欢洽异常。时惟妃女弟秦国夫人端坐观之。曲罢，上戏曰：'阿瞒（上在禁中，多自称也。）乐籍，今日幸得供养夫人。请一缠头！'秦国曰：'岂有大唐天子阿姨，无钱用耶？'遂出三百万为一局焉。"黄门进馔是时人目睹，曲罢请赏是宋人传奇，真真假假，事出有因，两相对照，风流天子精神面貌的猥琐可以想见了。"箫鼓哀吟""宾从杂遝"，承上启下，为"后来"者的出场造声势烘托气氛。彼"后来"者鞍马逡巡，无须通报，竟然当轩下马，径入锦茵与三夫人欢会：此情此景，纯从旁观冷眼中显出，当目击者和读者目瞪口呆惊诧之余，稍加思索，便知其人，便知其事了。北魏胡太后曾威逼杨白花私通，杨白花惧祸，降梁,改名杨华。胡太后思念他,作《杨白花歌》,有"秋去春来双燕子,愿衔杨花入窠里"之句。"青鸟"是神话传说中西王后的使者,唐诗中多用来指"红娘"一类角色。章碣《曲江》诗有"落絮却笼他树白"之句,可见曲江沿岸盛植杨柳。又隋唐时期,关中地域气温较高,上巳(阴历三月三日)飘杨花,当是实情。"杨花"二句似赋而实比兴,暗喻杨国忠与虢国夫人的淫乱。乐史《杨太真外传》载:"虢国又与国忠乱焉。略无仪检,每入朝谒,国忠与韩、虢连辔,挥鞭骤马,以为谐谑。从官嬬妪百余骑。秉烛如昼,鲜装袨服而行,亦无蒙蔽。"他们倒挺开通,竟敢招摇过市,携众遨游,公开表演种种丑态。既然如此,为什么"先时丞相未至,观者犹得近前,及其既至,则呵禁赫然"(黄生语),不许游人围观了呢?为了显示其"炙手可热"权势之煊赫,这固然是个原因,但觥筹交错、酒后耳热、放浪形骸之外,虽是开通人,也有不想让旁人窥见的隐私。"春色满园关不住,一枝红杏出墙来",青鸟衔去的一方红手帕,便于有意无意中泄露了一点春光。七绝《虢国夫人》:"虢国夫人承主恩,平明上马入金门。却嫌脂粉涴颜色,淡扫蛾眉朝至尊。"(见杜甫《草堂逸诗》,一作张祜诗)这诗写出了虢国夫人的狐媚相,可与《丽人行》参读。浦起龙评《丽人行》说:"无一刺讥语,描摹处,语语刺讥。无一慨叹声,点逗处,声声慨叹。"这不是说,这诗的倾向不是"指点出来"而是"从场面和情节中自然而然地流露出来"的么?对于当时"他所描写的社会冲突"到底有什么"解决办法"呢?诗人即使多少意识到了,恐怕也不敢认真去想,更谈不上把它"硬塞给读者"。但读者读后却不能不想:最高统治集团既然这样腐败,天下不乱才怪!这不是抽象的说教,这是读者被激动起来的心灵直感地从艺术中所获得的逻辑。

七 "忧端齐终南"

　　老杜的叙事抒情长篇《自京赴奉先县咏怀五百字》恰好可借来作为诗人旅食京华十年中遭遇、思想以及创作活动的全面总结。天宝十四载（七五五）十月，杜甫任右卫率府兵曹参军。十一月离京赴奉先县探家。当时安禄山已反于范阳[47]，但消息尚未传到长安，玄宗正带着杨贵妃在骊山华清宫避寒，纵情享乐。杜甫途经山下，忧愤交集，到家后便写成了这首诗。这首诗可分三大段。第一大段自述生平大志、出处去就之节和对皇帝的忠诚，总之是在表明赍志去国之情："杜陵有布衣，老大意转拙。许身一何愚，窃比稷与契。居然成濩落，白首甘契阔。盖棺事则已，此志常觊豁。穷年忧黎元，叹息肠内热。取笑同学翁，浩歌弥激烈。非无江海志，萧洒送日月。生逢尧舜君，不忍便永诀。当今廊庙具，构厦岂云缺。葵藿倾太阳，物性固难夺。顾惟蝼蚁辈，但自求其穴。胡为慕大鲸，辄拟偃溟渤。以兹悟生理，独耻事干谒。兀兀遂至今，忍为尘埃没。终愧巢与由，未能易其节。沉饮聊自适，放歌破愁绝。"整篇是咏怀，这一大段又是最集中最纯粹的咏怀。杨伦说："首从咏怀叙起，每四句一转，层层跌出。自许稷、契本怀，写仕既不成，隐又不遂，百折千回，仍复一气流转，极反复排荡之致。"的确如此。从表面看，这一大段文字很像是在向人

---

[47] 钱谦益说："吕汲公《诗谱》云：是年十一月初，自京赴奉先，有咏怀诗。是月有禄山之乱。按禄山起兵在十一月九日；反书至长安，玄宗犹未信。故此诗言欢娱聚敛，致乱在旦夕，而不言禄山反状也。"初九反，次日北京副留守杨光翙被劫，太原、东受降城奏反，书至长安，玄宗不信。"庚午（十五日），上闻禄山定反，乃召宰相谋之。……大臣相顾失色"（《资治通鉴》）。至此反讯才证实。老杜作这诗的日期最迟当在十一月十五日反讯证实、传开以前。从诗中流露出来的担心世乱的深沉忧虑看，作诗时或已多少听到了安禄山兵反的风声。

们汇报自己的思想,其实不尽如此。这是缅怀往事百感交集时内心深处痛苦的独白。诗人一上来就亮出自己有"窃比稷与契"的大志,只因这大志不仅关系着一生的命运,也是这篇长诗所由产生的根源。这是提纲挈领的写法,找到了这个头,就会像缫丝一样源源不绝地将纷乱的愁思理出个头绪来。稷和契是传说中辅佐虞舜的两个贤臣。跟这样的人物看齐,势必意味着要做大臣做宰相,这谈何容易!终于落得个一事无成、穷愁潦倒,让同学老先生们取笑,自己却执迷不悟,这岂不是"愚"岂不是"拙"么?转思稷教民种植谷物,契推行文化教育。孟子说:"禹思天下有溺者,犹己溺之也,稷思天下有饥者,犹己饥之也,是以若是其急也。""稷、契元无他奇,只是己溺己饥之念而已。"(王嗣奭语)那么,学习这种精神,又有什么不可以的?正因为死不了这条心,他始终甘于贫贱,不怕讪笑,坚持素志,总希望有朝一日如愿以偿。正因为死不了这条心,就免不了一年到头为天下的黎民百姓担忧,内心激动,感慨万端,日子过得很不松快,就连这次离京往奉先探家,途中所闻所见,如鲠在喉,不吐不快,发而为诗,便写出了这篇忧国忧民、心情沉重的长篇来。"亦余心之所善兮,虽九死其犹未悔。"所以说这大志不仅关系着他一生的命运,也是这篇长诗所由产生的根源。达则兼济天下,穷则独善其身,大志固佳,惜难实现,那为什么不走古今明达之士都曾走过或正在走着的那条高蹈出世、独善其身的归隐之路?说真的,浪迹江海,优游岁月,这念头不是没起过;只是生逢像尧舜一样的明君在位,不忍心就这样永远离开罢了。当今栋梁之材有的是,朝廷哪里缺不了你老杜这块料?这不过是葵藿倾叶向太阳,物性难改啊!藿是豆叶,葵是胡葵,亦名戎葵、卫足葵、一丈红,系锦葵科而宿根草木。《花镜》云:"葵,阳草也,一名卫足葵,言其倾叶向阳,不令照其根也。"曹植《求通亲亲表》说:"若葵藿之倾叶,太阳虽不为之回光,然终向之者,诚也。臣窃自比葵藿,若降天地之施,垂三光之明者,实在陛下。""葵藿"句出此,也含有企望皇帝"垂三光之明"的意思。

俞平伯先生说:"他是否真把唐明皇当做尧舜之君看呢?在此不得详论。我们很不必歪曲事实,杜甫当然忠君;……明皇之去尧舜不但事实上远甚,即以杜甫的诗来看,恐亦复甚远(尧舜究竟怎样好法,是另一问题,所指乃是儒家传统的看法里的尧舜),所以这句话至少不宜十分认真的。"(《说杜甫〈自京赴奉先县咏怀〉诗》,载《杜甫研究论文集》二辑)接着他又不胜感慨地表白说,看看那般蝼蚁之辈,蝇营狗苟,只顾理家生财,正如《尸子》所说"蝼蚁之穴,无不满焉",不是过得蛮写意么,那为什么又偏要去效法海洋里力挽狂澜的大鲸?有偌大的志向,又羞于干谒,因此耽误了生计,直到今日还辛辛苦苦,眼看就要埋没在尘埃之中了,不过我倒也甘心情愿。就是尧、舜之世,也容许巢父、许由这样的高尚君子避世,我若归隐,本无不可,只是节操不易改变,终究愧对巢、由了。前面已曾两次谈到,老杜也确乎有过归隐山林或放浪江海的打算,无奈思想搞不通,总不忘怀建功立业的大志,又苦无买山肥遁之资,所以这只不过说说而已,哪能真下决心去当身世两相弃的高人雅士。进退维谷,左右为难,只好饮酒赋诗。痛饮聊以自遣,放歌可破忧愁;别看我似乎很风雅,心里实在是太苦闷了。

诉说了离京首途时一触即发的不遇之悲和身世之感,接着便夹叙夹议地记述了路过骊山时的所见所感,慨叹君臣耽乐之失:"岁暮百草零,疾风高冈裂。天衢阴峥嵘,客子中夜发。霜严衣带断,指直不能结。凌晨过骊山，御榻在嵽嵲。蚩尤塞寒空[48]，蹴踏崖谷滑。瑶池气郁律，羽林相摩戛。君臣留欢娱，乐动殷胶葛。赐浴皆长缨，与宴非短褐。彤庭所分帛，本自寒女出。鞭挞其夫家，聚敛贡城阙。圣人筐篚恩，实欲邦国活。臣如忽至理，君岂弃此物？多士盈朝廷，仁者宜战栗。况闻内金盘，尽在卫霍室。中堂有神仙，烟雾蒙玉质。煖客貂鼠裘，悲管逐清瑟。劝客驼蹄羹，霜橙压香橘。朱门酒肉臭，路有冻死骨。荣枯咫尺异，惆怅难再述。"骊山在今陕西临潼县东南，离长安六十里。诗人半夜出发，清早可经过骊山。《雍录》载："温泉在骊山。秦汉隋唐皆常游幸，惟玄宗特侈。盖即山建立百司，庶府皆行，各有寓止。自十月往，至岁尽乃还宫。又缘杨妃之故，其奢荡益著。大抵宫殿包裹骊山一山，而缭墙周遍其外。观风楼下，又有夹城，可通禁中。"晚清慈禧太后每年四月来万寿山颐和园避暑，十月回宫，百司随行，官邸、别墅遍及海淀。二者情况极其类似，所不同者华清宫是冬宫，颐和园是夏宫而已。唐太宗即位以来，几次大兴土木，营造宫室，魏徵等多以隋炀帝穷奢极欲、劳民伤财以致国亡身丧为戒进谏，终有所节制。相形之下，李隆基可算得是不肖子孙了。慈禧顽媪，更不足道。且说老杜路过骊山时，玄宗、贵妃正在华清宫。这时已是岁暮，百草凋零，大风呼啸，天色阴沉，天气寒冷，天空大雾弥漫。俞平伯先

---

[48] 俞平伯《说杜甫〈自京赴奉先县咏怀〉诗》："'蚩尤'两句旧注多误，如钱笺仇注并引《皇览》以为山东寿张县蚩尤坟上有一股赤气，叫做蚩尤旗，跟本诗所叙相当辽远，不可信。钱说'借以喻兵象'。仇氏更怪，似乎把蚩尤旗真当做旌旗看，所以说'塞寒空，旌旗蔽天也'。杨氏《镜铨》引《甘泉赋》'蚩尤之伦，带干将，秉玉戚'，下又说'二句言卫士之苦'，是把蚩尤作为卫兵讲，亦误。我以为蚩尤作雾，即用作雾之代语，下云'塞寒空'分明是雾；若是旌旗只可云蔽天或蔽空，不得云塞空。这个塞字却另有一个来源，《汉书·成纪》所谓'黄雾四塞'，不过他未明用，不能算做注。是否把王氏五侯同日封这个故事，来影射杨氏呢，不得而知，写实而暗含比兴虽尽有这可能，现在无须深求。作为纯粹的写真看就很好了。"所论甚是。

生说:"雾重故地滑。温泉蒸气郁勃,羽林军校往来如织。写骊宫冬晓,气象万千,化工手也。"体会真切,剖析入微。尝怪"霜严"何至于冻断"衣带"。细思之,始知:霜严风大,欲束紧衣带以御寒,不觉用力太过而折;手指冻僵,很难结好。描写一琐屑细节,便令人犹如身历其境似的感受到行旅风霜之苦。诗人走在墙外,皇帝就在墙那边,甚至连保卫皇帝的羽林军校兵器偶尔相碰所发出的细微声响也能隔墙听到;处在这种相去天渊却近在眉睫的特殊境地,对于一个恋阙情浓、忧时心切的去国志士来说,他必然会浮想联翩、感慨万千了。《明皇杂录》载玄宗曾在华清宫中置长汤数十,赐从臣浴。钱笺引晚唐郑嵎《津阳门诗注》等记述更详:"宫内除供奉两汤池,内外更有汤十六所。长汤每赐诸嫔御,其修广与诸汤不侔。甃以文瑶宝石,中央有玉莲华捧汤泉,喷以成池。又缝缀锦绣为凫雁,置于水中。上时于其间泛钑镂小舟,以嬉游焉。次西曰太子汤,又次西少阳汤,又次西尚食汤,又次西宜春汤,又次西长汤十六所。"又《安禄山事迹》载:"禄山将及戏水(表演游泳),杨国忠兄弟、虢国姊妹并至新丰,所止之处,皆赐御膳,至温泉赐浴。将士并赐浴赐食赐钱。玄宗计日幸望春宫以待。"玄宗的恣意妄为简直到了疯狂的程度了。如今亲耳听到华清宫内传来响彻云霄的音乐声,诗人心想:君臣们大概正在寻欢作乐,长夜之饮到天亮了这许久原来还没结束。李白的《乌栖曲》写吴宫从暮到晓的狂欢烂醉:"姑苏台上乌栖时,吴王宫里醉西施。吴歌楚舞欢未毕,青山欲衔半边日。银箭金壶漏水多,起看秋月坠江波,东方渐高奈乐何!"荒淫误国,古今同慨!"赐浴皆长缨,与宴非短褐",这话说得新鲜,皇帝请客,当然满座朱紫,哪里会有着"短褐"的老百姓的份儿?这道理老杜当然是懂得的。"短褐"犹布衣,指平民,后来也用来指没有做官的读书人。《老子》:"被褐怀玉。"我们读诗时如果意识到诗人嘴里说的是"被褐"或"短褐",而心里指的却是"怀玉",那么就不觉得这话说得有点古怪,反而觉得语含激愤、讽意深刻。孔子说:"放郑声,远佞人。郑声淫,佞人殆。"(《论语·卫灵公》)看看当今的所作所为,恰恰相反:迷恋的是郑声,近的是佞人,远的是"怀玉"的"被褐"之士。即使拿儒家"为邦"的准则来衡量,老杜还是能看出问题的严重性而有所腹非的。他的《醉时歌》说:"杜陵野客人更嗤,被褐短窄鬓如丝。"本诗开篇就说:"杜陵有布衣,老大意转拙。"可见老杜用"被褐""布衣"这类字眼不尽是写实况,也暗含左思所说"贵者虽自贵,视之若尘埃;贱者虽自贱,重之若千钧"(《咏史》)的对抗情绪。

林庚先生说:"杜甫《赴奉先咏怀》:'杜陵有布衣,老大意转拙,许身一何愚,窃比稷与契',杜甫当时已初任右卫率府胄曹参军,却仍无妨自称布衣,而杜甫之所骄傲于布衣的,则正是在那'窃比稷与契'的政治抱负上。"(《诗人李白》)这话极有见地。布衣而有大志,这岂不是"被褐怀玉"么?这种愤世的情绪,在其他盛唐诗人的作品中也时有流露。王维就曾感叹过"岂乏中林士,无人献至尊""奈何轩冕贵,不与布衣言""鄙哉匹夫节,布褐将白头"。李白此感尤其强烈,如说"白,野人也""白,陇西布衣,流落楚汉""投箸解鹔鹴,换酒醉北堂。丹徒布衣者,慨慨未可量",等等。唐代开始建立政权及之前争夺天下急需文臣武将之秋,固然有不少人"皆起闾阎布衣"(太宗语)而终于建功立业"自取富贵"(来护儿论秦叔宝语),就是到开元后期玄宗日渐昏聩、治乱转关之际,还用了"岭海孤贱"的张九龄为相,这就是当时像李、杜这样一些出身下层、"被褐怀玉"之士的大志所由产生的历史和现实根源。从太宗以来,唐王朝历代最高统治者,为了虚应武丁、文王搜贤访隐故事,都喜欢"临幸"或礼聘、嘉奖、封赏几个"名扬宇宙"的逸人高士，以示"天下归心"，坐收点缀升平、笼络人心、巩固统治的奇效，这无疑也会使人们产生一些错觉和幻想。高宗、武后、玄宗都喜欢征聘隐者道士，而以玄宗为最：计自在东宫时至天宝初，约共征隐者道士达七人（包括李白在内）九次之多。

李阳冰《草堂集序》记述诏征李白入朝的盛况说："天宝中，皇祖下诏，征就金马，降辇步迎，如见绮皓；以七宝床赐食，御手调羹以饭之；谓曰：'卿是布衣，名为朕知。非素蓄道义，何以及此！'"虽说这只是一种故作姿态、有名无实的政治表演，可见前一时期到底确曾有过"与宴有短褐"的新鲜事儿。如今皇帝干脆抹开脸子不再搬演盛世明君崇德求贤的陈年故事，公然带领着一群男女宠幸胡帝胡天地吃喝玩乐起来，这怎教那些惑于假象曾一度对皇帝存过幻想的人们不大失所望，不感慨系之呢？"赐浴赐食赐钱"，这是皇帝寻欢作乐的三部曲。诗人想象赐浴赐食已毕，踵接而来的必是赐钱，就不觉发起议论来。"彤庭"四句讲得很沉痛，指出彤庭上分赏文武百官的这许多绫罗绸缎，都是民间贫寒妇女辛辛苦苦地制作出来的，是下层官吏鞭挞、压迫人民，剥削、搜刮来进贡朝廷的。唐初沿用隋代租调力役制度，加以发展而成为租庸调法[49]，一直实行到安史乱后才为两税法所替代。《唐六典》卷三《尚书户部》载："凡赋役之制有四：一曰租，二曰调，三曰役，四曰杂徭。课户每丁租粟二石。其调随乡土所产绫绢𫄧各二丈，布加五分之一，输绫绢𫄧者绵三两，输布者麻三斤，皆书印焉。凡丁岁役二旬（有闰之年加二日），无事则收其庸，每日三尺（布加五分之一）。有事而加役者，旬有五日免其调，三旬则租调俱免（通正役

---

[49] 陆贽《陆宣公集·均节赋税恤百姓》说："有田则有租，有家则有调，有身则有庸。"故一般称之为租庸调法。

并不得过五十日)。"此法允许全部力役用交绢或布来代替,腾出劳动力,多少有利于提高生产积极性和发展农业,加上还定出按灾情轻重减免赋役等条例,这在初唐恢复经济的时期,是起过一定的进步作用的。武则天统治以后,由于统治阶级的生活日趋奢侈,又经常用兵,这就使得人民所受到的剥削和压迫越来越严重了。[50]到了开元、天宝之际,社会经济空前繁荣,而剥削则尤为苛重,"诸州送物,作巧生端,苟欲副于斤两,遂则加其丈尺,有至五丈为一匹者"(《通典》卷六《食货典·赋税下》)。比如宇文融、杨慎矜、王鉷等,挖空心思,巧立名目,创变造、租庸脚士、浸渍折估等法,都是为了竭力压榨人民,聚敛钱财,讨好皇帝,希求恩宠。《新唐书·食货志》载:"是时,海内富贵,……天子(指玄宗)骄于佚乐而用不知节,大抵用物之数,常过其所入。于是钱谷之臣,始事朘刻。太府卿杨崇礼句剥分铢,有欠折渍损者,州县督送,历年不止。其子慎矜专知太府,次子慎名知京仓,亦以苛刻结主恩。王鉷为户口色役使,岁进钱百亿万缗,非租庸正额者,积百宝大盈库,以供天子燕私。"又《资治通鉴》载:"(天宝)八载春,二月,戊申,引百官观左藏,赐帛有差。是时州县殷富,仓库积粟帛,动以万计。杨钊(后改名国忠)奏请所在粜变为轻货,及征丁租地税皆变布帛输京师;屡奏帑藏充牣,古今罕俦,故上帅群臣观之,赐钊紫衣金鱼以赏之。上以国用丰衍,故视金帛如粪壤,赏赐贵宠之家,无有限极。"了解了这些史实,再回头来看诗中关于"彤庭分帛"的这段议论,就自会明白诗人的心情何以这么沉重,忧愤何以这么深广

---

[50]《旧唐书·狄仁杰传》载:"近缘军机,调发伤重,家道悉破,或至逃亡,剔屋卖田,人不为售,内顾生计,四壁皆空。重以官典侵渔,因事而起,取其髓脑,曾无心愧。修筑城池,缮造兵甲,州县役使,十倍军机。官司不矜,期之必取,枷杖之下,痛切肌肤。"

了。"穷年忧黎元，叹息肠内热。"真是难怪他啊！牵涉到皇帝，发议论哪能不讲点策略？诗人先是一针见血道破这财帛的所由出、所由来，义正辞严，咄咄逼人。然后又退后一步，为皇帝开脱，说皇帝将财帛分赏群臣，本意是叫他们为国效力为民操劳。要是为臣的忽视了这一最根本的道理，那为君的岂不是把东西白扔了？兖兖诸公，挤满朝廷，谁要是真有点良心，该感到多么惊恐不安啊！杜甫的忠君思想是比较严重的，不管出于政治考虑还是出于封建感情，他难免要回护皇帝。但是，在我看来，一个像他这样敢于面对现实、头脑清醒、洞察时弊、忧国忧民的人，即使有所忌讳，不敢渎圣，内心深处也绝不会真的认为玄宗当时的厚赏群臣是"实欲邦国活"的。浦起龙说："此以责臣者讽君也。"从深藏的意念和客观效果看，我认为无妨这么说。接着又进一步揭露说：岂但文武百官如此，听说大内的奇珍异宝，都在像汉朝卫青、霍去病那样的外戚诸杨家里；这些人家过着纸醉金迷的生活，每当那玉质蒙烟犹如神仙似的女主人开筵宴客，管弦竞奏，水陆俱陈，那豪华奢靡的排场，真是描述不尽。香橙、金橘产于江南，古时交通不便，北地尤为名贵。白居易《轻肥》说："樽罍溢九酝，水陆罗八珍。果擘洞庭橘，脍切天池鳞。"亦视柑橘为无上嘉果，但写得不如"霜橙压香橘"一语富于表现力。拈出一"霜"字，不仅令人感受到经霜之橙的黄熟，且能感受到新摘之橘的新鲜。北地之橘而能如此，其珍贵可知。盘果累累，犹以一"压"字状出，何等笔力！写细节而豪门富贵气便见，绝妙。越想越活灵活现，越想越情绪激动，不觉呼出"朱门酒肉臭，路有冻死骨"这一联鞭辟入里、震撼心弦的千古名句，并从而稍加咏叹，随着过往的匆匆和骊山的渐远，趁话语中已经提到了"路"（如说"凌晨过骊山"等），便顺口转过话题，"拍到路上无痕"（杨伦语），引出末后一大段文字来。俞平伯先生说：

"'中堂'两句,写美人如玉,被烟雾般的轻纱笼着,指虢国夫人,还是杨玉环呢?这种攻击法,一步逼紧一步,离唐明皇只隔一层薄纸了,实在是很危险的,我们不能不佩服诗人的大胆,甚而至于替他担忧。"唐代文网较疏,不过这担心也不无根据。皇帝的毛病他是看在眼里痛在心里的。按捺不住,偶尔有所抨击,也是出于忠君爱国的赤诚,根本谈不上是在反对皇帝本人。这篇作品的思想成就和认识价值无疑是极高的,在我看来,它高就高在老杜这位饱经忧患、深谙世情的诗人,毕竟让诗歌创作中的现实主义大大地突破了他难免迂腐的政治观点和道德规范,深刻地反映了当时政治腐败、社会矛盾重重的现实。

最后一大段遥接前"凌晨"句,重新又来追述途中仓皇情状和到家后的所见所感:"北辕就泾渭,官渡又改辙。群冰从西下,极目高崒兀。疑是崆峒来,恐触天柱折。河梁幸未坼,枝撑声窸窣。行旅相攀援,川广不可越。老妻寄异县,十口隔风雪。谁能久不顾,庶往共饥渴。入门闻号咷,幼子饿已卒。吾宁舍一哀,里巷亦呜咽。所愧为人父,无食致夭折。岂知秋禾登,贫窭有仓卒。生常免租税,名不隶征伐。抚迹犹酸辛,平人固骚屑。默思失业徒,因念远戍卒。忧端齐终南,澒洞不可掇。""冰"一作"水"。仇注以为此时正冬,冰凌未解,不得谓冰从西来。施福保说:"今按诗意,明当作冰。若是水,既不得'高崒兀';下云'恐触天柱折',水亦不得言触也。冬时冰虽未解,然风裂日激,亦非尽待东风;且如冰未解,则泾渭诸水,又安能从西来?其说亦自矛盾矣。"[51] 施说是。写过河情状,令人仿佛亲历其境,生临渊履冰似的惊悸之感。"群冰"四句流露出担心世乱的隐忧。在途内顾之思,写得极恳切

---

[51] 王嗣奭早就认为"水"当作"冰"。

极沉痛。满以为此去充其量不过是同家人"共饥渴",谁知入门即闻幼子饿死的噩耗,足见家人处境的悲惨,远非始料之所及。"一哀"出《礼记·檀弓》:"孔子之卫,遇旧馆人之丧,入而哭之,遇于一哀而出涕,预恶夫涕之无从也。""舍"是割舍。"吾宁"二句大意是说,即使我宁愿割舍一哀强自宽慰,无奈邻居都为之伤心,我又怎能克制得了呢?我从前通读《全唐诗》时,见大历、贞元间人于鹄有《悼孩子》诗说:"年长始一男,心亦颇自娱。生来岁未周,奄然却归无。裸送不以衣,瘗埋于中衢。乳母抱出门,所生亦随呼。婴孩无哭仪,《礼经》不可逾。亲戚相问时,抑悲空叹吁。襁褓在旧床,每见立踟蹰。静思益伤情,畏老为独夫。"知道唐代仍遵《礼经》规定有不哭丧婴的习俗,才算真正读懂了这句杜诗。所载瘗埋丧婴的做法甚详,对研究古代民俗颇有参考价值。王嗣奭说:"'赐浴皆长缨,与宴非短褐''朱门酒肉臭,路有冻死骨',皆自伤其穷也。"这看法不正确。老杜忧国忧民,所思者大、所虑者深,岂止"自伤其穷"而已?比如这里写到他幼子饿死的这一伤心憾事,却能推己及人,想到那些境况不如己的"平人"的"骚屑",就是明证。正由于他所忧者深且广,自己又有惨痛的体验,自会产生"忧端齐终南,澒洞不可掇"的感情,倾泻出来,便觉气势磅礴,有排山倒海的艺术力量。诗戛然而止于此,犹如洪流顿遭闸阻,波涛骤涌,高与天齐,势不可当。如此长篇巨制,不费此大力气不能结束得住。《唐六典》卷三《尚书户部》载:"凡丁户皆有优复蠲免之制(诸皇宗籍属宗正者,及诸亲五品以上父祖兄弟子孙及诸色杂有职掌人),若孝子顺孙义夫节妇,志行闻于乡闾者,州县申省奏闻,表其门闾,同籍悉免课役。"案杜甫祖父杜审言卒后加赠著作郎,从五品上,他家在蠲免之内,故有"生常"二句。本身得免赋役,尚能"默思失业徒,因念远戍卒",对于封建士大夫来说，确乎是难能可贵的了。浦起龙说："此正与前幅'黎元''寒女'等意一串。在本段为带笔，在全篇却是主笔也。"

杨伦说："五古前人多以质厚清远胜，少陵出而沉郁顿挫，每多大篇，遂为诗道中另辟一门径。无一语蹈袭汉魏，正深得其神理。此及《北征》，尤为集内大文章，见老杜平生大本领；所谓'巨刃摩天''乾坤雷硠'者，惟此种足以当之。半山、后山，尚未望见。"又引张上若的话说："文之至者，但见精神，不见语言。此五百字真恳切至，淋漓沉痛，俱是精神，何处见有语言？岂有唐诸家所能及！"浑成之作，须浑成之评，庶几得其大致；若详加剖析，反觉支离。

五百字是杜集中的力作，也标志着诗人十年旅食京华在思想和艺术上所已达到的最高成就。因此，用它来结束这一时期的评述，是最恰当不过的了。

第八章　惊变与陷贼

一　乱唐的"轧荦山"

玄宗天宝十四载（七五五）十一月，平卢、范阳、河东三镇节度使安禄山诡称奉密诏讨杨国忠，在范阳（治今北京）起兵叛唐，很快便攻下洛阳。第二年正月称雄武皇帝，国号燕；占领长安。同时使其部将史思明占有河北十三郡地。玄宗逃往蜀郡（治今四川成都市），肃宗在灵武（今宁夏灵武县）即位。叛军所至，残暴异常，人民纷起反抗。肃宗至德二载（七五七），安禄山在洛阳为其子安庆绪所杀，长安、洛阳相继为唐将郭子仪等收复，安庆绪退守邺郡（治今河南安阳市）。乾元二年（七五九），史思明杀安庆绪，回范阳自称应天皇帝，并再度攻下洛阳。两年后史思明为其子史朝义所杀。代宗广德元年（七六三），史朝义战败，走投无路，自缢死，叛乱平定。前后历时七年多，严重破坏生产，史称"安史之乱"。白居易《长恨歌》说："渔阳鼙鼓动地来，惊破霓裳羽衣曲。"这是诗的语言，说渔阳鼙鼓惊破了霓裳羽衣曲，实际上指的是惊破了太平盛世的迷梦。安史乱起，隐藏在繁荣表象下的种种社会矛盾便随之一齐爆发。此后，唐王朝虽曾出现过一度短暂的"小康"局面，却因藩镇割据、宦官专权、朋党倾轧、外患频仍的情况越来越坏，终于日趋衰微。内外重重矛盾的激化，导致了连年不息的战乱，破坏了社会生产力，而统治阶级为了苟延残喘，又拼命加重剥削，这势必加剧阶级矛盾。黄巢领导的农民大起义就是阶级矛盾日渐尖锐的总爆发，它从根本上动摇了王朝的统治，不久唐亡，接着便开始了五代更替、十国割据的混乱时期。由此可见安史之乱是唐代社会由盛而衰的转捩点，在唐代历史发展过程中，前有因后有果，是不能等闲视之的。老杜自始至终亲身经历了这一重大战乱。他以诗人的敏感事前多少看到了它的"前因"，预感到大难将至，事后又颠沛流离、艰苦备尝，深谙它"后果"严重，而且都用诗歌加以表现，创作了思想性和艺术性高度结合、闪耀着现实主义光辉的长幅历史图卷，获得了"诗史"的美称，并从而奠定了诗人在中国诗歌发展史上的崇高地位。

有人认为安禄山、史思明都是胡人，他们的部下也大多是胡人，因此从本质上看安史之乱是种族的斗争。[1] 这不无道理。不过，若从起因看，这一叛乱的产生，主要是由于玄宗后期政治腐败、长期骄宠边将、姑息养奸所致，因此即使它带有种族斗争的性质，本身仍应属于内乱的范畴。《新唐书》将安禄山、史思明和李希烈、朱泚等放在一起，归诸《逆臣传》，这样处理是恰当的。

安禄山（七〇五？—七五七）[2] 是营州柳城（今辽宁朝阳县南）

---

[1] 详陈寅恪《唐代政治史论稿上篇》，冯至《杜甫传》采此说。
[2][3]《旧唐书·史思明传》载："（史思明）与安禄山同乡里，先禄山一日生；思明除日生，禄山岁日生。"仅大一天，却隔了一个年头。按虚岁计算，史思明大安禄山一岁。又同传载："天宝初，（史思明）频立战功，至将军，知平卢军事。尝入奏，玄宗赐坐与语，甚奇之。问其年，曰：'四十矣。'"案：天宝二年（七四三）正月安禄山入朝，玄宗宠待甚厚，谒见无时（见《资治通鉴》）。既云史思明入朝天宝初，当亦在是年。此时史思明自称年四十，则可推知史思明约生于中宗长安四年（七〇四），安禄山生于神龙元年（七〇五）。《新唐书·安禄山传》载安禄山被杀于至德二载（七五七）正月，卒年五十余。据推知生年计算，卒年当为五十三，证以"五十余"，足见无大讹。

胡人，本姓康，或以为源出康国。母阿史德，是个巫婆，居住在突厥，以卜为业。突厥呼战斗神为"轧荦山"。传说她曾往"轧荦山"那里求子，于是怀了孕；孩子将出生，光照穹庐（即今所谓蒙古包），野兽尽鸣，望气的预言家说这是祥兆。范阳节度使张仁愿派人去搜查庐帐，要杀这母子俩，他们躲藏起来逃过了这一关。做母亲的认为这孩子是神赐的，就把他叫作轧荦山（这当是后来附会的传说，不过他确乎是乱唐的"轧荦山"——战神）。他从小就死了父亲，随母嫁突厥人安延偃，改姓安，更名禄山（"荦""禄"音近）。又有一个叫史窣干的（窣干是史思明的本名），是安禄山的老乡，先后一日生。[3] 他们长大后很要好，都懂六蕃语言，都做互市牙郎，为南北贸易定价成交。安禄山以骁勇闻名，幽州节度使张守珪选拔他做捉生将，他每同几名骑兵出去执行任务，都能捉拿契丹几十人回来。他生性狡猾，善揣人情，张守珪很喜欢他，收为养子，不断得到张守珪的重用和提拔。开元二十四年（七三六），张守珪派遣当时身为平卢讨击使、左骁卫将军的安禄山讨伐奚、契丹叛乱力量，安禄山恃勇轻进，战败。四月，辛亥，张守珪奏请斩之。禄山临刑大叫："大夫不欲灭奚、契丹邪？奈何杀禄山！"张守珪也爱他骁勇，就把他押送京师。中书令张九龄批示说："昔穣苴诛庄贾，孙武斩宫嫔。守珪军令若行，禄山不宜免死。"玄宗惜其才，敕令免官，以白衣将领。张九龄力争，说："禄山失律丧师，于法不可不诛。且臣观其貌有反相，不杀必为后患。"玄宗说："卿勿以王夷甫识石勒，枉害忠良。"终于把他赦了。[4]

　　同样，史窣干也有一次危险的遭遇。史窣干曾因欠下官债逃亡到奚人的地方，被巡逻的人抓住，要杀他。史窣干骗他们说：

---

〔4〕 此据《资治通鉴》，其余诸书所载各有不同，详司马光《考异》。

"我，唐之和亲使也，汝杀我，祸且及汝国。"巡逻的人相信了，把他送到牙帐。史窣干见奚王，长揖不拜。奚王虽怒，因畏唐，不敢杀，以客礼招待他住了下来，打算派百人跟着他入朝。史窣干对奚王说："王遣人虽多，观其才皆不足以见天子。闻王有良将琐高者，何不使之入朝？"奚王即命琐高与牙下三百人跟他入朝。史窣干将到平卢，先派人通知军使裴休子说："奚使琐高与精锐俱来，声云入朝，实欲袭军城，宜谨为之备，先事图之。"休子就整肃军容出迎，到了宾馆，把随从兵卒通通给活埋了，把琐高绑了押送幽州。张守珪见史窣干立了功，就向朝廷保荐他跟安禄山一起做了捉生将。此后，这两个狡猾的亡命徒之间的联系就更多了。

安禄山得到玄宗赦免回幽州以后，就百计谀媚、贿赂那些朝廷派来视察河北的使者，这些人回朝后都称赞他，替他说话，于是皇上开始器重他。天宝元年（七四二）平卢设节度，任命安禄山为节度使，兼柳城太守，押两蕃、渤海、黑水四府经略使。天宝二年，入朝，奏对称旨，进骠骑大将军。天宝三载，代裴宽为范阳节度使、河北采访使，仍领平卢军。安禄山离京回藩，诏宰相、朝臣钱送。天宝四载，安禄山想以边功买宠，几次侵掠奚、契丹；奚、契丹各杀公主以叛。安禄山起兵讨伐奚、契丹，随后表奏朝廷说："梦李靖、李勣求食于臣，乃祠北郡，芝生于梁。"他竟敢造谣欺君到如此放肆的地步。席豫为河北黜陟使，说他好。时相李林甫怕儒臣以战功进用，尊宠超过自己，就建议朝廷专用蕃将，所以玄宗对安禄山的宠信更牢固，许多反对意见一点也听不进去，终于搞得天下大乱。这当然首先应归咎于昏聩的玄宗，其次权奸李林甫也有很大的责任。

安禄山这家伙很鬼，常常假装很愚蠢来掩盖他的野心。他一有机会就对玄宗表白说："臣生蕃戎，宠荣过甚，无异材可用，愿以身为陛下死。"皇上以为他忠诚，很喜欢他。教他见皇太子，他不拜，左右指摘他，他说："臣不识朝廷仪，皇太子何官也？"皇上说："吾百岁后付以位。"他就谢罪说："臣愚，知陛下不知太子，罪万死。"这才再拜。时杨贵妃有宠，禄山请求当贵妃的干儿子，皇上答应了。⟨5⟩以后进见时他必先拜贵妃后拜皇上，玄宗很奇怪，问他为什么这样。他答道："蕃人先母后父。"皇上听了大喜，就教他跟杨铦和三夫人结拜为兄弟。于是安禄山就有了作乱的念头，将部下刘骆谷留在京师当间谍，窥测时机。天宝六载，进御史大夫，封其妻段氏为国夫人。

　　当时李林甫以宰相贵甚，朝臣中没有敢跟他平起平坐的，只有安禄山仗着皇帝的恩宠，见他时很傲慢。李林甫为了暗示他警告他，让他跟同为大夫的王铁一起进谒。王铁见李林甫趋拜甚恭，态度卑下，安禄山吓得不觉弯下腰来。李林甫同他谈话，揣摩他的意思先把他想讲的讲了出来，安禄山大惊，以为神。每次进谒，即使是最寒冷的冬天也汗流浃背。然后李林甫稍稍厚待他，话讲得温和点，把他引到中书厅，脱下自己披着的袍子覆盖在他身上。安禄山很感激李林甫，称李林甫为十郎。暗探刘骆谷每次回来汇报，他首先必问："十郎何言？"有好话，就欢喜得跳了起来；若说"大夫须好检校"，则反手据床说："我且死！"伶人李龟年常为玄宗学说这事以为笑乐。

　　安禄山本来长得又白又胖，早先当张守珪养子那阵子，他见张

⟨5⟩《资治通鉴》载："（天宝十载，正月）甲辰，禄山生日，上及贵妃赐衣服、宝器、酒馔甚厚。后三日，召禄山入禁中，贵妃以锦绣为大襁褓裹禄山，使内人以彩舆舁之。上闻后宫欢笑，问其故，左右以贵妃三日洗禄儿对。上自往观之，喜，赐贵妃洗儿金银钱，复厚赐禄山，尽欢而罢。自是禄山出入宫掖不禁，或与贵妃对食，或通宵不出，颇有丑声闻于外，上亦不疑也。"

守珪嫌他胖，不敢吃饱。现在不须克制了，就越来越肥胖，腹垂过膝，体重三百三十斤，每当行动，必须左右有人抬着他的肩膊才能移步。不过在皇帝面前跳起《胡旋舞》来却快疾如风。皇帝瞧着他的大肚皮问："胡腹中何有而大？"答道："惟赤心耳！"每乘驿入朝，半道必换马，换马处叫"大夫换马台"，不这样，马总会给累得趴下来的，所以必须挑选背五石还能跑的马才能胜任。玄宗为安禄山在长安修建府第，派太监监工，交代他们说："善为部署，禄山眼孔大，毋令笑我。"琐户交疏，台观沼池华奢逾制，帝幕都是缇绣，金银为筹筐、爪篱，大抵服御虽皇帝的乘舆也不能超过。玄宗登勤政楼，幄坐左边张金鸡大障，前置特榻，诏安禄山坐，撩起帷幄，以示尊宠。太子进谏说："自古幄坐非人臣当得，陛下宠禄山过甚，必骄。"玄宗说："胡有异相，我欲厌之。"

这时太平日久，皇帝年迈，沉湎声色，李林甫、杨国忠相继擅权，朝纲紊乱。安禄山估计天下可取而代之，阴谋叛逆的野心越来越强烈，每当他经过朝堂龙尾道时，总要南北睥睨，停留好大一会儿才离去。他还在范阳城北修筑战垒，积蓄兵器、粮食。又收养了同罗和投降的奚、契丹曳落河八千人做干儿子，教练出几百会射箭的家奴，养了单于、护真大马三万匹、牛羊五万头，援引张通儒等入幕，以高尚典书记，严庄掌机要，阿史那承庆、尹子奇、田承嗣等出身行伍，都提拔为大将。暗暗遣派胡商到诸道做生意，每年输入钱财百万。每逢盛大庙会，安禄山独踞高榻之上，前面点了香，陈列着奇珍异宝，胡人数百侍立左右，接见诸商贾；还供着祭品，让女巫们在前面敲鼓跳舞，以便把自己加以神化。他暗地里叫商贾们采购锦绦朱紫服数万作为叛变的物资。（李白《古风》其十九说："俯视洛阳川，茫茫走胡兵。流血涂野草，豺狼尽冠缨。"那些"胡兵"的旗帜、装束，"豺狼"的冠缨、服饰就是这时预先准备好了的。）同时他每月都要进贡牛、骆驼、鹰、狗以及奇禽异物来蛊惑皇帝的心，稳住局势。他想自己无功而贵显，见天子重开边，就把契丹诸酋长骗了来，大摆酒席，下了毒，等到药力发作，都醉昏了，统统斩首，把尸体埋了，先后杀数千人，将首级献到京师报捷。皇上不知情，赐安禄山铁券，封为柳城郡公。又追赠他的继父安延偃为范阳大都督，进封他为东平郡王。天宝九载，任命安禄山兼河北道采访处置使，将永宁园赐给他做官邸。入朝，杨国忠兄弟姊妹前往新丰迎接，御赐玉食；到华清宫温泉，将校皆赐浴。玄宗在望春宫相待，献俘八千，诏赐永穆公主池观作为他的游宴地。搬往新第，请求皇帝墨敕召宰相参加宴会。这天，皇帝要打球，就举行宴会，命宰相们都参加。皇帝每次在御苑中打猎，猎获鲜禽，必派人骑马给安禄山送去。诏上谷郡建置五炉，准许他铸钱。他又求兼河东，就拜云中太守、河东节度使。他既已兼制三道，意气更加骄奢。他有十一个儿子，玄宗任命安庆宗为太仆卿，安庆绪为鸿胪卿，安庆长为秘书监。

天宝十一载，安禄山率领河东兵讨伐契丹，告诉奚人说："彼背盟，我将讨之，尔助我乎？"奚人派出徒手兵二千当向导。到了土护真河，禄山想："道虽远，我疾趋贼，乘其不备，破之固矣。"就命令每人带一根绳索，打算把契丹人全都捉拿了，昼夜行三百里，到达天门岭，碰上大雨，弓弛箭脱不可用，安禄山督战很急，大将何思德说："士方疲，宜少息，使使者陈利以胁贼，贼必降。"安禄山大怒，要杀他，他只得请战。何思德长得很像安禄山，战斗一开始，契丹的矛、箭蜂拥而来把他捉拿了，传言抓到了安禄山。奚人听到这消息也反了，夹攻安禄山营，把他的士卒都俘掳殆尽。安禄山也中了箭，带着几十个奚儿，从山上跳下来逃跑了。安禄山的目的没能达到，就上报朝廷说他领兵二十万讨伐契丹。皇帝闻知，诏朔方节度使阿布思率部会同作战。阿布思相貌堂堂多权略，是九姓首领，开元初为默啜所困，归附唐朝，玄宗很宠爱他。安禄山很嫉恨他，想搞掉他，所以上表请他助战。阿布思害怕，就反了，转入漠北，安禄山不进，就收军了。阿布思投奔葛逻禄，安禄山就出高价收买这个部落投降。葛逻禄害怕，将阿布思抓了送到北庭，又由北庭解往京师。安禄山还将诱降的阿布思部落男女一万口送到京师，玄宗亲临勤政楼受降。又派遣他儿子安庆绪献契丹、同罗、阿布思等生口三千人，又将金银锦罽、驼马奚牛陈列阙下进贡，玄宗大喜，即命奏乐设宴以会将士。安禄山博取了皇帝的信任，又得到了阿布思的人马，地位大大提高，力量更加强大，就更肆无忌惮了。

安禄山见李林甫比自己还狡猾，所以怕他服他。后来杨国忠做宰相，安禄山就完全不把他放在眼里，因此两人之间的隔阂很深。杨国忠越来越怀疑，就向皇上建议说："陛下试召之，必不来。"玄宗派使臣去召他，他闻命即来。天宝十三载（七五四）正月庚子日见玄宗于华清宫，哭着说："臣本胡人，陛下宠擢至此，为国忠所疾，臣死无日矣！"玄宗怜惜他，以好言相慰，拜尚书左仆射，赐实封千户，奴婢第产与此相当。从此更亲信安禄山，杨国忠的话听不进去了。皇太子也知道安禄山必反，几次跟皇上说过，皇上不听。二月己丑日，安禄山奏："臣所部将士讨奚、契丹、九姓、同罗等，勋效甚多，乞不拘常格，超资加赏，仍好写告身付臣军授之。"于是提拔为将军的五百余，为中郎将的二千余人。安禄山要反，所以先以此来收买部下的心。让你自己为自己挖墓穴而毫不觉察，安禄山的奸狡可见，玄宗的昏聩也就可想而知。又请为闲厩、陇右群牧等使，表荐吉温为副使。三月丁酉朔，安禄山辞归范阳，皇帝在望春亭设宴饯行，脱下御服赐给他，他受之惊喜。怕杨国忠上奏留难他，疾驱出关，乘船沿河而下，命船夫执绳板立于岸侧拉纤，十五里一换班，昼夜兼行，每日数百里，过郡县不下船。从此以后，凡说安禄山要反的，玄宗都把他们捆送给安禄山处置，所以人们都知道他将反却不敢说。杜甫《自京赴奉先县咏怀五百字》说："群冰从西来，极目高崒兀。疑是崆峒来，恐触天柱折。"其中流露出担心世乱的隐忧确乎很明显，即使当时诗人还没有听到安禄山的反讯，相信他已经知道安禄山必反，只是不便明说而已。

天宝十四载（七五五）二月，安禄山派副将何千年入奏，请以蕃将三十二人代汉将，玄宗命中书立即为此事发曰敕，送他画行，给告身。韦见素对杨国忠说："禄山久有异志，今又有此请，其反明矣。明日见素当极言；上未允，公其继之。"杨国忠答应了。第二天二人入见，皇帝迎面问道："卿等有疑禄山之意邪？"韦见素就极力说安禄山已有反叛的迹象，他所提出的用蕃将替代汉将的请求不可答应；杨国忠犹豫不敢开口，皇上终于答应了安禄山的请求。他日杨国忠、韦见素对皇上建议说："臣有策可坐消禄山之谋。今若除禄山平章事，召诣阙，以贾循为范阳节度使，吕知诲为平卢节度使，杨光翙为河东节度使，则势自分矣。"皇上听从了。已草拟好了制书，皇上扣留着不发出，更派遣宦官辅璆琳奉使以珍果赏赐安禄山，暗中窥察动静。辅璆琳受了安禄山的厚贿，回来大讲安禄山竭忠奉国，没有二心。皇上对杨国忠等说："禄山，朕推心待之，必无异志。东北二虏，藉其镇遏。朕自保之，卿等勿忧也！"上调安禄山的事就此作罢。自从安禄山上次回到范阳，朝廷每派使臣来，都托病不出去迎接，布置好严密的武装保卫，然后再接见来使。给事中裴士淹奉使宣慰河北，过了二十多天才见，不再行人臣礼。杨国忠日夜求安禄山反状，命令京兆尹围住了安禄山在长安的府第，逮捕了安禄山的门客李超等，送御使台狱，暗暗地杀了。安禄山的儿子庆宗娶了宗室女荣义郡主，在京师当太仆卿，他就将这些情况密报安禄山，安禄山越发害怕。六月，玄宗以其子成婚，手诏安禄山进京观礼，安禄山假称有病，辞谢不来。七月，安禄山上表献马三千匹，每匹执控夫二人，派遣蕃将二十二人押送。河南尹达奚珣怀疑有变，奏请"谕禄山以进车马宜俟至冬，官自给夫，无烦本军"。于是皇上稍稍醒悟，开始对安禄山产生了怀疑。正好辅璆琳受贿的事也泄露了，玄宗就找个别的什么由头把他打死了。皇上又派遣宦官冯神威拿着手诏晓谕安禄山，教他照达奚珣所说的那么办；又说："朕新为卿作一汤，十月于华清宫待卿。"冯神威到范阳宣旨，安禄山踞床微起，也不拜，说："圣人安隐（稳）。"又说："马不献亦可，十月灼然诣京师。"随即叫左右将冯神威引到馆舍安置下来，不再见他。过了几天，把他打发走了，也无表。冯神威回来，见了皇上哭道："臣几不得见大家！"

安禄山专制三道，暗怀异志将近十年，只因皇上待他很好，原想等皇上"晏驾"后再作乱。哪知杨国忠跟他作对，总是说他要反，皇上不听，杨国忠就多次生事刺激他，想要他快点反以取信皇上，安禄山于是就决定马上反，独与孔目官太仆丞严庄、掌书记屯田员外郎高尚、将军阿史那承庆密谋，其余的将佐人等都不让知道，他们只觉得屡飨士卒、秣马厉兵有点奇怪而已。正好赶上奏事官从京师回来，安禄山诈称得到敕书，将诸将都召来了，宣布说："有密旨，令禄山将兵入朝讨杨国忠，诸君宜即从军。"众人愕然相顾，不敢有二话说。十一月甲子日，安禄山发所部兵及同罗、奚、契丹、室韦共十五万人，号称二十万，反于范阳。命范阳节度副使贾循守范阳，平卢节度副使吕知诲守平卢，别将高秀岩守大同；诸将皆引兵夜发。第二天早上，安禄山出蓟城南，举行大检阅大誓师，以讨杨国忠为名，在军队中张贴布告说："有异议扇动军人者，斩及三族！"于是引兵南下。安禄山乘铁舆，步骑精锐，烟尘千里，鼓噪震地。河北各地都属安禄山管辖，所过州县，望风瓦解，太守县令或开门出迎，或弃城而逃，或为叛军擒杀，没有敢抗拒的。安禄山先派遣将军何千年、高邈率领奚人骑兵二十名，声称是献"射生子"（猎手）的，乘驿车到太原。乙丑，北京（太原）副留守杨光翙出迎，就把他劫走了。太原将这事报告了朝廷。东受降城也奏安禄山反。皇上还以为是嫉恨安禄山的人在捣鬼，不相信。庚午，玄宗在华清宫听到安禄山真的反了，就召集宰相商量对策。杨国忠扬扬得意，说："今反者独禄山耳，将士皆不欲也。不过旬日，必传首诣行在。"皇上以为然，大臣们相顾大惊失色。丙子，皇上还宫，斩太仆卿安庆宗，赐荣义郡主自尽。下诏痛责安禄山，允许他归顺。安禄山答书极其轻慢，令人不能容忍。

直到这时，玄宗才感到事态已发展到不可收拾的地步，就打算"御驾亲征"。天宝十四载（七五五）十二月辛丑日，制太子监国，对宰相说："朕在位垂五十载，倦于忧勤，去秋已欲传位太子；值水旱相仍，不欲以余灾遗子孙，淹留俟稍丰，不意逆胡横发，朕当亲征，且使之监国。事平之日，朕将高枕无为矣。"杨国忠大惧，下朝后对韩、虢、秦三夫人说："太子素恶吾家专横久矣，若一旦得天下，吾与姊妹并命在旦暮矣。"三姊妹哭诉于贵妃，贵妃衔土请求皇上收回成命，这事就作罢了。事已至此，即使亲征，一时也难奏效，只是皇帝当时多少还有些号召力，如果真能如此，或可鼓舞士气，有利于争取时间，阻止叛兵的长驱直入。诸杨为了保命，置天下安危于不顾，他们的罪恶固然彰明较著；唐玄宗说要亲征，却因贵妃衔土请命即止，这与其说他惑于宠嬖之言，倒不如说他本无亲征之意，只不过是怀养痈遗患的悔恨，发"愤挥天戈"的虚火，装腔作势，自欺欺人而已。玄宗以衰朽迟暮之年、酒色摧伤之体，无论如何是不可能真的"总统六军，亲征寇逆"的啊！就是这样，皇帝昏聩、权臣奸险，长期以来，相交作用，致使政治腐败，诸般社会矛盾重重，终于爆发了安史之乱，结束了"开天盛世"，揭开了中、晚唐动乱时代的序幕。而杜甫从此就卷入了颠沛流离的时代旋涡，沉沦下层，写出了大量忧国忧民、反映苦难现实的名篇，成了伟大的诗人。

二 最早的一组纪乱诗

天宝十四载（七五五）十一月杜甫离京赴奉先县探家，不久作《奉先刘少府新画山水障歌》说：

"堂上不合生枫树，怪底江山起烟雾。闻君扫却赤县图，乘兴遣画沧洲趣。画师亦无数，好手不可遇。对此融心神，知君重毫素。岂但祁岳与郑虔，笔迹远过杨契丹。得非玄圃裂？无乃潇湘翻？悄然坐我天姥下，耳边已似闻清猿。反思前夜风雨急，乃是蒲城鬼神入。元气淋漓障犹湿，真宰上诉天应泣。野亭春还杂花远，渔翁暝踏孤舟立。沧浪水深青溟阔，欹岸侧岛秋毫末。不见湘妃鼓瑟时，至今斑竹临江活。刘侯天机精，爱画入骨髓。自有两儿郎，挥洒亦莫比。大儿聪明到，能添老树巅崖里。小儿心孔开，貌得山僧及童子。若耶溪，云门寺，吾独胡为在泥滓？青鞋布袜从此始。"诗中极力描状障上山水恍如赤县玄圃、潇湘沧洲，赞扬刘少府技艺高妙，岂但高出时人祁岳和郑虔，而且远远超过隋代那位"六法颇该，殊丰骨气"的杨契丹，兼夸其二子亦擅丹青，能补树补人物，又抒发了因观画而勾引起早年漫游天姥山、若耶溪、云门寺诸胜的感受和不胜神往之情。这诗写得情趣盎然、风神潇洒，显然作于惊变之前。又《奉同郭给事汤东灵湫作》说：

"东山气鸿濛，宫殿居上头。君来必十月，树羽临九州。阴火煮玉泉，喷薄涨岩幽。有时浴赤日，光抱空中楼。……初闻龙用壮，擘石摧林丘。中夜窟宅改，移因风雨秋。倒悬瑶池影，屈注沧江流。……坡陀金虾蟆，出见盖有由。至尊顾之笑，王母不肯收。复归虚无底，化作长黄虬。"骊山温汤之东有湫，传说龙居其中，故称灵湫。这诗先叙玄宗十月来骊山沐浴、游赏，引出灵湫胜景。中写灵湫的神异，末述金虾蟆出没情事以讽谕时事。《酉阳杂俎》载：有人夜见月光属于林中如匹布。寻视之，见一金背虾蟆，疑是月中者。钱笺："月中阴精，后妃之象。禄山诏约杨妃，誓为子母，通宵禁掖，昵狎嫔嫱。和士开之出入卧内，方此为疏；蓟城侯之获厕刑余，又奚足尚？方诸虾蟆之入月，诗人之托谕，不亦婉而章乎？"案李白《古风》其二："蟾蜍薄太清，蚀此瑶台月。圆光亏中天，金魄遂沦没。"诸注多谓蟾蜍蚀月比武妃逼后，所指不同，而设譬类似，可与此参看。《安禄山事迹》载：玄宗尝夜宴禄山，禄山醉卧，化为一黑猪而龙首。左右遽言之，玄宗说："此猪龙，无能为者。"蔡梦弼笺："杨国忠言禄山必反曰：'陛下试召之，必不来。'禄山闻命即至，见上于华清宫，此禄山谒见之由，故曰：'坡陀金虾蟆，出见盖有由。'上由是益亲信禄山，国忠之言不能入。太子亦知禄山必反，言之不听。虽国忠欲收禄山，贵妃必不肯，故曰：'至尊顾之笑，王母不肯收。'续遣归范阳，禄山遂反。岂非'复归虚无底，化作长黄虬'乎？"这诗当与《自京赴奉先县咏怀五百字》作于同时前后，当时安禄山逆迹已显而反信仍未传来。

杜诗中最早写到安禄山反叛的作品当是《后出塞五首》。仇兆鳌以为末章是说举兵犯顺后事，当是天宝十四载冬作，良是。这组诗通过一个从范阳叛军中脱身逃归的士卒的自述,揭露安禄山图谋起兵的迹象,以及酿成战祸的原因。

其一写应召参军时的豪情壮志:"男儿生世间,及壮当封侯。战伐有功业,焉能守旧丘?召募赴蓟门,军动不可留。千金装马鞭,百金装刀头。闾里送我行,亲戚拥道周。斑白居上列,酒酣进庶羞。少年别有赠,含笑看吴钩。"是谁在召募士卒赴蓟门?是安禄山。安禄山以边功市宠,征兵东都,以重赏邀士,即使其时已心怀异志,世人岂知?这一乐府人物应召之初,意在立功封侯,不暇他虑,所以只觉从军乐,不畏行路难。"千金"二句用乐府民歌惯用的重沓、咏叹手法,极力描状备装的隆重和装备的华奢,以显示这一从军者的"良家子"(其五)的身份和乐意从军的热烈情绪。末后写饯别场面不但没有寻常习见的黯然销魂的意味,反倒显得热烈而喜气洋洋。这无疑跟人物当时兴奋、昂扬的情绪很协调,也是这种情绪恰如其分的烘托。远别难免伤神,不过,对于志在立功、信心十足的行人来说,这离情别绪,只不过是小小不言的雨丝风片,哪能浇灭得了他满怀火样的进取热忱?在这样的人的眼中,离别的场面虽也感人却是热烈而喜悦的,何况送者对他也抱着很大的希望,情绪本来就不低沉。"少年别有赠,含笑看吴钩。"一赠一受,彼此心照不宣;用形象生动的细节醒出"及壮当封侯"之意,画龙点睛,艺术处理颇别致。杨伦说:"《前出塞》迫于官遣,其情戚,故专就苦一边形容。此志在立功,其气豪,故转借乐一边翻出,境界迥然不同。"需要补充的是:这首诗之所以着重写乐,还有为后面几章中忧君昏、忧世乱、忧己身之难免被迫从逆作反衬的用意。希望愈大失望也愈大,这是常情。这样写,既合乎常情,艺术效果亦佳。

其二写入伍后初次宿营时的所见所感:"朝进东门营,暮上河阳桥。落日照大旗,马鸣风萧萧。平沙列万幕,部伍各见招。中天悬明月，令严夜寂寥。悲笳数声动，壮士惨不骄。借问大将谁？恐是霍嫖姚。"洛阳城东有上东门，新兵营设此，故称东门营。河阳桥指河阳县（今河南孟县）渡黄河的浮桥，为通往河北的要津。安禄山反于范阳，封常清建议断绝河阳桥，可见募兵赴范阳必由河阳桥去。王嗣奭说："言军令之严，亦军中常事，而写得森肃。前篇唾手封侯，何等气魄！而至此惨不骄，节奏固应如是，而情景亦自如是也。"这样写确乎是符合生活逻辑的。人们每当初来乍到一个陌生的环境，过一种与以前截然不同的生活，自会感到新鲜、生疏，有点不大自然，甚至拘束。加上军队中纪律很严，对于那些刚换上戎装的新兵来说，这就不仅是拘束而是畏惧了。来前自以为立功封侯，唾手可得，当然越想越兴奋；一旦来到军营，见号令如此森严，不觉战战兢兢，心怀畏惧，就难免"惨不骄"了。这首诗艺术上的成就很高，诀窍是善于通过抒情主人公极富主观色彩的眼睛去摄取景物，反过来又借粗放而传神的景物描写来显示人物的精神状态和心理变化。"大旗"指大将所用的红旗。《通典》卷一四八："陈（阵）将门旗，各任所色，不得以红，恐乱大将。""落日"二句是杜诗中名句，写景浑雄苍劲，形象鲜明而带悲壮意味，这与诗中所写处于此时此境的人物的情绪和整首诗的情调是一致的。评诗多重情景交融，已成老生常谈。注意情和景相互作用的艺术效果，固然重要，但切忌不顾生活实感而形式主义地追求二者的配合，如一当拍案而起必辅之以电闪雷鸣，一当内心激动必有惊涛拍岸，如此这般，照样搬演，拙劣已极，慎勿效尤。一般说来，要想做到情景交融，二者的基调应该一致。

《文心雕龙·物色》说："春秋代序，阴阳惨舒，物色之动，心亦摇焉。……是以献岁发春，悦豫之情畅；滔滔孟夏，郁陶之心凝；天高气清，阴沉之志远；霰雪无垠，矜肃之虑深。"这"献岁发春"和"悦豫之情"、"滔滔孟夏"与"郁陶之心"、"天高气清"与"阴沉之志"、"霰雪无垠"与"矜肃之虑",每组景与情的基调莫不一致,总之是"物色之动,心亦摇焉"。刘勰这意见虽对,却只讲到心随物色动,即主观之情随客观之景而变化的一方面。须知此外还有像"感时花溅泪,恨别鸟惊心"(杜甫句)这样的物随心异色,即客观之景随主观之情而变化的另一方面。《后出塞》其二这首诗中情与景相生相因的关系,同大多数诗歌一样,则依违于这两者之间,既是见景生情,又是景随情变。如果这样来理解这诗情景交融的新特色,不知道是否算得上从"情景交融"这一老生常谈的评语中翻出的一点新意?王夫之《姜斋诗话·诗译》说:"'昔我往矣,杨柳依依;今我来思,雨雪霏霏。'以乐景写哀,以哀景写乐,一倍增其哀乐。"这是相反相成之法,指出这一点,作为一种补充,很有意思。懂得了这些,若无真情实感,光只如法炮制,肯定写不出情景合融的好诗来;相反,既有真情实感,又很得法,那无疑会相得益彰,有可能获得较佳艺术效果的。许觊《彦周诗话》说:"诗有力量,犹如弓之斗力:其未挽时,不知其难也;及其挽之,力不及处,分寸不可强。若《出塞曲》云:'落日照大旗,马鸣风萧萧。''鸣笳三四发,壮士惨不骄。'又《八哀诗》云:'汝阳让帝子,眉宇真天人。虬髯似太宗,色映塞外春。'此等力量,不容他人到。"明代谢榛的名句"云出三边外,风生万马间",所写境地与"落日"二句近似,气魄也大,只是稍嫌吃力,不够自然。汉武帝时名将霍去病曾为剽(同"嫖")姚校尉,从大将军卫青出塞。这里借指安禄山。《杜臆》说:"将如卫、霍,此世主所祷祠而求者,而此恐其是,何故?盖贪功之将,动以开边启人主好大喜功之心,至枯万骨以成封侯之业,此军士所苦而不敢言,公为道破,人主深味此言,必不肯轻言用兵矣。"近人却有以为是"归美主将"的。

这两种对立的看法其实完全可以统一起来加以理解。揆情度理，一个渴望建功立业的人，刚应召入伍，不可能一来就有王嗣奭所悟出的那种忧虑。若说他因见号令森严、队伍整肃，不觉以霍嫖姚称美主将，这倒很符合人物当时内心活动的实际。就诗论诗，当推后说为优。不过，却不能从而否定前说的合理性。要知道，乐府人物当时虽不作此想，杜甫作诗时确乎曾作此想，而且这还是在有意地初步暗示这组诗重边功而致乱的主题思想，以便引出后一首诗中的大段议论来。既表示了主题思想，又不把人物当作单纯的"传声筒"，做起来虽然困难些，如果深入生活，构思时能设身处地去反复琢磨、细细体味，这矛盾也并不是无法解决的啊！

其三就接着发议论："古人重守边，今人重高勋。岂知英雄主，出师亘长云。六合已一家，四夷且孤军。遂使貔虎士，奋身勇所闻。拔剑击大荒，日收胡马群。誓开玄冥北，持以奉吾君。"这诗写到蓟门后认识有所提高时的反感，"满口夸大，寓讽实深"（黄生语），主旨在于讽上重开边下乃生事邀功。多作颂扬之辞，但又夹杂一二冷语，致使前后文理不很通畅。(6) 为什么会这样呢？还是浦起龙解答得好："以少陵之才，岂难作条畅文字，而断续如此？其吞吐妙用，但可与会心人道。后作敌凯（忾）语，君实导之也。妙以'奉吾君'三字逗出，妙又不露。"语言诚然是含蓄婉转的，只是类似的意思在《兵车行》和《前出塞》中已经多次得到发挥，就不觉得很新鲜了。至于讲到艺术表现，这诗不算成功。这段议论，固然

---

〔6〕浦起龙说："三章，写到击敌之事，纯用虚机，而含讽之旨，即从此露出。其章法更屈曲出奇。以'重守'剔'重勋'，主意提破矣。'英主''出师'，本是直接，却下'岂知'二字，便无显斥之痕。'亘长云'下，宜接'遂使'句矣，却用'六合'两句，横鲠其中，又隐然见此举之多事。且'孤军'下，似宜用'重高勋'意作一转落，却又直接'遂使'一句，此中又有无限含蓄。"指出这诗故意寓深意于条理不甚通畅的文字之中，颇得作者用心。

可看作人物思想认识上的一大转变，可是读者总觉得这不过是作者在做化装讲演。我刚在前面赞扬了老杜善于妥善处理表现主题和塑造人物之间的矛盾，哪知话音未落，他就辜负了我的好意，令我感到难堪。想到议论和说教在组诗和长篇中往往在所难免，有时甚至有利于人物思想和精神世界的表现，我不禁释然，也就不能过于苛求了。

其四着重写朝廷对安禄山的骄纵以致养虎贻患："献凯日继踵，两蕃静无虞。渔阳豪侠地，击鼓吹笙竽。云帆转辽海，粳稻来东吴。越罗与楚练，照耀舆台躯。主将位益崇，气骄凌上都。边人不敢议，议者死路衢。"前面已经提到，安禄山见天子重开边，就把契丹诸酋长骗了来，设宴毒死，先后杀数千人，将首级献到京师报捷。皇上不知情，赐安禄山铁券，封为柳城郡公；后入朝，献俘八千，又得到了厚赏和恩遇。玄宗受到蒙蔽，甚至到安禄山反叛前夕还对杨国忠等说："禄山，朕推心待之，必无异志。东北二虏，藉其镇遏。朕自保之，卿等勿忧也！""献凯"二句就是讲安禄山不断征服奚、契丹两蕃（即玄宗所说的"二虏"）以邀功买宠。每逢盛大庙会，安禄山独踞高榻，前面点了香，陈列着奇珍异宝，胡人数百侍立左右，接见他派往各地去采购物资、赚取钱财的商人；还供着祭品，让女巫们在前敲鼓跳舞，以便把自己加以神化。"渔阳"二句是指"当边庭无警，恣意欢娱，滥赏以结军心"（仇兆鳌语）。如果知道上述安禄山欢会时的具体情况及其居心，然后再回过头来读这两句诗，就会觉得更有意思了。据《唐会要》载开元二十七年李适之为幽州节度、河北海运使，知当时南北已通海运，且设专员主其事。"云帆"四句与《昔游》"幽燕盛用武，供给亦劳哉！吴门转粟帛，泛海陵蓬莱"意近，是说朝廷竭力支援安禄山开边，从海上运来南方的大米和绸缎，作为军粮和犒赏将士之用。周代把人分成王、公、大夫、士、皂、舆、隶、僚、仆、台十等。安禄山要反，为了收买人心，曾于天宝十三载（七五四）二月奏请朝廷破格提拔他的将士五百余人为将军，二千余人为中郎将。"舆台"泛指奴仆。奴仆是不能"衣帛"的，如今连奴仆们都身着闪闪发光的绸缎官服，可见超资赏官之滥。皇帝拿着从民间搜刮来的粮帛资助边将反叛自己，可笑亦复可叹！此外，安禄山还暗地里派遣商贾到各地去做生意，赚取钱财，采购锦彩朱紫衣服作为叛变的物资。可见那些"照耀舆台躯"的"越罗与楚练"，也有他自己派人去采购来的。天宝七载（七四八）赐安禄山铁券，封柳城郡公；九载晋爵东平郡王。安禄山最后一次自京归范阳后逆迹渐露，对朝廷不再遵守臣属的礼节。此"主将"二句所指。玄宗为对安禄山表示无任信赖，凡谈安禄山要反的，都把他们捆送给安禄山处置，所以人们都知道他将反却不敢说。此"边人"二句所指。安禄山反时，在军队中张贴布告说："有异议扇动军人者，斩及三族！"[7] 若着眼于"边人"，末二句当就安禄山这一命令而言。这首诗写的都是实情，可与有关史实对照着看。

其五写此人逃归的经过和他之所以要脱离叛军的考虑："我本良家子，出师亦多门。将骄益愁思，身贵不足论。跃马二十年，恐辜明主恩。坐见幽州骑，长驱河洛昏。中夜间道归，故里但空村。恶名幸脱免，穷老无儿孙。"强调"良家子"，表明自己深明大义，当然不肯从逆。"出师多门"，是说自己曾经通过不同门路，多次参加过出兵作战。所以见多识广，深忧安禄山益骄，叛迹渐露，己身

---

[7] 此据《资治通鉴》。《新唐书·安禄山传》载："冬十一月，反范阳，诡言奉密诏讨杨国忠，腾榜郡县，……燕老人叩马谏，禄山使严庄好谓曰：'吾忧国之危，非私也。'礼遣之。因下令：'有沮军者夷三族！'"

虽贵,也不足道。"跃马二十年"[8],极言从军时间很长。这两句是说长时期以来,都在担心自己被迫从逆,辜负朝廷。在诗人想象中此人也当在被安禄山破格提拔的将校之列了,所以前面有"身贵"的话。后段写他一直担心的事终于不幸发生,安禄山率领他的叛军长驱直入,把黄河、洛水流域中原地区都扰乱了。这时他当机立断,半夜里逃离叛军,从小路潜归故里,哪知故里也惨遭战争的浩劫,家破人亡,只剩下一个空村。他庆幸自己脱免了从逆的罪恶,但想到儿孙们都死光了,孑然一身,无依无靠,又不胜悲伤。这里写的明明是安禄山反后打到河洛一带情事,可是浦起龙却认为:"至此何嫌直陈祸乱,而必托一逃军口语以为隐讽耶?"力主作于乱前。须知这是在作乐府诗,如果诗人认为仿效古乐府设人叙事的惯用手法,"托一逃军口语以为隐讽",比"直陈祸乱"的艺术效果更好(实际上也是如此),那他为什么不可以这样做呢?浦氏解杜,多所发明,但有时过于执着,难免胶柱鼓瑟之讥。

古诗:"十五从军征,八十始得归。道逢乡里人:'家中有阿谁?''遥看是君家,松柏冢累累。'兔从狗窦入,雉从梁上飞。中庭生旅谷,井上生旅葵。舂谷持作饭,采葵持作羹。羹饭一时熟,不知贻阿谁!出门东向望,泪落沾我衣。"着重描写老兵归来的悲怆。鲍照《代东武吟》亦写老兵归后的困苦境遇,而主旨却在表现有功不赏的愤懑和犹望垂恩的心情。杜甫这组诗采用近似题材,截取不同时期的不同片段,通过写一"良家子"始愿立功而参

---

[8]《读杜心解》说:"又有名士评此诗,执五章'跃马二十年'句,以二十年前燕将系张守珪,遂谓前三章诗不指禄山。此无论前事无关,公不必寄诸咏叹。即使五诗两橛,有是体否?彼直认'良家子'为实有是人耳,不知此诗特赋家所谓东都宾、西都主人,皆托言也。则是'二十年'者,亦泛言黩武之久也,何胶柱若是?说杜纷纷,徒增瘴雾,冤哉!"

军、终惧失节而逃归的经过，反映了重大时事，揭示了致乱之因，与《十五从军征》和《代东武吟》相较，无论在思想上还是在艺术上都有很大的变化和发展。借鉴前代创作经验，最恰当的做法，当如杜甫这样不着痕迹，出于有意无意、不即不离之间。安禄山反于范阳，驱师南下，所过州县，望风瓦解，太守、县令大多出降，无敢拒抗。诗人塑造这样一个在关键时刻宁舍富贵而保节操的人物形象，客观上具有一定的现实教育意义。

三 "血污游魂归不得"

天宝十五载（七五六）正月，安禄山在洛阳自称大燕皇帝。郭子仪荐李光弼，以李光弼为河东副大使，分朔方兵一万人给他。六月，哥舒翰败于灵宝西，安禄山陷潼关。玄宗奔蜀，出禁苑西门延秋门。至马嵬，随行"护驾"的龙武大将军陈玄礼欲诛误国召乱的宰相杨国忠，要东宫宦官李辅国报告太子，太子拿不定主意。恰好这时吐蕃使者二十多人拦马向杨国忠诉说没吃的，没等杨国忠答话，军士就大声叫道："国忠与胡虏谋反！"有人射了他一箭，中马鞍。杨国忠逃到马嵬驿的西门，军士们追上来把他杀了，支解了，还用枪戳着他的头放在驿门外示众，并且杀了他儿子户部侍郎杨暄和韩国夫人、秦国夫人。军士包围了马嵬驿，皇上听到了喧哗声，问外面发生了什么事，左右便把杀杨国忠的事告诉了他。他走出来慰劳军士，叫他们解散归队，不听。皇上让高力士去问他们为什么，陈玄礼答道："国忠谋反，贵妃不宜供奉，愿陛下割恩正法。"皇上说："朕当自处之。"进门后支着拐杖低着头站着。过了许久，京兆司录韦谔上前进言说："今众怒难犯，安危在瞬刻，愿陛下速决！"并叩头流血。皇上说："贵妃常居深宫，安知国忠反谋？"高力士说："贵妃诚无罪，然将士已杀国忠，而贵妃在陛下左右，岂敢自安！愿陛下审思之，将士安则陛下安矣。"皇上只好叫高力士将杨贵妃引入佛堂缢死了。将舆尸放在驿庭中，召陈玄礼等进来验看。陈玄礼等都免胄释甲，顿首请罪。皇上慰劳了他们，叫他们将这事晓谕军士。陈玄礼等都高呼万岁，再拜而出，于是就重整队伍准备赶路。这就是历史上有名的马嵬之事。"明眸皓齿今何在？血污游魂归不得！"杜甫后来在《哀江头》中写下了这样的名句。杨国忠的妻子裴柔（她过去是蜀地的娼妓）和幼子杨晞，以及虢国夫人、虢国夫人的儿子裴徽都逃往陈仓，县令薛景仙带领吏卒把他们逮住杀了。诸杨全部得到了应有的惩罚，只是便宜了昏君李隆基。不久，长安沦陷，大肆杀戮掠夺。七月，太子李亨即位于灵武（今宁夏灵武县），这就是肃宗，改天宝十五载为至德元载。

京兆人李泌，幼以才智闻名，得到玄宗的赏识。张九龄也很看重他，称为"小友"。长大后，好神仙道术，常游嵩、华、终南间。天宝中召讲《老子》，得待诏翰林，又供奉东宫。当时肃宗当太子，玄宗让太子跟他结为布衣交，太子常称他为先生。杨国忠厌恶他，奏徙蕲春，后归隐颍阳。肃宗即位后派人去找他，恰好他自己就来了，见了很高兴。李泌对军国大事多所策划，史传说"其功乃大于鲁连、范蠡云"。历仕肃宗、代宗、德宗三朝，位至宰相，封邺县侯，这是后话。

八月，以郭子仪为武部尚书、灵武长史，以李光弼为户部尚书、北都留守，并同平章事。回纥可汗、吐蕃赞普相继遣使请助唐讨贼。肃宗即位三十天后所派使者始至蜀，玄宗乃命韦见素、房琯、崔涣奉传国宝、玉册往灵武传位。

以往玄宗每当聚会饮宴，先设太常雅乐坐部、立部，继以鼓吹、胡乐、教坊、府县散乐、杂戏；又以山车、陆船载乐往来；又出宫人舞《霓裳羽衣》；又教舞马百匹，衔杯上寿；又引犀、象入场，或拜或舞。安禄山见了很羡慕，现在既已攻下了长安，就指示下面搜捕乐工，运载乐器、舞衣，驱赶舞马、犀、象，通通送到洛阳给他享受。司马光写到这里不禁议论道："明皇恃其承平，不思后患，殚耳目之玩，穷声技之巧，自谓帝王富贵皆不我如，欲使前莫能及，后无以逾，非徒娱己，亦以夸人。岂知大盗在旁，已有窥窬之心，卒致銮舆播越，生灵涂炭，乃知人君崇华靡以示人，适足为大盗之招也。"安禄山宴其群臣于洛阳禁苑中的凝碧池上，盛奏众乐；梨园弟子往往欷歔下泪，匪徒们都拔出刀来监视着。乐工雷海清不胜悲愤，将乐器扔在地上，向着西方恸哭。安禄山大怒，命人把他绑在试马殿前支解了。王维这时被安禄山拘禁在菩提寺，裴迪来看望他，说到这事，他很受感动，便口号一绝说："万户伤心生野烟，百官何日再朝天。秋槐叶落空宫里，凝碧池头奏管弦。"后来两京收复，凡做过伪官的分六等定罪，王维却因这首诗得到肃宗的宽恕。

九月，以广平王李俶（后改名豫，就是后来的代宗）为天下兵马元帅，以李泌为侍谋军国、元帅府行军长史。肃宗离灵武。十月肃宗进至彭原（今甘肃宁县）。宰相房琯请自带兵收复两京，加持节、招讨西京兼防御蒲潼两关兵马节度等使，与敌战于咸阳东的陈陶斜，几乎全军覆没。永王李璘反，率兵东下，辟李白为僚佐。十二月，高适为淮南节度使，讨永王璘。这年岑参在轮台，领伊西北庭支度副使，岁暮东归。

四　奉先·白水·鄜州

这年正月，杜甫仍留居奉先与家人团聚。这时他结识了当地的崔戢和李封。唐代以正月晦日（阴历每月最后一日为晦日）、三月三、九月九为三令节。这年正月晦日他去寻访这两位朋友，曾写了首题为《晦日寻崔戢李封》的五古叙事抒怀。诗中先述节日早起兴致很高：

"朝光入瓮牖，尸寝惊敝裘。起行视天宇，春气渐和柔。兴来不暇懒，今晨梳我头。出门无所待，徒步觉自由。杖藜复恣意，免值公与侯。晚定崔李交，会心真罕俦。每过得酒倾，二宅可淹留。喜结仁里欢，况因令节求。李生园欲荒，旧竹颇修修。引客看扫除，随时成献酬。崔侯初筵色，已畏空樽愁。不知天下士，至性有此不？""瓮牖"虽用典："荜门圭窦，蓬户瓮牖"（《礼记·儒行》），也是写实。中原一带用去底破瓮作窗户，今尚可见。据诗可知崔、李二宅与杜寓处邻近。他俩都家贫好客，杜甫常来这两家串门喝酒。在县里当然不会遇见公侯，这么说，足见他对王侯，对十年旅食京华、曳裾侯门的生活的厌恶。这一段写得很洒脱，有点陶诗的意味。接着写醉后反勾引起家国之忧、身世之叹：

"草芽既青出，蜂声亦暖游。思见农器陈，何当甲兵休。上古葛天民，不贻黄屋忧。至今阮籍等，熟醉为身谋。威凤自高翔，长鲸吞九州。地轴为之翻，百川皆乱流。当歌欲一放，泪下恐莫收。浊醪有妙理，庶用慰沉浮。""思见"二句典出《孔子家语》："铸剑戟以为农器。"战乱方兴未艾，便作此想，可见他对时局的严重性认识不足。这一段是慨叹"威凤高翔，以致长鲸吞噬，盖贤人去而盗贼炽，如张九龄之罢相是也"（仇兆鳌语），自己虽忧时恸哭，但浮沉俗间，不能与天子分忧，只得随崔、李辈效阮籍借酒消愁而已。

不久，他又回长安右卫率府供职，当时同事中有个程录事要回老家去，见老杜家眷不在京里，寓所没起火，就自"携酒馔，相就取别"（《送率府程录事还乡》原注），老杜深为这位新结识的朋友的盛情所感，就赋诗送别说：

"千载得鲍叔，末契有所及。意钟老柏青，义动修蛇蛰。若人可数见，慰我垂白泣。告别无淹晷，百忧复相袭。内愧突不黔，庶羞以赒给。素丝挈长鱼，碧酒随玉粒。"他说"程侯晚相遇，与语才杰立。薰然耳目开，颇觉聪明入"，这程录事想是个聪明英俊、见义勇为的人。当此乱世，诗人劝他应知收敛，不要像猎鹘那样，一听到人呼唤便急忙向猎物出击：

"念君惜羽翮，既饱更思戢。莫作翻云鹘，闻呼向禽急。"他当时体弱多病，心情不好，感慨很多："鄙夫行衰谢，抱病昏忘集。常时往还人，记一不识十。……途穷见交态，世梗悲路涩。"这一席对程录事的临别赠言，也是他涉世多年来的经验之谈。王嗣奭说："起来写出倚老卖老，情状如画，而转到'薰然耳目开'，妙有情致。"这诗在艺术上也颇有特色。

这年夏天，正当叛兵逼近潼关的时候，老杜准备逃难，就从长安来到奉先，携家北迁白水（今陕西白水县），投靠他在这里做县尉的舅舅崔十九，寄寓在崔的"高斋"⁽⁹⁾中。他的《白水崔少府十九翁高斋三十韵》即记其事。这诗首叙来踪兼记时节："客从南县来，浩荡无与适。旅食白日长，况当朱炎赫。"后魏分白水县置南白水县，以在白水之南为名，后改蒲城，即奉先（今陕西蒲城县）。"南县"即指奉先。梁元帝《纂要》："夏曰朱夏、炎夏。""朱炎"即指盛夏。这是来逃难，所以有"浩荡""旅食"的话。"高斋坐林杪，信宿游衍闃。清晨陪跻攀，傲睨俯峭壁。崇冈相枕带，旷野迥咫尺。始知贤主人，赠此遣愁寂。"写远景开阔，得居高临下、

---

(9) 据诗中所述，此斋地势甚高，或即以"高"为斋名。施鸿保认为这里的"高斋"乃"泛言，非实有斋名高也"。

咫尺千里之势。老杜对主人体贴入微的照顾是极其感激的。"危阶根青冥,曾冰生淅沥。上有无心云,下有欲落石。泉声闻复息,动静随所激。鸟呼藏其身,有似惧弹射。"此写近景,上记所见,下记所闻。"危阶"二句言其地高寒:高斋地势陡峭,下临无地,看起来台阶就像植根于青冥之上;风声淅沥,阴壑恍积层冰。"鸟呼"二句显示了避难人的惶恐不安,也引出下段称美主人吏隐的高雅和款待的殷勤:"吏隐适情性,兹焉其窟宅。白水见舅氏,诸翁乃仙伯。杖藜长松下,作尉穷谷僻。为我炊雕胡,逍遥展良觌。"仇兆鳌说:"崔翁作尉,诸舅在焉,避乱相逢,故喜良觌。""仙伯"犹言桃源中人。"坐久风颇愁,晚来山更碧。相对十丈蛟,欻翻盘涡坼。何得空里雷,殷殷寻地脉。烟氛霭峭崒,魍魉森惨戚。昆仑崆峒巅,回首如不隔。"此述山中风雷变化情状。《杜臆》说:"须溪云:'蛟坼地亦实事。'是也。至雷寻地脉,以为'用此起兴说到时事',误矣。盖阴晴明晦,倏忽变幻,蛟腾涡坼,时或有之。前云'危阶根青冥',所处极高,而山下有雷,似碾于地底,但造语过奇耳。至于烟氛、魍魉,亦一时晦冥光景,但以乱离心事写出,词亦惨凄,盖发自性情者。"说写景中流露出乱离心事,比径直认为"记山中变幻之状,语亦暗影时事"符合实际一些。但写得如此风烟惨淡,总是为了衬出下段兵气来:"前轩颓反照,巉绝华岳赤。兵气涨林峦,川光杂锋镝。知是相公军,铁马云雾积。玉觞淡无味,胡羯岂强敌?长歌激屋梁,泪下流衽席。"当时西北资格最老的名将是哥舒翰、高仙芝、封常清。天宝末年封常清入朝,正值安禄山反,再战失利,斩于军中。当时高仙芝正作为元帅荣王的副手,继封常清东讨,今见封常清败回,便开太原仓,悉以所有赐士卒,焚其余,引兵奔潼关,路遇叛军,甲仗资粮洒满一路。进了潼关,士气稍振,叛军攻不开,便退回去了。边令诚与高仙芝有隙，诬告他盗减军粮资助叛军，玄宗偏听偏信，也把他处死了。

天宝十三载（七五四）末，哥舒翰入朝，途中得风疾，一直就留在京师，家居不出。封常清、高仙芝丧败以后，玄宗很看重他的威名，又见他素与安禄山不和，就召见了他，拜为兵马副元帅，以田良（一作"梁"）丘为行军司马（杜甫认识此人，有《赠田九判官梁丘》诗），王思礼、李承光等为属将，统率二十万大军守潼关。出师那天先驱牙旗触门，堕注旄，旗杆折，大家都认为不吉利。天子亲临勤政楼送行，诏哥舒翰"以军行，过门毋下"，百官郊饯，旌旗绵亘二百里。哥舒翰感到很惶恐，几次自言有病，皇帝不听。但因痼疾不能工作，便将军政委托给田良丘，叫王思礼主管骑兵，李承光主管步兵。这三人争夺领导权，政令不能统一，士气涣散，无斗志。

天宝十五载（七五六），进拜哥舒翰为左仆射、同中书门下平章事。安禄山派儿子安庆绪来攻关，给哥舒翰打跑了。老杜写诗时哥舒翰已进拜左仆射、同中书门下平章事，所以称他为"相公"。当时哥舒翰领军镇守潼关，且有小胜，所以老杜对他寄托了很大希望。但想到高仙芝、封常清这样的一些常胜将军也都丧败身亡，战局多变，很难逆料，就不免忧心忡忡、痛哭流涕了。朱注以为潼关属华州，与白水近，故见兵气之盛如此。浦起龙不同意，说："白水去潼关且四百里，安得云近？亦遥相虚摹之词耳。"说虚摹是对的，但多少有视觉实感作依据。白水距潼关不近，登高远眺，华岳诸峰当能入望。今见夕阳返照，映红了天际层峦，远水萦回，闪闪发光，心想华山下面就是哥舒翰重兵云集的潼关，不觉疑心那山岚漂浮着兵气，水色夹杂着刀光了。写景有力，令人魄动。上段提到了哀乐，接着便一层深入一层地抒写内心的忧虑："人生半哀乐，天地有顺逆。慨彼万国夫，休明备征狄。猛将纷填委，庙谋蓄长策。东郊何时开？带甲且未释。欲告清宴罢，难拒幽明迫。三叹酒食旁，何由似平昔！"卢元昌说："高斋旅食，时哥舒正守潼关，李、郭皆请固关而守。国忠恐翰图己，促之出战，将相不和，潼关危矣。诗云：'知是相公军，铁马云雾积。'谓守关犹足恃也。'猛将纷填委，庙谋蓄长策。'谓将相协和，兼任李、郭，以图万全不败之道也。'东郊何时开？带甲且未释。'谓宜枕戈衽甲，勿懈于防也。终曰：'三叹酒食旁，何由似平昔。'又知阃任不专，庙谋失策，潼关必溃也。"诠释大致不差，可见老杜对时事很关心，看问题也很深刻。

老杜的忧虑不为无因。这时天下以杨国忠骄纵召乱，莫不切齿。加上安禄山起兵以诛杨国忠为名，哥舒翰的属将王思礼秘密劝说哥舒翰上表请诛杨国忠，哥舒翰不吭声。王思礼又请求带三十骑将杨国忠劫到潼关来杀了他，哥舒翰说："如此，乃翰反，非禄山也。"同时也有人劝说杨国忠："今朝廷重兵尽在翰手，翰若援旗西指，于公岂不危哉！"杨国忠听了很害怕，就上奏说："潼关大军虽盛，而后无继，万一失利，京师可忧，请选监牧小儿三千于苑中训练。"皇上答应了，派剑南军将李福德带领。杨国忠又募万人屯灞上，派亲信杜乾运带领，名为御贼，其实是防备哥舒翰。哥舒翰知道了，也怕给杨国忠搞掉，就上表请求将灞上军划归潼关；六月间又将杜乾运召到潼关，借故杀了，杨国忠更加害怕。这时有人报告敌将崔乾祐在陕（今河南陕县），兵不满四千，都羸弱无备，皇上遣使催哥舒翰进兵收复陕、洛。哥舒翰上奏说："禄山久习用兵，今始为逆，岂肯无备！是必羸师以诱我，若往，正堕其计中。且贼远来，利在速战；官军据险以扼之，利在坚守。况贼残虐失众，兵势日蹙，将有内变；因而乘之，可不战擒也。要在成功，何必务速！今诸道征兵尚多未集，请且待之。"郭子仪、李光弼也上言道："请引兵北取范阳，覆其巢穴，质贼党妻子以招之，贼必内溃。潼关大军，惟应固守以弊之，不可轻出。"杨国忠疑心哥舒翰要搞掉他，就对玄宗说贼正无防备，哥舒翰却逗留不出，将贻误战机。玄宗以为然，接连派出中使催促哥舒翰出击，路上使者项背相望，络绎不绝。哥舒翰不得已，抚膺恸哭，引兵出潼关，在灵宝（今河南灵宝县）西原遭遇崔乾祐部。两军会战，崔乾祐将军队埋伏在险要处，哥舒翰与田良丘浮舟中流观察军势，见敌兵稀少，就命令诸军进攻。王思礼等带领精兵五万居前，庞忠等带领余兵十万紧跟在后面，哥舒翰领兵三万登黄河北岸土山上观战，鸣鼓以助其势。崔乾祐所出的兵不过万人，什什伍伍，散如列星，或疏或密，或进或退，官军见了感到很好笑。其实崔乾祐带领精锐部队在后面严阵以待。一经接战，叛军偃旗息鼓像要逃跑的样子，官军一松懈，就不加防备了。不一会儿，伏兵发起战斗，从高处滚下木石，打死许多士卒。道路窄狭，士卒拘束在里面，枪槊不得施展。哥舒翰以毡车驾马为前驱，想借以冲击敌人。晌午过后，突然起了东风，崔乾祐以草车数十辆堵塞在毡车之前，纵火焚烧，烟焰弥漫，官军张不开眼睛，就自相残杀，以为贼在烟中，集中弓弩乱射。天黑了，箭也用尽了，才知道并没有贼。崔乾祐派遣同罗精锐的骑兵从南山过来，窜到官军后面袭击，官军首尾骇乱，不知所措，于是大败。士卒或弃胄卸甲窜匿山谷，或互相拥挤掉到黄河里淹死，叫喊声震天动地，叛军乘胜追逼。后军见前军败，都不战自溃，黄河北岸的官军望见这情况也溃退了。哥舒翰独与麾下数百骑逃走，从首阳山西渡黄河入潼关。关外原先挖了三层壕沟，都宽二丈深一丈，人马掉到里面一会儿就满了，其余的人踩着他们走了过去，士卒得以回到潼关的才八千余人。第二天崔乾祐便占领了潼关。哥舒翰退到关西驿，张榜招收散兵，想夺回潼关。他下面的蕃将火拔归仁等以百余骑围驿，进去骗哥舒翰说："贼至矣，请公上马。"哥舒翰上马出驿，归仁率众叩头说："公以二十万众一战弃之，何面目复见天子！且公不见高仙芝、封常清乎？请公东行。"哥舒翰不肯。归仁就把他的脚捆在马肚子上，把诸将中不从的都抓起来捆绑了。正好叛将田乾真已到，就投降了，都送往洛阳。安禄山问哥舒翰道："汝常轻我[10]，今定何如？"哥舒翰伏地答道："臣肉眼不识圣人。今天下未平，李光弼在常山，李祗在东平，鲁炅在南阳，陛下留臣，使以尺书招之，不日皆下矣。"安禄山大喜，以哥舒翰为司空、同平章事。又对归仁说："汝叛主，不忠不义。"把他抓起来杀了。哥舒翰以书招诸将，都回信责备他。安禄山见无效，就把哥舒翰囚禁在洛阳苑中。潼关陷落，河东、华阴、冯翊、上洛防御使都弃郡逃走，关中大乱，于是上自皇帝下至平民，莫不人心惶惶，纷纷出逃。

　　就在这兵荒马乱的时候，诗人杜甫也携带着家小杂在难民群中离开白水向北逃亡。十四年后他在潭州（今湖南长沙市）写的《送重表侄王砯评事使南海》诗中追述当初逃难的狼狈情状说："往者胡作逆，乾坤沸嗷嗷。吾客左冯翊，尔家同遁逃。争夺至徒步，块独委蓬蒿。逗留热尔肠，十里却呼号。自下所骑马，右持腰间刀。左牵紫游疆，飞走使我高。苟活到今日，寸心铭佩牢。乱离又聚散，宿昔恨滔滔。"这诗一开头说："我之曾老（一作祖）姑，尔之

〈10〉《资治通鉴》卷二一六载："哥舒翰素与安禄山、安思顺不协，上常和解之，使为兄弟。是冬（天宝十一载），三人俱入朝，上使高力士宴之于城东。禄山谓翰曰：'我父胡，母突厥，公父突厥，母胡，族类颇同，何得不相亲？'翰曰：'古人云，狐向窟嗥不祥，为其忘本故也。兄苟见亲，翰敢不尽心！'禄山以为讥其胡也，大怒，骂翰曰：'突厥敢尔！'翰欲应之，力士目翰，翰乃止，阳醉而散，自是为怨愈深。"安禄山所指即此等事。

高祖母。"这王砅是他第四代的表侄。⁽¹¹⁾《新唐书·地理志》:"同州冯翊郡,上辅。……县八。冯翊,朝邑,韩城,郃阳,夏阳,白水,澄城,奉先。"白水属该郡(天宝三载以州为郡),此"左冯翊"当指白水而言。⁽¹²⁾他和王砅两家当时都寄寓白水避乱,后又一同由此北逃。上路之初,老杜是骑着牲口的,哪知牲口给人抢走了,只得步行,一个人落在后面,不小心掉在蓬蒿坑里。亏得他这位重表侄心肠热,见他丢失了,便走回十里呼号着他的姓名寻找他;找到后又把自己的马让给他骑,还右手拿刀,左手牵着缰绳,一路保护着他追赶前面的两家人。这活命之恩老杜一直牢牢地记在心里。乱离中聚散无凭,他们后来分开了,长久见不到面,深以为恨。——这一段写得很具体很真实,千载之后让人读了还可以犹如亲历其境地感受到当日人们逃难时的仓猝、惊慌和混乱,很显然,白水一定是突然遭到叛军的袭击了。

由于得到王砅的帮助,老杜不久就跟家人会合,继续赶路。夜半他们经过了白水县东北六十里的彭衙故城(即今彭衙堡)。赶上这十天老下大雨,道路泥泞,很不好走。经过一两天的辛苦跋涉,他们抵达了同家洼,暂投故人孙宰家小住。一年之后,诗人将这一段流亡经过极其生动具体地写入《彭衙行》:"忆昔避贼初,北走经险艰。夜深彭衙道,月照白水山。尽室久徒步,逢人多厚颜。参差谷鸟吟,不见游子还。痴女饥咬我,啼畏虎狼闻。怀中掩其口,反

⁽¹¹⁾《读杜诗说》:"注:重表,盖有两重表亲。今按诗云:'我之曾祖姑,尔之高祖母',是即重表之义。盖姑之子为表兄弟,由姑而上,祖姑之子孙,则重表矣;由祖姑而上,不得云再重表,故但以重表统之,犹同姓兄弟叔侄,共祖以上,皆称从也。注误。"其说甚是。
⁽¹²⁾旧注以为"左冯翊,同州也。天宝末,公避寇同州。按同州即奉先"。奉先亦属同州,且杜甫也曾寄寓该县,谓"同州即奉先"不为大错。但据前所述,潼关未破前杜甫已携家由奉先北徙白水,当指白水为是。

侧声愈嗔。小儿强解事，故索苦李餐。⁽¹³⁾一旬半雷雨，泥泞相牵攀。既无御雨备，径滑衣又寒。有时经契阔，竟日数里间。野果充糇粮，卑枝成屋椽。早行石上水，暮宿天边烟。小留同家洼，欲出芦子关。故人有孙宰⁽¹⁴⁾，高义薄曾云。延客已曛黑，张灯启重门。暖汤濯我足，剪纸招我魂。⁽¹⁵⁾从此出妻孥，相视涕阑干。众雏烂熳睡，唤起沾盘飧。誓将与夫子，永结为弟昆。⁽¹⁶⁾遂空所坐堂，安居奉我欢。谁肯艰难际，豁达露心肝？别来岁月周，胡羯仍构患。何当有翅翎，飞去堕尔前！"

至德二载（七五七）杜甫由凤翔（今陕西凤翔县）回鄜州（今陕西富县）探家，路经彭衙之西，因忆及头年避乱途中承孙宰盛情接待，但不能枉道相访，就写作了这首诗以志感。除末四句抒发写诗时的感触外，其余皆缕述去岁仓皇出逃情景，这不仅为诗人一家，也为当时颠沛流离的难民群留下了真实的艺术剪影。为了尽可能地避开危险，夜深仍在赶路。月光照着远处白水县城那边的山峦，显得格外凄凉。（诗人可能下意识地在寻找那个根本无法辨认的他盘桓多时、刚离开不久的高斋呢！）一家大小都在徒步行走，那一副副狼狈相，见到了人真不好意思。山野里静悄悄的，鸟儿一

⟨13⟩《晋书·王戎传》载："（王戎）尝与群儿戏于道侧，见李树多实，等辈竞趣之，戎独不往，或问其故，戎曰：'树在道边而多子，必苦李也。'取之信然。"这里的"苦李"只是用典，泛指路旁不能取食的野果，不必拘看。

⟨14⟩旧注有的以为孙宰是三川县宰（令），有的以为是人名。玩味诗意，作人名为是。

⟨15⟩朱鹤龄说："古人招魂之礼，不专施于死者，公诗如'剪纸招我魂''老魂招不得''魂招不来归故乡''南方实有未招魂'，皆招生时之魂也。"宋人蔡梦弼却说："'剪纸作旐，以招其魂，不必果有此事，只是多方安慰耳。"湖南新宁解放前有为受惊的人叫魂的迷信习俗。杜诗中既多次写到招生魂之事，恐非虚指。蔡说不足信。

⟨16⟩王嗣奭说："结之曰：'谁能艰难际，豁达露心肝？'何等激切！读此语知'誓将与夫子，永结为弟昆'，乃述孙宰语，所谓'露心肝'也。宰本故人，盖述昔日交契之厚，非此日才发誓也。且文势亦顺。注云：'夫子'指孙宰。误。"

声长一声短地啼叫着,就是不见有逃难的人往回家的路上走。天真的小女儿饿急了直咬我,我怕她的哭声引来老虎和豺狼,就把她紧紧地搂在怀里捂着她的口,哪知她拼命挣扎着闹得更凶了。小儿子见妹妹饿得这样,装着懂事的样儿,采来一些苦李子给她吃,这苦李子怎么能吃呢。最近十天之内一半时间有大雷雨,道路泥泞,大伙儿只好相互牵扶或抓着两旁的树木往前走。没有雨具,路又滑,衣淋湿了又冷。有时走得真艰苦,整天都走不了几里地。采些野果子当干粮,在低低的树枝下歇息。早起蹚着石径上雨后四处乱流的山水出发,晚上住在天边有人烟的地方过夜。正想在彭衙附近的同家洼稍作休整,然后再往北逃出芦子关(在今陕西安塞县西北)去,恰好遇到孙宰你这位老朋友。你真是义薄云天,连夜张灯迎客,大开重门。烧水烫过了脚,又剪纸作旐为我们招了那惊吓得出了窍的魂,这才让夫人和子女出来跟我们见礼,彼此相对,热泪纵横。实在太劳累,小孩子们早睡熟了,还是得叫起他们来叨扰这顿丰盛的晚餐。你发誓说要跟我结拜为兄弟,还把堂屋腾出来让我们住。在这样的艰难岁月,谁肯这样肝胆相照?咱们别来不觉又是一年,可是战乱仍未平息。要是我什么时候有了翅膀,能飞落在你跟前,那该有多好啊!——这是一幅流民图,也是一卷风俗画,惊惶中见温暖,凄凉中显幽致,叙述中有感情,像生活一样真实,却不是生活的罗列,诗所以写得好。"一句"数句可与鲍照《登大雷岸与妹书》"吾自发寒雨,全行日少,加秋潦浩汗,山溪猥至,渡沔无边,险径游历,栈石星饭,结荷水宿,旅客贫辛,波路壮阔,始以今日食时,仅及大雷"一段参读。

在孙家小住之后,老杜又携眷经华原(故治在今陕西耀县东南)、三川(故治在今陕西富县南)赴鄜州(今陕西富县)。《旧唐书·地理志》载三川县属鄜州,以华池水、黑水、洛水三水会

第八章 惊变与陷贼 | 345

同因名。诗人行经此地时正值三水暴涨,作《三川观水涨二十韵》纪实抒怀说:"我经华原来,不复见平陆。北上惟土山,连天走穷谷。火云无时出,飞电常在目。自多穷岫雨,行潦相豗蹙。蓊匌川气黄,群流会空曲。清晨望高浪,忽谓阴崖踣。恐泥窜蛟龙,登危聚麋鹿。枯查卷拔树,礧磈共充塞。声吹鬼神下,势阅人代速。不有万穴归,何以尊四渎。及观泉源涨,反惧江海覆。漂沙坼岸去,漱壑松柏秃。乘陵破山门,回斡裂地轴。交洛赴洪河,及关岂信宿。应沉数州没,如听万室哭。秽浊殊未清,风涛怒犹蓄。何时通舟车?阴气不黪黩。浮生有荡汨,吾道正羁束。人寰难容身,石壁滑侧足。云雷屯不已,艰险路更踧。普天无川梁,欲济愿水缩。因悲中林士,未脱众鱼腹。举头向苍天,安得骑鸿鹄?"过了华原,一片汪洋,平地都淹没了,只剩下些土山包,人们连日在山沟里走。火云在凝聚,不时地抽着闪电,还有雨下。这里是黄土高原,众水汇聚在山洼子里,激流黄浊,波涛汹涌,悬崖崩踣,似有蛟龙飞窜。麋鹿走投无路,都登上了那一小片露在水面上的高地。山水猛涨,冲倒了树木;木石堵塞了水口,发出鬼哭神号的咆哮声,令人不免产生沧海桑田的感叹。今见洪水排泄不了,才懂得了那有着千万条孔道排水的江、河、淮、济"四渎"何以自古以来便为人们所尊崇。上游涨这么大的水,我真怕是翻江倒海,把水倒灌上来了。沙石漂流将坼岸冲走,沟壑里的松柏枝叶全给拍岸的惊涛漱掉只剩下了光秃秃的树干。水势凶猛,华原县东南四里这座土门山的山门也快给冲破了;据说地有三千六百轴,这回旋翻滚的洪水兴许能裂开地轴。这洪水汇合了洛水奔赴黄河,不用一两晚便会流到潼关。想起这洪水会淹没几个州,我耳边就好像响起了万家的哭声。这肮脏的浊水远没有澄清,风涛还在继续发怒,不知何时阴气才能消除,恢复正常的舟车交通。我如今漂泊在外，道路窄狭，世间难以容身，就像这石壁梯滑无落脚之处一样。天空中风云雷电正聚积个没有完，路就越走越艰险窄狭了。普天之下既然没有桥梁，要想渡过这茫茫的水面就唯愿这水退了啊！想到山林中许许多多流离失所的难民难以逃脱一饱鱼腹的厄运，我不觉举头祈祷苍天，要是能让大伙儿骑着鸿鹄脱险该多好！——卢元昌说："时禄山作乱，神州有板荡之象。篇中云：'声吹鬼神下'，阴长阳消也。'势阅人代速'，世事沧桑也。'何以尊四渎'，无复朝宗也。'反惧江海覆'，中原陆沉也。'云雷屯未已'，建侯不宁也。'普天无川梁'，拯救无人也。语意显然。"个别解释未必尽然，认为诗中关于观涨的所见所感大多与时世之忧有关，却是不错的。安禄山叛乱的终于爆发，对于事先并非毫不觉察的老杜来说，仍然是一场心灵上的大地震。"屋漏又逢连夜雨，破船偏遇打头风。"正当他闻警出逃、惊魂未定之际，齐巧又碰到这场特大洪水。这天灾、人祸又都是那么铺天盖地、来势汹汹。他身心受到了双重威胁和折磨，这怎教他不把二者有意无意地联系在一起呢？时人好谈形象思维，光就这一点而论，在潜意识里，在可怖的梦魇中，这二者是那么扑朔迷离，是很容易相混的啊。处在生死莫卜、前途渺茫的困境，诗人作诗以自遣，居然能推己及人，想到"数州""万室"的悲欢，这该是出于真心，非故作姿态以邀誉于千载吧？人问杜甫诗歌的人民性从何而来，我看，正像这首诗所明显地显示出来的那样，主要是来自生活遭遇的多少接近人民。当然，他那一点尚能推己及人的同情心，正由于仕路蹭蹬而幸未为官肠吏肚所替换，这也不失为一个主观上的因素。

郭沫若在《李白与杜甫》中论及杜甫《茅屋为秋风所破歌》时说："异想天开的'广厦千万间'的美梦，是新旧研究专家们所同样乐于称道的,以为'大有民胞物与之意',或者是'这才足以代表人民普遍的呼声'。其实诗中所说的分明是'寒士',是在为还没有功名富贵的或者有功名而无富贵的读书人打算,怎么能够扩大为'民'或'人民'呢?……所谓'民吾同胞,物为吾与'的大同怀抱,'人饥己饥,人溺己溺'的契稷经纶,只是一些士大夫的不着边际的主观臆想而已。"要想分辨这一席话的正确与否,我认为最好先研究一下《三川观水涨》"因悲中林士,未脱众鱼腹"这两句诗。"士"而居于"中林",无疑是山林隐逸了。王康琚《反招隐诗》说:"今虽盛明世,能无中林士?"王维《济上四贤咏·郑霍二山人》说:"岂乏中林士?无人献至尊。"就是明证。这样,是不是能说杜甫当时仅仅只是担心山林隐逸们会给鱼吃了呢?恐怕不能。因为诗人在前面就明明交代过:"应沉数州没,如听万室哭。"可见他担心的不只是山林隐逸而是"数州""万室"会给水淹了。难道这"数州""万室"通通住的是山林隐逸,不住老百姓么?既然这诗中的"中林士"在老杜的心目中主要是指"数州""万室"的老百姓(其中当然也包括山林隐逸),那么,我们就不能死抠字眼,一口咬定另一首诗中的"寒士"就只能指"没有功名富贵的或者有功名而无富贵的读书人",而决不能够扩大为"民"或"人民"。小时读书,抽象地,甚至教条主义地信仰了"人饥己饥,人溺己溺"的契稷经纶,长大了也自认为此而奋斗,当一旦接触现实,接触人民,竟致多少产生了"大有民胞物与之意",这在旧社会并非毫无可能。倘若老杜当日果真如此,又有什么可厚非的呢?

王嗣奭说:"描写水势之横,不减虎头之画,而'声吹''势阅'二语,似不可解,而光景宛然,故前辈赏之,真惊人语也。"又说:"此诗之佳,在摹写深刻,如'声吹''势阅'二句,无人能道,然终与唐人分道而驰。比之画马,他人皆画肉,而公则画骨,此其超出唐人者。肉易识，骨不易识也。"（此条今本《杜臆》不载，此据仇注所引）这首诗在艺术上不大为人所称道，王嗣奭诸人能赏其摹写深刻、出语惊人，颇有眼力。老杜善于捕捉并描状优美清新的情境和细致微妙的生活感受，且着意追求艺术表现上的创新，关于他在这些方面的特长和成就，前几章中我已多次讲了我粗浅的看法。这里，我们又高兴地见到了他为开拓传统诗歌的题材，为发展诗歌艺术的表现力所做的新探索和所取得的新成绩。中国古典诗歌，发展到了盛唐，名家名作，大量涌现，形成了诗坛上万紫千红、百花争艳的繁荣景象。这一时期的诗歌，内容丰富，题材广阔，体裁多样，技巧精湛，风格迥异，各臻其妙。但是正如任何事物一样，在日趋成熟、完备的过程中，也不可避免地会产生一些这样那样的框框，窒息着它的生机。毛奇龄《西河合集·诗话》在论证中唐诗歌之所以必须大变时曾中肯地指出："盖其时丁开（元）、（天）宝全盛之后，贞元诸君皆怯于旧法，思降为通俗之习，而乐天创之，微之、梦得并起而效之。"可见前代学者中早就有人见到开、天时期诗歌虽然全盛，却也同时形成了"旧法"（即框框），给其后诗人们的创作带来束缚的这一现象。在我看来，盛唐诗歌创作中最普遍、影响也最大的"旧法"之一，是要求诗写得富于常人所理解的那种"诗情画意"，也就是说要符合优美的境界、情操、感受和语言等等正常的美学标准，久而久之，就容易形成熟境、熟意、熟词、熟字、熟调、熟貌（这在大家李白、王维集中往往可见，老杜亦复不少）。不管老杜当时是否明确地意识到这一点，他在实践中为"语不惊人死不休"所做的努力，实际上是对这种在当时已逐渐形成的"旧法"的突破。他着意捕捉、描状优美清新的情境和细致微妙的生活感受，取得了可喜的成绩，这固然是一种新探索和突破，但仍旧是基于上述所谓正常的美学标准，也就是说并未从根本上破除

"旧法"。随着他久客长安，求官不得，生活日益贫困，尤其是安禄山叛变的突然爆发，他的处境和遭遇，无不一反常态，而他的所见所感却如鲠在喉，不吐不快，但又很难用那种基于正常美学标准的"旧法"来加以表现，于是这就促使他不得不暂时收拾起闲情逸致、诗情画意，舍弃那娴熟的技艺，另辟蹊径，尝试以破体的笔墨表现反常的生活和心境，犹《诗经》的有变风、变雅，音乐的有变宫、变徵一样。

一九七九年夏天，叶嘉莹教授在北大中文系讲学，指出杜甫在《秋雨叹》中居然让"雨中百草秋烂死"这样的语辞和形象入诗，可算得是对传统诗歌习惯写法的大胆突破，是诗歌创作中写实手法的深入（大意如此）。我觉得这话讲得好，真是一语破的。旅食京华后期的杜诗中，类似的例子，不一而足，如"饥卧动即向一旬，敝衣何啻联百结。君不见空墙日色晚，此老无声泪垂血"（《投简咸华两县诸子》）、"杜陵野客人更嗤，被褐短窄鬓如丝"（《醉时歌》）、"王生怪我颜色恶，答云伏枕艰难遍。疟疠三秋孰可忍，寒热百日相交战。头白眼暗坐有胝，肉黄皮皱命如线"（《病后过王倚饮赠歌》）等等，莫不摆脱俗套，如实刻画。而《三川观水涨》，则更是纯以破体的笔墨写险恶的境地和恶劣的心情。借助于冷僻奇峭的文辞，组织种种杂乱无章的形象，便粗犷有力地显出山洪涨势的凶猛和遭淹面积的宽广，并从而烘托出极端惶恐的情绪，勾起无比深广的忧思。诗人这种举重若轻、似拙实巧的艺术表现才能，实在令人惊叹不置。王嗣奭称道此诗犹如画马之能画骨，确乎是有所见而发。歌德说："我们德国美学家们大谈题材本身有没有诗意，在某种意义上他们也许并非一派胡说，不过一般说来，只要诗人会利用，真实的题材没有不可以入诗或非诗性的。"千多年前老杜的创作实践，证明这话至确。仇兆鳌引《海赋》四条，《江赋》二条,《魏都赋》《西征赋》《叹逝赋》《风赋》《南都赋》《上林赋》《舞鹤赋》《太玄赋》各一条,分别为该诗中所用典故注明出处,在我看来,这恰好显示了这诗不仅在用词遣句上,甚至在构思和写法上,都明显地受到了赋,尤其是《海赋》《江赋》的影响,而又有所发展。赋主铺叙,"写物图貌,蔚以雕画"(《文心雕龙·诠赋》)。诗人借鉴赋的凝重雕画笔触以增强其风骨,又保持诗歌比兴抒情的特色,这样,就产生了像《三川观水涨》这种以"诗"为体以"赋"为用的新的诗歌构思和表现方式。所以王嗣奭说:"遵岩极取此诗,余谓三川水涨,谓之赋可,谓之比亦可。"诗和赋的特色,这诗是兼而有之的。由此可见老杜"熟精《文选》理"的过硬功夫,和他"转益多师是汝师",善于学习、善于创新的非凡本领。目前大家都在认真地讨论新诗发展中的种种问题,我们难道不能从这里得到点什么启发么?

老杜一家,历尽了千辛万苦,好不容易过了洪水泛滥的三川地区来到了鄜州,将家安置在羌村[17]居住。在此期间,得知肃宗七月即位于灵武的消息,即只身离开鄜州,北上延州(今陕西延安

---

[17]《鄜州图经》载鄜州治洛交县(今陕西富县),羌村,洛交村墟。《元和郡县志》载隋开皇十六年,分三川、洛川二县,置洛交县。《述怀》:"寄书问三川,不知家在否?"旧注:"三川在鄜州南,公之家寓焉。"这理解是错误的。这诗作于老杜从沦陷的长安逃往凤翔时。他陷贼因居长安时所作《月夜》说:"今夜鄜州月,闺中只独看。"称"鄜州",就州治而言。称"三川",因州治所在的洛交县系分三川旧地,且近三川之故,并非其家先住三川,再徙鄜州羌村。如果这一时期内真搬了一次家,老杜从陷贼到作《述怀》时一直未得家书,他也无从得知:"去年潼关破,妻子隔绝久。今夏草木长,脱身得西走。……寄书问三川,不知家在否?……自寄一封书,今已十月后。反畏消息来,寸心亦何有?"他得家书是在写《述怀》之后:"去凭游客寄,来为附家书。今日知消息,他乡且定居。"(《得家书》)诗中称其家寄寓之地或"鄜州",或"三川",或"羌村"(见《羌村三首》),虽用三名,实指一地:鄜州洛交县境内三川旧地的羌村。

市)[18],想出芦子关(在今陕西横山县附近),去投奔行在。

这时作的《避地》诗说:"避地岁时晚,窜身筋骨劳。诗书遂墙壁,奴仆且旌旄[19]。行在仅闻信,此身随所遭。神尧旧天下,会见出腥臊。"上截写避乱伤时的感叹,下截望新主能光复旧物。顾宸说:"当是至德元载冬作,盖避地白水、鄜州间,窜归凤翔时也。"仇兆鳌说:"此诗见赵次公本,但注云至德二载丁酉作,非也。今从顾氏。"说作于至德元载是对的,但不得说"窜归凤翔时"。老杜"避地"之初,刚逃离白水即"块独委蓬蒿",走到三川又遇洪水,"连天走穷谷",难道这还不算是"窜身筋骨劳",非得"窜归凤翔时"才算么?据第一、五两句,这诗当作于避地鄜州,闻肃宗即位灵武后,欲赴行在尚未成行时。又,"岁时晚"犹如《得舍弟消息二首》其二"忧端且岁时"中"且岁时"的意思一样,是说已经过了大半年了,这一年眼看又快完了,不一定指冬天,因为他作《月夜》时已身陷长安贼中,诗中说:"清辉玉臂寒。"绝非冬夜望月情状。同时又有《送灵州李判官》诗,末二句说:"近贺中兴主,神兵动朔方。"案:《新唐书·郭子仪传》载:"(天宝)十四载,安禄山反,诏子仪为卫尉卿、灵武郡太守,充朔方节度使,率本军东讨。……太子即位灵武,诏班师。……赴行在。……拜子仪兵部尚书、同中书门下平章事,仍总(朔方)节度。"两相

---

[18] 四川文史馆《杜甫年谱》认为,杜甫过延州时,暂住州城南七里的小河。小河又名南河,源出牡丹山,山产牡丹甚多,樵者以为薪,又名牡丹川。宋时又名杜甫川,以杜甫尝避乱居此故名,范仲淹曾大书"杜甫川"三字于川口,见《陕西通志》。可参看。

[19] 旧注谓至德二年五月,朝廷自清渠之败,以官爵收散卒,凡应募入官者,皆衣金紫,此所谓"奴仆旌旄"。仇兆鳌按:"此诗作于元年之冬,尚未见此事。卢注云:公陷贼时,方冀朝廷将士反正不暇,岂得以'奴仆旌旄'辄为讥弹?当是指贼党如田乾真、蔡希德、崔乾祐之徒,各拥旌旄耳。""奴仆旌旄"犹《后出塞》其四中的"越罗与楚练,照耀舆台躯"。仇、卢所论甚是,惟谓此诗作陷贼时则不足据。

对照，可知这诗当作于至德元载肃宗即位之初。黄鹤及朱、顾诸家俱编在乾元二年，冯注从《杜臆》编在至德二载，均非。灵州即灵武。"李必节度所辟"(浦起龙语)，老杜作诗送李赴灵武入幕，非如仇兆鳌所说"在凤翔时"送李入灵武幕。

他的《得舍弟消息二首》也当作于这一时期。[20] 其一说：

"近有平阴信，遥怜舍弟存。侧身千里道，寄食一家村。烽火新醅战，啼垂旧血痕。不知临老日，招得几人魂。"平阴，今山东平阴县。其弟杜颖曾任齐州临邑（今山东临邑）主簿，老杜游齐鲁时曾迂道去探望过他。这里指的当是杜颖。老杜得到他逃亡到平阴后捎来的信，知道他尚在人世，就写了这两首诗抒发乱离悲苦之情。其二说：

"汝懦归无计，吾衰往未期。浪传乌鹊喜，深负鹡鸰诗。生理何颜面？忧端且岁时。两京三十口，虽在命如丝。"可见诗人当时身逢乱世、心力交瘁情状。《自京赴奉先县咏怀五百字》说："老妻寄异县，十口隔风雪。"只说十口，这里的"三十口"当合他和杜颖两家而言。浦起龙说："弟之家口在东京陆浑庄。公时家寄鄜州。鄜州属西京。"据诗意可知他接近年终时（"忧端且岁时"）尚在羌村。他离家首途奔赴行在当在此后不久。

五 "日夜更望官军至"

《资治通鉴》至德元载（七五六）载长安陷落之初"自京畿、鄜、坊至于岐、陇皆附之（指叛军）"。当时叛军势力已蔓延到鄜、坊一带。老杜"自鄜州羸服欲奔行在，为贼所得"（《新唐书·杜甫

---

[20] 黄鹤注："诗云'两京三十口'，又云'烽举新醅战'，当是天宝十五年。"

传》),被送到长安。幸而他当时地位不高,名声不大,自己又注意隐避,没有被胡人重视,没有像长安一般的官员那样被押送到洛阳署以伪职,逼迫投降,而且还没有受到严格的俘虏待遇,准许出外游览、访问,行动比较自由。史传称赞他"数尝寇乱,挺节无所污",这确乎是很不容易的。被俘陷贼,痛苦异常,这当然是极大的不幸。不过,他得以亲历其境,目睹了沦陷后长安的种种惨象,写出不少反映战乱现实、抒发忧时浩叹的篇章,为他的"诗史"增添了极其珍贵的第一手的史料,录下了动乱时代人民的心声,这不能说不是不幸中的大幸。

他的名篇《月夜》当是诗人被俘送到长安后写作的现存最早的诗:"今夜鄜州月,闺中只独看。遥怜小儿女,未解忆长安。香雾云鬟湿,清辉玉臂寒。何时倚虚幌,双照泪痕干?"从所写景色,从民俗和心理状态看,古今注家将这诗定于至德元载(七五六)八月作是可信的。肃宗即位是在七月十三日。消息传至羌村当在这月下旬。老杜离家奔行在以及中途被俘送到长安当在八月上旬。从"今夜月"生出"双照泪痕干"的联想,当是满月。揣情度理,说这诗即作于刚被送到长安后不久的中秋月夜,也不是毫无根据的。身陷贼中,安危莫卜;家寄异县,生死难知。才到劫后长安,便逢团圆佳节;对月怀人,岂不伤神?王嗣奭解此诗极佳:"意本思家,而偏想家人之思我,已进一层。至念及儿女之不能思,又进一层。须溪云:'愈缓愈悲。'是也。'云鬟''玉臂',语丽而情更悲。至于'双照'可以自慰矣,而仍带'泪痕'说,与泊船悲喜、惊定拭泪同。皆至情也。……儿女尚小,此其只独看者也。鬟湿臂寒,此看月之久,忆望之至也。'何时'应'今夜','虚幌'应'闺中','双照'应'独看'。前联小不解忆,乃复可悲。韦应物《悼亡》诗:'幼女复何如,时来庭下戏。'本此。"俗话说:"人同此心,心同此理。"很难说韦应物一定本此。不过用来作为对照,却有助加深理解。李商隐的《夜雨寄北》"君问归期未有期,巴山夜雨涨秋池。何当共剪西窗烛,却话巴山夜雨时",也与此相仿佛。义山的这首小诗用素描手法成功地将特定情境中的感受、情绪写了出来。归去无期,因"君问"而更加苦恼。"夜雨涨秋池",也"涨"了客子的愁思。才将人引入那情境,体会到那滋味,便"探过一步作收,不言当下如何,而当下可想"(纪昀语)。如果容许我套用纪昀的话,我将说,杜甫的《月夜》不仅尾联"探过一步作收,不言当下如何,而当下可想",还"探过一步"写闺中的思己和小儿女的不知思己,而己之思家可想。今天科技发达,通过人造卫星可以在全球各地发出或收到图像和声音。古人无此设备,只好借助于天然卫星——月球在想象中联系两地的感情了。"海上生明月,天涯共此时。"(张九龄句)"可怜闺里月,常在汉家营。"(沈佺期句)就是如此。诗人望着光照两地的月亮,不觉出了神,产生了幻觉,恍惚自己就在鄜州家人的身旁,是那么的逼真,那么的亲切,可是却无法接近。这真是莫大的悲哀。这不就把那"探过一步"并未直接去写的思家之情,巧妙地,也更加感人地表现出来了吗?文艺创作是应该讲究构思和表现手法的,但是,真正优美的构思和表现手法必须来源于真正优美的生活感受,并根据这感受的原有形式加以概括、提高。就拿《月夜》和《夜雨寄北》来说,它们绝不是用后人总结出来的"探过一步"法去套生活,而是在诗人特定的生活中本来就有这种真情实感,然后才被加工写成这么个样子,并给人总结出这个"探过一步"法来的啊!

《哀王孙》也是他这次来长安后不久所作:"长安城头头白乌,夜飞延秋门上呼。又向人家啄大屋,屋底达官走避胡。金鞭折断九马死,骨肉不得同驰驱。腰下宝玦青珊瑚,可怜王孙泣路隅。问之不肯道姓名,但道困苦乞为奴。已经百日窜荆棘,身上无有完肌肤。高帝子孙尽隆准,龙种自与常人殊。豺狼在邑龙在野,王孙善保千金躯。不敢长语临交衢,且为王孙立斯须。昨夜东风吹血腥,东来橐驼满旧都。朔方健儿好身手,昔何勇锐今何愚!窃闻天子已传位,圣德北服南单于。花门剺面请雪耻,慎勿出口他人狙。哀哉王孙慎勿疏,五陵佳气无时无。"仇兆鳌说:"按明皇西狩,在天宝十五载六月十二日。肃宗即位,改元至德,在七月甲子。是月丁卯,禄山使人杀霍国长公主,及王妃、驸马等。己巳,又杀王孙及郡县主二十余人。诗云:'已经百日窜荆棘',盖在九月间也。诗必此时所作。"古人根据封建主义的观念,甚赏诗中所表露的"忠臣之盛心""忠义肝肠",对这诗评价甚高。今人出于反封建主义的观念,恰恰以此为大病,对这诗即使不加批判,也多半采取回避态度。我认为这两种截然不同的对待都是不全面、不可取的。安禄山为了要报头年玄宗杀他儿子安庆宗的仇,就命令部将孙孝哲入长安大杀皇族,在崇仁坊挖心以祭安庆宗。同时还把杨国忠、高力士的同党,以及安禄山素来所痛恨的人都杀了,共八十三人,或以铁棓揭开脑盖,流血满街。在这样的形势下,那些逃窜在外、东躲西藏的王孙,比平民所受的威胁大,罪孽又没有杨国忠、高力士同党那么深重,诗人偶然遇到了这样一个可怜虫,对他表示深切的同情和关怀,这也是人之常情,无可厚非。不过,这同情和关怀到底不同一般。他说:"高帝子孙尽隆准,龙种自与常人殊。豺狼在邑龙在野,王孙善保千金躯。"又说:"窃闻天子已传位,圣德北服南单于。……哀哉王孙慎勿疏,五陵佳气无时无。"即使说他表示拥护唐王朝,盼其光复,反对安禄山,望其速败,其政治倾向性是进步的,而其中表露出来的天命论观点和忠君思想却仍然是迂腐可笑的。可见那种光看到所谓

"忠臣之盛心""忠义肝肠"就给这诗以高度评价的看法和做法是不正确的,起码是很不全面的。反之,那种仅仅因为诗中存在着愚忠思想就全盘否定这诗或不敢公开承认其意义的看法和做法也是不正确的,起码是不公正的。其实,只要不囿于上述两种偏见,这诗的意义和价值本来是不难发现的:(一)皇帝和达官贵人前不久仓皇出逃情景虽未亲睹,当是亲耳所闻,并非纯属虚构。至于有关当时长安凄凉境况的描写和邂逅王孙情事的叙述,以及后面对叛军大肆杀戮并劫掠长安财宝用骆驼运往范阳等罪行的揭露,则无疑是作者亲眼见到、亲自遭遇到的。读到这些,简直像在读敌占区记者写来的通讯报道[21],这种身临其境的出奇的真实性,绝非后代根据间接档案材料写成的史传所能比拟。(二)他先说"屋底达官走避胡",接着说"金鞭折断九马死,骨肉不得同驰驱",那么,这急于逃难、置骨肉于不顾的,似乎是指达官了。然而不然。《西京杂记》载文帝自代来,有良马九匹,号为九逸。王嗣奭说:"'金鞭''九马',天子所御。鞭断马死,是说天子西奔之急,而读之不觉,盖不忍明言耳。"仇兆鳌说得更干脆:"'金鞭'四句,言皇上急于出奔,致委王孙而去。"不管是由于奴性未除也好,是怕惹祸也好,老杜不敢明说皇帝,这在他本不足怪(封建士大夫谁不如此?),在我们总觉得不大对劲儿。不过,他到底拐着弯子让我们看懂了他的意思。(可惜平素领悟力很强的杨伦先生这次却没参透其中奥妙,竟相信了张戒的话,说这不过是指"达官走避胡之急也"。)可见他内心深处还是敢非议皇帝,甚至竟忍不住在字里行间有所表露,这能说他真是彻头彻尾、彻内彻外的愚忠么?《资治通鉴》载玄宗出逃情事颇详:"(甲午)上移仗北

---

[21] 元好问《癸巳五月三日北渡三首》等诗庶几近之。

内。既夕,命龙武大将军陈玄礼整比六军,厚赐钱帛,选闲厩马九百余匹,外人皆莫之知。乙未,黎明,上独与贵妃姊妹、皇子、妃、主、皇孙、杨国忠、韦见素、魏方进、陈玄礼及亲近宦官、宫人出延秋门,妃、主、皇孙之在外者,皆委之而去。"将这一段记载与这几句诗对照起来读,诗人的讽意就更加清楚了。在封建时代,对于封建意识较浓的士大夫来说,能如此,已经是很不容易了。难道还要求他去给太上皇李隆基糊大字报么?(三)他批评了哥舒翰将河陇朔方兵拒贼败绩于潼关:"朔方健儿好身手,昔何勇锐今何愚!"密切注意着形势的发展和好转:"窃闻天子已传位""花门剺面请雪耻",表示了诗人身在难中而心怀天下的积极态度和爱国热忱,这无疑是值得充分肯定和学习的。这诗娴熟地运用古乐府手法写时事,通过大笔涂抹以显全貌,工笔点缀以补细节(如"腰下宝玦青珊瑚"),便境地自呈地展现了劫后长安的惨象,神情宛若地描写出王孙走投无路的绝境和诗人的古道热肠,艺术上也是很成功的。《汉书·五行志》载成帝时童谣说:"城上乌,尾毕逋。"杨慎说:"《三国典略》:侯景篡位,令饰朱雀门,其日有白头乌万计,集于门楼。童谣曰:'白头乌,拂朱雀,还与吴。'杜盖用其事,以侯景比禄山也。"(仇注引)点化歌谣入诗,居然如盐着水,有味无迹,知之者赏其深旨,不知者爱其写景现成(旧时观念:群乌夜啼是不祥之兆),得民歌咏叹口吻。说杜诗字字有出处未免过分,但此等处却不得贸然抹杀其惨淡经营、推陈出新的匠心。

这年(至德元载)十月,宰相房琯请求让自己带兵去收复两京,肃宗准许了。房琯兵分三路:命裨将杨希文率领南军,从宜寿(今陕西周至)进兵;刘贵哲率领中军,从武功(旧治在今陕西武功西南)进兵;李光进率领北军,从奉天(今陕西乾县)进兵。十月二十一日，中军、北军遭遇敌将安守忠，战于咸阳东边的陈涛斜。房琯本来想沉住气等待时机，无奈监军宦官邢延恩催促，只得草率出战。[22]房琯性迂阔，好空谈，妄效古代的车战法，以牛车二千乘，骑兵步兵夹着进攻；敌人顺风鼓噪，牛皆震骇，接着就纵火焚烧，人畜大乱。官军死伤四万余人，存者仅数千而已。老杜在长安听到了这个惨败的消息，又见到了那些得胜回城、气焰嚣张的群胡在狂歌纵饮，感到十分哀伤十分愤怒，就写了《悲陈陶》这首诗：

"孟冬十郡良家子，血作陈陶泽中水。野旷天清无战声，四万义军同日死。群胡归来血洗箭，仍唱胡歌饮都市。都人回面向北啼，日夜更望官军至。"孟冬就是阴历十月。陈涛又叫陈陶泽。四万人同日战死，当然泽中满是鲜血。这是血淋淋的真实的历史记录，是诗人内心剧痛的径直倾吐。作诗者无心，也无须作艺术夸张；读诗者千万勿误以为是夸张，以免减弱诗歌强烈的真实感和震撼人心的力量。"血洗箭"一作"雪洗箭"，仍以作"血"字为佳。一般地说，诗歌忌尽，忌露，忌刺目。但是，对待这样的题材和感情，任何修饰和遮掩必会弄巧反拙，影响艺术效果的。这时肃宗已进至彭原（今甘肃宁县），彭原在长安北，所以说："都人回面向北啼，日夜更望官军至。""结语兜转一笔好，写出人心不去。"（浦起龙语）这也是诗人的心愿。

陈涛斜大败后两天，即十月二十三日，房琯又亲自带领南军出

---

[22]《旧唐书·房琯传》载："及与贼对垒，琯欲持重以伺之，为中使邢延恩等督战，苍黄失据，遂及于败。"《新唐书》所载大致相同。可见中使促战在陈涛斜遇敌两军对垒之时、大败之前。朱鹤龄以为中使促战在陈涛斜既败之后、房琯领中军再战之前。恐非。当然，第二次出战致败，也可能出于中使的督促。房琯书生不解事，难免不败，有人掣肘，败得更快更大了。用人不疑，疑人不用。李隆基父子则异于是。父信杨国忠谗言，遭中使促哥舒翰决战，招致潼关之败。子亦复遭中使促战，招致陈涛之败。小人有罪，中使有罪，主将有罪，皇帝就没有罪么？

战,复败,杨希文、刘贵哲降敌。《悲青坂》即为此而作:

"我军青坂在东门,天寒饮马太白窟。黄头奚儿日向西,数骑弯弓敢驰突。山雪河冰野萧瑟,青是烽烟白人骨。焉得附书与我军:忍待明年莫仓卒!"青坂不详,当离陈涛斜不远。太白山在武功。房琯兵分三路,中军从武功进兵。黄头部是契丹别种室韦的一个部落。奚与室韦并非一族(详《新唐书·北狄传》)。《安禄山事迹》载,安禄山反,发同罗、奚、契丹、室韦、曳落河之众,号父子军。这里的黄头奚儿只是用来泛指胡人。这诗前四句"见彼壮我怯"情状,所以末后望官军从容备战以待时机。邵子湘说:"'日夜更望官军至',人情如此;'忍待明年莫仓卒',军机如此。此杜所以为诗史也。"(《杜诗镜铨》引)身陷贼中,心里想的却是军国大事,甚至意见还很正确,足见他对时局极其关心,且有远见卓识。

他见官军新败而贼势正盛,内心感到十分愁苦。一天,他对雪独坐,曾经写了首五律抒怀说:

"战哭多新鬼,愁吟独老翁。乱云低薄暮,急雪舞回风。瓢弃樽无绿,炉存火似红。数州消息断,愁坐正书空。"(《对雪》)记不起是西方哪位作家的一篇短篇小说,写一个人严冬无钱生火取暖,就在炉膛里点起一支蜡烛,别人发觉了很奇怪,他自我解嘲说,这是他的新发明:这样做,人们见到红红的火光,便觉浑身温暖如春了。这是个小小的辛酸的讽刺,可笑亦复可怜。老杜的发明就更妙了,不须点烛,也觉得炉火通红。这毫无自嘲的意思,读了只觉可悲,想苦笑也笑不出来。"炉存"尚可引起"火似红"的条件反射,心理上多少能得到一些想象中的温暖的慰藉。那么,"瓢弃樽无绿",连条件反射,连精神上的慰藉也没有了,是不是就更加愁苦了呢?那倒未必。其实,不管"无绿"也罢,"似红"也罢,都不过是藉以表现他穷愁苦恨之极的境况和心情而已。"绿蚁新醅酒，红泥小火炉。晚来天欲雪，能饮一杯无？"（白居易《问刘十九》）要是在平时，天寒欲雪，独处无聊，尚可邀友围炉，饮酒遣闷。老杜这时不仅得不到这小小的生活乐趣，心头还压着伤悼新近陈涛斜四万人的阵亡、忧虑风雨飘摇的国运等精神重负，这怎教他不感到痛苦异常呢？东晋殷浩为中军将军，北伐失利，被黜放，口无怨言，态度自若，谈咏不绝，就只整天往空中书写"咄咄怪事"四字（见《晋书·殷浩传》）。多么强盛的大唐帝国一下子就垮下来了。像高仙芝、封常清、哥舒翰这样一些威镇西陲的常胜将军莫不一触即溃，或死或降。好不容易盼来官军反攻，谁知一败涂地，全军覆灭。殷浩的遭贬算得了什么，这才是一些最不可思议的"咄咄怪事"。"愁坐正书空"，话虽平淡无奇，却恰到好处地表现出了诗人块然独坐、对雪愁吟时苦痛的心情和惶惑的神态。

六 "祸转亡胡岁"

至德二载（七五七）正月，安庆绪谋杀其父安禄山。安禄山自从称兵作乱以来，双目渐昏，到这时已不再能看见东西。又生了疽，性情越发躁暴，身边跟从的人，稍不如意，动辄鞭挞，或者杀了。即称帝，深居禁中，大将们很难见到他的面，都通过他的亲信严庄来回传话。严庄虽然地位很高，很受重视，也免不了经常挨打。一个叫李猪儿的，出生于契丹部落，十几岁就服侍安禄山，人很机灵。安禄山把他阉了，很信任他。这李猪儿挨打最多，左右人人都感到自身难保。安禄山的宠妾段氏，生了安庆恩，想让安庆恩替代安庆绪当继承人。安庆绪经常担心自己会给害死，不知如何是好。严庄对安庆绪说："事有不得已者，时不可失。"安庆绪说：

"兄有所为，敢不敬从。"严庄又对李猪儿说："汝前后受挞，宁有数乎！不行大事，死无日矣。"李猪儿也答应了。正月初一，安禄山朝会群臣，疽痛难当，罢朝。这晚，严庄和安庆绪手持兵器站在帐外，李猪儿执刀直入帐中，砍安禄山的腹部。左右害怕，不敢动弹。安禄山眼睛看不见，摸枕边佩刀摸不着，就摇动帐竿大叫："是家贼！"一会儿，肠子都流了出来，死了，终年五十余岁。他们就在床下挖了个几尺深的坑，用毡子把尸体包了埋好，警告宫中的人务必保密，不得泄露。第二天一清早，严庄对外宣称安禄山病危，立晋王安庆绪为太子，接着即帝位，尊安禄山为太上皇，然后发丧。安庆绪性昏懦，语无伦次，严庄恐怕他不能服众，不让他见人。安庆绪整天纵酒作乐，把严庄当兄长对待，任命他为御史大夫，封冯翊王，事无大小，都取决于他；又厚加诸将官爵，收买人心。

头年年底以来，史思明从博陵，蔡希德从太行，高秀岩从大同，牛延介从范阳，引兵共十万，进攻太原；李光弼严加防御。史思明等围城月余，未能攻下，反而损失了成千上万人。会安禄山死，安庆绪调遣史思明归守范阳，留蔡希德等继续围攻太原。

二月，肃宗来到凤翔（今陕西凤翔）。李光弼带领敢死队出击蔡希德，大破之，斩首七万余级；蔡希德逃走。安庆绪以史思明为范阳节度使，兼领恒阳军事，封妫川王。先是安禄山占领两京，将珍宝财货都运往范阳。史思明如今拥强兵，据富资，日益骄横，逐渐不听安庆绪的节制了。是月，永王李璘兵败被杀。

四月，以郭子仪为司空、天下兵马副元帅。此后郭子仪部与敌战于长安城西的清渠，失败，退保武功。郭子仪请自贬，降为左仆射。这时府库空虚，朝廷专以官爵赏功，诸将出征，皆发给空名告身，自开府、特进、列卿、大将军，下至中郎、郎将，听凭临时填写姓名。其后又听凭以信牒授人官爵，有的竟封到异姓王。诸军只以职任相统辖，不再计较官爵的高下。这次清渠之败以后，又以官爵招收散兵游勇，因此官爵轻而货重，大将军告身一通才换一醉。凡应募入伍的，一律穿金紫，甚至有些朝士的僮仆身穿金紫，号称大官，而仍然在当听差。名器之滥，无以复加。

五月，房琯罢相，以张镐为中书侍郎、同平章事。房琯性高简，当时国家多难，他经常称病不上朝，不把工作放在心上，整天跟人高谈佛、老，或者听门客董庭兰弹琴。御史奏董庭兰贪赃枉法，于是罢房琯为太子少师。

闰八月二十三日，肃宗遣郭子仪等攻长安；郭子仪先行，屯兵扶风（今陕西扶风）。

九月，回纥怀仁可汗遣其子叶护和将军帝德等带领精兵四千余人来到凤翔。丁亥（十二日），元帅广平王李俶（即后来的代宗）率朔方等军及回纥、西域之众十五万，号称二十万，从凤翔出发。李俶见叶护，约为兄弟，叶护大喜，称李俶为兄。大军在扶风与郭子仪会合。庚子（二十五日），诸军一齐向长安进发。壬寅（二十七日），到了长安西边，在香积寺北沣水之东摆好了阵势。经过一场血战，斩首六万级，沟堑里填满了死尸，叛军大溃，弃城逃走。癸卯（二十八日），大军入西京。开头肃宗急于收复京师，跟回纥约定："克城之日，土地、士庶归唐，金帛、子女皆归回纥。"（无能而凶狠、自私的最高统治者往往如此，良可慨叹！）这时，叶护要践约。广平王李俶拜在叶护马前说："今始得西京，若遽俘掠，则东京之人皆为贼固守，不可复取矣，愿至东京乃如约。"（仍为自己作想！）

十月，真源令张巡与睢阳太守许远协力固守的睢阳（今河南商丘县）城，终因兵粮俱尽，为贼将尹子奇攻陷。张巡与南霁云、雷万春等三十六人同时遭斩，许远被执送洛阳。张巡《守睢阳作》："接战春来苦，孤城日渐危。合围俺月晕，分守若鱼丽。屡厌黄尘起，时将白羽挥。裹疮犹出阵，饮血更登陴。忠信应难敌，坚贞谅不移。无人报天子，心计欲何施？"记录了当时守城苦战实况，表现了作者刚毅坚贞的精神。同平章事、兼河南节度使张镐闻睢阳危急，率部兼程进发，命令浙东、浙西、淮南、北海诸节度和谯郡太守闾丘晓，共往援救。闾丘晓素来傲慢，不服张镐调动。等到张镐赶到，睢阳城已陷落三天了。张镐将闾丘晓召来，把他杖杀了。《新唐书·王昌龄传》说诗人王昌龄是江宁人，以安禄山乱起还乡里，为刺史闾丘晓所杀。轮到闾丘晓将被张镐杖杀时，他哀求说："有亲，乞贷余命。"张镐说："王昌龄之亲欲与谁养？"闾丘晓就没话说了。张镐处置了这个很霸道的东西，是很得人心的。官军发动进攻，洛阳吃紧，庚申（十六日）夜，安庆绪带着他那一帮子从苑门出奔河北；杀所俘获的唐将哥舒翰等。许远死于偃师。壬戌（十八日），广平王李俶入东京。回纥心里还不满足，李俶感到不好对付。父老们出面送给回纥万匹绫罗锦缎，才算了事。李泌为远祸计，在对肃宗做了适当的建议和规劝之后，坚持请求归山，肃宗留他不住，只得听任他归南岳衡山，敕郡县为他筑室于山中，给三品料。癸亥（十九日），肃宗发凤翔还都。丙寅（二十二日），肃宗到了咸阳县东数里的望贤宫，得东京捷奏。丁卯（二十三日），肃宗入西京。两京受伪官爵者系大理、京兆狱。杜甫的旧友国子司业苏源明称病不受安禄山官，擢为考功郎中、知制诰。癸酉（二十九日），回纥叶护从东京来，皇上命百官到长乐驿迎接。叶护奏以"军中马少，请留其兵于沙苑，自归取马，还为陛下扫除范阳余孽"。肃宗答应了。

十一月，广平王李俶、郭子仪来自东京，皇上慰劳郭子仪说：

"吾之家国，由卿再造。"

十二月，太上皇玄宗还京。赦天下，只有跟安禄山同反的和李林甫、王钅共、杨国忠的子孙不在免例。立广平王李俶为楚王，加郭子仪司徒，李光弼司空，功臣皆晋爵有差。以蜀郡为南京，凤翔为西京，西京为中京。陷贼诸官以六等定罪。斩投降安禄山的原河南尹达奚珣等十八人于城西南独柳树下，陈希烈等七人赐自尽于大理寺。肃宗因曾受张说父子的保护，想免张均、张垍死罪，玄宗不许，张垍长流岭表（两《唐书》本传都说"垍死贼中"），张均处死。

至德二载，用老杜话来说是"祸转亡胡岁"，是唐王朝否极泰来的一年，对四十六岁的杜甫个人来说也是如此。他在这一年，终于从沦陷的长安逃出来了。

七 "感时花溅泪，恨别鸟惊心"

头年（至德元载）老杜一个人在沦陷的长安过年，境况的孤寂，心情的苦闷，可想而知。幸好这年大年初一那天，新认识的青年朋友苏端、薛复请他去喝酒，加上座中另一位客人薛华唱了首自己作的风格苍老、可与李白比美的七言歌行，他感到很高兴，也写了首长诗，一抒内心的郁悒：

"文章有神交有道，端复得之名誉蚤。爱客满堂尽豪杰，开筵上日思芳草。安得健步移远梅，乱插繁花向晴昊？千里犹残旧冰雪，百壶且试开怀抱。垂老恶闻战鼓悲，急觞为缓忧心捣。少年努力纵谈笑，看我形容已枯槁。座中薛华善醉歌，歌辞自作风格老。近来海内为长句，汝与山东李白好。何刘沈谢力未工，才兼鲍照愁绝倒。诸生颇尽新知乐，万事终伤不自保。气酣日落西风来,愿吹野水添金杯。如渑之酒常快意,亦知穷愁安在哉!忽忆雨时秋井塌,古人白骨生青苔;如何不饮令心哀?"(《苏端薛复筵简薛华醉歌》)薛复,未详。薛华,仅独孤及在《燕集诗序》中简单地提了一句:"右金吾仓曹薛华会某某于署之公堂。"杜甫论时人诗,难免褒奖,但也不做毫无根据的溢美。这里把薛华的长句(七言歌行)跟李白的相提并论,又都以鲍照相比,这不是随便说的。可惜薛华的作品一篇也没有传下来。[23]《唐科名记》载苏端及第。《旧唐书·杨绾传》载:"比部郎中苏端,性疏狂,嫉其(指杨绾)贤,乃肆毁黩,异同其议,上(指代宗)怒,贬端为广州员外司马。"[24]这苏端后来中了进士做了官,人品却不怎么样。诗中称一苏二薛为"诸生",当时他们都未中举、入仕。又说"少年努力纵谈笑,看我形容已枯槁",诸生"颇尽新知乐",他们三位都很年轻,老杜跟他们也是新近才结识的。旧注以为此诗是天宝十五载正月初旬作,理由是:"是时方讨禄山,故云'恶闻战鼓悲'。若京师已陷,身在城中,不应诗中无一语及之。岂能快意于酒,复简薛华乎?"不无道理,仍可商榷:(一)上日,朔,即阴历每月初一。《尚书·舜典》:"正月上日,受终于文祖。""开筵"句当指大年初一的宴会。据前所述,天宝十五载正月杜甫仍留居奉先与家人团聚。又据《雨过苏端》"妻孥隔

---

[23] 李东阳《麓堂诗话》:"唐士大夫举世为诗,而传者可数。其不能者弗论,虽能者亦未必尽传。高适、严武、韦迢、郭受之诗,附诸杜集,皆可观。子美所称与,殆非溢美。惟高诗在选者,略见于世,余则未之见也。至苏端,乃谓其文章有神,薛华与李白并称,而无一字可传,岂非有幸不幸邪?"可参看。
[24] 《旧唐书·常衮传》载其事较详:"(衮)与杨绾同掌枢务,代宗尤信重绾。绾弘通多可,衮颇务苛细,求清俭之称,与绾之道不同。……绾寻卒。衮与绾志尚素异,嫉而怨之。有司议谥绾为文贞。衮微讽比部郎中苏端,令驳之。毁绾过甚,端坐黜官。"可见苏端是常衮的人。常衮虽无大恶,而其德望、政事,逊杨绾远甚。

军垒",知老杜与苏端过从是在他被俘送来长安时,苏端住在沦陷后的长安而非奉先。可见此诗只能作于至德二载正月困居长安时。杨伦虽未明说,却将这诗置于《对雪》《月夜》之后、《元日寄韦氏妹》之前。四川文史馆编《杜甫年谱》指明作于至德二载元旦,这是正确的。(二)细细品味"垂老"二句、"万事"句、"如渑"二句、"忽忆"二句,显然有伤战乱而惧填沟壑的深忧。《对雪》说"瓢弃樽无绿",他早就想借酒浇愁了。痛饮不过是借酒浇愁而已,难道是真的快意么?要知道,老杜当时行动虽较自由,总是被俘的小官吏。如果我们多少懂得点人情世故的话,就不该再要求他在公开与人唱和的诗中有什么更明确的表示了。这诗写得很好,"安得健步移远梅,乱插繁花向晴昊?"不仅写出醉中狂想,也写出了他渴望光明、追求温暖、向往自由的迫切心情。这不就是他困居长安时的内心显象么?宋高宗建炎年间,洪皓出使金朝,因不肯仕金,被留十五年后始返南宋。他羁留北地时,曾写了首《江梅引》以抒发故国之情,其中"乱插繁华须异日,待孤讽,怕东风一夜吹"三句,即化用其意。洪皓是最理解这种渴望光明、追求温暖、向往自由的迫切心情了。"气酣日落西风来,愿吹野水添金杯。如渑之酒常快意,亦知穷愁安在哉!"与"遥看汉水鸭头绿,恰似蒲萄初醱醅。此江若变作春酒,垒麴便筑糟丘台。"(李白《襄阳歌》)"忽忆雨时秋井塌,古人白骨生青苔;如何不饮令心哀?"与"君不见晋朝羊公一片石,龟头剥落生莓苔。泪亦不能为之堕,心亦不能为之哀。"(同上)两两相似,同中有异,不即不离,风格各别:艺术借鉴当如是!王嗣奭说:"'山东李白',用修定为'东山',谓白素以谢安自比,恐是臆说。按:白本蜀之彰明人,父为任城尉,因家焉。任城即今济宁,有李白酒楼。又与孔巢父辈隐于徂徕山,在今泰安,故云'山东李白'。"元稹《杜工部墓系铭》与《旧唐书》都称李白为山东人,因李白久寓山东的缘故。但《旧唐书》谓其"父为任城尉,因家焉",与范传正《新墓碑》所载"父客,……高卧云林,不求禄仕"全然不同,未知何据。

元旦这一天,他还写诗怀念钟离(今安徽临淮关)的韦氏妹说:

"近闻韦氏妹,迎在汉钟离。郎伯殊方镇,京华旧国移。春城回北斗,郢树发南枝。不见朝正使,啼痕满面垂。"(《元旦寄韦氏妹》)四川文史馆编《杜甫年谱》说:"朝正使系指唐朝元日上殿朝贺之官,其妹丈当时亦任三品以上之方镇要职,今因长安已陷,无复元日朝贺之礼,故以不得见妹丈入朝,遂不禁啼痕满面也,全是一片因家事而感到国难之真情语。"就诗论诗,这解释并不错。老杜有这样一门阔亲戚,其他诗中毫无表露。两年后写的《乾元中寓居同谷县作歌七首》其四说:"有妹有妹在钟离,良人早殁诸孤痴。长淮浪高蛟龙怒,十年不见来何时?"指的就是韦氏妹。她的"早殁"的"良人",难道两年前还在做方镇否?待考。

大地春回,离家日久,老杜对亲人的思念也日益加深。他的《一百五日夜对月》可看作《月夜》的续篇:

"无家对寒食,有泪如金波。斫却月中桂,清光应更多。仳离放红蕊,想象颦青蛾。牛女漫愁思,秋期犹渡河。"寒食不胜凄冷,无家越发孤清。"月穆穆以金波"(《汉郊祀歌》),含泪对月,更觉金波潋滟,望眼生花,故有"斫桂""光多"之想。也可见这夜月亮未圆,清光不多。仳离,别离的意思。放红蕊,指月中丹桂发花。青蛾,指嫦娥。斫桂不可得,清光必为盛开的红蕊所遮;奔月嫦娥,久伤离别,今难远望以寄相思,能不颦眉愁苦?表面上说的是嫦娥,其实指的是诗人想象中那位在月下思念自己的夫人杨氏。这与《月夜》"今夜鄜州月，闺中只独看。……香雾云鬟湿，清辉玉臂寒"构思有所不同，而思家情意的真切却无二致。"仇氏以'牛女'即月下所见，不知春时牛女不现"(浦起龙语)，这不过是借秋时牛、女的渡河相会，表示渴望团圆的心愿，亦《月夜》"何时倚虚幌，双照泪痕干"意。所以说这诗是《月夜》的续篇。王嗣奭说："诗题不云寒食对月，而云'一百五日'，盖公以去年冬至弃妻出门，今纪其日，见其久也。"前已论述老杜被俘送到长安在去年八月，这里说是冬至，并从而对诗题不云寒食而云"一百五日"作出解释，不足信。此诗首二句对起，三四句散承，谓之偷春格，犹如梅花偷春色而先开 (详《杜诗镜铨》)。

《一百五日夜对月》与《月夜》稍稍不同处在于专抒思内之情而不及小儿女。老杜另有思念小儿女的诗，如《忆幼子》说："骥子春犹隔，莺歌暖正繁。别离惊节换，聪慧与谁论？涧水空山道，柴门老树村。忆渠愁只睡，炙背俯晴轩。"又《遣兴》说："骥子好男儿，前年学语时。问知人客姓[25]，诵得老夫诗。世乱怜渠小，家贫仰母慈。鹿门携不遂，雁足系难期。天地军麾满，山河战角悲。倘归免相失，见日敢辞迟。"老杜有二子：长子名宗文；幼子名宗武，小名骥子。据诗中所述，宗武这时只有五六岁，却很聪明。老杜最钟爱他，就不禁一再写诗怀念他。前诗写去秋同家人离别，到这时已有大半年，今当春深莺老，思子不见，神往羌村，兀坐晴轩，昏昏欲睡，愁闷可知。"莺歌"句，即《春望》"恨别鸟惊心"意，黄生说："莺歌虽点春物，亦不泛下，暗比幼子正在学语之时，故接'聪慧'二字，此与《遣兴》排律作参看自知。"未免穿凿，

---

[25] 我家乡湖南新宁县老辈子人讲话，犹谓客人为"人客"。

不足取。《遣兴》中明确指出"学语时"在"前年",如今已"诵得老夫诗"了,岂得仍以莺歌"暗比幼子正在学语之时"么?"涧水"二句写羌村景物,疏落如山水图卷,清人施闰章《过湖北山家》"路回临石岸,树老出墙根。野水合诸涧,桃花成一村",风致差近,而笔法的洗炼不如。后诗述骥子的聪明可爱,当此乱世,虽有慈母垂怜,终觉稚小无依,恨不得如庞德公携妻子归隐鹿门山,又不能如苏武陷敌可凭雁足传书,满眼军旗招展,满耳战角悲鸣,倘能团聚,日期迟一点犹小可,只怕亲人失散,永远不能相见了。虽说他最思念的是宗武,其实他心中又何尝不记挂着别的儿女,所有的亲人!《北征》说"床前两小女,补绽才过膝。……痴女头自栉"。除了两个儿子,他还有两个女儿随杨氏夫人住在鄜州的羌村。

这年春天他写得最好的一首抒情诗是《春望》:

"国破山河在,城春草木深。感时花溅泪,恨别鸟惊心。烽火连三月,家书抵万金。白头搔更短,浑欲不胜簪。"司马光说:"诗云:'牂羊坟首,三星在罶。'言不可久。古人为诗,贵于意在言外,使人思而得之,故言之者无罪,闻之者足以戒也。近世诗人,惟杜子美最得诗人之体,如'国破山河在,城春草木深。感时花溅泪,恨别鸟惊心','山河在',明无余物矣;'草木深',明无人矣;花鸟平时可娱之物,见之而泣,闻之而悲,则时可知矣。他皆类此,不可遍举。"(《司马温公诗话》)这话显然过于强调诗"兴观群怨"的意义了,不过关于"国破"四句的具体解释却不无可取。沦陷的长安哪能真的"无余物",真的"无人"呢?如果说诗人感情上若有所失,有一种空荡荡的感觉,那总不至于大谬吧。黄药眠先生说:"抒情诗不仅反映生活,而且还给客观世界以美学的评价,给予爱抚,赋予它以社会生活的内容和意义,使他所看到的、接触到的，都成为了人化。比方'感时花溅泪'，'花'并不'溅泪'，但诗人有这样的感觉，因此，由带着露水的花，联想到它也流泪，这样赋予它以社会生活的内容和意义。也就是所谓形象化。这样的例子在诗里是很多的。"（见一九五六年七月《光明日报》）因人"感时""恨别"，而移情于"花""鸟"，仿佛"花"也在"溅泪"，"鸟"也在"惊心"，这也不失为一种别致的讲法。但"此处'泪'字仍以属人为是，所谓'正是花时堪下泪'也"（萧涤非语）。"烽火"一联是流水对，家书之所以不易得，实因一春三月战乱不息所致。一说"三月"指春季的第三个月，这句是说从安禄山乱起至今一年多来战火连续不断。亦通。浦起龙说："但如此则不成句法矣。考史：上年之春，潼关虽未破，而寇警不绝。此云'连三月'者，谓连逢两个三月。诗作于季春，故云然耳。"若是这样，则"连三月"的用意与老杜《秋兴八首》"丛菊两开他日泪"中的"丛菊两开"近似。这诗虽也流露出深沉的"恨别"之情，而"感时"的忧虑却更强烈。这就难怪他要搔首揪心，不胜愁苦了。

当时他感时忧国的迫切心情最突出最集中地表现在《塞芦子》这首诗中：

"五城何迢迢，迢迢隔河水。边兵尽东征，城内空荆杞。思明割怀卫，秀岩西未已。回略大荒来，崤函盖虚尔。延州秦北户，关防犹可倚。焉得一万人，疾驱塞芦子。岐有薛大夫，旁制山贼起。近闻昆戎徒，为退三百里。芦关扼两寇，深意实在此。谁能叫帝阍，胡行速如鬼！"这诗当作于至德二载（七五七）春。芦子关在唐延州境内，今陕西安塞县西北。"塞芦子"是说应派兵堵塞芦子关，阻止叛军西进。这年正月，史思明、高秀岩、蔡希德合兵十万，围攻太原，想长驱朔方、河、陇。老杜身在贼中，得知敌人意图，生怕朝廷不备，难免上当，就写了这首诗表现了自己的担心。浦起龙说："此杜氏筹边策也。灼形势、切事情，以韵语为奏议，成一家之言矣。"这样看也没有什么不对，只是这篇"韵语奏议"却无法及时上达，就是筹划得再好也是枉然，不过干着急罢了。"五城"四句是说朔方节度所领五城：定远（今宁夏平罗县东南）、丰安（今宁夏中卫县境）、三受降城（中、西、东三城都在今内蒙境）都在黄河以北，五城守兵东征，防备空虚。"思明"二句是说史思明割弃怀州（今河南沁阳）、卫州（今河南汲县），与叛将高秀岩等会合而移兵西北攻取太原。怀、卫俱属河北道，这时史思明舍河北而西，所以说"割怀卫"。"回略"，迂回包抄。"大荒"，统指朔方、河、陇西北广大地区。"崤"是崤山，在河南陕县。"函"是函谷。从崤山到潼津通名函谷，秦设关，名函谷关。"回略"二句，是说敌人这次用兵，是要迂回包抄大西北，所以潼关以东素称"崤函之固"的险要地形虽已落到他们手中，他们并不打算从这里发动进攻，即使不时骚扰，只不过虚晃一枪，牵制对方而已。仇兆鳌说："恐寇来西突，不由近关也。"浦起龙说："'思明'四句，指出时事危机，趁势将灵武、长安一笔囊括。……统曰'大荒'，不敢斥言灵武也。'盖虚尔'者，犹俗言此是空帐，非无备之谓。时已为贼所有也。"当时肃宗已由灵武到彭原。叛将们"回略大荒来"，显然有从根本上摧毁唐王朝抵抗力量的意图。老杜认为延州（今延安）是陕北的门户，关防犹可倚仗，如果能迅速调一万人来堵塞芦子关，自会制止住敌军的西进。这就是"延州"四句的意思。"岐"即扶风郡（至德元载七月改凤翔郡，今陕西凤翔），为古岐周地。"薛大夫"，就是头年玄宗西奔时杀杨国忠妻裴柔、幼子杨晞和虢国夫人及其子裴徽的陈仓令薛景仙。扶风失陷，为薛景仙所收复；朝廷即任命他为扶风太守，兼防御使。"贼遣兵寇扶风，薛景仙击却之。""京畿豪杰往往杀贼官吏，遥应官军；诛而复起，相继不绝，贼不能制。其始自京畿、鄜、坊至于岐、陇皆附之，至是西门之外率为敌垒，贼兵力所不及者，南不出武关，北不过云阳，西不过武功。江、淮奏请贡献之蜀、之灵武者，皆自襄阳取上津路抵扶风，道路无壅，皆薛景仙之功也。"（《资治通鉴》卷二一八）"昆"，昆夷，"戎"，犬戎，古代胡族名，用在这里，与"山贼"同指胡人。"岐有"四句插入薛景仙事，不止是表彰他的功勋，也是借以说明近畿如能设法牵制敌人，则更有助于扼制叛军西进。这也是老杜所献筹边策的一个补充意见。末四句表明作这诗的本意在提醒朝廷注意当前的危机，也流露出敌人进军神速而自己又无法向朝廷报信的焦急情绪。萧涤非先生说："和《悲青坂》的最后两句：'安得附书与我军，忍待明年莫仓卒！'是同样的一种万分焦虑的心情。无怪他曾对唐肃宗说：'臣以陷身贼庭，愤惋成疾。'（《奉谢口敕放三司推问状》）"不久，叛军围攻太原，并想进一步囊括朔方、河、陇的军事行动是失败了（详前史实简介），但战乱并未平息，老杜身陷贼中，心情仍然是愤惋的。

最能见出他当时内心极端痛苦的诗篇是《哀江头》："少陵野老吞声哭，春日潜行曲江曲。江头宫殿锁千门，细柳新蒲为谁绿？忆昔霓旌下南苑，苑中万物生颜色。昭阳殿里第一人，同辇随君侍君侧。辇前才人带弓箭，白马嚼啮黄金勒。翻身向天仰射云，一笑正坠双飞翼。明眸皓齿今何在？血污游魂归不得！清渭东流剑阁深，去住彼此无消息。人生有情泪沾臆，江水江花岂终极？黄昏胡骑尘满城，欲往城南望城北。"

就在这不胜愁苦的春季，一天他偷偷地溜到城南昔日皇家贵族、官绅士女的游览胜地曲江去走走，只见水边宫殿，千门紧锁，细柳新蒲，不管人世的巨变，春来照旧换上碧绿的盛装。想当年玄宗与贵妃来游曲江东南的芙蓉苑（南苑），旌旗招展，万象生辉，何等风光！没料到好景不长，乐极生悲，战乱一起，帝奔妃亡，思之令人百感交集，心乱目迷，不能自已。——这便是这诗大致的意思。朱注："按诗，则唐时天子游幸，有才人射生之制矣。新旧诸书不载。"浦起龙按："恐属明皇奢荡时事，未必是定制。"根据我查考的结果，朱鹤龄疑唐时天子游幸，有才人射生之制是对的。爞案：中唐王建《宫词》其二十二说："射生宫女宿（止，除去）红妆，把得新弓各自张。临上马时齐赐酒，男儿跪拜（像男儿一样地跪拜）谢君王。"其二十三说："新秋白兔大于拳，红耳霜毛趁草眠。天子不教人射杀，玉鞭遮到马蹄前。"其二十四说："内鹰笼脱解红绦，斗胜争飞出手高。直上碧云还却下，一双金爪掬花毛。"王建《宫词》及其他篇什中关于内廷情事的记述都是从他的族间人、内官王守澄那里听来的[26]，较有史料价值，故可据上引三诗得知：一、唐时天子游幸确乎有射生之制。二、参加射生的是宫女（也就是《哀江头》中所说的"带弓箭"的"才人"），她们随从游幸时须除去红妆，换上戎衣，佩带弓箭，临上马时天子赐酒，她们要像男儿一样跪拜谢赏。三、她们射杀飞禽和小兔，也可放出猎鹰助战。有趣的是，射生宫人的训练首先从射鸭开始："新教内人唯射鸭，长随天子苑东游"[27]（王建《御猎》），而她们随天子游幸时经

---

[26] 王建《赠王枢密》就说明他所知宫闱秘事都是听王守澄说的："先朝行坐镇相随，今上春宫见小时。脱下御衣先赐著，进来龙马每教骑。长承密旨归家少，独奏边机出殿迟。不是当家频向说，九重争得外人知？"《唐诗纪事》载："建初为渭南尉，值内官王枢密者，尽宗人之分，然彼我不均，复怀轻谤之色。忽过饮，语及汉桓、灵信任中官起党锢兴废之事，枢密深憾其讥，乃曰：'吾弟所有《宫词》，天下皆诵于口，禁掖深邃，何以知之？'建不能对。后为诗以赠，乃脱其祸。"

[27] 五代后蜀花蕊夫人《宫词》其八十三："新教内人供射鸭，长将弓箭绕池头。"与此意近。

常射猎的也多是鸭子："旋猎一边还引马，归来花鸭绕鞍垂"(《宫词》其三十四)。为什么要选择鸭子作为宫人射猎的活靶子呢？我看多少有前朝旧例可循："(炫)从宋明帝射雉，至日中无所得，帝甚猜羞，召问侍臣曰：'吾旦来如皋，遂空行可笑。'座者莫答。炫独曰：'今节候虽适，而云雾尚凝，故斯翚之禽，骄心未警。……'帝意解，乃于雉场置酒"(《南齐书·褚炫传》)。"帝至岩山射雉，有一雉不肯入场，日暮将返，留晋平王休祐待之，令勿得雉勿返，休祐便驰去。上令寿寂之等追之，蹴令坠马死"(《宋书·休祐传》)。"齐武帝永明六年，邯郸超谏射雉，上为之止。久之超竟诛，后又将射雉，竟陵王子良又谏止"(《子良传》)。"东昏置雉场二百九十六处，翳中帷幛，皆红绿锦为之，有鹰犬队主、媒翳队主等官(《齐纪》)。"(赵翼《廿二史札记·南朝以射雉为猎》)金陵无搜狩之地，只得以射雉为猎。射雉须预置雉场，却是真打猎。唐建都长安，天子打猎，大有用武之地；但一般游幸，在游不在猎，宫人射生，不过是一种显示皇家气派的排场，一种带有娱乐意味的文体表演。于是就把难度较大的"射雉(野鸡)"改为难度最小的"射鸭"，好让那些箭法不见得怎样高明的射生宫人大显身手，大张杀伐，借博君臣一粲，便算是搬演如仪，完事大吉了。王建《宫词》主要在纪实，所以射鸭就说是射鸭。老杜《哀江头》追忆帝妃游园盛况，抒发诗人黍离之悲。面对乱世御苑的满目荒凉，更觉平时天子游幸排场的华赡。即使明知宫人射的是鸭，为了增强美感和诗意，他也不会直说，而是用含蓄的优美的句子来描述："一笑正坠双飞翼。"——从此可悟生活素材和艺术创作二者之间的关系：创作离不开素材，但不是素材的重现。如果说"忆昔霓旌下南苑，苑中万物生颜色"是诗人为他想象中的盛大场面所涂抹的五色缤纷的背景，那么，"同辇随君侍君侧"的"昭阳殿里第一人"，就是这盛大场面中所要着重表现的主人公了。

唐人多以汉成帝的皇后赵飞燕比杨贵妃,如李白《宫中行乐词》其二:"宫中谁第一?飞燕在昭阳。"[28]又如《清平调》其二:"借问汉宫谁得似?可怜飞燕倚新妆。"一句中连用"同""随""侍"三字,似乎重复,其实是故意强调杨贵妃的得宠。《文心雕龙·熔裁》反对为文辞义重复:"二意两出,义之骈枝也;同辞重句,文之疣赘也。"但认为"字删而意阙,则短乏而非核",也是不好的。范文澜注:"裁字之义,兼增删二者言之,非专指删减也。"又引《日知录》十九《文章繁简》:"'有馈生鱼于郑子产,子产使校人蓄之池。校人烹之,反命曰:始舍之圉圉焉,少则洋洋焉,悠然而逝。子产曰:得其所哉!得其所哉!校人出,曰:孰谓子产智,予既烹而食之,曰:得其所哉!得其所哉!'此必须重叠而情事乃尽,此《孟子》文章之妙;使入《新唐书》,……于子产则必曰:'校人出而笑之。'两言而已矣。是故辞主乎达,不主乎简。"顾炎武所举的例子和所说的"辞主乎达,不主乎简"这话都是很好的。一般地说,散文、诗歌讲究修饰些,但该啰嗦处仍须啰嗦。比如汉代乐府民歌《江南》:"江南可采莲,莲叶何田田,鱼戏莲叶间。鱼戏莲叶东,鱼戏莲叶西,鱼戏莲叶南,鱼戏莲叶北。"照理,诗写到"鱼戏莲叶间"就该结束了。鱼戏于莲叶之间,岂不是将其后四句的意思概括无余了吗?何必再啰啰嗦嗦地讲个没完呢?话虽这么说,这四句却是万万不可"斧削"的。因为"鱼戏莲叶间"只不过告诉人们鱼在莲叶间游动,而紧接着的四

---

[28] 据《汉书·外戚传》载,汉成帝既立赵飞燕为皇后,后宠少衰,而飞燕女弟绝幸,为昭仪,居昭阳舍。然《三辅黄图》载成帝赵皇后居昭阳殿。后人多以昭阳属飞燕,如沈佺期《凤箫曲》:"飞燕侍寝昭阳殿,班姬饮恨长信宫。"

句,则是用重沓的民歌手法迅速改变方位,把江南水清见底的莲塘里的游鱼写活了,把采莲人目逐鱼游、心旷神怡的情态也无形中显示出来了。可见连简短的歌辞,如《江南》,甚至一句诗,如"同辇随君侍君侧",也都是得啰嗦处且啰嗦、"辞主乎达,不主乎简"的。仇注:"一句中曰'同',曰'随',曰'侍',似乎重复。"杨慎曰:"古人文辞,有不厌郑重者。《诗》云:'昭明有融,高朗令终。'《易》曰:'明辩晰也。'《左传》曰:'远哉遥遥。'宋玉赋:'旦为朝云。'古乐府:'暮不夜归。'邯郸淳碑:'丘墓起坟。'《后汉书》:'食不充粮。'在今人则以为复矣。"所举例证可供参考,但各个例句中所谓重复的字或词,多有词性上的区别,如"旦"指早晨,"朝"指"早晨的",等等,与"同""随""侍"的意思重复还有所不同,我认为有必要从艺术构思和表现的角度试作简单的阐发如上。潘岳《射雉赋》:"昔贾氏之如皋,始解颜于一箭。"《左传》昭公二十八年:"昔贾大夫恶(貌丑),娶妻而美,三年不言不笑,御以如皋,射雉获之,其妻始笑而言。"《杜臆》:"'一箭'山谷定为'一笑',甚妙。日中翼,则箭不必言,而鸟下云中,凡同在者虽百千人,无不哑然发笑,此宴游乐事。而注者乃以'一笑'属妃,而又引贾大夫射雉事为证,真堪绝倒。"黄生与一二时贤亦主后说。我认为若采后说,"真堪绝倒",却不足取:(一)明皇、贵妃,虽是老夫少妻,也曾有过龃龉,但《旧唐书》本传说她"姿质丰艳,善歌舞,通音律,智算过人,每倩盼承迎,动移上意",若以为这里是用贾大夫射雉事来隐喻帝妃二人之间的关系,终嫌不恰当。(二)就老杜的思想和对皇帝一贯的态度而论,即使他在一些重大政治问题上有所腹非,在诗文的字里行间有所表露(参看前面有关《自京赴奉先县咏怀五百字》的议论),恐怕不敢,也不会像注家曲解的那样轻薄吧?(三)也是最重要的,在当时的情况下,在整篇诗歌流露出来的思想感情中，虽有讽喻之意，而更多的却是抒发忆旧伤今的悲痛，对帝妃的态度主要是同情的。因此，若将这句当作老杜对他俩"真堪绝倒"的嘲弄，这不仅于情理不合，也严重地破坏了整首诗的悲剧情调和气氛，令人哭笑不得。这岂不是在糟蹋诗和诗人么？作诗贵有新意，说诗也贵有新见，但不顾诗人写作时真实的思想感情，一味求新求巧，不唯无补，反而会有损于诗歌的艺术效果。——且说这诗忆旧至此，顿转伤今。"明眸"句到篇末，感慨贵妃马嵬殒命、明皇西奔，并描述了自己百端交集的迷惘神情。"明眸皓齿"四字出曹植《洛神赋》"皓齿内鲜、明眸善睐"，一经妙手拈出，便轻而易举地状美人如在目前，活灵活现，印象鲜明，与下句"血污游魂"对照，反差极大，触目惊心，效果强烈。几月后作的《北征》中"不闻夏殷衰，中自诛褒妲"二句，也表露了对杨贵妃的态度。浦起龙曾以《北征》与此诗比较，论二诗的思想倾向说："告中兴之主，《北征》自应庄语；过伤心之地，《江头》定激哀衷。发情止义，彼是两行。"这话中肯。时地不同，心情有别，从理智出发如此，从感情出发如彼，这是可以理解的。苏辙说："《大雅·绵》九章，初诵太王迁豳，建都邑，营宫室而已。至其八章，乃曰：'肆不殄厥愠，亦不陨厥问。'始及昆夷之怒，尚可也。至其九章，乃曰：'虞芮质厥成，文王蹶厥生。予曰有疏附，予曰有先后，予曰有奔奏，予曰有御侮。'事不接，文不属，如连山断岭，虽相去绝远，而气象联络，观者知其脉理之为一也。盖附离不以凿枘，此最为文之高致耳。老杜陷贼时有诗曰：'少陵野老吞声哭，……'予爱其词气如百金战马，注坡蓦涧，如履平地，得诗人之遗法。如白乐天诗词甚工，然拙于纪事，寸步不遗，犹恐失之，此所以望老杜之藩垣而不及也。"（《栾城集》）抒情诗往往任兴之所之，跳跃很大，譬如屈原，处在剧烈的政治矛盾中，精神苦痛，愤激欲狂，不是用笔而是用生命在写《离骚》，忽而上天，忽而下地，忽以女自况，忽以女喻君，但观者并不觉其东拉西扯、颠三倒四，而只觉其气势磅礴，一气呵成，其原因是这篇长诗中自始至终如浩荡江水般一以贯之的无不是诗人追求、失望、彷徨、抗争的炽热激情。那么，能不能因此就认为苏辙少见多怪，讲得不对呢？不能。为了正确评价苏辙的这一段议论，首先得明确他到底是从哪方面来探讨问题的。潘耒《杜诗博议》辗转引了苏辙这样几句话："《哀江头》即《长恨歌》也。《长恨歌》费数百言而后成。杜言太真被宠，只'昭阳殿里第一人'足矣。言从幸，只'白马嚼啮黄金勒'足矣。言马嵬之死，只'血污游魂归不得'足矣。"可见前引苏辙所说"白乐天诗、词甚工，然拙于纪事，寸步不遗，犹恐失之"的话，不是泛泛而谈，主要是拿同题材的白居易的《长恨歌》来和《哀江头》相比较，专从"纪事"的角度来衡量二人的工拙、长短的。[29]《长恨歌》，尤其是《哀江头》，其中抒情成分固然很重，但都述及明皇、贵妃欢娱致祸的事，与一般抒情诗有所不同。因此，苏辙完全可以从"纪事"的角度对这

---

[29] 张戒《岁寒堂诗话》："杨太真事，唐人吟咏至多，然类皆无礼。太真配至尊，岂可以儿女语黩之耶？惟杜子美则不然。《哀江头》云：'昭阳殿里第一人，同辇随君侍君侧。'不待云'娇侍夜''醉和春'而太真之专宠可知；不待云'玉容''梨花'，而太真之绝色可想也。至于言一时行乐事，不斥言太真，而但言辇前才人。此意尤不可及。如云：'翻身向天仰射云，一笑正坠双飞翼。'不待云'缓歌慢舞凝丝竹，尽日君王看不足'，而一时行乐可喜事，笔端画出，宛在目前；'江水江花岂终极。'不待云'比翼鸟''连理枝'，'此恨绵绵无尽期'，而无穷之恨，黍离、麦秀之悲，寄于言外。题云《哀江头》，乃子美在贼中时，潜行曲江，睹江水江花，哀思而作。其词婉而雅，其意微而有礼，真可谓得诗人之旨者。《长恨歌》在乐天诗中为最下。《连昌宫词》在元微之诗中，乃最得意者。二诗工拙虽殊，皆不若子美诗微而婉也。元白数十百言，竭力摹写，不若子美一句，人才高下乃如此。"这段话，封建意识严重，见解冬烘，不足取，但为了说明《哀江头》《长恨歌》二诗优劣，举出了一些具体诗句作比较，若光就艺术表现而论，却也不无道理。

两首诗加以评议。在他看来,像白居易《长恨歌》那样,自始至终,"寸步不遗,犹恐失之"的纪事,是很笨拙的;最高妙的写法应该是,"事不接,文不属,如连山断岭,虽相去绝远,而气象联络",像《大雅·绵》其九章那样,而老杜的《哀江头》,之所以高出乐天的《长恨歌》一头,就在于"其词气如百金战马,注坡蓦涧,如履平地,得诗人之遗法"。《杜诗镜铨》引邵子湘的话说:"('明眸'句)转折矫健,略无痕迹。苏黄门谓如百金战马,注坡蓦涧,如履平地,信然。"苏辙的话是有道理的。叙事不加选择,不懂得该省略什么、突出什么,只是一味从头到尾平铺直叙地写下去,这又有什么意思?不过,东一榔头西一斧头,把事儿乱叙一气,也是不行的啊。不要平,又不要乱,该怎么办呢?于是,深谙为文之道的苏辙,就提出了要让"词气"把那些"不接"的"事"、"不属"的"文"联络起来,像"相去绝远"的"连山断岭"由"气象联络"起来。叙事可跳跃,可急转,甚至可颠倒时空上的顺序,主要看"词气"是否一贯、能否"联络"。恕我比拟不伦,唐突古人,这不是多少接近现代人所谓"意识流"的写法么?"纪事"以"词气"为主,不怕顿转和间断,可望收到极佳的艺术效果,但不能从而认为"寸步不遗,犹恐失之"的写法就必定不好。我曾经论述过,元、白的诗歌,无论在内容上(采世俗艳谈的爱情题材入诗),还是在表现上(情节的铺陈和细节的描绘),都明显地受到变文、"市人小说"和传奇的影响(详拙著《唐诗论丛·从元白和韩孟两大诗派略论中晚唐诗歌的发展》)。《长恨歌》是根据民间传闻、配合着陈鸿《长恨歌传》写的[30],这就无怪他采

---

[30] 陈鸿《长恨歌传》:"元和元年冬十二月,太原白乐天自校书郎尉于盩厔。鸿与琅琊王质夫家于是邑,暇日相携游仙游寺,话及此事,相与感叹。……乐天因为《长恨歌》。……歌既成,使鸿传焉。"可见《歌》和《传》是二人根据传闻同时分别创作的。

取铺陈始终的写法，而这样写的作品又深受千百年来世俗士众的喜爱了。

八　在相濡以沫的日子里

在这个倒霉的春天里，老杜除了偶尔偷偷地溜到曲江这样的昔日游乐地去伤今忆旧，抒发家国身世之悲，也常与长安城中几位相知的僧俗友人来往，或趁食，或谈心，总之是相濡以沫，聊以度日。《长安志》载大云经寺在京城朱雀街南，怀远坊东南隅；本名光明寺，武后初幸此寺，沙门宣政进《大云经》，经中有女主之符，因改名，并令天下诸州置大云经寺。当时长安大云寺住持僧赞公对老杜很友善，曾留他在寺里住宿，供饮食，送履巾，照顾得真是无微不至。老杜深为感动，就写作了《大云寺赞公房四首》，其一说：

"心在水精域，衣沾春雨时。洞门尽徐步，深院果幽期。到扉开复闭，撞钟斋及兹。醍醐长发性，饮食过扶衰。把臂有多日，开怀无愧辞。黄鹂度结构，紫鸽下罘罳。愚意会所适，花边行自迟。汤休起我病，微笑索题诗。"此初过寺中而记其胜概。江总《大庄严守碑》："影彻琉璃之道，光遍水精之域。""心在"句出此，妙处不仅在用典恰当，更在借"水精域"的联想，显示他离乱世红尘而乍一到此净界所生超脱而圣洁的心理状态。"衣沾"句有季节感和生活实感。杨伦以为"到扉"句是"不欲俗人过从也"。若理解为描状了战乱中寺院僧人惊惶不安、唯恐坏人闯入的神态，亦复大佳。僧家设"斋"，每"撞钟"而会食。"醍醐"是酥酪上凝聚的油。《本草纲目·兽一》"醍醐"引寇宗奭的话说："作酪时，上一重凝者为酥，酥上如油者为醍醐，熬之即出，不可多得，极甘美。"

佛教用以比喻一乘教义。

如昙无谶译《大般涅槃经》卷五："譬如因乳得酪，因酪得酥，因酥得醍醐。真解脱中都无是因，无是因者即真解脱。真解脱者即是如来。""发性"出《止观辅行》："见是慧性，发必依观；禅是定性，发必依止。""过"，过甚，过分。"扶衰"出《汉书·食货志》："扶衰养疾，百礼之会，非酒不行。""醍醐"句夹在"撞钟"句与"饮食"句之间，前后俱述设斋会食情事，不能径采王洙注，以为这只是称美赞公，说听他说法，如醍醐灌顶；而应该转个弯，从席间酥酪、醍醐之类精美的斋食而引出这一不无幽默意味的想法：原来就是从这种食品中长久地生发出佛性来的啊！怀素《食鱼帖》说："老僧在长沙食鱼，乃来长安城中，多食肉，又为常流所咲（笑），深为不便，故久病不能多书，实疏还报，诸君欲兴善之会，当得扶羸也。九日怀素藏真白。"怀素作草书是很费气力的："吾师醉后倚绳床，须臾扫尽数千张。……起来向壁不停手，一行数字大如斗。"（李白《草书歌行》）他来到长安，不便吃肉，写字没劲儿，欠了不少"字"账没法还，就说谁若是要他写字，就得先给他滋补滋补。据说长安大户人家争着请他写字，先预备一面白粉墙，等他酒醉饭饱之后，便振笔疾书，一挥而就。评者谓张旭为颠，怀素为狂。他私下问人要肉吃，真是够狂的了，但到底怕人笑话，不敢公开吃肉。可见长安不像长沙，是不允许和尚吃荤，寺院中待客也无疑是用素食的啊。帖中的"扶羸"就是诗中"扶衰"的意思，是说补养一下虚弱的身子。太平年月，作为和尚的怀素，没肉吃尚且叫苦连天，说要增加点营养。敌离时世，老杜在寺院里叨扰了几顿"淡出鸟来"的素食，竟感激不尽，说什么"饮食过扶衰（饮食中的营养已大大超过了滋补身子的需要）"，他当时生计的窘迫，可想而知。南朝刘宋时沙门惠休善属文，本姓汤，此"汤休"借喻赞公。"起我病"承"扶衰""把臂"意。末二句谓：来此多日，承赞公盛情款待，亲切交谈，使我病痛消除，心身舒泰；赞公见我如此，便欣然向我索取诗句来了。

《杜臆》说："公诗人，意适行迟，诗兴动矣。赞会其意，故'微笑索题'，景况殊妙。'起我病'，谓有好诗之癖。"如此解说亦通，可参看。浦起龙说："'斋及兹'，适然初款。'醍醐''饮食'，特设矣，正述'多日''开怀'时。仇即指及兹之斋，非是。但'开怀'自有心心相契处。吴论云'开怀享食'，陋甚。'意会''行迟'，赞公同步，与前'徐步''幽期'各别。结亦有神，一往幽微，尽入拈花一笑也。钟惺曰：'诗有一片幽润灵妙之气，浮动笔端。'"剖析细致，引钟惺语亦佳。"黄鹂"是寺院和平静穆景象，写得有气氛。

其二："细软青丝履，光明白氎巾。深藏供老宿，取用及吾身。自顾转无趣，交情何尚新。道林才不世，惠远德过人。雨泻暮檐竹，风吹春井芹。天阴对图画，最觉润龙鳞。"前半截谢赠履巾，言此二物"宜供养老宿，今取赠吾身，自顾殊觉不称也。'无趣'，即自嫌形秽之意"（施鸿保语），并以东晋高僧支道林的才、惠远的德来称誉赞公。"白氎巾"，西域白氎布做的手巾（详仇注）。后半截写傍晚雨景，别饶韵致。张彦远《名画记》载，大云寺东浮图有三宝塔，东壁北壁郑法轮画，西壁田僧亮画，外边四壁杨契丹画。《画断》载，吴道子尝画殿内五龙，鳞甲飞动，每欲大雨，即生云雾。有谓"图画"指山、"龙鳞"指松，或谓二者统指山林远色，皆非。还是施鸿保理解的对："上句乃统言所画，下句则言道子画龙，天阴尤觉鳞皆润也。"

其三："灯影照无睡，心清闻妙香。夜深殿突兀，风动金琅珰。天黑闭春院，地清栖暗芳。玉绳回断绝，铁凤森翱翔。梵放时出寺，钟残仍殷床。明朝在沃野，苦见尘沙黄。"写通宵不寐所见所闻所感。黄生说："夜景无月最难写，惟杜写无月之景，往往能入妙。'夜深殿突兀'，摹写逼真，亦在暗中始觉其然耳。以后句句是暗中说话。"老杜《夜宴左氏庄》写无月夜景亦佳。鲍照《代夜坐吟》："冬夜沉沉夜坐吟，含声未发已知心。霜入幕，风度林。朱灯灭，朱颜寻。体君歌，逐君音。不贵声，贵意深。"谢灵运《夜宿石门》中这几句："鸟鸣识夜栖，木落知风发。异音同至听，殊响俱清越。"都凭听觉写夜景，殊觉可喜。"金琅珰"，指长锁（见《汉书·西域传》注），或指殿角悬铃之声，均可。"铁凤"见《西京赋》："凤骞翥于甍标，咸溯风而欲翔。"薛综注："谓作铁凤凰，令张两翼，举头敷尾，以函屋上，当栋中央，下有转枢，常向风如欲飞者。""心清""地清"二句不仅"清"字复，意亦重，但"闻妙香"见"心清"，"栖暗芳"见"地清"，着眼点一在情一在境，情境自别，就不觉字复意重了。才享几日清福，明朝又将重返乱世尘沙中厮混，篇末不觉感叹系之了。

其四："童儿汲井华，惯捷瓶在手。沾洒不濡地，扫除似无帚。明霞烂复阁，霁雾塞高牖。侧塞被径花，飘飖委墀柳。艰难世事迫，隐遁佳期后。晤语契深心，那能总钳口？奉辞还杖策，暂别终回首。泱泱泥污人，狺狺国多狗。既未免羁绊，时来憩奔走。近公如白雪，执热烦何有？"此叙早起惜别之情。头四句言小童汲井，动作熟练，洒扫庭院，轻而易举。"明霞"四句写阁映朝霞、窗销宿雾、繁花被径、垂柳拂阶的绮丽晨景。"艰难"四句慨叹世路艰难，惜未趁早归隐；一向钳口结舌，今得倾诉衷肠。《九辩》："猛犬狺狺而迎吠兮。"《左传》哀公十二年:"国狗之瘦,无不噬也。"旧注多以为是时贼将张通儒收录衣冠,污以伪命,不从者杀之,老杜晦迹寺中,故有"那能总钳口",及"泥污人""国多狗"等语。[31] 最后四句是说,我既然一时摆脱不了羁绊,我还要常到这里来走动、歇憩;因为您就像白雪,挨近您,我内心那热辣辣的烦躁情绪,自会烟消云散的。根据"开复闭""尘沙黄""泥污人""国多狗"等语揣测,大概那几天风声较紧,老杜官小人微,虽暂疏约束,也不能不提防恶狗乱咬,故来寺院,小作勾留,借以晦迹;今见风势似已稍减,只得辞离清净佛地,重入尘沙乱世,但心中不免忐忑不安,临路踟

---

[31] 施鸿保最反对这种说法:"《大云寺赞公房四首》,注:黄鹤编在至德二载陷贼中作,以诗有泥污人、国多狗、尘沙黄等句也。今按泥污人,第言雨后泥泞,第二云:'雨泻暮檐竹,风吹春井芹。'第四云:'明霞烂复阁,霁雾搴高牖。'当是晚雨夜阴,晓乃开霁,故虑归途泥泞污人。国多狗,亦是破晓归来,市廛未启,犹惊狗吠,国多者,因《左传》国狗字,偶拈用也。尘沙黄,尤是市廛语。注又引鲍昂说:是时贼将张通儒,收录衣冠,污以伪命,故云泥污人、国多狗。此亦曲说;伪命污人,尚非可比之泥污,贼众据京,亦非只多狗而已。细玩四首,并无一语及乱事。若陷贼时作,则身方被拘,岂能游宿僧房,优游自适?且君方蒙尘,家方寄食,在常人亦未能恝然,况公之至性过人耶?四首似未可定何时作,黄鹤亦凭臆编耳。"施说理由也不很充分:一、老杜当时并非大名人,他被俘之后送到长安,未授任何伪命,行动较为自由,既能"春日潜行曲江曲,……欲往城南望城北",怎见得就不可以到大云寺"时来憩奔走"呢?二、《苏端薛复筵简薛华醉歌》《雨过苏端》等诗都作于陷贼时,这些诗中也说:"千里犹残旧冰雪,百壶且试开怀抱。""苏侯得数过,欢喜每倾倒。""浊醪必在眼,尽醉挹怀抱。"同是一个老杜,难道就不允许他为了遣愁解闷,到大云寺来优游几天,跟赞公和尚倾诉一下在外头讳莫如深的心里话:"晤语契深心,那能总钳口?"封建学者过于强调老杜的一饭不忘君,忠诚出于天性,致使一些议论往往迂腐可笑。三、"到扉开复闭""苦见尘沙黄""那能总钳口""泱泱泥污人,狺狺国多狗",说得多蹊跷!显然是有慨于时事而又不敢明言的话,鲍昂诸人的理解是正确的,并非曲说。施鸿保无视这些"语及乱事"的句子而宣称"无一语及乱事",这若不是"骑驴寻驴"的迷糊,定然是故意不认账的狡狯了。当然《哀王孙》《悲陈陶》《悲青坂》《春望》《哀江头》等诗,确乎是明显地"语及乱事";但这些篇章,可以记在心里,也可以写在纸上收藏着,不必张扬。能要求送人的《大云寺赞公房四首》也是那样彰明较著地"语及乱事"么?

蹴。——这组诗,不是也多少反映了老杜陷贼、困居长安时的一个生活侧面么?⁽³²⁾

这一时期他经常饿饭,全靠朋友们周济度日。他的《雨过苏端》说:

"鸡鸣风雨交,久旱雨亦好。杖藜入春泥,无食起我早。诸家忆所历,一饭迹便扫。苏侯得数过,欢喜每倾倒。也复可怜人,呼儿具梨枣。浊醪必在眼,尽醉摅怀抱。红稠屋角花,碧秀墙隅草。亲宾纵谈谑,喧闹慰衰老。况蒙濡泽垂,粮粒或自保。妻孥隔军垒,拨弃不拟道。"久旱下雨就好。困居长安,生活没有着落,只好一早起身,拄着藜杖,拖泥带水地到熟人家混口饭吃。一般的交情,叨扰一顿也就不好再去了,只有这位"文章有神交有道"的苏端却欢欢喜喜地接待我,令我倾倒之至。在这兵荒马乱的年月里,他也是可怜人,可是见我来了,总是叫儿子弄点梨枣什么的来款待我,陪我饮酒谈心。这时节屋角的花开得很稠,墙边的草长得绿油油的。亲朋们聚在一起纵谈笑谑,嘻嘻哈哈的,这欢乐的气氛感染了我,仿佛自己也年轻了。老天降下甘霖,今年粮食兴许有希望。想起妻儿子女远隔军垒真教人难过;咳,还是抛到一旁,就别提了。——这诗写得真率有味,既见老杜当时的穷愁苦恨,也见他处逆境而能维持精神上的平衡,不丧失对生活的热爱、对人情味和美的敏感。施鸿保说:"君方蒙尘,家方寄食,在常人亦未能恝然,况公之至性过人耶?"只身

⟨32⟩四川文史研究馆编《杜甫年谱》说:"最后,杜甫决意投奔凤翔,临行前,却往怀远坊大云经寺住宿数日,以避胡人耳目。寺僧赞公以青丝履及白氎巾见赠,并索题诗。诗遂言及'把臂有多日',并言'晤语契深心,那能总钳口?奉辞还仗策,暂别终回首。泱泱泥污人,狺狺国多狗。'以诗意为据,可见其晦迹寺中时,与赞公密商潜投凤翔之计,而戒以勿泄漏消息,恐遭国狗之噬也。"理解有所不同,录以备考。

陷贼,哪能"恝然"?不过,若片面地认为他处于此时此境,必然终日愁苦,了无生趣,那也算不得是真的懂得老杜、懂得人生啊。浦起龙说:"'红稠''碧秀',亦为雨色点染。"北方干燥,何况春旱,即使花开草长,也蒙着一层尘土;一经大雨洗净,才更觉其"红"其"碧"了。杨伦说:"杜诗只字片句,后人多据为故实。山谷诗:'月黑虎夔藩',谬误可笑。东坡《送梁左藏诗》云:'东方健儿虓虎样,泣涕怀思廉颇将',乃用杜《遣兴诗》中语,亦恐非原文。不如放翁诗:'无复短衣随李广,但思微雨过苏端',为新而工也。"放翁此联,得来现成,不但有韵致,且饶兴寄,颇佳。

《喜晴》大概作于这场春雨初晴时:"皇天久不雨,既雨晴亦佳。出郭眺西郊,肃肃春增华。青荧陵陂麦,窈窕桃李花。春夏各有实,我饥岂无涯?干戈虽横放,惨淡斗龙蛇。甘泽不犹愈,且耕今未赊。丈夫则带甲,妇女终在家。力难及黍稷,得种菜与麻。千载商山芝,往者东门瓜。其人骨已朽,此道谁疵瑕。英贤遇轗轲,远引蟠泥沙。顾惭昧所适,回首白日斜。汉阴有鹿门,沧海有灵查。焉能学众口,咄咄空咨嗟!""皇天久不雨,既雨晴亦佳"就是"久旱雨亦好"的意思。二诗同时所作,话语不觉讲得如此相似。久雨初霁,出郭眺望,只见桃李花开,麦苗青青,春景固然佳丽,但诗人心里想的却是:下了这场及时雨,今年的收成没问题,我饿肚子的日子该有个完了吧?《义山杂纂》中以"看花泪下"等九事为"杀风景"。老杜面对大好春光,不但寄希望于麦秋,还急盼桃李结实疗饥,这无疑是大杀风景了。但处如是境,作如是想,便如实道来,乱世人心情立见,真切感人。次言雨后正好耕种,丈夫虽尽出征,妇女在家,虽不能种植黍稷,犹得侍弄菜麻。退一步作宽慰语,其实是慨叹遭乱而农事多荒,"我饥岂无涯"的愿望终难实现。于是就引出了末段伤乱而欲远遁的意思，结束全篇。"出郭眺西郊""回首白日斜"，出城回城，独往独来，老杜身虽陷贼，行动仍然是相当自由的。老杜从长安逃出是在这年四月，这次出郭闲游就在出逃前不久。要是说这次出游是为出逃探路，看看是否出得去，是否有隙可乘，恐怕也不是毫无道理。《杜臆》说："前引'商山芝''东门瓜'，后引'鹿门''海查'，语似复而意不同；前就古人说，后就自己说。谓决意远去，无之而不可，陆有鹿门，海有灵查，未尝阻我往也。"王嗣奭不是早就看出老杜当时已下决心要逃走了么？

正在这个时候，被俘虏到洛阳的郑虔潜回长安。老杜与他相遇于郑潜曜驸马家池台，悲喜交集，同饮赋诗说：

"不谓生戎马，何知共酒杯。燃脐郿坞败，握节汉臣回。白发千茎雪，丹心一寸灰。别离经死地，披写忽登台。重对秦箫发，俱过阮宅来。留连春夜舞，泪落强徘徊。"（《郑驸马池台喜遇郑广文同饮》）老杜前在长安与郑虔过从甚密，据《陪郑广文游何将军山林》《戏简郑广文兼呈苏司业》等诗，可见二人交谊之深。大概从老杜移家奉先之后，他俩便不常见面了。不想大难同经，出生入死，今又重逢于旧游地，契阔谈宴，听歌观舞，春夜留连，真是喜出望外，喜极生悲，不能自已。汉末董卓筑坞于郿，高厚七丈，号万岁城。后吕布杀董卓，陈尸于市，天气开始炎热，董卓素来肥胖，油脂流了一地，守尸吏点火放在他的脐中，光明达旦。安禄山也很肥胖，腹垂过膝，每着衣带，须三四人相助，两人抬起肚子，让亲随李猪儿用头顶着，然后才能取裙裤带或系腰带。这年正月，严庄和安庆绪合谋，命李猪儿以大刀砍安禄山的肚子，肠数斗流于床上而死。事与董卓相类似，所以用在这里很恰当，且能借以表达深恶痛绝的感情。《新唐书·郑虔传》载：

"安禄山反，遣张通儒劫百官置东都，伪授虔水部郎中，因称风缓，求摄市令，潜以密章达灵武。"老杜见郑虔陷贼能有这样的表现，今又乘间脱归长安，自以为难能可贵，就用苏武仗节牧羊、终于归汉的故事来称赞他。"白发"二句写郑虔陷贼忧心如焚、须发尽白而中情可察。"秦箫"用秦穆公以女弄玉妻萧史、日于楼上吹箫作凤鸣事。老杜初入长安时，常在长安神禾原郑驸马家莲花洞游赏、宴会，曾作《郑驸马宅宴洞中》诗。这次又来此饮酒听乐，所以说"重对秦箫发"。据《新唐书·公主传》和独孤及《郑驸马孝行纪》载，玄宗女临晋公主嫁郑潜曜在开元二十八年（七四〇），大历时卒；郑潜曜当驸马后"嗣荥阳郡公，佩金印，列长戟，垂三十载"，当卒于大历四年（七六九）左右。长安沦陷时，郑潜曜如果来不及随玄宗出逃而留了下来，不降，必会像霍国长公主和王孙、驸马那样遭孙孝哲杀害；降了，两京收复后必会像陈希烈、张垍驸马那样不被处死即遭流放。郑潜曜终身富贵，到大历四年才去世，且以孝友著称，入《新唐书·孝友传》。可见他早已逃离长安，当时不在城中，所以得以保全性命与人格，未受叛乱的牵累。郑虔是郑潜曜的叔叔，杜甫是郑府的老熟人："甫忝郑庄之宾客，游窦主之园林。"他俩来了，即使驸马爷不在，留下来看家的主事人等自会设宴款待、奏乐娱宾的。《晋书·阮籍传》附阮咸传载阮籍与兄子阮咸居道南，诸阮居道北。"俱过阮宅来"，即用此典点明二郑是叔侄关系。"秦箫""阮宅"泛指郑驸马家，不一定表明郑驸马本人当时就在场，仇兆鳌说："此诗当做于至德二载之春。是年正月，安庆绪杀安禄山，故诗中有'燃脐'句。想此时贼党稍纵，降官、郑（虔）得回京也。"言之有理。既然降官、郑虔他们能从东京逃归长安，难道一向不受重视、行动较为自由的未入流的兵曹参军杜甫就不可能逃出长安吗？就在这次喜遇郑虔于郑驸马池台后不久的四月中，老杜终于从金光门逃出，历尽千辛万苦，间道窜归凤翔，结束了这一段惊变与陷贼的苦难历程。

第九章　长安遁复还

一　喜达行在

根据杜诗《自京窜至凤翔喜达行在所》题下旧注:"公自京窜至凤翔,在至德二年夏四月。"又《至德二载甫自京金光门出间道归凤翔………》题中所载,知老杜从长安逃往凤翔是在这年四月,出的是长安外郭城西面的金光门。[1] 我曾揣测他"出郭眺西郊"(《喜晴》)是为出逃探路,不久他果然从外郭城西面的金光门逃出去了。

他当时和稍后写作的诗中记出逃情事甚详。《自京窜至凤翔喜达行在所》其一说:

"西忆岐阳信,无人遂却回。眼穿当落日,心死著寒灰。雾树行相引,连山望忽开。所亲惊老瘦,辛苦贼中来。"凤翔是古岐地,在岐山之南,山南为阳,故称岐阳。诗人已得知肃宗于今年二月从彭原进驻凤翔,因无人来,不闻朝廷反攻音信,空劳忆念,于是就下决心逃了回去。凤翔在长安西。萧涤非先生说:"(眼穿)二句写逃窜时的紧张心情。向西走,向西望,故当着落日。一面走,一面望,望得急切,故眼为之穿。当时逃窜是很危险的,一路之上,提

---

[1]《长安志》:"唐京师外郭城西面三门:北曰开远门;中曰金光门,西出趋昆明池;南曰延平门。"

心吊胆，所以说'心死著寒灰'。"黄生说："三四云云，言望不至，心断绝也。此非望信，乃陈陶败后，欲望官军再举，即《对雪》诗所谓'数州消息断'者，至于'眼穿''心死'，因而始为脱走之计，故后半云云，中间不露脱走字，至次首始补足其意。"两说俱佳，可参看。"雾树"二句写间道窜归情况：当时驿道两旁多植树，杜诗"两行秦树直"即指此。老杜间道窜归，容易迷路，故须望驿道两旁树木以引导行程；前方山岭相连，正愁无法通过，忽见一道中开，不觉松了一口气。刘辰翁说："荒村歧路之间，望树而往，并山曲折，非身历颠沛，不知其言之工也。"最后从亲友眼中与问讯语中显出自己因陷贼而形容枯槁、心力交瘁，与前面所描述的深忧、惊悸情状对照，却声东击西地表现了死里逃生的私心庆幸。

其二说："愁思胡笳夕，凄凉汉苑春。生还今日事，间道暂时人。司隶章初睹，南阳气已新。喜心翻倒极，呜咽泪沾巾。"前叙陷贼与逃归事，后叙初抵行在所的激情。前在贼中，夜听胡笳愁苦（如《遣兴》："山河战角悲"），春游汉苑伤心（如《哀江头》："少陵野老吞声哭，春日潜行曲江曲"）。生还梦想，到今日始成事实；小道逃归，随时有丧命之虞。《后汉书·光武纪》载，更始以光武帝行司隶校尉，置僚属，作文移，一如旧章。三辅吏士见司隶僚属，皆欢喜不自胜。老吏或垂涕道："不图今日复见汉官威仪。"又载，望气者至南阳，遥望见舂陵郭，叹道："气佳哉！郁郁葱葱然。"光武南阳人。"司隶"二句以汉光武比唐肃宗，藉写凤翔行在所一片中兴气象。《北征》说："周汉获再兴，宣光果明哲。"在老杜心目中，他是把唐肃宗看成周宣王、汉光武这样的中兴之主的。"翻倒极"谓极其反常。死里逃生，九死一生，安得不喜，安得不喜极生悲？"七八真情实语，亦写得出，说得透。从五六读下，则知其悲其喜，不在一己之死生，而关宗社之大计"（黄生语）。

其三说:"死去凭谁报,归来始自怜。犹瞻太白雪,喜遇武功天。影静千官里,心苏七校前。今朝汉社稷,新数中兴年。"痛定思痛,更觉可怖。太白、武功二山在凤翔附近,太白高峰终年积雪。《三秦记》:"武功太白,去天三百。""犹瞻"二句窃喜终于到达行在,得见天日。"苏",苏醒。汉武帝曾置七校尉。此借指御前侍卫。"官"指文臣,"校"乃武卫。今见中兴有望,多时忧虑,冰释心安。所以有"影静""心苏"这种恬适、欣慰的感觉。王夫之对"影静"二句的评价不甚高:"'昔我往矣,杨柳依依;今我来思,雨雪霏霏。'以乐景写哀,以哀景写乐,一倍增其哀乐。知此,则'影静千官里,心苏七校前',与'唯有终南山色在,晴明依旧满长安',情之深浅宏隘见矣。况孟郊之乍笑而心迷,乍啼而魂丧者乎?"(《姜斋诗话》)指出人的感情最是复杂,在特定情况下,喜怒哀乐往往一反常态,不可径直写来,哀必嚎啕,乐必捧腹,这当然是很有见地的。但也不必过于执拗,以为正常出之必浅隘,反常出之必深宏。如上所述,"影静"一联能写出彼时彼地彼境的细微感受和心理状态,我看就很好。王夫之又说:"诗文俱有主宾。无主之宾,谓之乌合。俗论以比为宾,以赋为主,以反为宾,以正为主,皆塾师赚童子死法耳。立一主以待宾,宾无非主。主宾者乃俱有情而相浃洽。若夫'秋风吹渭水,落叶满长安',于贾岛何与?'湘潭云尽暮烟出,巴蜀雪消春水来',于许浑奚涉?皆乌合也。'影静千官里,心苏七校前',得主矣,尚有痕迹。'花迎剑佩星初落',则宾主历然,熔合一片[2]。"(同上)主旨是说:一、诗文应以

---

[2]《姜斋诗话》另一条却对"花迎"句评价不高:"'庭燎有辉',乡晨之景,莫妙于此。晨色渐明,赤光杂烟而氤氲,但以'有辉'二字写之。唐人《除夕》诗'殿庭银烛上熏天'之句,写除夕之景,与此仿佛,而简至不逮远矣。'花迎剑佩'四字,差为晓色朦胧传神;而又云'星初落',则痕迹露尽。益叹《三百篇》之不可及也。"

表现作者思想感情为主，描写客观景物为宾，不可勉强设置主宾。如果勉强设置，因为都是假的，宾也可以作主（宾无非主），甚至喧宾夺主，主仍无法率宾，还是乌合之众。二、"宾主历然"，而又"熔合一片"，方为上乘。从所举贾岛、许浑的诗句看，此所谓无主的"乌合"，差近后来王国维的所谓"无我之境"，只是前王之所轻适为后王之所重[3]，评价不同而已。其实，那些无主的"乌合"或"无我之境"，既然经过作者的主观而得以再现，即使不很鲜明，也总会带有一些主观色彩的。在我看来，"秋风吹渭水，落叶满长安"写肃杀秋景见悲壮情怀，"湘潭云尽暮烟出，巴蜀雪消春水来"写日暮眺望所见露初春怀新之感，不仅"有我""得主"，写得也很不错。还是王夫之的这几句话说得好："情景名为二，而实不可离。神于诗者，妙合无垠。巧者则有情中景，景中情。景中情者，如'长安一片月'，自然是孤栖忆远之情；'影静千官里'，自然是喜达行在之情。情中景尤难曲写，如'诗成珠玉在挥毫'，写出才人翰墨淋漓、自心欣赏之景。凡此类，知者遇之；非然，亦鹘突看过，作等闲语耳。"（同上）景中有情，情中有景，写景见情，写情见景，但求妙合无垠，岂可固执偏见？船山衡文，独具只眼，微伤峻刻，甚至自相牴牾，"影静"三议即如此，不可尽信，须择善而从。

《新唐书·杜甫传》载："至德二年，（杜甫）亡走凤翔[4]，上谒，拜右拾遗。"钱笺："唐授左拾遗诰：'襄阳杜甫，尔之才德，

---

[3] 《人间词话》说："有有我之境，有无我之境。'泪眼问花花不语，乱红飞过秋千去。''可堪孤馆闭春寒，杜鹃声里斜阳暮。'有我之境也。'采菊东篱下，悠然见南山。''寒波澹澹起，白鸟悠悠下。'无我之境也。有我之境，以我观物，故物皆著我之色彩。无我之境，以物观物，故不知何者为我，何者为物。古人为词，写有我之境者为多，然未始不能写无我之境，此在豪杰之士能自树立耳。"王国维不但二境并重，甚至更看重那些能写"无我之境"的诗人，称他们是"能自树立"的"豪杰之士"。

[4] 《旧唐书·杜甫传》谓"谒肃宗于彭原郡"，"彭原郡"显系"凤翔"之误。

朕深知之。今特命为宣义（当作议）郎、行在左拾遗。授职之后，宜勤是职，毋怠！命中书侍郎张镐赍符告谕。至德二载五月十六日行。'右敕用黄纸，高广皆可四尺，字大二寸许。年月有御宝，宝方五寸许。今藏湖广岳州府平江县裔孙杜富家。"（敕文载林侗《来斋金石考略》）据此知杜甫拜左（两《唐书》作"右"，误）拾遗在这年五月十六日。"影静千官里"系记刚达行在、初谒肃宗情事，当时尚未授职。授职后感事思家，作《述怀》说：

"去年潼关破，妻子隔绝久。今夏草木长，脱身得西走。麻鞋见天子，衣袖露两肘。朝廷愍生还，亲故伤老丑。涕泪受拾遗，流离主恩厚。柴门虽得去，未忍即开口。寄书问三川，不知家在否？比闻同罹祸，杀戮到鸡狗。山中漏茅屋，谁复依户牖？摧颓苍松根，地冷骨未朽。几人全性命，尽室岂相偶？嵚岑猛虎场，郁结回我首。自寄一封书，今已十月后。反畏消息来，寸心亦何有？汉运初中兴，生平老耽酒。沉思欢会处，恐作穷独叟。"首叙去年潼关破后与家人隔断，被俘至长安，今幸得西归凤翔，苍黄见驾，蒙天子垂怜，授左拾遗，正感恩不尽，心中虽想回鄜州探家，却不忍马上开口告假。左拾遗六人，属门下省，从八品上。掌供奉讽谏，大事廷议，小则上封事。（右拾遗六人，属中书省，品秩、职掌与左拾遗同。）后老杜有《春宿左省》《晚出左掖》之作。门下省在左，杜任左拾遗，所以说"宿左省""出左掖"。据此可进一步证实两《唐书》谓杜甫拜右拾遗是错误的。前诗说："明朝有封事，数问夜如何？"后诗说："避人焚谏草，骑马欲鸡栖。"可见拾遗常在皇帝左右，且真须进谏、上封事，并非备员虚位，品秩虽低，地位却很清要。老杜刚从贼中逃回，便受此职，而且皇帝在诰命中还夸奖他说："尔之才德，朕深知之。"这就无怪乎他要感激涕零，无怪乎他"不忍"，其实是不好意思在这样的情况下，向皇帝提出告假探家的

第九章 长安通复还

请求。陶渊明《读山海经》其一："孟夏草木长。""孟夏"是阴历四月。此"今夏草木长，脱身得西走"暗用陶诗点出逃归凤翔在四月，妙在有意无意之间，也有"草木长可以躲闪，故脱身西走"（王嗣奭语）意。画狼狈相以显逃窜的艰辛，述朝廷的嘉许、亲故的怜惜以明奔赴国难的本心，而不张扬其事以功臣、节士自居，这不但见人品，见性情，"其妙处有一唱三叹，朱弦疏越之遗"（李子德语），艺术上也甚见工力。《庄子·让王》："曾子居卫……十年不制衣，正冠而缨绝，捉衿而肘见。""衣袖露（一作见）两肘"，照字面径直理解亦佳，若知修辞上不无出处，更觉此语不即不离、既典雅又写实，颇见老杜文学修养之深和艺术的精工。时下古诗文辞新注，往往芟除旧注中此等修辞上的出处，以为可免烦琐之弊，其实这只表明时贤对传统诗文表现艺术不尽知音，不见得是个好主意。叙述完逃归得官之后，便引出述怀主旨。既然处在当时那种情况下"未忍即开口"，那就因公忘私，暂且将家室之念搁置一下吧！也不行。因为这不是一般的思家，而是在深深担心妻子儿女的生死存亡啊！一家大小寄居在鄜州城南的羌村（详见本书351页注〈17〉第八章第四节），不知现在家还有么。听说那里也遭到乱兵的祸害，杀得鸡犬不留。山中漏雨的茅屋恐怕没人了。新死的人很多，埋在那滥遭砍伐的苍松的树根下，地里冰冷，尸骨该没朽吧！有几个人能保全性命？所有的人家哪能都夫妻双全？想到那里已成了豺狼虎豹出没的场所，我就愁肠百结，禁不住老是回头远望。自从去年寄信回去到眼下已有十个月，我反倒害怕有消息来，要是报的是凶讯，我这颗小小的心能受得了吗？现在国家开始中兴了，我生平又最喜欢喝酒，我老是在想，要是这时全家能团圆欢会，那该有多好！只怕事与愿违，我难免要落得个成为孤老头的悲惨下场。李子德说："久客遭乱，莫知存亡，反畏书来。与'近家心转切，不敢问来人'⁽⁵⁾同意，然语更悲矣。"朱注："按《通鉴》：禄山初反，'自京畿、鄜、坊、至于岐、陇皆附之'。时所在寇夺。故以家之罹祸为忧。"⁽⁶⁾老杜的忧虑有充分的事实根据，完全是有可能发生的，并非神经过敏。越想越觉得可怕，但又不敢明言，就只好借诗述怀以寄意了。老杜当时因身许国和中顾私而激发出来的思想斗争是剧烈的，他内心的痛苦在诗中得到了充分的表露，深深地感动我们，为我们所理解、所同情，并从心灵上真切地感受到千百年前时代的苦难、人民的苦难。

他盼家书也怕家书，不管是盼还是怕，这年秋天他终于收到了"竹报平安"的家书，于是就写作了这首喜得家书、犹伤亲人相隔的《得家书》：

"去凭游客寄，来为附家书。今日知消息，他乡且旧居。熊儿幸无恙，骥子最怜渠。临老羁孤极，伤时会合疏。二毛趋帐殿，一命侍鸾舆。北阙妖氛满，西郊白露初。凉风新过雁，秋雨欲生鱼。农事空山里，眷言终荷锄。""游客寄"，一作"休沐骑"，当指从行在回鄜州一带休假的人。所以托他捎去家书，他又带来回信。熊儿是宗文的小名，骥子是宗武的小名。一直提心吊胆，生怕亲人们惨遭杀戮，家已无存，幸好两儿无恙，大小清吉，心总算安下来了。但临老羁旅孤单，一家难以会合，令人常发伤时之

⟨5⟩ 此引自宋之问《渡汉江》，摘录有误字，全诗为："岭外音书断，经冬复历春。近乡情更怯，不敢问来人。"此诗亦入李频集中，似误。
⟨6⟩ 《资治通鉴》至德元载八月载："自上离马嵬北行，民间相传太子北收兵来取长安，长安民日夜望之，或时相惊曰：'太子大军至矣！'则皆走，市里为空。贼望见北方尘起，辄惊欲走。京畿豪杰往往杀贼官吏，遥应官军；诛而复起，相继不绝，贼不能制。其始自京畿、鄜、坊至于岐、陇皆附之。"朱注所引，只"自京畿、鄜、坊、至于岐、陇皆附之"几字是原文，"时所在寇夺"云云，是根据"京畿豪杰……诛而复起"的意思加以推想、改写的。既然后面将京畿、鄜、坊连在一起说，又说京畿豪杰诛而复起，那么鄜、坊一带也当如此。"诛而复起"，岂不就是"寇夺"么？

叹。《唐六典》载，凡大驾行幸，预设三部帐幕，皆乌毡为表，朱绫为覆，下有紫帷方座，金铜行床，覆以帘，其外置排城，以为蔽捍。肃宗在凤翔行在住的就是这样的帐殿，还是很排场的。当时老杜身为行在左拾遗，每日都要"趋帐殿""侍鸾舆"。但从"二毛""一命"以及篇末终思归隐的话语来看，诗人对自己偌大年纪，拼死逃归，仅得此从八品上的"一命"心里是有所不满的。要知道，在他没有从贼中窜至凤翔这一忠君爱国特殊表现的前几年，他就在《进雕赋表》中向皇帝提出要个从六品上的著作佐郎之类官做做呢（详第六章）。《资治通鉴》载，这年二月，郭子仪攻破潼关，安庆绪遣兵救援，官军大败，死万余人。四月，郭子仪与王思礼在长安西渭桥会师，进驻滆西。贼将安守忠、李归仁驻军于京城西清渠。相守七日，官军不得进。五月，安守忠伪退，郭子仪率领全军追击。贼以骁骑九千为长蛇阵，官军击之，首尾为两翼，夹击官军，官军大溃。郭子仪退保武功，中外戒严。七月，贼将尹子奇征兵数万，攻睢阳。安武臣攻陕郡，屠城。等等。所以"北阙"句说（安禄山虽死）安庆绪气焰还很盛。"西郊"非谓凤翔的西郊，而是相对"北阙"而言，谓长安的西郊，即指凤翔。杜甫《秋述》："秋，……多雨生鱼，青苔及榻。""秋雨"句即此意。随手写景，又带出时序。这几句描写，虽不及月令农谚"三月昏，参星夕；杏花盛，桑叶白"（东汉崔寔撰《四民月令》引）生动、美丽，亦复清新可喜，有季节感。

杜甫在凤翔的这段时期，虽然思想上有些波动，有点消极，但总的看来，情绪还是很高昂的，对时局和战事十分关心。这可以从他拜左拾遗前后的一些送别诗中看得出来。他的《送樊二十三侍御赴汉中判官》说：

"威弧不能弦，自尔无宁岁。川谷血横流，豺狼沸相噬。天子从北来,长驱振凋敝。顿兵岐梁下,却跨沙漠裔。二京陷未收,四极我得制。萧索汉水清,缅通淮湖税。使者纷星散,王纲尚旒缀。南伯从事贤,君行立谈际。坐知《七曜历》,手画三军势。冰雪净聪明,雷霆走精锐。……正当艰难时,实藉长久计。"《天官书》:西宫七宿觜星,东有大星曰狼,狼下四星曰弧。弧属矢,拟射于狼。弧不直狼,则盗贼起。所以说"不能弦",下故有"豺狼相噬"之句。首四句是说唐明皇不能早除安禄山,致肇祸。"天子"六句是说肃宗中兴,回纥方许助兵,两京虽未收复,四方犹受唐节制。灵武在凤翔北,所以说"从北来"。岐、梁二山俱在凤翔,朝廷屯重兵于此间。《资治通鉴》载,至德元载六月,玄宗以陇西公李瑀为汉中王、梁州都督、山南西道采访防御使。又载第五琦见肃宗于彭原,请以江淮租庸市轻货,溯江、汉而上至洋川,今汉中王李瑀陆运至凤翔以助军;上从之。李瑀是汝阳王李琎之弟。杜甫初入长安时与李琎游,与李瑀当亦熟识,后多次赠李瑀诗。汉中郡即今陕西汉中,当时是南北运输枢纽,封李瑀为汉中王,可见对此地的重视。今尚王纲解纽:"国家之危,有若缀旒"(刘琨《劝进表》),使者星散,幸"南伯"(指汉中王)贤明,来此理事,君既应辟入幕,望竭尽才智,为危时画长久之策,建立功勋。这诗末二句说:"我无匡复姿,聊欲从此逝。"可见他当时尚未拜左拾遗,多少有些不满,表示要归隐。但整首诗总的倾向是积极的,表现出诗人对时事的密切注意和对国运的无限关怀。其余《送韦十六评事[7]充同谷防御判官》《送长孙九侍御赴武威判官》《送从弟亚赴河西判官》等,

---

[7] 据该诗首四句:"昔没贼中时,潜与子同游。今归行在所,王事有去留",知:一、韦十六曾与老杜同被俘至长安;二、由于二人地位不高、名气不大,困居长安时虽受约束,仍可"潜与同游",足证施鸿保所谓老杜"身方被拘,岂能游宿僧房,优游自适"之议不可信;三、作此诗时老杜已拜左拾遗。

无不写得"感慨悲壮，使人懦气亦奋"(胡夏客语)，不得视同等闲送别之作。《送长孙九侍御赴武威判官》："骢马新凿蹄，银鞍被来好。绣衣黄白郎，骑向交河道。"起得利索，神似北朝乐府民歌，语言艺术上的健美，也显示了作者人生态度的积极和情绪的昂扬。最能见出他对当时国家大事的政见之作是《奉送郭中丞（英乂）兼太仆卿充陇右节度使三十韵》："和房犹怀惠，防边讵敢惊。古来于异域，镇静示专征。燕蓟奔封豕，周秦触骇鲸。中原何惨黩，遗孽尚纵横。……内人红袖泣，王子白衣行。……几时回节钺，戮力扫欃枪。"王嗣奭评论说："此诗本送郭节度陇右，而语意轻外而重内。其谈陇右，但云'和房犹怀惠'，而以异域镇静了之。然未几而吐蕃果遣使再请讨贼，似有先见。至于中原之惨黩，余孽之纵横，亹亹言之，至有人臣所不忍言，他诗所不尽言者，独于送郭言之刺骨，正以感激中丞，而使知所最急也。"可见老杜不管在位不在位，总是以天下为己任，对时政有自己的看法，也是敢于"言之刺骨"的。

二　廷诤忤旨

正因为他是这样一个人，就在他拜左拾遗的那一个月（五月）里，由于履行谏官职守，抗疏救房琯，触怒肃宗，诏三司推问："（甫）与房琯为布衣交，琯时败陈涛斜，又以客董廷兰，罢宰相。甫上疏言：'罪细，不宜免大臣。'帝怒，诏三司杂问。宰相张镐曰：'甫若抵罪，绝言者路。'帝乃解。甫谢，且称：'琯宰相子，少自树立为醇儒，有大臣体，时论许琯才堪公辅，陛下果委而相之。观其深念主忧，义形于色，然性失于简。酷嗜鼓琴，廷（一作庭）兰托琯门下，贫疾昏老，依倚为非，琯爱惜人情，一至玷污。⁽⁸⁾臣叹其功名未就，志气挫衄，觊陛下弃细录大，所以冒死称述，涉近讦激，违忤圣心。陛下赦臣百死，再赐骸骨，天下之幸，非臣独蒙。'然帝自是不甚省录。"（《新唐书·杜甫传》）传中所引杜甫谢辞摘自其《奉谢口敕放三司推问状》（字句稍有改动）。老杜在状中先强调他主观动机是好的，论事涉近讦激是陷身贼庭、愤惋成疾所致："臣以陷身贼庭，愤惋成疾，实从间道，获谒龙颜。猾逆未除，愁痛难遏。猥厕衮职，愿少裨补"；接着称道房琯的为人，并为房琯受董庭兰的连累而婉辞辩解；最后重申他上疏的目的是"望（传作觊）陛下弃细录大"，实际上仍然在坚持疏中那句"罪细，不宜免大臣"因之而获罪的话。——要是真认罪，就得从根本否定"弃细（过）录大（才）"的提法，就得说房琯的罪大而才细。——还说皇帝恕了他的罪，"岂小臣独蒙全躯"，而是"天下幸甚"。可见他性子真是倔强得很，捅了这么个大娄子，差一点"抵罪"了，到最后还是心不服口也不服。这种态度，对于自以为神圣不可侵犯的皇帝来说，是很难堪的。只是处在当时亟须臣属效力以期收复失

⑻ 钱笺："朱长文《琴史》云：董庭兰，陇西人。唐史谓其为房琯所昵，数通赇谢，为有司劾治，而房公由此罢去。杜子美亦云：庭兰游琯门下有日，贫病之老，依倚为非，琯之爱惜人情，一至于玷污。而薛易简称庭兰不事王侯，散发林壑者六十载，貌古心远，意闲体和，抚弦韵声，可以感鬼神矣。天宝中，给事中房琯，好古君子也。庭兰闻义而来，不远千里。余因此说，亦可以观房公之过而知仁矣。当房公为给事中也，庭兰已出其门，后为相，岂能遽弃哉？又赇谢之事，吾疑谮琯者为之，而庭兰朽耄，岂能辨释，遂被恶名耳。房公贬广汉，庭兰诣之，公无愠色。唐人有诗云：'七条弦上五音寒，此乐求知古难。惟有开元房太尉，始终留得董庭兰。'按薛易简以琴待诏翰林，在天宝中，子美同时人也。伯原《琴史》，千载而下，为庭兰雪此恶名，白其厚诬，不独正唐史之谬，兼可以补子美之阙矣。"辩谢之词，虽不足信，聊备一说。《唐国史补》"郑宥调二琴"条载："张相宏靖，少时夜会名客，观郑宥调二琴至切：各置一榻，动宫则宫应，动商则商应；稍不切，乃不应。宥师董庭兰，尤善泛声、祝声。"又刘商《胡笳曲序》载："蔡文姬善琴，能为离鸾别鹤之操。后董生以琴写胡笳声，为十八拍，今胡弄是也。"略见董师技艺之一斑。

地的情势之下,权且忍下这口气,采纳了张镐等人的意见,宽恕了他[9];"然帝自是不甚省录",老杜显然不可能在朝中长久待下去了。状末署"至德二载六月一日,宣议郎、行在左拾遗臣杜甫状进"。到六月一日写这状子时事情算是了结了。这场政治风波就发生在五月十六日杜甫拜左拾遗以后、六月一日以前这半个月内。一出马门就踢倒鼓架子,看起来,老杜跟李白一样,真不是块做官的料,别看他俩志向大、口气大,干劲儿也不小。六年后的广德元年(七六三),八月房琯卒于阆州,九月老杜致祭。他在《祭故相国清河房公文》中说:"拾遗补阙,视君所履。公初罢印,人实切齿。甫也备位此官,盖薄劣耳。见时危急,敢爱生死!君何不闻,刑欲加矣。伏奏无成,终身愧耻。"就始终认为:那次抗疏是为了履行谏官职责,虽死不辞;唯一感到遗憾的是皇帝不理睬他,还要加刑于他,使他"伏奏无成,终身愧耻"。这种愤慨和感叹,也一再表露在他前前后后写的诗歌中。比如作于上元元年(七六〇)的《建都十二韵》,即慨叹他为救房琯而贬官,欲效贾、屈而未能:"牵裾恨不死,漏网辱殊恩。永负汉庭哭,遥怜湘水魂。"申涵光说:"人亦有一时感激,事过辄悔者。公以不死为恨,真谏臣也。"又如作于大历元年(七六六)的《壮游》,重申他那次犯鳞疏救房琯,主要是由于忧国忧民、忠于职守:"备员窃补衮,忧愤心飞扬。上感九庙焚,下悯万民疮。斯时伏青蒲,廷诤守御床。君辱敢爱死,赫怒幸无伤。"从"斯时"两句看,他当时的廷诤一定是死死地缠着不放,直把皇帝惹火了的。又如作于大历三年(七六八)的《秋日

---

[9]《新唐书·韦陟传》载:"(韦陟)除御史大夫。会杜甫论房琯,词意迂慢,帝令陟与崔光远、颜真卿按之,陟奏:'甫言虽狂,不失谏臣体。'帝繇是疏之(指韦陟)。"知代表三司推问的官员是韦陟、崔光远、颜真卿。朱鹤龄说:"观此,则当时论救者,不独一张镐矣。"

荆南述怀三十韵》，再一次旧事重提："迟暮宫臣忝，艰危衮职陪。扬镳随日驭，折槛出云台。"《汉书·朱云传》载，朱云进谏触怒成帝，成帝欲斩朱云，朱云手攀殿槛，槛折。辛庆忌救之，得免死。用典贴切，可见史传说肃宗要将杜甫"抵罪"，杜甫祭房琯文中说是"加刑"，是指要将他斩首啊。此外，就是《秋兴八首》其三中"匡衡抗疏功名薄"这样一句诗，也在为那件事发牢骚。汉元帝初即位，有日食、地震之变，上问以政治得失，匡衡上疏陈便宜，上悦其言，迁匡衡为光禄大夫、太子少傅（见《汉书·匡衡传》）。匡衡抗疏得官，我则不然，看起来，是我薄福薄命，注定于功名无分啊！——怨气不小，真有股子韧性战斗精神。从论房琯忤旨到死前两年写《秋日荆南述怀》时已有十二个年头，时过境迁，而老杜每一思及，总记忆犹新，耿耿于怀。可见他是把这看成他仕途通塞、命运攸关的大事。事实也是如此，此后他虽然仍在朝中继续供职，但刚过一年，他还是被看成房琯的同党给贬官了。

六月十二日（据状末所署），杜甫与另一左拾遗裴荐，左补阙韦少游，右拾遗魏齐聃、孟昌浩等五人上《为补遗荐岑参状》，谓："岑参识度清远，议论雅正。……今谏诤之路大开，献替之官未备。……奉状陈荐以闻。"按编制，左、右补阙、拾遗各二员，共八员，现仅有五员，尚差左补阙一员、右补阙二员。状进，即以岑参为右补阙。岑参前在轮台的安西四镇节度使、权北庭都护伊西节度瀚海军使封常清幕为大理评事，摄监察御史，充安西北庭节度判官。安禄山反，封常清被召还京，岑参领伊西北庭支度副使。头年年底从轮台东归，这时刚来到凤翔行在。状末推荐人署名按左、右拾遗、补阙顺序排列，按照惯例，文件执笔者多署名于同列人员之后，且此状收入杜集内，可见执笔者当是杜甫。前廷诤风波刚平息不到半个月，杜甫又精神抖擞地在工作了，能如此，实不易。但不知他写到"今谏诤之路大开"时作何感想。

当时严武正在行在做给事中，杜甫曾写了首题为《奉赠严八阁老》的诗送他说："扈圣登黄阁，明公独妙年。蛟龙得云雨，鵰鹗在秋天。"[10] 客礼容疏放，官曹可接联。新诗句句好，应任老夫传。"《唐国史补》"台省相呼目"载："宰相相呼为元老，或曰堂老。两省相呼为阁老。"给事中属门下省，开元时叫黄门省，故称"黄阁"。严武父严挺之与老杜很要好，故称严武为"妙年"，自称"老夫"。严武时年三十一岁，杜甫四十六岁。给事中与左拾遗"官曹"同在左省，所以说"可接联"。论官阶则严尊杜卑，严却以"客礼"相待，杜亦以前辈自居，所以说"容疏放"。官场但论官阶的尊卑，哪问年辈的长幼。此老不谙官场陋习，固然天真可爱，而严武竟能容忍，其雅量也堪称道。这是集中最早一首写给严武的诗，当时老杜恐怕连做梦也没想到今后他们之间还会有一段更密切的联系。

七月，他作《月》诗说："天上秋期近，人间月影清。入河蟾不没，捣药兔长生。只益丹心苦，能添白发明。干戈知满地，休照国西营。"[11] 黄生说："全首作对月嗔怪之词，实与《百五夜对月》作同一奇恣；特此首精深浑雅，故人不觉其奇尔。"单就艺术而论，此诗赶不上《一百五日夜对月》，更不要说《月夜》了。我对这诗感兴趣，主要因为它引出了王嗣奭的这样一段话："公凡单咏一物，必有所比。此诗为肃宗作。天运初回，新君登极，将有太平之望，秋期近而月影清也。然嬖幸已为荧惑，贵妃方败，复有良娣，入河而蟾不没也。林甫、国忠弄权于前，辅国、朝恩又继于后，捣药之

---

[10] 李商隐《重有感》"岂有蛟龙长失水？更无鹰隼与高秋"，显然受了这两句杜诗的启发。
[11] 仇注："此当是至德二载七月作，故云'秋期近'。"

兔长生也。所以只益丹心之苦，徒增白发之明。今干戈满地，月当无所不照，休得止照国西之营，谓此营士便能戡乱而可以无忧也。时官军于长安之西，鱼朝恩为观军容使，而李、郭等以六十万兵溃于相州，当在此时，公盖有深虑焉。白发增明，谓以忧加白。"

乾元元年（七五八）二月，以殿中监李辅国兼太仆卿。李辅国依附张淑妃（即良娣），判元帅府行军司马，势倾朝野。三月，立张淑妃为皇后。九月命郭子仪、李光弼等九节度使讨安庆绪，以宦官开府仪同三司鱼朝恩为观军容宣慰处置使。六十万兵溃于相州在乾元二年（七五九）三月。若全采王说，则当定此诗作于乾元二年七月，时老杜在秦州。这当然也是可以的；若仍定此诗作于至德二载七月，采王说而稍加变通，则不仅可通，似乎更切。案张良娣勾结内竖李辅国等弄权已非一日。《资治通鉴》载张良娣性巧慧，能得肃宗意。乱起之初，随肃宗来朔方。当时随从兵丁很少，每晚就寝，她常睡在肃宗前面。肃宗说："御寇非妇人所能。"她说："仓猝之际，妾以身当之，殿下可从后逸去。"到了灵武，产子；才过三日，就起来缝战士衣。肃宗阻止她，答道："此非妾自养之时。"肃宗因此就更喜欢她。

李辅国本飞龙小儿，粗通写、算，给事太子宫，肃宗当太子的时候就很信任他。李辅国外恭谨寡言而内狡险，见张良娣有宠，暗中依附她，里外勾结。建宁王李倓几次在肃宗跟前诋讦二人罪恶，二人向肃宗进谗言说："倓恨不得为元帅，谋害广平王（李俶，后改名豫，即后来的代宗）。"肃宗怒，赐李倓死（《资治通鉴》载此事在至德二载正月）。于是广平王李俶和李泌心里都很害怕。李俶想设法除掉李辅国和张良娣，李泌说："不可，王不见建宁之祸乎？"又载从肃宗在灵武那时以来，李辅国就判元帅行军司马事，侍直帷幄，宣传诏命，四方文奏，宝印符契，晨夕军号，一切都委托他处理，权力很大。那么，老杜任左拾遗时，就完全有可能有感于二人的弄权而藉咏月以抒愤了。李白《古风》其二"蟾蜍薄太清，蚀此瑶台月。圆光亏中天，金魄遂沦没"云云，旧注多以为蟾蜍蚀月，比唐玄宗武惠妃逼王皇后；月光亏而魄没，见后已废而忧死。杜甫《月》诗取譬类似，王说"嬖幸已为荧惑，贵妃方败，复有良娣，入河而蟾不没"云云，并非毫无道理。老杜《祭故相国清河房公文》："太子即位，揖让仓卒。小臣用权，尊贵倏忽。公实匡救，忘餐奋发。累抗直词，宜闻泣血"，即指房琯奉册灵武，见肃宗道当时利病，辞吐华畅，帝倾意待之，与参决机务，以及谏第五琦聚敛产怨如杨国忠，语皆切直等事。赵次公以为"小臣二语，盖谓李辅国也"，甚是。讲房琯的"累抗直词"却牵扯到"小臣"李辅国的"用权"，可见房琯的罢相与李辅国等有关。这祭文虽作于几年之后，老杜当时即当有此看法。寻常吟风弄月，哪会有"只益丹心苦"的感叹？若将此句与祭房琯文中"（甫）见时危急，敢爱生死！君何不闻，刑欲加矣。伏奏无成，终身愧耻"的话，和其后所作有关诗句"牵裾恨不死，漏网辱殊恩"（《建都十二韵》）、"备员窃补衮，忧愤心飞扬"（《壮游》）等参读，似乎更能令人相信这诗当是作者论房琯忤旨后，藉咏月以慨叹嬖幸荧惑、小臣弄权之作。《得家书》有"二毛趁帐殿"之句。既然皇帝在行在所住的是"帐殿"，那么，将老杜所在京西凤翔的行署称之为"国西营"，又有何不可呢？"干戈知满地，休照国西营"，若解释为望月勿照临此间，以免勾引起我感时伤乱之恨，这不是比王嗣奭对这两句的阐发更文从字顺、合情合理吗？他说："今干戈满地，月当无所不照，休得止照国西之营，谓此营士便能戡乱而可以无忧也。"恕我鲁钝，此语我曾反复琢磨，始终不知所云，恐说诗者本人亦不甚了了。张綖说："蟾兔以比近习小人。'入河不没',不离君侧也。'捣药长生',潜窃国柄也。'丹心益苦',无路以告也。'白发添明',忧思致老也。故结言'休照军营',恐愈触其忧耳。当时寇势侵逼如此,而近习犹然用事,何时得见清平邪?"此解较王说为优,可参看。后乾元二年杜甫在秦州作《初月》:"光细弦初上,影斜轮未安。微升古塞外,已隐暮云端。河汉不改色,关山空自寒。庭前有白露,暗满菊花团。"黄庭坚《杜诗笺》:"王原叔说:此诗为肃宗作。"(《豫章黄先生别集》卷四)仇兆鳌说:"今按此诗,若依旧说,亦当上下分截:上四,隐讽时事;下四,自叹羁栖。'光细',见德有亏。'影斜',见心不正。'升古塞',初即位于灵武也。'隐暮云',旋受蔽辅国、良娣也。'河汉不改',谓山河如故。'关山自寒',谓陇外凄凉。'露暗花团',伤远人不蒙光被也。"张綖、王嗣奭谓《月》隐讽时事,实沿于王原叔说《初月》一语,故并及之。

  半个世纪后的白居易,曾因进谏,当面批评宪宗说"陛下错",宪宗不高兴,密召承旨李绛说:"白居易小臣不逊,须令出院。"多亏李绛会说话,宪宗听了高兴,暂且作罢;不久还是趁任满理应改官之际,以照顾他母老家贫为名,叫他自便,把他从朝中打发走了。皇帝的脾气总是差不多的,肃宗一怒之下,要处置杜甫,因为有宰相张镐等人出来说情,一时对杜甫不好怎样,但见他仍待在身旁,态度还挺认真(如荐岑参即是),心里不可能不感到别扭,就乐得送个顺水人情,表示照顾他,墨制放还鄜州省家:"皇帝二载秋,闰八月初吉。杜子将北征,苍茫问家室。……顾惭恩私被,诏许归蓬荜。拜辞诣阙下,怵惕久未出。"(《北征》)"初吉",指朔日,即初一。至德二载闰八月初一日辞君上路,准假墨制下达当在头几天的八月底。行前中书舍人贾至、给事中严武与两院拾遗、补阙裴荐、韦少游、魏齐聃、孟昌浩、岑参诸公设宴饯别,座间拈韵赋诗，老杜得"云"字，作《留别贾严二阁老两院补阙》[12]说：

"田园须暂住，戎马惜离群。去远留诗别，愁多任酒醺。一秋常苦雨，今日始无云。山路时吹角，那堪处处闻。"家人暌隔，不见经年，今得归省，固然高兴，但想到戎马倥偬，归途险阻，官场多变，前路茫茫，就不觉忧从中来，顿起离群伤别之叹了。"一、二，别之故。三、四，留别之情。五、六，别之时。七、八，预想别途之感"(浦起龙语)。语言质朴，感情真切。

三　北征途中

老杜这次回去走的路线是：凤翔（今陕西凤翔）—麟游（今陕西麟游）—邠州（今陕西彬县）—宜君（今陕西宜君）—鄜州（今陕西富县）。当时长安西北正集结部队，准备收京，比前几月郭子仪败于清渠、退保武功时的情况有所好转[13]，这一带已控制在官军手中，定然通行无阻；只是为了打仗，公私马匹都集中到军队里[14]，老杜回去没马骑，要徒步走六七百里（据《元和郡县志》有关数字折算，凤翔至麟游一百六十里，麟游至邠州七十里，邠州至宜君二百一十里，宜君至鄜州二百二十五里，共计六百六十五里），感到很发憷，就硬着头皮写诗给将军李嗣业借马说：

"明公壮年值时危，经济实藉英雄姿。国之社稷今若是，武定祸乱非公谁？凤翔千官且饱饭，衣马不复能轻肥。青袍朝士最困

---

[12]"得云字"一作"得闻字"。"两院补阙"一作"两院遗补"。朱注："两院谓拾遗、补阙也，作'遗补'是。"

[13]《旧唐书·肃宗纪》："(至德二载，八月)癸巳，大阅诸军，上御城楼以观之。"可见当时已在做收京的军事准备了。

[14]《旧唐书·肃宗纪》："(至德二载，二月)上议大举收复两京，尽括公私马以助军。给事中李廙署云无马，大夫崔光远劾之，贬廙江华太守。"可见朝官都无马骑。

者，白头拾遗徒步归。人生交契无老少，论心何必先同调。妻子山中哭向天，须公枥上追风骠。"（《徒步归行》）李嗣业是京兆长陵人。身高七尺，膂力超群，尤善用陌刀，每战必为先锋，所向披靡。开元中从军以来，多次立功西域。天宝十二载，加骠骑大将军。入朝，赐酒玄宗前，醉起舞，帝宠之，赏赐有加。安禄山反，肃宗召他，他奉诏即上路，与诸将割臂发誓说："所过郡县，秋毫不可犯。"到凤翔，上谒，肃宗高兴地说："今日卿至，贤于数万众。事之济否，固在卿辈。"乃诏与郭子仪、仆固怀恩配合作战，进四镇、伊西、北庭行军兵马使。这年九月，发动收复长安的攻势，开头官军大败，乱不成阵。李嗣业对郭子仪说："今日不蹈万死取一生，则军无类矣。"随即光着膀子，手持长刀，大呼出阵，杀数十人，稳住了阵脚。官军终于转败为胜，收复了长安。其后在收复东都的战役中，李嗣业也多次出阵立功。兼卫尉卿，封虢国公。又兼怀州刺史、北庭行营节度使。

乾元二年（七五九）正月，李嗣业攻邺城，为流矢所中，卧帐中，伤口刚好，忽闻金鼓声，知与敌战，大呼，创溃，血流数升而卒。谥忠勇，赠武威郡王。老杜赠诗时李嗣业刚调回凤翔不久。从诗里看，老杜对这位正当壮年而英名早著的将军很佩服，期望也很大。（李嗣业不幸去世过早，倒也没辜负老杜对他的厚望。）只是这是一首当作借马便笺的小诗，不好像在《奉送郭中丞兼太仆卿充陇右节度使三十韵》中那样，一本正经地高谈军国大事，反而写得慷慨淋漓，富于生活实感。凤翔这么个小地方，因为皇帝来到这里，成了临时政府所在地，聚集着数以千计的文武官员。虽然经过汉中能得到从南方水陆运来的补给，但比起从前在长安的那种养尊处优、轻裘肥马的生活来，官员们的日子无疑过得苦多了，仅止混个温饱而已。我这个白发苍苍却穿着青袍这种低级服色的左拾遗，情况就更惨；回去探家，路程这么遥远，没有马骑，不得不步行。想起妻子儿女困守山中哭天无路就不觉归心似箭，我迫切希望您把您枥上那匹日行千里的黄骠马借给我。——写得多真实！千多年以后我们读了，仿佛能见当时行在兵荒马乱的景象和诗人焦急愁苦的神情。这诗题下有原注："赠李特进。自凤翔赴鄜州，途经邠州作。"据此则应认为老杜已步行全程三分之一路程到邠州（今陕西彬县），才向李嗣业借马骑。但是他的《九成宫》，篇末写对故宫而念新君，抒发无限兴亡的感叹："我行属时危，仰望嗟叹久。天王狩太白（指肃宗在凤翔），驻马更搔首。"既说"驻马"，表明他到麟游时已经有了马。九成宫在麟游县西五里。麟游在凤翔东北一百六十里，在邠州西南七十里，从凤翔到鄜州先经麟游，后过邠州，一般情况不会到邠州借了马然后再骑回麟游瞻仰九成宫（从诗意看《九成宫》不作于自鄜州回凤翔途中，闻一多《少陵先生年谱会笺》认为长安收复后老杜从鄜州直接回京，并非如旧谱所谓十月扈从还京）。可见他向李嗣业借马是在凤翔。杜集中的原注有一些显然不是自注，与其从原注，不如从原文。当时公私马匹都集中到军队里，老杜走后门向李将军借马，终于如愿以偿了。黄鹤注引《新唐书·李嗣业传》："嗣业忠毅忧国，不计居产，有宛马十（误引为'千'）匹，前后赏赐，皆上于官以助军云。"这只是说李嗣业公而忘私，连他从西域带回的大宛马也上交助军了。赵次公说："嗣业有宛马千匹，或公从之借乘。"又四川文史研究馆编《杜甫年谱》说："（杜甫）前行入邠州境，路途崎岖，以养马闻名之李嗣业正镇守邠州，因向其借得乘马以代步，作《徒步归行》诗赠之。"这显系因"有宛马千匹"而产生的误解。该谱在此前也引到了"驻马更搔首"，但未作说明，不知已意识到九成宫"驻马"与邠州借马之间多少存在点小问题否。

老杜行经麟游县西五里的九成宫，徘徊眺望，不胜感慨，于是就写作了《九成宫》：

"苍山入百里，崖断如杵臼。曾宫凭风回，岌嶪土囊口。立神扶栋梁，凿翠开户牖。其阳产灵芝，其阴宿牛斗。纷披长松倒，揭嵯怪石走。哀猿啼一声，客泪迸林薮。荒哉隋家帝，制此今颓朽。向使国不亡，焉为巨唐有？虽无新增修，尚置官居守。巡非瑶水远，迹是雕墙后。我行属时危，仰望嗟叹久。天王狩太白，驻马更搔首。"前十二句写景，可与魏徵《九成宫醴泉铭序》下面这一段描述参读："此则隋之仁寿宫也。冠山抗殿，绝壑为池；跨水架楹，分岩竦阙。高阁周建，长廊四起；栋宇胶葛，台榭参差。仰视则迢递百寻，下临则峥嵘千仞。珠璧交映，金碧相辉，照灼云霞，蔽亏日月。观其移山回涧，穷泰极侈，以人从欲，良足深尤。至于炎景流金，无郁蒸之气；微风徐动，有凄清之凉。信安体之佳所，诚养神之胜地，汉之甘泉，不能尚也。"宋玉《风赋》："夫风生于地，起于青𬞟之末，侵淫溪谷，怒于土囊之口。""土囊口"出此，指谷口。"曾宫"二句谓山高宫敞，谷口回风，见此间最宜避暑。"立神"句出王延寿《鲁灵光殿赋》："神灵扶其栋宇"，谓宫殿经乱独存，似有神灵呵护。郦道元《水经注·江水》："每至晴初霜旦，林寒涧肃，常有高猿长啸，属引凄异，空谷传响，哀转久绝。故渔者歌曰：'巴东三峡巫峡长，猿鸣三声泪沾裳！'"景物凄清，猿啼悲切，行客处此情境，难免潸然泪下。转思此系离宫别馆，如今竟如此荒凉，吊古伤时，悲痛之情，就更难自已了。这就是"哀猿"二句所包含的内容，并从而自然地过渡到后半截的抚事增感、抒情寄意。九成宫本是隋仁寿宫，贞观五年修葺，乃改名。宫周围千八百步，并置禁苑及府库、官寺等。太宗、高宗都曾来此避暑。

《资治通鉴》载："(隋文帝开皇十三年，二月，)诏营仁寿宫于岐山之北，使杨素监之。素奏前莱州刺史宇文恺检校将作大匠，记室封德彝为土木监。于是夷山堙谷以立宫殿，崇台累榭，宛转相属。役使严急，丁夫多死，疲顿颠仆，推填坑坎，覆以土石，因而筑为平地。死者以万数。"又载："（十五年，三月，）仁寿宫成。丁亥，上幸仁寿宫。时天暑，役夫死者相次于道，杨素悉焚除之。上闻之，不悦。及至，见制度壮丽，大怒曰：'杨素殚民力为离宫，为吾结怨天下。'素闻之，惶恐，虑获遣，以告封德彝，曰：'公勿忧，俟皇后至，必有恩诏。'明日，上果召素入对，独孤后劳之曰：'公知吾夫妇老，无以自娱，盛饰此宫，岂非忠孝！'赐钱百万，锦绢三千段。"史称隋文帝"爱养百姓，劝课农桑，轻徭薄赋。其自奉养，务为俭素"，但为了满足一己之私欲，尚且如此。及至炀帝即位，穷奢极欲，祸国殃民，就必然要自取灭亡了。老杜因九成宫而念及前朝兴衰旧事，非止发思古之幽情，亦有殷鉴不远之意。贞观十一年，唐太宗作飞山宫，魏徵上疏，以为："炀帝恃其富强，不虞后患，穷奢极欲，使百姓困穷，以至身死人手，社稷为墟。陛下拨乱反正，宜思隋之所以失，我之所以得，撤其峻宇，安于卑宫；若因基而增广，袭旧而加饰，此则以乱易乱，殃咎必至，难得易失，可不念哉！"那么，在这以前，魏徵为什么又乐于为唐太宗撰《九成宫醴泉铭》呢？这是因为他见"群下请建离宫"，而皇帝"爱居京室，每弊炎暑"，也早有此意。[15] 与其另择新址，

---

[15]《资治通鉴》载："（贞观五年）九月，上修仁寿宫，更命曰九成宫。又将修洛阳宫，民部尚书戴胄表谏，以'乱离甫尔，百姓凋敝，帑藏空虚，若营造不已，公私劳费，殆不能堪！'上嘉之曰：'戴胄于我非亲，但以忠直体国，知无不言，故以官爵酬之耳。'久之，竟命将作大匠窦璡修洛阳宫，璡凿池筑山，雕饰华靡。上遽命毁之，免璡官。"据此可知唐太宗也有想大兴土木的意思，所以修了仁寿宫又修洛阳宫。将修洛阳宫时，他既表示纳谏，却又照旧动工，最后见过于奢华，始断然作罢。这表明他思想上是有斗争的，有时图享受的念头占上风，有时怕酿祸的顾虑占上风。即使是头脑比较清醒的唐太宗，年纪越大，图享受的念头也越来越强烈，于是就有贞观十一年作飞山宫之役，和魏徵的严辞谏阻。

大兴土木，不如因陋就简，修复仁寿宫，将就对付一下为好："圣上爱一夫之力，惜十家之产，深闭固拒，未肯俯从（指前引'群下请建离宫'的请求）。以为隋氏旧（仁寿）宫，营于曩代，弃之则可惜，毁之则重劳。事贵因循，何必改作。于是斫雕为朴，损之又损；去其泰甚，茸其颓坏。杂丹墀以沙砾，间粉壁以涂泥。玉砌接于土阶，茅茨续于琼室。仰观壮丽，可作鉴于既往；俯察卑俭，足垂训于后昆。此所谓至人无为，大圣不作；彼竭其力，我享其功者也。"在这里，魏徵巧妙地寓规于颂扬，要太宗时时以"壮丽作鉴"，以"卑俭垂训"。了解了魏徵撰《九成宫醴泉铭》的主要用意所在〈16〉，再来看杜诗"荒哉"十句，就会有趣地发现，在对九成宫的看法上，老杜和魏徵的心是相通的，但由于"我行属时危"，老杜看到了魏徵当时担心并极力防止重蹈覆辙的悲剧终于发生，老杜的认识，自然比魏徵又深入一步，这就无怪乎他要"仰望嗟叹久"了。如前所述，按照魏徵当时的想法，一、与其另建新宫，不如因陋就简修复旧宫，将就对付；二、以修复部分的"卑俭"来对比、衬托出旧宫残存部分的"壮丽"，既可引为殷鉴，又可作出"卑俭"的榜样，一举两得，何乐而不为。经过历史的验证，这想法虽好，只是太天真了，实际上很难做到。于是老杜的看法就有所不同了：荒唐呀隋文帝，你当初修建的仁寿宫到如今早已塌了朽了。（那么，前面描状的那些壮丽的宫阙又是哪里来的呢？）要是隋朝不亡国，这仁寿宫哪会为大唐所有，变成九成宫了呢？（须知：正是这仁寿宫的修建，开了隋炀帝穷奢极欲的先例，导致亡国的啊！）

〈16〉1976年文物出版社出版的《九成宫醴泉铭》，后赘说明，谓"碑文美化封建帝王，宣扬英雄创造历史的唯心史观；还利用发现泉水一事，贩卖'天人感应'的反动思想"，这些话本身并不错，但魏徵撰写此铭并序的主要用意显然不在此。

《旧唐书·职官志》载:"九成宫总监,监一人,从五品下。副监一人,从六品下。丞一人,从七品下。主簿一人,从九品下。录事一人,府三人,史五人。宫监掌检校宫树、供进炼饵之事,副监为之贰。"照魏徵所说,当日接管这座隋故宫时只是葺其颓坏,并未有新的增修,为何还如此重视,特为设官居守?王融《曲水诗序》说:"穆满八骏,如舞瑶水之阴。"《尚书·五子之歌》说:"甘酒嗜音,峻宇雕墙。"皇帝到这里来避暑,虽不像传说中乘八骏周游天下的穆天子那样去得那么远,这到底是踩着前代帝王的脚印,到一个峻宇雕墙的游乐地来了啊。久久地望着这曾经沧桑的故宫,想到当今进驻凤翔的新君,我感慨万千,但不知如何表达,就不觉驻马沉吟、搔首踟蹰了。——诗人的感慨说了一半咽了一半。不过,谁读了这诗,只要细细玩味这些半吞半吐的话语,自会明白最使他痛哭流涕长太息的是本朝而决非前代。张惕庵说:"(荒哉)四句为本朝回护,最得体,却又寓讽。"王嗣奭说:"'尚置官居守'有刺。盖因'迹是雕墙后',而不改荒隋之辙也。'天王狩太白',蓬莱宫尚不能安居,况九成宫乎?驻马回首,无限感伤,而'泪迸林薮'以此。"弦外之音,言外之意,知音人是听得出来的。这诗写得很典雅,初读稍嫌前半写景板滞、后半议论含混,几经咀嚼,始悟如此崇山峻宇,非出之以方笔[17],遣之以排奡之辞,不足以描状峥嵘壮丽之景;明讽前代,暗刺本朝,道来委婉,寓意分明,议论非但不含混,更见此老运用语言工力之深。李商隐《咏史》中"历览前

---

[17] 刘永济先生在其《诵帚盦词自序》中追忆往事说:"既壮,游于沪滨。……时强村先生主海上沤社,社题有绿樱花、红杜鹃分咏。予非社中人,蕙风命试作,强村见之曰:'此能用方笔者。'予谨受命,然于此语不甚解也。"刘先生后来结合创作经验,对此语自有理解。这里只谈我的粗浅体会。我认为此语甚佳,综观古典文学,确有所谓用方笔者,如大赋、谢灵运诗、韩愈诗等等多是。杜诗中亦有用方笔者,如此诗。

贤国与家，成由勤俭破由奢"二句可借来概括此诗的中心思想，但诗人的感叹则较此深广远甚。在说诗中，不能混思想、感情为一谈，因为二者各异，须分别评论。譬如此诗，若提炼成"历览"二句云云，即使至确，亦恐难称之为佳作（至于作为研究作家思想、社会思潮的资料，则又当别论）。其理自明，但事实上有时人们往往将思想上或有可取却乏感情又输文采的作品，捧得很高。此风在十年浩劫期内最盛，但"冰冻三尺，非一日之寒"，要想改变，也非一朝一夕之功。

离开麟游，走了几天，来到宜君，参观了玉华宫，老杜又以宫名为题，作诗说：

"溪回松风长，苍鼠窜古瓦。不知何王殿，遗构绝壁下。阴房鬼火青，坏道哀湍泻。万籁真笙竽，秋色正萧洒。美人为黄土，况乃粉黛假？当时侍金舆，故物独石马。忧来藉草坐，浩歌泪盈把。冉冉征途间，谁是长年者？"（《玉华宫》）玉华宫是贞观二十一年（六四七）所建，在宜君县西北，傍山临涧，环境幽美。太宗曾来此避暑。高宗永徽二年（六五一）废为玉华寺。[18] 这首诗中一个较为重要的问题是：到底应该怎样理解"不知何王殿"呢？主要有如下几种看法：（一）确乎不知是何代何宫殿。王嗣奭主是说："注引《唐·志》，必非唐之宫殿，观'不知何王'语自见。恐即苻坚所造，故作诗者因宫殿而及其墓也。"（二）"不知"句意谓当地人不知，并非老杜不知。朱鹤龄主是说："玉华宫作于贞观年间，去公时仅百载，而云'不知何王殿'者，何也？按《高

〈18〉《新唐书·地理志》"坊州中部郡·宜君"条载，贞观二十年置玉华宫，在县北四里凤皇谷。永徽二年废宫为玉华寺。《寰宇记》载，废玉华宫在坊州宜君县西四十里，贞观十七年置，正殿覆瓦，余皆茸茅，当时以为清凉胜于九成宫。建宫在二十一年，作"二十"或"十七"，皆误。

僧传》载,玄奘尝于此译经。意久废为寺,与九成宫之置官居守者不同。人皆不知为何王之殿耳,非公真昧真迹也。"[19](三)非不知,有不忍言者。浦起龙主是说,认为:"明是唐时所建,而曰'不知何王',正以先世卑宫遗意,子孙有愧敬承。若明言贞观之俭,则显形天宝之奢矣。而况本朝旧物,一旦荒凉,又有不忍言者也。朱氏以为宫废为寺,土人不知。土人岂有不知之理,不亦暗于本意欤?篇末'谁是长年'之感,单读本篇,不过伤心物化。合观前首(《九成宫》),仍然陨涕时衰。曰'谁是',身世俱该。《九成》《玉华》,用意各别。一为隋代所建,故明志来历,有借秦为喻之意。一为国初所作,故不忍斥言,有黍离行迈之思。又彼承荒主而踵事也,故由盛而衰,意存追感。此则俭德而终废也,故因衰起兴,泪洒当前。"浦说驳朱说有理,阐述亦复合情,愚意以为犹未尽善。案《资治通鉴》记载建玉华宫原委及有关情事甚详:"(贞观二十一年,三月,)上得风疾,苦京师盛暑。夏四月,乙丑,命修终南山太和废宫为翠微宫。……五月,戊子,上幸翠微宫。……上以翠微宫险隘,不能容百官,(七月,)庚子,诏更营玉华宫于宜春(君)之凤凰谷。……二十二年,春正月,己丑,上作《帝范》十二篇以赐太子,……曰:'汝当更求古之哲王以为师,如吾,不足法也。……吾居位已来,不善多矣,锦绣珠玉不绝于前,宫室台榭屡有兴作,犬马鹰隼无远不致,行游四方,供顿烦劳,此皆吾之深过,勿以为是而法之。顾我弘济苍生,其益多;肇造区夏,其功大。益多损少,故人不怨;功大过微,故

---

[19] 施鸿保不同意朱说,认为老杜也完全有可能不知道,但知与不知,无关弘旨:"今按此诗通首不及太宗事,若非真昧其迹,不应遗略;盖既久废,公于途次,又无图经寺志可查也。朱说亦推公太过,不欲谓真昧耳。其实此等皆无足重轻,不必曲为之说。"

业不堕；然比之尽美尽善，固多愧矣。汝无我之功勤而承我之富贵，竭力为善，则国家仅安；骄惰奢纵，则一身不保。且成迟败速者，国也；失易得难者，位也；可不惜哉！可不慎哉！'……上营玉华宫，务令俭约，惟所居殿覆以瓦，余皆茅茨[20]；然备设太子宫、百司，苞山络野，所费已巨亿计。（二月，）乙亥，上行幸玉华宫；己卯，畋于华原。……（三月，）充容（九嫔之一）长城徐惠以上东征高丽，西讨龟兹，翠微、玉华，营缮相继，又服玩颇华靡，上疏谏，其略曰……又曰：'虽复茅茨示约，犹兴土木之疲；和雇取人，不无烦扰之弊。'又曰：'珍玩伎巧，乃丧国之斧斤；珠玉锦绣，实迷心之酖毒。'又曰：'作法于俭，犹恐其奢；作法于奢，何以制后！'上善其言，甚礼重之。……（二十三年）夏，四月，乙亥，上行幸翠微宫。……（己巳）令（褚）遂良草遗诏。有顷，上崩。（年五十有三。）"跟翠微宫一样，玉华宫是太宗卒前三年特为养病建造的离宫，而且"备设太子宫、百司，苞山络野"，规模很大，即使时过百年，当地人不会不知。何况贞观二十二年四月，太宗御制《玉华宫铭》，诏令皇太子已下并和（见《唐会要》），其文甚为朝臣、文士所艳称："（帝）又制《玉华山铭》，示群臣，诏令学士并作。帝博览群书，总其宏纲，殆于万卷；遒文丽藻，一时冠绝"（《玉海》），老杜哪有不知之理？至于朱注据《高僧传》有关玄奘尝于此译经的记载"意（此宫）久废为寺"云云，纯属征引欠当致误。案《广弘明集》载，贞观二十二年，幸玉华宫，追（玄）奘至。问："翻何经论？"答："正翻《瑜伽》。"上问："何圣所作？明何等义？"具答已。令取论自披

---

[20] 贞观二十二年诏："即涧疏隍，凭岩建宇。土无文绘，木不雕镂。矫铺首以荆扉，变绮窗于瓮牖。"（载《全唐文》）

阅,遂下敕:"新翻经论,写九本,颁与雍、洛、相、兖、荆、扬等九大州。"玄奘何"尝于此译经"?此宫何尝"久废为寺"?看起来,前述三种意见,以浦氏所主第三种"有不忍言者"之说为可信。但是他所作不忍"明言贞观之俭"以显形"天宝之奢"的解释,却不尽然。浦氏未及深考,仅据旧注所引"务从菲薄""正殿覆瓦,余皆茸茅"等只言片语,竟信以为真,其实,太宗营造玉华宫,"所费已巨亿计",难称节俭,本人在其后一年作以训子的《帝范》中曾公开承认"宫室台榭屡有兴作"是自己不少"不善"和"深过"之一,他的宫嫔上疏进谏也批评他"虽复茅茨示约,犹兴土木之疲"。因此,在我看来,老杜之所以不忍言,与其说是怕"明言贞观之俭,则显形天宝之奢",不如说对贞观的"作法于奢,何以制后",致肇天宝之祸有所腹非,但鉴于太宗"益多损少""功大过微",不敢也不忍明言而已。"虽无新增修,尚置官居守。巡非瑶水远,迹是雕墙后。"此意在《九成宫》中已有所流露。前后参悟,或可验愚见之未必全诬。太宗痛感隋季的破国由奢,但居于至尊之位,惑于尘世之欲,迫于桑榆之年,难以克制,乃明知故犯;自恃功大益多,颇得人心,稍图安逸,当无大害;转思子孙"无我之功勤而承我之富贵","骄情奢纵,则一身不保",又不无后顾之忧。于是撰文垂训,引咎责躬,还特别礼重宫嫔逆耳之谏(太宗善纳谏,往往知过必改,此则不然,一方面礼重之,一方面并未有所举动,可见是故作姿态),无非想借以表示奢纵之习为害甚大,已虽不免却深自痛恨,万"勿以为是而法之"。太宗的用心,不可谓不苦了,只是本身也做不到,又怎望这些空洞的教训能劝阻他的那些坐享其成的后人克勤克俭,永保江山呢?作为身逢乱世的诗人,路过离宫,触景生情,不胜兴亡之感,并从而思考致乱之因,这是完全可以理解的。但是,像上面所分析出来的那些"为本朝回护""却又寓讽"的想法,却并不完全正确。历史证明,封建专制制度本身是古今帝王奢纵之源。常以隋为殷鉴的开国之君唐太宗尚且不免,即使当初不修九成、不营玉华,难道太平天子唐玄宗就不会因奢破国么?诗中有这样四句话:"美人为黄土,况乃粉黛假?当时侍金舆,故物独石马。"赵汸说:"当时必有随辇美人没葬宫旁者,故诗中及之。四句言富贵倏忽已尽,即末句'谁是长年者'意。"玉华废宫境地荒凉,触发了诗人无限黍离行迈之思,写得凄绝。邵子湘说:"简远凄凉,正以少许胜人多许。"

洪迈《容斋随笔·张文潜哦苏杜》:"张文潜暮年在宛丘,何大圭方弱冠,往谒之。凡三日,见其吟哦此诗(指《玉华宫》)不绝口。大圭请其故,曰:'此章乃风雅鼓吹,未易为子言。'大圭曰:'先生所赋,何必减此。'曰:'平生极力摹写,仅有一篇稍似之,然未可同日语。'遂诵其《离黄州》诗,偶同此韵,曰:'扁舟发孤城,挥手谢送者。山回地势卷,天豁江面泻。中流望赤壁,石脚插水下。昏昏烟雾岭,历历渔樵舍。居夷实三载,邻里通假借。别之岂无情,老泪为一洒。篙工起鸣鼓,轻橹健于马。聊为过江宿,寂寂樊山夜。'此其音响节奏,固似之矣,读之可默谕也。又好诵东坡《梨花》绝句,所谓'梨花淡白柳深青,柳絮飞时花满城。惆怅东栏一株雪,人生看得几清明'者,每吟一过,必击节赏叹不能已。文潜盖有省于此云。"证之以苏诗,知张耒击节相赏的,主要是《玉华宫》这类作品宣泄了凄绝深长的人生喟叹,他极力摹写的《离黄州》,内容与《玉华宫》不同,之所以自认"稍似之"者,除了音响节奏,全在于情调的相近。

老杜有一首颂扬唐太宗功业的五言排律《行次昭陵》。昭陵是唐太宗的陵墓,在今陕西醴泉县东北五十里的九嵕山,利用山峰凿成。著名的"昭陵六骏"浮雕石刻，原来即列置在昭陵北面祭坛的东西两庑房内。这六块浮雕，刻的是唐太宗在开国战争中所骑过的六匹骏马，刻于贞观十年（六三六）。六马姿式各异，但均雄劲有力，高度体现了我国古代雕塑的艺术水平。其中"拳毛䯄"和"飒露紫"两块，于一九一四年被盗走，现存美国费城。"什伐赤""青骓""特什骠"和"白蹄乌"四块，现藏陕西省博物馆。诗中有"石马汗常趋"句，"石马"即指此"昭陵六骏"石刻。《安禄山事迹》载，潼关之战，官军既败，贼将崔乾祐，领白旗左右驰突。又见黄旗军数百队。官军以为是贼，不敢逼近。须臾，见与崔乾祐斗，黄旗军不胜，退而又战不止一次。俄不知所在。后昭陵奏：是日灵宫前石马汗流。诸家多以为诗人谒陵时因见"昭陵六骏"等石刻而想到这一传说以寄慨，并定这诗作于这次还鄜州途中行经昭陵时。这诗叙述唐太宗平乱之功和贞观致治之盛，实际上是慨叹时无英雄、太平难望。这种思想感情也与当时的实际相符。只是从凤翔出发，经麟游到宜君，路线径直，离作战地区又较远，老杜为什么要舍近求远、去安即危，绕道到这个两军对阵、时有战斗的京兆府的远郊区醴泉县来呢？百思不得其解。战乱时世或有此等事，惜资料阙如，无法确考。

老杜在途中还作了两首五律，其中的一首《晚行口号》说："三川不可到，归路晚山稠。落雁浮寒水，饥乌集戍楼。市朝今日异，丧乱几时休？远愧梁江总，还家尚白头。""落雁"二句写荒途晚景，令人有身临其境之感。《北征》说："夜深经战场，寒月照白骨。"老杜途经战场，确曾目击这种尸骨纵横的惨状。我读"饥乌"句时，总不免要联想到汉乐府《战城南》中的这几句话："战城南，死郭北，野死不葬乌可食。"浦起龙说："考《陈书》：江总，济阳考城人，仕梁。侯景陷台城，避难会稽，憩龙华寺。寺即其上世都阳里居旧基，故作《修心赋》曰：'是豫章之旧圃。'又曰：'庶忘累于妻子。'诗所谓'还家'，当指此，正以自况值乱而归寓宅也。以江总十八解褐之年计之，避难时才三十余耳，而公年已望五，故曰'远愧'。"所论甚是。另一首《独酌成诗》说：

"灯花何太喜？酒绿正相亲。醉里从为客，诗成觉有神。兵戈犹在眼，儒术岂谋身？苦被微官缚，低头愧野人。"蒋弱六说："前半是初酌时，不觉一切放下。后半是酒后，又不觉万感都集，心事如画。"浦起龙认为："应即'口号'（指作前诗）之夜所成，故云家尚未到，灯亦何劳尔花。正须把酒取醉，解我客愁，而兴之所至，不觉触口成吟耳。"在此前后，作《彭衙行》，记去岁自白水逃亡至此承孙宰留宿情事（详第八章）。

四 "生还偶然遂"

经过多日的长途跋涉，老杜终于平安抵达羌村，与分离一载、朝夕思念的家人们团圆了。《羌村三首》就是他刚到家那几天与妻子儿女欢聚的最感人的艺术写照。

其一说："峥嵘赤云西，日脚下平地。柴门鸟雀噪，归客千里至。妻孥怪我在，惊定还拭泪。世乱遭飘荡，生还偶然遂。邻人满墙头，感叹亦歔欷。夜阑更秉烛，相对如梦寐。"西边红云高耸，云罅里泻出的斜阳光像巨人的长脚下到平地。写乡村傍晚景象如绘，令人真切地感到秋晴的爽朗，和远客乍归的特殊印象。这里的"日脚"和《茅屋为秋风所破歌》中"雨脚如麻未断绝"的"雨脚"一样，脚就是脚，有人觉得别扭，说"雨脚"就是雨滴，"日脚"就是日光，那当然是不错的，只是头脑过于科学，不足以言诗。陆贾《新语》："乾鹊噪而行人至。"吾乡现今尚有"喜鹊叫，有客来"的俗话。仇兆鳌以为"柴门"句中的"雀"字当做"鹊"。[21]柴门鸟雀噪晴，在千里归客心目中这仿佛是对他的热烈欢迎。写景也写情，一片喜气洋洋。王嗣奭说："前有《述怀》《得家书》二诗，则公与其家人已知两无恙矣。此诗有'妻孥怪我在''生还偶然遂'等语，若初未相闻者，何也？盖此时盗贼方横，乘舆未复，人人不能自保，直至两相对面，而后知其尚存，此实情也。"一个处于困境屡为失望所苦的人，一旦梦寐以求之事竟成事实，莫不意惑神飞，疑其非真。这是人之常情。《六一诗话》引梅尧臣的话说："诗家虽率意，而造语亦难。若意新语工，得前人所未道者，斯为善也。必能状难写之景，如在目前；含不尽之意，见于言外，然后为至矣。"其实前人所未道之情和难写之景往往就在日常生活中为人所常见、常感。正因为是人所常见、常感，写入诗中，很难显得意新语工。

老杜这首诗的好处，就在于他能把乱世常人都可能经历到或亲眼得见的常事、常情，用平平常常的语言表现出来，却能状难写之景如在目前，含不尽之意见于言外。（一）穷乡僻野，外人罕至，偶有客来，邻里都会来看热闹。（二）杨氏夫人携家小寄居羌村一年有余，与邻里无疑是很熟识的了。老杜陷贼与窜归凤翔得官等情事，村中也当早已风闻。今见老杜归家，人们哪能不来观看？老杜去岁在此稍作勾留随即离去，与村中人多不相识，如今又是官身，初来乍到，邻人们一时不便径入相见，又甚感希罕，便不觉围满墙

---

[21] 施鸿保说："今按鸟雀常语，公诗多用之，如：'鸟雀喧户牖''鸟雀荒村暮''日长惟鸟雀''鸟雀聚枝深''得食阶前鸟雀驯''伤弓鸟雀饥'。必附会下句，引《新语》改字，则于他句作何解？且必并'鸟雀'字改'乾鹊'，方合。"改字殊不必，但可采《新语》作参考。

头探望了。(三)邻人围满墙头,开头自然是看热闹的心理成分多,及见老杜与家人相会惊定拭泪、喜极生悲情状,也不由得为之感叹歔欷了。这几层意思,如果一一道来,倒也容易,只是过于琐细,写入诗中,难免令人生厌。老杜则不然,他只需"邻人满墙头,感叹亦歔欷"两句,就把这一动人的情景既生动具体又干净利索地表现了出来,细细玩味,而且包含了上述几层言外之意。言有尽而意无穷,这是神韵派诗人所追求的理想境界。其实,只要不将之作玄妙的理解,写实派的诗,又何尝不需要这种以一当十、"含不尽之意见于言外"的功夫呢?王嗣奭说:"'夜阑更秉烛','更'读平声。久客归来,未能即睡,不无琐事,更换秉烛,自是真景,非相疑而互照。至'相对如梦寐',则惊怪意犹未尽忘也。"这解说是正确的。若解释为老杜和杨氏夫人夜深对坐,犹是惊怪,更秉烛互照,则未免显得滑稽。"夜阑更秉烛",与李商隐《夜雨寄北》"何当共剪西窗烛"的用意接近,都写与妻久坐不即就寝情景。坐久烛暗,须剪掉烛芯使之复明。言剪烛,则坐久之意自见。烛不但须剪,且须更换,二人相对而坐的时间就更加长久了。"如梦寐"三字佳,与恍惚的心理状态真切入微。去岁老杜陷贼之初在中秋月明之夜预想来日与妻子欢聚的情景说:"何时倚虚幌,双照泪痕干?"今日归来虽然也是闰八月的第二个中秋,无奈时在月初,他们不得同倚虚幌让多情的明月"双照泪痕干",就只能秉烛夜阑,互诉衷情了。想当然的事同生活中成为现实的事总是不一样的。老杜可以把他所渴望的与妻子团聚的情形想象得很美,写得很感人。但这一愿望一旦成为事实时,他就应该直接从那未必与想象相符的现实生活中去选择素材,提炼诗意。

歌德曾经给一位当时很著名的德国即席演唱家、汉堡的沃尔夫博士出了个题目,要他描绘一下他从魏玛回汉堡的行程,他马上信口说了一段音调和谐的诗,这使歌德感到惊讶,但并不赞赏,因为在歌德看来,他描绘的不是回到汉堡的行程,而只是回到父母亲友身边的情绪,也就是说,他不乏才能,却患着那个时代重主观的通病。所以歌德在另一处就明确地指出:"世界是那样广阔丰富,生活是那样丰富多彩,你不会缺乏作诗的动因。但是写出来的必须全是应景即兴的诗,也就是说,现实生活必须既提供诗的机缘,又提供诗的材料。一个特殊具体的情境通过诗人的处理,就变成带有普通性和诗意的东西。我的全部诗都是应景即兴的诗,来自现实生活,从现实生活中获得坚实的基础。我一向瞧不起空中楼阁的诗。不要说现实生活没有诗意。诗人的本领,正在于他有足够的智慧,能从惯见的平凡事物中见出引人入胜的一个侧面。"(《歌德谈话录》)

我从老杜"夜阑更秉烛,相对如梦寐"两句中悟出了一点诗歌创作上的道理,总嫌讲不透彻,只好搬出歌德老人来帮忙;多亏他见多识广,终于毫不费力地将我朦胧地感到却把握不住的道理阐述得淋漓尽致。我看,老杜全部的诗也都是来自现实生活、从现实生活中获得坚实的基础的,岂止"夜阑"二句?重客观轻主观,这只是从创作的基本态度而论,并不意味着否认想象的作用。因为只要有一点创作经验和文艺理论常识的人都知道,如果缺了理想的翅膀,不管中国的诗神,还是德国的诗神,都是无法翱翔于太空的。王遵岩评《羌村》其一说:"一字一句,镂出肺肠,而婉转周至,跃然目前,又若寻常人所欲道,真国风之义。"所谓"若寻常人所欲道",跟歌德所谓"能从惯见的平凡事物中见出引人入胜的一个侧面"的意思相近。王氏说得不很明确,也多少意识到杜诗与寻常现实生活有着极其密切的关系。

其二说:"晚岁迫偷生,还家少欢趣。娇儿不离膝,畏我复却去。忆昔好追凉,故绕池边树。萧萧北风劲,抚事煎百虑。赖知禾黍收，已觉糟床注。如今足斟酌，且用慰迟暮。"前首写久客初归之乐。欢乐过后，种种烦恼重新涌上心头，了无生趣，诗人又不得不借酒消愁了。这就是这首诗中所要表现的意思。"晚岁迫偷生，还家少欢趣。"前句是因，后句是果。这一年来，出生入死，好容易与亲人团聚，理应"还家多欢趣"才是，然而不然，这主要是因为他已经进入晚年（其实只有四十六岁，只是他心理上认为自己已经衰老了），却为情势所迫，仍须苟且偷生的缘故。到底是什么事使得他这么不愉快呢？他没说，不过我们却知道，那不外是：干戈满地、哀鸿遍野、时世艰难、家室牵累，其中最令他担心的，恐怕无过于小人用事，朝政多变，而前因疏救房琯，廷诤忤旨，今墨制放还，事犹未了。点出因忧思萦怀而少欢趣，便不详加诉说，就此打住，然后掉转笔头，着重写己之不悦和设法自遣情状：（一）"娇儿不离膝，畏我复却去"，写小儿女喜父归来而绕膝依依，及见面露不悦神情，不觉生畏而退了回去。[22]——就是这样，通过娇儿的一个细微的心理变化和小动作，便反映出老杜"还家少欢趣"的愁苦情状。（二）去岁初来羌村寄寓，正当炎夏，回忆当时爱在屋旁

---

[22] 萧涤非《谈杜诗"娇儿不离膝，畏我复却去"》（载《杜甫研究论文集》二辑）说："关于这两句诗，历来就存在着两种不同的说法。一说，孩子们缠在身边，是因为怕爸爸又要抛开他们而去。如吴见思《杜诗论文》：'娇身绕膝，以抛离之久，畏我复去耳。'主此一说的，还有金圣叹、杨伦等人。另一说是，孩子们刚一见爸爸回来，又亲热，又有些害怕。如仇兆鳌注：'不离膝，乍见而喜；复却去，久视而畏。此写幼子情状最肖。'主此说的还有卢元昌、浦起龙等。至于近人的注释，也是各行所是，很不一致。"萧先生生前说（另一篇《一个小问题纪念大诗人——再谈杜诗"娇儿不离膝，畏我复却去"》，载《杜甫研究论文集》三辑），吴小如、傅庚生二先生主后说，均有所发挥，可供参考。吴小如《说杜诗"畏我复却去"》（载《杜甫研究论文集》三辑）说："从全诗看，杜甫回了家，骨肉团聚，本是高兴的事。但由于诗人忧国伤时，以'偷生'为耻，虽与妻儿朝夕相处，也觉得'少欢趣'，因此总不免带有不悦的神情。孩子对父亲原很亲热，所以说'不离膝'；但一看到父亲脸上有点不高兴，自然就慢慢地悄悄地退缩着躲开了。"此采吴说。

池边树阴纳凉，甚感快意，就想再去走走，借以排遣；谁知那里北风萧萧，前尘如梦，抚事伤怀，徒添无穷苦恼。——借设法排遣而不得以显"少欢趣"之甚。（三）想到此地今秋丰收，有余粮酿酒，想象中已觉压酒的糟床（即酒醡）中酒流如注，这不是在极力形容酒人的喉急狂态，而是在倾诉他借酒浇愁、聊自宽解的苦衷："如今足斟酌，且用慰迟暮。""何以解忧？唯有杜康。"最后还是落到一个"忧"字上，这就是这首诗的主旨所在。忧什么？笼而统之地说是忧国忧民，这当然是不错的；若细细琢磨，恐与他从任左拾遗以来在凤翔行在朝廷的所见所感和亲身遭遇不无更直接的关系。通过一二身边琐事和心理活动便活现出一个忧心忡忡的老杜来，艺术上也很有特色。

其三说："群鸡正乱叫，客至鸡斗争。驱鸡上树木，始闻叩柴荆。父老四五人，问我久远行。手中各有携，倾榼浊复清。'莫辞酒味薄，黍地无人耕。兵革既未息，儿童尽东征。'请为父老歌，艰难愧深情。歌罢仰天叹，四座泪纵横。"浦起龙说"三诗俱脱胎于陶"，这是不错的。无论形还是神，三诗之中，又以其三最酷似陶诗，这只需将陶渊明《饮酒》其九对照一下就知道了："清晨闻叩门，倒裳往自开。问子为谁与，田父有好怀。壶浆远见候，疑我与时乖。'褴缕茅檐下，未足为高栖。一世皆尚同，愿君汨其泥。'深感父老言，禀气寡所谐。纡辔诚可学，违己讵非迷！且共欢此饮，吾驾不可回。'"对于这种探求诗歌或诗句从何脱胎的做法，歌德是极其反感的。他说："世界总是永远一样的，一些情境经常重现，……那么，某个诗人作诗为什么不能和另一个诗人一样呢？生活的情境可以相同，为什么诗的情境就不可以相同呢？"他的助手爱克曼接着说："所以我总觉得一些学问渊博的人太奇怪了，他们好像在设想，作诗不是从生活到诗，而是从书本到诗。他们老是说：诗人的这首诗的来历在这里，那首诗的来历在那里。"当听到爱克曼说拜伦把他的《浮士德》拆成碎片并指出它们各自的出处时，歌德还讲了这样一段颇有见地和胆略的惊人妙语："拜伦所引的那些妙文大部分都是我没有读过的，更不用说我在写《浮士德》时不曾想到它们。拜伦作为一个诗人是伟大的，但是他在运用思考时却是一个孩子。所以他碰到他本国人对他进行类似的无理攻击时就不知如何应付。他本来应该向他的论敌们表示得更强硬些，应该说，'我的作品中的东西都是我自己的，至于我的根据是书本还是生活，那都是一样，关键在于我是否运用得恰当！'……我的靡非斯托夫也唱了莎士比亚的一首歌。他为什么不应该唱？如果莎士比亚的歌很切题，说了应该说的话，我为什么要费力来另作一首呢？"认为"世界总是永远一样的"固然不对，但生活中无疑有不少相同的或类似的情境（如果不是这样，我们就很难懂得古代的和外国的诗歌了，因为它们表现的是跟我们毫不相干的情境），也的确有情境相同而并非模仿或抄袭的诗。如果离开诗歌本身的欣赏和评价，而一味从故纸堆里死抠一字一句的出处，那是不足取的。这种倾向，外国有，中国更甚。所以朱光潜先生在翻译到上述意见时加注议论说："这也是我国过去的注诗家们的恶习，认为好诗'无一字无来历'，于是就穿凿附会起来，说某个词句来源于古代某些大家的诗。李善注《昭明文选》就已如此。"

　　就创作而论，强调首先着眼于生活情境，着眼于诗人本身的真切感受和表现的完美，不遑计较有无出处或是否经前人道过，这都是些很好的意见。不但歌德，我国古今著名诗人也不乏有意无意用成句入诗的成功范例。譬如苏轼以唐人刘驾《早行》首句"马上续残梦"为其《太白山下早行至横渠镇书崇寿院壁》首句，又采唐人殷尧藩《喜雨》第四句"浙（同浙）东飞雨过江来"仍为其《有美堂暴雨》第四句，由于用得恰当，成句与续成部分融为一体，各自表现了更为优美的情境，于是后来居上，为人们所传诵，而原作反倒湮没无闻，甚至连学问渊博、好查出处的注家也不甚了了（高步瀛选注《唐宋诗举要》，曾标明前一出处，对后一出处则未标明）。近代名家也有用成句用得好的诗篇。读鲁迅七绝"明眸越女罢晨装，荇水荷风是旧乡。唱尽新词欢不见，旱云如火扑晴江"，莫不感其忧思，赏其文采，以为从内容到语言纯是独创，恐怕还没有人想到，这诗的第三句原来就是刘禹锡《踏歌词》其一"春江月出大堤平，堤上女郎连袂行。唱尽新词欢不见，红霞映树鹧鸪鸣"中的成句呢。这些例子都足以说明歌德关于诗歌不避相同情境甚至可以径用成句、成篇的大胆主张是有一定道理的。但是，却不能从而认为：（一）创作可以雷同，可以剽窃；（二）凡是注明诗歌词句出处和探求诗歌或诗句从何脱胎的做法都是错误的。歌德强调"我的作品中的东西都是我自己的，至于我的根据是书本还是生活，那都是一样，关键在于我是否运用得恰当"，这哪里是在提倡雷同和剽窃呢？诗人不从生活只从书本中去寻诗，注家迷信好诗无一字无来历而穿凿附会地去注诗，这当然都是不对的，不值得提倡。但是要求作家加强文学修养，努力从前代优秀创作中吸取养分、获得借鉴，要求研究者通过作品的分析和比较，探讨前后代表现艺术的继承与发展，为今天的创作提供点滴宝贵经验，这仍然是未可厚非，甚至是十分必要的。《羌村》其三恰可借来说明一些问题。老杜回到羌村，村子里的父老们约好了，各自携带些酒食去看望他，说眼下战争还没结束，各家各户的年轻小伙们都东征打仗去了，撂下黍地没人耕种，收的粮食不多，凑合着酿了点酒，味道很淡，送来只是表示点心意，请多加包涵。处在这种场合，对着这样一些饱经战乱的纯朴的乡邻，听了如此诚恳而深情的话语，怎教老杜不感动得热泪纵横呢？这是现实生活中的情境，这情境显然是与陶渊明《饮酒》其九中所描绘的情境基本上相同。可见正如歌德所说，生活中确乎有相同的情境。既然如此，那我们就不能说（实际上也不是）杜甫的这首诗是从陶渊明的那首诗套来的。这一点必须首先加以肯定。但是，老杜"熟精《文选》理"，对陶渊明很景仰，对陶诗浸淫日久，十分熟习，如果一旦遇到与陶诗中相同的情境，感而有作，能说他根本不会想起那首陶诗，不会去向它借鉴，不会受到它的影响吗？细细比较这两首诗，自会发现无论结构布局，还是造词遣句，甚至是语气口吻都很相仿佛，杜学陶的痕迹是很明显的。但是，这不是江淹那种演员进入角色式的刻意模仿，而是以我为主以生活为根据向前代名篇所做的创造性的借鉴。江淹的《陶征君潜田居》是这样的："种苗在东皋，苗生满阡陌。虽有荷锄倦，浊酒聊自适。日暮巾柴车，路暗光已夕。归人望烟火，稚子候檐隙。问君亦何为，百年会有没。但愿桑麻成，蚕月得纺绩。素心正如此，开径望三益。"这思想、这境界、这韵致，哪一点不是陶渊明的呢？所以沈德潜称许说："得彭泽之清逸矣。"学陶学到这种足以乱真的地步并非易事，他必须十分熟习陶渊明其人其诗，在创作的过程中必须进入陶渊明这一角色，进入陶渊明的特定的生活情境，像陶渊明那样感受那样思想，方能写出这样形神酷似的篇章来。（江淹还仿作了曹植、刘桢、王粲、嵇康、阮籍、谢灵运等二十余家诗各一首，也同样经过深入的揣摩，但都不及这首拟陶之作传神。）同仿古代名人字画、仿出土文物等仿古美术工艺品比较起来，这种杂拟诗歌（古代此类作品甚多，《昭明文选》中即辟有一类"杂拟诗"）当然是创作而不是模仿。通过杂拟，可以体察入微地领会前人创作的甘苦，得其用心，有助于自身艺术表现能力的提高和独特风格的形成（据《酉阳杂俎》载，李白曾前后三拟《文选》，今《恨赋》尚存，可见他是下过这种苦工夫的），甚至还可能产生几首像江淹杂拟诗那样较为完美、可供赏玩的作品。此外，从研究古典诗歌的角度来看，如果有人真对他所研究的作家作品下过这样的一番工夫，即使仿作的成绩不够理想，也无疑会对分析这一作家作品的思想艺术特色大有裨益（对于今天的古典诗歌研究工作者来说，如果他稍稍懂得点作诗填词，我想对他的研究工作也会有好处的）。

如上所述，杂拟不是简单的模仿而是创作，对学习写作和进行研究不无好处，但是，这到底不是借鉴前人艺术最经常和最理想的途径。《羌村》其三的学陶就不是这样，若论情境与语言，它太像陶渊明的《饮酒》其九了。不过它有如下最重要的一点与江淹那首拟陶诗迥然不同：前者中有战乱还乡的作者杜甫，而后者则只有想当然的退隐田园的陶潜。后者写得确乎精美，只是缺乏拟作者的个性和时代气息，除了引人发思古之幽情，供人鉴赏其技艺，意义毕竟不大。前者就完全不是这样。它写出了老杜，写出了父老，还通过宾主双方简短的酬答写出了时世的艰难和民生的困苦，尤其是写出了老杜跟乡邻的纯真友谊和他忧国忧民的深沉的思想感情，感人至深。"脱胎于陶"而不是陶，能像杜甫这样借鉴前人之作，应该说是值得学习的。要想做到这样，决非临时抱佛脚、现找现摹所能奏效，而应该在深入生活的同时，坚持不懈地向古今中外的名家名著学习，日积月累地丰富自己的文化知识，提高自己的文学艺术修养和精神境界，然后才有可能逐步达到含英咀华、推陈出新的境地，写出思想艺术越来越成熟的作品来。在农村有"鸡公打架有客来"的俗话。《羌村》其三"群鸡正乱叫，客至鸡斗争。驱鸡上树木，始闻叩柴荆"四句，写的就是这种带有民俗情趣的身边琐事，却神奇地展现了乡村的古朴情境，烘托出闲居客至的欢快气息，获得了极佳的艺术效果。这四句诗当然来自生活，作者写这四句诗时很可能没想到陶渊明的诗句"狗吠深巷中,鸡鸣桑树颠"（《归园田居》其一）,正犹如陶渊明当日作诗时也可能没想到汉乐府中的诗句"鸡鸣高树颠,犬吠深宫中"（《鸡鸣》）一样。但是,当文学素养很高的陶渊明和杜甫在酝酿新的诗情时,那些前人旧作,难道就起不了丁点儿酵母菌的作用么？——恕我浅陋,容我借这个兴许不很恰当的例子,来说明作家的文学素养对创作潜移默化的作用吧！

五 与《五百字》媲美的名篇

就在写《羌村三首》之后不久,杜甫又创作《北征》[23]这首足与《自京赴奉先县咏怀五百字》相媲美的长篇叙事、抒怀诗。诗中记述了沿途的经历和到家后的情况,以及当时的政治、军事形势,表达了诗人对时局的看法,反映了一定的社会现实生活,无论思想性还是艺术性都是很高的。为了行文和阅读的方便,且分五大段评介于后。

首段说:"皇帝二载秋,闰八月初吉。杜子将北征,苍茫问家室。维时遭艰虞,朝野少暇日。顾惭恩私被,诏许归蓬荜。拜辞诣阙下,怵惕久未出。虽乏谏诤姿,恐君有遗失。君诚中兴主,经纬固密勿。东胡反未已,臣甫愤所切。挥涕恋行在,道途犹恍惚。乾坤含疮痍,忧虞何时毕？"这一段写他承肃宗墨制放还鄜州省家,诣阙拜辞时的恋君忧国心情。鄜州在凤翔东北。老杜回家向北走,所以叫"北征",字面出班彪《北征赋》。初吉,朔日,即初

---

[23] 黄鹤以为此诗当在《羌村》后至德二载九月作,故云"菊垂今秋花"。如此长篇,熔铸需时,谓作于这年九月,不无道理；但引"菊垂"句为证,则不妥。因此句系叙归途所见,其时明书为"闰八月初吉",岂可用来证明诗当作于九月？所见实是山中野菊花,这年闰八月,当可开放,不必泥于成见,以为"菊垂今秋花"必在九月重阳。

一。这种开篇记年月日的作法仿曹大家《东征赋》："惟永初之有七兮，余随子乎东征。时孟春之吉日兮，撰良辰而将行。"萧涤非先生说："头两句一上来就抬出皇帝并写明年月日，这是为了表示郑重和严肃。因为这诗主要是写国家大事。白居易《游悟真寺》：'元和九年秋，八月月上弦。我游悟真寺，寺在王顺山。'显然是模仿《北征》的。但只写个人的游览，似乎不必戴这种大帽子。"金圣叹说："起四句，竟如古文辞。只插'苍茫'二字，便将一时胸中（所虑家室）为在为亡，无数狐疑，一并写出。"（《杜诗解》）得到皇帝批准探亲，临行时总该表示一下恩泽私被、不胜感戴之意和恋君忧国之情。如果仅仅是这样地来理解这一大段诗，虽不算错，终嫌肤浅。仇兆鳌将"维时"以下一小段归纳成两句话："上八，欲去不忍，忧在君德；下八，既行犹思，忧在世事。"并将杜甫廷诤忤旨、诏放还家一事与之联系起来。这很有见地，深得作者用心。浦起龙读杜，往往有得，于此诗则不甚了了，竟然说："按还鄜诗古律凡数首，俱不及救琯被放事。意未上疏前，先许归省。本传与年谱漏也。"从表面看，这话似乎有点道理，因为还鄜诸诗确未明显地提到这件事。但若稍加思索，就会发现在这段诗中，也隐藏着老杜因这事而产生的内心剧痛和隐忧。且看这几句："虽乏谏诤姿，恐君有遗失。君诚中兴主，经纬固密勿。""谏诤姿"，勇于谏诤的品质和表现。"经纬"，织布的纵线叫经，横线叫纬，因而用来指有组织地处理事务，这里指处理国家大事。"密勿"，周密勤勉。这几句话讲得很委婉，说半句，咽半句，如果将言外之意一并用口语译出，就是：我虽然缺乏当谏官的才具（进谏的方式不很得体那也是出于一片至诚），主要是担心陛下日理万机难免有失误之处；陛下确乎是中兴之主，处理国家大事总是要周密勤勉认真对待啊！关于救琯忤旨一事，杜甫曾在《奉谢口敕放三司推问状》中强调过他的主观动机是好的，论事涉近讦激、方式不当是陷贼时愤惋成疾所致："臣以陷身贼庭，愤惋成疾，……猥厕衮职，愿少裨补。"这不就是上几句诗中所包含的主要意思么？怎能说"俱不及救琯被放事"呢？事情已经暂时平息下来了，而且给了个恩准还家探亲的大面子，即使回得家来深感"晚岁迫偷生""抚事煎百虑"，思想负担很重，总不能彰明较著旧事重提，只得含蓄委婉地倾诉衷肠了。钟惺评"臣甫愤所切"句说："'臣甫'章奏字面，诗中如对君。"（《杜臆》引）诗一开头就抬出皇帝并郑重地标明年月日，这里又毕恭毕敬地叱名称臣，而且一本正经地议论国家大事，我看这决不是他无心而很可能是有意把诗写成"如对君"的"章奏"，希望有朝一日幸达"圣览"，俾"察余之中情"。

《史记·屈原贾生列传》说屈平疾王听之不聪，故忧愁幽思而作《离骚》。张衡《四愁诗》序说张衡出为河间相，时国王骄奢，天下渐敝，郁郁不得志，为《四愁诗》，效屈原以美人为君子，思以道术相报，贻于时君。以诗明志，冀回君意，由来已久。后来白居易更明确地提出诗歌的讽喻作用，说自己"擢在翰林，身是谏官，手请谏纸，启奏之外，有可以救济人病，裨补时阙，而难于指言者，辄咏歌之，欲稍稍递进，闻于上"。那么，说杜甫作《北征》时也有类似的考虑，未必是毫无根据的。从古到今都说杜甫忠君爱国，说法虽一样，而着眼点和评价却有很大的不同。封建时代朕即国家，强调杜甫"一饭未尝忘君"，便是对他的最高考语。今世重民主，扬之者以为忠君便是爱国，抑之者以为爱国终是忠君，各执一端，互不相让。其实老杜的忠君思想固然严重，但并未到不问是非曲直唯君命是从的愚蠢地步，譬如在《自京赴奉先县咏怀五百字》等诗中，虽措辞委婉，对玄宗仍未免有所讥刺。又如为救房琯，不但敢犯鳞进谏，而且在当时和以后一直到死，每当触及此事，心情总不能平静，在诗文中始终坚持己见，流露出不以肃宗为然的情绪（这一段中就有这意思）。能说这是愚忠吗？至于说到"忠君"和"爱国"，既要看到这是两个不同的概念，各有自己的内涵，不可混同起来，说"爱国"就是"忠君"，或"忠君"就是"爱国"，又要看到这两个概念的外延在杜甫的思想言行中大部分是重叠的，换句话说，就是他的"忠君"和"爱国"思想不是各不相干而是有密切联系的。譬如这一段中他"忧在君德""恐君有遗失"这无疑是忠君的表现，但又与他愤切"东胡反未已""忧在世事"的"爱国"思想密切相关。因为在君主专制时代，皇帝的是否"密勿"、有无"遗失"，是会直接影响到"经纬""世事"的啊。不能非历史主义地要求像杜甫这样的封建士大夫从根本上否定皇帝的作用，也不能简单地认为封建时代朕即国家，凡是"忠君"就必然"爱国"，而应该通过细致的剖析，看他诗歌中所表现出来的哪些是"忠君"思想、哪些是"爱国"思想，就是"忠君"思想也并非一概都坏，里面或许多少有点值得肯定的地方。

第二段说："靡靡逾阡陌，人烟眇萧瑟。所遇多被伤，呻吟更流血。回首凤翔县，旌旗晚明灭。前登寒山重，屡得饮马窟。邠郊入地底，泾水中荡潏。猛虎立我前，苍崖吼时裂。菊垂今秋花，石戴古车辙。青云动高兴，幽事亦可悦。山果多琐细，罗生杂橡栗。或红如丹砂，或黑如点漆。雨露之所濡，甘苦齐结实。缅思桃源内，益叹身世拙。坡陀望鄜畤，岩谷互出没。我行已水滨，我仆犹木末。鸱鸟鸣黄桑，野鼠拱乱穴。夜深经战场，寒月照白骨。潼关百万师，往者散何卒？遂令半秦民，残害为异物。"这一段写沿途所见所感，具体描绘了"乾坤含疮痍"的悲惨景象，反映了人民所受灾难的深重。"靡靡"，迟迟的样子。《诗经·王风·黍离》："行迈靡靡，中心摇摇。""靡靡"句紧接在上段议论之后，写他慢慢地在田间道路上走过，不仅过渡自然，而且相得益彰，从内心到外表，再现出他忧国伤时、含悲去国的自我形象；要是没有这踽踽独行的身影，上段的议论与这段的叙事很难有机地联系起来；要是没有上段的议论，读者对他的沉重的精神负担自然一无所知，那么，这踽踽独行的身影就会一闪而过，难以产生较强的艺术感染力。仇兆鳌说："元年十月，房琯有陈陶、青坂之败。二年，郭子仪复有清渠之败。故云'呻吟更流血'。"但诗中所写，应是最近战斗的伤亡情况。"回首"二句，只写回头远眺行在旌旗在夕阳反照中或明或灭之景，便见出诗人低徊恋阙之悲，无论手法还是情绪，跟《离骚》"陟升皇之赫戏（在初日的光明照耀下）兮，忽临睨夫旧乡"十分相似。"重"，重叠。"前登寒山重"，是说前进途中翻过一座又一座的山。陈琳《饮马长城窟行》说："饮马长城窟，水寒伤马骨。""屡得"句是说不须到长城边塞，就在这关内近京之地也随处可见战场景象。

　　这本是写实，但一联想到古诗，更觉触目惊心。请不要忘记，老杜当时是骑着从李嗣业那里借来的马的。坐骑须不时饮水，好在到处都有军队留下的"饮马窟"，所以说"屡得"。要是他没有骑马，这"得"字就没有着落了。泾水从邠州（今陕西彬县）北郊流过，形成盆地，杜甫在山上下望，邠州郊原如在地底，故有"邠郊"句。⁽²⁴⁾仇兆鳌引陆机《苦寒行》"猛虎凭林啸"、又《赴洛道中作》"孤兽更我前"注"猛虎"句，以为真有虎。吴瞻泰《杜诗提要》则以为"猛虎状苍崖之蹲踞"。时下选注本多采此说，并连

⟨24⟩ 胡夏客说："'入地底'，暗用陶复陶穴事，其俗尚窟居也。"恐非。我国西北黄土地区有一种叫"塬"的地貌，四周是流水冲成的沟，中间突起呈台状貌，边缘陡峭，顶上比较平坦，是良好耕作地区，如陕北的洛川塬等。"入地底"作如是解，似较胡氏之说为优，但不知"邠郊"有塬否，待考。

下句串讲说，如猛虎样的怪石站在我面前，苍崖的裂缝像是它在怒吼。文研所编的《唐诗选》认为此说似误，下句"吼"字已证实写的是真虎，谓吼声粗大可以"裂石"，又举出"熊罴咆我东，虎豹号我西"（《石龛》）、"夜半归来冲虎过"（《夜归》）等句，论证杜诗中提到"虎"的地方往往实指以渲染环境的险恶。我同意这看法。所谓实指，可能有，也不一定真有，总比借以形容来得真切。这种写法源于曹操的《苦寒行》："熊罴对我蹲，虎豹夹路啼。"参看前引"熊罴咆我东"等句自明。钟惺说："'幽事'六句，当奔走愁绝时，偏有闲心清眼，看景入微。"行经山野幽僻处，乱世行人"偏有闲心清眼"并不足怪而是很自然的事。因"幽事可悦"而不觉"缅思桃源"，转了一个圈，登时又从片刻"高兴"和梦幻中回到严酷的现实中来，就"益叹身世拙"了。行云流水，运转自如，这倒不关构思的精妙，只是这生活感受和心理变化本身别饶情趣，写得也很真切而已。"雨露之所濡，甘苦齐结实"，即眼前景生慨，既实且虚，颇富人生哲理意味，而结穴于"身世拙"的一叹中，与鲍照《拟行路难》"泻水置平地，各自东西南北流。人生亦有命，安能行叹复坐愁"比照，便觉二者有异曲同工之妙。

古时祭天地的祭坛叫畤。春秋时秦文公作鄜畤用三牲郊祀白帝。这里以鄜畤指鄜州。那边山冈起伏、岩谷出没，老杜见鄜州遥遥在望，不觉加快了速度，自己已到了水边，仆人还在树梢露出的塬上走着。挑担的仆人（据下段可知老杜这次回家还是带了不少帛、衾裯、粉黛之类东西的），当然赶不上骑马的主人，不过这里主要是写老杜急着到家的神情。登高虽能遥望鄜州，要想到达那里仍须赶一段很长的路程。桑叶黄落，鸱鸦悲鸣。暮色苍茫，野鼠拱手站立（即古之所谓"拱鼠"）在乱穴出口处探望，准备外出觅食。深夜经过战场，寒月照耀白骨，阴森可怖。去年哥舒翰率百万大军

（实为二十万，此为夸大之辞）镇守潼关，却一败涂地，害得秦地军民死了大半。真可哀伤啊！写日暮到夜深赶路时所见所感，能给人以强烈的印象，历历在目，惊心动魄。

第三段说："况我堕胡尘，及归尽华发。经年至茅屋，妻子衣百结。恸哭松声回，悲泉共幽咽。平生所娇儿，颜色白胜雪。见爷背面啼，垢腻脚不袜。床前两小女，补绽才过膝。海图拆波涛，旧绣移曲折。天吴及紫凤，颠倒在裋褐。老夫情怀恶，呕泄卧数日。那无囊中帛，救汝寒凛慄？粉黛亦解苞，衾裯稍罗列。瘦妻面复光，痴女头自栉。学母无不为，晓妆随手抹。移时施朱铅，狼藉画眉阔。生还对童稚，似欲忘饥渴。问事竞挽须，谁能即嗔喝。翻思在贼愁，甘受杂乱聒。新归且慰意，生理焉得说？"这一段叙述回家后的悲喜情状。上段结尾悲潼关败后秦民的惨遭杀戮。这段一开头接着说自己也就是在那时被俘，等到归来，头已全白，不胜感慨。下面便缕述到家后情事。启承自然，在不知不觉中便转过话题了。老杜前几年蹭蹬京华，早已白头，有"头白眼暗坐有胝""游子空嗟垂二毛""白头无籍在""昭代将垂白""被褐短窄鬓如丝""已见白头翁""堂上书生空白头""白首甘契阔"等等可证。身陷贼中，百忧交集，五内如焚，当然"及归尽华发"了。"白胜雪"，似乎解释为面无血色颜色苍白较当。据诗中所述，除宗文、宗武外，他们还有两个小女儿。《山海经·海外东经》："朝阳之谷，神曰天吴，是为水伯，在䖅䖅北，两水间。其为兽也，八首人面，八足八尾，皆青黄。""裋褐"，古代童仆所穿的粗布衣服。古代官服上常绣珍禽异兽和海涛图案。"海图"四句是说拆下旧绣补在孩子们的粗布衣服上，横七竖八的，将"海图""天吴""紫凤"这些图案全给割裂了，弄颠倒了。李子德说："四句写尽大家乱后仓卒无衣之苦。"不是大家哪来的旧绣？但仍不免拆作补钉布，也很可怜。人们处在紧张的精神状态中尚能勉强挺得住，一旦松弛下来，往往会有垮了的感觉。老杜从长安逃到凤翔，不久就发生廷诤忤旨风波，接着又经历了一番艰苦的长途跋涉，回到家来，亲人相见，喜极生悲，百感交集，一阵兴奋过后，突然生病，卧床几天，这是实事，也合乎常情，写得极琐屑，却展现了乱世远归人的真实情况，很感动人。杨伦说："叙儿女事可悲可笑，乃从《东山》诗'果裸''瓜苦'等得来，故不嫌琐悉伤雅。"这话说得不准确：（一）儿女事与"果裸""瓜苦"很不一样，凭什么说前者是从后者来的？（二）为什么前者从后者来就"不嫌琐悉伤雅"了呢？如果不是从后者来而这么写，难道就嫌琐悉伤雅了么？雅与不雅难道就非以《诗经》为准则么？杨伦那么说当然有他认识片面的地方，但我认为其中也不无合理因素。

《诗经·豳风·东山》写久戍士卒在还乡途中想念家乡情景。第二章想象那可能已经荒废的家园，觉得又可怕又可怀念，其中提到"果裸"（即栝楼），余冠英先生今译说："打我远征到东山，一别家乡好几年。今儿打从东方来，毛毛雨儿尽缠绵。栝楼藤长子儿大，子儿结在房檐下（果裸之实，亦施于宇）。土鳖儿屋里来跑马，蟢蛛儿做网拦门挂。场上鹿迹深又浅，磷火来去光闪闪。家园荒凉怕不怕？越是荒凉越牵挂。"第三章想象自己的妻子正在为思念他而悲叹，当想到结婚时用的"瓜苦"（瓠瓜），这才想起新婚离家已经三年了。由此可见杨伦说那几句话的意思不是指"儿女事"跟"果裸""瓜苦"之类本身有什么相似之处，而是指老杜这种写"儿女事"以"琐悉"细节表现特定情境中特殊感触的手法是从"《东山》诗'果裸''瓜苦'等得来"的。小说、戏剧、电影等以叙事为主的文艺的创作和研究，都很重视细节的运用，其实诗歌中无论叙事还是抒情，也都不能完全撇开细节描写。如果像《东山》诗忆及"果裸""瓜苦"，《北征》诗赘叙"儿女事"那样，能以"琐悉"之物、之事，巧抒难写之情，那自然是再好也没有的了，怎会"伤雅"呢？这种表现手法最早见于《诗经》，无妨说老杜即从此来，但不可坐实必从此来。因为只要生活感受是这样他就可以这样写；并非有意借鉴，也可不谋而合。若论借鉴和影响，前有左思《娇女诗》"吾家有娇女，皎皎颇白皙。小字为纨素，口齿自清历。鬓发覆广额，双耳似连璧。明朝弄梳台，黛眉类扫迹。浓朱衍丹唇，黄吻澜漫赤"云云，后有李商隐《骄儿诗》"门有长者来，造次请先出。客前问所须，含意不吐实。归来学客面，閲败秉爷笏。或谑张飞胡，或笑邓艾吃"云云，与这段关于"儿女事"的描写，之间的关系则是比较直接的。

第四段说："至尊尚蒙尘，几日休练卒？仰观天色改，坐觉妖氛豁。阴风西北来，惨澹随回纥。其王愿助顺，其俗善驰突。送兵五千人，驱马一万匹。此辈少为贵，四方服勇决。所用皆鹰腾，破敌过箭疾。圣心颇虚伫，时议气欲夺。伊洛指掌收，西京不足拔。官军请深入，蓄锐伺俱发。此举开青徐，旋瞻略恒碣。昊天积霜露，正气有肃杀。祸转亡胡岁，势成擒胡月。胡命其能久？皇纲未宜绝。"这段议论时局，对借兵回纥表示忧虑，希望以官军为主力收复两京，然后直捣叛军巢穴。"突接'尚'字，亦从上'且'字生来，节拍甚警"（杨伦语）。这诗第一段议论到第二段叙沿途见闻、第三段写归家愁苦情状到这段思量国事，之间跳跃颇大，过渡为难，至于二段到三段、四段到五段转折较小，就易于处理了。长篇诗歌前后段意相联有一种所谓"辘轳体"（一名"续麻格"）的形式，如曹植《赠白马王彪》，二段末句"我马玄以黄"与三段首句"玄黄犹能进"、三段末句"揽辔止踟蹰"与四段首句"踟蹰亦何留"、四段末句"抚心长太息"与五段首句"太息将何为"、五段末句"咄嗟令心悲"与六段首句"心悲动我神"、六段末句"能不怀苦辛"与末段首句"辛苦何虑思"——蝉联即是。这种联法最适宜于表达缠绵悱恻之情。另一类诗歌如《孔雀东南飞》，由于故事性很强，只须顺序——叙述，不仅自成段落，且会自然连贯。至于《离骚》，激情汹涌，浮想联翩，想到哪里写到哪里，一泻千里，一气呵成，就无暇也无须计较分段和过渡了。分段和过渡比较不易处理得当的是像《北征》和蔡琰《悲愤诗》这一类叙事、抒情、议论兼而有之的长篇。叙事、抒情、议论的写法各不相同，要想将此三者巧妙地结合起来表现同一题材和主题，那就应该首先在诗意的酝酿上狠下功夫。只要诗意酝酿成熟，随意写来，或叙事、或抒情、或议论，然后适当注意前后段的联系和照应，就有可能做到左右逢源、恰到好处。如果舍本逐末，不顾内容，只一味讲什么起承转合，那就不是在写诗而是在作八股文了。说诗者每遇长篇，总爱分析其结构如何严密、过渡如何自然，若言之太过，则如三家村塾师衡文，难免迂腐。这也是我的毛病，所以写了这一段话聊以自嘲。——闲话叙过，言归正传。第四段意思较明白，最主要的一点就是希望肃宗应依靠官军收复失地，不可过于借重外力以贻后患。回纥当时处在大唐帝国的正北，唐末才西迁到新疆境内，到元朝时称畏吾儿族，也就是现在的维吾尔族。

就在杜甫作《北征》的这年（至德二载），郭子仪以回纥兵精，劝肃宗向回纥借兵助战。九月，回纥怀仁可汗派遣其子叶护和帝德等率领精兵四千余人来凤翔（诗中说"送兵五千人，驱马一万匹"，一人两马，数字符合；史载其事在九月，诗中既载明此事，可见此诗当作于九月以后）；肃宗引见叶护，宴赐甚盛。又命元帅广平王李俶见叶护，约为兄弟，叶护大喜，称李俶为兄。肃宗收京心切，还与回纥约定："克城之日，土地、士庶归唐，金帛、子女皆归回纥。"邵沧来说："极写回纥助顺，而接以'此辈少为贵'句，正《留花门》之所以作也。独此不极斥言者，以天子正赖之耳。""圣心"二句是说肃宗想依靠回纥，虚心以待；朝廷百官虽不同意，但迫于形势，不敢坚持，舆论为之沮丧。其后几句的大意是说形势正在好转，只要积极备战，最后总会扫荡叛军、重振皇纲的。前面说他作为谏官，暂时离开，不得及时进谏，"恐君有遗失"，他所担心的就是这样一些军国大事的错误决策。后来收复两京，回纥固然出力不小，但也因此而勒索、掠夺去大量财物，给人民带来了危害。

末段说："忆昨狼狈初，事与古先别。奸臣竟菹醢，同恶随荡析。不闻夏殷衰，中自诛褒妲。周汉获再兴，宣光果明哲。桓桓陈将军，仗钺奋忠烈。微尔人尽非，于今国犹活。凄凉大同殿，寂寞白兽闼。都人望翠华，佳气向金阙。园陵固有神，扫洒数不缺。煌煌太宗业，树立甚宏达。"这段进一步从古史的比较、人心的向背来说明上段末尾"皇纲未宜绝"的根据，表明坚信唐王朝中兴有望。

《旧唐书·杨国忠传》载，长安吃紧，玄宗狼狈出逃，走到马嵬坡，军士饥而愤怒。龙武将军陈玄礼怕出乱子，就对军士们说："今天下崩离，万乘震荡，岂不由国忠割剥氓庶，朝野怨咨，以至于此耶？若不诛之以谢天下，何以塞四海之怨愤？"大伙说："念之久矣，事行身死，固所愿也。"恰好吐蕃和好使在驿门拦住杨国忠说事，军士高呼道："杨国忠与蕃人谋叛！"诸军乃围驿抓住杨国忠斩首以徇。这天，玄宗被迫赐杨贵妃自缢死。韩国夫人、秦国夫人也为乱兵所杀。许久，兵士解散，陈玄礼等见玄宗谢罪，玄宗只得承认"朕识之不明"，虚情奖励了他们一番。杨国忠诸子及其一党，不久也都消灭了。这一段前半即咏叹此事。"褒"，褒姒，周幽王的妃子。"妲"，妲己，殷纣王的妃子。旧说幽王宠褒姒而西周亡，纣王宠妲己而殷亡。又说夏桀宠妹喜而夏亡。"不闻"二句是说没听说夏、殷、西周衰世生死存亡之际自己起来诛了妹喜、妲己、褒姒这些祸国的宠妃。言外之意是，唐代当时的情况也差不多，但不同的是能自除祸根，终于转危为安。浦起龙说："本应作'妹、妲'，……痛快疾书，涉笔成误。"李子德说："不言周，不言妹喜，此古人互文之妙，正不必作误笔。自八股兴，无人解此法矣。"这就是说，这里参错用三朝的事，上句举"夏殷"也概括了周，下句举"褒妲"也概括了妹喜。李子德的这意见真精彩。说玄宗能自除祸根，这当然是美化玄宗为他开脱的话，但马上又高度评价了陈玄礼在马嵬坡之变中的丰功伟绩，能说老杜真不知道玄宗的赐贵妃自尽是出于被迫的吗？

《论语·宪问》："微管仲吾其被发左衽矣。""微尔（没有你）"二句是说，没有你陈将军，亡国后人人都沦为异族了；（正由于你能当机立断、斩草除根，）到今天国家仍能继续活下去。这颂扬可说已到了极境。将前面对玄宗的肯定跟这莫大的颂扬相提并论，不管作者是否有意，让人读了总感到有一股辛辣的讽刺味道。浦起龙是觉察出这股味道来的，只是他的封建意识远较老杜强烈，就按捺不住大发议论说："愚按：玄礼为亲军主帅，纵凶锋于上前，无人臣礼。老杜既以'诛褒妲'归权人主，复赘'桓桓'四语，反觉拖带，不如并隐其文为快。愿与海内有识者商之。"有民主思想的今人嫌老杜对玄宗不敢揭露而故为讳饰之词，有忠君思想的古人却嫌他不该赞扬那个"纵凶锋于上前，无人臣礼"的"亲军主帅"陈玄礼，这真是高不成低不就，教老杜左右为难、进退维谷。不过，若容我说句公道话,八世纪的老杜,思想虽不如二十世纪的我们进步,总比十八世纪的浦起龙(一六七九—?)高明得多。要求千载以前的封建士大夫具有资产阶级或社会主义民主思想是不公道的,也是不科学的。但这不意味着不可以评价他的思想。说实在的,他为尊者讳,不仅只是怕直言惹祸,主要是受了封建伦常道德的限制,感情上就不敢冒犯君上。虽然如此,他心里还是有自己的看法的,并未迂腐到是非不辨的愚忠地步。这不能不说是他的现实主义人生态度的胜利。杨伦说:"末(段)复追述初乱,终以开创之大业属望中兴,以今皇帝起,以太宗结,是始末大章法。"又说:"如此长篇,结势仍复了而不了,所谓'篇终接混茫'也。"古人重发端而少论收尾。王士禛说:"为诗结处总要健举。如王维'回看射雕处,千里暮云平',何等气概!"(《然灯记闻》)所论甚善。短章绝句,能做到曲终奏雅,言已尽而意无穷,也非易事;长篇巨制,内容丰富,文思浩荡,煞尾尤难。经过几起几伏,将思绪和激情推到了高潮,极大地感动读者,引起读者心底的共鸣,并向读者稍稍展示一下思想感情上更进一层的境地便突然结束全篇,让读者去冥搜,去思索,去玩意,去叹惋,去憧憬。如果说"篇终接混茫"可以作这样的理解的话,那么这倒真不失为长篇的一种最"健举"的结束法了。

宋代范温《潜溪诗眼》载:"孙莘老尝谓老杜《北征》胜退之《南山诗》,王平甫以为《南山》胜《北征》,终不能相服。山谷尚少,乃曰:'若论工巧,则《北征》不及《南山》。若书一代之事,以与国风、雅、颂相为表里,则《北征》不可无,而《南山》虽不作未害也。'二公之论遂定。"(魏怀忠《五百家注音辨昌黎先生文集》引)明代蒋之翘曾作《韩昌黎集辑注》,是昌黎的功臣,却很不以山谷之见为然:"虽山谷论定,似亦小儿强作解事语。噫!

《南山》之不及《北征》，岂仅仅不表里风雅乎？其所言工巧，《南山》竟何如也？连用'或'字五十余，既恐为赋若文者，亦无此法。极其铺张山形峻险，叠叠数百言，岂不能一两语道尽，试问之《北征》，有此曼冗否？翘断不能以阿私所好！"《杜臆》所见略同："昌黎《南山》，韵赋为诗；少陵《北征》，韵记为诗，体不相蒙。而孙莘老、王平甫相提而争优劣，固非；至断定于山谷之评，亦未是也。《南山》琢镂凑砌，诘屈怪奇，自创为体，杰出古今；然不可无一，不可有二，固不易学，亦不必学，总不脱文人习气。《北征》故是雅调，古来词人亦多似之。即韩之《赴江陵寄三学士》等作，庶可与之雁行也。"无论就思想还是就艺术而言，《南山诗》都是无法与《北征》相比的。《南山诗》中一些片段，如"横云时平凝，点点露数岫。天空浮修眉，浓绿画新就。孤撑有巉绝，海浴褰鹏噣"，写景虽也奇秀，终究是为表现而表现，"总不脱文人习气"。《赴江陵途中寄赠王二十补阙李十一拾遗李二十六员外翰林三学士》，有社会内容，有真情实感，确乎如蒋之翘所评："此诗详切恳恻，其述饥荒、离别二段，亦仿佛工部，较胜《南山》数筹"，但仍嫌反映现实不够深广，艺术表现上也不免有蹶张之病。

六　闻捷与返京

在鄜州羌村家居期间，老杜对战局十分关注。这年九月，广平王李俶率领朔方等军与回纥、西域之众十五万，号称二十万，从凤翔出发，至长安西，列阵于香积寺北沣水之东，准备决战。老杜闻讯，作《喜闻官军已临贼境二十韵》。首段说兵临城下，贼众如鼎鱼穴蚁，一息暂存，终难逃遁：

"胡骑潜京县，官军拥贼壕。鼎鱼犹假息，穴蚁欲何逃。"以快慰之辞泄深恶痛绝之恨。丘迟《与陈伯之书》："将军鱼游于沸鼎之中，燕巢于飞幕之上。"《异苑》载晋桓谦见人长寸余，悉被铠持槊乘马，从埳中出，缘几登灶。蒋山道士今作沸汤，浇所入处。因掘之，有斛大许蚁死穴中。"鼎鱼""穴蚁"，用典恰当。二段想象群臣将奉车驾还京，乱平之后不得宽贷反叛：

"帐殿罗玄冕，辕门照白袍。秦山当警跸，汉苑入旌旄。路失羊肠险，云横雉尾高。五原空壁垒，八水散风涛。今日看天意，游魂贷尔曹。乞降那更得，尚诈莫徒劳。"唐高祖武德四年制定车舆、衣服法令，规定群臣之服有衮冕（一品之服）、鷩冕（二品之服）、毳冕（三品之服）、絺冕（四品之服）、玄冕（五品之服）等二十一种（见《新唐书·车服志》）。《梁书·陈庆之传》载陈庆之所统之兵，悉着白袍，所向披靡。胡夏客说："《留花门》诗云：'百里见积雪'，知回纥军皆衣白也。""帐殿"二句预想文武百官簇拥皇帝统领大军从凤翔行在开拔返驾还京情状，揣情度理，其中"白袍"一词，似用陈庆之事，取"所向披靡"之义。若采胡说，也不无根据，但具体用在这里，难免有讥刺肃宗全仗回纥收京之嫌。杜甫虽不赞同借兵回纥，但当此兵临敌境、胜利在望之际，恐怕不会有此意。三段赞诸将齐心协力，涤荡妖氛：

"元帅归龙种，司空握豹韬。前军苏武节，左将吕虔刀。兵气回飞鸟，威声没巨鳌。戈鋋开雪色，弓矢向秋毫。天步艰方尽，时和运更遭。谁云遭毒螫，已是沃腥臊。"至德元载（七五六）九月以广平王李俶为天下兵马元帅，李俶是肃宗长子，就是后来的代宗，所以说"归龙种"。"司空"指郭子仪。时郭子仪为副元帅，此前已进位司空。"豹韬"为《太公六韬》之一。李嗣业统前军列阵于香积寺北。胡夏客说："嗣业所将皆蕃夷四镇，故以苏武之典属国为比。"香积寺之战，叛军伏精骑于阵东，欲袭官军之后，被侦察兵发现，朔方左厢兵马使仆固怀恩就引回纥出击，剿灭殆尽，贼因此气索。《晋书·王祥传》附王览传载吕虔有佩刀，工相之，以为必登三公可服此刀。"左将"指左厢兵马使仆固怀恩。用"吕虔刀"这一典故，谓将发迹。可见这诗当作于香积寺战役开始、仆固怀恩立功之后。末段归功肃宗，言圣情遥畅，仪卫旁罗，远人奋勇助战，旧都指日可复：

"睿想丹墀近，神行羽卫牢。花门腾绝漠，拓羯渡临洮。此辈感恩至，羸俘何足操。锋先衣染血，骑突剑吹毛。喜觉都城动，悲怜子女号。家家卖钗钏，只待献香醪。""睿想"指肃宗。"神行"谓六军。"花门"指回纥。回纥西南千里有花门山堡，故称。《旧唐书·封常清传》载："（天宝十四载，）十二月，禄山渡河，陷陈留，人罂子谷，凶威转炽。先锋至葵园，常清使骁骑与柘羯逆战，杀贼数百人。"〈25〉胡夏客据此以为："常清以北庭都护入朝，命讨禄山，故有拓羯之兵。此诗所云，盖指北庭之归义者。"《新唐书·西域传》："安者，……即康居小君长屬王故地。大城四十，小堡千余。募勇健者为柘羯。柘羯，犹中国言战士也。""悲怜子女号"，想象叛军城破溃逃前奸淫掳掠的暴行。"子女"，少年男子和女子。《左传》僖公二十三年："子女玉帛，则君有之；羽毛齿革，则君地生焉。"杨伦说："字字精彩，句句雄壮，全是喜极涕零语。逐色铺张，觉一片快情，飞动纸上。"王嗣奭、浦起龙等亦盛赞此诗。私意以为，喜极涕零，写得固然痛快，终嫌颂扬稍迂，铺叙呆板，

〈25〉《新唐书·封常清传》记此事却写成"先驱至葵园，常清使骁骑拒之，杀拓羯数十百人"。据杜诗"拓羯渡临洮"，知拓羯系自西而东来助顺，非自东而西来助逆，当以《旧书》为是；《新书》殆以抄写致误。《新唐书·封常清传》写杜诗作"拓羯"；《旧唐书·封常清传》与《新唐书·西域传》作"柘羯"（俱见正文所引），未知孰是。

若论感情的真挚和抒写的自然，则逊其后所作《闻官军收河南河北》远甚。排律难作，以排律歌德更难感人，老杜精于此道也在所难免。

不几天，官军收复京师长安。十月，又收复洛阳；肃宗还京。杜甫在鄜州闻讯，喜赋《收京三首》。其一说：

"仙仗离丹极，妖星照玉除。须为下殿走，不可好楼居。暂屈汾阳驾，聊飞燕将书。依然七庙略，更与万方初。"传说安禄山出生时"望气者见妖星芒炽，落其穹庐"（《安禄山事迹》）。《资治通鉴》载梁武帝中大通六年上以谚云"荧惑入南斗，天子下殿走"，乃跣（光着脚）而下殿以禳之。《史记·武帝本纪》载汉武帝听公孙卿说"仙人好楼居"，于是令长安作飞帘桂观，甘泉作益寿延寿观。前四句用了这些典故，意谓安禄山进犯朝廷，玄宗不得安居而出走入蜀。"照"一作"带"。仇兆鳌说："'带玉除'，即'春星带草堂'意。"虽然，此处仍以用"照"字为好。《庄子·逍遥游》："尧治天下之民，平海内之政，往见四子藐姑射之山、汾水之阳，窅然丧其天下焉。"是说尧在藐姑射之山见到了神人，其心乃远游于世外，忘其天下。王嗣奭说："'汾阳驾'用尧事，而妙在藏一'窅然丧其天下'语。"玄宗西游蜀地，正像尧的神游世外忘其天下了；如今收复京师，请他返驾东归，所以说"暂屈汾阳驾"。战国时，燕将据守齐国的聊城，齐军攻打不下，兵士死亡很多。鲁仲连写信用箭射送给城内燕将，燕将见信后自杀（见《史记·鲁仲连邹阳列传》）。朱鹤龄以为：自香积寺北之捷，王师振威，贼徒胆落，严庄来降，思明纳款，河北事势，折简可定，故用仲连射书事。又说：玄宗晚节怠荒，深居九重，政由妃子，以致播迁之祸，公不忍显言，而寓意于仙人之楼居，因贵妃尝为女道士，故举此况之。《连昌宫辞》："上皇正在望仙楼，太真同凭阑干立。"此一的证。两说均可取。[26]

其二说："生意甘衰白，天涯正寂寥。忽闻哀痛诏，又下圣明朝。[27]羽翼怀商老，文思忆帝尧。叨逢罪己日，沾洒望青霄。"前半写他远在鄜州，正当心情索寞之时，忽闻皇帝下诏罪己；下半写闻诏后的感想。秦末东园公、甪里先生、绮里季、夏黄公隐于商山，年皆八十余，时称"商山四皓"，即诗中的所谓"商老"。传说西汉初，高祖敦聘不至，吕后用张良策，令太子卑词安车，招此四人与游，因而使高祖认为太子羽翼已成，消除了改立赵王刘如意为太子的意图。朱注以为：此指广平王而言，肃宗先以张良娣、李辅国之谮，赐建宁王李倓死。至是广平新立大功，又为良娣所忌，潜构流言，虽李泌力为调护，而时已还山，诗人恐复有建宁之祸，故不能不思于商老。玄宗禅位，犹尧禅舜。旧注多从朱说，以为：肃宗还京后，使张良娣、李辅国得媒孽其间，以致劫迁玄宗于西内，

---

[26] 浦起龙说："首章，原题也。须识此时闻信而喜，全无追咎上皇之意。上四，特追叙缘由，以为'仙仗'之远去，由'妖星'之肆虐耳。如此，则须为出走，不可安居矣。或谓三、四讥其好神仙，或谓尤其宠妃子，此皆以轻薄之见测浑厚之语也。观别本'得非''难作'二语（三、四句一作'得非群盗起，难作九重居'）。炊案：此二句了无诗意，且不通，若前用'得非'则后须改为'仍作''尚作'或'犹作'，若后用'难作'，则前须改为'只因''只缘'或'其如'），两存互证，可以窥其意矣。五、六，在一诗转关之界，言出狩曾无几时，而荡寇捷于一纸，依然旧物重光，岂不休哉！钱笺以飞书为禄山（令哥舒翰以书）招李光弼，大谬。朱注以为河北折简可定，则又太落后层。"我曾经多次剖析，杜甫忠君思想虽严重，但并未因此而泯灭其是非善恶观念。如果他心中确有此想法，而以委婉的言辞表现出来，这也无伤其"浑厚"，更不得以"轻薄之见"诬蔑见解颇有可取的说诗者。浦氏出口伤人，解说牵强，足见其卫道心切。
[27] 仇兆鳌说："诗云：'生意甘衰白，天涯正寂寥。忽闻哀痛诏，又下圣明朝。'此明是在家闻诏。按肃宗于至德元年七月十二日甲子，即位灵武，制书大赦。二年十月十九日，帝还京，十月二十八日壬申，御丹凤楼，下制。前后两次闻诏，故云'又下'也。是时公尚在鄜州，其至京，当在十一月。年谱谓十月扈从还京，与诗不合，当以公诗为正。至于上皇回京，十二月甲寅之赦，又在其后，旧注错引。"

子道不终。此时猜嫌未起，诗人已若有深见其微者。曰"忆帝尧"，欲其笃于晨昏之恋。"沾洒青霄"，表示诗人对肃宗的期望极其深厚。对于这样一些看法，浦起龙当然是反对的，认为"毫厘千里，必有能辩之者"，而他自以为正确的解释是："上四，反折醒跳，声与泪与眉端喜气，一并跃出。五、六……言我君从此安储位，恋寝门，和气熏蒸，重开太平。小臣何幸，叨逢于此日矣，能不'望青霄'而感泣哉！"平心而论，此说终不及朱说贴切，比如说"羽翼怀商老"，既然"我君从此安储位"了，对于曾为太子"羽翼"的"商老"则何"怀"之有？何况按照浦氏之见，"怀商老"也是对君上的大不敬，是不能容许的啊。其实将"羽翼"二句理解为诗人闻诏后而勾起的隐忧也不无根据。案：《资治通鉴》载，至德元载九月，肃宗原想以建宁王李倓为天下兵马元帅，当时甚为肃宗所重的山人李泌说："建宁诚元帅才；然广平，兄也。若建宁功成，岂可使广平为吴太伯乎！"肃宗说："广平，冢嗣也，何必以元帅为重！"李泌说："广平未正位东宫。今天下艰难，众心所属，在于元帅。若建宁大功既成，陛下虽欲不以为储副，同立功者其肯已乎！太宗、上皇，即其事也。"肃宗就决定以广平王李俶为元帅。不久，玄宗赐肃宗的宠妃张良娣七宝鞍，李泌对肃宗说："今四海分崩，当以俭约示人，良娣不宜乘此。请撤其珠玉付库吏，以俟有战功者赏之。"张良娣在小门里嚷道："乡里之旧（良娣母家新丰，泌居京兆），何至于是！"肃宗说："先生为社稷计也。"就照办了。建宁王李倓泣于廊下，肃宗听了大惊，召进来问他，答道："臣比忧祸乱未已，今陛下从谏如流，不日当见陛下迎上皇还长安，是以喜极而悲耳。"张良娣从此恨李泌和李倓。至德二载正月，肃宗欲立广平王李俶为太子，征求李泌的意见，李泌说："臣固尝言之矣，戎事交切，须即区处。至于家事，当俟上皇。不然，后代何以辨陛下灵武即位之意邪！此必有人欲令臣与广平有隙耳；臣请以语广平，广平亦必未敢当。"李泌出，以告广平王李俶，李俶说："此先生深知其心，欲曲成其美也。"就进去坚决推辞说："陛下犹未奉晨昏，臣何心敢当储副！愿俟上皇还宫，臣之幸也。"就在这时，张良娣与李辅国合谋向肃宗进谗说："俶恨不得为元帅，谋害广平王。"肃宗怒，赐李俶死。李俶和李泌都感到害怕。李俶跟李泌商量除掉李辅国和张良娣，李泌说："不可，王不见建宁之祸乎？"李俶说："窃为先生忧之。"李泌说："泌与主上有约矣。俟平京师，则去还山，庶免于患。"李俶说："先生去，则俶愈危矣。"李泌说："王但尽人子之孝，良娣妇人，王委曲顺之，亦何能为！"九月，长安收复，肃宗派骏马将李泌从长安召回凤翔行在。到后，肃宗说："朕已表请上皇东归，朕当还东宫复修臣子之职。"李泌认为表去之后上皇必不来。肃宗惊问其故。李泌说："理势自然。"肃宗说："为之奈何？"李泌说："今更为群臣贺表，言自马嵬请留，灵武劝进，及今成功，圣上思恋晨昏，请速还京以就孝养之意，则可矣。"肃宗就要李泌起草贺表。肃宗读了，哭泣着说："朕始以至诚愿归万机，今闻先生之言，乃寤其失。"立即命中使奉表入蜀，因就李泌饮酒，同榻而眠。李泌乘机请求归山，并指出建宁系遭谗枉死。肃宗听后下泪，说："先生言是也。既往不咎，朕不欲闻之。"李泌说："臣所以言之者，非咎既往，乃欲使陛下慎将来耳。昔天后有四子。长曰太子弘，天后方图称制，恶其聪明，鸩杀之，立次子雍王贤。贤内忧惧，作《黄台瓜辞》，冀以感悟天后。天后不听，贤卒死于黔中。其辞曰：'种瓜黄台下，瓜熟子离离，一摘使瓜好，再摘使瓜稀，三摘犹为可，四摘抱蔓归！'今陛下已一摘矣，慎无再摘！"肃宗吃惊地说："安有是哉！卿录是辞，朕当书绅。"答道："陛下但识之于心，何必形于外也！"这时广平王有大功，张良娣嫉恨他，潜构流言，所以李泌特意讲了这番话。

十月，李泌辞归衡山。十二月，以张良娣为淑妃。第二年（乾元元年，七五八）三月，立张淑妃为皇后。张后生兴王李侗，仅数岁，欲以为嗣，肃宗迟疑未决。五月，才最后决定立李俶为皇太子。——根据这些史实摘要可以看出：（一）以张良娣、李辅国为一方，以李俶、李泌为另一方，围绕争取肃宗而展开的争权斗争早在至德元载肃宗即位后不久就开始了。建宁王李倓的冤死，是张、李一方第一回合的胜利。由于李泌的决意归山，和他对肃宗的恳切陈辞，对李俶的面授机宜，当时剑拔弩张的斗争形势总算稍稍缓和了下来。但是，李俶的立为皇太子，仍须几经周折，在李泌归山的后一年才定局。（二）为了表示孝道，肃宗出亡行至马嵬时一再坚持要随玄宗入蜀。后来决定留下平乱，玄宗宣旨欲传位，他不受命。即位灵武，之先也经过群臣五次上笺才勉强答应（这就是前引李泌说"后代何以辨陛下灵武即位之意"所指的主要表现）。收京后迎玄宗返驾，又说要归政玄宗，自己重还东宫修臣子之职。玄宗自蜀还京，肃宗释黄袍着紫袍迎驾；玄宗索黄袍亲自替他穿上，他伏地顿首固辞，不得已才接受了。此后又累次上表请避位还东宫，玄宗不许。可是在至德元载九月，却对李泌说想立张良娣为皇后；二载正月，又表示要立他的长子李俶为太子。且不管张良娣、李辅国从中如何挑拨离间，由于客观存在着皇位去留得失的重大矛盾，肃宗对玄宗的还京无疑有机心也有戒心，表现在行动上就难免显得矫揉造作了。战时行在，怎及九重深邃？老杜身为近臣，出入帐殿，岂能一无所知？如今闻十一月壬申诏中有这样一些话："朕兴言痛愤，提戈问罪。……亲总元戎，扫清群孽。广平王俶受委元帅，能振天声。……朕早承圣训，尝读礼经，义切奉先，恐不克荷。今复宗庙于函洛，迎上皇于巴蜀；导鸾舆而反正，朝寝门而问安。寰宇载宁，朕愿毕矣。且复人将有主，敬当天地之心；兴岂在予，实冯社稷之祐。今两京无虞，三灵通庆，可以昭事，宜在覃恩。待上皇到日，当取处分"，提到了广平和上皇，表示克己复礼的高姿态，这对于多少知道点内幕的杜甫来说，是很容易引起一些感触的。那么，诗人处于这样的政治背景和心情之下，写出了"羽翼怀商老，文思忆帝尧"这样的诗句，难道就纯粹在歌颂"我君从此安储位，恋寝门，和气熏蒸，重开太平"，没有一点唯恐不如此的深沉忧虑之情在内么？

其三说："汗马收宫阙，春城铲贼壕。赏应歌《杕杜》，归及荐樱桃。杂虏横戈数，功臣甲第高。万方频送喜，无乃圣躬劳。"《杕杜》，《诗·小雅》篇名。《诗序》说是慰劳戍役归还者的诗。《礼记·月令》："仲夏之月，天子乃羞以含桃，先荐寝庙。"含桃即樱桃。《旧唐书·马璘传》载："天宝中，贵戚勋家，已务奢靡，而垣屋犹存制度；然卫公李靖家庙，已为嬖臣杨氏马厩矣。长安安史大乱之后，法度隳弛，内臣戎帅，竞务奢豪，亭馆第舍，力穷乃止，时谓木妖。""功臣"句钱笺："杨盈川碑曰：匈奴未灭，甲第何高！此言亦有讽也。"仇兆鳌说："宫阙已收，贼壕可铲。赏功荐庙，即在来春时也。但恐回纥恃功邀赏，诸将僭奢无度，故又为之虑曰：今京师收复，此万方送喜之时，无乃圣躬焦劳之渐乎？公盖忧虏横臣骄，将成蹂躏跋扈之势。厥后边方猾夏，藩镇专权，果如所虑。惜当时不能见及此耳。"颇精当，浦、杨二家亦采其说。杨伦更稍加补充说："公之有远识如此，而语意仍含蓄不露。"亦佳。

这组诗作于收京以后两个多月，其时闻讯惊喜之情已过，而忧国伤时之念方殷，所以写得比《喜闻官军已临贼境二十韵》要深刻得多。

十一月，老杜携家从鄜州重返长安，作《重经昭陵》诗，结句说:"再窥松柏路,还见五云飞。"重见太平气象,不觉眉飞色舞。张远注:"末句即'五陵佳气无时无'(《哀王孙》)之意。"虽然,一信其必然,一终成事实,心情却有所不同。

十二月,玄宗自蜀还京,居兴庆宫。大封蜀郡、灵武扈从功臣;陷贼官六等定罪。郑虔、王维、储光羲、卢象、李华皆贬官。《新唐书·郑虔传》载:"贼平,(郑虔)与张通、王维并囚宣阳里。三人者,皆善画,崔圆使绘斋壁,虔等方悸死,即极思祈解于圆,卒免死,贬台州司户参军,维止下迁。后数年卒。"老杜跟郑虔交情很深。这年春天,被俘虏到洛阳的郑虔潜回长安,老杜曾与他相遇于郑潜曜驸马家池台,悲喜交集,同饮赋诗。老杜听说他被伪授水部郎中,因称风缓,求摄市令,潜以密章达灵武,当时又乘间脱归长安,自以为难能可贵,就用苏武仗节牧羊、终于归汉的故实来称赞他是"握节汉臣回"(详第八章)。谁知他虽免一死,终遭远谪,而自己又没能及时赶来饯别,因此感到很伤心,就写了《送郑十八虔贬台州司户伤其临老陷贼之故阙为面别情见于诗》说:

"郑公樗散鬓成丝,酒后常称老画师[28]。万里伤心严谴日,百年垂死中兴时。苍惶已就长途往,邂逅无端出饯迟。便与先生应永诀,九重泉路尽交期!"《庄子·逍遥游》:"吾有大树,人谓之樗,其大本拥肿而不中绳墨,其小枝卷曲而不中规矩。立之涂,匠者不顾。"又《人间世》:"匠石之齐,至于曲辕,见栎社树,其大蔽数

---

[28] 萧涤非《杜甫研究》(下卷)该诗注:"唐书阎立本传:'立本善图画,太宗尝与侍臣泛舟春苑,池中有异鸟,召立本令写焉。时阁外传呼云画师阎立本。时已为主爵郎中,奔走流汗,俯伏池侧,手挥丹粉,瞻望座宾,不胜愧赧。退诫其子曰:吾少好读书,惟以丹青见知,躬斯役之务,辱莫大焉,汝宜深戒,勿习此伎。'又《唐诗纪事》卷七十一:'孙鲂,南昌人,有能诗声。鲂父,画工也。王彻为中书舍人,草鲂诰词云:李陵桥上,不吟取次之诗;顾恺笔头,岂画寻常之物。鲂终身恨之。'可见当时画家地位甚卑,画师一名为士大夫所羞称。今虔却常常自称,正是牢骚。"

千牛……谓弟子曰：'散木也，……无所可用。'"樗，臭椿。"樗散"一词出此，谓樗木为散材，比喻不为世用。旧时代重读书仕进而轻技艺，岂止有唐一代？郑虔不为世用，至于白首，酒后常自称是老画师，是愤慨语，也是自豪语。王维《偶然作》其六说："老来懒赋诗，惟有老相随。宿世谬词客，前身应画师。不能舍余习，偶被世人知。名字本皆是，此心还不知。"两人都自称老画师，说话时的口气和心情都很相似。台州治所在今浙江临海县，其地距京师甚远。诗人认为将郑虔远谪"万里"未免过分，所以说"严谴"。人生百年，行将就木而遭遇如此，已足伤神；况值此中兴之时，"人沐更新雨露，郑偏自外栽培"（浦起龙语），那就更觉难堪了。饯送来迟，匆匆去远，未能面别，抱憾何如！念及后会无期，应成永诀，惟望九重泉路，终得相逢。卢世㴰说："虔之贬，既伤其垂老陷贼，又阙于临行面别，故篇中彷徨特至。如中二联，清空一气，万转千回，纯是泪点，都无墨痕。诗至此，直可使暑日霜飞、午时鬼泣，在七言律中尤难。末径作永诀之词，诗到真处，不嫌其直，不妨于尽也。"此诗一气呵成，神完气足；任情挥洒，荡气回肠，感人至深，艺术纯熟。前面的评语基本上是正确的，只是话讲得稍嫌夸大一点。

唐代以大寒后辰日为腊日（见赵大纲《测旨》）。《荆楚岁时记》载十二月八日为腊日，谚语："腊鼓鸣，春草生。"《酉阳杂俎》载腊日朝廷赐口脂、腊脂，盛以碧镂牙筒。这年腊八日，天气暖和，草木微露生意，老杜身为近臣，得到了皇帝所赐盛以"翠管银罂"的"口脂面药"等御寒防冻之物，想到"大寒之后必有阳春，大乱之后必有至治，腊日而暖，此寒极而春、乱极将治之象"（张𬘬语），不觉兴高采烈，赋了一首题为《腊日》的七律说：

"腊日常年暖尚遥，今年腊日冻全消。侵陵雪色还萱草，漏泄春光有柳条。纵酒欲谋良夜醉,还家初散紫宸朝。口脂面药随恩泽,翠管银罂下九霄。"老杜求仕半生,穷愁潦倒,很少有如意事。今日形势好转,且又初沾"恩泽",教他怎么会不高兴呢?就在这样一种对时代、对前途颇感乐观的心情之下,第二年春天,他还连续写了好几首雍容华贵的殿堂台省荣遇诗篇。这些诗虽然意义不大,但在诗人整个艰难苦恨的人生历程中,只不过是一个极其短暂的喘息,在他那以终身心血凝成、波澜壮阔地反映大唐帝国从盛到衰的悲剧和人民的苦难的大乐章中,只不过是一个小小的间奏曲,何况当皇帝坐稳了宝座,因胜利的喜悦而稍示宽容之后,诗人很快就遭到了政治上的沉重打击,幻想破灭了,心情已经够痛苦的了,我们就不应该再苛责他,原谅这个难免世俗的老实人吧!

第十章 天上人间

一 如此"中兴主"

唐肃宗李亨（七一一—七六二）是玄宗第三子，至德元载（七五六）即位灵武时已有四十六岁。他两岁封陕王，五岁拜安西大都护、河西四镇诸蕃落大使。开元十五年（七二七）他十七岁时封忠王，领朔方大使、单于大都护。十八年（七三〇），奚、契丹犯塞，以他为河北道行军元帅，以御史大夫李朝隐、京兆尹裴伷先副之，帅十八总管以讨奚、契丹。命他与百官相见于光顺门。左丞相张说，退对学士孙逖、韦述说："吾尝观太宗画像，雅类忠王，此社稷之福也。"后诸将大破奚、契丹，他以遥统之功加司徒。二十五年（七三七）皇太子李瑛被告发与太子妃兄驸马薛锈潜构异谋（说他们想谋害寿王瑁），得罪赐死。时相李林甫与玄宗的宠妃武惠妃里外勾结，劝玄宗立寿王李瑁。玄宗认为忠王李亨（当时名玙）年长，且仁孝恭谨，又好学，想立他，犹豫不决。后来由于高力士劝说，终于在二十六年（七三八）六月立为太子，时年二十八岁。

李林甫怕太子将来会报复他，常有动摇东宫的念头。天宝五载（七四六），太子为忠王时的友人皇甫惟明，时破吐蕃，入朝献捷，见李林甫专权，意颇不平，乘机微劝玄宗去掉李林甫。李林甫知道了，就派御史中丞杨慎矜秘密跟踪。正当正月十五夜，太子出游，跟他妃子的哥哥韦坚相见，又与皇甫惟明会于景龙观道士之室。杨慎矜揭发其事，以为韦坚是国戚，不应与边将亲近。李林甫因奏韦坚与皇甫惟明结谋，欲共立太子。韦坚、皇甫惟明下狱。李林甫叫杨慎矜与另一御史中丞王𫓧、京兆府法曹吉温一同审问他们。玄宗也怀疑韦坚与皇甫惟明有谋而不显其罪，就把他们都贬为太守，又下制通报百官引以为戒。七月，将作少匠韦兰、兵部员外郎韦芝为其兄韦坚讼冤，而且辩词中提到了太子；玄宗更加生气。太子害怕了，上表请求与韦妃离婚，表示不以亲废法。诏再贬韦坚为江夏别驾，韦兰、韦芝皆贬岭南。玄宗素知太子孝谨，没有谴责他。韦坚亲党坐流贬者数十人。这年十一月，太子妃杜良娣的姐夫左骁卫兵曹柳勣与妻子娘家人不和，要陷害他们，就散布流言蜚语，控告他岳父杜有邻妄称图谶，交构东宫，指斥乘舆（指批评皇帝）。李林甫就借此大兴冤狱，将包括李适之、王琚、李邕在内的一大批人迫害致死。太子也只得出杜良娣为庶人。《资治通鉴》卷二一五载："李林甫屡起大狱，别置推事院于长安。以杨钊（后改名国忠）有掖庭之亲，出入禁闼，所言多听，乃引以为援，擢为御史。事有微涉东宫者，皆指摘使之奏劾，付罗希奭、吉温鞫之。钊因得逞其私志，所挤陷诛夷者数百家，皆钊发之。幸太子仁孝谨静，张垍、高力士常保护于上前，故林甫终不能间也。"又《旧唐书·肃宗纪》载："后又杨国忠依倚妃家，恣为褒秽，惧上英武，潜谋不利，为患久之。"

肃宗从二十八岁进入东宫开始到四十六岁即位为止，在昏庸的父皇跟前当了十八年的老太子，前后曾多次受到李林甫、杨国忠这两大权奸的恶毒算计和沉重打击，他总算没有给搞垮，这，除了张垍、高力士的保护，主要得力于他在"仁孝谨静"四字上所下的工夫。比如他刚被立为太子，将受册命，仪注有中严、外办及绛纱袍[1]，他嫌名称、服色与皇帝相同，上表请求更改。左丞相裴耀卿奏停中严，改外办叫外备，改绛纱袍为朱明袍。随后皇帝御宣政殿，册封太子。按惯例，太子乘辂至殿门。可是他不就辂，从东宫步行着去。——根据仪注和惯例办事，本来是不会有什么错误的。他之所以这样做，只不过是借题发挥，表现自己的"孝"和"谨"，博取父皇的欢心，赢得好名声，以达到巩固其储副地位的政治目的罢了。《三国志·魏书·陈思王传》载："（曹）植既以才见异，而丁仪、丁廙、杨修等为之羽翼。太祖狐疑，几为太子者数矣。而植任性而行，不自雕励，饮酒不节。文帝御之以术，矫情自饰，宫人左右并为之说，故遂定为嗣。"曹丕"矫情自饰"的具体内容就是在曹操面前竭尽孝道并极力显示自己的谦虚谨慎。最高封建统治者选择储君，不管为己还是为社稷，着眼于"孝"和"谨"，是完全可以理解的。魏文帝、唐肃宗懂得这一点，并尽力表现出自己具有这两种美德，加上皇帝左右亲近的人为他们说话，他们才有可能击败各自的竞争者和政敌而获得最后的胜利。由此可见唐肃宗是个谨小慎微、拘泥礼节而又很有心机、城府深阻的人。他的这种性格的形成，当然与他十八年来身处东宫、腹背受敌、稍有不慎便遭暗算的险恶政治环境密切有关，不无可谅解之处。但这究竟不是一种值

---

[1]《资治通鉴》胡三省注："唐制，皇帝大祀致斋之日，昼漏上水一刻，侍中版奏请中严，诸卫入陈于殿庭，文武五品已上袴褶陪位，诸侍从之官服其器服，诸臣斋者结佩，诣阁奉迎。二刻，侍中版奏外办，乘舆乃出朝会，诸卫立仗，百官就列已定，侍中亦奏外办，不请中严。皇帝将出，驾发前七刻击一鼓为一严，前五刻击二鼓为再严。侍中版奏请中严，有司陈卤簿，前二刻击三鼓为三严。诸卫以次入立于殿庭，群官立朝堂，侍中、中书令已下奉迎于西阶，侍中奏宝，乘黄令进路于太极殿西阶南向，千牛将军执长刀立路前北向，黄门侍郎立侍臣之前，赞者二人。既外办，太仆卿摄衣而升，正立执辔，乘舆出升路。太后、皇后亦有中严、外办，皆尚仪版奏。皇太子中严、外办，左庶子版奏。皇帝冠通天冠，则服绛纱袍，冬至受朝贺、祭还、燕群臣、养老之服也。太子冠远游冠，亦服绛纱袍，谒请还宫、元日朔日入朝、释奠之服也。"

得称道的性格。有着这种性格的人，一旦掌握了至高无上的君权，由于他长期在残酷的宫廷斗争中习惯于只看重和争取个人眼前的实际地位和具体利益，就很难高瞻远瞩、深谋熟虑地从全局与长远利益上来处理国家大事。

肃宗的无远见而急近功，最早也最突出表现在对叛军发动反攻、收复失地的决策上。至德二载二月，他进驻凤翔后十天，陇右、河西、安西、西域之兵都已会师，江、淮庸调也运到了洋州、汉中。李泌请求派遣安西和西域的人马照他前不久所进之策同时并举，进攻东北，从归、檀南取范阳，直捣叛军巢穴。肃宗说："今大众已集，庸调亦至，当乘兵锋捣其腹心，而更引兵东北数千里，先取范阳，不亦迂乎？"李泌对答道："今以此众直取两京，必得之。然贼必再强，我必又困，非久安之策。"肃宗问："何也？"对答道："今所恃者，皆西北守塞及诸胡之兵，性耐寒而畏暑，若乘其新至之锐，攻禄山已老之师，其势必克。两京春气已深，贼收其余众，遁归巢穴，关东地热，官军必困而思归，不可留也。贼休兵秣马，伺官军之去，必复南来，然则征战之势未有涯也。不若先用之于寒乡，除其巢穴，则贼无所归，根本永绝矣。"肃宗说："朕切于晨昏之恋，不能待此决矣。"肃宗所谓"切于晨昏之恋"是指急于复两京迎上皇。这仍然是他经常用来表示其"仁孝谨静"美德的口头禅。不能说他毫无恋亲之情，不过他心里明白，他是多么迫不及待要回长安去做远比行在冠冕堂皇得多的大唐中兴之主啊！如果他当时真的采纳了李泌的战略决策，实行起来，难免会出现一些这样那样的问题和差错，但总的看来，这战略决策的指导思想无疑是正确的。由于肃宗无远见而急近功，置此上策于不顾，后来果如李泌所料，西京、东京倒是很快就收复了，只是没能歼灭叛军的有生力量，捣毁其巢穴，他们仍可攻城略地，横冲直撞，甚至两年之后东京又被史思明占领，竟任叛乱延续八年之久（七五五—七六三）方告平定。

肃宗不用李泌之策而先复两京，首先就下错了一着棋。加之他回京以后，"偷取一时之安，不思永久之患"（司马光评肃宗语），目光短浅，识度平庸，对许多军国大事处置不当。因此，不但不能有助于促成其中兴之业，反而导致了政局的混乱，产生了种种严重的不良后果。

《旧唐书·肃宗纪》末后有这样一段史臣的议论："（肃宗）道屈知几，志微远略：残妖未殄，宜先恢复之谋；余烬才收，何暇升平之礼？方听王玙伏奏，辅国赞成：绀辂躬籍于春郊；翠幰先蚕于茧馆。或御殿晓宣时令，或登坛宿礼贵神。礼即宜然，时何暇给？钟县（悬）未移于簨虡，思明已陷于洛阳。是知祝史畴人，安能及远。犹赖大臣宣力，诸将效忠，旄头终陨于三川，杲日重明于六合。"所指肃宗举行的"升平之礼"，主要是乾元元年（七五八）六月己酉立太一坛于东郊之东，乾元二年正月戊寅亲祀九宫贵神[(2)]，乙卯籍田，三月己巳张皇后亲蚕，而这些不合时宜的事，都是在王玙怂恿与李辅国附和之下搞起来的。这王玙早在第六章中就跟我们见过面了。开元二十五年他曾上疏玄宗请立青帝坛以迎春。玄宗好祀神鬼，所以他专习祠祭之礼以干时。玄宗很喜欢他，任命他为太常博士、传御史，充祠祭使。他祈祷起来烧纸钱，像巫觋一样，连当时司礼的儒生也为他的行为感到可耻。王玙在玄宗朝很吃香，到肃宗朝就更红了。因为乃父不仅将皇位，也将好鬼神的愚昧传给了

---

(2) 胡三省注："汉武帝始祀太一，至唐，复祀之，复参用九宫贵神之说。项安世曰：中宫天极一星，其神太一，列宿之中最尊，所临之方则嘉应洊臻，汉武帝始祠之。"又："李心传曰：九宫贵神者，太一、摄提、权主、招摇、天符、青龙、咸池、太阴、天一。宋白曰：九宫贵神，其说本之《黄帝九宫经》、萧吉《五行大义》。"可见祀九宫贵神在太一坛，头年立坛，第二年祭祀。

乃子，于是，肃宗就在乾元元年五月，将这个"专依鬼神以求媚，每议礼仪，多杂以巫祝俚俗"（《资治通鉴》卷二二〇）的太常少卿王玙拜为中书侍郎、同平章事。王玙拜相之后，除了怂恿皇帝举行了前述那些不合时宜的"升平之礼"，还紧接着乘皇帝生病的机会，占卜说是山川为祟，请遣中使与女巫乘驿分途祷告天下名山大川。"巫恃势，所过烦扰州县，干求受赇。黄州有巫，盛年美色，从无赖少年数十，为蠹尤甚。至黄州，宿于驿舍。刺史左震晨至驿，门扃锁，不可启，震怒，破锁而入，曳巫于阶下斩之，所从少年悉毙之。籍其赇，数十万，具以状闻，且请以其赇代贫民租，遣中使还京师，上无以罪也"（同上）。要知道，这荒诞不经、乌七八糟的事就出在肃宗返京才半年多、叛乱远未平定、国穷民困、百端待举之时。处在当时那种风雨飘摇的形势之下，他居然重用了这样的佞人干出了这种蠢事，这就无怪乎史臣要批评他"道屈知几，志微远略"[3]了。说

---

[3] 玄宗，尤其肃宗重用王玙，对后来产生的影响是很坏的。《旧唐书·王玙传》载："岁余，（王玙）罢知政事，为刑部尚书。上元二年兼扬州长史、御史大夫，充淮南节度使。肃宗南郊礼毕，以玙使持节，都督越州诸军事、越州刺史，充浙江东道节度观察处置使。本官兼御史大夫、祠祭使如故。入为太子少保，转少师。大历三年六月卒。玙以祭祀妖妄致位将相，时以左道进者往往有之。广德二年八月，道士李国祯以道术见，因奏皇室仙系，宜修崇灵迹，请于昭应县南三十里山顶置天华上宫露台，大地婆父、三皇道君、太古天皇、中古伏羲娲皇等祠堂，并置扫洒宫户一百户。又于县之东义扶谷故漱置龙堂。并许之。时岁饥荒，人甚不安。昭应县令梁镇上表曰：'臣闻国以人为本，害其本则非国；神以人为主，虐其主则非神。……一昨蟊贼作孽，水旱为灾，虽王畿皆遍，而臣县最苦，此则神之不能御大灾明矣，又何力于陛下而得列祀典哉？且以残弊之余，当凶荒之岁，丁壮素出家入仕，羸老方乞匄挽粟，令但供亿王已不堪命，更奔走鬼道，何以聊生？……陛下亦何必废先王之典，崇俗巫之说，走南亩之客，杀东邻之牛，而后冀非妄之福？陛下虽欲为人祈福，福未至而人已困矣。……臣伏以国祯等，并交结中贵，狡蠹成性。臣虽忘身许国，不惧谗构，终恐贿及豪右，复为奸恶。其国祯等，见据状推勘，如获赇状，伏望许臣征收，便充当县邮馆本用。其漱既竭，不可更置祠堂。又不当为大地建立祖庙。臣并请停其三皇、道君、天皇、伏牺、女娲等。既先各有宫庙，望请并于本所依礼斋祭。'上从之。"李国祯等就是乘着肃宗好鬼神、重用王玙的这股歪风而以左道得进的妖妄之徒。要不是梁镇冒死据理谏阻，代宗也很可能上当，在荒年为淫祀大兴土木，祸国殃民。

他缺心眼不识时务，没有大志没有远见，这是一点儿也不过分的。玄宗自蜀还京，见肃宗亲迎之礼甚隆，曾得意扬扬地对左右说："吾为天子五十年，未为贵；今为天子父，乃贵耳！"胡三省评论说："玄宗失国得反，宜痛自刻责以谢天下，乃以为天子父之贵夸左右，是全无心肠矣。"玄宗固然是全无心肠了。看肃宗的所作所为，恐怕也难免此讥。

当时所行不合时宜的"升平之礼"不仅止于此。其他像乾元元年正月戊寅，玄宗御宣政殿授册，加给肃宗以"光天文武大圣孝感皇帝"的尊号，肃宗马上又回敬玄宗一个"太上至道圣皇天帝"的尊号，这简直是在表演一出令人哭笑不得的蹩脚滑稽戏。"寇逆未平，九庙未复，而父子之间迭加徽称，此何为者也！"胡三省这一语含愤慨的责难当然是正义的，有道理的。不过，实事求是地说，此事做得虽不得体、不合时宜，倒也并非毫无用意。前已论及，肃宗当太子时全仗随时表现自己的"仁孝谨静"以远祸固位，即位后仍须借此沽名钓誉，并缓和同玄宗之间暗藏的利害冲突。现在，由于他俩地位的改变，这就轮到逊位的父亲来极力表彰在位的儿子"仁孝谨静"的美德，以期保全自己、安度余年了。玄宗自蜀归至咸阳，见到了释黄着紫、痛哭流涕、前来迎接的肃宗，曾经讲了这样几句话："天数、人心皆归于汝，使朕得保养余齿，汝之孝也！"他本人不是在无意中也承认这一点了么？由此可见玄宗所加肃宗尊号"光天文武大圣孝感皇帝"中"孝感"二字特有的政治含义了。投桃报李，肃宗回敬玄宗以"太上至道圣皇天帝"的徽称，若细细琢磨，也同样是意味深长的。玄宗好神仙，如今年老逊位，上此徽称固然很恰当，但强调他是得"至道"的"天帝"，这就不能不令人感到其中似有望太上皇清静无为、不要干预世事时政的这一层意思在。

尽管双方都在小心翼翼地拿父慈子孝的封建伦理道德作为润滑油，试图减少两人之间因所处地位而必然产生的摩擦，但是，政治斗争的发展，到底不决定于人的主观愿望，随着矛盾的日趋激化，终于在父子互加尊号后两年的上元元年（七六〇）七月，在肃宗的默许下，经过张后与李辅国的密谋策划，由李辅国唱主角，真刀真枪地演出了一出虽不惊心动魄却也可嗟可叹的逼宫闹剧来。

史载玄宗爱他做皇帝以前住过的兴庆宫，从蜀归京后就住在这里。兴庆宫在皇城以东，之间有夹城相通，肃宗时常经此往问起居，玄宗也偶尔到大明宫来。左龙武大将军陈玄礼、内侍监高力士侍卫玄宗；肃宗又命玉真公主、如仙媛、内侍王承恩、魏悦及梨园弟子常在身边陪伴他，替他解闷。兴庆宫有座长庆楼，南临大道，玄宗喜欢到那里去徘徊观览，父老过路人等见了往往瞻拜呼万岁，玄宗常在楼下置酒食相待；还召过将军郭英乂[4]等上楼赐宴。一次，有个剑南奏事官过楼下拜舞，玄宗命玉真公主、如仙媛代他当主人。

李辅国素微贱，虽暴贵当权，玄宗身边的人都看不起他。李辅国怀恨在心，且欲立奇功以固其宠，就跟肃宗说："上皇居兴庆宫，日与外人交通，陈玄礼、高力士谋不利于陛下。今六军将士尽灵武勋臣，皆反仄不安，臣晓谕不能解，不敢不以闻。"肃宗哭道："圣皇慈仁，岂容有此！"对答道："上皇固无此意，其如群小何！陛下为天下主，当为社稷大计，消乱于未萌，岂得徇匹夫之孝！且兴庆宫与闾间相参，垣墉浅露，非至尊所宜居。大内深严，奉迎居之，与彼何殊，又得杜绝小人荧惑圣听。如此，上皇享万岁之安，

---

[4] 老杜认识此人，曾在凤翔行在与他同参朝列："通籍微班忝，周行独坐荣。随肩趋漏刻，短发寄簪缨。"（《奉送郭中丞兼太仆卿充陇右节度使三十韵》）

陛下有三朝之乐，庸何伤乎！"肃宗不听。兴庆宫原先有马三百匹，李辅国假传圣旨取走了，才留下十匹。玄宗对高力士说："吾儿为李辅国所惑，不得终孝矣。"

李辅国又指使六军将士，号哭叩头，请迎太上皇到西内居住。肃宗只哭不吭声。李辅国恐惧。恰好碰上肃宗生病，七月，丁未，李辅国假称皇帝发话，迎太上皇游西内，到睿武门，李辅国带领射生五百骑，拔刀露刃，拦路进奏说："皇帝以兴庆宫湫隘，迎上皇迁居大内。"玄宗大惊，差一点掉下马来。高力士喝道："李辅国何得无礼！"叱令下马。李辅国不得已，只得下来。高力士趁势宣布太上皇的命令说："诸将士各好在！"好在犹今言好生，意谓不得向太上皇动武。将士们都纳刀入鞘，再拜，呼万岁。高力士又命令李辅国跟自己共执太上皇马鞚，侍卫往西内，住在甘露殿。李辅国带领兵众退下。所留侍卫兵，才老弱数十人。陈玄礼、高力士及旧宫人都不准留在身边。太上皇说："兴庆宫，吾之王地，吾数以让皇帝，皇帝不受。今日之徙，亦吾志也。"当天，李辅国与六军大将素服见肃宗请罪。肃宗又迫于诸将，就慰劳他们说："南宫、西内，亦复何殊！卿等恐小人荧惑，防微杜渐，以安社稷，何所惧也！"刑部尚书颜真卿带头率百官上表，请问太上皇起居。李辅国很厌恶他，奏贬蓬州长史。接着将高力士流放巫州，王承恩流放播州，魏悦流放溱州；勒令陈玄礼致仕；将如仙媛安置到归州，要玄宗的妹妹玉真公主出宫到睿宗为她所起的玉真观居住。肃宗另外挑选后宫百余人，派往西内备洒扫。令玄宗的女儿万安、咸宜二公主照料穿着膳食。四方所献珍异，首先送呈太上皇。然而太上皇越来越不愉快，因此不茹荤，辟谷，逐渐成了病。开初肃宗还去问安，后来自己也病了，只派人去问起居。其后肃宗稍稍悔悟，讨厌李辅国，想杀他，害怕他掌握了军队，竟犹豫不能决。就这样，又过了两年，到宝应元年（七六二），建巳月，甲寅，玄宗卒，年七十八。丁卯，肃宗卒，年五十二。前后只差十三天。

或因史臣出于为尊者讳的考虑，或传闻有误，细节和提法容有出入，但逼迁西内事变经过大体已明，足可从中看出一些问题：

（一）玄宗作为逊位君主，退居兴庆宫养老，且不管他是不是真想策划复辟，私下接近子民，交通外官，这决不是在位君主和当权派所能容许，而必须采取果断措施加以制止的。古今中外皆然；偶有疏忽，即使未导致政变，也会混淆视听，不利于现统治者。单从政治的角度来看，肃宗默许李辅国迁太上皇于西内，并处置其左右亲近，很难说有什么不对。玄宗自蜀还京时已是七十三岁的老翁。他后期昏庸，权假奸邪，政治腐败，竟致酿成空前灾难，无论于国于民，都是难辞其咎的。只是开元全盛日久，影响深远，乱世追思，更觉难能可贵，因此人民对他仍有好感。比如乱起之初，叛军逼近长安，他仓皇出逃，午时至咸阳望贤宫，饥不得食，犹有居民争献粝饭。自蜀还京，重过望贤宫，父老在仗外欢呼且拜。肃宗下令开仗，有千余人涌入谒见太上皇，说："臣等今日复睹二圣相见，死无恨矣！"其后退居兴庆宫，如前所述，父老过路人等，见他在长庆楼前徘徊观览，便瞻拜呼万岁。凡此种种，足证玄宗在人们的心目中还很受尊崇，还是有很大政治号召力的。不要以为玄宗早已腐败无能，加之行将就木，"斯亦不足畏也已"。须知他是个靠搞宫廷政变起家的老手，政治斗争经验极其丰富。如果真的不甘寂寞（遗憾的是当惯了皇帝的人往往有这种古怪脾气），只要气候合适，条件具备，也并非毫无复辟的可能性。逼玄宗迁居西内之后，肃宗慰劳六军大将说："卿等恐小人荧惑，防微杜渐，以安社稷，何所惧也！"他竟然将这事提到"安社稷"的高度，能说这纯出于猜疑，是毫无根据的胡言乱语？两年之后玄宗、肃宗相继逝世，大位由平乱有功、威望非常的皇太子李俶继承（这就是代宗），接替自然，顺理成章，一般不会出什么大纰漏，但仍不免发生李辅国杀张皇后和越王李係、兖王李侗这样小规模的宫廷变乱。万一当初玄宗及其旧臣果真发动一次复辟政变，无论成功还是失败，对朝野的震动无疑要大得多，在收京后不久、叛乱未平、局势不稳的当时，其后果则是不堪设想的。

（二）由于李辅国的插手，一下子就撕下了父慈子孝温情脉脉的面纱，露出了玄宗、肃宗父子之间势不两立的敌对关系。左右亲近，有的被流放，有的被遣散，有的被解职。只留下几十名老弱残兵作侍卫，选派来百多个宫女，名备洒扫实是密探。玄宗已经被严加软禁，完全失去了自由，得胜的对方还要假惺惺地前来请安问好，克尽子道，还要送些奇珍异宝来供赏玩，聊博一粲。处在这样的境况之下，太上皇所受刺激之深可想而知。绝望之余，就只有"不茹荤，辟谷"，采取慢性自杀的方式表示抗议了。至于肃宗始有悔悟之意，但终不杀李辅国，可见起决定性作用的是政治而不是感情。《新唐书·肃宗纪赞》说："天宝之乱，大盗遽起，天子出奔。方是时，肃宗以皇太子治兵讨贼，真得其职矣！然以僖宗之时，唐之威德在人，纪纲未坏，孰与天宝之际？而僖宗在蜀，诸镇之兵纠合戮力，遂破黄巢而复京师。由是言之，肃宗虽不即尊位，亦可以破贼矣。盖自高祖以来，三逊于位以授其子，而独睿宗上畏天戒，发于诚心，若高祖、玄宗，岂其志哉！"黄巢是农民起义，性质与安史之乱不同，不得相提并论。但作为事例，论证肃宗不即尊位，以皇太子身份，亦可破贼复京，这不无道理。又说玄宗传位肃宗只是迫于形势，追认既成事实，并非出于自愿，这也符合实情。即使这样，我倒认为在天子奔蜀、群龙无首的生死存亡之秋，肃宗即位灵武，更有利于纠合诸镇之兵破贼复京，并没有什么可厚非的。

（为什么非得让那个荒淫误国的昏君继续当皇帝不可呢？）问题是他既然当了皇帝，又扭扭捏捏，装腔作势，再三推让；一旦对方稍有动静，便心怀鬼胎，忐忑不安，唯恐得而复失，却不亲自出面加以阻止，竟然姑息养奸，纵容李辅国辈率卒露刃宫廷，逼迁上皇，并肆意处置他的左右亲近。他这样做，真是鼠目寸光，愚蠢到顶。眼前的本来不难解决的矛盾虽然解决了，却从此伏下内竖操帝后王侯废立生杀大权、把持朝政、祸国殃民的祸根。张后与李辅国开初互相勾结，专权用事，后来却成了势不两立的冤家对头。肃宗病笃弥留之际，张后指使越王李係谋杀李辅国及其同党程元振，结果张后、李係和兖王李侗反为李辅国等囚禁在后宫，等肃宗一咽气都给杀掉了。接着李辅国就以监护人的身份扶代宗即位。这就是肃宗私心重而目光短浅、倚重宦官、大权旁落、顾此失彼、养痈遗患的莫大现世报。从此以后终唐之世，历代皇帝除哀帝以外，其余都是宦官所立。代宗心里恨李辅国，又很怕他，称他为尚父而不名。僖宗干脆称宦官田令孜为阿父。哪个皇帝要是宦官看着不顺眼，就把他杀了另立一个，如顺宗、宪宗、敬宗、文宗都死于宦官之手。宦官专权，是皇纲解纽、朝政腐败的产物，原因是多方面的。中晚唐时期，情况愈演愈烈，是整个王朝加速灭亡趋势的体现，当然不能完全归咎于肃宗个人，但是他也应负推波助澜的不小罪责。

此外，他还做了另一件不大不小却后患无穷的蠢事。

乾元元年（七五八）十二月，平卢节度使王玄志卒，肃宗派遣中使前往抚慰将士，且就察军中所立主将，授以旌节。高丽人李怀玉为裨将，杀王玄志之子，推举自己的姑表兄弟侯希逸为平卢军使，朝廷竟然同意，即任命侯希逸为节度副使。《资治通鉴》记载到这里，特意标明："节度使由军士废立自此始。"司马光还就此大发议论说："肃宗遭唐中衰，幸而复国，是宜正上下之礼以纲纪四方；而偷取一时之安，不思永久之患。彼命将帅，统藩维，国之大事也，乃委一介之使，徇行伍之情，无问贤不肖，惟其所欲与者则授之。自是之后，积习为常，君臣循守，以为得策，谓之姑息。乃至偏裨士卒，杀逐主帅，亦不治其罪，因以其位任授之。然则爵禄、废置、杀生、予夺，皆不出于上而出于下，乱之生也，庸有极乎！且夫有国家者，赏善而诛恶，故为善者劝，为恶者惩。彼为人下而杀逐其上，恶孰大焉！乃使之拥旄秉钺，师长一方，是赏之也。赏以劝恶，恶其何所不至乎！……孔子曰：'人无远虑，必有近忧。'为天下之政而专事姑息，其忧患可胜校乎！由是为下者常眄眄焉伺其上，苟得间则攻而族之；为上者常惴惴焉畏其下，苟得间则掩而屠之；（胡三省注：二语曲尽唐末藩镇、将卒之情状。）争务先发以逞其志，非有相保养为俱利久存之计也。如是而求天下之安，其可得乎！迹其厉阶，肇于此矣。（注：言其祸肇于命侯希逸帅平卢也。）……今唐治军而不顾礼，使士卒得以陵偏裨，偏裨得以陵将帅，则将帅之陵天子，自然之势也。由是祸乱继起，兵革不息，民坠涂炭，无所控诉，凡二百年，然后大宋受命。"

正因为肃宗在政治上如此缺乏远见，如此昏庸，这就使得他不但不能及时地协调好当时实际上已经形成的两派朝臣之间的关系，反而加剧了矛盾，把朝政弄得一团糟。关于这方面的情况，傅璇琮《唐代诗人丛考·贾至考》论证甚详，现择要转述如下。

流亡的肃宗小朝廷，在与安史叛军作战过程中，已逐步酝酿并发展着派系斗争，斗争情况甚为复杂，简言之，起先大致可分为随玄宗赴蜀的旧臣和随肃宗赴灵武的新贵，而后者则又以张良娣和李辅国为首。当玄宗赴蜀途中，原任宪部（即刑部）侍郎的房琯追及玄宗于剑州普安郡，房琯当时有大名，玄宗见之甚喜，当天就任命他为文部侍郎同平章事，授命制词即出自中书舍人贾至之手。不久肃宗即位灵武，玄宗得讯，只得派左相韦见素与宰臣房琯赍传国宝玉册，奉使灵武，宣传诏命，便行册礼。传位册文为贾至所写，玄宗看后叹道："昔先帝逊位于朕，册文则卿之先父（曾）所为。今朕以神器大宝付储君，卿又当演诰。累朝盛典，出卿父子之手，可谓难矣。"贾至也作为使者随行。肃宗因韦见素曾依附杨国忠，礼遇稍薄。"以琯素有重名，倾意待之，琯亦自负其才，以天下为己任。时行在机务，多决之于琯，凡有大事，诸将无敢预言"（《旧唐书·房琯传》）。这种情况就必然受到李辅国一派人的侧目。这时正好原北海太守贺兰进明自河南至，对肃宗进谗说："琯昨于南朝为圣皇制置天下，乃以永王为江南节度，颖王为剑南节度，盛王为淮南节度，制云'命元子北略朔方，命诸王分守重镇'。且太子出为抚军，入曰监国，琯乃以枝庶悉领大藩，皇储反居边鄙，此虽于圣皇似忠，于陛下非忠也。琯立此意，以为圣皇诸子，但一人得天下，即不失恩宠。又各树其私党刘秩、李揖、刘汇、邓景山、窦绍之徒，以副戎权。推此而言，琯岂肯尽诚于陛下乎？"（同上）贺兰进明说这一番话，虽出于攻击房琯以泄私愤的不良动机，但也真实地反映了李唐皇族内部在安史叛军猝然打击下所产生的利害冲突。假如没有这一客观存在的矛盾因素，贺兰进明无论说得如何动听，也是不会起作用的。对于肃宗来说，永王璘由江陵起兵夺取金陵的事件，是一个严重的教训。贺兰进明特别提到永王璘，就更易触及他与玄宗及诸皇子矛盾冲突的情绪。这时另一宰相崔圆，又"厚结李辅国，到后数日，颇承恩渥，亦憾于琯"（同上）。这样，肃宗朝的矛盾就展开了。后来房琯陈涛斜之战，一败涂地，他又好高谈阔论，不切实际，最主要的是触犯了肃宗、李辅国等的利益，因此就在至德二载五月被罢相而贬为太子少师。房琯罢相是斗争的一个爆发点。这是肃宗小朝廷在尚未收复长安时就已显露出来的内部派系斗争。这种皇族之间、朝臣之间、宦官与朝臣之间，以及握兵权的将领之间的明争暗斗，在肃宗一朝始终没有停止过，加上肃宗的昏庸和无能，使得安史战乱不必要地延长了许多年，唐朝的社会经济从此走下坡路，这是整个封建统治集团所造成的。

从上面的分析和介绍中，可以见出肃宗的为人为政以及当时政局的一斑。

二 "几回青琐点朝班"

收京后的第二年（即乾元元年，七五八）春天，虽然广大地区并未收复，人民仍处于水深火热之中，但肃宗君臣却为眼前的胜利所陶醉，暂时缓和了一下去年早已爆发了的派系斗争，都迫不及待地享起失而复得的荣华富贵来了。

一个春天的早晨，中书舍人贾至去大明宫上朝，见一派升平气象，感到很兴奋，就写了首题为《早朝大明宫呈两省僚友》的七律说：

"银烛朝天紫陌长，禁城春色晓苍苍。千条弱柳垂青琐，百啭流莺绕建章。剑佩声随玉墀步，衣冠身惹御炉香。共沐恩波凤池里，朝朝染翰侍君王。"打着银烛辉映的灯笼穿过长长的街道去上朝，紫禁城清晓的春色郁郁苍苍。千条柔软的垂柳掩映着青琐宫门，百啭流莺飞绕着这宏伟的宫阙犹如汉代的建章。剑佩声随着玉墀上庄重的步子有节奏地作响，衣帽上惹来了一身的御炉香。我们都幸运地沐浴着这凤凰池里的德泽恩波，天天染翰操纸侍奉着贤明的君王。魏晋时中书省，掌管一切机要，因接近皇帝，故称"凤凰池"或"凤池"。《晋书·荀勖传》："勖自中书监除尚书令，人贺之，勖曰：'夺我凤凰池，诸君贺我耶？'"——这诗写得真是雍容华贵极了。在贾至兴致勃勃的首倡带动下，当时同在朝中做官的王维、岑参、杜甫诸人都有和章。王维的《和贾舍人早朝大明宫之作》说：

"绛帻鸡人报晓筹，尚衣方进翠云裘。九天阊阖开宫殿，万国衣冠拜冕旒。日色才临仙掌动，香烟欲傍衮龙浮。朝罢须裁五色诏，佩声归向凤池头。"贾至的诗着重写自己上朝时的所见所感，末后稍带涉及两省僚友。王维的诗则着眼于皇帝，写他从起身到临朝的情事和排场，结尾才称美贾至的荣遇。王维时年五十八岁。头年因陷贼下狱，会其弟王缙位已显，请削官赎维罪，且维拘于洛阳菩提寺时所赋凝碧诗曾闻于行在，肃宗亦自怜之，乃免罪复官，责授太子中允。后迁太子中庶子、中书舍人。复拜给事中。杜佑《通典》载唐时谓尚书省为南省，门下、中书为北省；亦谓门下省为左省，中书省为右省；或通谓之两省。赵殿成说："按至德二年十月，肃宗入京师，明年改元乾元。是时贾至为中书舍人，杜甫为〔左〕（右）拾遗，皆有史传岁月可证。王维之为中书舍人、为给事，岑参之为右补阙，其岁月无考，要亦当在是时，皆两省官也。"（《王右丞集》笺注）王维陷贼前已做到给事中（正五品上，属门下省），免罪复官先降为太子中允，再经过两次升迁才复拜给事中。乾元元年春他已在贾至所说的"两省僚友"之内，从时间上考虑，他当时当是中书舍人。杜甫有《奉赠王中允维》诗，仇兆鳌据其中"一病缘明主，三年独此心"一联诠释说："'一病'指诈瘖事。'三年'，自天宝末至乾元初也。"遂订该诗作于乾元元年。既知这年春暖花开王维与贾至诸人唱和时已为中书舍人，则责授太子中允当在岁初。"责授"就是降职，是对他陷贼官的较轻的处分，所以杜甫赠诗中多为王维辩解和宽慰他的话。该诗末二句说："穷愁应有作，试诵《白头吟》。"可见王维当时的心情很不好。不久他一再升官，到作

《和贾舍人早朝大明宫之作》时，胸襟就显得开阔多了快畅多了。顾璘评王维和章说："气象阔大，音律雄浑，句法典重，用事新清，无所不备，未全美者，以用衣服字面太多耳。"仇注引此，复补充说："'阊阖''宫殿'，'衣冠''冕旒'，句中字面复见。杜诗有云：'阊阖开黄道，衣冠拜紫宸。'却无此病矣。"

赵殿成不知岑参何时开始为右补阙，其实岑参早在头年已为杜甫等表荐担任此职了。他的《奉和中书舍人贾至早朝大明宫》说：

"鸡鸣紫陌曙光寒，莺啭皇州春色阑。金阙晓钟开万户，玉阶仙仗拥千官。花迎剑佩星初落，柳拂旌旗露未干。独有凤凰池上客，《阳春》一曲和皆难。"这一组唱和诗中以往论者多以此诗为最佳。"寒""阑""干""难"皆险韵，押得自然，丝毫无损其冠冕庄丽气派，尤为难得。

老杜从去年年底写《腊日》以来，由于暂时像是做稳了京官，开始真正得到了身为近臣的荣宠（虽然做的还是拾遗，回京后自会另有一番风光），心里一高兴，也就接二连三地写起华丽的宫廷诗来了。他的《奉和贾至舍人早朝大明宫》就是其中最突出的一首：

"五夜漏声催晓箭，九重春色醉仙桃。旌旆日暖龙蛇动，宫殿风微燕雀高。朝罢香烟携满袖，诗成珠玉在挥毫。欲知世掌丝纶美，池上于今有凤毛。"卫宏《汉旧仪》：昼漏尽，夜漏起，省中黄门持五夜。五夜者，甲、乙、丙、丁、戊。殷夔《刻漏法》：铸金为司晨，具衣冠，以左手抱箭，右手指刻，以别天时早晚。首句指出早朝的时刻。二句点明季节。仇注：唐时殿庭多植桃柳。故岑诗言柳拂旌旗，杜诗言春色仙桃，皆面前真景。朱注：春色之秾，桃红如醉，以在禁中，故曰仙桃，非用王母事。《周礼》：析羽为旌，交龙为旂，熊虎为旗，龟蛇为旐。"龙蛇"是旌旆上所画的图形。颔联写景，"声彩壮丽，妙复生动"（杨伦语）。《世说新语·容止》载王敬伦（劭）风姿似其父王导。桓温说："大奴固自有凤毛。"《南史·谢灵运传》附其孙超宗传载谢凤子超宗有文词，作殷淑妃诔，帝大嗟赏，对谢庄说："超宗殊有凤毛。"睿宗、玄宗传位册文皆分别为贾曾、贾至父子所写，玄宗曾叹道："累朝盛典，出卿父子之手，可谓难矣。"尾联用"凤毛"典故切此事，甚当。老杜和章以格法谨严见长。

这四首唱和诗，前人评价虽稍有轩轾，但都写得花团锦绣、玉润珠圆，在宫廷诗中堪称上乘。杨仲弘说："荣遇诗，如贾至诸公早朝篇，气格雄深，句意严整，宫商迭奏，音韵铿锵，真麟游灵囿，凤鸣朝阳也。熟之可洗寒俭。"（仇注引）单就诗而论，这话也不无道理。少年时读这些诗时，脑海中总会朦朦胧胧地显现出一派太平盛世、国泰民安的景象。后来学了文学史，知道这些诗并非作于"开元全盛日"，而是作于两京初复、战乱远未结束的多事之秋，这就不能不令我感到有点不是滋味。处在那种国步艰难、正需励精图治的非常时期，做皇帝的居然有这么好的兴致扮演盛世明君，大摆其谱，显示他君临万方的无比威仪，做臣子的居然忘记了前不久的坎坷遭遇和目前的政治纠纷，温文尔雅、兴会弥长地大唱起粉饰太平的赞歌来，能说这是正常的吗？比如王维和章中"九天阊阖开宫殿，万国衣冠拜冕旒"二句，要是用来形容"开元盛世"万国来朝的盛况，倒也罢了，要是说这就是当时朝会的艺术写照，那纯粹是吹牛。当然，当时也是有远人来朝的，如前来助战的回纥叶护诸人就是，但想到好不容易才把这些恃功邀赏的远人打发走，自会明白唐王朝实际的国力和地位究竟如何了。打肿脸充胖子，本身就是莫大的讽刺。

这么说，这组诗，除了艺术上的成就，岂不是毫无意义了？也不尽然。我看，至少还有如下两点认识价值：

（一）通过艺术的折光，间接反映出肃宗目光的短浅、心胸的狭窄，当他一旦正位大明宫，似乎就万事大吉，不遑虑及其他了。

（二）开元以来，承平日久。"渔阳鼙鼓动地来，惊破《霓裳羽衣曲》。"安禄山之乱，固然引起了巨大震动，令一些有识之士转而面向残酷的现实，但两京的收复，二帝的还京，加上肃宗重礼仪，搞了一系列诸如祭祀、上尊号、封赏、大赦等告成活动，这又给大多数统治者带来了极其绮丽的"中兴"好梦。据《新唐书·文艺传》载，卢纶、吉中孚、韩翃、钱起、司空曙、苗发、崔峒、耿沣、夏侯审、李端，是为"大历十才子"。[5] 他们多写隐逸、游宦、宴会、送别等题材，情思冲淡，风格清丽，音律和谐，语言精致，内容空虚，形式主义倾向明显。如果说这一诗派是当时"中兴"好梦在文艺上的反映，客观上起着歌咏升平、粉饰现实的作用，那么，贾至诸公的这组早朝大明宫唱和诗，则应看作这一诗派的滥觞。这组诗，多少流露出当时封建士大夫们缅怀"盛世"、渴望"中兴"、盲目乐观的情绪来。

岑参的《寄左省杜拾遗》："联步趋丹陛，分曹限紫微。晓随天仗入，暮惹御香归。白发悲花落，青云羡鸟飞。圣朝无阙事，自觉谏书稀。"杜甫《奉答岑参补阙见赠》："窈窕清禁闼，罢朝归不同。君随丞相后，我往日华东。冉冉柳枝碧，娟娟花蕊红。故人得佳句，独赠白头翁。"写得都很具体，可见朝仪和他们当时的生活剪影，也同样是这种盲目乐观情绪的表露，没什么意义。岑参原唱艺术上稍佳，"圣朝"二句则完全是极其廉价的"颂圣"之辞。

在这种情绪支配下，老杜同时前后还写了好几首兴致颇高的荣遇诗。他的《宣政殿退朝晚出左掖》说：

---

[5] 关于"十才子"说法不一，因无关紧要，不详述。

"天门日射黄金榜，春殿晴曛赤羽旗。宫草霏霏承委佩，炉烟细细驻游丝⁽⁶⁾。云近蓬莱常五色，雪残鳷鹊亦多时。侍臣缓步归青琐，退食从容出每迟。"云开日出，黄金匾额给照射得金光闪闪，晴光把春殿前的赤羽旗烘得更红了。茂密的宫草轻承着飘拂的佩带，缕缕炉烟黏住了空中的游丝。靠近蓬莱宫常有五色庆云，鳷鹊观的雪已经融化多时。我身为侍臣缓步回到那青琐省门，从从容容地退朝出来进食，没有哪次不是迟到了的。——《唐会要》载，宣政殿在含元殿后，即正衙殿。又载贞观间营永安宫，后改为蓬莱宫，咸亨初改为含元殿，又改为大明宫。鳷鹊是汉代的宫观名。老杜当时做左拾遗，属门下省（亦称左省），故下朝出左掖（左便门）。老杜经常到大明宫后面的宣政殿上朝，早出晚归，虽然辛苦，但很得意。这首诗就是这种踌躇满志心情的表露。他的《紫宸殿退朝口号》说：

"户外昭容紫袖垂，双瞻御座引朝仪。香飘合殿春风转，花覆千官淑景移。昼漏稀闻高阁报，天颜有喜近臣知。宫中每出归东省，会送夔龙集凤池。"含元殿（即大明宫）之北为宣政殿，宣政殿之北为紫宸殿（见《雍录》）；紫宸殿即内朝正殿（见《唐六典》）。杨慎说："唐之朝制，宣政，前殿也，谓之衙，有仗，杜诗所谓'春旗簇仗齐'是也。紫宸，便殿也，谓之阁，朔望不御前殿而御紫宸，谓之入阁，杜诗所谓'还家初散紫宸朝'是也。"（仇注引）这首诗写朔望朝紫宸便殿情事。唐制：昭容正二品，系九嫔之一。《酉阳杂俎》载，唐时阁门有宫人垂帛引百僚，或云自则天，或言因后

⁽⁶⁾ 游丝，或说是春日阳气上升，小鸟被冲至高空空气稀薄处爆裂，黏液凝固而成。古诗中常用以形容春景，如沈约《三月三日率尔成章》"游丝映空转"、卢照邻《长安古意》"百丈游丝争绕树"、杜甫《题省中壁》"落花游丝白日静"等等。

魏。据《开元礼疏》：晋康献褚后临朝不坐，则宫人传百僚拜。周、隋相沿，唐亦因之不改。首联言户外宫人垂袖侍立，引导百官双双分行入阁瞻仰、朝拜皇帝。唐代三品以上服紫。"紫袖"的紫正是昭容服色，并非诗人随意点染。描写细致而形象，所以邵子湘说："唐时朝仪尚可想见。""香飘"句言殿宇极宽，香随春风而到处飘转。"花覆"句言奏对的时间很长，那荫覆待召朝官们的花影也移动了位置。王夫之说："有大景，有小景，有大景中小景。'柳叶开时任好风''花覆千官淑景移'，及'风正一帆悬''青霭入看无'，皆以小景传大景之神。"（《姜斋诗话》）《长安志》载含元殿东南有翔鸾阁，西门有栖凤阁，与飞廊相接。"昼漏"句是说，紫宸殿是内衙，稀闻铜壶滴漏，必待翔鸾、栖凤二高阁传报白昼时刻。唐制：谏官随宰相而入，得近御前。老杜为拾遗，系近臣。"天颜"句，自喜接近皇帝，是际遇的不平常。"东省"即左掖，指门下省。"夔、龙"，皆舜臣名，此借指宰相。"宫中"二句是说退朝后归东省（门下省），然后又集于西省，就政事堂见宰相。当时居相位的是张镐、崔圆、李麟（他们都在这年五月罢政事）。黄生说："唐时故事，每退朝则三省群僚送宰相至中书省而后散。此诗首尾并具典故，虽浓丽工整，颇无深意，疑即从二事托讽。缘宫人引驾虽属旧制，然大廷临御，万国观瞻，岂容此辈接迹？而时主因循不改，其于朝仪为已亵矣。至如宰相虽尊，实与群僚比肩而事主。退朝会送，此何礼乎？此诗所以志讽。然第具文见意，春秋之法在焉。宋人目公为诗史，浅之乎窥公矣。"既云"颇无深意"，何必深文周纳？前人解诗，往往迂腐如此。

他还有两首写台省居官生活的五律。《晚出左掖》说：

"昼刻传呼浅，春旗簇仗齐。退朝花底散，归院柳边迷。楼雪融城湿，宫云去殿低。避人焚谏草，骑马欲鸡栖。"这诗可看作前面两首七律的补充，所描写的时序、情况大致差不多。前面说"昼漏稀闻高阁报"，这里说"昼刻传呼浅"。"传呼浅"，是说宫卫报告昼漏时刻是压低着嗓音传呼的，见宫禁的森严。"浅"犹轻，轻的声音就听者的感受而言则是浅的。旧注有以为"传呼浅，谓传呼在昼，不若夜之远也"，亦通。前面说"晴曛赤羽旗"，这里说"春旗簇仗齐"，都写仪仗。前面说"雪残鸤鹊亦多时"，这里说"楼雪融城湿"，此诗似作于前诗之前。前面说"花覆千官淑景移"，这里说"退朝花底散"，见朝官确在殿前花树下集散。《文昌杂录》载，唐殿庭多种花柳。上句写花，下句写柳："归院柳边迷"，互文见义。前面说"退食从容出每迟"，这里说"骑马欲鸡栖"，见下朝常晚。细节都能一一印证，可见这些诗的写实性是很强的。刘辰翁解七句说："'焚谏草'，不欲人知也。'避人'而焚，并掩其迹矣。"今日读此句，总觉得此老未免有点装腔作势，但一想到他是个认真的人，或果真郑重其事如此，就不觉可厌只觉可叹了。肃宗哪里会听他的呢？用不了多久他就要给打发走了，还这么忠心耿耿。"虽乏谏诤姿，恐君有遗失。"他真是个真诚的人、执着的人，他往往因有事进谏头晚兴奋得睡不着觉。他的《春宿左省》："花隐掖垣暮，啾啾栖鸟过。星临万户动，月傍九霄多。不寝听金钥，因风想玉珂。明朝有封事，数问夜如何？"写他春宿门下省等待上朝进谏情景，就真实地反映了这种既兴奋又有点紧张的心情。

他的《送翰林张司马南海勒碑》："冠冕通南极，文章落上台。诏从三殿去，碑到百蛮开。野馆秔花发，春帆细雨来。不知沧海使，天遣几时回？"写得冠冕堂皇、风流蕴藉，同作者当时的昂扬情绪、快畅心境是相一致的。王嗣奭说："后联'野馆秔花'，极堪赏玩；'春帆细雨'，又觉凄凉。长途情景，在处有之，描写深细。"

这类诗中值得注意的是这首拗体七律《题省中壁》："掖垣竹埤

梧十寻，洞门对霤常阴阴"(7)。落花游丝白日静，鸣鸠乳燕青春深。腐儒衰晚谬通籍，退食迟回违寸心。衮职曾无一字补，许身愧比双南金。"前半写省中景，后半述怀。高曰垣，低曰埤，都是墙。竹埤当指竹篱笆之类。一说"埤"同"卑"，此言竹卑梧高，亦通。"霤"，屋檐下接水的长槽。左思《吴都赋》："玉堂对霤，石室相距。"垣覆高梧，洞门对霤，俨然是阴森省署气象。"白日"二句非止写出春日融和景象，也写出身居华屋、当此良辰美景不觉油然而生的孤寂之感。捕捉并表现这种微妙的感受和情绪，前有庾信，后有李商隐亦甚擅场。张𫄷说："'白日静'，慨素餐也。'青春深'，惜时迈也。二句景中有情，故下接云：'谬通籍''违寸心'。"甚是。老杜素有兼济天下的大志，为官虽晚，犹思勉力匡救时弊。岂料事与愿违，片言不纳，这就使他迟回、懊恼，难以排遣了。前几首诗，因作者惑于收京之初的"中兴"假象，且乍为京官，难免盲目乐观，所以多记朝会之盛、志荣遇之喜，让人读了总感到有点飘飘然。几经碰壁，逐渐清醒，从这首诗开始，他终于又重新回到事实上并不那么如意、那么美的现实中来了。黄生说："张载《拟四愁诗》：'美人赠我绿绮琴，何以报之双南金。'按（张衡）《四愁诗》本序云：衡以天下渐敝，郁郁不得志，为《四愁诗》，效屈原以美人为君子，珍宝为仁义，水深雪雰为小人，思以道德相报贻于时君，而惧谗邪不得以通。详此序所云，则公结句言外之意见矣。"发挥有新意，可参看。但就字面而论，"许身愧比双南金"即"许身一何愚，窃比稷与契"之意，所不同者只是"稷与契"为实指，

---

(7) "霤"，一作"雪"。浦起龙说："'对雪'字须活看。洞门所对，即埤间植梧之处，其处或有墙隅石罅之雪，积而未销。观《晚出左掖》诗'楼雪融城湿'，亦一时之作，知此时春雪方晴也。"亦通。惟诗中有"乳燕""青春深"字样，其时显系暮春，不当仍有积雪未消。

"双南金"为比喻而已。身为谏臣，曾无一字之补；窃比稷契，能不愧煞；如此解末两句，似更切当。仇兆鳌说："杜公夔州七律，有间用拗体者。王右仲谓皆失意遭怀之作。今观题壁一章，亦用此体，在将去谏院之前。知王说良是。王世懋云：七律之有拗体，即诗中之变风、变雅也。说正相合。"这些说法大致不差，但不可拘看。杜公早年所作《郑驸马宅宴洞中》也是拗体七律，却不写失意而写欢娱。当时他初入长安，"自谓颇挺出，立登要路津"，正信心十足，并没有什么不愉快的。

三 "去住损春心"

在"乐充宫廷，芬树羽林"，一派和平肃穆的景象背后，却隐藏着日益尖锐的政治冲突。这年春天，贾至由中书舍人出为汝州刺史，就是这一冲突的表面化。此事新旧《唐书》贾至本传均漏载，最早见于杜甫《送贾阁老出汝州》：

"西掖梧桐树，空留一院阴。艰难归故里，去住损春心。宫殿青门隔，云山紫逻深。人生五马贵，莫受二毛侵。"[8]中书省在右，因称之为右曹，又称西掖。首联有人去楼空之感。贾至洛阳人，汝州（治所在今河南临汝）与洛阳邻近，故曰"故里"。《楚辞·招魂》："目极千里兮伤春心。"颔联言中途跋涉艰难、彼此相思肠断。汝州梁县（今临汝）有紫逻山（见《九域志》）。颈联言去者不见长安（汉代长安霸城门俗称青门），住者不见汝州。古代诸侯乘车套五匹马，太守为一地的长官，亦用五马，故以五马为太守的美称。二

---

[8] 仇注："据此诗，贾出汝州，在乾元元年之春。考《肃宗本纪》，九节度师溃，刺史贾至奔于襄邓，在次年三月，与此诗前后相合。"

毛，指头发斑白。尾联表示安慰的意思，是说人生在世能做到刺史也很高贵了，千万不要因此感到难过而变老。钱谦益说："贾至本传不载出守之故，杜有《别贾严二阁老》及《寄岳州两阁老》诗，知其为房琯党也。琯与武尚未贬，而先出至者，以普安郡制置天下之诏，至实当制，故先去之也。岳州之谪，亦本于此。公诗有'艰难''去住'之句，情见乎词矣。"又说："按十五载八月，玄宗幸普安郡，制置天下之诏，房琯建议，而至当制。琯将贬而至出守，其坐琯党无疑矣。至父子演纶，受知于玄宗，肃宗深忌蜀郡旧臣，至安能一日容于朝廷？其两贬岳州，虽坐小法，亦以此故也。……琯既用事，则必汲引至、武，故其贬也，亦联翩去。"（《寄岳州贾司马六丈巴州严八使君两阁老五十韵》笺）认为贾至、严武是深为肃宗所忌的房琯一党，出贾至为汝州刺史是有计划打击蜀郡旧臣行动的第一步，这都是很有见地的。其实老杜在后来写的《寄岳州贾司马六丈巴州严八使君两阁老五十韵》中早就明白地谈到了房琯同贾至、严武以及自己在政治上休戚与共的密切关系："每觉升元辅，深期列大贤。秉钧方咫尺，铩翮再联翩。禁掖朋从改，微班性命全。青蒲甘受戮，白发竟谁怜？"意思是说：开初每以为房琯做了宰相，将重用贾、严诸贤，谁知他当权不久，同官多遭迁谪；去岁我冒死疏救房琯，如今衰颜羁旅又有谁怜？——乾元元年六月，房琯贬为邠州刺史，严武贬为巴州刺史，杜甫出为华州司功参军；乾元二年秋，贾至又因九节度之师溃于滏水而逃奔襄、邓获罪贬为岳州司马（详傅璇琮《唐代诗人丛考·贾至考》）。老杜《寄贾严两阁老》诗作于乾元二年秋在秦州时，其中论及房琯、严武和他自己"铩翮再联翩"连遭迁谪之事虽然都发生在出贾至为汝州刺史之后，但从他"青蒲甘受戮"的表白看来，他早就意识到这场斗争的严酷，而他也甘愿冒最大风险去参与这一场斗争。由此可见，当贾至出守汝州、他写送别诗时,他不会不料到随之而来的一连串打击。"艰难归故里,去住损春心!"他心底的痛苦和忧伤,远比一般离情别绪要深沉得多。有了这种粗略的了解,再回过头来看他的"明朝有封事,数问夜如何""避人焚谏草,骑马欲鸡栖"之句,就觉得前面说这显示了他为人的认真和对事的郑重还嫌泛泛。看起来,他草谏书、上封事,十之八九是在争取皇帝,进行严肃的斗争;只不过当时他对形势的估计可能要好一些,诗中流露出来的情绪显然乐观得多。

这年春天,他也写了不少情绪低落的诗。一些编年杜集多将这些诗置于《送贾阁老出汝州》之后,无疑考虑到贾至的出守是房琯一派溃败的开始这一事实,这也不无道理。看到己方大势已去,怎教他情绪不低落呢?情绪低落了,头脑清醒了,盲目乐观、沾沾自喜、飘飘然的劲头消失了,还诗人以本来面目和真性情,这样写出来的诗篇反而更好:

"雀啄江头黄柳花,鵁鶄鸂鶒满晴沙。自知白发非春事,且尽芳樽恋物华。近侍即今难浪迹,此身那得更无家?丈人才力犹强健,岂傍青门学种瓜?"(《曲江陪郑八丈南史饮》)首联所写即所谓"春事""物华"。自知白发与春事极不相称,来此陪您郑八丈饮酒不过聊表留恋物华之情而已。(前不久还为"天颜有喜近臣知"而自鸣得意,其奈"衮职曾无一字补",)看样子如今这近侍也难以混下去了⁽⁹⁾,不如干脆辞去而为求田问舍之计,为人在世,哪能一辈子没有个家,老让妻子儿女跟着到处流浪?至于您郑八丈,才力正强健,大有可为,岂可学秦东陵侯邵平归隐青门去种瓜呢?——满

⟨9⟩ 此采王嗣奭的说法:"拾遗近侍,有言责者;不得其言,即难浮沉于世。"浦起龙也是这样理解:"拾遗近君,非禄仕之官,故'难浪迹'。"仇兆鳌说:"官居近侍,既难浮沉浪迹,……"意思也差不多,只是说得含糊些。

怀心事，吞吐出之。已欲去而劝人不去，更见有难言之隐。并非真老，托词而已。起句大奇[10]，写琐细之景见节候。全诗一气呵成；回环讽诵，便觉语言流转，委婉尽致。郑非年高长者而称之为"丈人"当是老杜亲姻中的长辈。

《曲江二首》也是同时所作情调相同的诗篇。其一说："一片花飞减却春，风飘万点正愁人。且看欲尽花经眼，莫厌伤多酒入唇。江上小堂巢翡翠，苑边高冢卧麒麟。细推物理须行乐，何用浮名绊此身。"花飞一片便觉春减，极言之以衬托风飘万点之愁，也含有知微见几的哲理意味，与"细推物理"前后照应。看花欲尽，借酒浇愁，与春俱来的黄粱美梦即将随春而去，无怪乎他悲哀之深了。辛弃疾《摸鱼儿》"更能消几番风雨"亦借伤春以抒政治苦闷，不得视为文人雅士自作多情的故态复萌。苑指芙蓉苑。曲江旁昔日华堂今巢翡翠，苑边贵人高冢偃卧石麟，人世沧桑、物理变迁如此，更须及时行乐，何必为浮名缠住身子呢。"虽有一官，而志不得展，直浮名耳"（《杜臆》），最后还不是流露出政治上的不满么？当年晦日老杜游乐游园曾遥见玄宗、贵妃"霓旌下南苑"，后陷贼中又来曲江凭吊，今不得意仍日日伤春买醉于此，可见他哀伤"江上""苑边"经乱后的荒凉，实际上寄托了对太平盛世的缅怀深情，他对玄宗还是很有感情的啊！

其二说："朝回日日典春衣，每日江头尽醉归。酒债寻常行处有，人生七十古来稀。穿花蛱蝶深深见，点水蜻蜓款款飞。传语风光共流转，暂时相赏莫相违。"每日下朝必来此典衣沽酒，以夸饰之辞写其百无聊赖的恶劣心情。王嗣奭说："余初不满此诗，国方多事，身为谏官，岂行乐之时？后读其'沉醉聊自遣，放歌破愁

---

[10] 王嗣奭说："'雀啄柳花'已奇，而'黄柳花'更异。"

绝'二语，自状其真，而恍然悟此二诗，乃以赋而兼比兴，以忧愤而托之行乐者也。"这理解是正确的，因为诗中确乎流露出忧愤情绪，也符合他当时的处境。但过于强调比兴，以为"'蛱蝶''蜻蜓'俱比小人，而'深深见''款款飞'，则君心受其蛊惑，而病已中于膏肓矣"云云，则大谬。如果真像王氏所说的那样，每一具体形象都有微言大义，那诗就不成其为诗，而成了推背图了。我看蛱蝶就是蛱蝶，蜻蜓就是蜻蜓，既来此饮酒遣闷，哪能不赏玩风光见此生趣？赏玩竟至如此之细，非玩物丧志，实玩物忘忧，不言心事而心事毕露了。故从而引出尾联留春暂住的惜春情意来。第一章已论及此联系从杜审言《春日京中有怀》"寄语洛城风日道，明年春色倍还人"二句化出。叶梦得《石林诗话》评"穿花"二句说："'深深'字若无'穿'字，'款款'字若无'点'字，皆无以见其精微如此。然读之浑然，全似未尝用力，此所以不碍其气格超胜。使晚唐诸子为之，便当如'鱼跃练波抛玉尺，莺穿丝柳织金梭'体矣。""鱼跃"两句的比喻不是不巧，而是太巧，巧得弄巧反拙。黄莺穿柳犹如金梭穿丝，似是而非（"穿""织"二字太过，莺飞哪有如此之急促频繁），鱼跃抛玉尺的取譬更是脱离生活实感、挖空心思的硬凑。写得吃力，读来必然索然寡味。"穿花"二句就不是这样，描状虽极细微，却是寓于眼而感于心的真情实景，因此一经拈出，便觉兴致盎然、童心雀跃了。邵子湘认为此等诗"已逗宋派"。王士禛说："《宣政》等作，何其春容华藻；游赏诗乃又跌宕不羁如此，盖各有体也。"不同体裁确须采用不同写法，也不可通通归结于前后政治处境和心情的不同。

《曲江对酒》中表露出来的怨气更大，去志也更坚了："苑外江头坐不归，水精宫殿转霏微。桃花细逐杨花落，黄鸟时兼白鸟飞。纵饮久判人共弃，懒朝真与世相违。吏情更觉沧洲远，老大徒伤未拂衣。"又是在曲江饮酒遣怀，可见他说"每日江头尽醉归"多少接近事实。久坐江头对酒娱情，水精宫殿掩映在春光之中。鸟飞花落，景色宜人。早不怕被人们遗弃何妨纵酒，懒得上朝参谒真的是与世相违。牵于薄宦更觉沧洲远阻，这偌大年纪徒然为自己的不能归隐而感到伤心。杨伦于此首诗后加按语说："观数诗，公在谏垣必有不得行其志者，所以不久即出。"虽对当时朝中政治斗争情况不甚了了，光从话语中究竟也看出一些苗头来了。《丹铅录》说梅圣俞"南陇鸟过北陇叫，高田水入低田流"、黄山谷"野水自添田水满，晴鸠却唤雨鸠来"、李若水"近村得雨远村同，上圳波流下圳通"，句法都来自此诗"桃花"二句。宋人三联以"野水"联较好，其余得来太易，近乎打油诗，故不佳。

另有《曲江对雨》："城上春云覆苑墙，江亭晚色静年芳。林花著雨燕支湿，水荇牵风翠带长。龙武新军深驻辇，芙蓉别殿漫焚香。何时诏此金钱会，暂醉佳人锦瑟傍。"上半写雨中寂静荒凉春景。传说苏轼、黄庭坚、秦观、佛印和尚见寺壁题有此诗，"湿"字为蜗蜒所蚀，各拈一字补之，苏说"润"，黄说"老"，秦说"嫩"，佛印说"落"，找来集子一对，原来是"湿"，还是"湿"字下得自然（见仇注引）。所谓自然就是照事物的本来面目写，不故作形容，这样往往会获得好的艺术效果，"润""老""嫩""落"之所以不如"湿"，原因就在这里。"燕支（胭脂）湿"既现成又有质感，其余几字不仅隔着一层，甚至很不准确。杨伦在"林花"二句旁加批语说："金钗歌舞，旧地宛然。"乍看不知所云，细想颇觉有理。何以因"林花"想到"燕支"，因"水荇"想到"翠带"？除了两两之间有相似处易生联想外，原来诗人对此宸游旧地，回首昔日繁华，不觉在迷离恍惚的下意识中浮现出穿红着绿、涂脂抹粉、飘带轻扬、腰肢婀娜的歌舞宫人幻觉的缘故。浦起龙说："'对雨'则景益寂寥，故回首繁华，不堪俯仰。只一'静'字，笼通首。首句便含静意。"因雨而静，因静而幻，因幻而转入下半首故君之思、兴衰之叹。《雍录》载，左右龙虎军，即太宗时飞骑，衣五色袍，乘六闲驳马，虎皮鞯。唐讳虎，故曰龙武，言其才质服饰，有似龙虎。《新唐书·兵志》载，高宗龙朔二年置左右羽林军，玄宗改为左右龙武军，亦称神武天骑。诗中所谓"龙武新军"即指肃宗新建神武天骑。兴庆宫在皇城东南，谓之南内，筑夹城入芙蓉园。芙蓉园与曲江相接，玄宗常来游赏。芙蓉园、曲江各有宫殿，即诗中所谓"别殿"。《哀江头》"江头宫殿锁千门"、《曲江对酒》"水精宫殿转霏微"均指此。"漫焚香"，谓空焚香以待。《旧唐书·玄宗纪》载，开元元年宴王公百僚于承天门，令左右于楼下撒金钱，许中书门下五品以上官，及诸司三品以上官争拾之，仍赐物有差。《剧谈录》载，开元中上巳赐宴臣僚，会于曲江山亭，赐教坊声乐。钱笺："此亦怀上皇南内之诗也。玄宗用万骑军以平韦氏，改为龙武军，亲近宿卫。自深居南内，无复昔日驻辇游幸矣。兴庆宫南楼置酒眺望，欲由夹城以达曲江芙蓉苑，不可得矣。金钱之会，无复开元之盛，对酒感叹，意亦在上皇也。"浦起龙说："此诗不与诸篇一例，神远思深，忆上皇也。"同意是忆上皇是对的，认为不与曲江诸篇一例则不尽然。如前所论，诸篇虽侧重写失志思退之意，也流露出缅怀盛世、依恋上皇之情；此诗之所以"神远思深"而"忆上皇"，主要还是由于自己属于以房琯为首的旧臣党，不为肃宗和新贵所容，政治上感到很苦恼所致。此诗与诸篇，在思想感情上还是息息相关的，都是他愤懑、悒郁心境的表露。

用速写画笔触比较真实而具体地勾勒出他居官和日常生活的诗篇是《偪侧行赠毕四曜》：

"偪侧何偪侧！我居巷南子巷北。可怜邻里间，十日不一见颜色。自从官马送还官，行路难行涩如棘。我贫无乘非无足，昔者相过今不得。不是爱微躯，非关足无力。徒步翻愁官长怒，此心炯炯君应识。晓来急雨春风颠，睡美不闻钟鼓传。东家蹇驴许借我，泥滑不敢骑朝天。已令请急会通籍，男儿性命绝可怜。焉能终日心拳拳，忆君诵诗神凛然。辛夷始花亦已落，况我与子非壮年。街头酒价常苦贵，方外酒徒稀醉眠。径须相就饮一斗，恰有三百青铜钱。"关于毕曜，岑仲勉《唐人行第录》考之颇详："少陵集六《赠毕四曜》，黄鹤注，乾元二年甫在秦州有贺毕曜除监察御史诗。毕太祝曜亦见孟襄阳集。据旧书一八六下，毛若虚、敬羽、裴升、毕曜等同为御史，皆酷毒，时有毛、敬、裴、毕之称，毕约宝应间流黔中。全诗四函独孤及《客舍月下对酒醉后寄毕四燿》，又《夏中酬于逖毕燿问病见赠》，字或从火，或从光，都不过写法偶异。鲁公集五《东方先生画赞碑阴记》（天宝十三载）有司经正字毕燿。"《旧唐书》卷一八六即《酷吏列传》。毕曜附敬羽传后，事虽不详，但与吉温、罗希奭之流同列，其酷毒可想而知。老杜同时另有《赠毕四曜》："才大今诗伯，家贫苦宦卑。饥寒奴仆贱，颜状老翁为。同调嗟谁惜，论文笑自知。流传江鲍体，相顾免无儿。"首联赞毕四才大、为当今诗坛霸主，惜官小家穷。颔联承次句，言彼此贫而且老。颈联言二人才调相同，难得知音如此。尾联言都有子传诗，惟此一端差堪自慰。可见毕曜当时还很风雅，他的歹毒性格因官职卑下暂时还没有机会表现。他的诗《全唐诗》存三首，《赠独孤常州》"洪炉无久停，日月速如飞。忽然冲人身，饮酒不须疑"[11]，

---

[11] 此四句最早见于《唐诗纪事》，当摘自五古，非全诗。独孤常州（及）和章即五古《客舍月下对酒醉后寄毕四燿》，现存。

发人生无常不如及时行乐的感叹,《古意》《情人玉清歌》写轻佻冶情,都不很高明。他当初也许真写过一些像样子的作品,后来因为名声不好就没有传下来了。《偪侧行》用首二字为题,偪侧之意并不贯彻全篇。老杜写这首诗的用意不过是以诗当简,要毕曜到他的住处喝酒,但写得转弯抹角,颇有意思:一上来就诉苦,等到他的苦诉得差不多了,这才水到渠成、情真理足地提出邀请,令对方推辞不得。杨伦说这"是招毕饮小简,坦率开宋人之先"。"偪侧"是相逼的意思。"偪侧"句是说逼得我真没办法了,指后面诉说的几桩不顺心的事而言。起得突然,引人入胜。咱们住得这么近,可经常见不到面。自从去年尽括公私马匹助军以来,出门走动就很困难了。我穷得没有坐骑倒不是没有脚,以前咱们常互相来往,如今可不行了。这倒不是爱惜贱体,也并非两脚无力走不动。只是徒步行走有失体统害怕官长骂,害得我因为想念您通宵眼巴巴地睡不着您可知道。今天早上春雨急春风狂,我睡得正甜美没听见报晓的钟鼓声。房东本来答应借头驴子给我使,道路泥泞滑得很我不敢骑着去上朝。男儿的性命怪可珍惜啊,怕摔死只好派人去请个假[12]。哪能整天地坐在家里老是想您,想起您朗诵诗歌的那神情多么严肃。辛夷花开了又落了,何况我们都不是壮年了。街头的酒价苦于太贵,方外酒徒很少能喝得烂醉而眠的。您赶快来跟我一块儿喝几杯吧,我恰好有三百青铜钱呢。杨伦说:"只是不能亲来访毕一意,既贫难具马,又不能徒步,至告假后更不便出门,作三层写出,语意曲折。"王嗣

---

[12] 钱注:"通籍,元帝纪注:籍者为二尺竹牒,记其年纪名字物色,悬之宫门,省禁相应,乃得入也。"仇注:"请急,请假。通籍,注籍也。《谢灵运传》:既无表闻,又不请急。"此句一作"已令把牒还请假",可参看。

奭说:"信笔写意,俗语皆诗,他人反不能到。真情实话,不嫌其俗。"诗写得真率、亲切、幽默而略带苦涩味,诗人的言谈笑貌跃然纸上,读之如见其人,如闻其声,甚至连并未明言的满肚皮不合时宜的情绪也隐约可触,艺术上颇为成功。王夫之说:"杜诗'我欲相就沽一斗(误引三字),恰有三百青铜钱'。遂据以为唐时酒价。崔国辅诗:'与沽一斗酒,恰用十千钱。'就杜陵沽处贩酒,向崔国辅卖,岂不三十倍获息钱邪?求出处者,其可笑类如此。"(《姜斋诗话》)

一次他偶然经过老友郑虔的故居,见门巷荒凉、车马绝迹,不觉忆旧怀人,百感交集,作《题郑十八著作丈故居》说:

"台州地阔海冥冥,云水长和岛屿青。乱后故人双别泪,春深逐客一浮萍。酒酣懒舞谁相拽,诗罢能吟不复听。第五桥东流恨水,皇陂岸北结愁亭。贾生对鵩伤王傅,苏武看羊陷贼庭。可念此翁怀直道,也沾新国用轻刑。祢衡实恐遭江夏,方朔虚传是岁星。穷巷悄然车马绝,案头干死读书萤。"《长安志》载韩庄在韦曲之东,郑庄又在其东南,为郑虔之居。郑虔贬台州司户,老杜赶来相送,没见到,老杜很伤心,曾写诗记述此事。这诗一上来就伤郑虔的远谪,想象海滨贬地的荒凉和逐客的孤独无依。"乱后"句指老杜与郑虔在沦陷的长安泣别情事:"留连春夜舞,泪落强徘徊。"(《郑驸马池台喜遇郑广文同饮》)老杜《陪郑广文游何将军山林》其九说:"醒酒微风入,听诗静夜分。"又其十说:"自笑灯前舞,谁怜醉后歌。"可见他俩当年在何将军山林做客,住了几天,同好客的主人一起饮酒吟诗、唱歌跳舞,过得很愉快。这会儿老杜经过郑庄,不觉回忆起这一段美好的往事,就更加思念郑虔了。——如今喝醉了酒不想跳舞又有谁来拽我,写好新诗想吟吟您再也不能听到;第五桥东的流水流着我的恨,皇子陂北的亭子上凝结着我的愁⁽¹³⁾：这就是"酒酣"四句的意思。《史记·屈原贾生列传》："贾生为长沙王太傅，三年，有鸮飞入贾生舍，止于坐隅。楚人命鸮曰服。贾生既已適（谪）居长沙，长沙卑湿，自以为寿不得长，伤悼之，乃为赋以自广。""贾生"句比喻郑虔的贬官。"苏武"句是说郑虔像苏武一样并未失节附敌。这是老杜一贯的看法，他在《郑驸马池台喜遇郑广文同饮》中早就说过郑虔从洛阳逃到长安是"握节汉臣回"。老杜认为郑虔陷贼中，伪授水部，诈称风缓，以密章达行在，胸怀直道，不当议罪，虽说从轻发落，还是把他贬到台州，这实在是很冤枉。"可念"二句表达的就是这意思，只是讲得委婉一些而已。祢衡是汉末文学家，少有才辩，长于笔札。性刚傲物，曹操要见他，他自称狂病，不肯去。曹操乃召他为鼓吏，大会宾客，想当众侮辱他，反遭到他的侮辱，曹操大怒，将他遣送荆州刘表。又不合，转送江夏太守黄祖，终被杀。《汉武帝内传》载，西王母使者至，东方朔死，使者说："朔是木帝精，为岁星，下游人中，以观天下，非陛下臣也。""祢衡"二句"忧其遂贬死台州。又祢以喻其狂，方朔喻上之不见知也"（杨伦语）。"穷巷"二句结到故居以致慨。蒋弱六说："是读书人最不幸结局，千古大家一哭。"这不仅是哭祢衡、哭东方朔，也是哭郑虔、哭老杜。这首诗写得如此悲痛欲绝，除了同情郑虔的不幸遭遇，显然与诗人当时政治上受压、内心极端苦闷有密切关系。

老杜政治上失意的感叹和悲观情绪在这一时期的许多诗篇中都有流露。当时他的同事许八拾遗要回江宁去省亲，他在那首《因许八奉寄江宁旻上人》诗中不胜神往地回忆了昔日与旻上人相偕游赏

⟨13⟩ 何将军山林旁近第五桥："不识南塘路，今知第五桥"（《陪郑广文游何将军山林》其一），遥对皇子陂："云薄翠微寺，天清皇子陂"（《重过何氏》其二）。

之乐,结尾说:"闻君话我为官在,头白昏昏只醉眠。"官场潦倒,心情抑郁,处境可悯。他的《题李尊师松树障子歌》说:

"老夫清晨梳白头,玄都道士来相访。握发呼儿延入户,手提新画青松障。障子松林静杳冥,凭轩忽若无丹青。阴崖却承霜雪干,偃盖反走虬龙形。老夫生平好奇古,对此兴与精灵聚。已知仙客意相亲,更觉良工心独苦。松下丈人巾屦同,偶坐似是商山翁。怅望聊歌紫芝曲,时危惨澹来悲风。"京城朱雀街西有玄都观。(要是提一提半个世纪以后刘禹锡因写了"玄都观里桃千树,尽是刘郎去后栽"这首绝句而掀起轩然大波的事,也许就觉得这道观对我们来说不太陌生了。)一天大清早,玄都观李道士带了一幅新画就的松树障子来访问他,他把他请了进去,将画挂起来一同欣赏,就写了这首诗称赞这松树画得如何如何好。就诗而论,只是一般。末"因松下老人忽动商山之兴,盖世乱而思高隐也。惨淡悲风,画景亦若增愁矣"(仇兆鳌语),不觉又触动了满怀心事。就在《送李校书二十六韵》这样的应酬诗中,也忍不住发牢骚:"顾我蓬屋资,谬通金闺籍。小来习性懒,晚节慵转剧。每愁悔吝作,如觉天地窄。"看样子,他已走投无路,在朝做近臣也做不了太长久了。

很快就到了五月端午节,由于换季,他也照例得到了皇帝赏赐的一领细葛宫衣,就写诗谢恩道:

"宫衣亦有名,端午被恩荣。细葛含风软,香罗叠雪轻。自天题处湿,当暑著来清。意内称长短,终身荷圣情!"(《端午日赐衣》)王嗣奭说:"钟(惺)云:'是近臣谢表语,入诗风趣而典。'又云:'亦有名,有望外意。'余谓公即以六月出华州,知是时帝眷已衰,寓不平之感。'意内称长短',虽无甚关系,却人所不及道者,而偏写入诗,遂觉圣恩之重。"对于个中人,对于多少了解老杜当时处境的读者,是可以品味出"宫衣亦有名"这样的话语中是寓有不平之感的。(这当然只是彼此心照不宣的感觉,而且是加上了潜台词的:像我这样的人居然在赐衣礼单中还有个名字,这真是没有想到的。要是不大知道内情,光照字面理解,这句诗就纯粹是志望外之喜了。)不过,这究竟是朝廷上合乎礼仪的谢赏感恩之作,岂容任意发牢骚?所以钟惺说"是近臣谢表语,入诗风趣而典",是深中肯綮的。谢赏文字写得最出色的当推庾肩吾、庾信父子,如前者的《谢东宫赉内人春衣启》:"阶边细草,犹推绽叶之光;户前桃树,翻讶蓝花之色。遂得裾飞合燕,领斗分鸾。试顾采薪,皆成留客。"后者的《谢滕王赉马启》:"奉教垂赉乌骝马一匹。柳谷未开,翻逢紫燕;临源犹远,忽见桃花。浮电争光,浮云连影。张敞画眉之暇,直走章台;王济饮酒之欢,长驱金埒",都写得很优美,简直是诗,只是宫体浮艳的气息浓一些,若论清新、典雅,却赶不上老杜的这首谢赏诗。端午承赏宫衣,这大概是老杜作为近臣最后一次得到皇帝的赏赐了。他无疑是意识到了这一点。他末后说:"意内称长短,终身荷圣情!"言下真不胜依恋、感慨之至。十年之后他流浪到江陵,见当地长官派人入京进奉端午御衣,他作《惜别行》说:"裁缝云雾成御衣,拜跪题封贺端午。……卿到朝廷说老翁,飘零已是沧浪客!"虽未明说,他心中何尝忘了那年端午自己有幸承赐宫衣的荣耀?"终身荷圣情",确乎是终身。老杜对皇帝尽管有所不满,甚至敢于犯鳞谏诤,但他的忠君感情却是始终不渝的。这是他莫大的思想局限,也是莫大的悲哀。

四 "近侍归京邑"

六月间,房琯及其一派代表人物如严武等,终于以结党营私的罪名贬为外任。《旧唐书·房琯传》记前后经过颇详:"(至德二载,五月,房琯贬为太子少师。)琯既在散位,朝臣多以为言。琯亦常自言有文武之用,合当国家驱策,冀蒙任遇。又招纳宾客,朝夕盈门;游其门者,又将琯言议暴扬于朝。琯又多称疾,上颇不悦。

乾元元年六月,诏曰:'崇党近名,实为害政之本;黜华去薄,方启至公之路。房琯素表文学,夙推名器。由是累阶清贵,致位台衡。而率情自任,怙气恃权。虚浮简傲者进为同人,温让谨令者捐于异路。所以辅佐之际,谋猷匪弘。顷者时属艰难,擢居将相;朕永怀仄席,冀有成功。而丧我师徒,既亏制胜之任;升其亲友,悉彰浮诞之迹。曾未逾时,遽从败绩。自合首明军令,以谢师旅;犹尚矜其万死,擢以三孤。或云缘其切直,遂见斥退。朕示以堂案,令观所以。咸知乖舛旷于政事,诚宜效兹忠恳以奉国家。而乃多称疾疹,莫申朝谒。……又与前国子祭酒刘秩、前京兆少尹严武等,潜为交结,轻肆言谈。有朋党不公之名,违臣子奉上之体。何以仪刑王国,训导储闱?但以尝践台司,未忍致之于理。况(刘)秩、(严)武邃更相尚,同务虚求,不议典章,何成沮劝?宜从贬秩,俾守外藩。琯可邠州刺史,秩可阆州刺史,武可巴州刺史。散官封如故,并即驰驿赴任,庶各增修。朕自临御寰区,荐延多士。常思聿求贤哲,共致雍熙;深嫉比周之徒,虚伪成俗。今兹所谴,实属其辜。犹以琯等妄自标持,假延浮称。虽周行具悉,恐流俗多疑。所以事必缕言,盖欲人知不滥。凡百卿士,宜悉朕怀。'"研究一下这贬官诏是很有意思的。诏中明确指出,房琯当贬,罪行有四:(一)当宰相后"率情自任,怙气恃权",排斥"温让谨令"之士,重用了"虚浮简傲"之徒,"升其亲友,悉彰浮诞之迹";(二)"亏制胜之任""丧我师徒";(三)罢相后仍处高位,但"多称疾疹,莫申朝谒""违臣子奉上之体";(四)又与刘秩、严武等"潜为交结,轻肆言谈""有朋党不公之名"。房琯好宾客,喜谈论,多引拔知名之士，而鄙视庸俗，人多怨恨他。用兵素非所长，却很自信，上疏请求准予带兵收复两京，肃宗急于求成就答应了。他为人很迂阔，用了刘秩这样一些根本不懂得打仗的书生参谋军事，还对人夸口说："贼曳落河虽多，安能敌我刘秩！"

更可笑的是，他生在八世纪却生搬硬套，妄效公元前八世纪至前五世纪春秋车战之法，结果陈涛斜一战，一败涂地，官军死伤四万余人，存者仅数千人。战败后他多称病不朝谒，不以职事为意，每日与刘秩他们高谈释、老，或听门客董庭兰鼓琴，直到至德二载五月，他才因御史奏董庭兰赃贿而罢相为太子太师。而且罢相以后还继续招纳宾客，朝夕盈门，扬言自己仍将东山再起，宾客们也为他制造舆论。由此可见诏中指控他的四大罪状都是有根据的。问题是，房琯的许多毛病既然早已暴露，为什么在很长一段时期内肃宗仍然很器重他，到吃大败仗七个月以后却又突然借门客董庭兰受赃这一不很充足的由头将他罢相呢？（继房琯为相的张镐曾上疏说："琯，大臣，门客受赃，不宜见累。"老杜刚做左拾遗不久，也上疏说："罪细不宜免大臣。"按照当时的国法人情衡量，以此罢房琯相确乎理由不充足，不过是借口而已。）陈涛斜一役败绩之后，房琯曾奔赴行在肉袒请罪，要罢房琯这正是时候。这时不罢却要等到大半年后再罢，这表明一定由于某种原因肃宗对他的看法和态度起了根本变化。而这原因，正如前所述，主要是由于贺兰进明进谗，说房琯为玄宗"制置天下"，"以枝庶悉领大藩，皇储反居边鄙，此虽于圣皇似忠，于陛下非忠也"，肃宗这才开始考虑他的问题，准备对他进行打击的。贺兰进明向肃宗进谗，一上来就以晋朝为喻说："晋朝以好尚虚名，任王夷甫为宰相，祖习浮华，故至于败。今陛下方兴复社稷，当委用实才，而琯性疏阔，徒大言耳，非宰相器也。陛下待琯至厚，以臣观之，琯终不为陛下用。"随后又说:"又各树其私党刘秩、李揖、刘汇、邓景山、窦绍之徒,以副戎权。推此而言,琯岂肯尽诚于陛下乎?"[14]如果将前面摘录的贬房琯的诏书与此相对照,就不难发现,其中所列房琯罪状基本上不出贺兰进明所指责的范围,甚至用辞也相仿佛。可见肃宗一直把贺兰进明的谗言放在心里,观察了一阵,加上张良娣、李辅国之辈从旁挑拨,时机成熟,就在乾元元年六月将房琯等人贬官了。

新旧《唐书》杜甫传都说杜甫与房琯为布衣交,头年房琯罢相,杜甫上疏反对,险遭重刑。他当初也曾衷心希望由于房琯的入相,贾至、严武诸人(自然也包括他自己在内)都将得到重用:"每觉升元辅,深期列大贤"。凡此种种,都表明他确是以房琯为首的玄宗旧臣党中人,所以他也在同时被贬为华州司功参军。《旧唐书·杜甫传》明确记载他的贬官直接与房琯有关:"琯罢相。甫上疏言琯有才,不宜罢免。肃宗怒,贬琯为刺史,出甫为华州司功参军。"贬房琯诏中提到刘秩、严武而没提到他,只是他官小不值一提而已。

头年四月,老杜从外郭城西面中间的金光门逃离长安,投奔凤翔行在,拜左拾遗。如今罢左拾遗,贬为华州司功参军,恰巧又出金光门,这使他感慨万千,就特意写了《至德二载甫自京金光门出间道归凤翔乾元初从左拾遗移华州掾与亲故别因出此门有悲往事》纪事抒怀说:

"此道昔归顺,西郊胡正繁。至今犹破胆,应有未招魂。近侍归京邑,移官岂至尊。无才日衰老,驻马望千门。"我就是从这条路逃回行在的,当时西郊到处都是胡人。至今胆还是吓破了的,一

---

[14]《资治通鉴》将贺兰进明进谗一事置于房琯请自将兵复两京之前。《旧唐书·房琯传》则置于陈涛斜败绩、房琯肉袒请罪、肃宗犹待之如初之后。后者接近事实。

定有出窍的惊魂没全招回来。好不容易做了近臣随驾还京，这次贬官哪里是皇帝的意思。我缺乏才干又日渐衰老，（不可能再厕身朝列了）走出金光门不禁停住了马远远眺望着那千门万户的宫廷。——"总为浮云能蔽日，长安不见使人愁。"(李白句) 古人遭贬见放，不敢抱怨君主，总归咎于小人忌才进谗、蒙蔽圣明。"移官岂至尊"云云，非独老杜一人如此。既不必据此而盛赞其"不归怨于君""更见深厚"，也不可深责其愚忠迂腐。房琯一党的被逐出庙堂，与贺兰进明、李辅国等宵小之辈的进谗当然有关，但如前述，实出于肃宗个人利害得失的考虑，老杜作为当事人，对此不会一无所知。老杜在朝时间短，官位不高，上任不久就因疏救房琯而陷入了旧臣与新贵两派敌对政治势力的激烈斗争中，日子一直过得不轻松；但一旦离此而去，又难免牵动辞君恋阙之情，"驻马望千门"了。八年以后，老杜寄居夔州，境地凄清，心情索寞，每当忆及当时"几回青琐点朝班"情景，就更加感叹不已。这里有壮志莫酬的怨恨，有好景不长的哀伤，总之是一场春梦醒后的惘然回味。老杜的朝官生活真是春梦一场，正是这样，在政治纠葛风风雨雨的骚动中，他很快就给惊醒过来了。

老杜去朝赴华前后情事，集中尚有踪迹可寻。动身前夕，恰好孟云卿来访。他正有满腹的话语需要向知己诉说，没想到不请自来，相见都已白头，不觉乐极生悲。秉烛对饮，通宵互诉衷肠；身牵世务，明朝各自东西。临别他作《酬孟云卿》叙述这事说：

"乐极伤头白，更长爱烛红。相逢难衮衮，告别莫匆匆。但恐天河落，宁辞酒盏空？明朝牵世务，挥泪各西东。"《唐诗纪事》载："云卿，河南人。元次山《送孟校书往南海》云：云卿与次山同州里，以辞学相友，少次山六七岁。……高仲武云：孟君诗祖述沈千运，渔猎陈拾遗，词气伤苦，怨者之流。如'虎豹不相食，哀哉人食人'(《伤时二首》其一,一作《宋郊》,今存),方于《七哀》'路有饥妇人;抱子弃草间',则云卿之句深矣。虽效之于陈、沈,才能升堂,犹未入室,然当今古调,无出其右者,一时之英也。余感孟君平生好古,著《格律异门论》及谱二篇,以摄其体统。(以上一段与中华本《唐人选唐诗》十种内《中兴间气集校文》大同小异。)云卿与杜子美、元次山最善。……其《感怀》句、《悲哉行》张为取作《主客图》,以云卿为高古奥逸主。"元结(七一九—七七二)说孟云卿比他小六七岁,则当生于七二五或七二六年,比杜甫(七一二—七七〇)小十三岁。乾元元年(七五八)杜甫四十七岁,孟云卿只有三十三岁或三十四岁。孟云卿一作陇西人(《唐才子传》),一作武昌人(《全唐诗》小传),一作平昌人(新《辞海》)。元结是河南鲁山人,既说孟与他同州里,作河南人为是。老杜后来在《解闷十二首》其五称赞他"数篇今见古人诗"。元结提倡风雅,反对淫靡诗风,于乾元三年结《箧中集》,选七人诗二十四首,以资标榜,其中收沈千运四首,收孟云卿诗竟达五首之多。可见他真如高仲武所说:"当今古调,无出其右者,一时之英也。"《全唐诗》存诗十七首,其诗风显然属于沈千运这一流派,风骨颇健,稍嫌偏枯。诵其《悲哉行》可见一斑:"孤儿去慈亲,远客丧主人。莫吟苦辛曲,此曲谁忍闻?可闻不可说,去去无期别。行人念前程,不待参辰没。朝亦常苦饥,暮亦常苦饥。飘飘万余里,贫贱多是非。少年莫远游,远游多不归。"沈千运这一派诗人的成就不算大,但"独挺于流俗之中,强攘于已溺之后"(元结《箧中集序》),对抵制当时淫靡诗风,继承陈子昂、李白所鼓吹的风雅传统,启迪中唐以来的新乐府运动,确乎起过不容忽视的作用,甚至孟郊等人的不平之鸣和慷慨悲歌,也多少受到这一派诗风的影响。孟云卿诗"词气伤苦"同他的坎坷遭遇密切相关。《唐才子传》

载:"(云卿)天宝间不第,气颇难平。志亦高尚,怀嘉遁之节。与薛据相友善。尝流寓荆州。……仕终校书郎。云卿禀通济之才,沦吞噬之俗,栖栖南北,苦无所遇,何生之不辰也。身处江湖,心存魏阙,犹杞国之人,忧天坠相率而逃者,匹夫之志,亦可念矣。"他不仅生不逢时,原来还是个有节操、"禀通济之才"的志士,这就无怪他能得到前辈诗人老杜的爱重了。韦应物游扬州曾与他相遇,作《广陵遇孟九云卿》说:"新知虽满堂,中意颇不宣。忽逢翰林友,欢乐斗酒前。高文激颓波,四海靡不传。西施且一笑,众女安得妍!"对他"激颓波"的"高文"也很推重。承傅璇琮同志相告,云卿与张彪为中表亲:"与君夙姻亲,深见中外怀"（张彪《北游还酬孟云卿》）,载《箧中集》。

老杜与孟云卿畅谈到深夜,天一亮即与亲友们辞别出金光门赴华州。唐华州的治所在郑县（今陕西华县）。华州在长安东,往华州为什么要出西边的金光门呢?不得而知。不管无心还是有意,颇令人寻味。华州离京师一百八十里,即使动身晚、走得慢,第二天总可到达。途经郑县亭子,见那里涧水澄清,风景幽美,不觉兴起,便稍事登临、游憩,并作《题郑县亭子》说:

"郑县亭子涧之滨,户牖凭高发兴新。云断岳莲临大路,天晴宫柳暗长春。巢边野雀群欺燕,花底山蜂远趁人。更欲题诗满青竹,晚来幽独恐伤神。"《资治通鉴》晋安帝义熙十三年三月:"道济、林子至潼关。秦鲁公绍……遣姚鸾屯大路以绝道济粮道。"胡三省注:"自渑池西入关,有两路。南路由回溪阪,自汉以前皆由之。曹公恶南路之险,更开北路,遂以北路为大路。"诗中"大路"指此,非泛言大道。西岳华山西峰最高,叫莲花峰。"岳莲"指此。"长春"指长春宫。《新唐书·地理志》载长春宫在同州朝邑县（今并入陕西大荔县）。此宫为北周宇文护所建。唐高祖李渊起兵,渡河后曾驻此(见《旧唐书·高祖纪》)。华州至朝邑的直线距离按地图比例尺计算约七十公里(一百四十里),加上此处多山,郑县亭子再高,长春宫也决非目力所能及。"天晴"句,不过是纵目远眺,姑妄言之,聊以遣闷而已。此诗平平。"巢边"一联,即眼前景,写备受群小欺凌隐痛,见此老当时心境。陆游《老学庵笔记》载:"先君入蜀时,至华之郑县,过西溪。唐昭宗避兵尝幸之,其地在官道旁七八十步,澄深可爱;亭曰西溪亭,盖杜工部诗所谓'郑县亭子涧之滨'者。亭旁古松间,支径入小寺,外弗见也。有楠木版揭梁间甚大,书杜诗,笔亦雄劲,体杂颜、柳,不知何人书,墨挺然出版上甚异。或云墨着楠木皆如此。"

华山在陕西省东部,北临渭河平原,属秦岭东段,花岗岩断块山。华山主峰一称太华山,古称"西岳",在华阴县南,海拔一千九百多米,有壁立千仞之势。有莲花(西峰)、落雁(南峰)、朝阳(东峰)、玉女(中峰)、五云(北峰)等峰,自古以来为游览胜地。老杜登上郑县亭子,见云消雾散,太华就在眼前,曾以"云断岳莲临大路"之句写此新奇感受。随后经常眺望,欣然有得,不觉神往,作《望岳》道:

"西岳崚嶒竦处尊,诸峰罗立似儿孙。安得仙人九节杖,拄到玉女洗头盆?车箱入谷无归路,箭栝通天有一门。稍待秋风凉冷后,高寻白帝问真源。"《真诰》载,杨羲梦蓬莱仙翁拄赤九节杖而视白龙。《集仙录》载,明星玉女,居华山,服玉浆,白日升天。祠前有五石臼,号玉女洗头盆,其中水色碧绿澄澈,不溢不耗。黄生说:"因全用'玉女洗头盆'五字,故此联独拗,与上篇'郑县亭子'一例。五字本俗,因用'仙人九节杖'五字作对,遂变俗为妍,句法更觉森挺。此诚掷米丹砂之巧矣。"又说:"五、六形容路径险仄,车不能回。'箭栝通天'言其狭而且直也。后人缘杜诗故造为地名，不可转傅会以释杜诗也。"[15] 言之有理，解释也贴切。华山有南天门，即诗中所谓"通天有一门"。尾联谓秋凉后将上华山求仙。少昊为白帝，古以为主管西方的天帝。道家传说华山属白帝所管（见《洞天记》），所以要去寻访白帝问道。明代李攀龙《杪秋登太华山顶》也说"缥缈真探白帝宫"，显系照应这两句杜诗而言。日日见山，又常听人讲到上面的种种灵异、胜迹，加之仕途失意，心情郁闷，老杜真想登华山啊！李白自诩"五岳寻仙不辞远，一生好入名山游"，他的《西岳云台歌送丹丘子》："西岳峥嵘何壮哉！黄河如丝天际来。黄河万里触山动，盘涡毂转秦地雷。……巨灵咆哮擘两山，洪波喷流射东海。三峰却立如欲摧，翠崖丹谷（真是翠崖丹谷，移作别处不得！）高掌开。白帝金精运元气，石作莲花云作台。云台（即五云峰，一名起云台）阁道（指苍龙岭一带）连窈冥，中有不死丹丘生。明星玉女备洒扫，麻姑搔背指爪轻"，虽写浪漫想象，亦非未亲历其境者所能道。《云仙杂记》载："李白登华山落雁峰曰：'此山最高，呼吸之气，想通天帝座矣！恨不携谢朓惊人诗来，搔首问青天耳。'"李白无疑是登过华山的了。《唐国史补》载："韩愈好奇，与客登华山绝峰，度不可返，乃作遗书，发狂恸哭，华阴令百计取之，乃下。"现苍龙岭仍有所传韩愈投书处。韩愈未到绝顶而闹了这样一场大笑话，总算也是去了的。李商隐《与陶进士书》说："往年爱华山之为山而有三得：始得其卑者朝高者；复得其揭然无附著；而又得其近而能远。思欲穷搜极讨，洒豁襟抱。始以往来，番番不遂其愿。间者得李生于华邮，为我指引岩

---

[15] 赵彦材注："此篇皆使华岳上之名称，有仙人九节杖，有玉女洗头盆，有车箱谷，有箭栝峰，皆处所也。"（郭知达《九家集注杜诗》）旧注多引《寰宇记》所载车箱谷一名车水涡，在华阴县西南，深不可测，又引《韩非子》所载秦昭王令工施钩梯而上华山，以松柏心为博箭，勒之曰：王于天神博于此等等注"车箱"联，可参看。

谷，列视生植，仅得其半。又得谢生于云台观，暮留止宿，且相与去，愈复记熟。后又得吾子于邑中，至其所不至者。于华之山无恨矣，三人力耶？"要是讲游华山次数之多、搜讨之细、体会之深，李商隐当不输后人。杜甫的这首《望岳》写得较空泛，缺乏实感，可见在此以前他从未登过华山。他早年漫游齐鲁，曾经写了那首著名的望东岳泰山的《望岳》诗，他晚岁滞留夔州，闲居寂寥，多吟诗追忆昔游以遣闷。据《又上后园山脚》"昔我游山东，忆戏东岳阳。穷秋上日观，矫首望八荒"，知道他在"望岳"之后还是登过东岳的。然而有关诸诗中从未忆及登西岳情事，可能他仅止于"高山仰止""心向往之"，秋凉以后并未如愿登山。与早年望东岳"会当凌绝顶，一览众山小"那种壮志凌云、信心十足的精神状态相比，望西岳时的心情就截然不同了。浦起龙说："从贬斥失意，写'望岳'之神，兼有两意：一以华顶比帝居，见远不可到；一以华顶作仙府，将邈焉相从。盖寄慨而兼托隐之词也，笔力朴老。"

这年早秋天气炎热，盛夏当更难熬。新来乍到，心里虽不痛快，但多少感到新鲜，还有"题亭""望岳"的兴致。哪知到任以后，案牍堆积，心烦意躁，就越发感到热得无法忍受。他的《早秋苦热堆案相仍》即写此苦况：

"七月六日苦炎蒸，对食暂餐还不能。每愁夜中自足蝎，况乃秋后转多蝇。束带发狂欲大叫，簿书何急来相仍。南望青松架短壑，安得赤脚踏层冰？"王嗣奭说："'自足蝎'，谓蝎已自足，又加以'转多蝇'，上下呼应，极状其苦。""自足"仇注从赵彦才注作"皆是"。前说是。"自"，已的意思（《集韵》）。"足"，够。这两句是说：常常为夜里那已经够对付的蝎子犯愁，何况秋后反倒有这么多苍蝇。若改为"皆是"，虽易懂，未免说得过于可怕，到处"皆是"蝎子，那还了得！晚唐段成式《酉阳杂俎》载："江南旧无蝎。

开元初,尝有一主簿竹筒盛过江,至今江南往往亦有,俗呼主簿虫。"韩愈作诗务去陈言,"往往以丑为美"(刘熙载《艺概》中语)。他在《送文畅师北游》中写"三年窜荒岭"、"昨来得京官"、北归后的由衷喜悦说:"照壁喜见蝎",就是反用"常愁夜中自足蝎"之意。如此以丑为美、刻意追求奇险,徒令读者颦眉。老杜写蝎子、苍蝇,可不是在故弄玄虚,而是借此直抒烦躁情绪,虽然显得粗糙一些,却有强烈实感,很传神。白天苍蝇扰,黑夜蝎子蜇,已教人不得安生了,作为州掾,还要着袍束带到衙门里办公,跟那没完没了的簿书打交道,这简直逼得我要发疯,我真想大叫。望着南面山沟上那偃卧的青松,要是下面结着厚冰让我赤着脚踏踏该有多好!王嗣奭是这样理解这首诗的:"公以天子侍臣,因直言左迁州掾,长官自宜破格相待。公以六月到州,至七月六日,而急以簿书,是以常掾畜之,其何以堪?故借早秋之热,蝇蝎之苦,以发其郁蒸愤闷之怀,于'簿书何急'微露意焉。试问堆案者从何来哉?然闻之者无以罪也,乃其情则苦矣。州牧姓郭,公初至,即代为《试进士策问》与《进灭残寇状》,不过挟长官而委以文字之役,非重其才也。公厚于情谊,虽邂逅间一饮一食之惠,必赋诗以致其铭佩之私,俾垂名后世,郭公与周旋几一载,而公无只字及之,其人可知,不免宝山空手矣。"讲得不无道理。嵇康在《与山巨源绝交书》中解释他不愿为官是由于"有必不堪者七,甚不可者二"。陶渊明不为五斗米折腰向乡里小儿便即日解绶去职。老杜的心跟这两位古人是相通的。他弃官离华虽在一年以后,而去志则已萌于这时了。

《题郑县亭子》《望岳》《早秋苦热堆案相仍》这三首都是拗体。前论老杜好以此体抒失意愤懑之情,在这里又再一次得到证实。就艺术而论,三首中以末首较好,好就好在像四川怪味豆,五味俱全而又在五味之外。稍加讽诵,自能体察。黄庭坚《寄黄几复》"寄雁传书谢不能",有意无意效老杜"对食暂餐还不能",口吻峭而俏,颇得语言烹炼之法。

前面提到的《为华州郭使君进灭残寇形势图状》和《乾元元年华州试进士策问五首》,是老杜当州掾多年以来所办文墨中稍有意思的两篇。前者委婉地批评了朝廷撤走河北大军,宽纵逆党,建议调遣各路人马"相与出入犄角",彻底消灭安庆绪残部,并附图加以说明。《唐六典》载,诸州每岁贡人,选拔进士帖一小经及《老子》(帖掉几字让应试者填写),试杂文两首、时务五条。后者是老杜代华州郭刺史拟的策问五条,问处在战乱未平的当时应如何解决赋税、驿马供应、水陆交通、军队给养、币制改革等问题。既然代郭刺史起草,主要恐怕还是郭刺史的意见(起码都是他同意的),但仍然能见出捉刀人老杜的思想感情。如说:"欲将诛求不时,则黎元转罹疾苦矣。"又说:"则遗孽荡涤之后,圣朝砥砺之辰,虽遭明主必致之于尧舜,降及元辅,必要之于稷卨。驱苍生于仁寿之域,反淳朴于羲皇之上。"与他的诗句"穷年忧黎元,叹息肠内热""鞭挞其夫家,聚敛贡城阙""许身一何愚,窃比稷与契""致君尧舜上,再使风俗淳"相较,不仅意思相近,也同样是他真情的自然流露。虽然如此,这两篇文件也不值得过于强调,只是作为诗人屈居下吏、案牍劳形、心情烦躁时期的雪泥鸿爪,才多少带有一定的参考价值和纪念意义。

五　马和鹰的变化

此外,他还有一些诗作也有助于理解他贬官前后这一时期的思想感情和心理状态。

老杜好写马写鹰。他少年气盛、踌躇满志时写的马是"骁腾有如此,万里可横行",写的鹰是"何当击凡鸟,毛血洒平芜",无不骏发鹰扬,一往无前。曾几何时,随着诗人的仕途蹭蹬、身心交瘁,这些骏马和雄鹰在他笔下都明显地起了变化:有的形容枯槁,简直就是此时此境作者的化身;有的一抟即中,翩然而逝,聊借宣泄其郁结胸襟;有的英姿犹昔,但不复用以自况,而是他落魄神情的反衬。

且看他的《瘦马行》:"东郊瘦马使我伤,骨骼硉兀如堵墙。绊之欲动转欹侧,此岂有意仍腾骧?细看六印带官字,众道三军遗路旁。皮干剥落杂泥滓,毛暗萧条连雪霜。去岁奔波逐余寇,骅骝不惯不得将。士卒多骑内厩马,惆怅恐是病乘黄。当时历块误一蹶,委弃非汝能周防。见人惨澹若哀诉,失主错莫无晶光。天寒远放雁为伴,日暮不收乌啄疮。谁家且养愿终惠,更试明年春草长。"旧注以此诗为房琯作。[16] 自蔡兴宗以后各家注多认为这是乾元元年冬老杜贬官华州司功时的作品。《唐六典》载,诸牧监凡在牧之马,皆印印,右髆以小官字,右髀以年辰,尾侧以监名,皆依左右厢。若形容端正,拟送上乘,不用监名。二年始春,则量其力,又以飞字印印其左髀髆。细马、次马,以龙形印印其项左。送上乘者,尾侧依左右闲印以三花。其余杂马送上乘者,以风字印印左髆;以飞字印印左髀。一匹好端端的名马,给打上这么多烙印,本是极煞风景的事。只因为这是内厩马匹的标记,时人自然不以为病反以为贵了。诗人见此内厩乘黄(即飞黄,古代传说的神马名)竟至于废弃道旁,不觉感慨万千,就写了这首诗,借伤马的昔贵而今贱以自

---

[16] 王嗣奭从此说,并发挥道:"'展转沉着,忠厚恻怛,感动千古',信如须溪所评。余谓公以救琯致干帝怒,幸以张镐救得解,然自是不甚省录以致降谪。其受累于琯不小,在他人必当恨之,乃公于谢疏仍称其有大体,不肯徇君而弃友。至《瘦马》之行,《别墓》之作,何等惓切!其笃于友谊如此。公凡关系伦常,无非至情抒之于诗,可谓'大德不逾闲'者,其垂名后世,独以诗而已哉!"

伤。他大概当时真见到这样一匹被遗弃在道旁的受伤瘦马，前八句所写细节亦当是实情。后十二句则是诗人猜想、咏叹之辞。仇兆鳌说："公疏救房琯，至于一跌不起，故曰：历块误一蹶，非汝能周防。落职之后，从此不复见君，故曰：见人若哀诉，失主无晶光。身经废弃，欲展后效而不可得，故曰：谁家愿终惠，更试春草长。寓意显然。"这首诗艺术上可取之处在于寓意深长而始终不忘写马，人和马合而为一了，用庄子的话来说，就是："昔者庄周梦为胡蝶，栩栩然胡蝶也，自喻适志与！不知周也。"

他的《义鹘行》则是一篇旨在抒愤的寓言诗，写一个漓水樵夫所传鹘杀白蛇、为苍鹰报仇的故事："阴崖有苍鹰，养子黑柏巅。白蛇登其巢，吞噬恣朝餐。雄飞远求食，雌者鸣辛酸。力强不可制，黄口无半存。其父从西归，翻身入长烟。斯须领健鹘，痛愤寄所宣。斗上捩孤影，噭哮来九天。修鳞脱远枝，巨颡拆老拳。高空得蹭蹬，短草辞蜿蜒。折尾能一掉，饱肠皆已穿。生虽灭众雏，死亦垂千年。物情有报复，快意贵目前。兹实鸷鸟最，急难心炯然。功成失所往，用舍何其贤。近经漓水湄，此事樵夫传。飘萧觉素发，凛欲冲儒冠。人生许与分，亦在顾盼间。聊为《义鹘行》，永激壮士肝。"鹘，鹰属（见《广韵》），一种猛禽。樵夫讲述的这个故事，要是猎奇的人听了，很可能写成一篇深意无多、纯系"志怪"的作品。鹰能诉冤于鹘，其事甚奇；鹘能报复即去，益见其奇。这样的奇闻，老杜听了不会不觉其奇，哦成篇什也不能不赞其奇，只是他的主旨在寓愤世之意于记异，且有真情实感，所以能取得震撼人心的艺术力量，令人读了感到痛快淋漓，精神振奋，胸中郁悒顿消。王嗣奭说："是太史公一篇义侠客传，笔力相敌，而叙鸟尤难。鸟有父，下语极新极稳，更无字可代。至'斗上捩孤影'八句，模神写照，千载犹生。'快意贵目前'一语，令人快心，令人解颐。谭云：'天道反不能如此。''功成失所在，用舍何其贤'，分明是一个鲁仲连。钟云：'发许大道理。'又云：'住此便有味有法，多下一段可恨。'余谓论他人诗应如是，杜又不然。'人情许与分，只在顾盼间'，道理更大，明是季札挂剑心事，其可少耶？"这一评论中有两点值得注意：（一）指出这首诗的主题思想与司马迁的义侠客传相同是对的，说"叙鸟尤难"也并非纯是言过其实的恭维话，无论写寓言或寓言诗，须兼顾人和物，让世态人情、微言大义从惟妙惟肖的动植器物故事的描述中自然而然、合情合理地得到体现和表达，因此要想写得恰到好处还是比较困难的。这里写鹘来击蛇、功成即逝情景无不是鹘，而英风却闪动纸上，"分明是一个鲁仲连"，这确乎是难能可贵的。（二）指出诗忌议论但好诗不避议论，亦甚有见地。若真有所感，如鲠在喉不吐不快，如箭在弦不得不发，那为什么不吐不发呢。要是照钟惺的意思将后半"许大道理"截掉，到"死亦"句打住，就算"有法"，也未必"有味"。

天宝十三载前后老杜作《雕赋》《天狗赋》，表达了他想为朝廷效力的愿望和壮志难酬的苦闷，这和《义鹘行》写仗义除奸、一舒不平之气的主旨是很不相同的。潏水在长安杜陵附近，自皇子陂西北流入渭水。黄鹤认为《义鹘行》当是乾元元年在长安作，诗云"近经潏水湄"可证。这时他被谗遭排挤，愤世嫉俗的情绪正大，写出这样大快人心的诗来，是再自然不过的了。寓言多借物以寓意。我国古代寓言多而以物为题材的寓言诗则极少。汉人每有奇想，汉乐府杂曲歌辞《枯鱼过河泣》："枯鱼过河泣，何时悔复及！作书与鲂鱮，相教慎出入"，写枯鱼过河哭泣，后悔自己不慎被捕，就写信给朋友，要它们记住教训，出入要谨慎，千万别再上当。言简意赅而形象生动，可说是最早也是最精彩的一首寓言诗。建安著名作家曹植，爱好民间文学，能背诵几千言的俳优小说（见《三国志·王粲传》裴注引《魏略》)。他的《鹞雀赋》实际上就是一篇寓言诗:"鹞欲取雀,雀自言:'雀微贱,身体些小,肌肉瘠瘦,所得盖少。君欲相啖,实不足饱。'鹞得雀言,初不敢语。'顷来辘轳,资粮乏旅。三日不食,略思死鼠。今日相得,宁复置汝?'雀得鹞言,意甚怔营。'性命至重,雀鼠贪生。君得一食,我命是倾。皇天降监,贤者是听。'鹞得雀言,意甚怛惋。'当死毙雀,头如蒜颗,不早首服!'捩颈大唤,行人闻之,莫不往观。雀得鹞言,意甚不移。依一枣树,丛茨多刺。目如擘椒,跳萧二翅。'我当死矣,略无可避。'鹞乃置雀,良久方去。二雀相逢,似是公妪。相将入草,共上一树。仍叙本末,辛苦相语:'向者共出,为鹞所捕。赖我翻捷,体素便附。说我辨语,千条万句。欺恐舍长,令儿大怖。我之得免,复胜于兔。自今从意,莫复相妒。'"麻雀公母俩一块儿出去,途中因争风吃醋的事发生争闹就分开了。公雀不幸遇到一个饿得连死耗子都不放过的鹞子要吃它。它苦苦哀求,眼看脱不了身;不觉心慌意乱,跌进酸枣刺丛里,总算保住了一条命。可是它回头遇到母雀,却得意扬扬地自吹自擂,说自己手脚利索,口才又好,居然能死里逃生,比兔子强多了。鹞子和公雀都写得栩栩如生,个性鲜明,对话风趣,细节真实,恰似一个简短而极富幽默感的卡通片。这是俳谐游戏之作,惜寓意不深。李白也写过一首题为《山鹧鸪词》的寓言诗:"苦竹岭头秋月辉,苦竹南枝鹧鸪飞。嫁得燕山胡雁婿,欲衔我向雁门归。山鸡翟雉来相劝,南禽多被北禽欺。紫塞严霜如剑戟,苍梧欲巢难背违。我心誓死不能去,哀鸣惊叫泪沾衣。"王琦引胡震亨的话:"意当时有劝白北依谁氏者,而白安于南不欲去,托为鹧鸪之言以谢之。其作于客云梦及岳阳之日乎?"并加按语说:"此诗当是南姬有嫁为北人妇者,悲啼誓死而不肯去。太白见而悲之,故作此诗。"近人则以为可能寄托着对安禄山盘踞北方、祸乱将起的隐忧。这诗写得很有趣，也多少有意义，但仍不如这首《义鹘行》感人。老杜此外还有些咏物寄意之作，如《呀鹘行》《白凫行》《朱凤行》等，可是都没有较完整的故事情节，不能算寓言诗。后代鲜见此体，只有明代王世贞讽刺奸臣严嵩的那首《钦䴗行》够格，也写得好："飞来五色鸟，自名为凤凰。千秋不一见，见者国祚昌，响以钟鼓坐明堂。明堂饶梧竹，三日不鸣意何长？晨不见凤凰，凤凰乃在东门之阴啄腐鼠，啾啾唧唧不得哺。夕不见凤凰，凤凰乃在西门之阴媚苍鹰：'愿尔肉攫分遗腥。梧桐长苦寒，竹实长空饥。'众鸟惊相顾，不知凤凰是钦䴗。"

他的《画鹘行》写画鹘酷似生鹘，英姿飒爽："高堂见生鹘，飒爽动秋骨。初惊无拘挛，何得立突兀！乃知画师妙，巧刮造化窟。写此神俊姿，充君眼中物。乌鹊满樛枝，轩然恐其出。侧脑看青霄，宁为众禽没。长翮如刀剑，人寰可超越。乾坤空峥嵘，粉墨且萧瑟。"当年所写《画鹰》中的苍鹰，矫健、飞动也不过如此。但区别在于《画鹰》是以鹰自况，而《画鹘行》则借鹘以寄慨："缅思云沙际，自有烟雾质。吾今意何伤，顾步独纡郁。"仇兆鳌说："鹘能腾举云沙，己则顾步而不能奋飞，未免郁郁伤情耳。"杨伦说："言真鹘当高举云沙，而此鹘独不能飞去，故未免郁郁伤怀耳。公殆自喻其志之不得伸乎？"理解小有不同，而认为未免郁郁伤怀则是一致的。由此可见诗人前后思想感情的变化。

不等贬官，老杜早就感到自己已陷入困境，因而心灰意懒："顾我蓬屋资，谬通金闺籍。小来习性懒，晚节慵转剧。每愁悔吝作，如觉天地窄。"（《送李校书二十六韵》）这时他不再以鹰马自况，却转而以此况人："代北有豪鹰，生子毛尽赤。渥洼骐骥儿，尤异是龙脊。李舟名父子，清峻流辈伯。……众中每一见，使我潜动魄。自恐两男儿，辛勤养无益。""两男儿"指宗文、宗武。自愧弗如，还把两个儿子都拉扯上了，想真有此感，不完全是恭维话。譬喻的转换意味着理想抱负的幻灭，这是很可悲的。

六　怀人忆旧之什及其他

这一时期还有几首小诗，略见其人事交往。

《得舍弟消息》当作于这年春天，写大难之后得亲人消息百感交集的激情，苦心怨调，使人凄然："风吹紫荆树，色与春庭暮。花落辞故枝，风回返无处。骨肉恩书重，漂泊难相遇。犹有泪成河，经天复东注。"

《寄高三十五詹事》是安慰高适仕途暂阻之作："安稳高詹事，兵戈久索居。时来知宦达，岁晚莫情疏。天上多鸿雁，池中足鲤鱼。相看过半百，不寄一行书！"前已提到，天宝十一载秋，高适在长安，与杜甫、岑参、薛据等同登慈恩寺塔赋诗。第二年即天宝十二载初夏，高适又随哥舒翰回河西，直到天宝十四载冬返朝，任左拾遗、监察御史，又佐哥舒翰守潼关，抵御安禄山叛军。天宝十五载六月，潼关失守，哥舒翰被擒，玄宗出奔西川，高适追至河池郡见驾。至德元载十二月，高适受到肃宗的器重[17]，出任淮南节度使，平永王李璘有功。"兵罢，李辅国恶适敢言，短于上前，乃左授太子少詹事"（《旧唐书·高适传》）。黄鹤认为此诗云"兵戈久索居"，则是为詹事已久，当是乾元元年作。李白从璘获罪，老杜闻讯

---

[17] 肃宗器重高适，主要因为他当初反对过诸王分镇："（至德）二年永王璘起兵于江东，欲据扬州。初，上皇以诸王分镇，适切陈不可。及是永王叛，肃宗闻其论谏有素，召而谋之。适因陈江东利害，永王必败。上奇其对，以适兼御史大夫、扬州大都督府长史、淮南节度使，诏与江东节度来瑱，率本部兵平江淮之乱。会于安州，师将渡而永王败，乃招季广琛于历阳。"（《旧唐书·高适传》）

深为忧虑，后曾多次形之于诗。高适平璘立功，稍受挫折，他也作诗相慰，措辞甚得体，而感情毕竟一般，可见李、高二人在他心目中的地位是有所不同的。"安稳高詹事"，一上来就问候高适的起居，是书信的写法，读来很自然很亲切。顾贞观《金缕曲·寄吴汉槎宁古塔以词代书》首句"季子平安否"也是这样写。眼下明明印堂发黑、官运不济，却说时来运转自然发迹，不要因上了年纪把宦情看淡了："时来知宦达，岁晚莫情疏。"后四句写得似拙实巧，"若作怪词，弥显交厚"(浦起龙语)。都不过是安慰失意人的寻常话，却说得这么委婉动听，真令人不能不佩服他语言艺术上的水磨工夫。

《赠高式颜》也是一首以语言取胜的小诗："昔别是何处，相逢皆老夫。故人还寂寞，削迹共艰虞。自失论文友，空知卖酒垆。平生飞动意，见尔不能无。"高适有《宋中送族侄式颜》和《又送族侄式颜》诗。后诗说："惜君才未遇，爱君才若此。……俱游帝城下，忽在梁园里。"前诗题下自注说："时张大夫贬括州，使人召式颜，遂有此作。"幽州长史张守珪于开元二十六年隐匿败状，二十七年事发，贬括州刺史。据此可知：(一)高式颜是高适族侄；(二)高式颜有才不遇，与高适同游京师、梁宋，老杜与高式颜结交当在游梁宋时；(三)开元二十七年高式颜离梁从张守珪辟。《旧唐书·张守珪传》载："(守珪)到官无几，疽发背而卒。"高式颜此行当亦落空。所以十九年后老杜与之重逢，就不免有"故人还寂寞，削迹共艰虞"之叹了。这诗起得突兀，通篇清空一气。申涵光说："'昔别是何处，相逢皆老夫'，诵之如闻其声。'乍见翻疑梦，相悲各问年'，语意本此，而真朴自然不逮矣。"(仇注引)《晋书·王戎传》载，王戎尝经黄公酒垆下过，顾谓后车客说："吾昔与嵇叔夜、阮嗣宗酣畅于此，竹林之游，亦与其末。自嵇、阮云亡，吾便为时之所羁绁，今日视之虽近，邈若山河。"杨伦按："诗用黄公酒垆事,自是适没后作,诸本皆失编,今从单复编夔州诗内。"亦有理。此仍从旧编。施鸿保说:"公曾与其叔侄同饮否,亦无明证,且赠式颜诗,何必通首及适。疑诗所谓论文友,当别一人,公曾同式颜与饮酒垆者,今必已故,故诗云然,非适也。"这又是一种理解,可参看。

这一时期老杜忆旧伤怀、愤世嫉俗之情集中宣泄在下面这些诗篇中。如《遣兴三首》其一思兄弟:"我今日夜忧,诸弟各异方。不知生与死,何况道路长。避寇一分散,饥寒永相望。岂无柴门归?欲出畏虎狼。仰看云中雁,禽鸟亦有行。"其二思故居:"蓬生非无根,漂荡随高风。天寒落万里,不复归本丛。客子念故宅,三年门巷空。怅望但烽火,戎车满关东。生涯能几何,常在羁旅中。"其三怀旧交:"昔在洛阳时,亲友相追攀。送客东郊道,邀游宿南山。烟尘阻长河,树羽成皋间。回首载酒地,岂无一日还?丈夫贵壮健,惨戚非朱颜。"对兄弟、故居、旧友思念如此殷切,东都之行想也不远了。杨伦说:"公诸《遣兴诗》,亦自汉魏出,但蹊径易寻,不及汉魏之纵横变化耳。"

这年阴历十一月冬至,他仍在华州未回东都探视,想到去年今日参加冬至大典朝参盛况,对比眼下屈辱处境,不觉怅惘伤心,作《至日遣兴奉寄北省旧阁老两院故人二首》,其一说:

"去岁兹辰捧御床,五更三点入鹓行。欲知趋走伤心地,正想氤氲满眼香。无路从容陪语笑,有时颠倒著衣裳。何人却忆穷愁日,日日愁随一线长。""欲知"句言为华州掾趋谒上官。老杜四年前免河西尉为右卫率府参军,曾作《官定后戏赠》说:"老夫怕趋走,率府且逍遥。"他不愿做尉是怕"趋走",终于不免,故觉"伤心"。李商隐《任宏农尉献州刺史乞假归京》说:"却羡卞和双刖足,一生无复没阶趋。"宁愿砍断两条腿也不想当趋走风尘的贱吏,更是愤慨之辞。古代自视甚高的士大夫无不视做吏为畏途、为莫大屈辱。"有时"句写心迷意乱的穷愁之状。冬至日北半球昼最短，过后则转长。《岁时记》载，魏晋间宫中以红线量日影，冬至后日影添长一线。后人冬至诗"日光绣户初长线"即径用此典。老杜因日长一线而想到愁长一线，不仅日影可量，愁亦可量，构思巧而贴切，只能用作咏至日愁，移他处不得。其二说：

"忆昨逍遥供奉班，去年今日侍龙颜。麒麟不动炉烟上，孔雀徐开扇影还。玉几由来天北极，朱衣只在殿中间。孤城此日肠堪断，愁对寒云雪满山。""麒麟"指镀金麒麟香炉。《唐六典》载，大朝会则孔雀扇一百五十有六，分居左右；旧翟羽扇，开元初改为绣孔雀。《西京杂记》载，天子玉几，冬则加锦其上，谓之綈几。《唐会要》载，开元二十五年李适之奏：冬至大礼朝参，并六品清官服朱衣，以下通服袴褶。老杜这个从八品上的左拾遗在这场合只够服袴褶，但他满眼却是红彤彤一片，所以有"朱衣"之句。这两首诗都先写记忆中去年今日朝会时盛况，以反衬目前境地的凄凉和内心的愁苦。唐人谓门下、中书为北省（见《通典》）。这两首诗是写给两省旧友的，但诗中只有"无路从容陪语笑""何人却忆穷愁日"二句涉及他们，而主要是抒写自己的忆旧和恋阙之情。前不久他写过一首题为《独立》的五律："空外一鸷鸟，河间双白鸥。飘飖搏击便，容易往来游？草露亦多湿，蛛丝仍未收。天机近人事，独立万端忧"，以鸷鸟比嫉贤妒能的小人，以白鸥比被谗见放的君子，"鸷鸟方恣行搏击，白鸥可轻易往来乎？危之也。且夜露已经沾惹，而蛛丝犹张密网，重伤之也。上是显行排击者，下是潜为布置者，虫鸟天机，同于人事，是以对此而万忧并集也"（仇兆鳌语），此实为房琯、严、贾辈，也为自己的受迫害而罗织犹未已致慨，而对这班群小的主子——发动这一系列政治打击的最大权威肃宗，即使如前所述，老杜当时也有所觉察，有所腹非，但一旦时过境迁，他不但毫不怀恨，而且还一往情深、眷恋不已，这不能不是他根深蒂固的忠君思想从中作祟所致。朱瀚认为其一是赝作，理由是凡一题再赋，必具次第，又须照应，"去岁兹辰"全犯"去年今日"，"捧御床""入鹓行"前后颠倒，"五更三点"近俗，等等。仇兆鳌全抄朱说而不置可否，浦起龙则明确表示赞同。也有人认为这是完整的一组诗，其一写得就不错，如毛西河说："追忆告说如诉，且于叙事掳意中不废壮浪跳掷之致，与刘、白相去何等。"蒋弱六说："两作俱首尾呼应，另为一格。"杨伦说："前首怅怀，次首追溯。前首全用虚笔，次首全用实笔。结处一愁将来，一愁当下，亦相表里。"（均见《杜诗镜铨》）鲁迅说不要相信"小说作法"之类的话。同样，也不要相信脱胎于八股文的诗歌章法之类的话。当一个人处在"有时颠倒著衣裳"的心意迷乱状态中，要是用稍嫌杂乱无章的语言真实而生动地表现出他的神魂颠倒，就很有可能收到颇为感人的艺术效果。就艺术表现而论，这两首诗都写得很真实很自如，不但不拙劣，甚至可说是成功的。虽然如此，我还是很不喜欢这组诗，主要是这组诗同去冬今春写的那几首荣遇诗一样，严重地存在着忠君的迂腐感情和艳羡荣华富贵的庸俗心理，而其中的感伤情调又特别强烈，教人读了很不是滋味。

老杜贬华以后写得哀而不伤且别饶情趣的诗篇当推《九日蓝田崔氏庄》：

"老去悲秋强自宽，兴来今日尽君欢。羞将短发还吹帽，笑倩旁人为正冠。蓝水远从千涧落，玉山高并两峰寒。明年此会知谁健？醉把茱萸仔细看。"黄鹤认为此是乾元元年为华州司功时至蓝田（今陕西蓝田）而作。华州至蓝田八十里。旧编在至德元年。是时身陷贼中，不能远至蓝田，且无兴来此尽欢。蓝田崔氏庄旧注不详。焮案：王维《崔濮阳兄季重前山兴》题下原注："山西去亦对维门。"诗中也说："秋色有佳兴，况君池上闲。悠悠西林下，自识门前山。"知崔季重山居在东，西对王维山居。又老杜《崔氏东山草堂》说："爱汝玉山草堂静，高秋爽气相鲜新。……何为西庄王给事，柴门空闭锁松筠。"《旧唐书·王维传》载王维乾元中复拜给事中（闻一多认为王维"复拜给事中，在乾元元年，明年则转尚书右丞矣"）；又载晚年得宋之问蓝田别墅，在辋川（据我的考证王维得蓝田别墅当在天宝七载以前，详拙著《唐诗论丛·王维生平事迹初探》）。邵注：东山即蓝田山，又名玉山，在长安蓝田县东南。王维辋川庄在蓝田，必与崔庄东西相近。《九日蓝田崔氏庄》《崔氏东山草堂》二诗所写时（"九日""高秋爽气"）地（都在"玉山"）相同，"崔氏庄"当即"崔氏东山草堂"。崔氏庄在东，西对王维辋川庄。崔季重山居在东，也西对王维山居。据此可进一步推知：（一）崔季重山居和王维山居均在蓝田（王维曾隐终南山，崔季重也可能同隐于此，但很难保证二人居处总是东西相对）；（二）崔氏庄（即崔氏东山草堂）即崔季重山居。苏源明《小洞庭洄源亭宴四郡太守诗序》载："天宝十二载七月辛丑，东平太守扶风苏源明，觞濮阳太守清河崔公季重、鲁郡太守陇西李公兰、济南太守太原田公琦、济阳太守陇西李公俊于洄源亭。"[18]知天宝十二载七月崔季重为濮阳太守。王维《崔濮阳兄季重前山兴》题中既称崔季重为濮

---

[18]《新唐书·苏源明传》载："(源明) 有名天宝间。及进士第，更试集贤院。累迁太子谕德。出为东平太守。是时，济阳郡太守李俊以郡濒河，请增领宿城、中都二县以纾民力。二县，隶东平、鲁郡者也。于是源明议废济阳，析五县分隶济南、东平、濮阳。诏河南采访使会濮阳太守崔季重、鲁郡太守李兰、济南太守田琦及源明、俊五太守议于东平，不能决。既而卒废济阳，以县皆隶东平。"苏源明诗序中也提到此事。这次游宴，是议事无结果休会后的联欢："县乃不割，郡亦仍旧。已事修宴，姑以为别。"（苏《诗序》）

阳,则该诗当作于天宝十二载前后崔为濮阳太守期内或去职之后。王维的《秋夜独坐怀内弟崔兴宗》称崔兴宗为"内弟"。《仪礼》郑康成注:"姑之子外兄弟也,舅之子内兄弟也。"王维母崔姓,崔兴宗是他舅舅的儿子。在《崔濮阳兄季重前山兴》中王维称崔季重为"兄",崔季重当是他的"内兄",但不知崔季重和崔兴宗是亲兄弟还是堂兄弟。崔兴宗与王维、裴迪曾俱隐终南山。

天宝十一载王维为文部郎中,作《敕赐百官樱桃》。崔兴宗时为右补阙,有和章。王维于天宝七载以前、隐居终南山以后营蓝田辋川山居,作为他半官半隐的去处,与道友裴迪浮舟往来。崔兴宗这时也很有可能常来崔氏东山草堂居住。[19] 王维后来在《请施庄为寺表》中说他的蓝田山居主要是为他母亲崔氏奉佛习静所营。如果崔氏东山草堂真是老太太娘家的别业,那么在这里营山居,是再合适也没有的了。前已提到东庄的主人崔季重与苏源明有旧,而苏源明又是老杜漫游齐赵时的好友,后在长安仍有来往,加上老杜和王维今春同为朝官的这一层关系,那么,老杜同崔季重、崔兴宗他们想早已认识,这次就应邀自华州来此登高赋诗,欢度重阳节了。安禄山陷京师,苏源明以病不受伪署,两京收复后擢考功郎中知制诰。这时苏源明正在长安,不知曾来参加这次雅集否。老杜这首《九日蓝田崔氏庄》写的是重阳节这天宾主一同登高饮宴情景和所见所感。浦起龙以为"老去""兴来"是一篇纲领是对的。宋玉《九辩》:"悲哉,秋之为气也。"老去而又逢秋,心中悲伤已极,只好勉强自宽自解;谁知对此良辰美景,随诸君雅集,不觉兴起,竟然得尽今日之欢了:这就是首联的意思。刚说悲,忽说欢,写得委婉曲折。《晋书·孟嘉传》:"(孟嘉)后为征西桓温参军,温甚

---

[19] 闻一多《少陵先生年谱会笺》即径以此行系访崔兴宗、王维。

重之。九月九日，温燕龙山，寮佐毕集。时佐吏并着戎服。有风至，吹嘉帽堕落，嘉不之觉。温使左右勿言，欲观其举止。嘉良久如厕，温令取还之。命孙盛作文嘲嘉，著嘉坐处。嘉还见，即答之，其文甚美。"后因成为重九登高的典故。颔联翻用此典，不仅只是"将一事翻腾作两句，嘉以落帽为风流，此以不落为风流，最得翻案妙法"（杨万里语），而且还如赵大纲所说，"'羞将短发'，未免'老去'伤情，'笑倩旁人'，仍见'兴来'雅致"，扣紧"老去""兴来"，将诗人在今日重阳会上的风神活灵活现地显示出来了。《三秦记》载，蓝田有川，方三十里，其水北流，出玉石，合溪谷之水，为蓝水。今蓝田仍出碧玉，世称蓝田碧。《太平寰宇记》载，蓝田山在蓝田县西三十里，一名玉山，一名覆车山，灞水之源出此。《华山志》载，岳东北有云台山，两峰峥嵘，四面悬绝，上冠景云，下通地脉。朱注以为"双峰"是指云台山，旧云华山、秦山者非。"寒"字见秋光萧瑟意。茱萸，植物名，有浓烈香味，可入药。《续齐谐记》载，费长房对桓景说："九月九日，汝家有灾，急令家人各作绛囊盛茱萸系臂，登高，饮菊花酒。"颈联写登高所见壮丽之景。尾联因想到山水无恙而人生多变，所以就细看茱萸，感叹明年此会不知谁还健在。这两联分别发挥"兴来""老去"两层意思，与首联遥相呼应。这诗写得变化多端，圆转自如，慷慨缠绵，感人至深；而且节奏跌荡，朗朗上口，颇富音乐性。王维十七岁作《九月九日忆山东兄弟》说："独在异乡为异客，每逢佳节倍思亲。遥知兄弟登高处，遍插茱萸少一人。"末二句与前诗尾联皆就茱萸兴叹，两诗俱佳，但一在思念亲人，一在哀伤迟暮，思想感情有少年和老年之别。

《崔氏东山草堂》是诗人在此小住时写草堂观感和生活情趣以及游王维辋川庄所见：

"爱汝玉山草堂静，高秋爽气相鲜新。有时自发钟磬响，落日更见渔樵人。盘剥白鸦谷口栗，饭煮青泥坊底芹。何为西庄王给事，柴门空闭锁松筠。"白鸦谷在蓝田县东南二十里，中有翠微寺，其地产栗。青泥城在蓝田县南七里。又青泥驿在县郭下。（均见《长安志》）饭煮芹谓菜杂米做饭。仇注引王维《归辋川作》："谷口疏钟动，渔樵稍欲稀"，谓据此则知钟磬渔樵即蓝田山中景物。辋川一带有水有山自然不乏渔樵。至于当时当地寺院不知凡几，而摩诘作品中写到的则有石门精舍："老僧四五人，逍遥荫松柏。朝梵林未曙，夜禅山更寂。道心及牧童，世事问樵客"，有感配寺："往山中，憩感配寺，与山僧饭讫而去，北涉玄灞，清月映郭。夜登华子冈，辋水沦涟，与月上下；寒山远火，明灭林外。深巷寒犬，吠声如豹；村墟夜舂，复与疏钟相间。"（《山中与裴秀才迪书》）这些描写都有助于感受蓝田山东西庄的环境气氛，有助于理解老杜的这首草堂诗。这诗与诗人早年所作《题张氏隐居二首》等路数相近，但格老而秀，工力有所不同。我曾在《王维生平事迹初探》一文中论证说，天宝十五载王维陷贼，收京后与郑虔、张通等俱囚于宣杨（阳）里杨国忠旧宅，直到乾元元年蒙宥复官前的两三年间，他当不可能回辋川。复官后到上元二年卒，为时仅四年，且此时其内心愧疚甚深，曾说："今圣泽含宏，天波昭洗。朝容罪人食禄，必招屈法之嫌。臣得奉佛报恩，自宽不死之痛"（《谢除太子中允表》），因而有责躬荐弟、施寺饭僧之举，势必不能像以前那样啸傲林泉、悠然自得了。《旧唐书》本传谓王维"在京师，日饭十数名僧，以玄谈为乐。斋中无所有，惟茶铛、药臼、经案、绳床而已。退朝之后，焚香独坐，以禅诵为事"，可说就是他这一时期的生活写照；与以前在辋川时，"与道友裴迪，浮舟往来，弹琴赋诗，啸咏终日"的生活判然不同。老杜这两天在东庄小作盘桓，曾到西庄相访，没见到他，作《崔氏东山草堂》诗，末云："何为西庄王给事，柴门空闭锁松筠。"可见王维这一时期多不在辋川。

张继引王维《积雨辋川庄作》："积雨空林烟火迟，蒸藜炊黍饷东菑。漠漠水田飞白鹭，阴阴夏木啭黄鹂。山中习静观朝槿，松下清斋折露葵。野老与人争席罢，海鸥何事更相猜？"谓："此即给事咏西庄者。前六句之意，盖亦识此趣矣。末乃谓海鸥何事相疑，尚似机心未忘。无怪乎公（指杜甫）之怪叹给事也！"大意是说，杜甫叹惜王维不能完全抛开名利，来此归隐，故"何为西庄王给事，柴门空闭锁松筠"两句，多少带有点讽刺的意味。强作解人，实不知王维当时境况。朱鹤龄说："公赠维诗：'穷愁应有作，试诵《白头吟》。'维之再仕必非得意者，故此以柴门空锁讽其归老蓝田也。"浦起龙说："非真怪之也。在谪官鞅系之人，言固应尔。故曰：言者，心之声也。"一说系同情王维再仕的不得意，一说同时也流露出作者失志的情绪，知人论世，其庶几乎！闻一多说："诗曰'柴门空锁'，是未遇维也。故后《解闷十二首》云'不见高人王右丞，蓝田丘壑蔓寒藤。'"老杜写《解闷》论及王维时，我看他脑海中确曾闪过这次来辋川相访所见丘壑印象。做如此想，则倍感亲切了。安禄山乱前，老杜与王维是否熟识，不得而知。今春同在朝列，同和贾至早朝诗，杜更有专章赠王，足见二人不无交谊。王维的不少山水田园诗篇，多写辋川风光和此间隐居生活。如今老杜来到王维赖以发兴的山光水色之间，对自然环境和隐居气氛有所感受，写出了"有时自发钟磬响，落日更见渔樵人"这样恬静而洒脱的诗句。就生活和创作的关系而论，子美和摩诘曾多少有此相通处，这也是很有意思的事。

老杜贬华州以来，只重九蓝田之游心情稍觉舒畅，所吟诗歌虽然飘逸，但仍不免有苦涩味。可以说他这一时期的心情始终是压抑、愤慨的。

不过，一旦见到有利于讨贼平乱的军事行动，他又不由得将个人的烦恼一下子抛到九霄云外，欣喜若狂，精神振奋，写出慷慨激昂的战歌来。这是老杜爱国热情的迸发，是他最可爱的地方。比如这年（乾元元年）六月，以开府仪同三司李嗣业为怀州刺史，充镇西、北庭行营节度使。九月，命李嗣业、朔方郭子仪、淮西鲁炅、兴平李奂、滑濮许叔冀、郑蔡季广琛、河南崔光远七节度使及平卢兵马使董秦将步骑二十万讨安庆绪；又命河东李光弼、关内、泽潞王思礼二节度使将所部兵助之。在此以前不久，李嗣业率领所部从怀州（今河南沁阳）赴阙待命，道经华州。老杜观看了大军开过，并出席作陪，欢宴了李嗣业以后，就情不自禁，写作了《观安西兵过赴关中待命二首》[20]，赞扬部队精锐、军威森严，预祝出奇制胜，一往无前。其一说：

"四镇富精锐，摧锋皆绝伦。还闻献士卒，足以静风尘。老马夜知道，苍鹰饥着人。临危经久战，用急始如神。"至德元载安西节度更名镇西，此用旧名。龟兹、畋沙、疏勒、焉耆四镇都护府，皆安西都护所统。《旧唐书·李嗣业传》载："禄山反，两京陷，上在灵武，诏嗣业赴行在。嗣业自安西统众，万里威令肃然，所过郡县，秋毫不犯。至凤翔谒见，上曰：'今日得卿，胜数万众。事之济否，实在卿也。'"这首诗的大意是说李嗣业从安西率精锐部队回来，必能很快靖乱。每次协同郭子仪等部与叛军对阵，李嗣业总是打先锋。他手持大棒冲击，贼众披靡，所向无敌。在去年进攻长安的那次大战役中，开头唐军失利。李嗣业见形势危急，就对郭子仪

---

[20] 浦起龙说："《通鉴》乾元元年六月，李嗣业为怀州刺史，充镇西北庭行营节度使。八月，同郭子仪等讨安庆绪。按：自怀州赴关中待命，道经华州，乃八月以前未赴讨时事也。"《通鉴》《唐书·肃宗纪》均作"九月"，诸注辗转误抄。但认为此乃未赴讨时事是对的。

说:"今日不以身饵贼,军无孑遗矣。"他就赤膊执长刀,立于阵前,大叫振击,当其刀者,人马俱碎,杀数十人,才稳住阵脚,转败为胜,终于收复了京师。"临危经久战,用急始如神",实有所指,非泛泛称颂之辞。老杜去年从凤翔"北征"探家时曾向李嗣业借过马骑,跟他较熟,对他的英雄事迹自然是很清楚的。《韩非子·说林》:"管仲、隰朋从于桓公伐孤竹,春往冬返,迷惑失道。管仲曰:'老马之智可用也。'乃放老马而随之,遂得道。"成语"老马识途"出此。《晋载记》:"慕容垂犹鹰也,饥则附人,饱则高飞。""老马"二句用此二事状李嗣业的英勇善战甚妙。

其二写得更加精彩:"奇兵不在众,万马救中原。谈笑无河北,心肝奉至尊。孤云随杀气,飞鸟避辕门。竟日留欢乐,城池未觉喧。"唐河北道领孟、怀、博、相、卫、贝、澶等二十九州。当时河北之地多未收复。葛立方《韵语阳秋》说:"杜甫《观安西兵过》诗云:'谈笑无河北,心肝奉至尊。'故东坡亦云:'初闻指挥筑上郡,已觉谈笑无西戎。'盖用左太冲《咏史》诗'长啸激清风,志若无东吴'也。王维云'虏骑千重只似无'句,则拙矣。"五个月以后的乾元二年正月,李嗣业攻邺城,为流矢所中。数日疮欲愈,卧于帐中,忽闻金鼓之声,因而大叫,疮中血出数升,注地而卒。"心肝奉至尊",真不幸而言中了。高适《燕歌行》"杀气三时作阵云"、李商隐《筹笔驿》"猿鸟犹疑畏简书",可分别与"孤云"二句参读。李嗣业过华州,郭使君留他作竟日之欢会;老杜是旧识,想亦出席作陪。"竟日"二句即叙其事,且赞其号令森严。王嗣奭说:"至次年二月,因军无统御,而九节度以六十万之兵溃于相州。'奇兵不在众''竟日留欢乐',岂有讽耶?""奇兵"二句意谓用奇兵虽少亦能奏效,何况发动千军万马的攻势,必操胜券了。——这是一般的议论,又有什么讽意呢?当时朝廷尚未发布九节度联合进军的诏令，这只是李嗣业率部进京待命。那么，当他路过华州，郭使君设宴相待，也不足为怪。从整组诗看，从李嗣业的英勇善战和老杜跟他的交情看，有的只是赞扬和期望，岂有讽哉！王嗣奭笺杜诗多中肯綮，亦间有深文周纳之病。

上述种种，可见老杜贬华州司功参军前后的生活剪影和精神状态之一斑。

七 东都之行

他在《遣兴三首》中表示很想回现已收复的东都去看看旧地、旧居、旧友和亲人。这年冬末，他终于如愿以偿了。出得城来，他偶然路遇襄阳杨少府经华州入长安，想起自己当初离京来华时曾答应给杨绾捎些当地的特产茯苓去，可是一直未能践约，就戏为五律一章，以诗代简，请杨少府转达：

"寄语杨员外，山寒少茯苓。归来稍暄暖，当为劚青冥。翻动龙蛇窟，封题鸟兽形。兼将老藤杖，扶汝醉初醒。"（《路逢襄阳杨少府入城戏呈杨四员外绾》）杨员外，告诉你，天寒山中茯苓少。等我从东都回来气候暖和了，我一定去寻找有青气的松树，到下面去为你挖。翻动龙蛇的洞穴，净挑些结成鸟兽形状的上等茯苓封好题名寄给你。外加一条老藤杖，供你酒醉初醒扶着走路吧。题下原注："甫赴华州日，许寄员外茯苓。"茯苓是寄生在松树根上的菌类植物，形状像甘薯，外皮黑褐色，里面白色或粉红色。中医入药，有利尿、镇静的作用，治水肿、失眠等症。这是今天的看法，古人把茯苓看得还要神奇。《图经本草》载茯苓生大松下，二月八月采，阴干。《抱朴子》谓地产茯苓，上有清灵之气。仇注："吴沆云：偃盖老松下，有茯苓，天色晴霁时，松下有青气一股，斜注地边，掘之可得茯苓。此即'副青冥'之说也。"我曾听人说过，下有茯苓的松树，叶密而青葱，异乎寻常。此说较可信。我在家乡也见过这样的松树，但不知其下真有茯苓否。陶隐居《本草》：伏苓形如鸟兽鱼鳖者良。《新唐书·地理志》载华州土贡：鹞、乌鹊、茯苓、伏神、细辛。华州茯苓著名，老杜又会采药："顷者卖药都市"（《进三大礼赋表》），所以来华州时就答应为杨绾挖茯苓。杨绾就是华州华阴（今陕西华阴）当地人。他是世家子，从小很聪明。四岁时，家里一次举行宴会，宾主行酒令，命各举座中一物以平上去入四声呼之。不等别人开言，他应声指铁灯树说："灯盏柄曲。"大家都很惊异。及长好学不倦，博通经史，尤工文辞。早孤家贫，养母以孝闻。亲友讽令干禄，举进士，调补太子正字。天宝十三载登科三人，他为首，越级授右拾遗。安禄山反，肃宗即位灵武。他自贼中冒险乞食奔赴行在，拜起居舍人，知制诰。历司勋员外郎、职方郎中，掌诰如故。迁中书舍人，兼修国史。代宗广德元年为礼部侍郎时，上疏条奏贡举之弊。大历十二年四月为中书侍郎，同平章事。七月卒。代宗很悲伤，对群臣说："天不欲朕致太平，何夺朕杨绾之速！"老杜诗题中称他为员外，知此时正为司勋员外郎。襄阳杨少府，当是杨绾家在襄阳做县尉的晚辈。黄生说："八句一气叙完，酷似途中立寄口信之语。……茯苓未寄，偏又许寄藤杖，诗人痴趣在此。'醉初醒'三字亦有意。言〔醉〕（病）醒须用杖扶；若方醉，则杖亦无所用之矣。题中'戏'字，盖见此句。"老杜往往有此幽默，难为黄生体会得出来。诗人好久没这么轻松愉快过了，这无疑同他的能回东都去看看有关。岑参的《逢入京使》："故园东望路漫漫，双袖龙钟泪不干。马上相逢无纸笔，凭君传语报平安"，则是写途中立寄口信之状，手法同中有异，而感情悲怆之至，对照欣赏，颇觉有趣。

老杜此行的快意也表露在他对同路人李丈所骑胡马的歌咏中：

"丈人骏马名胡骝，前年避胡过金牛。回鞭却走见天子，朝饮汉水暮灵州。自矜胡骝奇绝代，乘出千人万人爱。一闻说尽急难才，转益愁向驽骀辈。头上锐耳批秋竹，脚下高蹄削寒玉。始知神龙别有种，不比凡马空多肉。洛阳大道时再清，累日喜得俱东行。凤臆麟鬐未易识，侧身注目长风生。"（《李鄠县丈人胡马行》）李某年辈当长于老杜，现任或曾任鄠县（今陕西户县）令，故称李鄠县丈人。扬雄《蜀土记》载秦欲伐蜀无路，遣人告蜀王说："秦有金牛，其粪成金。"蜀王使五丁力士开山，路通，秦遂取蜀，因号其国为金牛。《旧唐书·地理志》载梁州有金牛县。汉水在汉中，近蜀。灵州即灵武，肃宗即位于此。头四句是说李丈骑着这匹胡骝马扈从玄宗入蜀，后又骑着它自蜀回灵武见肃宗。听说这胡骝在避胡途中本领高强，曾帮助过主人脱险[21]；相形之下，使得老杜就更不想去骑自己这种劣马了。这就是"一闻"二句的意思。接着就大夸这马的品种非凡，如今洛阳光复，道路畅通无阻，能有幸整天伴随着它东行真高兴。相传苻坚时大宛献千里驹，皆汗血，朱鬣五色，凤膺麟身（见《晋载记》）。这马到底是不是这样一时难测，但见它侧身注目，脚下生风，确乎是骏发绝尘。——这诗的基调不是很轻快很奔放么？浦起龙认为："诗当是喜得借骑而作。公前往鄜州，曾借追风骠于李特进，盖此老长技也。……'愁驽骀'，自丑其所乘者非良也。此即借骑之根。……'俱东行'，与马俱，非与李俱也。……鄙见如此，未审合否。"恐未必合，但牵合得也很有趣。

---

[21] 赵注："'急难才'，如刘备的卢跃过檀溪，以免刘表之追；刘牢之马跳五丈涧，以脱慕容之逼。"

阌乡县后并入河南灵宝县。旧阌乡县治在今灵宝县新治虢略镇西北不远。湖城县早废，故治在旧阌乡东四十里。出潼关往洛阳先到阌乡后到湖城。老杜来到阌乡，县尉姜七特为设宴请他吃黄河鲜鱼，他高兴极了，作《阌乡姜七少府设鲙戏赠长歌》说："姜侯设鲙当严冬，昨日今日皆天风。河冻味鱼不易得，凿冰恐侵河伯宫。饔人受鱼鲛人手，洗鱼磨刀鱼眼红。无声细下飞碎雪，有骨已剁觜春葱。偏劝腹腴愧年少，软炊香饭缘老翁。落砧何曾白纸湿，放箸未觉金盘空。新欢便饱姜侯德，清觞异味情屡极。东归贪路自觉难，欲别上马身无力。可怜为人好心事，于我见子真颜色。不恨我衰子贵时，怅望且为今相忆。"

"姜侯"四句极言严冬鱼难得，越见少府设鲙的情意深长。《潘淳诗话》载韩玉汝云：河中府，三面是黄河，惟有味鱼，似鲫而肥短，味亦美，杜诗味鱼谓此（钱注引）。《本草》载有鮇鱼，出黄河口（朱注引）。"饔人"八句详叙设鲙饮宴情事，大意是说，鱼极鲜鲙极精，难为姜七这位年轻朋友还特意拣鱼肚子边肥美的肉片来敬我，又专为我这个老头子煮了这么喷香松软的饭；所以对着这落纸不湿的鲙，快意大嚼，不觉就把盘子吃空了。杨伦说："觜，喙也。剁其骨使觜如春葱，言尖而脆也。"《齐民要术》载，切鲙不得洗，洗则湿。有的注家认为凡作鲙以灰去血水，又用纸以隔灰。"放箸"是说拿起筷子放量吃。"新欢"八句是临别致谢的话：今天我这个新结识您的人，承您厚待，真可谓"既醉以酒，既饱以德"（《诗经·大雅·既醉》）了，这酒味很醇，正如您的情意一样深长。为了东归赶路（贪路），本该早点走；谁知欲别上马，浑身无力，真是不忍分手。您敬老尊贤的心事，于待我处已见其真诚了。他时我衰子贵不足为恨，但回忆今日的欢会难再，终不能不教人怅望啊！浦起龙说："少府设鲙，曲尽敬老之诚,赠此志感也。与《病后过王倚饮赠歌》一类。"人情冷暖,世态炎凉,这滋味老杜早已深谙;半年来屈居郭使君麾下,愤慨之深,可以想见。姜七新识,能输诚厚待如此,这当然会很使他深受感动。这诗与《病后过王倚饮赠歌》《苏端薛复筵简薛华醉歌》等,都是老杜赠青年朋友的诗,都写得热情奔放、推心置腹,可见此老是寄深意于青年的,虽然他后来也发过"晚将末契托年少,当面输心背面笑"的浩叹。大概就在这晚的宴会上,出席作陪的还有另一位县尉秦某人。[22] 这人是他在凤翔行在的同舍同僚,关系颇为密切,他也作歌相赠说:"去年行宫当太白,朝回君是同舍客。同心不减骨肉亲,每语见许文章伯。今日时清两京道,相逢苦觉人情好。昨夜邀欢乐更无,多才依旧能潦倒。"(《戏赠阌乡秦少府短歌》)比较起来,诗人对旧识的感情还不如对新知的来得真挚。

  近日葛晓音君来,我正在评老杜的《路逢襄阳杨少府入城戏呈杨四员外绾》。她一见"当为劚青冥"句,就说:"这不是李义山的'凿天不到牵牛处'么?"我含糊其辞地答应着。过后想了想:注释家们都将"青冥"讲成产茯苓的松树之上的青色或青气,这固然不错;如果径释"青冥"为青天,将"当为你登上高耸入云的山头挖茯苓"这意思故作惊人之笔,写作"为你去挖青天",这岂不跟"凿天不到牵牛处"构思相仿么?葛君很敏感,这直观的理解也不无道理。——当时颇觉有趣。过后也就淡忘了。谁知今天读到《阌乡姜七少府设鲙戏赠长歌》"凿冰恐侵河伯宫"句,一想:这不又是李义山的"凿天不到牵牛处"么?不过,稍加品味,感到不管是照葛君理解的那句"当为劚青冥",还是这句"凿

---

[22]《旧唐书·职官志》载,诸州上县,尉二人,从九品上。

冰恐侵河伯宫",跟义山那句"凿天不到牵牛处"仍然有所不同。我曾在《唐诗论丛》中的谈《李商隐的咏史诗和咏物诗》中发过这样一番议论：对某一史实或生活中某一事物偶有所感，从一点生发开去，精骛八极，神游千载；既要从现实中解脱出来，力求想象的"虚荒诞幻"，又要紧紧地依据生活经验，力求感受的真切和形象的生动。设法将这对立的两方面统一起来，这就是"长吉体"歌行构思和表现艺术的主要诀窍。李商隐是深谙这诀窍的，这只要拿他的《无愁果有愁曲北齐歌》中"凿天不到牵牛处"这一句和李贺《秦王饮酒》中的"羲和敲日玻璃声"句比一比就知道了。"凿天""敲日"，这是多么荒诞的狂想啊！然而人们却有凿冰、敲玻璃器皿的经验。今见秋空晶莹、宁静犹如一尘不染的层冰，白日像玻璃盘似的通明透亮，这又怎叫诗人们不生此狂想呢？老杜的"凿冰恐侵河伯宫"虽也是想象，却平实得多：传说河有河伯，如今层冰一结到底，凿冰捕鱼，岂不侵扰河伯的水晶宫了？这不能说不奇，但并不像长吉体歌行中的一些警句那样，想得那么刁钻古怪，那么匪夷所思而仍富生活实感。非独老杜如此，即使"才矣奇矣，人不逮矣"的李白和"语奇体峻，意亦造奇"的岑参也莫不皆然。这只要将李白的"燕山雪花大如席""白发三千丈""狂风吹我心，西挂咸阳树""大道如青天，我独不得出"，岑参的"轮台九月风夜吼，一川碎石大如斗，随风满地石乱走""忽如一夜春风来，千树万树梨花开"，跟李贺的"女娲炼石补天处，石破天惊逗秋雨""遥望齐州九点烟，一泓海水杯中泻""天河夜转漂回星，银浦流云学水声""王子吹笙鹅管长，呼龙耕烟种瑶草""衰兰送客咸阳道，天若有情天亦老"，李商隐的"柔肠早被秋眸割""月浪冲天天宇湿"，温庭筠的"高楼客散杏花多，脉脉新蟾如瞪目"等等相比较，就会清楚地看出，盛唐人写得再奇,也只是将一些观感、想象和激情用夸张的语言和比兴加以表现而已;中晚唐人写作长吉体歌行则要求"离绝远去笔墨畦径间",想得越"虚荒诞幻"就越好。这两种路数当然都能创作出一些名篇警句,但一奇雄一精巧,一明朗一含蓄,一痛快淋漓一低徊摇曳,二者的艺术特色和效果是迥然不同的。我尊重后者的创新精神,也多少能欣赏他们的绮语遐思;不过,相对而言,却更喜爱前者那种明快大方的诗风。

提起李太白,忽然想到他也有首写吃鱼饮酒写得很有趣的诗:"鲁酒若琥珀,汶鱼紫锦鳞。山东豪吏有俊气,手携此物赠远人。意气相倾两相顾,斗酒双鱼表情素。双鳃呀呷鳍鬣张,跋剌银盘欲飞去。呼儿拂机霜刃挥,红肥花落白雪霏。为君下箸一餐饱,醉著金鞍上马归。"(《酬中都小吏……》)现特意抄录如上,以飨读者,好让老杜得以脱身,继续赶他的路去吧。

不久老杜到达湖城县,在刘颢家小憩。已动身出城了,在疾风暗尘中忽见好友孟云卿,喜出望外,便携手回城重访刘颢。刘颢当然无任欢迎,立即张灯设宴,通宵欢叙。一时兴起,老杜又作歌纪事抒情说:

"疾风吹尘暗河县,行子隔手不相见。湖城城东一开眼,驻马偶识云卿面。向非刘颢为地主,懒回鞭辔成高宴。刘侯欢我携客来,置酒张灯促华馔。且将款曲终今夕,休语艰难尚酣战。照室红炉促曙光,萦窗素月垂秋练。天开地裂长安陌,寒尽春生洛阳殿。岂知驱车复同轨,可惜刻漏随更箭。人生会合不可常,庭树鸡鸣泪如霰。"(《冬末以事之东都湖城东遇孟云卿复归刘颢宅宿宴饮散因为醉歌》)湖城靠近黄河,故称"河县"。"隔手"谓以手遮目以防大风吹来的尘土。狂风刮起漫天尘土,河县城暗淡无光,路上来往的旅客用手遮着眼睛互相都看不见。走到湖城城东,风定了睁开眼睛，停住马一瞧没想到竟看到了孟云卿。——开头四句写得真好，既有细节的真实性，又富于喜剧意味，别致地抒写出乍见故人的惊喜之情。"向非"二句是说刚才要不是刘颢尽地主之谊热情接待了我，我也懒得拉着云卿又返回刘宅去叨扰盛筵呢。顺便介绍了刘颢，又毫不费力地交代了他刚才就是在刘宅做客之后出城的，还能见出刘颢贤而好客。"一石三鸟"，羡煞老杜有此好手段！接着写刘颢张灯夜宴，宾主"契阔谈宴"情事。九月九节度使围邺城讨安庆绪以来，虽偶有小胜，终未奏凯。十一月崔光远拔魏州。十二月史思明又攻陷魏州，杀三万人。老杜、孟云卿都是爱国志士，对当时艰难的战局当然十分关心。正由于他们心中想的、嘴里讲的总是摆脱不开这个问题，才央求人其实是央求自己"且将款曲终今夕，休语艰难尚酣战"。杨伦说："时事交情两面写到。"见犹不深。室内炭火闪闪发光，似乎促使天亮得早[23]，素月的清辉像一匹白绢似的挂在窗外。"照室"二句以闲笔写景，反衬欢会方酣。朱注引京房《易占》："天开阳不足，地裂阴有余，皆兵起下害上之象。""寒尽春生"，喻乱极将治。"天开"二句言长安昔为贼陷，今则洛阳一并收复。张衡《古别离》："鸡鸣庭树枝，客子振衣起。别泪落如霰，相顾不能止。"信手拈来，情景俱切，刘、孟、己三人合结，余意无穷。卢世㴶说："此段光景，至今使人回环，诗欲不佳，得乎？"有真情实感才有好诗，这确是不刊之论。

四个月前，老杜在华州曾写了两首《观安西兵过》诗欢送李嗣业率部赴阙待命。这次他回到洛阳，恰好又见到李嗣业的部队打那

---

[23] 王嗣奭说："'促曙光'妙，同心偶聚，唯恐夜之易旦也。"

第十章 天上人间

儿经过,开赴邺城作战^(24),复作《观兵》说:

"北庭送壮士,貔虎数尤多。精锐旧无敌,边隅今若何?妖氛拥白马,元帅待雕戈。莫守邺城下,斩鲸辽海波。"李嗣业是镇西北庭行营节度使。"北庭"指李嗣业部。老杜对李嗣业部的精锐和素著战功一直很称许,也寄托了很大的希望。开头四句跟前《观安西兵过》其一"四镇富精锐,摧锋皆绝伦"云云意近,勉励他们再立新功,平定边乱。岂料作这诗后不到两个月李嗣业不幸中箭身亡了。杨伦说:"朱注以为'边隅'为邺城。浦注谓指延州、雁门等。今按只浑说为是。"《南史·侯景传》载童谣有"青丝白马寿阳来"之句。"妖氛"句即借此譬喻当时史思明引兵来救安庆绪事,甚切。"雕戈",镂刻的戈。仇兆鳌说:"郭子仪前为副元帅,收复东京,今望朝廷以元帅授子仪,故曰'待雕戈'。"辽东南临渤海,故称"辽海"。后四句是说:朝廷应授予郭子仪元帅职权,率领众军直捣范阳叛军巢穴,使史思明自顾不暇,则邺城可拔,战乱可平;不当困守邺城,师老馈乏,任其安待援军。在此前后,李光弼曾建议说:"思明得魏州而按兵不进,此欲使我懈惰,而以精锐掩吾不备也。请与朔方军同逼魏城,求与之战,彼惩嘉山之败,必不

---

(24) 浦起龙说:"此旧编东都诗内。公之之东都,在冬末,是时兵已在邺矣,安得复于东都观之耶?愚谓:前观其赴关中,此观其赴讨,当在九十月间,仍是华州诗也。"这话似乎有道理,其实也不尽然。九节度围攻叛军首领所盘踞的一个主要城池,在部署之初,很难说无此必要或无成功的可能,史传也不见有人持反对意见。(要是一举而歼此劲敌,又有什么不好呢?)只是围城旷日持久而不能下,才逐渐暴露军无统帅众心不齐、为一城耗费大量兵力贻误战机等弊病。诗中"元帅待雕戈""莫守邺城下"二句即针对其后暴露出来的这种弊病而发,可见旧编此首于东都诗内还是比较接近事实的。浦起龙之所以认为此诗当作于九十月间李嗣业赴邺城讨安庆绪时,那是因为他把老杜的军事预见性估计得过高所致:"观此,知公之论事,不在邺侯(李泌)下矣,尚安得以诗人目之!"旧编之弊在于:"公之之东都,在冬末,是时兵已在邺矣,安得复于东都观之耶?"这时李嗣业固然已在邺,这并不妨碍他的部队有调动、增援之事。前两首《观安西兵过》诗中有李嗣业在,在这首诗中却看不出是他亲自在领兵。

敢轻出。得旷日引久，则邺城必拔矣。庆绪已死，彼则无辞以用其众也。"这本来是很正确的意见，可是皇帝派来当观军容宣慰处置使的宦官鱼朝恩不同意，终于酿成乾元二年三月九节度的相州（治邺城，今河南安阳）大溃败。李光弼的建议和李嗣业之死都在同一个月（乾元二年正月），老杜作诗时李嗣业尚在，而且军机议事，当时不得外传，可见老杜的看法与李光弼接近。命九节度围邺城之初，肃宗考虑到郭子仪、李光弼都是元勋，谁也不好统率，就不设元帅，只命宦官鱼朝恩为观军容使。这是极其错误的措施，不仅为早已开始的宦官监军设置了专职，影响极坏，且直接导致了相州之溃。了解了这种种情况，再回头来读这首《观兵》，即使不像浦起龙那样加以拔高（说详《读杜心解》），也不会不佩服诗人的远见卓识。

老杜到洛阳后，也去过他的老家洛阳东、偃师县西北二十五里的陆浑庄（见《忆弟二首》题下原注："时归在河南陆浑庄"）。前面已经提到，他此行是为了回来探望旧地、旧居、旧友和亲人。这些活动，在他的诗作中多少留下些雪泥鸿爪。老杜对他的弟妹一直是很关心的，阻隔多时，这次回来却一个也没有见到。这种怅惘之情，强烈地表露在乾元二年（七五九）开春后在陆浑庄写的《忆弟二首》中。第三章、第四章中讲到老杜的弟弟杜颖曾经在齐州临邑（今山东临邑）当主簿，后来老杜漫游齐州时还专程去探望过他。据诗中"饥寒傍济州[25]"句，可揣知所忆之弟当是多年宦游齐鲁、后又因战乱不得归乡的杜颖。其一说：

"丧乱闻吾弟，饥寒傍济州。人稀书不到，兵在见何由。忆昨狂催走，无时病去忧。即今千种恨，惟共水东流。"老杜得知杜颖

---

[25] 济州治所在碻磝城（今山东茌平西南），天宝十三载州治为河所陷，遂废入郓州（唐治在今山东东平西北）。

在济州一带谋生,还是至德元载陷贼在长安时的事:"近有平阴信,遥怜舍弟存。"(《得舍弟消息二首》其一,所指即杜颖)"丧乱"二句即指此。浦起龙解《得舍弟消息》其二"两京三十口,虽在命如丝"说:"弟之家口在东京陆浑庄。公时家寄鄜州。鄜州属西京。"老杜这次回到陆浑庄,大概见到杜颖留在这儿的家小了。当时山东尚未收复,两地阻隔,音讯不通,见面更难。回想仓皇逃难之时,为弟担忧的心病从无片刻去除。[26] 到如今拿着这千愁万恨没奈何,只有让它随河水东流而去吧!仇兆鳌说:"洛阳在西,济州在东,故愁恨与水而俱东。"此与李后主"问君能有几多愁?恰似一江春水向东流"句意似同而实异。

其二说:"且喜河南定,不问邺城围。百战今谁在?三年望汝归。故园花自发,春日鸟还飞。断绝人烟久,东西消息稀。"这首申前章望弟还乡和寄书之意,见思念的殷切。据颈联知开春花发鸟飞时诗人尚在陆浑庄。安禄山乱起到这时已三年多,杜颖乱起后即未归家,故有"三年"句。王夫之《姜斋诗话》说:"'昔我往矣,杨柳依依;今我来思,雨雪霏霏。'以乐景写哀,以哀景写乐,一倍增其哀乐。""故园"二句,也以乐景写哀。对此良辰美景,而无人共赏,就更增添内心的怅惘了。

幸好不久收到了弟弟的来信,高兴之余,又产生了欲见不能、己情莫达的苦闷:

"乱后谁归得,他乡胜故乡。直为心厄苦,久念与存亡。汝书犹在壁,汝妾已辞房。旧犬知愁恨,垂头傍我床。"(《得舍弟消息》)这捎信回来的弟弟可能就是杜颖。这是诗人在跟想象中远处他乡

---

[26] 王嗣奭说:"'无时病去忧',言狂走之际,身则病,而又忧其弟,忧与病不相离。"解"病"字过实。此采杨伦说。浦起龙说:"着'狂'字、'病'字,句似拙而转深。"

的弟弟倾诉衷肠。作如是观才能领会入微。乱后得归不易,怜弟未归,这是"乱后"句的第一层意思。更进一层的意思是,我倒是回来了,回来反而觉得他乡比故乡好,意谓故乡遭乱日子更不好过。屈曲作意,语意亦甚流畅自然。我一直在为你的安全担心而深感痛苦,老念着身处乱世生死存亡毫无凭准。这次回来,见你写的字还挂在墙上,可是你的妾已经走掉了。⁽²⁷⁾ 咱们家的那只老狗似乎也懂得我的愁恨,耷拉着脑袋依傍着我的床。这诗是五律而失黏,"汝书""汝妾"对得也不讲究,这说明诗人忧心忡忡未遑计较格律。

《忆弟》其二中说:"百战今谁在",《得舍弟消息》中说:"久念与存亡",这不是一般的乱世的感叹,而是诗人亲身的经验。《不归》抒的就是对其亲族中因战乱而客死他乡者的悼念之情:

"河间尚征伐,汝骨在空城。从弟人皆有,终身恨不平。数金怜俊迈,总角爱聪明。面上三年土,春风草又生。"天宝、至德时改瀛州为河间郡(治所在今河北河间)。河间一带,最早沦于叛军;从弟死在叛乱之初,至今已三年多了。诗人这次东归,始得知其噩耗,想见空城无人,浮葬其中,不胜凄恻。蔡梦弼以为"数金"谓幼时识数钱;汉时童谣有"河间姹女工数钱"语,诗人偶忆弟幼时聪慧,与河间事相合,故及之。"面上"二句虽痛切,终嫌"面上"二字形象可怖。仇兆鳌或有感于此,说"面上,坟土之上",仍不能改变直接产生的联想。

⟨27⟩ 仇兆鳌以为"'辞房'即书中之语,下句因上",这是值得商榷的。这样解释,"书"即书信、家书。哪有将书信贴在墙上的?不如解"汝书"为"你写的字"为是。前已论及杜颖的家小都在陆浑庄,因乱离阻隔,三年不归,妾不安于室而辞去,这不仅于文辞上可通,也更加合乎情理。浦起龙说:"下四,转说与旧庄消息。通首俱若不劝其归者,其悲更甚。公不久亦西客秦,成。旧庄残废可知。"以下四中之妾辞房属"旧庄消息",良是。

老杜东归唯一快意事是访卫八处士[28]。他的《赠卫八处士》即写这次充满友谊和人生感叹的访问和欢聚：

"人生不相见，动如参与商。今夕复何夕，共此灯烛光。少壮能几时，鬓发各已苍。访旧半为鬼，惊呼热中肠。焉知二十载，重上君子堂。昔别君未婚，儿女忽成行。怡然敬父执，问我来何方。问答乃未已，儿女罗酒浆。夜雨剪春韭，新炊间黄粱。主称会面难，一举累十觞。十觞亦不醉，感子故意长。明日隔山岳，世事两茫茫。"多年未见，又经过这么大的一场灾难，贸然前来访问，说实在的，真教人提心吊胆。所幸老友无恙，此刻居然能相聚一堂，共此灯烛之光，不觉喜极欲狂，竟不知今夕何夕了。——先是喜。少壮转眼即逝，相看彼此鬓发苍苍；访问旧识，多已作古，失声惊呼，五内如焚。——继之以悲。二十年前登门相访时君犹未婚，今日再来，儿女忽然成行。（二十年时间不算短，长成了一批孩子不算快，但在昔日相访情景记忆犹新的客人眼中，总觉得这些孩子

---

[28] 施鸿保说："《赠卫八处士》，注引黄鹤说：唐有隐逸卫大经，居蒲州，此卫八亦称处士，或其族子。蒲州至华州只一百四十里，此诗当官华州司功时，至其家作。今按：谓卫八即大经，或未可知；若因大经隐逸，遂谓其族子亦隐逸，故称处士，未免附会。诗云：'焉知二十载，重上君子堂'，是二十年前，曾至其家也；据年谱载，公此时年四十七八，追数二十年前，亦当游吴越齐赵时，并未至蒲，鹤说恐不足据。"案《旧唐书·卫大经传》："卫大经者，笃学善易，口无二言。则天降诏征之，辞疾不赴。……开元初，毕构为刺史，谓解令孔慎言曰：'卫生德厚，宜有旌异。'……慎言造门就谒，时大经已年老，辞疾不见。"卫大经年辈在老杜父、祖之间，不可能是他"昔别君未婚，儿女忽成行"的二十年前的旧友，两说都未免附会。岑仲勉《唐人行第录》："卫八，全诗三函高适《酬卫八雪中见寄》，又《同卫八题陆少府书斋》，名未详。又卫八，少陵集六《赠卫八处士》，名未详，与前条或不同人。一说以为卫宾，朱注谓是杜撰。"既乏资料，卫处士实系何人，可不必深究。至于此诗写作时地，以《杜甫诗选》浦江清、吴天五注中所主为最当："七五九年（肃宗乾元二年）春从洛阳回华州。卫处士所居或在洛阳，或在杜甫所经过之旅途中。此诗是七五九年春天作。""访旧半为鬼，惊呼热中肠"最符合这次回洛阳访旧情况。"夜雨剪春韭"，是春时。"明日隔山岳"，即将离洛阳返华州，或正在自洛返华途中。浦、吴之说不无根据。

像是突然冒出来似的,这"忽"字恰好表现出了这种极富人生意味的恍惚感觉。)孩子们很有礼貌地迎接我,又很快地为我备酒做饭,盛情可感。——复由悲转喜,喜中有悲。宾主酬酢,纵酒言欢,不辞一醉,后会难期。——结到悲,而悲更甚。这是说诗人的分析,诗人只是因事抒情,缘情生慨,信手写来,循环反复,言悲言喜,前后似同而一层深入一层,空灵婉转,曲尽其妙。《诗经·唐风·绸缪》:"今夕何夕,见此邂逅。"此等句,古代士子熟悉之至;情境偶合,脱口而出,不算是用典。这诗纯用白描,"无句不关人情之至,情景逼真,兼极顿挫之妙"(张上若语)。仇注:"近世胡俨曰:尝于内阁见子美亲书此诗,字皆怪伟。'惊呼热中肠'作'鸣呼热中肠'。"不知此卷尚存世间否,但仍以"惊呼"为佳。结尾"明日隔山岳,世事两茫茫"二句,与李益《喜见外弟又言别》"明日巴陵道,秋山又几重"意近,而忧虑深广。

八 "安得壮士挽天河,净洗甲兵长不用"

离洛阳返华州前,老杜有感于时事,作《洗兵马》[29]。这诗表达了诗人对争取彻底胜利和结束战争的渴望,也讽刺了一些不当措施和社会怪现状。全诗分四段,每段一韵十二句,平仄韵互换。王嗣奭以为"句似排律,自成一体",实是歌行而稍加变化。第一段说:

"中兴诸将收山东,捷书夜报清昼同。河广传闻一苇过,胡危命在破竹中。只残邺城不日得,独任朔方无限功。京师皆骑汗血

---

[29] 此诗题下原注:"收京后作。"黄鹤以为:"当是乾元二年仲春作。按相州兵溃,在三月壬申,乃初三日。其作诗时,兵尚未败也。"相州兵溃、郭子仪退守洛阳后老杜始自洛归华(见"三吏""三别"),则此诗当作于二月在洛阳时。

马，回纥喂肉葡萄宫。已喜皇威清海岱，常思仙仗过崆峒。三年笛里关山月，万国兵前草木风。"这一段写捷报频传，失地指日可收，并回忆三年多来的战乱经过。"诸将"指成王李俶、郭子仪、李光弼、李嗣业等。"山东"，唐代多指华山以东。《诗经·卫风·河广》："谁谓河广，一苇杭（航）之。""河广"句谓河北很易收复。至德二载十一月肃宗下制书说："朕亲总元戎，扫清群孽。势若摧枯，易同破竹。"萧涤非先生说："杜甫也兼采用了制文。""朔方"，指朔方节度使郭子仪及其部队。自从陈涛斜之败，朔方军是朝廷最倚重的力量。当时安庆绪固守邺城，郭子仪等围城，诗人希望他们一举歼敌，以成大功。汉时西域大宛有千里马良种，名汗血马，汗出似血。两京收复后，回纥王子叶护回国，说再取马来助战。乾元元年八月，回纥又派骁骑三千来助讨安庆绪。因此京师多回纥良马。肃宗对前来助战的回纥人优礼有加，比如至德二载十月，回纥叶护从东京回长安，他命百官到长乐驿迎接，还亲自在宣政殿设宴招待。汉元帝时，单于来朝，住在上林苑葡萄宫[30]。这里是借用，甚切。朔方与回纥对举，意欲朝廷"独任"本国兵力，不能只看重外援。《尚书·禹贡》："海岱惟青州。"指今山东一带地区。"仙仗"，指天子的仪仗。"崆峒"，在今甘肃省境。肃宗在灵武、凤翔时，往来经过此山。"已喜"二句是希望肃宗不要陶醉于已经取得的胜利，要常记过去出亡在外的狼狈相。王嗣奭说："禄山反经三年矣，避乱离乡者亦三年，故云'三年笛里关山月'，悲之也。'万国兵前'（目前会兵邺城），如风卷叶，暗用草木皆兵、风声鹤唳

---

[30] 王嗣奭说："复京师后，帝宴回纥叶护于宣政殿，而云'喂肉葡萄宫'，盖为朝廷讳，故用汉元帝待单于事，而且以禽兽畜之，此老杜春秋笔也。"虽然如此，今天看来，用"喂肉"的字眼是在搞小动作，这是老杜的局限，并不足取。

事，喜之也。"

第二段说："成王功大心转小，郭相谋深古来少。司徒清鉴悬明镜，尚书气与秋天杳。二三豪俊为时出，整顿乾坤济时了。东走无复忆鲈鱼，南飞觉有安巢鸟。青春复随冠冕入，紫禁正耐烟花绕。鹤驾通宵凤辇备，鸡鸣问寝龙楼晓。"这段是归功诸将，见将帅得人如此，行将民安旧业，官复朝班，上皇、时君得从容以全慈孝，凡此种种中兴气象，都将出现在战乱全平之后。乾元元年三月肃宗长子李俶自楚王徙封成王，五月立为皇太子，后即位，是为代宗。在收复两京中，李俶为天下兵马元帅，所以说"功大"。浦起龙说："按：王已立为太子，句意在于纪功，故称其勋爵。又按：收复两京，广平为帅。今围邺不与，而诗首及之者，志元勋，尊主器也。然曰'心转小'则仍隐然事外矣。"颇得作者用心。乾元元年八月以郭子仪为中书令，故称"郭相"。至德二载四月以李光弼为司徒。

《新唐书·李光弼传》载："光弼用兵，谋定而后战，能以少覆众。治师训整，天下服其威名，军中指顾，诸将不敢仰视。"又曾预料到史思明诈降终当复叛，所以说"司徒清鉴悬明镜"。时王思礼为兵部尚书。王思礼是高丽人，入居营州，后在哥舒翰麾下，以功授右卫将军、关西兵马使。从讨九曲，后期当斩，临刑，哥舒翰释之，王思礼从容地说："死固分也，何复贷为？"诸将壮之。潼关失守，王思礼等三人同走行在，肃宗责不坚守，引至纛下将斩之。宰相房琯进谏，以为可收后效，就赦了王思礼等二人。"尚书气与秋天杳"，大概是指他这种置生死于度外的浩然之气。王思礼后来果以平乱功大加司空。诗人认为这几个人应时而出，完成了整顿乾坤、济国活民的殊勋，所以在这里特意加以强调。西晋吴人张翰，在洛阳齐王司马冏下面做官，知冏将败，又因秋风起，思念故乡菰菜、莼羹、鲈鱼鲙，遂归吴。不久因果被杀。曹操《短歌行》："月明星稀，乌鹊南飞。绕树三匝，何枝可依？""东走"二句，一说：想东归的人便可东归，不必老念着鲈鱼滋味了；想南归的人便可南归，再不会有无枝可依的感叹了。一说：现在不必像张翰那样，托词东归避乱，可安心做官了；平民百姓也有家可归了。都通。"青春"二句写收京后朝仪如旧的中兴气象，意谓百官上朝，宫廷旺盛景象与明媚春光相称。实以这年春天诗人身为朝官的生活感受作基础，可与《奉和贾至舍人早朝大明宫》等荣遇诗参读。《艺文类聚》载，周太子晋乘白鹤仙去，后世称太子之驾为鹤驾。一作"鹤禁"，指太子所居。"凤辇"，皇帝的车。"龙楼"，皇帝所居。"鹤驾"二句是说肃宗已迎太上皇还宫，得尽人子之礼。钱谦益说："肃宗即位，下制曰：'复宗庙于函雒，迎上皇于巴蜀。道銮舆而返正，朝寝门而问安。朕愿毕矣。'上皇至自蜀，即日幸兴庆宫。肃宗请归东宫，不许。此诗援据寝门之诏，引太子东朝之礼以讽喻也。鹤驾龙楼，不欲其成乎为君也。颜鲁公《天下放生池碑》云：'迎上皇于西蜀，申子道于中京。一日三朝，大明天子之孝；问安侍膳，不改家人之礼。'东坡云：'鲁公知肃宗有愧于是，故有此谏也。'"浦起龙不取此说，另立新解，以为"鹤驾"系指乾元元年五月所立的皇太子李俶，"凤辇"才是指肃宗，此二句意谓太子"鹤驾"既来，天子"凤辇"亦备，父子相随以朝太上皇寝门，益显天伦之乐，其中并无讽喻之意。杨伦折中两说，认为："青春重整朝仪，人主复修子道，皆将见之寇尽之余，语亦以颂寓规。盖移仗事虽在后，而是时张、李用事，当已有先见其端者，与《收京诗》：'文思忆帝尧'同旨，正见公忠爱切挚处。深文固非，即泛说亦非也。"关于玄宗与肃宗、旧臣与新贵之间的矛盾，如前所述确已稍见端倪，而且老杜诗作中也有所表露，以为以颂寓规，不为无因。钱说基本上是可取的，但以为"不欲其成乎为君也"，要肃宗避位再回东宫去当太子，恐非老杜本心，他不过希望肃宗能克尽子职而已。浦起龙所创父子相随以朝寝门一说颇佳，不仅文从字顺，亦似最得作者用心。即使采此说，仍不妨有讽喻之意。

第三段说："攀龙附凤势莫当，天下尽化为侯王。汝等岂知蒙帝力，时来不得夸身强。关中既留萧丞相，幕下复用张子房。张公一生江海客，身长九尺须眉苍。征起适遇风云会，扶颠始知筹策良。青袍白马更何有，后汉今周喜再昌。"这段微讽当时封爵太滥，深望用相得人重致太平。《法言·渊骞》："攀龙鳞，附凤翼，巽以扬之，勃勃乎其不可及也。"此以龙、凤喻圣哲，谓弟子因圣哲以成德。这是第一义。后多以龙、凤指帝王，谓臣下从之以建功立业，如《后汉书·光武帝纪》："（士大夫）从大王于矢石之间者，其计固望其攀龙鳞，附凤翼，以成其所志耳。"这是第二义。后亦泛指攀附有权势的人以猎取富贵。这是第三义。一说这诗中"攀龙附凤"是指攀附肃宗和张淑妃的一班小人，如王玙、李辅国等。《资治通鉴》卷二二〇："（乾元元年）二月，癸卯朔，以殿中监李辅国兼太仆卿。辅国依附张淑妃，判元帅府行军司马，势倾朝野。"此说用第三义，亦通。但与其下"天下尽化为侯王"句合看，所讽当不止于王玙、李辅国之流。王嗣奭说："'天下尽化为侯王'，微有风刺。当时封爵太滥，甚至以官赏功，给空名告身，凡应募入军者一切衣金紫，公实痛之。故先言'攀龙附凤'，明谓其凭借宠灵，而又以'蒙帝力'申言之，所谓'君之制也，臣何力之有焉'，此公识大体处，非事外语也。"把富贵的获得归因于时来运转，归功于帝力，虽说是老杜识大体处，也是他思想有局限处，但对当时封爵过滥的讽刺仍有现实意义和认识价值。一说："汝等"是斥骂的称呼，指上王侯辈；"蒙帝力"三字，婉而多讽，明斥王侯的无能无耻，暗讽肃宗的偏私。若如此理解，意思就更加深刻，连一点局限性也没有了。

《史记·萧相国世家》载，汉王引兵东定三秦，萧何以丞相留收巴蜀，使给军食。钱谦益解"关中"二句说："'萧丞相'，指房琯也。琯自蜀郡奉册，留相肃宗，故曰'既留'。或以谓指杜鸿渐，据《新书》'卿乃吾萧何'语[31]，非也。琯既罢，张镐代琯为相，故曰'复用张子房'。琯以至德二载五月罢相，以镐代；八月，出镐于河南。次年五月，镐罢。六月，琯贬邠州。琯、镐皆上皇旧臣，遭赴行在，肃宗疑之，用之而不终者也。"所论甚是，浦起龙力反此说："钱笺此等，坏心术，堕诗教，不可以不辩。予岂为肃宗曲护哉！"未免有因人废言之嫌。《旧唐书·张镐传》载，张镐是博州（治所在今山东聊城东北）人。风仪魁岸，廓落有大志。涉猎经史，好谈王霸大略，自褐衣拜左拾遗。玄宗奔蜀，自山谷徒步扈从；玄宗遣赴行在。至凤翔，奏议多有弘益，拜谏议大夫；寻代房琯为相。独孤及《张公颂》说他隐居终南三十年，天宝十四载始褐衣召见。令狐峘《颜真卿墓志》说颜真卿在平原曾荐安陵处士张镐。"江海客"，指张镐是布衣隐逸出身。"身长九尺"云云与所述张镐形状相符，当是写实。"张公"四句都是称赞张镐的话。王嗣奭说："公极称张镐，有'扶颠''筹策'语，而人疑之。余考史：至德二载四月，罢房琯而相镐。至次年二月，因论史思明凶险不可假威权，又论许叔冀多诈，临难必变。上不喜，且不事中要，故罢相。已而思明果反，而叔冀果降思明，其料事之审如此。至收复两

---

[31] 蔡梦弼主此说，根据是《新唐书·杜鸿渐传》："鸿渐与漪至白草顿迎谒，说曰：'朔方天下劲兵，灵州用武地。……殿下治兵长驱，逆胡不足灭也。'太子喜曰：'灵武我之关中，卿乃吾萧何也。'""关中""萧何"与"关中既留萧丞相"甚切。"按鸿渐为人无勋德，且非公所喜，自当指琯为是"（杨伦语）。

京，俱在相镐之日，即宰相之功也。蔡宽夫谓收复两京时不闻别有奇功，非'见与儿童邻'耶？"《梁书·侯景传》载普通中童谣有云"青丝白马寿阳来"，后侯景果乘白马，兵皆青衣。侯景也是胡人，又乱梁，所以借来比喻史思明、安庆绪。"青袍"二句意谓叛军不足道，很快可平定，一个像汉光武、周宣王那样的中兴局面即将出现。

末段说："寸地尺天皆入贡，奇祥异瑞争来送。不知何国致白环，复道诸山得银瓮。隐士休歌紫芝曲，词人解撰河清颂。田家望望惜雨干，布谷处处催春种。淇上健儿归莫懒，城南思妇愁多梦。安得壮士挽天河，净洗甲兵长不用！"这段承上极写中兴气象。传说虞舜时西王母来朝，献白玉玦。又，传说神灵滋液有银瓮，不汲自满。秦末东园公、甪里先生、绮里季、夏黄公隐于商山，年皆八十余，时称"商山四皓"，曾作《紫芝歌》以言志说："莫莫高山，深谷逶迤。烨烨紫芝，可以疗饥。唐虞世远，吾将何归？驷马高盖，其忧甚大。富贵之畏人兮，不若贫贱之肆志。"《宋书·临川烈武王道规传》附鲍照传载，元嘉中，河济俱清，当时以为美瑞，鲍照为《河清颂》（现存），其序甚工。玄宗、肃宗都迷信鬼神，倚重"专习祠祭之礼以干时"的王玙，天宝中曾出现过"所在争言符瑞，群臣表贺无虚月"的高潮，如今"二圣"还京，"中兴"有望，这类弄虚作假、粉饰太平的事，想必也是不少的。《说苑》载周武王伐纣，风霁而乘以大雨。散宜生问："此非妖与？"武王说："非也，天洗兵也。"诗人虽写了祥瑞，但眼见久旱妨耕，战乱未息而人多怨旷，就不由得发出"安得壮士挽天河，净洗甲兵长不用"的浩叹。这浩叹中有忧虑，有悲悯，有期望，有祝愿，他的感情是复杂而深沉的。

这诗讲的都是国家大事，由于诗人所感者深，又能以极精当的文学语言加以表现，写得很有气势，因此读了不觉得有光发议论的毛病。

九 "天地终无情"

乾元二年（七五九）正月，史思明筑坛于魏州（治所在今河北大名东北）城北，自称大圣燕王。李光弼说："思明得魏州而按兵不进，此欲使我懈惰，而以精锐掩吾不备也。请与朔方军同逼魏城，求与之战，彼惩嘉山之败，必不敢轻出。得旷日引久，则邺城必拔矣。庆绪已死，彼则无辞以用其众也。"鱼朝恩以为不可，乃止。这月李嗣业攻邺城，为流矢所中，不久即死。郭子仪等九节度使围邺城，筑垒两重，穿堑三重，壅漳水灌城，城中井泉皆溢，构栈而居，从冬到春，安庆绪坚守以待史思明，食尽，一鼠值钱四千，淘墙麸（抹墙的泥里拌着的麦秸）和马粪喂马。城中人都想投降，只是水深出不来。

二月，史思明从魏州引兵来邺，使诸将离城各五十里为营，每营击鼓三百面，遥相威胁，又每营选精骑五百，日夜在城下抄掠，官军出击，辄散归其营；诸军人马牛车日有所失，连出去打点柴火都困难。当时天下饥馑，南自江、淮，西自并、汾运粮饷来，舟车相继。史思明多派人化装成官军去督运，责令延期，还无故杀人，运粮民伕骇惧；舟车聚在一起时，就偷偷纵火焚烧；这些化装匪徒，往复聚散，自相辨识，而官军逻捕却不能察觉。于是诸军缺食，都想溃散。这时史思明就引大军直抵城下，官军与之刻日决战。

三月，壬申，官军步骑六十万在安阳河北摆开阵势，史思明亲自率领精兵五万前来迎战，诸军望见，以为游军，不介意。史思明直前奋击，李光弼、王思礼等大将先跟他们战斗，杀伤相半。郭子仪随后开来，未及布阵，大风忽起，吹沙拔木，天昏地暗，对面不见人，两军大惊，官军向南溃退，叛军向北溃退，甲仗辎重扔满一路。郭子仪以朔方军断河阳桥保东京。他原有战马万匹，惟存三千；甲仗十万，遗弃殆尽。东京士庶惊骇，散奔山谷；留守崔圆、河南尹苏震等官吏南奔襄、邓；诸节度使各溃归本镇。士卒所过剽掠，吏不能止，旬日方定。只有李光弼、王思礼整勒部伍，全军以归。

老杜离开洛阳返回华州，就在这相州大败、兵荒马乱之际。一路之上，他亲眼得见战乱时期人民所遭受的种种苦难，震动很大，印象强烈，忧愤深广，就写作了"三吏""三别"这两组传世名篇。(32)

新安（今河南新安县）离洛阳不远，西行入关，头站就是新安。老杜傍晚来到新安，见这里的吏卒正在抓未成丁的少年解送前方，感到于心不忍，但又认为这仗不能不打，于是就写了《新安吏》来反映这人间惨剧，和他的矛盾心情：

"客行新安道，喧呼闻点兵。借问新安吏：'县小更无丁？''府帖昨夜下，次选中男行。''中男绝短小，何以守王城？'肥男有母送，瘦男独伶俜。白水暮东流，青山犹哭声。莫自使眼枯，收汝泪纵横。眼枯即见骨，天地终无情！我军取相州，日夕望其平。岂意贼难料，归军星散营。就粮近故垒，练卒依旧京。掘壕不到水，牧马役亦轻。况乃王师顺，抚养甚分明。送行勿泣血，仆

---

(32)《新安吏》原注："收京后作。虽收两京，贼犹充斥。"仇兆鳌按："此下（'三吏''三别'）六诗，多言相州师溃事，乃乾元二年，自东都回华州时，经历道路，有感而作。钱氏以为自华州之东都时，误矣。"

射如父兄。"这首诗用的是汉乐府叙事加议论的写法。前面的对话以引号标出较便于理解。后一段话也有加引号的。我认为，这样一来，就坐实是诗人对出征中男及其送行亲人的慰藉之辞了。处在当时那种凄凄惨惨的情境之中，老杜恐怕不大有可能找个"中男"来发这一通议论。要是不打引号，把这当作诗人因见此惨剧而发出的感慨，或是心底暗自对"中男"及其亲人的宽解，这无疑更接近事实、更合情合理些。发端仿《木兰诗》，借问答迅速进入本事，简捷有力。

唐制：男女始生为黄，四岁为小，十六为中，二十一为丁，六十为老。天宝三载又降优制，以十八为"中男"，二十二为丁（见《旧唐书·食货志上》）。"府帖"即军帖，指征兵的文书、名册。唐为府兵制，故称府帖。相州大败，伤亡极大，郭子仪退守河阳（即古孟津，在黄河北岸，今河南孟县西），以保洛阳。形势紧急，必须补充兵力，只因战争旷日持久，丁壮征发殆尽，就不能不征调中男入伍。这情况老杜当然是知道的，所以当他听到征调中男的答复时，他脑海中闪出的第一个念头就是："中男绝短小，何以守王城？"这样的一茬娃娃兵能顶用吗？这一自然而然发出的疑问，不想竟包含了这诗思想感情的基本矛盾：（一）"王城"是不能不"守"的；（二）让这班娃娃兵去"守王城"，不惟可忧，更是可悯。接着就极力写其可悯。"肥男有母送，瘦男独伶俜。"如果认为这是说前者的境况比后者要好，那未免理解得简单了。其实这里采用的是民歌惯用的重沓咏叹手法，表示无论哪种境况都是很可悲的。"白水暮东流，青山犹哭声。"这两句写得好。这"白水"即王维"白水明田外"诗句中的"白水"，指在阳光下闪光的流水。白水在苍茫暮色中东流而去，即眼前景，写无可奈何之情，妙在有意无意之间。"牵衣顿足拦道哭，哭声直上干云霄",是以夸大之辞实写哭声震天。这里用一"犹"字则是虚写：过了许久哭声还在青山间回荡,其实并非如此,这只是诗人睹此惨剧,受强烈刺激后所生的幻觉。借景写情,借幻觉写惨,令读者感同身受,所以说这两句写得好。"莫自"四句用断然决然的愤激之辞表达诗人对当事人的无比同情：收起你们那纵横的热泪,不要让两眼哭干了；即使哭干两眼露出骨头,皇天后土终究是无情的啊！话说到极处,可悯也写到极处,但仗还是不能不打,于是就强打精神,设法找些理由来安慰人。用来安慰人的理由有如下四点：(一)相州之围,原以为很快即可平定叛军,谁知敌情难料,终于溃败,征兵备战,实出无奈,此即"我军"四句意。不说军溃而说"星散",怕明说增加出征士卒的恐怖。(二)故垒尚在,旧京可依,本来是开赴河阳故垒戍守,而说"就粮",见不忧无食。不说去讨贼,而说"练卒",见离战期尚远。(三)坚守阵地须掘战壕,但不须到水,闲则牧马,其役甚轻。(四)王师与贼军不同,抚养士卒,爱护备至,何况主帅郭仆射子仪像父兄一样慈爱,大可放心前往,不必悲痛欲绝。——难道真是这样吗？老杜心里明白。但这不是昧着良心说话,这是出于不忍、出于无可奈何啊！话说得越轻松,越有把握,就越见"中男绝短小,何以守王城"的可忧可悯。

《潼关吏》说："士卒何草草,筑城潼关道,大城铁不如,小城万丈余。借问潼关吏：'修关还备胡？'要我下马行,为我指山隅：'连云列战格,飞鸟不能逾。胡来但自守,岂复忧西都？丈人视要处,窄狭容单车。艰难奋长戟,万古用一夫。哀哉桃林战,百万化为鱼。请嘱防关将,慎勿学哥舒！'"潼关在陕西潼关县北,古为桃林塞地。哥舒翰领兵二十万守潼关,因杨国忠唆使玄宗促战,遂大败,致令潼关失守,西京随即沦陷。这首诗叙述作者行经潼关，见士卒正辛勤筑城备战，并通过与潼关吏的问答[33]，提醒守关者应据险坚守，切勿轻易出战，以免重蹈哥舒翰的覆辙。《元和郡县志》：桃林塞自灵宝县以西至潼关皆是。《后汉书·光武纪》：赤眉在河东，但决水灌之，百万之众，可使为鱼。《旧唐书·哥舒翰传》：翰率兵出关，次灵宝县之西原，为贼所乘，自相践踏，坠黄河死者数万人。"哀哉桃林战，百万化为鱼"，用事现成而贴切。就艺术而论，这首诗无甚特色。

"三吏"中艺术处理上最有特色的是《石壕吏》："暮投石壕村，有吏夜捉人。老翁逾墙走，老妇出门看[34]。吏呼一何怒，妇啼一何苦。听妇前致辞：'三男邺城戍。一男附书至，二男新战死。存者且偷生，死者长已矣。''室中更无人，惟有乳下孙。有孙母未去，出入无完裙。''老妪力虽衰，请从吏夜归。急应河阳役，犹得备晨炊。'夜久语声绝，如闻泣幽咽。天明登前途，独与老翁别。"诗人从洛阳到华州途中，住在今河南陕县东石壕村时，看到吏人抓丁的情况，深有感愤，便写作了这首诗。[35] 诗一开头简单交代了投宿不久便有吏人来抓丁，接着纯以听觉写事写人，手法别致而效果绝佳。有吏夜捉人，必然搞得村子里鸡飞鹅叫。老翁是户主，自忖留在家里不好对付，甚至还有被抓去以"老"充"丁"的危险，便

---

[33] 萧涤非说："末（哀哉）四句，仇注以为是杜甫对关吏说的话，希望他转告守将，接受过去的惨痛教训。李子德则认为：连云以下，直以吏对终篇，与汉人董娇娆篇用'请谢彼姝'相同。按两说俱可通，从前说则为杜甫自发议论，从后说则是寓议论于叙述之中。但细玩'嘱'字，似根上'丈人'字来，关吏位卑，对守将不合用'嘱'。如为杜甫对关吏之言，则'请嘱'当做'为报'才合身份。故这里标点采用后一说。"
[34] "出门看"，一作"出看门"，一作"出门首"。
[35] 老杜从洛阳返华州，先经陕县石壕镇后过潼关，《石壕吏》所记之事当发生在《潼关吏》所记之事之前。"三吏""三别"这两组诗当是回华州后写定的，因此不一定非按事之前后排列诗歌次序不可。"三别"所记的人和事，具体时地难定，诗歌次序就更不能更动了。

慌忙翻墙逃走,只留下老妇在家照应,没料到事情竟然出在老妇身上!老杜是世家子,"名不隶征伐",如今又大小是个官,虽不怕给石壕吏抓去抵数,但也无法过问,只得呆在里屋静观(不,应是"静听")事态的发展。实际情况就是这样。可见他采用纯以听觉写事写人的手法,并非出于挖空心思的卖弄,而是来自生活的妙手偶得,既别致,又自然。"吏呼一何怒,妇啼亦何苦。"省去了多少言语,却渲染了情绪,有助于很快展开情节。"听妇前致辞"后面的十三句全是诗人听到的老妇诉吏之词。时下流行标点本都只用一个引号来包括,私意不以为尽当。细细品味,不难发现这十三句话不是老妇一口气说出的,而是在"吏呼一何怒"的步步进逼之下一层深似一层的对答之词。开头老妇满以为只要讲出他们家对这次邺城战役所做出的贡献和牺牲,"三男邺城戍。一男附书至,二男新战死"[36],即使得不到吏人的尊敬,也足以免除无谓的烦恼了。然而不然,这些吏人毫无心肝,仍一个劲儿地追问老妇家里还有什么人可以当兵。老妇这才说出"室中更无人,惟有乳下孙。有孙母未去,出入无完裙"这几句话。难道这吃奶的孩子、这衣不遮体的年轻寡妇你们也要抓吗?刚才讲到两个儿子新近战死时她动了感情了,不由得发出"存者且偷生,死者长已矣"的喟叹。这时她无疑是被激怒了,话中带刺。可是还是放不过她,逼得她毅然决然表示愿随吏入河阳军中抵数。"急应河阳役,犹得备晨炊。"说得何等的委婉,又何等的有担当有血性,耐人寻味!——老妇的三次致词,既简括又带有强烈感情色彩地介绍了老妇全家悲惨的遭遇和境况,也逐步显示了老妇机智、勇敢而又深明大义的性格。最有趣的是,除了

---

[36] 此三句口吻宛如左延年《从军行》(亦作汉词):"苦哉边地人,一岁三从军。三子到敦煌,二子诣陇西。五子远斗去,五妇皆怀身。"

"吏呼一何怒"，更无一语直接讲到吏人，但诗人却巧妙地借老妇很有针对性的对话，烘云托月地将吏人作威作福、鱼肉乡民的凶狠嘴脸和蛮横言辞于无文字处显现出来了。

王安石《题张司业集》说："看似寻常最奇崛，成如容易却艰辛。"若将这两句话借来形容老杜这首诗中这貌似信手拈来却极奇特的艺术表现，我看倒是再合适也没有的了。"夜久语声绝，如闻泣幽咽。"按常情，老妇虽是那么说，也不一定真给抓走啊！听了许久，不再有说话的声音了，她到底给抓走了。诗人感到悯然，耳际仿佛传来幽咽的哭声。这是感情受强烈刺激后产生的幻觉？不，这真是有人在低泣。就是这样，诗人挥动艺术魔杖，一下子便幻现出老妇那儿媳的凄苦身影和抑郁灵魂，而一场震撼人心冲突过后的悲凉境地也随之立呈了。诗人这一夜想必是神魂不定、无法安眠的。"天明登前途，独与老翁别。"戛然而止，感慨万千！这诗的艺术构思和写人写事所取的角度和所用白描手法，很有今天短篇小说的特色。王嗣奭说："此首易解，而言外意人未尽解，此老妇盖女中丈夫，至今无人识得。'吏夜捉人'，老翁走，此妇出门，便见胆略，而胸中已有成算。老翁之逃，妇教之也。吏呼则真，而妇啼一半妆假，前致辞未必尽真也。三男亡其两男，存者偷生而不敢归，家下止一乳孙，母恋子故未去。然无完裙，不堪偕汝去，宁使老妪随至河阳执炊，不敢辞也。吏虽怒，而到此亦心软矣。非不知有老翁在，而姑带老妇以覆上官，必且代妇致辞而纵之使归，所谓'备晨炊'，设词也，吏不知也。"所见虽未尽善，可供参考。仇兆鳌说："古者有兄弟，始遣一人从军。今驱尽壮丁，及于老弱。诗云三男戍，二男死，孙方乳，媳无裙，翁逾墙，妇夜往，一家之中，父子兄弟，祖孙姑媳，惨酷至此，民不聊生极矣。当时唐祚亦岌岌乎哉！"

杨伦说:"'三吏'兼问答叙事,'三别'则纯托为送者行者之词,并是古乐府化境。"意思是说"三吏"有作者自己在内,"三别"则纯作所写人物本人的口气叙述,二者在艺术创作上还是有所不同的。且看《新婚别》:

"菟丝附蓬麻,引蔓故不长。嫁女与征夫,不如弃路旁。结发为君妻,席不暖君床。暮婚晨告别,无乃太匆忙。君行虽不远,守边赴河阳。妾身未分明,何以拜姑嫜?父母养我时,日夜令我藏。生女有所归,鸡狗亦得将。君今死生地[37],沉痛迫中肠。誓欲随君去,形势反苍黄。勿为新婚念,努力事戎行。妇人在军中,兵气恐不扬。自嗟贫家女,久致罗襦裳。罗襦不复施,对君洗红妆。仰视百鸟飞,大小必双翔。人事多错迕,与君永相望。"一个人头晚结婚,第二天早上就离家往河阳去打仗,诗人揣摩着新娘此时此境的心情,用她的口气写了这首诗,从一个侧面反映战乱和不合理兵役所带给人民的深重灾难。菟丝子依附着蓬麻,爬的蔓儿自然长不了,比喻女子嫁给征夫得不到好依靠,从而引出"嫁女与征夫,不如弃路旁"这两句愤激语,显示女子怨气之大。接着进一步诉说:晚上刚结为夫妻,席子还没睡暖,早起你告别走了,这未免太匆忙了。你去的地方虽说不远,到底是开赴河阳去守边打仗啊!萧涤非先生认为"君行"二句有言外之意,弦外之音,守边竟守到河阳,守到家门口来了。过去称丈夫的母亲为姑,称丈夫的父亲为嫜。古礼:妇人嫁三日,告庙上坟,谓之成婚。婚礼既明,名分始定。现在刚结婚一天,婚礼没完成,身份不明确,我又怎好去拜见姑嫜呢?杨伦在"妾身"二句旁加批语说:"少不得此道学语。"正因这

---

[37] "死生地",一作"生死地",一作"往死地"。王嗣奭说:"《诗归》作'往死地',然不如'死生地'妙有余思。"

女子从小受封建教育，恪守礼法，今日竟在这终身大事上落个永远无法弥补的大缺陷，那就更觉伤心了。这是从精神上写她所受痛苦之深，所以陆时雍说："建安中亦无此深至语。"（仇注引）女子接着追述她从小受到严格的教养，父母总是要她深藏闺中，不得轻易见人，等到长大以后，"嫁鸡随鸡，嫁狗随狗"。谁知嫁了你，你即将奔赴生死莫测的战场，这令我心里感到很难受。我发誓要跟着你去，只怕处在这种形势下诸多不便。那么，你就不要以新婚为念，努力在军中服役吧！妇人在军中，士气恐怕不振，我是不能随你前往的。《汉书·李陵传》："我士气少衰而鼓不起，何也？军中岂有女子乎？搜得，皆斩之。"妇女在军中势必影响士气，这也是常情常理，女子说这话，不必看作用典。赵翼《黄天荡怀古》其一，赞扬韩世忠妻梁氏，在黄天荡拦击金兵的战斗中，亲自在战船上擂鼓助战，有句说："兵气能扬到妇人"，则是翻用《汉书》、杜诗意。一肚皮怨气得到了发泄，女子终于真的动了感情了。她可怜自己这贫家女，多年来好不容易置了这么些绫罗绸缎的嫁衣裳，如今也用不着了，趁你没走，对着你洗掉红妆吧。抬头见百鸟飞翔，大的小的莫不成双成对，可是人世间不顺心的事太多了，我和你只有永远地永远地在互相等待着。《杜臆》引真西山（德秀）语："先王之政，新有婚者，期不役政。此诗所怨，尽其常分而能不忘礼义，是以录之。"河阳须守，新婚者不必征，诗人看到了矛盾，写出了痛苦，诗所以好。浦起龙说："语出新人口，情绪纷而语言涩。"老杜进入角色了。

《垂老别》也写得很成功："四郊未宁静，垂老不得安。子孙阵亡尽，焉用身独完！投杖出门去，同行为辛酸。幸有牙齿存，所悲骨髓干。男儿既介胄，长揖别上官。老妻卧路啼，岁暮衣裳单。孰知是死别，且复伤其寒。此去必不归，还闻劝加餐。土门壁甚坚，杏园度亦难。势异邺城下，纵死时犹宽。人生有离合，岂择衰盛端？忆昔少壮日，返回竟长叹。万国尽征戍，烽火被冈峦。积尸草木腥，流血川原丹。何乡为乐土，安敢尚盘桓？弃绝蓬室居，塌然摧肺肝！"这是行者之辞，写一个"子孙阵亡尽"的老人，愤而参军，临行时的种种感慨。《礼记·曲礼上》："四郊多垒，此卿大夫之辱也。"四郊，指王城之外，近郊五十里，远郊百里。战火重新又蔓延到东都的四郊，老人虽非卿大夫，也不能不有所感愤，加之子孙都已阵亡，故有从戎之举。作如是观，老人似乎是不全为子孙豁出老命一条了。《汉书·周亚夫传》载周亚夫持兵揖曰："介胄之士不拜。""男儿既介胄，长揖别上官"写得很有意思：别看老头筋骨衰竭大非昔比，一旦披挂就列，仍能抖擞精神，不失军人风度。神气活现，俨然一倔强老头！可悯，亦复可敬。"夫伤妻寒，妻劝夫餐，皆永诀之词"（仇兆鳌语）。以细节写夫妻缱绻情深，所以感人。"土门"，不详，当在河阳附近。[38]"杏园"，杏园渡，是黄河渡口之一，在今河南汲县。"土门"四句是宽慰妻子的话，意谓河阳外围防御壁垒坚固，形势与邺城之围迥异，即使会死，时间还很宽裕。明知必死，却以离死期尚远相劝，更觉可悲。"人生"句以下是老人的自叹自慰：人生在世离合悲欢总是难免的，哪管你正当盛年或已衰老？想起了我少壮时度过的太平岁月，不禁徘徊不前喟然长叹。全国各地征戍频繁，烽火燃遍了高冈层峦。积尸熏腥了草木，流血染红了川原。何处是人间乐土，我怎敢还在这里流连？但一旦离开茅屋真走了，我又感到痛苦万分五中俱碎。——这忧愤深广的咏叹是诗人为老人设想的，其实，也完全是诗人自己的。蒋

---

[38] 浦注：土门未详所在，大约即在河阳左近，旧注以土门为井陉关，非是。理由是："井陉在邺北六七百里，渐近范阳贼巢矣。诗乃反云'势异邺城''纵死犹宽'耶？"

弱六说:"通首心事,千回百折,似竟去又似难去。至土门以下,一一想到,尤肖老人声吻。"

《无家别》是说无家可别,写的是一人刚从战场回来,家已无存,又被征召入伍的悲惨故事:"寂寞天宝后,园庐但蒿藜。我里百余家,世乱各东西。存者无消息,死者为尘泥。贱子因阵败,归来寻旧蹊。久行见空巷,日瘦气惨凄。但对狐与狸,竖毛怒我啼。四邻何所有?一二老寡妻。宿鸟恋本枝,安辞且穷栖。方春独荷锄,日暮还灌畦。县令知我至,召令习鼓鼙。虽从本州役,内顾无所携。近行止一身,远去终转迷。家乡既荡尽,远近理亦齐。永痛长病母,五年委沟溪。生我不得力,终身两酸嘶。人生无家别,何以为蒸黎?"写征人归来而有无家之叹的古已有之,如《古诗》:"十五从军征,八十始得归。道逢乡里人:'家中有阿谁?''遥看是君家,松柏冢累累。'兔从狗窦入,雉从梁上飞。中庭生旅谷,井上生旅葵。春谷持作饭,采葵持作羹。羹饭一时熟,不知贻阿谁!出门东向望,泪落沾我衣。"《无家别》即使受过这首古诗的启发和影响,但决非简单的"代"或"拟",而是现实生活的直接反映。杨伦于"贱子因阵败"句下评点说:"当即指邺城之溃。"我看,这"贱子"即使是个虚构的艺术形象,老杜创作时也定然是以邺城溃败之后洛阳一带的时地为背景的。天宝末年,安禄山起兵叛唐,两京陷而复克,几经战乱,中原遭到严重破坏,人口顿减,村镇萧条。这种荒凉情景,诗人来往京洛途中,不仅深有体察,而且在这诗一开头,通过还乡征人的眼观口述,得到了恍如亲历其境的真实反映,这是难能可贵的,是很有认识价值的:乱后园庐荒芜,到处都长满了蒿子和灰灰菜;一个曾有百多户人家的村子,大难来时各自飞,死的死逃的逃,如今在村子里走许久,见到的只是空巷子,日光黯淡气氛阴森,只有狐狸和野猫子生气地竖着毛对人怪叫；好不容易来到旧时的住处，家是没有了，四邻也只剩下一两个老寡妇还活着。——好一幅凄惨、恐怖的战乱荒村图[39]！只有鲍照《芜城赋》中所描绘的荒凉景象差可比拟。无论从历史上还是从艺术上看都是真实的，所以说难能可贵。至于后一段征人刚回又被征召入伍情事的描写，仇兆鳌对之剖析甚细："杜诗有数句叠用开阖者，如云：'从役本州'，幸之也；'内无所携'，伤之也；只身'近行'，非比'远去'，又以本州为幸矣；'家乡既尽''远近齐等'，即在本州亦伤矣。语意辗转悲痛。""蒸"，众。"黎"，平民。浦起龙说："末二（'人生无家别，何以为蒸黎'）以点（题）作结。'何以为蒸黎'，可作六篇总结。反其言以相质，直可云：'何以为民上？'"质问得好！把老百姓糟蹋成这个样子，你们这些官是咋当的？

卢元昌说："先王以六族安万民，使民有家室之乐。今《新安》无丁，《石壕》遭妪，《新婚》有怨旷之夫妇，《垂老》痛阵亡之子孙，至战败逃归者，又复不免。河北生灵，几于靡有孑遗矣。"对于战乱时期人民受官府残酷压迫、处于水深火热中的悲惨境况，揭露得如此之深广，描写得如此之真切感人，这正是"三吏""三别"的价值所在。这五首诗在思想上和艺术上之所以能有这么高的成就，王嗣奭认为主要是由于作者对所写之事曾"亲见""目击"："此五首非亲见不能作，他人虽亲见亦不能作。公以事至东都，目击成诗，若有神使之，遂下千秋之泪。"这话讲得很在行。这种诗当然是"非亲见不能作"，可是为什么又说"他人虽亲见亦不能作"呢？这里面还有个作家的思想感情和艺术修养问题。要是老杜自幼

---

[39] 王嗣奭说："'空巷'而曰'久行见'，触处萧条。日安有肥瘦？刱云'日瘦'，而惨凄宛然在目。狐啼而加一'竖毛怒我'，形状逼真，似虎头作画。"

没有"许身一何愚，窃比稷与契"的大志，没有"穷年忧黎元，叹息肠内热"的赤诚，这几年又没有因"世乱遭飘荡"而得以深谙民生疾苦，他即使"亲见""目击"了这种种惨状，恐怕也不会有如此深刻的感受。要是他此前没有很高的文学修养，没有丰富的现实主义诗歌创作经验，他即使有了深刻的感受，恐怕也很难表现出来，写成能下"千秋之泪"的杰作。

"三吏""三别"写的是乾元二年三月老杜自洛返华途中的见闻，修订、脱稿当在回华州任所以后。四月，天久旱，关辅饥馑。老杜以旱热起兴，作《夏日叹》《夏夜叹》[40]，悲天悯人，忧时伤乱。《夏日叹》说：

"夏日出东北，陵天经中街。朱光彻厚地，郁蒸何由开？上苍久无雷，无乃号令乖？雨降不濡物，良田起黄埃。飞鸟苦热死，池鱼涸其泥。万人尚流冗，举目惟蒿莱。至今大河北，化作虎与豺。浩荡想幽蓟，王师安在哉？对食不能餐，我心殊未谐。眇然贞观初，难与数子偕！"由旱热想到赤地千里百姓流亡，想到河北未平终是祸患，深叹不与贞观房玄龄、杜如晦、王珪、魏徵诸贤相同时而遭此乱世，可见他抒发的主要不是因夏日"郁蒸"的气候，而是因苦难时世不良政治所引起的无穷烦恼。卢元昌说："李辅国专掌禁兵，事无大小，制敕皆其所为。诗云'号令乖'指此。宰相李岘，言辅国专权乱政，辅国忌而罢之。若李揆执子弟礼于辅国，呼为五父。吕谭、第五琦率皆碌碌庸臣。此所以思贞观诸贤也。"颇得作者用心。

---

[40] 仇注："此（《夏日叹》）乾元二年夏在华州作。《旧唐书》：乾元二年四月癸亥，以久旱，徙市，雩祭祈雨。《通鉴》：时天下饥馑，九节度围邺城，诸军乏食，人思自溃。与诗中'上苍久无雷'及'流冗''豺虎'等语正合。"又："（《夏夜叹》）与上篇同时之作。"

《夏夜叹》先写日暮思风之情和夜凉清爽之景,后因夜短热"烦"而念终年守边士卒,叹"时康"的难遇:"永日不可暮,炎蒸毒中肠。安得万里风,飘飘吹我裳?昊天出华月,茂林延疏光。仲夏苦夜短,开轩纳微凉。虚明见纤毫,羽虫亦飞扬。物情无巨细,自适固其常。念彼荷戈士,穷年守边疆。何由一洗濯,执热互相望?竟夕击刁斗,喧声连万方。青紫虽被体,不如早还乡。北城悲笳发,鹳鹤号且翔。况复烦促倦,激烈思时康。""昊天"二句、"虚明"二句写夏夜月下景物历历如在目前。这诗悯旱忧时之情亦如前诗。前在《洗兵马》中,诗人表达出了思贤望治的殷切意愿。经过东都之行对战局民情有了更深入的了解,这一意愿就越来越强了。老杜在贬到华州后一个相当长的时期内,所写诗歌多鸣贤才遭忌的不平,间归东都到重返华州以来,诗人的慧眼和良心则转向艰难时世和惨淡人生,这无疑显示出他的思想感情已起了很大的变化。他其后在《峡中览物》诗中曾无限深情地追忆起这段往事说:"曾为掾吏趋三辅,忆在潼关诗兴多。"这一时期他的诗兴来自生活的各个方面,诗歌创作确乎是多的。不过,在我看来,最令诗人感到得意和自豪的,恐怕是"三吏""三别""二叹"和《洗兵马》这些关心国难民瘼的作品。后来老杜看了元结的《舂陵行》和《贼退示官吏》二诗,深为感动,便写了《同元使君舂陵行》并序,对之大加赞扬说:"不意复见比兴体制,微婉顿挫之词,感而有诗,增诸卷轴,简知我者,不必寄元。"诗中说:"道州忧黎庶,词气浩纵横。两章对秋月,一字偕华星。"杨伦在"简知我者,不必寄元"二句旁边加批道:"此意尤高。"这批很好,能参透老杜和诗之意非止出于私谊,主要想在同人中提倡一种"知民疾苦"而"忧黎庶"的"比兴体制"。老杜的文学主张既是这样,也这样评价别人的作品,那么,对自己的"比兴体制,微婉顿挫之词",也不会不看重的。

乾元二年这一年，对杜甫的一生来说，是很重要的一年，是值得纪念的一年。就在这一年，诗人经过了多时的反省和探索，终于从思想感情上完成了日渐远离皇帝而走向人民的痛苦过渡，谱写出反映人民苦难生活的新篇章，为他前期已取得的辉煌的诗歌创作成就，增添了新的耀眼的光彩；同时也清醒了头脑，破除了对朝廷的幻想，坚定了去志，于这年七月，属"关辅饥，辄弃官去，客秦州"（《新唐书》本传语），从此便走上了后期"漂泊西南"[41]的坎坷的人生道路。他的《立秋后题》说："日月不相饶，节序昨夜隔。玄蝉无停号，秋燕已如客。平生独往愿，惆怅年半百。罢官亦由人，何事拘形役？"老杜时年四十八，故有"半百"之叹。知了叫个不停，更增加人的哀伤。秋燕亦如客子，不久将离此而去。我早就有了像庄子所说的"江海之士，山谷之人，轻天地细万物而独往也"那种念头，直到今日还在为此苦恼。陶令《归去来兮辞》说："既自以心为形役，奚惆怅而独悲？"那么就挂冠而去吧，做不做官还不是由自己来决定？——这简直是老杜的《归去来兮辞》，是他弃官的宣言书。可见他采取这一行动是经过深思熟虑的，是对污浊时政痛心疾首的鄙弃，所传因"关辅饥"而弃官，只不过是托词而已。这正犹如陶渊明不为五斗米折腰而归田，却说是因"程氏妹丧于武昌，情在骏奔，自免去职"一样。

---

[41] 杜甫《咏怀古迹》其一："漂泊西南天地间。"